最高人民法院民四庭
大连海事大学法学院
大连海事大学海法研究院

组织编写

中国海事案例裁判要旨通纂

海上货物运输卷·上册

司玉琢 王彦君 关正义 主编
陈敬根 执行主编

④

编纂人员简介

主　编

司玉琢　大连海事大学原校长、教授、博士生导师,国际海事委员会(CMI)提名委员会委员,中国海事仲裁委员会、中国海商法协会顾问,交通运输部法律专家咨询委员会成员,中国香港城市大学、日本青山学院大学客座教授,北京大学海商法研究中心顾问,武汉大学、吉林大学、对外经济贸易大学等高校兼职教授。长期从事海商法教学和科研工作,《中华人民共和国海商法》主要起草人之一,《中国海商法研究》主编。

王彦君　1982年获北京大学法学院法学学士,2001年获美国天普大学法学硕士。先后在加拿大多伦多大学、英国伦敦大学进修国际商法,在最高人民法院从事涉外商事及海事海商审判工作多年,最高人民法院民四庭原副庭长(正厅级)、一级高级法官。中国海商法协会副主席、中国海事仲裁委员会副主任、国家法官学院兼职教授、北京大学海商法研究中心研究员。组织了海事诉讼特别程序法以及海上保险合同、无正本提单放货、船舶碰撞、海事赔偿责任限制、油污民事赔偿责任、货运代理、船舶扣押与拍卖等司法解释的起草工作。此外,还作为中方专家组成员,参加了1974年《海上旅客及其行李运输雅典公约》《国际燃油污染损害民事责任公约》等国际条约草案的谈判工作。

关正义　1982年毕业于吉林大学法律系,1998年和2005年分别获得大连海事大学法学硕士和博士学位。原任辽宁省高级人民法院审判员(正厅级),大连海事法院常务副院长;现任大连海事大学特聘教授、博士生导师,中国海事仲裁委员会仲裁员,辽宁省海商法研究会常务副会长。曾获首届全国审判业务专家和首届辽宁省中青年法律专家称号。著有《民法视野中的海商法制度》《扣押船舶法律制度研究》,编著《英汉海事词典》《海事诉讼文书样本与范例》等作品。发表《海事法与海商法的联系与区别——兼论海商法学的建立与发展》《论海事强制令的独立属性与功能》《对港口货物保管合同中的物权转移与代替交付的认识》《建立我国民事诉讼禁令制度的思考》等数十篇学术论文。

执行主编

侯　伟　海事卷执行主编。1977年生，湖北安陆人，法学博士，武汉海事法院环境资源审判庭负责人。1998年大学毕业后进入武汉海事法院工作，先后从事书记员、审判员工作，历任立案监督庭负责人、南京法庭副庭长、宜昌法庭副庭长，审理了多起重大疑难海事海商案件。在国内外发表多篇学术论文，在法国出版专著一部，主持或参加中国法学会、中国海商法协会多个重大课题，担任法国SCAPEL海商法、运输法杂志编委会成员，多次参加国际学术会议并作大会发言。

李晓枫　船舶船员卷执行主编。1982年生，山东烟台人，法学博士，中国外运长航集团法律顾问。2000年至2007年于大连海事大学攻读海商法，2007年硕士毕业考入宁波海事法院，先后分配至舟山庭、海商庭从事审判工作，主审数百起海事、海商纠纷。2011年年底担任中国租船有限公司法律与风险控制部法律顾问，2013年5月调入中国外运长航集团法律部。在职期间攻读大连海事大学国际法学博士，取得博士学位。在《法学杂志》《法律适用》《国际经济法学刊》《中国海商法研究》等CSSCI刊物、核心期刊上发表多篇学术论文。

张　虎　海上保险卷执行主编。1984年生，华东政法大学国际法学院讲师、博士后，大连海事大学法学博士，日照仲裁委员会仲裁员。曾任日照钢铁控股集团有限公司涉外法务经理、五矿营口中板有限责任公司法律事务部部长。主持部级项目4项，在 *Marine Pollution Bulletin*、《中国社会科学报》《政治与法律》《法学杂志》等核心刊物发表文章20余篇。

陈敬根　海上货物运输卷执行主编。1973年生，法学博士，上海大学法学院副教授、副编审，上海大学ADR与仲裁研究院副秘书长，《产权法治研究》编辑部主任；上海研究院副研究员；中国行为法学会粤港澳台联络处副秘书长，中国国际经济贸易法学研究会理事，中国法学会法学期刊研究会理事，上海法学会自贸区法治研究会理事、航空法研究会理事。主持国家社科基金项目1项、省部级项目7项。发表学术论文26篇。

张　波　综合卷执行主编。甘肃政法学院法学学士、中国政法大学法学硕士、香港城市大学法律硕士，青岛海事法院石岛法庭副庭长。审理海事海商案件逾千件；多次获得嘉奖，荣立个人二三等功，被评为山东省法院先进个人、山东省直机关优秀党员；撰写的裁判文书、调研报告获山东省法院一等奖，相关案例入选最高人民法院"一带一路"典型案例；撰写的论文获中国审判理论研究会海事海商专业委员会2016年年会一等奖；在《涉外商事海事审判指导》《山东审判》《海大法律评论》等发表多篇文章；曾在美国哥伦比亚大学学习并访问多国法院与国际组织。

编　委(以姓氏笔画为序)
付本超　山东省高级人民法院民四庭副庭长
邬先江　宁波海事法院副院长
许绍田　天津海事法院副院长
许俊强　厦门海事法院宁德法庭庭长
孙　光　大连海事法院海商庭庭长
李守芹　青岛海事法院副院长
初北平　大连海事大学法学院院长
荚振坤　上海海事法院副院长
钟　莉　武汉海事法院副院长
侯树杰　大连海事法院副院长
黄伟青　广州海事法院副院长
常中彦　辽宁省高级人民法院民事审判第三庭庭长
简万成　海口海事法院副院长

凡 例

一、分卷情况

《中国海事案例裁判要旨通纂》根据学科体系共分为五卷:海事卷、船舶船员卷、海上保险卷、海上货物运输卷和综合卷。

二、本书结构

1. 章节设置:本书以学科体系为依据,对各卷法律实务问题进行章节划分。

2. 案例结构:本书收录的案例一般由"裁判要旨""基本案情""法院查明事实""法院裁判"等部分构成。

三、本书案例来源

最高人民法院、各地海事法院及上诉审高级人民法院裁判文书。

四、案例选择

由于案例裁判时所依据的法律时有修改,本书尽可能选取在图书出版之前的新法背景下仍然具有指导价值的案例。但是,为保持裁判原貌,案例裁判所依据的法律仍保持与裁判当时一致。

五、裁判要旨编号

收入本书的裁判要旨以学科体系为依据进行编排,以便读者查找。示范如下:

编号	编号含义
No. HS-1.1-1	海事卷,第1.1项标题下,第一个裁判要旨。
No. CB-1.1-1	船舶船员卷,第1.1项标题下,第一个裁判要旨。
No. HX-1.1-1	海上保险卷,第1.1项标题下,第一个裁判要旨。
No. HY-1.1.1-1	海上货物运输卷,第1.1.1项标题下,第一个裁判要旨。
No. ZH-1.1.1-1	综合卷,第1.1.1项标题下,第一个裁判要旨。

六、案例索引

为方便读者查询案例,本书设置了案例索引。

七、主题词索引

为方便读者按主题查询、阅读,本书设置了主题词索引。

总目录

序言　贺　荣 …………………………………… 1
要目 …………………………………………… 3
CONTENTS …………………………………… 5
详目 …………………………………………… 7

（上　册）

1. 海上货物运输合同纠纷 …………………… 001
1.1 承运人 ……………………………………… 001
1.2 托运人 ……………………………………… 315

（下　册）

1.3 实际托运人（发货人） …………………… 407
1.4 提单纠纷 …………………………………… 418
1.5 海上货物运输合同的成立与生效 ………… 605
1.6 特殊货物的运输 …………………………… 612
1.7 货损货差 …………………………………… 632
1.8 迟延交付 …………………………………… 678
1.9 海上货物运输中的保函 …………………… 681
1.10 集装箱运输 ……………………………… 692
1.11 混合原因货损问题 ……………………… 712
2. 国际多式联运合同纠纷 …………………… 719
3. 航次租船合同纠纷 ………………………… 776
4. 国际海上货运代理合同纠纷 ……………… 859
5. 其他 ………………………………………… 886

案例索引 ……………………………………… 901
主题词索引 …………………………………… 909
后记 …………………………………………… 917

序言

贺荣(最高人民法院副院长)

为了适应海上运输和对外贸易事业发展的需要,1984年11月14日第六届全国人大代表大会常务委员会第八次会议通过了《关于在沿海港口城市设立海事法院的决定》,设立了大连、天津、青岛、上海、武汉、广州六家海事法院。之后,最高人民法院根据工作需要,先后于海口、厦门、宁波、北海增设四家海事法院。为了方便当事人诉讼,各海事法院根据自身情况,先后设立了包括三沙法庭在内的39个派出法庭,辐射范围涵盖北起黑龙江南至南海诸岛由我国管辖的全部港口、水域和岛礁。截至2014年年底,全国10家海事法院共受理各类海事案件247761件,审结执结237857件,结案标的额人民币1460多亿元;其中审结执结涉外、涉港澳台海事案件66564件,涉及70多个国家和地区。目前我国已经成为世界上设立海事审判机构最多、受理海事案件数量最多的国家。

经过30多年海事司法实践,我国已经积累了较为丰富的海事司法经验,这是我国建设国际海事司法中心,保障国家海洋强国战略实施的基础。为贯彻党的十八大三中全会精神,进一步深化司法公开,最高人民法院全面推进审判流程公开、裁判文书公开、执行信息公开,以增进公众对司法的了解、信赖和监督。在大数据时代背景下,如何将浩如烟海的裁判文书进行收集、分类、整理以及提炼,以方便公众查询,成为今后改进和完善司法公开制度的重要课题。北京大学出版社组织编撰的这套《中国海事案例裁判要旨通纂》,对598个具有典型意义的海事案件进行分类整理,并归纳裁判要旨,这对于总结我国海事司法实践经验,推动海商法理论与实务研究具有积极意义。搜集整理30多年的海事案例工程浩大,编者遇到了很多困难,案例的完整性有待进一步提高。编者采用案例非常注重典型意义,但有些案件的裁判观点随着理论与实践的发展,目前已经有所改变;有些观点还存在分歧。法律是稳定的,但不是一成不变。对于法律观点的争论永远存在,要辩证地看待这个问题。广大读者正是通过对这些案例的慎思明辨,才能全面地了解我国海事审判理论与实践的发展历程。

案例的编撰是一个长期系统的过程,但我们已经迈出了艰难的一步,并取得了阶段性成果。在此,我谨对《中国海事案例裁判要旨通纂》的面世表示祝贺,也希望这一工作持之以恒,形成精品,成为我国海事司法实践和海事法律理论研究的重要参考资料。

2016年10月16日

要 目

(上下册)

1. 海上货物运输合同纠纷 ··· 001
   1.1 承运人 ·· 001
      1.1.1 承运人的识别 ·· 001
      1.1.2 承运人的权利和义务 ·· 065
      1.1.3 承运人的免责 ·· 223
      1.1.4 承运人的举证责任 ··· 290
      1.1.5 承运人的责任期间 ··· 299
   1.2 托运人 ·· 315
      1.2.1 托运人的识别 ·· 315
      1.2.2 托运人的权利和义务 ·· 334
   1.3 实际托运人(发货人) ·· 407
      1.3.1 实际托运人的权利和义务 ··· 407
   1.4 提单纠纷 ··· 418
      1.4.1 提单的法律适用 ··· 418
      1.4.2 倒签或预借提单 ··· 458
      1.4.3 租约仲裁条款并入提单的法律效力 ····························· 476
      1.4.4 无单放货问题 ·· 488
   1.5 海上货物运输合同的成立与生效 ······································· 605
   1.6 特殊货物的运输 ··· 612
      1.6.1 危险货物运输 ·· 612
      1.6.2 油类、液体货物运输的短重问题 ································· 625
   1.7 货损货差 ··· 632
   1.8 迟延交付 ··· 678
   1.9 海上货物运输中的保函 ·· 681

1.10 集装箱运输 …………………………………………… 692
　　1.11 混合原因货损问题 …………………………………… 712

2. 国际多式联运合同纠纷 ……………………………………… 719
　　2.1 多式联运合同的主体识别 …………………………… 719
　　2.2 多式联运的责任承担 ………………………………… 740
　　2.3 多式联运承运人的权利和义务 ……………………… 751
　　2.4 多式联运托运人的权利和义务 ……………………… 767

3. 航次租船合同纠纷 …………………………………………… 776
　　3.1 航次租船下是否存在实际承运人 …………………… 776
　　3.2 航次租船合同的管辖及法律适用 …………………… 797
　　3.3 航次租船合同下承租人的权利和义务 ……………… 815
　　3.4 航次租船合同下出租人的权利和义务 ……………… 838
　　3.5 滞期费 ………………………………………………… 846

4. 国际海上货运代理合同纠纷 ………………………………… 859
　　4.1 签发货运代理提单的货运代理纠纷 ………………… 859
　　4.2 货运代理转委托问题 ………………………………… 865
　　4.3 货运代理合同中的无单放货 ………………………… 876

5. 其他 …………………………………………………………… 886
　　5.1 定期租船合同纠纷 …………………………………… 886
　　5.2 港口经营人的权利和义务 …………………………… 892

案例索引 …………………………………………………………… 901

主题词索引 ………………………………………………………… 909

后记 ………………………………………………………………… 917

CONTENTS

(VOLUME I II)

1. CONTRACT OF CARRIAGE OF GOODS BY SEA ·········· 001

   1.1 Carrier ·········· 001
   1.1.1 Identification of Carrier ·········· 001
   1.1.2 Rights and Obligations of Carrier ·········· 065
   1.1.3 Exemption for Carrier Liabilities ·········· 223
   1.1.4 Burden of Proof of Carrier ·········· 290
   1.1.5 Period of Carrier's Responsibility ·········· 299
   1.2 Shipper ·········· 315
   1.2.1 Identification of Shipper ·········· 315
   1.2.2 Rights and Obligations of Shipper ·········· 334
   1.3 Actual Shipper (Consignor) ·········· 407
   1.3.1 Rights and Obligations of Actual Shipper ·········· 407
   1.4 Disputes over Bill of Lading ·········· 418
   1.4.1 Application of Law for Bill of Lading ·········· 418
   1.4.2 Anti-dated or Advanced Bill of Lading ·········· 458
   1.4.3 Legal Effect of Arbitration Clause in Bill of Lading Incorporated in Charter Party ·········· 476
   1.4.4 Issues Concerning Release of Cargo Without Original Bill of Lading ·········· 488
   1.5 Execution and Coming into Effect of Contract of Carriage of Goods by Sea ·········· 605
   1.6 Transport of Special Cargo ·········· 612
   1.6.1 Transport of Dangerous Cargo ·········· 612
   1.6.2 Issues of Shortage in Weight for Carriage of Oil Cargo and Liquid Cargo ·········· 625
   1.7 Shortage of or Damage to Cargo ·········· 632
   1.8 Delayed Delivery ·········· 678
   1.9 Letter of Indemnity in Carriage of Goods by Sea ·········· 681
   1.10 Container Transport ·········· 692
   1.11 Issues of Damage to Cargo by Two or More Causes ·········· 712

2. INTERNATIONAL MULTI-MODAL CARRIAGE CONTRACT ······ 719

 2.1 Identification of Subject Parties Under Multi-Modal Carriage Contract ········ 719
 2.2 Bearing of Liabilities Under Multi-modal Carriage ······ 740
 2.3 Rights and Obligations of Carrier Under Multi-modal Carriage ······ 751
 2.4 Rights and Obligations of Shipper Under Multi-modal Carriage ······ 767

3. VOYAGE CHARTER PARTY ······ 776

 3.1 Whether There is Actual Carrier Under Voyage Charter Party ······ 776
 3.2 Jurisdiction and Application of Law for Voyage Charter Party ······ 797
 3.3 Rights and Obligations of Carrier Under Voyage Charter Party ······ 815
 3.4 Rights and Obligations of Shipper Under Voyage Charter Party ······ 838
 3.5 Demurrage ······ 846

4. INTERNATIONAL FREIGHT FORWARDING CONTRACT ······ 859

 4.1 Disputes over Freight Forwarding for Issuance of House Bill of Lading ······ 859
 4.2 Sub-assignment by Freight Forwarder ······ 865
 4.3 Release of Cargo Without Original Bill of Lading in Freight Forwarding Contract ······ 876

5. OTHERS ······ 886

 5.1 Disputes over Time Charter Party ······ 886
 5.2 Rights and Obligations of Port Operator ······ 892

TABLE OF CASES ······ 901
INDEX ······ 909
AFTERWORD ······ 917

详 目

（上册）

1. 海上货物运输合同纠纷 ·· 001
1.1 承运人 ··· 001
1.1.1 承运人的识别 ··· 001

1 原告中保财产保险有限公司湛江经济技术开发区支公司与被告越海航运公司、克罗地亚航运公司、幸运海路服务有限公司海上货物运输合同货损货差赔偿纠纷案【广州海事法院(1999)广海法湛字第47号】··························· 001

> **No. HY-1.1-1** 航次租船合同项下的提单，一旦转让至善意提单持有人，承运人与提单持有人的法律关系应依提单法律关系确定，两者并非租船合同法律关系。 001

> **No. HY-1.1-2** 提单签署栏载明提单承运人具体名称的且签发提单的人经该承运人授权，对持有提单的第三人而言，提单载明的承运人应视为海上货物运输合同的承运人。 001

> **No. HY-1.1-3** 船舶管理人并非海上货物运输合同的承运人或实际承运人，其管理船舶而引起货物损失或其他事故损失或风险，应按照转承责任的赔偿原则由船舶所有人承担。 001

2 原告广州粮油食品进出口公司与被告深圳海格龙威国际货运有限公司、时代船务有限公司海上货物运输合同货损纠纷案【广州海事法院(2001)广海法初字第224号】 ·· 010

> **No. HY-1.1-4** 一方虽与托运人进行业务联系，并协助完成订舱手续，但并未签发提单，仅仅是转递相关信息的，该当事人不得认定为承运人，其与托运人也不构成海上运输合同法律关系。 010

> **No. HY-1.1-5** 对于记名提单，承运人仍需要按照正本提单放货，否则应当承担无正本提单放货的后果。 010

3 原告马乐博有限公司与被告厦门弘信国际货运代理有限公司无单放货纠纷案【厦门海事法院(2003)厦海法商初字第219号】 ······································· 014

No. HY-1.1-6 一方虽自称其仅作为承运人的代理签发提单,但无法提供被代理人的具体授权予以证明,而且收取运费、在目的港对货物仍保有控制权的,可以认定该当事人是以自己的名义对外从事海上货物运输,具有承运人的法律地位,承担承运人的义务。即使在目的港由于第三人的原因而错误交付货物,不免除其作为承运人所承担的法律责任。………………………………………………………… 014

4 上诉人天裕海运有限公司与被上诉人山东远东国际海运有限公司海上货物运输合同货损纠纷案【山东省高级人民法院(2009)鲁民四终字第14号】 … 017

No. HY-1.1-7 就海上货物运输合同纠纷,海事法院依法扣押当事船舶后,享有对案件的管辖权。………………………………………………………… 017

No. HY-1.1-8 提单持有人向承运人主张货损赔偿的海上货物运输合同纠纷,起运港系与合同有最密切联系地之一,在当事人均援引起运港法律情况下,法院可以适用起运港所在地的法律为准据法。……………………………………… 017

No. HY-1.1-9 期租合同仅约束订立合同的当事人,非期租合同的当事人不受期租合同约束。船舶所有人虽未签发提单,未订立海上货物运输合同,但船舶所有人的船舶承运了货物,实际履行了海上运输合同,根据法律规定,船舶所有人具有实际承运人的法律地位。………………………………………………… 017

No. HY-1.1-10 承运人承担对提单持有人的海上货物运输合同项下的货物损害赔偿责任后,有权向负有责任的实际承运人追偿。…………………… 017

5 上诉人无锡新苏纺国际贸易有限公司与被上诉人福建省国贸运物流有限公司海上货物运输合同纠纷案【福建省高级人民法院(2010)闽民终字第652号】 ………………………………………………………………………… 021

No. HY-1.1-11 提单仅为运输合同的初步证据,并非运输合同本身,不能单纯以提单的记载来确定合同承运人,应当结合其他证据加以认定。承运人的识别,不能简单地仅凭提单的记载来确定,还应当结合案件的其他证据进行认定。 021

No. HY-1.1-12 受托人以自己的名义,在委托人的授权范围内与第三人订立的合同,第三人在订立合同时知道受托人与委托人之间的代理关系的,该合同直接约束委托人和第三人,但有确切证据证明该合同只约束受托人和第三人的除外。尽管代理人以承运人的名义签发自己的货代提单,该提单一直由托运人持有未经流转,但有确切证据证明代理人在委托人的授权范围内与第三人订立的合同,第三人在订立合同时知道受托人与委托人之间的代理关系的,代理人不应当识别为承运人。 022

6 原告广东恒鑫能源有限公司与被告则立安那管理公司、被告双日株式会社海上货物运输合同纠纷案【厦门海事法院(2010)厦海法商初字第187号】 ……… 026

> **No. HY-1.1-13** 提单中载明的向记名人交付货物,或者按照指示人的指示交付货物,或者向提单持有人交付货物的条款,构成承运人据以交付货物的保证。指示提单的托运人在提单上进行空白背书后,谁合法持有提单,谁就是提单的权利人。 …………………………… 026

> **No. HY-1.1-14** 实际承运人是指接受承运人委托,从事货物运输或者部分运输的人,包括接受转委托从事此项运输的其他人。船舶所有人在没有充分证据证明船舶的经营权已交付给他人行使的情况下,应当被认定为同时也是船舶的经营人,即实际利用船舶从事运输、获取收益的人,也即实际从事货物运输的实际承运人。 …………………………… 026

> **No. HY-1.1-15** 承运人向收货人交付货物时,收货人未将货物灭失或者损坏的情况书面通知承运人的,此项交付视为承运人已经按照运输单证的记载交付以及货物状况良好的初步证据。装货港货物的抽样及品质分析证书,如检验并非与承运人的联合检验,事后也没有经过承运人的认可,不构成提单货物状况记载,不能成为向承运人主张损失的依据。 …………………………… 026

7 原告佛山市光大服装有限公司与被告丰顺国际船务有限公司、深圳市鹏城海物流有限公司及其广州分公司、中海集装箱运输股份有限公司、Wm 集装箱航运公司海上货物运输合同纠纷案【广州海事法院(2007)广海法初字第316号】……………………………………………………………………………… 031

> **No. HY-1.1-16** 集装箱运输公司未取得无船承运人资质却签发提单从事无船承运业务,属违法经营,应由交通主管部门依职权处理,但其签发的提单并不属于《中华人民共和国合同法》第52条第5款违反法律、行政法规强制性规定的情形,应当认定为有效。 …………………………… 031

> **No. HY-1.1-17** 一方当事人陈述某公司实际承运了货物,而实际承运船舶与该公司船舶名称明显不符且该公司明确予以否认的,且一方当事人并无其他证据证明某公司与实际承运船舶存在租赁或所有权关系的,该公司不应认定为实际承运人,从而不应承担实际承运人的责任。 …………………………… 031

8 原告广州市中之豪实业有限公司与被告马士基(中国)航运有限公司、马士基(中国)航运有限公司广州分公司、华光国际运输广州公司、海程邦达国际货运代理有限公司广州分公司海上货物运输合同货物交付纠纷案【广州海事法院(2002)广海法初字第415号】……………………………………………… 038

> **No. HY-1.1-18** 一方未从事实际运输,也未以自己的名义签发提单,仅以另一方的名义向承运人办理托运手续,其身份是另一方的货运代理人,而非承运人。一方接受另一方委托后,向其他方订舱取得了其他方签发的正本提单,并将全套正本提单交给另一方的,应视为其履行另一方委托合同项下义务;在此情况下,其对交付货物不承担责任。
> 　　承运人的代理人在提单上明确注明其仅作为承运人的代理人并证明取得承运人的委托授权的,且根据提单足以识别承运人的,货物交付发生纠纷时应承担责任的是承运人而非该代理人。 …………………………… 038

⑨ 原告上海弘永服装发展有限公司与被告上海中轻国际货运有限公司、徐家伟、上海亚轮国际货运有限公司海上货物运输合同损害赔偿纠纷案【上海海事法院(2003)沪海法商初字第47号】·················· 043

> **No. HY-1.1-19** 承运人是指本人或者委托他人以本人名义与托运人订立海上货物运输合同的人;实际承运人是指接受承运人委托,从事货物运输或者部分运输的人,包括接受转委托从事此项运输的其他人。 043
>
> **No. HY-1.1-20** 运输协议若缺少合同标的、数量、质量、履行期限、地点和方式等合同主要条款,无法依该协议履行,该协议仅为一份意向书。 043

⑩ 原告海澜国际贸易有限公司与被告韩国海空运输有限公司、全华物流中心有限公司海上货物运输合同损害赔偿案【上海海事法院(2005)沪海法商初字第6号】··· 047

> **No. HY-1.1-21** 承运人对集装箱装运的货物的责任期间,是指从装货港接收货物时起至卸货港交付货物时止,货物处于承运人掌管之下的全部期间。承运人对非集装箱装运的货物的责任期间,是指从货物装上船时起至卸下船时止,货物处于承运人掌管之下的全部期间。在承运人的责任期间,货物发生灭失或者损坏,承运人应当承担赔偿责任。 047

⑪ 原告江苏玉兰木业有限公司与被告上海俄东船务有限公司、阿普利欧利货物运输有限公司海上货物运输合同纠纷案【上海海事法院(2008)沪海法商初字第586号】··················· 049

> **No. HY-1.1-22** 无船承运人的法律地位应该依据其在海上货物运输中实施的具体行为来认定。行为人仅实施代为签发提单、订舱等代理行为,所收取费用不含海运费,又能证明承运人授权其签发提单的,其仅具有货运代理人的身份,不应认定为承运人或实际承运人。 049

⑫ 原告东台市溱标不锈钢有限公司与被告天津捷运通物流有限公司海上货物运输合同纠纷案【上海海事法院(2010)沪海法商初字第1209号】············ 052

> **No. HY-1.1-23** 签发提单的人不能证明其所称被代理的承运人真实存在以及签发提单授权的,应承担提单项下承运人的责任。 052
>
> **No. HY-1.1-24** 承运人违反法律规定,无正本提单交付货物,损害正本提单持有人权利的,正本提单持有人可以要求承运人承担由此造成的损失。 052
>
> **No. HY-1.1-25** 提单持有人的货物损失赔偿应扣除已预收的部分货款。 052

13 原告宁波京甬进出口有限公司与被告挪威奥德费尔海运公司、新丰航运有限公司海上货物运输合同货损纠纷案【宁波海事法院(2005)甬海法商初字第15号】 …………………………………………………………………………… 054

> **No. HY-1.1-26** 提单显示"代表船长签发","承运人"一栏还规定"船东或光船承租人为承运人,船舶所有人对此没有提出不同主张及相应证据的",应当认为该轮的船舶所有人为承运人。 054

> **No. HY-1.1-27** 承运人应对货物运输全程发生的货损货差承担赔偿责任,实际承运人应对实际承运期间发生的货损货差承担赔偿责任。实际承运人有充分的机会了解涉案货物的转运事实,在其未主张并证明涉案货物另由其他船安排转运且货物在装上实际承运人船舶前就已存在货损情况下,其提出对货损不承担赔偿责任的主张,不予支持。 054

14 原告宁波麦芽有限公司与被告E.K.航运公司、富士川海运有限公司海上货物运输合同货损赔偿纠纷案【宁波海事法院(2006)甬海法商初字第65号】 …… 058

> **No. HY-1.1-28** 海上运输货物由船舶所有人所属船舶承运,船舶所有人有更为充分的条件及机会去确定有关的运输委托关系,但其在卸货处理期间乃至诉讼中均未积极主张或披露有关情形,推定船舶所有人接受承运人委托或转委托,构成实际承运人。 058

> **No. HY-1.1-29** 实际承运人以航海日志证明海上恶劣天气,但该记载并无其他证据如气象、海浪资料等佐证,且其亦未证明所遇风浪不可预见、超出了船舶承受能力的,证据理由不充分,法院可据此认定实际承运人无权援引免责。 058

15 原告中保财产保险有限公司福建省分公司与被告俄罗斯远东海洋轮船公司海上货物运输代位求偿纠纷案【厦门海事法院(1999)厦海法商初字第11号】 …………………………………………………………………………… 062

> **No. HY-1.1-30** 承运人签发的清洁提单是承运人和收货人之间关于提单记载的货物状况的最终证据。货物在卸货前已存在货损,可认定货物在承运人掌管期间发生货损,承运人应当承担相应的货损赔偿责任,但是承运人能够证明免责事由存在的除外。 062

> **No. HY-1.1-31** 根据提单的记载,提单由船长代理人签发的即视为船长签发,提单未明确记载承运人而船舶所有人也未提供证据证明其他人为承运人时,船舶所有人应当被视为承运人。 062

1.1.2 承运人的权利和义务 ………………………………………… 065

[16] 原告深圳南天油粕工业有限公司、中国人民保险公司辽宁省分公司与被告斯坦斯蒂船务有限公司海上货物运输货损赔偿纠纷案【广州海事法院(1999)广海法深字第92号】…………………………………………… 065

> **No. HY-1.1-32** 收货人持有提单,在货物到港后办理了海关手续,向承运人提取了货物,在没有相反证据的情况下,应认定其对货物具有所有权。 065

> **No. HY-1.1-33** 支付保险费并不是保险合同成立的法定要件,是否支付保险费,不影响保险合同的成立。 065

> **No. HY-1.1-34** 承运人应当谨慎处理,为承运船舶配备适当的、船长船员能正确阅读理解的海图;若没有适当配备海图,致使船舶处于不适航状态,从而导致碰撞,承运人应当对因碰撞所导致的货损承担赔偿责任。 065

> **No. HY-1.1-35** 承运人在开航前和开航当时应当谨慎处理,对货物的各项设备进行检查,使货舱适于并能安全收受、载运和保管货物。 065

> **No. HY-1.1-36** 无论承运人是否对碰撞造成的损失免责,都不能免除其在碰撞发生后妥善保管照料货物的义务。 066

[17] 原告中设(南通)机械设备进出口公司进口分公司与被告新加坡成功海事私人有限公司海上货物运输合同纠纷案【天津海事法院(1999)津海法商初判字第143号】…………………………………………… 079

> **No. HY-1.1-37** 承运人有妥善地、谨慎地装载、搬移、积载、运输、保管、照料和卸载所运货物的义务。对燃油进行加温属于正常的管船行为,但承运人应当预见对燃油的加温可能会使船舱底部局部温度升高,且所运货物在运输过程中长期遇热会变质的特性,也是承运人应当了解的。在装货时,承运人应当对可能因加热燃油使舱底板受热较多的部分进行垫舱,承运人未履行该妥善积载的义务,属于管货过失,应当承担由此造成的货物损失。 079

> **No. HY-1.1-38** "FREE OUT"(船东不负责卸货费用)仅是约定货方支付卸货费,并不能免除承运人在卸货中的义务,即使是由于装卸工人的疏忽造成的损坏,承运人仍要承担责任。 079

[18] 原告深圳市大三合实业有限公司与被告广州外轮代理汕尾公司、深圳市深粤航运公司无正本提单放货纠纷案【广州海事法院(2000)广海法汕字第36号】…………………………………………… 083

> **No. HY-1.1-39** 承运人未向海关申报提单项下的货物,也未对卸下的货物妥善保管,导致他人凭非涉案货物提单提走涉案货物,应当对由此产生的法律后果承担责任。船舶代理作为承运人的代理人及船务代理的专业公司,应当依法履行代理职责,其明知托运人少报多卸的行为违法并将直接影响货物的实际交付而仍进行代理活动,对他人凭非涉案货物提单提走涉案货物有过错,应当承担相应的责任。 084

> **No. HY-1.1-40** 就海上货物运输向承运人要求赔偿的请求权,时效期间为1年,自承运人交付或应当交付货物之日起计算。货物交付的日期为卸完货之后,自卸完货之日起计算时效期间。权利人在取得提单前,在时效期间内不是提单持有人,不享有提单的任何权利,无权起诉承运人及其代理人,不具备构成时效中止的权利主体资格。因未发生不可抗力事件,也未发生不能克服的、客观存在的不能归责于权利人的障碍,权利人在时效期间届满后取得提单,不构成时效中止,其起诉已超过诉讼时效期间,应予驳回。 084

⓳ 原告南海市大沥太平奇乐饮料食品有限公司与被告中海集装箱运输有限公司、营口中海货运代理有限公司水路集装箱货物运输合同货损纠纷案【广州海事法院(2000)广海法商字第95号】………………………………… 088

> **No. HY-1.1-41** 运单载明由发货人装箱封箱及计数,即由托运人负责装箱。货物在运抵目的地后,交货时箱体、封志完好,但箱内货物损坏,托运人请求承运人对货损负赔偿责任,但其没有提供承运人造成货损的证明,则其主张不能得到支持。 088

> **No. HY-1.1-42** 不可抗力是指不可预见、不可避免并不能克服的客观情况。若目的港的严寒低温天气情况是通常存在的,班轮运输承运人对该情况可以预见,则严寒低温不构成不可抗力。 088

⓴ 原告海南泰业贸易有限公司、海南金钢实业有限公司与被告远东海洋轮船公司、裕利船务有限公司海上货物运输合同货物交付纠纷案【广州海事法院(2000)广海法商字第145号】…………………………………………… 093

> **No. HY-1.1-43** 提单持有人可以以适当方式处理提单下的权利。 093

> **No. HY-1.1-44** 承运人未及时申报货物,导致货物被查扣的,提单持有人取得提单后有权就查扣而无法交付货物的损失向负有责任的承运人追偿。 093

㉑ 原告汕头市航星货运有限公司与被告天津轻丰货运有限公司深圳分公司、侨丰船务有限公司海上货物运输合同纠纷案【广州海事法院(2000)广海法深字第65号】…………………………………………………………… 101

> No. HY-1.1-45　承运人违反合同约定,未将货物运至目的港,而将货物滞留在中途港口,导致托运人重新安排转运而支出的转运费,系承运人违约所致,承运人应当赔偿托运人因其违约而支付的转运费及对应的利息损失。……………………… 101

22 原告广东省土产进出口(集团)公司与被告大连远洋运输公司、深圳联合国际船舶代理有限公司货物交付纠纷案【广州海事法院(2000)广海法深字第68号】… 106

> No. HY-1.1-46　向提单持有人交付货物是承运人依据提单所负有的合同义务。提单中未载明理货费用支付的条款,收货人也未向承运人和理货公司提出提货申请,承运人以收货人未支付理货费为由拒绝办理提货手续,构成违约行为,应赔偿相关损失。………………………………………………………………………………… 106

23 原告中国平安保险股份有限公司湛江办事处与被告泉州通达船业总公司水路货物运输合同货损赔偿纠纷案【广州海事法院(2000)广海法事字第68号】… 110

> No. HY-1.1-47　沿海水路运输的承运人,其责任期间为从货物装上船时起至卸下船时止。按照《国内水路货物运输规则》的有关规定,沿海的货物运输承运人承担的是一种较为严格的赔偿制度,除非因不可抗力、货物本身的原因、托运人或收货人本身的过错所造成的货物损失外,承运人均应当承担赔偿责任。按照航海习惯,船舶在开航前应当及时注意收听或收看气象预报。承运船舶在开航前应当预见强热带风暴给所航行海域造成的影响,故不构成不可预见。承运人对船舶在运输途中因遭遇强热带风暴失去动力沉没导致货物全损应当承担赔偿责任。… 110

24 原告厦门诚毅船务公司与被告云浮硫铁矿企业集团公司海上货物运输合同纠纷案【广州海事法院(2000)广海法事字第95号】…………………………… 114

> No. HY-1.1-48　货物在托运当时存在表面状况不良的,承运人应当在提单上进行批注,否则应当向提单持有人交付表面状况良好的货物。…………………… 114

> No. HY-1.1-49　承运人明知托运货物表面状况存在严重问题且能够预见到出具清洁提单会遭受索赔,仍接受保函出具清洁提单;而托运人明知货物表面状况不良而出具保函换取清洁提单的,托运人也构成恶意行为。承运人和托运人双方对收货人的损失应当承担连带责任。……………………………………………… 114

> No. HY-1.1-50　由于托运人对收货人的损失负有同等赔偿义务而没有赔偿,也没有为船舶获释而作出任何积极行为,致使船舶在扣押期间产生合理损失的,托运人对船舶的相应损失也负有赔偿责任。…………………………………… 114

25 原告河北省粮油(集团)总公司与被告阿塞尔吉达金亚塞那依维提加里特有限公司海上货物运输合同纠纷案【天津海事法院(2000)津海商初字第416号】……………………………………………………………………………… 120

> **No. HY-1.1-51** 在承运人的责任期间,货物发生灭失或损坏的,除由于承运人可以免责的原因外,承运人应当负赔偿责任。承运人不能提供证据证明其已妥善、谨慎地保管、照料货物的,应当承担举证不能的责任。 120

> **No. HY-1.1-52** 散装大豆运输,除装货前应做好货舱准备工作保证货舱干燥无积水外,航行途中必须根据货舱内外露点和湿度正确通风,且承运人应当就此能提供有效的原始记录证明该轮船员已根据不同的气候和天气等情况测量了干湿度并根据测定的船内外露点进行了正确的通风,否则应当承担举证不能的责任。 120

㉖ 原告本溪北台钢铁集团供销有限责任公司与被告南京华海船务有限公司、南京豪盛船务有限公司、营口市全通实业公司船载货物纠纷案【广州海事法院(2001)广海法汕字第10号】 ………………………………………………… 123

> **No. HY-1.1-53** 《中华人民共和国合同法》第315条规定,托运人或者收货人不支付运费、保管费以及其他运输费用的,承运人对相应的运输货物享有留置权。债权人行使留置权不以占有债务人所有的动产为必要条件,也不以债权人与动产所有人有债权债务关系为必要条件,只要债权人债权的发生与占有的动产有牵连关系就享有留置权。沿海水路运输包船运输合同项下,出租人为追索已届清偿期的运费留置船载货物,船载货物虽不属于承租人所有,但与出租人的债权有牵连关系,出租人对相应运输的货物享有留置权。 123

㉗ 上诉人(印度)拉迪恩航运有限公司与被上诉人(中国)五矿贸易有限公司提单记载与实际货物不符损害赔偿纠纷案【山东省高级人民法院(2002)鲁民四终字第24号】………………………………………………… 126

> **No. HY-1.1-54** 根据提单背面条款第1款的约定,发生租约约定的法律适用并入提单的条件是在提单首页标明租约日期的,因提单正面未记载租约和未标明租约日期,故应当认定不存在承运人所欲主张的租约约定的法律适用条款并入提单的前提。 126

> **No. HY-1.1-55** 承运人在提单上做出批注的情形限于提单记载的货物的品名、标志、包装或者件数、重量或者体积,货物的内在品质不属于承运人进行批注的范围。承运人在提单上的批注应当是船在签发提单时根据通常的观察方法观察到和发现的货物状况。承运人是否做出批注不以他人的检验结果为依据。 126

> **No. HY-1.1-56** 依据贸易合同所做的检验结果可以作为贸易合同双方解决争议的约定依据,但不能作为解决独立于贸易合同之外的海上运输合同的依据。 126

> **No. HY-1.1-57** 当交货行为不能发生后,收货人用书面形式向承运人明确表示将该批货物的所有权重新归于卖方所有,承运人亦已按照其指示将货物交于卖方处理,对该批货物的处置承运人也不存在任何过错,收货人由此产生的损失与提单运输合同关系没有关联,其损失应当通过贸易合同解决。 126

28 原告武威百花蜂业天然保健品有限公司与被告法国达飞轮船有限公司海上货物运输合同纠纷案【天津海事法院(2003)津海法商初字第648号】……… 143

> **No. HY-1.1-58** 承运人对货物的责任期间,是从装货港接收货物时起至卸货港交付货物时止,货物处于承运人掌管之下的全部期间。货物运至目的港,即使无人提货,承运人可采取将货物卸在仓库或其他适当场所等措施妥善保管货物,其产生的费用和风险可向负有责任的人索赔,而不应擅自将货物转运至其他港口,承运人对擅自改港给托运人造成的损失应当承担赔偿责任。 143

29 上诉人青岛华青进出口有限公司与被上诉人A.P.墨勒–马士基有限公司海上货物运输合同纠纷案【山东省高级人民法院(2004)鲁民四终字第1号】…… 145

> **No. HY-1.1-59** 虽然提单记载运费到付,但提单载明收货人凭指示,由于货物没有运到约定的地点,没有在交货地提货,托运人没有指示收货人,故不能证明改变运输合同承担运费的主体,托运人仍需向承运人支付运费。 145

> **No. HY-1.1-60** 对于集装箱运输,由于托运货物经卸货港国家机关检验被认为违反法律规定而不得进入海关情况下,承运人免除在到货中转地继续转运货物至目的地义务。承运人将货物卸载,然后予以合理运输方式转运回国,尽到了谨慎处理的义务,托运人应当承担运费及由于转运回国所导致的合理费用。 145

30 原告福建省工艺品厦门进出口公司与被告裕利航运有限公司、厦门裕利集装箱服务有限公司无单放货纠纷案【厦门海事法院(2004)厦海法事初字第51号】 ……………………………………………………………… 158

> **No. HY-1.1-61** 合同当事人可以选择合同适用的法律,但该法律不应违背我国社会公共利益或者法律法规的排除性、强制性、禁止性规定。 158

31 原告韩国进世贸易公司与被告连云港海运有限公司海上货物运输合同纠纷案【天津海事法院(2005)津海法商初字第37号】 …………………… 162

> **No. HY-1.1-62** 对于非集装箱货物,承运人只有取得托运人的同意或根据航运惯例才有权将货物装于舱面,否则应当对因此引起的货损承担赔偿责任。 162

32 原告仙游县镱进工艺有限公司与被告上海沁洋国际货物运输代理有限公司、天津航星国际货运代理有限公司厦门分公司海上货物运输合同纠纷案【厦门海事法院(2009)厦海法商初字第8号】 ……………………… 164

> **No. HY-1.1-63** 海上货物运输向承运人要求赔偿的请求权,时效期间为1年,自承运人交付或者应当交付货物之日起计算。 164

No. HY-1.1-64 在卸货港无人提取货物或者收货人迟延、拒绝提取货物的,承运人可以将货物卸在仓库或者其他适当场所。 164

No. HY-1.1-65 应当向承运人支付的运费、共同海损分摊、滞期费和承运人为货物垫付的必要费用以及应当向承运人支付的其他费用没有付清,又没有提供适当担保的,承运人可以在合理的限度内留置其货物。 164

33 原告龙海市格林水产食品有限公司与被告太平船务有限公司太平船务(中国)有限公司、太平船务(中国)有限公司厦门分公司、中国外运福建有限公司漳州分公司海上货物运输合同纠纷案【厦门海事法院(2011)厦海法商初字第98号】 168

No. HY-1.1-66 提单中载明的向记名人交付货物,或者按照指示人的指示交付货物,或者向提单持有人交付货物的条款,构成承运人据以交付货物的保证。正本提单虽未签发,但承运人格式提单样稿正面明确记载"……提取货物或提货单应提交一份经背书已签字正本提单……"的,据此,承运人必须签发和交付正本提单而非以托运人要求签发提单为前提。承运人不凭提单交付货物,违反了与托运人关于凭提单交付货物的约定,应当承担相应的违约责任。 168

34 原告山东淄博通宇新材料有限公司、中国产物保险股份有限公司与被告永兴航运有限公司、大连永吉船务代理有限公司、东龙亨船务代理股份有限公司海上货物运输合同损害赔偿纠纷案【青岛海事法院(2004)青海法海商初字第33号】 ... 171

No. HY-1.1-67 承运人对适航的义务标准为应当谨慎处理使船舶适航,而非提供绝对适航船舶。 171

No. HY-1.1-68 船舶尽管在开航前和开航时具备有效证书,但如果不能经受预定航次的正常风险,不构成适航船舶。 171

No. HY-1.1-69 海上货物运输合同中的海上风险是海上特有的风险,且不可以预见的状况。 171

No. HY-1.1-70 承运人在事故发生当时或之后管理货物有过失,从而违反承运人谨慎而妥善地照料、管理货物义务的,承运人仍应当对货物损坏负责。 171

35 原告联德电子(东莞)有限公司与被告深圳市外代国际货运有限公司海上货物运输合同纠纷案【广州海事法院(2008)广海法初字第330号】 178

No. HY-1.1-71 货物的运输承运人签发了运费预付的记名提单,其在没有证明货物运抵目的港后货物仍属托运人所有的情况下,以托运人拖欠其他货物运输费用为由留置货物,不符合法律的规定。承运人不当留置造成托运人损失,应当依照协议约定和法律规定承担违约赔偿责任。 178

36 原告广州港兴隆物流有限公司与被告招商局国际货运公司广州分公司、招商局国际货运公司海上货物运输合同货物交付纠纷案【广州海事法院(2003)广海法初字第 283 号】 ………………………………………… 181

> **No. HY-1.1-72** 在委托合同关系中受托方有权以自己的名义从事与货物提取有关的一切事宜,具有提取货物的请求权。申请追加共同被告是原告行使自己的诉讼权利,与被告是否可以作为诉讼主体没有关系。承运人在没有收到有关费用前拒绝放货是合理的,而在收到费用后履行放货手续时无过错,对收货人的提货权并未造成侵害,所以对收货方以提货权受侵害提出侵权之诉,不予支持。 181

37 原告深圳市华运国际物流有限公司与被告海程邦达国际货运代理有限公司广州分公司、海程邦达国际货运代理有限公司海上货物运输合同纠纷案【广州海事法院(2003)广海法初字第 392 号】 ………………………………… 185

> **No. HY-1.1-73** 适用中国法律审理时,在《中华人民共和国海商法》未有具体规定的情形下,适用《中华人民共和国合同法》相关规定,承运人在履行完合同规定的运输货物义务后,收货人不提货的,承运人有权要求托运人支付运费并承担不及时提货的其他费用。留置权是承运人享有的权利,是否行使应当由承运人决定。《中华人民共和国海商法》第 88 条第 2 款规定的是承运人行使留置权时货物价款的处理,不适用于承运人不行使留置权时的情形。 185

38 原告台山市志高休闲用品制造有限公司、志高股份有限公司与被告 DSL 星运公司、马士基物流(中国)有限公司、巴拿马绿色罗盘海运公司、哥本哈根 A.P 穆勒-马士基公司、法国达飞轮船有限公司海上货物运输合同货物交付纠纷案【广州海事法院(2007)广海法初字第 171 号】 ………………………… 190

> **No. HY-1.1-74** 提单是承运人保证据以交付货物的单证,提单中载明的向记名人交付货物的条款,构成承运人据以交付货物的保证。记名提单作为提单一种,承运人也应当凭提单交付货物。 190

> **No. HY-1.1-75** 经法院委托,有资质的价格评估机构采用国务院批准的具体评估办法中通常采用的市场估价法并随机抽取样本,对涉案货物在提单签发时的市场价值进行评估后,其评估参加人员接受当事人质询、答复合理,且当事人并无证据足以推翻评估报告结论的,法院对该评估结论的证明力予以认可。 190

39 原告山哥拉-多明戈斯公司与被告尼罗河航运私有有限公司海上货物运输合同纠纷案【上海海事法院(2007)沪海法商初字第 751 号】 ………………… 198

> **No. HY-1.1-76** 集装箱货物交接方式为堆场至堆场的,承运人的责任期间应当从装货港堆场接收货物时起至卸货港堆场交付货物时止,货物处于承运人掌管之下的全部期间。 198

No. HY-1.1-77 承运人应当妥善地、谨慎地装载、搬移、积载、运输、保管、照料和卸载所运货物。冷藏集装箱可能因在目的港堆场缺少制冷而造成货损,承运人未举证证明其在交付货物前已恪尽职责,履行妥善、谨慎保管货物的义务,应当对货物受损承担赔偿责任。 …… 198

40 上诉人地中海航运公司与被上诉人南通刚正薄板有限公司、上海航吉国际货物运输代理有限公司海上货物运输合同纠纷案【上海市高级人民法院(2011)沪高民四(海)终字第148号】 …… 201

No. HY-1.1-78 实际承运人是指接受承运人委托,从事货物运输或者部分运输的人。 …… 201

No. HY-1.1-79 承运人对驾驶船舶过失负有举证责任,举证不能的,不能享有法定免责。 …… 201

41 上诉人浙江天翔控股集团有限公司与被上诉人长荣海运新加坡公司、杭州鑫远国际货运代理有限公司海上货物运输合同纠纷案【上海市高级人民法院(2012)沪高民四(海)终字第24号】 …… 206

No. HY-1.1-80 运输是整箱货交接的,货物由托运人自行装箱并加以铅封后交予承运人,承运人在签发提单时对箱内货物不负核对义务。 …… 206

42 上诉人东方海外货柜航运公司与被上诉人河北省五金矿产进出口公司、山东烟台国际海运公司海上货物运输合同纠纷案【浙江省高级人民法院(2001)浙经二终字第109号】 …… 211

No. HY-1.1-81 《中华人民共和国海商法》将货物分为一般货物和危险货物,但并未规定托运人应当特别申报所运货物为国家限制进口货物。 …… 211

No. HY-1.1-82 载货清单是运输过程中需随船携带以备海关检查的重要文件。船长在明知未携带载货清单将导致提单项下的货物被罚没的严重后果的情况下,放任这种后果的发生,承运人应当赔偿货方实际损失。 …… 211

43 原告浙江物产化工集团有限公司与被告上海鼎衡船务有限责任公司水路货物运输合同货损赔偿纠纷案【宁波海事法院(2009)甬海法商初字第216号】 …… 215

No. HY-1.1-83 当事人在发货通知单中盖章构成其已收到货物并据此交付货物的保证,当事人和单证持有人之间水路货物运输合同关系成立。 …… 215

> **No. HY-1.1-84** 承运人未能彻底吹扫上一航次残余化学品致本航次货物受损的,承运人违反运输期间管理货物责任,应当承担赔偿责任。 215

44 原告河南省曙光水运有限公司与被告重庆宜化化工有限公司、宜昌锦程万和物流有限公司、李俊操水路货物运输合同纠纷案【武汉海事法院(2011)武海法商字第871号】 …………………………………………………… 220

> **No. HY-1.1-85** 即使承运人行使留置权,其亦有将货物卸下船舶安全保管,以减少损失的义务。对承运人未及时卸货,将货物长期滞留在船上导致的损失,就损失扩大的部分,应由承运人自行承担。 220

1.1.3 承运人的免责 …………………………………………………… 223

45 原告西安市轻工业品进出口公司与被告天津航都长兴国际货运代理有限公司、韩进海运有限公司、美国航都公司海上货物运输合同纠纷案【天津海事法院(1998)海商初字第334号】 …………………………………………………… 223

> **No. HY-1.1-86** 承运人应当将货物交付给出示正本提单的收货人,但托运人在货物交货前指示承运人将货物立即交付给特定收货人,托运人要求承运人承担未凭正本提单交付货物的赔偿责任,应不予支持。 223

> **No. HY-1.1-87** 在正常操作中,实际承运人要求其代理按正本提单交付货物的函件不改变托运人作出明确指示并据此而交付货物所造成的法律后果。 223

46 原告中国人民财产保险股份有限公司北京分公司与被告潘太那快运公司、韩进海运有限公司、利德雷公司海上货物运输保险代位求偿纠纷案【天津海事法院(2004)津海法商初字第179号】 …………………………………………………… 225

> **No. HY-1.1-88** 由于爆炸和火灾先后及界限很难区分,因此对伴随爆炸的火灾适用火灾造成的货物灭失或损坏赔偿规定。火灾是承运人的免责事由之一,除非证明火灾是由于承运人过失造成,否则,承运人不承担赔偿责任。 225

47 原告中国人民财产保险股份有限公司北京分公司与被告环球海运中国有限公司、韩进海运有限公司、利德雷公司海上货物运输保险代位求偿纠纷【天津海事法院(2004)津海法商初字第184号】 …………………………………………………… 227

> **No. HY-1.1-89** 保险人可以凭一份或两份正本提单向承运人主张交付货物或货物损害赔偿的请求权。 227

> **No. HY-1.1-90** 火灾发生时常伴随爆炸,在有可燃物附近,爆炸也导致火灾,火灾是海上货物运输合同承运人免责的一种法定事由,火灾既可以是一种现象,也可以是一种结果。除非提单持有人证明火灾是由于承运人本人的过失造成,承运人得免除对货物的损害赔偿责任。 228

详 目

48 上诉人哈尔滨波特家具有限责任公司与被上诉人阳明海运股份有限公司海上货物运输合同纠纷案【天津市高级人民法院(2010)津高民四终字第23号】 … 230

> **No. HY-1.1-91** 在收货人不能提交正本提单的情况下,承运人为保护提单利害关系人和其自身合法权益,要求收货人出具担保办理放货手续的做法符合航运惯例,亦不违反法律规定。 … 230

> **No. HY-1.1-92** 在涉外案件中,各方当事人在诉讼中均援引中华人民共和国法律作为起诉、抗辩的依据,应当视为各方当事人合意选择适用中华人民共和国法律。此时,应当以中华人民共和国法律作为处理案件争议的准据法。 … 230

49 上诉人中国平安财产保险股份有限公司上海分公司与上诉人申利航运有限公司海上货物运输合同纠纷案【天津市高级人民法院(2011)津高民四终字第153号】 … 234

> **No. HY-1.1-93** 硫磺为国际海运危险品规则规定的危险品,具有强腐蚀性。承运人应当在装货前清扫货舱,并在舱壁舱底喷涂石灰水;在装卸时为避免扬尘应当向硫磺喷洒淡水。承运人喷涂石灰层的浓度和厚度不能满足散装硫磺的厚度要求,又存在发现黑色物质时舱底存有积水的情况,证明承运人未保障污水井通畅和及时排水,导致舱内水分不能排干,继而导致石灰石软化、硫磺和舱底板发生化学反应的,应当认定承运人在备舱和管理货物方面有过失。 … 234

> **No. HY-1.1-94** 收货人在卸货港负责卸货,发现货物受损后,应当及时通知港口经营人改变原有装卸作业方法、分拣货物以减少损失,否则应当承担损失扩大的后果。 … 234

> **No. HY-1.1-95** 承运人和收货人均违反各自的义务,共同造成最后的损失,法院可以酌定双方各承担相应责任。 … 234

50 原告大连北方粮食交易市场海侨粮油有限公司与被告柳州地区柳州港运输公司、陈丽弦、广西苍梧县航运四公司水路货物运输合同货损纠纷以及柳州地区柳州港运输公司、陈丽弦反诉水路货物运输合同运费、滞期费纠纷两案【广州海事法院(2006)广海法初字第70、110号】 … 239

> **No. HY-1.1-96** 承运人对运输过程中货物的毁损、灭失承担赔偿责任,但承运人证明货物的毁损、灭失是因不可抗力、货物本身的自然性质或者合理损耗以及托运人、收货人的过错造成的,不承担赔偿责任。 … 239

> **No. HY-1.1-97** 收货人提货时应当按照约定的期限检验货物。对检验货物的期限没有约定或者约定不明确的,依照《中华人民共和国合同法》第61条的规定仍不能确定的,应当在合理期限内检验货物。收货人在约定的期限或者合理期限内对货物的数量、毁损等未提出异议的,视为承运人已经按照运输单证的记载交付的初步证据。 … 240

51 原告金海岸国际贸易有限公司与被告盐城中大国际贸易有限公司海上货物运输合同纠纷案【上海海事法院(2007)沪海法商初字第655号】……………… 248

> **No. HY-1.1-98** 承运人同托运人达成协议在舱面上积载货物,此后,由于装载货物的特殊风险而造成货物损失的,承运人不承担赔偿责任。 248

> **No. HY-1.1-99** 舱面货物由于海浪冲击、海水侵蚀而发生损害,以及部分因加固绳索松动而发生碰撞,是舱面货在恶劣天气情况下面临的特殊风险,不属于承运人管理货物过失。 248

52 原告平湖市富华箱包厂、上海中纺联纺织服装有限公司与被告环捷国际货运代理(上海)有限公司海上货物运输合同纠纷案【上海海事法院(2009)沪海法商初字第259号】……………… 251

> **No. HY-1.1-100** 承运人签发提单以外的单证是订立海上运输合同和承运人接受该单证所列货物的初步证据,但不是据以交付货物的保证。 251

> **No. HY-1.1-101** 货代收据仅是接收货物后出具的收据,不是提单,不具有物权凭证的功能。承托双方未约定承运人须凭货代收据交付货物的,承运人不凭货代收据交付货物,不违反运输合同的规定。 251

53 原告上海信达机械有限公司与被告上海港复兴船务公司海上货物运输合同纠纷案【上海海事法院(2010)沪海法商初字第1221号】……………… 254

> **No. HY-1.1-102** 沿海货物运输合同双方约定参照交通运输部《国内水路货物运输规则》分担运输风险和责任,承运人对货物损坏或迟延交付是否承担责任,可以援引该规则第48条第(一)项至第(十)项规定的承运人在沿海运输中的免责事由,但承运人对免责事由应当承担举证责任,否则仍应承担赔偿责任。 254

> **No. HY-1.1-103** 应当积载于舱面货物的运输风险是特殊风险,但不因此免除承运人的适航义务以及妥善地装载、搬移、积载、运输、保管、照料和卸载所运货物。 254

54 上诉人惠州鸿裕贸易有限公司与被上诉人长荣海运股份有限公司海上货物运输合同纠纷案【上海市高级人民法院(2011)沪高民四(海)终字第112号】……………… 267

> **No. HY-1.1-104** 对于外国法院的司法行为引起的无单放货或者不能交付货物的损失,承运人对此没有过错的,不予负责。 267

55 原告中国·山东隆盛进出口有限公司与被告马耳他·天鹅海事有限责任公司、毛里求斯·T&O 海运有限责任公司、希腊·海联海事有限责任公司、希腊·比埃雷夫斯海联海运有限责任公司海上货物运输合同货损索赔纠纷案【武汉海事法院(2006)武海法商字第 390 号】 ………………… 270

> No. HY-1.1-105 在国外法院出示函件解除对货物扣押之前,承运人无法控制货物,承运人理当可以免除货物交付的责任。 267

> No. HY-1.1-106 承运人的船长在国际航线航行途中自信其航行经验,过于靠近岸边行驶,造成船舶与不明暗礁触碰并搁浅,属于驾驶船舶过失。承运人依法免除因为船员驾驶船舶而导致的货物损坏的赔偿责任。 270

56 原告宁波顶佳进出口有限公司与被告地中海航运公司海上货物运输合同纠纷案【宁波海事法院(2005)甬海法商初字第 271 号】 ………………… 277

> No. HY-1.1-107 基于集装箱货物运输方式的特点,提单明确记载由托运人装箱、装载和铅封,而承运人未被允许打开铅封去核对集装箱内货物数量、质量、状况和内容物等,只要集装箱的铅封未被破坏、改变,即使集装箱中实无货物,也不能认为由承运人造成,因此,集装箱内有无货物及货物的品质系货物买卖合同下的争议,买卖双方应该按照货物买卖合同处理。 277

> No. HY-1.1-108 虽收货人未和承运人专门订立用箱书面协议,作为海上货物运输合同的一部分,收货人超期使用集装箱构成违约的,应支付超期使用费,收货人支付超期使用集装箱费用,也符合航运实践和航运惯例。 277

57 原告巴润摩托车有限公司与被告长荣海运股份有限公司海上货物运输合同纠纷案【宁波海事法院(2006)甬海法商初字第 240 号】 ………………… 282

> No. HY-1.1-109 基于目的港法律和海关监管而导致无单放货的,承运人没有过错,已事实上和法律上不能履行交货责任的,承运人不承担无单放货的违约赔偿责任。 282

58 原告米百利公司、中国大地财产保险股份有限公司宁波分公司与被告上海海至天国际货物运输代理有限公司海上货物运输合同纠纷案【上海海事法院(2009)沪海法商初字第 383 号】 ………………… 285

> No. HY-1.1-110 集装箱货物交接方式约定为场到门(CY – DOOR),承运人的责任期间包括从装货港堆场接收货物时起,至目的地交付货物时止的整个期间。货物在卸货地后运往目的地期间被盗,发生在承运人的责任期间,承运人应当对货物灭失或损坏负责。 285

> **No. HY-1.1-111** 盗窃不属于承运人可以免责的事由,即使承运人在提单中注明盗窃可免责的条款,因其违反《中华人民共和国海商法》第四章的规定,也应当认定无效。 285

1.1.4 承运人的举证责任 ………………………………………… 290

[59] 上诉人赫伯罗特货柜航运有限公司与被上诉人安徽安粮国际发展有限公司海上货物运输合同纠纷上诉案【天津市高级人民法院(2010)津高民四终字第30号】……………………………………………………………… 290

> **No. HY-1.1-112** 对于集装箱货物,在承运人掌管期间集装箱被开箱并更换铅封号而承运人又不能说明正当理由的,属于管理货物不当。 290

> **No. HY-1.1-113** 承运人主张货物的自然特性或固有属性来免除对货物损坏或灭失的赔偿责任,应当承担举证责任,还应当证明其履行了管理货物的责任。 290

[60] 原告韩国泛洋船务公司与被告海晏国际船务有限公司海上货物运输合同纠纷案【广州海事法院(2011)广海法初字第212号】…………… 293

> **No. HY-1.1-114** 一方在区段运输期间以托运人身份向另一方订舱,另一方予以接受,并签发提单,两者之间成立海上货物运输合同法律关系;该一方是区段运输的托运人,另一方是区段运输的承运人。 293

> **No. HY-1.1-115** 作为全程运输的承运人,在赔付货物损失后,有权作为区段运输的托运人,依据该区段的运输合同向区段运输承运人追偿。 293

1.1.5 承运人的责任期间 …………………………………………… 299

[61] 原告陕西省机械设备进出口公司与被告绿洲(天津)国际贸易有限公司、东阳仓库株式会社海上货物运输合同纠纷案【天津海事法院(1999)津海法商初字第760号】……………………………………………………… 299

> **No. HY-1.1-116** 承运人对集装箱装运的货物的掌管不仅包括其船长和船员对货物的掌管,也包括通过其雇佣或委托的装卸公司、仓库或码头管理人、其代理人等对货物的掌管。 299

> **No. HY-1.1-117** 质量不符货物被退运后,托运人主张承运人责任期间因为发生开箱导致货物更换而要求承运人承担赔偿责任的,应首先证明原货物品质良好。 299

[62] 原告森特利·比赫尔·沙达瓦茨克宁公司与被告广州远洋运输公司海上货物运输合同货损纠纷案【广州海事法院(2000)广海法事字第117号】……… 302

No. HY-1.1-118 承运人对非集装箱货物的责任期间为从货物装上船时起到卸下船时止,货物处于承运人掌管之下的全部期间。在承运人的责任期间,货物发生灭失或者损坏,除承运人有免责的情况外,承运人应当负赔偿责任。 …… 302

No. HY-1.1-119 保险标的发生保险责任范围内的损失是由第三人造成的,被保险人向第三人要求赔偿的权利,自保险人支付赔偿之日起,相应转移给保险人,保险人在保险赔偿范围内可以代位行使被保险人对第三人请求赔偿的权利。保险人对海运承运人行使代位求偿权的时效,适用被保险人与承运人之间海上货物运输损害赔偿请求权的时效,从承运人交付或者应当交付货物之日起算。 …… 302

63 上诉人美凯航运有限公司与被上诉人上海鑫冶铜业有限公司、株式会社商船三井、联合海运公司以及原审被告上海振华国际船务代理有限公司海上货物运输合同纠纷案【上海市高级人民法院(2012)沪高民四(海)终字第153号】 …… 307

No. HY-1.1-120 就集装箱货物运输而言,保证货物在交付时完整、完好是承运人基本的管理货物的责任。承运人主张集装箱铅封受损而货物并未受损,应当承担相应的举证责任。 …… 307

No. HY-1.1-121 承运人主张依据集装箱内货物的重量作为计算基础,其重量数字和报关单、装箱单可以互相印证,因此,可以以货物重量计算承运人责任限额。 …… 307

64 原告中国中盛粮油工业(镇江)有限公司与被告新加坡马杜拉船务私人有限公司、新加坡光荣船务管理私人有限公司海上货物运输合同纠纷案【武汉海事法院(2005)武海法商字第202号】 …… 311

No. HY-1.1-122 按照油船货物的交接方式,承运人责任期间始于岸罐管道接口到船上管道连接口,终止于船上的卸货管道到岸上接货管道的连接口。由于岸罐超过了船舷,岸罐的数据不足以证明货物短少发生于承运人责任期间。 …… 311

No. HY-1.1-123 检验机构作出的重量检验证书载明的重量数据系在岸罐测量作出,若岸罐内货物已经超出了船舷,不能证明货物短少系在承运人责任期间,超出了承运人责任期间造成的货物损失或短少,承运人不承担赔偿责任。 …… 311

No. HY-1.1-124 若提单记载,货物是和其他货物一起没有分票地全部装载于船舶同一货舱,并约定船东对货物混装后果及交付时的分票均不负责时,承运人按照提单持有人要求将货物卸至指定岸罐时只需对货物总量负责。 …… 311

1.2 托运人 …… 315

1.2.1 托运人的识别 …… 315

65 上诉人铁行渣华有限公司、铁行渣华(中国)船务有限公司与被上诉人阿迪兰股份有限公司海上货物运输纠纷案【山东省高级人民法院(2001)鲁经终字第39号】 …… 315

| No. HY-1.2-1 | 托运人不仅包括提单载明的托运人，也包括向承运人订舱出运货物并支付运费，即与承运人建立海上货物运输合同的相对人。| 315 |

| No. HY-1.2-2 | 空白背书提单经过一次背书后，任何人只要合法获得该提单，均是合法的提单持有人，均有权凭该提单提取货物。| 315 |

| No. HY-1.2-3 | 贸易合同的买方在无法及时收货的情况下，将提单退还卖方的行为，并不违反我国法律规定，不能据此认为买方将提单退还给卖方无效。卖方作为合法的空白背书提单持有人，其所持有的提单项下货物在运输过程中遭受损失，有权向承运人主张权利，故承运人应当负赔偿责任。| 315 |

66 原告北京富洋行贸易有限公司与被告海贸国际运输有限公司海上货物运输合同纠纷案【厦门海事法院（2003）厦海法商初字第 014 号】 326

| No. HY-1.2-4 | "委托他人为本人"，指受委托的人以自己的名义与承运人签订海上货物运输合同，与"委托他人以本人名义"不同。虽然海上货物运输合同是以外贸公司的名义和承运人签订，但由于外贸公司是受发货人的委托而签约，因此发货人具有托运人的身份。| 326 |

| No. HY-1.2-5 | 作为海上货物运输合同纠纷，应当优先适用《中华人民共和国海商法》。《中华人民共和国海商法》第 55 条已经明确，承运人对货物灭失的赔偿额，按货物的实际价值计算。发货人诉请的其应得利润损失和赔偿国内货物供应方的违约损失及利息，法院不予支持。| 326 |

| No. HY-1.2-6 | 货物出口的报关、拖车、柜检费用、检验检疫费、检验检疫代办费、制单费，作为出口成本，其价值已包含在 CNF 价中，发货人在 CNF 价外另行提出请求属于重复计算，不能予以支持。| 326 |

67 原告普宁市××织造有限公司与被告深圳市××物流有限公司、中××集装箱运输有限公司海上货物运输合同纠纷案【广州海事法院（2010）广海法初字第号 395 号】 329

| No. HY-1.2-7 | 当事人提交的买卖合同、装箱单、发票、托运单、出口货物报关单以及代理其订舱证明等，均可以证实其为实际交付货物运输的发货人，属于委托他人为本人将货物交给海上货物运输承运人的人，应当认定为托运人。| 329 |

| No. HY-1.2-8 | 承运人同收货人、提单持有人之间的权利、义务关系，依据提单的规定确定。提单转让给收货人后，托运人不再享有提单项下的权利，其对提单项下货物提出赔偿请求，原则上不应支持，除非托运人按照买卖合同约定实际承担了货损风险或责任。| 329 |

1.2.2 托运人的权利和义务 …………………………………………… 334

[68] 原告爱克森公司与被告中远集装箱运输有限公司、海陆联合服务公司、水手公司、中国远洋运输(集团)总公司海上货物运输合同货损赔偿纠纷案【广州海事法院(1997)广海法商字第53号】………………………………… 334

> **No. HY-1.2-9** 托运人托运危险货物,应当依照有关海上危险货物运输的规定,妥善包装,作出危险品标志和标签,并将其正式名称和性质以及应当采取的预防危害措施书面通知承运人。托运人没有在托运单上如实向承运人申报托运的货物属于危险品,且未按要求进行包装和标识,从而导致货物遭受损害的,托运人对承运人因运输此类货物所受到的损害,应当负赔偿责任,承运人则不负责任。 334

[69] 原告鹭丰船务有限公司与被告揭东县东源装饰材料有限公司海上货物运输合同纠纷案【广州海事法院(2000)广海法汕字第39号】………………… 341

> **No. HY-1.2-10** 托运人应当向承运人提供正确的货物重量,因托运人托运的货物超过集装箱的最大载荷,却未向承运人提供准确的货物重量,导致集装箱无法承受货物超重而破损,并在转运港被卸下换箱转运,托运人应当负赔偿责任,赔偿承运人为修复破损集装箱及另行换转集装箱产生的修理费、起吊费、转堆费损失以及为索赔支出的公证费用。 341

[70] 原告深圳市胜杰投资发展有限公司与被告马士基物流香港有限公司、马士基(中国)航运有限公司深圳分公司无正本提单放货纠纷案【广州海事法院(2000)广海法深字第47号】………………………………………… 344

> **No. HY-1.2-11** 提单是承运人保证据以交付货物的单证,在托运人仍持有承运人签发的提单的情况下,承运人在目的港交付部分货物缺乏合法的依据,应当对该错误交付部分的货物损失承担赔偿责任。 344

> **No. HY-1.2-12** 托运人应当对货物不能被合法提取而在目的港长期存放的状况采取积极的措施,在托运人或其他权利人对货物处理保持沉默的情况下,承运人将货物运回起运港没有过错。货物被部分运回起运港后,托运人收到承运人通知后应当采取必要措施向海关办理货物的退运手续,以尽早提取货物,减少损失。 345

[71] 原告李兆权与被告中嘉运输包装服务(国际)有限公司海上货物运输合同货物交付纠纷案【广州海事法院(2001)广海法事字第37号】………………… 349

> **No. HY-1.2-13** 托运人将货物交给承运人运输,承运人接收了货物,并以其名义向托运人收取运费,虽没有签订书面合同,但双方成立了货物运输合同关系。 349

> **No. HY-1.2-14** 承运人应按照合同约定在货物运抵目的地后及时交付货物,其知道收货人而没有履行及时通知收货人提货的义务,已经构成违约,应当承担因此而造成的收货人或提单持有人的仓储费损失。托运人在收到承运人的提货通知后,应当及时提货,以减少损失,因其没有及时提货而扩大的仓储费损失,由托运人承担。 349

No. HY-1.2-15　根据《中华人民共和国海商法》第267条的规定，海上货物运输合同的诉讼时效因请求人提起诉讼、提交仲裁或者被请求人同意履行义务而中断。当事人仅向对方提出请求，但未进行诉讼、仲裁，并不构成时效中断。 …… 349

72 上诉人亚连株式会社与被上诉人山东省寿光市供销社集团总公司国际货物运输合同纠纷案【山东省高级人民法院(2004)鲁民四终字第27号】 ……… 352

No. HY-1.2-16　当事人签发了以自己为承运人的提单，其和托运人形成了以提单为证明的海上货物运输合同法律关系。 …… 352

No. HY-1.2-17　提单载明运费预付，但承运人将货物装船并签发提单的行为表明承运人仍有义务履行运输合同。托运人不支付运费的，承运人可以在目的港合理限度内留置货物，但表明运费预付的提单已转让给善意第三人除外；承运人以托运人未付运费为由而不向托运人交付正本提单的主张，不符合法律规定。 …… 352

No. HY-1.2-18　承运人在托运人交付了货物并且货物已装船的情况下不交付正本提单，使得托运人丧失了对货物的控制权和处分权；货物到达目的港后，承运人未得到托运人的书面许可私自放货，对于托运人而言，该货物已经实际灭失，承运人应当承担赔偿责任。 …… 352

73 原告山东省海丰船务有限公司与被告厦门豪门食品有限公司海上货物运输合同纠纷案【厦门海事法院(2004)厦海法商初字第20号】 ……………… 359

No. HY-1.2-19　由于目的港无人提取货物，承运人处理货物而必须支付的费用，应当由托运人赔偿。 …… 359

74 上诉人新兴铸管股份有限公司与被上诉人中国环洋国际运输有限公司海上货物运输合同纠纷案【天津市高级人民法院(2010)津高民四终字第0028号】 … 365

No. HY-1.2-20　提单仅仅是运输合同的证明，不是运输合同本身，在承运人和托运人之间应以其他书面合同和提单来确定权利义务关系。托运人要求承运人在签发提单时将贸易环节的当事人直接记载为托运人合理、合法。 …… 365

No. HY-1.2-21　根据最高人民法院《关于未取得无船承运业务经营资格的经营者与托运人订立的海上货物运输合同或签发的提单是否有效的请示的复函》，合同一方虽未取得无船承运业务经营资格，但其运输合同并不违反合同法规定的违反法律、法规强制性规定的情形，合同应认定有效。 …… 365

No. HY-1.2-22　托运人有权解除合同而不解除合同，视为同意整个货物运输合同的继续履行，其无权事后主张免除其应当支付运费的义务。 …… 365

> **No. HY-1.2-23** 电子邮件的打印件,如未能提供原件或原件线索,且没有其他材料可以印证,而相对方又不予承认,该证据不能单独作为认定案件事实的根据。 365

75 原告阳光对外贸易发展有限公司与被告中国外运广州公司海上货物运输合同货损纠纷案【广州海事法院(2001)广海法初字第190号】 ………… 371

> **No. HY-1.2-24** 提单是海上货物运输合同的证明,而不是运输合同本身,托运人转让提单时,转让的只是提单记载的部分运输合同,不会导致原运输合同已经产生债权、债务的消灭。托运人仍应当依运输合同的约定,向承运人支付运费。 371

> **No. HY-1.2-25** 托运人已将其提单转让于第三人后,托运人对提单项下货物的权益原则上不再具有实体上的请求权,无权就提单项下货物的灭失或损害向承运人请求赔偿,但托运人按照买卖合同的约定实际承担了货损风险或责任的除外。 371

76 原告地中海×××公司与被告妙卡×××公司、嘉宏×××公司深圳分公司海上货物运输合同纠纷案【广州海事法院(2011)广海法初字第260号】…… 376

> **No. HY-1.2-26** 当事人庭审时辩称其仅为受托人的身份处理货物运输的受托事务,但不能证明另一方接受其委托时知道该委托关系的,另一方有权依据合同的相对性要求其作为合同相对方承担海上货物运输合同当事人的义务。 376

> **No. HY-1.2-27** 因托运人未及时办理港口、海关、检验、检疫等货物运输必备手续引起相关单证送交不及时、不完备或不正确并导致承运人利益受损害的,托运人应当承担赔偿责任。 376

> **No. HY-1.2-28** 在海上货物运输中,托运人要求承运人提供集装箱装运货物,双方约定的集装箱超期使用在费性质上一般属于违约金,如果该违约金过分高于实际损失的,当事人请求人民法院予以适当减少的,人民法院可以酌情予以减少。 376

77 原告耀丰船务有限公司诉被告深圳红枫叶国际物流有限公司、深圳长帆国际货运代理有限公司海上货物运输合同纠纷案【广州海事法院(2005)广海法初字第464号】………………………………………………………… 383

> **No. HY-1.2-29** 海上货物运输合同的托运人,负有保证申报货物与实际装载货物相一致的法定义务。作为托运人负有如实申报并保证运输货物的合法性的法定义务,托运人若违反了上述义务,应当对承运人的损失承担相应的赔偿责任。 383

78 原告上海易程集装罐运输服务有限公司与被告连云港市康信进出口有限公司海上货物运输合同纠纷案【上海海事法院(2009)沪海法商初字第589号】……………………………………………………………………… 385

No. HY-1.2-30 托运人履行了如实申报并提供危险品品名、标志和危险品等级信息等如实告知义务,承运人作为专业运输服务商和运输专用罐的提供商,接受货物承运后应当知晓采取哪些具体预防措施。	385
No. HY-1.2-31 承运人索赔集装箱损失,应当举证证明集装箱损坏是由于托运货物不合格、装罐不妥当或者其他行为所导致。承运人不能证明清洗集装箱的确切日期,也没有其与收货人联合检验的材料,不排除集装箱损坏是因卸罐后未清洗所导致。在托运人举证证明货物质量及装罐操作符合相关标准和制度的情况下,承运人未能提供证据推翻的,应当该承担举证不力的后果。	386

79 上诉人法国达飞轮船股份有限公司、上诉人上海龙飞国际物流有限公司与被上诉人上海华安国际集装箱储运有限公司、被上诉人上海憧景集装箱运输有限公司、永富国际货物运输代理有限公司以及上海亿通国际股份有限公司海上货物运输合同纠纷案【上海市高级人民法院(2011)沪高民四(海)终字第149号】························· 389

No. HY-1.2-32 托运人应该如实申报并保证货物品名、重量、包装等信息的准确性,由于上述资料不正确导致承运人损失的,应当承担赔偿责任;由于托运人过失造成承运人损失或船舶损坏的,托运人应当承担赔偿责任。	390
No. HY-1.2-33 虽然初始提交的货物重量信息错误,但托运人或其代理在合理时间内更改提交错误的货物重量数据,并更改成功的,托运人即履行了正确申报或告知货物重量等资料的义务。	390

80 上诉人上海江汉国际贸易有限公司与被上诉人上海京龙国际物流有限公司海上货物运输合同纠纷案【上海市高级人民法院(2013)沪高民四(海)终字第48号】························· 399

No. HY-1.2-34 实践中存在 FOB 多种变形,不排除卖方为了自身利益而代替买方进行订舱,控制运输。卖方是否作为运输合同的当事人,不能简单地以买卖双方的贸易合同术语来确定,应从具体订舱、履行过程与运输合同权利与义务对等来综合考量。	399
No. HY-1.2-35 承托双方约定运费由目的港收货人向承运人支付,属于当事人约定由第三人向债权人履行债务的情形。货物到港后无人提货可认定为第三人不履行债务,托运人应当向承运人承担违约责任。	399

81 上诉人湖北爱立德贸易有限公司与被上诉人 A.P. 穆勒-马士基有限公司海上货物运输合同欠款纠纷案【浙江省高级人民法院(2010)浙海终字第71号】··· 403

> **No. HY-1.2-36** 托运人应当向承运人支付的运费及承运人为货物垫付的必要费用没有付清的,承运人可以合理留置货物,货物无人提取的,可以申请法院裁定拍卖,拍卖所得价款用于清偿应当向承运人支付的有关费用,金额不足的,承运人有权向托运人追偿。 403

> **No. HY-1.2-37** 对于无人提取的货物,法律并未规定必须采取拍卖的方式处理。承运人在目的港对无人提取的货物经展示、招标,并出售给最高报价者,虽其未采取公开拍卖的处理方式,但处理并无明显过错,不承担货物减值的损失。 403

(下册)

1.3 实际托运人(发货人) 407

1.3.1 实际托运人的权利和义务 407

82 上诉人温州刘旭电器有限公司与被上诉人温州港口货运船舶代理有限公司、上海中通物流股份有限公司宁波分公司、马士基(中国)航运有限公司宁波分公司海上货物运输合同违约赔偿纠纷案【浙江省高级人民法院(2009)浙海终字第17号】 407

> **No. HY-1.3-1** 托运人既可以是与承运人订立运输合同的当事人,也可以是按照法律规定,委托他人为本人将货物交给承运人的人;交货托运人制度可以弥补外贸代理制度下外贸代理人被列为托运人而实际交付货物的人可能失去海上货物运输合同下权利的不足。 407

> **No. HY-1.3-2** 非由于托运人或交付货物的实际托运人的原因,而是由于承运人的原因未及时签发和交付提单导致提单项下货物所对应的买卖合同解除,托运人或交货托运人为了减少损失而折价处理货物的损失或因无法交付提单致承担买卖合同相对方的赔偿责任的,承运人应当签发提单而未签发的过错与托运人的损失存在因果关系。 407

> **No. HY-1.3-3** 托运人申请海事强制令且被法院裁定准予申请并予以执行的,应当构成海商法规定的诉讼时效中断。 407

> **No. HY-1.3-4** 承运人的损失赔偿责任仅以其订立海上货物运输合同当时所能合理预见的范围为限,超出部分不予赔偿。 407

1.4 提单纠纷 418

1.4.1 提单的法律适用 418

83 原告贵州省纺织品进出口公司与被告长计国际有限公司、长计国际有限公司贵州办事处海上货物运输货损赔偿纠纷案【广州海事法院(2000)广海法商字第98号】 418

No. HY-1.4-1　在货物并没有装上提单上记载的承运船舶的情况下,承运人签发提单,应当承担由此产生的法律后果。　418

No. HY-1.4-2　提单上的托运人在取得提单后进行了背书转让,已不是提单持有人,对提单项下的货物不再享有所有权,不享有基于货物所有权而产生的货物损害赔偿的请求权。　418

84 上诉人阿塞尔吉达金亚塞那依维提加里特有限公司与被上诉人河北省粮油(集团)总公司海上货物运输合同纠纷案【天津市高级人民法院(2001)高经终字第257号】……………………………………………………　421

No. HY-1.4-3　提单持有人通过银行付款赎单取得空白指示提单,银行是否背书不影响提单持有人的提单权利。提单转让后,持有提单的人有权向提单承运人主张提单项下货物的权利。在提单持有人有证据表明货物损失发生在运输期间的情况下,承运人欲免除货物损害赔偿责任,应提供证据证明货物损坏赔偿是由于法定的免责事由导致,否则应当承担赔偿责任。　421

No. HY-1.4-4　货物灭失的赔偿标准按照货物的实际价值计算,货物损坏的赔偿标准按照受损前后实际价值的差额或者货物修理费用计算。货物实际价值为装船时价值+保险费+运费,而不是以交付地点的市场价值为标准计算,货物受损后的价值计算也是如此。　422

85 原告南海冠球家具有限公司、祥建有限公司与被告亚洲货运有限公司海上货物运输交付纠纷案【广州海事法院(2001)广海法初字第114号】……………　428

No. HY-1.4-5　提单持有人请求承运人赔偿因无正本提单放货而遭受的损失,其主张的实际上是提单项下的权利,该权利来自于作为海上货物运输合同证明的提单,故为海上货物运输合同纠纷。双方当事人没有选择该合同适用的法律,依照《中华人民共和国海商法》第269条的规定,应适用与该合同有最密切联系的国家的法律。　428

No. HY-1.4-6　承运人应按照托运人的指示凭正本提单交付货物,其目的港的代理人凭商业保函及副本提单交付货物,违反法律规定。而被代理人对代理人的代理行为承担民事责任,故承运人应对其代理人的无单放货的行为承担民事责任,赔偿与其无正本提单放货行为有直接因果关系的损失。　428

86 上诉人源诚(青岛)国际货运有限公司与被上诉人栖霞市恒兴物业有限公司无正本提单放货纠纷案【山东省高级人民法院(2002)鲁民四终字第22号】……　432

No. HY-1.4-7　当事人有权选择处理纠纷适用的法律。提单中约定提单的内容以中国法律为依据,任何由该合同引发的争议和索赔终审权在中国法院,以中国法律为准据法审理。　432

> **No. HY-1.4-8** 提单是承运人保证据以交付货物的单证。承运人必须凭提单交货，并未区分记名提单与不记名提单，故在记名提单项下，承运人仍应凭正本提单放货，否则应当承担向记名收货人无单放货给托运人带来的风险。············ 432

> **No. HY-1.4-9** 记名提单项下适格的收货人应当具备两个条件：为记名提单记载的收货人和持有提单。提单上的记名收货人只有凭正本提单提货才是适格的提货主体。托运人在银行退单时未必有损失发生，其可控制货物并可通过其他补救措施收回货款，单证不符致银行退单与承运人无单放货之间没有必然的联系。托运人的损失在于其尚未收回货款而其托运的货物却因承运人的违约行为被不适格的主体提走，致使托运人在银行退单时丧失了对货物的控制权和支配权以及收回货款的保障，承运人应当承担赔偿责任。············ 432

87 原告厦门市惠利隆进出口有限公司与被告法国达飞轮船有限公司、达飞轮船（中国）船务有限公司厦门分公司海上货物运输损害赔偿纠纷案【厦门海事法院（2005）厦海法事初字第42-2号】············ 437

> **No. HY-1.4-10** 承运人签发的全套一式三份正本提单，根据航运及商业惯例，每一份正本提单都可以单独提货。若发货人仅持有一份正本提单，向承运人行使无正本提单放货损害赔偿请求权的，其对提单项下货物之权利并不是一个完全的、排他的物权，其提单权利存有瑕疵。············ 437

88 原告某某中成药保健品进出口公司与被告某某某航运有限公司、某某某航运公司马达加斯加公司、某某某航运（香港）有限公司、广东某某国际船舶代理有限公司海上货物运输合同纠纷案【广州海事法院（2011）广海法初字第362号】······ 440

> **No. HY-1.4-11** 司法鉴定所具有文书司法鉴定资格，在没有相反证据推翻其鉴定结论的情况下，应予以确认。在鉴定结论认定收货人持有的提单加盖的印文与承运人加盖在其他提单和文书上面的印文不一致的情况下，收货人有义务进一步提供证据证明其与托运人之间的买卖合同法律关系，以证明其是提单的合法持有人。············ 440

> **No. HY-1.4-12** 收货人主张其与国外卖家之间是通过口头形式达成买卖合同，并以现金形式支付货款的，但未在法院规定的期限内提交买卖合同、付款凭证等证据以证明其与国外卖家存在买卖合同关系的，不能认定其是合法提单持有人。············ 440

89 原告深圳市怡禾进出口股份有限公司与被告MSC地中海航运有限公司、高昌货运（香港）有限公司、高昌快运有限公司海上货物运输合同货物交付纠纷案【广州海事法院（2003）广海法初字第176号】············ 444

> **No. HY-1.4-13** 记名提单是海上货物运输合同的证明，但由于记名提单是不可转让的运输单证，不具有物权凭证的效力。············ 444

> **No. HY-1.4-14** 美国《联邦提单法》规定,承运人有理由交货给托运人在记名提单上所指定的收货人,承运人向记名提单的记名人交付货物时,不负有要求提货人出示或提交记名提单的义务。 444

⑨⓪ 原告核心钢铁产业有限公司与被告福建省轮船总公司海上货物运输合同货损赔偿纠纷案【上海海事法院(2003)沪海法商初字第 531 号】·················· 449

> **No. HY-1.4-15** 提单的转让,依照下列规定执行:① 记名提单:不得转让;② 指示提单:经过记名背书或者空白背书转让;③ 不记名提单:无需背书,即可转让。 449

> **No. HY-1.4-16** 承运人签发的提单均为指示提单的,托运人可以在提单签发后通过在提单背面背书的方式来指定收货人。托运人提交的提单背面若均有提单载明的托运人的空白背书,这意味着任何持有该提单的人均有权利要求承运人交付货物。 449

> **No. HY-1.4-17** 海上货物运输向承运人要求赔偿的请求权,时效期间为 1 年,自承运人交付或者应当交付货物之日起计算。 449

⑨① 原告铁行渣华有限公司与被告上海洪熙国际贸易有限公司海上货物运输合同提货纠纷案【上海海事法院(2006)沪海法商初字第 82 号】·················· 452

> **No. HY-1.4-18** 承运人在卸货港依法处理货物所发生并支付的费用,收货人有义务赔偿。 452

⑨② 原告中外运集装箱运输有限公司与被告上海进航国际货运代理有限公司、进航国际有限公司、浙江万利丰纺织科技有限公司海上货物运输合同纠纷案【上海海事法院(2007)沪海法商初字第 576 号】·················· 455

> **No. HY-1.4-19** 就海上货物运输向承运人要求赔偿的请求权,时效期间为 1 年,自承运人交付或者应当交付货物之日起计算;在时效期间内或者时效期间届满后,被认定为负有责任的人向第三人提起追偿请求的,时效期间为 90 日,自追偿请求人解决原赔偿请求之日起或者收到受理对其本人提起诉讼的法院的起诉状副本之日起计算。 455

> **No. HY-1.4-20** 提单中载明的向记名收受人交付货物,或者按照指示人的指示交付货物,或者向提单持有人交付货物的条款,构成承运人据以交付货物的保证。 455

> **No. HY-1.4-21** 收货人办理提货手续后,应该履行收货人的义务,尽快提取货物。收货人怠于履行从海关清关提货的义务,违反了合同的义务,应对由此造成承运人的损失承担赔偿责任。 455

1.4.2 倒签或预借提单…………………………………………………… 458

93 上诉人以星综合航运有限公司与被上诉人新疆奎屯云森纺织有限公司预借提单侵权损害赔偿纠纷案【天津市高级人民法院(2005)津高民四终字第163号】………………………………………………………………… 458

> **No. HY-1.4-22** 承运人在提单中记载单方减轻其责任的条款,应属无效。 458

> **No. HY-1.4-23** 承运人在集装箱尚未全部装船的情况下,签发集装箱全部已装船的提单,构成预借提单。承运人预借提单的行为与实体法律关系中的主体主张的损失之间存在因果关系,应承担赔偿责任。 458

94 再审申请人界龙船务(圣文森特)有限公司与被申请人中国大恒(集团)有限公司海上货物运输倒签提单纠纷案【最高人民法院(2001)民提字第6号】…… 461

> **No. HY-1.4-24** 承运人负有按照实际装船日期签发提单的义务,其倒签提单损害了收货人的利益应当承担由此造成的损失。 461

> **No. HY-1.4-25** 收货人有权在确认提单倒签后,持正本提单向法院申请财产保全并提起诉讼。 461

> **No. HY-1.4-26** 由于承运人的倒签提单行为,致使案外人解除了与收货人的买卖合同,使得本应由案外人履行的报关手续及应支付的相关费用只能由收货人履行和支付。承运人的倒签提单行为导致收货人额外支付的费用或相应损失,应当由倒签提单的承运人赔偿。 461

95 原告扬州天华光电科技有限公司与被告上海泷特国际物流有限公司海上货物运输合同纠纷案【上海海事法院(2011)沪海法商初字第1347号】……… 466

> **No. HY-1.4-27** 承运人倒签提单或者预借提单,不影响正本提单持有人向承运人主张无正本提单放货的权利,不影响承运人法律地位的认定以及正本提单持有人所享有的诉权。 466

96 原告五矿钢铁有限责任公司与被告现代商船(美国)有限公司、美国·伊斯—瑞尔玛有限公司、韩国·现代商船株式会社、日本·三光汽船株式会社、利比里亚·皇家货船有限公司运输单证侵权损害赔偿纠纷案【武汉海事法院(2003)武海法通商字第73号】…………………………………………… 470

> **No. HY-1.4-28** 倒签提单和不如实签发提单行为构成违约责任和侵权责任竞合,受害人有权选择要求责任人承担责任的方式。 470

> **No. HY-1.4-29** 船舶代理人应在授权范围内签发提单,但其未依船长发出的授权要求签发提单,反而在明知倒签提单违法时签发提单的,应当与被代理人承担连带责任。 …… 470

> **No. HY-1.4-30** 倒签提单行为掩盖卖方逾期交付货物的事实,导致信用证下单证虚假相符,使得收货人无法行使信用证项下拒付货款的权力,造成收货人不应有的损失,收货人有权要求承运人赔偿。 …… 470

1.4.3 租约仲裁条款并入提单的法律效力 …… 476

[97] 原告深圳市粮食集团有限公司与被告美景伊恩伊公司海上货物运输合同货损纠纷案【青岛海事法院(2004)青海法海商初字第245号】 …… 476

> **No. HY-1.4-31** 《中华人民共和国海商法》仅对航次租船合同有效并入提单作出规定,当事人将定期租船的所有条款并入提单的约定,不能产生其并入提单的法律效力。定期租船合同的仲裁条款也不成为解决因提单产生的纠纷的管辖依据。 …… 477

1.4.4 无单放货问题 …… 488

[98] 原告灌云县国际经济贸易公司与被告法国达飞轮船有限公司、邦辉船务代理(香港)有限公司无正本提单放货纠纷案【广州海事法院(1999)广海法事字第41号】 …… 488

> **No. HY-1.4-32** 提单是承运人保证据以交付货物的单证。承运人违反凭正本提单交付货物的法定义务,在没有收回正本提单的情况下将货物交给收货人,侵害了托运人基于提单所体现的财产权利,应当承担相应的民事赔偿责任,应当赔偿托运人根据发票、原产地证明和托收汇票所证明的货物价值计算的货物实际价值损失。 …… 488

[99] 原告山西新时代进出口公司与被告中通国际货运代理有限责任公司、天津中通国际货运代理有限责任公司、中海集装箱运输有限公司无单放货纠纷案【天津海事法院(1999)海商初字第795—797号】 …… 491

> **No. HY-1.4-33** 提单具有物权凭证的效力,持有正本提单即对承运人有实体请求权。承运人主张因提单持有者与案外人达成付款协议,提单即丧失物权凭证效力的观点,没有法律依据,不能成立。 …… 491

[100] 原告新宏光海运有限公司与被告中国海运(集团)总公司、广州中海物流有限公司深圳分公司、深圳市中海船务代理有限公司、中海集装箱运输有限公司无正本提单放货纠纷案【广州海事法院(2000)广海法商字第156号】 …… 495

> No. HY-1.4-34　承运人基于无正本提单放货的事实赔偿托运人后,持有正本提单的,有权向负有责任的第三人提起诉讼。 495

> No. HY-1.4-35　一方接受发货人交付的货物后,以自己的名义向运输公司办理托运,运输公司签发提单的,该方和运输公司之间构成海上货物运输合同的承运人和托运人关系,运输公司是承运人,该方是托运人。 495

> No. HY-1.4-36　因无单放货造成其他方损失的,承运人不享有赔偿责任限制的权利。 495

> No. HY-1.4-37　承运人在向货方作出赔偿后,向负有责任的第三人的追偿期限为90天,逾期则丧失胜诉权。 495

101 上诉人德国胜利航运公司与被上诉人骏业(天津)国际贸易有限公司无正本提单放货损害赔偿纠纷案【天津市高级人民法院(2001)高经终字第229号】…… 501

> No. HY-1.4-38　FOB价格条款,货物装船仅表明风险转移给买方,货物所有权并不同时发生转移,买方并未付款赎单而发货人持有全套正本提单时,发货人仍拥有对提单项下货物的所有权和诉权。 501

> No. HY-1.4-39　记名提单仍需要凭单放货,承运人对货物在其掌管期间负有谨慎保管之义务,并有义务保证凭正本提单交货,否则承运人应承担赔偿责任。 501

102 上诉人达飞轮船有限公司与被上诉人山东省东方国际贸易股份有限公司无正本提单放货纠纷案【山东省高级人民法院(2002)鲁民四终字第20号】… 503

> No. HY-1.4-40　提单是承运人据以交付货物的凭证。即使记名提单,承运人也应该收回其向托运人签发的正本提单后,将货物交付给记名收货人。承运人的目的港代理在未收回正本提单的情况下,将货物交付给记名收货人,违反其凭单交货的法定义务,是一种违约行为。承运人交货行为不当,应对因此给托运人造成的货款损失承担赔偿责任。托运人的货款损失虽有通过销售合同法律关系获得补偿的可能性,也不能免除承运人无单放货应对托运人所造成的货款损失承担责任。 503

> No. HY-1.4-41　承运人未收回其签发给托运人的正本提单而放货,应当认为承运人明知无正本提单放货可能给托运人造成损失的后果。而轻率地将货物交付给记名收货人。货物的损失是由于承运人明知可能造成损失而轻率地作为造成,承运人不适用限制赔偿责任的规定。 503

103 上诉人韩国成一海运航空株式会社与被上诉人文登巾蒙特利色织有限公司、韩国成一海运航空株式会社威海办事处无正本提单放货纠纷案【山东省高级人民法院(2008)鲁民四终字第8号】………………………… 509

> **No. HY-1.4-42** 承运人实施无单放货导致货物运至其他地点后,又将货物运回的,其行为不改变无单放货的性质。 ················ 509

> **No. HY-1.4-43** 承运人将货物运回后,要求提单持有人提取货物,提单持有人不提取导致货物长时间存放而贬值以及其他损失而致损失扩大的,就损失扩大部分,提单持有人应承担相应的责任。 ················ 510

104 上诉人 A. P. 穆勒-马士基有限公司与被上诉人山东潍柴进出口有限公司无正本提单放货纠纷案【山东省高级人民法院(2008)鲁民四终字第 40 号】 ······ 519

> **No. HY-1.4-44** 提单记载运输方式是集装箱堆场至集装箱堆场(CY-CY)的,如果承运人对集装箱进行了拆箱处理,且不能说明货物的目前状况,也不能提供货物存放在何处的证据,应当推定承运人已在未收回正本提单的情况下放货,承运人应当承担无单放货给托运人造成的损失。 ················ 520

105 上诉人大连利航国际货运代理有限公司与被上诉人高唐县佛斯特针织服装有限公司无正本提单放货纠纷案【山东省高级人民法院(2008)鲁民四终字第 53 号】 ················ 525

> **No. HY-1.4-45** 无船承运人在未收回提单的情况下在目的港放货,造成提单持有人损失的,应对提单持有人承担赔偿责任。 ················ 525

> **No. HY-1.4-46** 代理人为无船承运人向实际承运人订舱,签发和转交无船承运人提单,以及从事的其他代理行为,与无船承运人无单放货之间并无因果关系,其对提单持有人因无船承运人无单放货而遭受的损失不应当承担民事责任。 ················ 525

106 上诉人上海进航船务有限公司与被上诉人中土畜东方进出口有限责任公司海上货物运输合同无单放货纠纷案【山东省高级人民法院(2008)鲁民四终字第 122 号】 ················ 531

> **No. HY-1.4-47** 基于集装箱运输货物的规定,箱体完好,铅封完好,是集装箱货物交付的条件。因承运人无法证明其在卸货港无人提取货物的情况下行使了合理卸载的权利致使集装箱空箱返还,承运人亦未说明货物其他灭失原因,推定货物已在承运人未收回提单的状况下被释放,承运人的行为构成无单放货,应当对提单持有人承担赔偿责任。 ················ 531

107 原告厦门嘉联恒进出口有限公司与被告嘉宏国际运输代理有限公司厦门分公司、嘉宏国际运输代理有限公司海上货物运输合同无单放货纠纷案【厦门海事法院(2010)厦海法商初字第 211 号】 ················ 538

> **No. HY-1.4-48** 提单背面条款虽约定承运人的责任适用《海牙-维斯比规则》或使其(《1924年海牙规则》)强制适用有关立法(如美国1936年《海上货物运输法》),但鉴于《1924年海牙规则》并没有对承运人能否不凭正本提单向记名收货人交付货物作出明确规定,且无法查明相关立法,可以依据最密切联系原则适用中国法。 539

> **No. HY-1.4-49** 提单背面条款虽约定记名提单的承运人有权向记名收货人无单放货,但该条款属于格式条款,其目的实际上是为了免除承运人无单放货时依法可能承担的民事责任,该条款依照法律强制性规定为无效。 539

> **No. HY-1.4-50** 承运人因无正本提单交付货物造成正本提单持有人损失的赔偿额,按照货物装船时的价值加运费和保险费计算。 539

108 上诉人上海洋捷国际货物运输代理有限公司与被上诉人KS资源有限公司多式联运合同纠纷案【天津市高级人民法院(2011)津高民四终字第0038-0111号】 543

> **No. HY-1.4-51** 承运人提单签章处仅有AS AGENT ONLY(代理)字样,而未加任何批注,如AS AGENT FOR CARRIER(作为承运人的代理),也未在签发处用任何文字表明其代理人身份的,在转交提单时也未就被代理人的身份或其仅作为代理向托运人进行告知的,作为善意的提单持有人无法识别另有承运人的,可以认定提单签发人即为承运人。 543

> **No. HY-1.4-52** 在调取集装箱流转信息后证明货物在目的港被提取的情况下,若承运人无反证,应当认定提单持有人已初步完成了无单放货事实的举证义务。 543

> **No. HY-1.4-53** 无单放货的赔偿金额应当按照货物实际价值计算,即货物装船时的价值加保险费加运费。 543

109 原告深圳市鑫铭威××有限公司与被告万胜××物流(香港)有限公司、上海骏鹏××国际货物运输代理有限公司、上海骏鹏××国际货物运输代理有限公司深圳分公司海上货物运输合同纠纷案【广州海事法院(2011)广海法初字第149号】 550

> **No. HY-1.4-54** 提单虽未在国务院交通主管部门登记,但不属于《中华人民共和国合同法》第52条第(五)项规定的违反法律、行政法规的强制性规定的情形,不影响提单的效力。 550

> **No. HY-1.4-55** 当事人在庭审时辩称其受承运人委托并代理其签发提单,但不能提供证据证明其与承运人之间存在委托关系,也无法证明其在货物运输过程中向托运人披露其与承运人之间存在委托代理关系或者存在其他承运人的,当事人视为提单项下的货物承运人。 550

110 再审申请人富春航业有限公司、胜惟航业股份有限公司与被申请人鞍钢集团国际经济贸易公司海上货物运输无单放货纠纷案【最高人民法院(2000)交提字第6号】…………………………………………………… 557

> **No. HY-1.4-56** 实际承运人在托运人在中国法院对其提起诉讼后,在域外凭其他法律关系起诉目的港提取货物的收货人的行为,不足以证明实际承运人签发了提单。 557

111 再审申请人日本饭野海运公司与被申请人江苏省苏豪国际集团股份有限公司海上货物运输合同纠纷案【最高人民法院(2000)交提字第7号】………… 562

> **No. HY-1.4-57** 承运人负有凭正本提单交付货物的义务。承运人接受托运人的保函并根据托运人的要求和指示将货物交付给非正本提单持有人,不能免除其向善意取得正本提单的人交付货物的义务,应承担无单放货的违约赔偿责任。 562

112 原告上海东达进出口有限公司与被告上海迅汇国际货物运输代理有限公司海上货物运输合同纠纷案【上海海事法院(2009)沪海法商初字第451号】… 566

> **No. HY-1.4-58** 海上货物运输合同无单放货案件应由索赔人对承运人的无单放货行为予以先行举证,即索赔人应当证明在其仍持有全套正本提单的情况下,货物已脱离了承运人及其代理人的掌管,其主张的承运人无正本提单交付货物的事实方能得以成立。承运人对索赔人诉称的无单放货事实及其初步举证,则可以反证并未实施无单放货的行为。 566

113 原告瑞英纤维株式会社与被告青岛中和国际物流有限公司海上货物运输合同纠纷案【上海海事法院(2010)沪海法商初字第1083号】………………… 568

> **No. HY-1.4-59** 在货物的交接方式为堆场至堆场(CY/CY)的情况下,承运人应当在装货港集装箱堆场整箱接货,负责运抵卸货港集装箱堆场整箱交货,收货人负责在卸货港集装箱堆场整箱提货和拆箱,拆箱后应将空箱于规定期限内交至承运人指定的堆场。在索赔人仍持有正本提单的情况下,装载货物的集装箱已经拆箱的事实可以初步证明承运人无单放货行为成立。 568

114 上诉人上海励志国际物流有限公司与被上诉人绍兴市冠友西服有限公司、法国达飞轮船公司海上货物运输合同纠纷案【上海市高级人民法院(2011)沪高民四(海)终字第55号】…………………………………………………… 571

> **No. HY-1.4-60** 承运人依照提单载明的卸货港所在地法律规定,必须将承运到港的货物交付给当地海关或者港口当局的,不承担无正本提单交付货物的民事责任,但承运人须提供有效证据证明卸货港所在地法律中有关于货物运抵目的港后必须交付海关或码头进行放货的明确规定。 571

115 原告港中旅华贸国际物流股份有限公司与被告以星综合航运有限公司海上货物运输合同纠纷案【上海海事法院(2011)沪海法商初字第523号】 ……… 574

> No. HY-1.4-61 承运人违反法律规定,无正本提单交付货物,损害正本提单持有人提单权利的,正本提单持有人可以要求承运人承担由此造成损失的民事责任。 574

> No. HY-1.4-62 托运人向承运人承诺出具保函以换取提单,托运人的保函责任应限于运输单证变更所可能导致承运人承担的对外责任,但不应当包括承运人对内违约的合同责任。 574

116 原告温州市五机化医外贸有限公司与被告上海泷特国际物流有限公司海上货物运输合同纠纷案【上海海事法院(2012)沪海法商初字第33号】 ……… 577

> No. HY-1.4-63 承运人责任期间为场到场(CY/CY)的,承运人向收货人负有整箱交接货物的义务。如果在承运人责任期间,集装箱已经拆箱并投入其他航次使用,但托运人仍持有全套正本提单,除非承运人能提供证据证明货物仍在其控制之下,否则,承运人构成无单放货行为。 577

> No. HY-1.4-64 承运人无单放货后,正本提单持有人与收货人就货款支付达成的协议不影响提单持有人要求承运人承担无单放货责任。 577

117 原告绍兴县松青纺织有限公司为与被告上海驰洋国际货物运输代理有限公司、上海驰洋国际货物运输代理有限公司宁波分公司海上货物运输合同纠纷案【宁波海事法院(2010)甬海法商初字第54号】 ……… 580

> No. HY-1.4-65 托运人将提单交给承运人要求更改,但并未放弃持有提单的权利,托运人仍视为合法的提单持有人。 580

> No. HY-1.4-66 承运人未将更改后的提单交给托运人,若承运人在目的港无单放货,不影响托运人主张承运人承担无单放货的责任。 580

118 原告宁波××国际贸易有限公司与被告上海×××国际物流有限公司海上货物运输合同纠纷案【宁波海事法院(2011)甬海法商初字第320号】 ……… 582

> No. HY-1.4-67 托运人持有承运人签发的提单却长期未流转,也不主张提货,承运人为了减少滞箱费而拆箱,可以合理解释为"为防止损失扩大则采取适当措施"。承运人举证货物仍储存于目的港仓库,而托运人无相反举证的,视为未发生无正本提单放货。 582

119 原告宁波新龙时装进出口有限公司与被告商船三井株式会社海上货物运输合同无单放货纠纷案【宁波海事法院(2004)甬海法商初字第406号】 ……… 584

| No. HY-1.4-68 | 实际托运人如果并非是提单上记载的托运人，但其通过货运代理人进行了出货、报关出口以及支付运费等实际行为的，应认定为实际托运人。即使实际托运人持有与实际装船港不符的二程船提单，也不影响正本提单的法律效力，其是海上货物运输合同的一方主体，亦有合法的诉权。 | 584 |

| No. HY-1.4-69 | 出口货物的报关单的金额明显低于银行托收的发票价格的，但有证据证明商业发票上的货物单价与贸易订单载明单价相符，且与银行托收价格相同的，以银行托收价格作为货物实际价格进行认定。 | 584 |

| No. HY-1.4-70 | 托运人提供货物已被收货人提取的初步证据，而承运人无证据证明货物未被提取的，应当推定承运人无单放货行为成立。 | 584 |

120 原告宁波长运国际物流有限公司与被告北欧亚货柜航运有限公司海上货物运输合同无单放货纠纷案【宁波海事法院(2005)甬海法商初字第50号】 … 587

| No. HY-1.4-71 | 实际托运人与提单记载的托运人不一致，但基于其向承运人进行了订舱行为并接受承运人签发的提单，可以认定双方货物运输合同法律关系成立，具有托运人的主体资格，享有实际托运人权利。 | 587 |

| No. HY-1.4-72 | 托运人向承运人出具电放保函，并将全套正本提交还承运人，承运人予以接受的，若承运人未根据托运人的电放指示及提单记载交付货物，承运人的行为构成违约，应依法承担相应的法律责任。 | 587 |

121 原告(反诉被告)浙江省义乌市对外经济贸易有限公司与被告(反诉原告)地中海航运公司海上货物运输合同无单放货纠纷案【宁波海事法院(2005)甬海法商初字第348号】 …………………………………………………… 589

| No. HY-1.4-73 | 出口货物因托运人的原因被海关罚没，且海关出具手续的，承运人就该部分货物免除交付义务，不承担无单放货的法律责任。 | 590 |

122 原告宁波利登休闲用品有限公司与被告东方海外货柜航运(中国)有限公司、东方海外货柜航运有限公司海上货物运输合同无单放货纠纷案【宁波海事法院(2007)甬海法商初字第273号】 …………………………………… 593

| No. HY-1.4-74 | 在FOB下，有证据证明贸易合同卖方向承运人实际交付货物出运的，贸易合同卖方构成我国海商法下的托运人，依法可向承运人主张托运人权利。 | 593 |

| No. HY-1.4-75 | 海关放行并不等同于承运人放货，若海关放行后，货物仍处于待提取状态，集装箱并未拆箱，则不能证明承运人已无单放货。 | 593 |

123 原告狮马有限公司与被告上海迅汇国际货物运输代理有限公司海上货物运输合同无单放货纠纷案【宁波海事法院(2009)甬海法商初字第94号】…… 595

> **No. HY-1.4-76** 承运人无单放货后,本应承担相应的赔偿责任,但若承运人提供证据证明托运人已从收货人处收到全额货款,且托运人不能提供证据证明该货款的其他来源的,则承运人不承担货款赔偿责任。 595

124 上诉人深圳市鸿安货运代理有限公司与被上诉人浙江山塔纺织有限公司海上货物运输合同无单放货纠纷案【浙江省高级人民法院(2009)浙海终字第77号】…… 596

> **No. HY-1.4-77** 作为提单持有人的托运人虽与收货人达成付款协议,但在无正本提单放货情况下而得不到款项支付时,该协议不免除承运人应当按照正本提单放货的法律责任。 596

> **No. HY-1.4-78** 无单放货的损失赔偿额应以装船时价值加运费加保险费计算,但特定货物的出口商因货款无法收回导致出口退税也丧失,该损失属于"因违约造成的损失",依据合同法可以纳入赔偿金额的考虑因素中。 596

125 上诉人上海翘运货运代理有限公司、上海翘运货运代理有限公司宁波分公司与被上诉人宁波市慈溪进出口股份有限公司海上货物运输合同无单放货纠纷案【浙江省高级人民法院(2010)浙海终字第48号】…… 600

> **No. HY-1.4-79** 由于货物卸入海关的保税仓库,该场所并非承运人所能控制,在提单持有人不积极配合和明确指示下,承运人无法回运货物。提单持有人明知回运困难却长期未向收货人交付提单,造成目的港无人提货的状况,比照"卸货港无人提货或收货人迟延、拒绝提货的,船长可以将货物卸载仓库或适当场所,风险和费用由收货人承担"的规定,货物的风险和费用应当由提单持有人承担。 600

1.5 海上货物运输合同的成立与生效 ……… 605

126 上诉人中艺家具进出口公司与被上诉人赫伯罗特货柜航运有限公司海上货物运输合同运费纠纷上诉案【天津市高级人民法院(2001)高经终字第12—19号】… 605

> **No. HY-1.5-1** 承运人的代理人与案外人特别协议约定由案外人支付运费的,该约定的效力及于被代理人即承运人;提单中载明的运费预付的义务应当由特别协议的案外人承担。 605

> **No. HY-1.5-2** 有确凿证据证明FOB买卖合同中明确约定由案外人支付海运费,且承运人又与案外人就海运费达成一揽子运价协议,应当认定承运人明知支付海运费的义务方。即使提单打印"运费预付",该预付运费的义务应当由承运人明知的海运费支付义务人来履行。 605

127 原告深圳市森邦国际货运有限公司与被告山东省烟台国际海运公司海上货物运输合同纠纷案【广州海事法院(2008)广海法初字第474号】……… 609

> **No. HY-1.5-3** 托运人向承运人订舱,承运人发出订舱确认书且包含货物名称、卸货港、海运费等重要海运信息的,双方的海上货物运输合同关系成立,各方均负有义务履行。订舱确认方将货物装船但未按照约定的航线将货物运往卸货港的,构成违约,应当赔偿对方由此遭受损失。守约方采取补救措施而支付的费用,违约方对此应当承担赔偿责任。 609

1.6 特殊货物的运输 ……… 612

1.6.1 危险货物运输 ……… 612

128 原告林如与被告汕头市公路局莱长渡口所海上货物运输纠纷案【广州海事法院(2002)广海法初字第369号】……… 612

> **No. HY-1.6-1** 国家对危险化学品的运输实行资质认定制度,未经资质认定,不得运输危险化学品。 612
>
> **No. HY-1.6-2** 客货船和客滚船载客时,原则上不得装运危险货物。 612

129 原告××航运有限公司与被告德州××国际物流集团有限公司、天津××物流有限公司海上货物运输合同纠纷案【广州海事法院(2010)广海法初字第527号】……… 617

> **No. HY-1.6-3** 危险品渗漏是由于集装箱内货物包装不当及衬垫不足所致而集装箱内的货物包装及积载应由托运人负责,可以认定危险品渗漏事故是由于托运人未履行妥善包装危险品的义务造成的,由于其过失造成承运人或船舶损失,应当承担赔偿责任。 617

1.6.2 油类、液体货物运输的短重问题 ……… 625

130 原告中国人民财产保险股份有限公司北京市直属支公司与被告铜河海运有限公司、寰宇船务企业有限公司海上货物运输合同代位求偿纠纷案【宁波海事法院(2003)甬海商初字第353号】……… 625

> **No. HY-1.6-4** 提单上货物状况的记载对善意提单持有人来说构成绝对证据,承运人应当按照提单记载状况交付货物。 625

1.7 货损货差 ……… 632

131 原告苏黎世国际保险股份有限公司与被告中波轮船股份公司海上货物运输合同货损纠纷案【广州海事法院(1998)广海法商字第96号】……… 632

详目 45

> **No. HY-1.7-1** 不可抗力是指不能预见、不能避免并不能克服的客观情况。货损发生在承运责任期间，承运人以不可抗力为由请求免责，但承运船舶所遇的气象情况是可以预见的，也是航行国际航线的船舶通常能够抵御的，不属于不可抗力。 632

> **No. HY-1.7-2** 就海上货物运输向承运人要求赔偿的请求权，时效期间为1年，自承运人交付或者应当交付货物之日起计算。收货人或者其代位求偿人，均应当自承运人交付或者应当交付货物之日起1年内提起诉讼，否则就超过诉讼时效。 632

132 原告中国人民保险公司广东省分公司与被告塞浦路斯海运有限公司、圣达卢船务有限公司海上货物运输合同货差赔偿纠纷案【广州海事法院(2000)广海法事字第79号】……………………………………… 637

> **No. HY-1.7-3** 提单关于货物状况的记载对于善意第三人构成绝对证据，承运人未按照提单记载的重量交付货物的，又未能证明损失是由于法律规定的可免责事由造成的，应当承担赔偿责任。水尺计量是进口商品检验货物卸货重量的方法之一，且商检局在水尺检验时已经对误差作了必要校正，该机构的证明具有法律效力。 638

> **No. HY-1.7-4** 保险人自赔付作为正本提单持有人的收货人时起即取得以自己名义独立行使向承运人追偿的代位求偿权，但其权利仅限于实际赔偿被保险人的支付凭证所确定的范围之内，超出部分无权向承运人追偿。 638

133 原告舟山市普陀油脂运贸有限公司与被告珠海市金光油脂工业有限公司海上货物运输合同运费纠纷案【广州海事法院(2001)广海法初字第86号】… 642

> **No. HY-1.7-5** 货物运输协议既约定进行封铅运输，承运人负责原装原交，又约定装卸港的数量差距超过合理损耗一定比例以外，承运人赔偿超出部分的损失。由于该两个约定不能同时得到履行，在双方当事人没有提供一约定否定另一约定证据的情况下，对两个约定不作相互矛盾的解释，即承运人在封铅运输负责原装原交的情况下，仍应当对超出一定比例合理损耗之外的货物短少损失承担赔偿责任。 642

134 上诉人俄罗斯检验集团联合股份公司与被上诉人烟台大宸食品有限公司海上货物运输合同货损赔偿纠纷案【山东省高级人民法院(2009)鲁民四终字第1号】……………………………………………………………… 647

> **No. HY-1.7-6** 提单中印制的"托运人提供的重量、质量、数量、状况、内容，承运人不知"条款，因其表述并未说明不符之处，怀疑的根据或者说明无法核对而是事先打印的条款，且其试图以合同条款减轻承运人应尽的责任，故不具有法律效力。 647

> **No. HY-1.7-7** 承运人对货物品名、标志、包装、件数、体积、重量等与实际接收的货物不符的，应当如实地、客观地在提单上予以批注，否则，承运人应该按照提单的记载交付货物。承运人不得事后主张实际接收的货物的重量、体积、包装等与提单记载内容不一致来抗辩赔偿责任。 647

> **No. HY-1.7-8** 货物在运输期间遭受损坏或短少,提单持有人主张承运人应该承担赔偿责任,而承运人以货物特性或自然损耗等法定事由主张应予免责的,如果提单持有人有证据证明货物的损坏或短少是由于承运人违反妥善和谨慎管理货物的义务所致,承运人应当就货物特性或自然损耗进行强有力的举证,否则不能依据货物特性或自然损耗等事由主张对损失免责。·················· 647

> **No. HY-1.7-9** 国家法定机构检验机构作出的鉴定报告、残损报告或者检验结论具有证明力,一方主张鉴定方法不当、鉴定不规范、结果不客观而不应适用鉴定报告或检验结论的,应当提供有效的、科学的证据予以证明,否则不应否认报告或检验结论的证明力。·················· 648

135 原告中艺华海进出口有限公司与被告三角洲船务有限公司、中国再保险(集团)公司海上货物运输合同货差纠纷案【广州海事法院(2007)广海法初字第126号】·················· 664

> **No. HY-1.7-10** 运输的油类货物短少超过国际贸易惯例允许的5‰合理损耗范围的,因其超出了合理损耗误差范围,承运人再主张扣除5‰的合理损耗的主张不予支持。·················· 664

> **No. HY-1.7-11** 当确有证据证明国家检验机构检验的重量不能反映出或者注意到相应重要事实的,应按照客观事实适用更能准确反映事实的货物重量的检验结果。·················· 664

136 原告湖北钢赢家具有限公司与被告联合国际货运(香港)有限公司海上货物运输多式联运合同货损赔偿纠纷案【武汉海事法院(2001)武海法商字第75号】·················· 669

> **No. HY-1.7-12** 货物损坏发生在内河长江运输区段的,《中华人民共和国合同法》是强制适用与调整内河货物运输当事人权利义务的法律。·················· 669

> **No. HY-1.7-13** 依照我国合同法,承运人的赔偿责任为无过错原则,除不可抗力或托运人过失等原因外,承运人对运输过程中货物毁损、灭失承担赔偿责任,承运人以货损是驾驶船员的过失所引起而主张在内河运输中亦免责不符合法律规定。·················· 669

137 原告浙江前程石化股份有限公司与被告马航有限公司(MISC BERHAD)海上货物运输合同纠纷案【宁波海事法院(2010)甬海法商初字第222号】·········· 672

> **No. HY-1.7-14** 受损货物的仓储费、装卸包干费等系提单持有人进口货物必然产生的正常费用,承运人先行垫付该费用后,有权从提单持有人损失赔偿中予以抵扣。·················· 672

> **No. HY-1.7-15** 对于货物灭失,应按照货物实际价值计算损失金额;对于货物损坏的计算,如果以进口货物市场贬值率为基础计算损失,货物市场价格应为进口合同价格加各种关税费用。 ……… 672

138 原告永康市天鑫健身休闲用品有限公司与被告美商纵横国际货代有限公司海上货物运输合同无单放货纠纷案【宁波海事法院(2007)甬海法商初字第328号】 ……… 675

> **No. HY-1.7-16** 在国际海上货物运输纠纷之中,退税损失和内陆包干费系货物贸易正常成本,与无单放货无直接因果关系。 ……… 676

1.8 迟延交付 ……… 678

139 原告江苏省粮油食品进出口集团股份有限公司与被告韩国现代商船有限公司、现代商船(中国)有限公司海上货物运输合同纠纷案【上海海事法院(2001)沪海法商初字第466号】 ……… 678

> **No. HY-1.8-1** 迟延交付是指货物未能在明确约定的时间内、在约定的卸货港交付。 ……… 678

> **No. HY-1.8-2** 对于迟延交付的责任,由于承运人过失,致使货物因迟延交付而灭失或损坏的,或虽未灭失或损坏,但因迟延交付而遭受经济损失的,承运人应当负赔偿责任。法律另有规定的情况除外。 ……… 678

> **No. HY-1.8-3** 承运人对因迟延交付造成经济损失的赔偿限额,为所迟延交付货物的运费数额。 ……… 678

1.9 海上货物运输中的保函 ……… 681

140 原告捷士运输有限公司、原告上海捷士国际货运代理有限公司与被告镇江太平洋木业有限公司、被告中国正联实业公司华东分公司海上货物运输无单提货纠纷案【武汉海事法院(2000)武海法商字第78号】 ……… 681

> **No. HY-1.9-1** 保函签发人在提货保函中作出的因无正本提单提货造成的一切损失由其承担的承诺,构成对承运人履行债务的保证。承运人依据保函而无单放货的损失符合提货保函所保证履行债务的条件,保函签发人应该依照其承诺赔偿承运人相关的损失以及拒绝履行承诺而发生的律师费用。 ……… 681

> **No. HY-1.9-2** 保函签发人辩称其依据提单持有人的关联的保函复印件才向承运人出具提货保函并据此应当免除其保函下的责任主张,并无事实依据,应不予支持。 ……… 681

[141] 原告山东省对外贸易集团有限公司与被告世洋船舶株式会社国际海上货物运输提单纠纷案【武汉海事法院(1998)武海法通商字第22号】 …………… 684

> **No. HY-1.9-3** 承运人应当如实、客观地在提单中记载货物的表面状况,发货人在起运港向承运人出具保函,承运人明知货物表面状况不良而凭发货人保函签发清洁提单,损害了善意提单持有人的权利,构成对提单持有人的侵权行为,因此,发货人保函不得对抗提单持有人向承运人索赔货物损坏的权利。 684

[142] 上诉人中海集装箱运输(香港)有限公司与被上诉人宁波植文工贸有限公司海上货物运输合同无单放货追偿纠纷案【浙江省高级人民法院(2010)浙海终字第178号】 …………… 689

> **No. HY-1.9-4** 收货人凭其出具的电放保函提货后,承运人对其的追偿权可以依据该保函确定;保函约定有效期是合同中一个重要的条件,承运人未积极地在保函约定的有效期而是在超过有效期后向电放保函的承诺人提起诉讼,丧失胜诉权。 689

1.10 集装箱运输 …………… 692

[143] 上诉人青岛新邦塑胶有限公司与被上诉人中海集装箱运输股份有限公司海上货物运输合同纠纷案【山东省高级人民法院(2008)鲁民四终字第25号】 …… 692

> **No. HY-1.10-1** 进口货物被海关扣押,导致集装箱也被扣押的,收货人应当对承运人的集装箱滞箱费承担赔偿责任。 692

> **No. HY-1.10-2** 集装箱滞箱费性质相当于违约责任,赔偿义务人所承担的赔偿责任不应超过其订立合同时所能合理预见的范围,不应超过重新购置价值。 692

[144] 上诉人商船三井株式会社与被上诉人青岛德耳塔国际贸易有限公司海上货物运输合同集装箱使用费纠纷案【山东省高级人民法院(2009)鲁民四终字第90号】 …………… 696

> **No. HY-1.10-3** 海关下达"海关查验货物移动通知单"对货物进行检验,属于海关履行行政管理职能的行为,不能以集装箱被移至海关查验区为由认定收货人接收了该集装箱。 696

> **No. HY-1.10-4** 在货物抵达目的港之后收货人提取货物之前,集装箱即具有储存保管货物的功能。在相关法律及所涉提单未对海关检查后的集装箱如何处理作出规定或约定的情况下,作为集装箱的提供者及管理者,承运人有义务了解集装箱的动态和箱内货物的状况。 696

145 原告 A. P. 穆勒-马士基有限公司与被告厦门万锦华贸易有限公司、厦门诚达运通国际货运代理有限公司海上货物运输合同纠纷案【厦门海事法院(2012)厦海法商初字第93号】 …………………………………………… 700

> **No. HY-1.10-5**　在目的港无人提货、难以向收货人收取相关合理费用的情况下,承运人可以向作为海上货物运输合同一方当事人的托运人要求赔偿目的港产生的费用。　700

> **No. HY-1.10-6**　在收货人长期不提货的情况下,承运人应当采取积极措施避免集装箱超期使用费损失的扩大。这种积极措施可以包括购买相应的新箱投入流转,以弥补因集装箱被长期占用导致的流转损失。集装箱超期使用费应以相应型号集装箱的重新购置价为限。　700

146 原告湛江中海集装箱运输有限公司与被告廖钊权海上货物运输代理合同纠纷案【广州海事法院(2007)广海法初字第381号】 …………………………… 703

> **No. HY-1.10-7**　为避免他人长时间地无偿使用集装箱,造成集装箱周转困难,集装箱所有权人有权制定不违反国家法律强制性规定的集装箱超期使用的收费标准。　703

147 原告上海海华轮船有限公司与被告中基宁波对外贸易股份有限公司海上货物运输合同纠纷案【宁波海事法院(2002)甬海商初字第613号】 …………… 708

> **No. HY-1.10-8**　收货人接受提单并在提单上盖章后交给承运人换取提货单的行为,即表明收货人接受了托运人为其订立的运输合同且同意接收提单所载明的涉案集装箱内的货物。此时提单载明部分货物为海关禁止进口货物的,收货人对此有义务赔偿承运人损失。　708

> **No. HY-1.10-9**　收货人对集装箱的无权占有,实质是侵犯承运人的集装箱物权,承运人主张返还集装箱的请求权不受时效的限制。　708

148 原告宁波开创贸易有限公司与被告宁波泛洋物流有限公司水路货物运输合同货损赔偿纠纷案【宁波海事法院(2008)甬海法商初字第43号】 ………… 710

> **No. HY-1.10-10**　《国内水路集装箱货物运输规则》规定,货物名称、件数、重量以装箱单为准,驾驶员签署的商品送货单记载的货物数量不作为接收货物数量的依据。　710

> **No. HY-1.10-11**　装箱人装箱后负责施封,集装箱在目的地交付时封志完好无误、箱体完好的,拆封开箱后如发现货物损坏或短缺,承运人对此情况不承担赔偿责任。　710

1.11 混合原因货损问题 ··· 712

[149] 再审申请人巴拿马安第斯航运公司与被申请人中国中设(南通)机械进出口公司进口分公司海上货物运输合同货损赔偿纠纷案【最高人民法院(2002)民四提字第4号】 ··· 712

> **No. HY-1.11-1** 承运人接收货物签发了清洁提单后,在运输期间应当妥善地和谨慎地管理照料货物,并应当在目的港向收货人交付与提单记载相符的完好货物。 712

> **No. HY-1.11-2** 提单持有人依据买卖合同达成品质索赔的协议,确认了货物在装船前就存在水分过高的事实,而水分过高又是导致货物霉变发生的主要原因。装货过程中存在雨天作业的情况,承运人未举证证明其在运输途中尽到管理货物的责任,是造成货物损失的次要原因。 712

> **No. HY-1.11-3** 在货物卸船后一个月才委托实施的货物损坏检验且当时已有相当货物被第三方提取条件下,被检验对象不再是全部货物,不能反映承运人运输责任期间的货物客观情况,故此,相关的检验报告不作为认定货损的依据。 712

2. 国际多式联运合同纠纷 ··· 719

2.1 多式联运合同的主体识别 ··· 719

[1] 原告深圳市××国际货运代理有限公司与被告××航运代理有限公司、××综合航运有限公司、××迅航有限公司、××华晖国际货运代理有限公司、××货运联营有限公司、××港航企业集团有限公司多式联运合同纠纷案【广州海事法院(2011)广海法初字第632号】 ··· 719

> **No. HY-2.1-1** 所谓天灾,是指承运人通过采取合理措施后仍不能防止或抵御的并造成货物损坏的自然现象。由于中央气象台已经提前多次发布了台风预报图,且新闻媒体在台风到来之前均有报道,承运人可以采取转移货物等必要措施避免或减少损失的发生,而未采取此类措施,货物损害的发生并非不可预见、不可避免、不可克服的。承运人未履行妥善谨慎地照料和管理货物造成货物损失的,承运人应当承担赔偿责任。 719

> **No. HY-2.1-2** 集装箱货物运输涉及陆上运输和海上运输的,应为多式联运。集装箱货物尚处于交付船舶承运之前的陆上运输的延伸阶段即码头堆存阶段,该区段承运人与合同承运人的权利义务及赔偿应该按照强制适用于区段运输方式的《中华人民共和国合同法》确定。 719

> **No. HY-2.1-3** 《中华人民共和国海商法》第63条关于"承运人与实际承运人都负有赔偿责任的,应当在此责任范围内负连带责任"的规定中的"承运人"专指与托运人订立海上货物运输合同的人,而不是指多式联运的经营人,第63条不适用于多式联运。 719

② 上诉人上海磊德国际货运代理有限公司与被上诉人何祖明国际多式联运合同纠纷案【浙江省高级人民法院(2011)浙海终字第1号】…………… 732

> **No. HY-2.1-4** 货代公司接受了货物,并约定其将货物由发货人仓库经海路运至卸货港并交至收货人仓库,为门到门运输,是多式联运。多式联运经营人未依约完成运输、交付货物义务的,应当承担违约的赔偿责任。 732

> **No. HY-2.1-5** 由于货物采用预约申报方式,并无货物价值信息,只能根据主管机关的笔录、同类运输方式调查情况等客观状况合理确定货物损坏金额。 733

③ 上诉人上海亚东国际货运有限公司与被上诉人温州市东风运输有限公司及原审被告俄罗斯联邦远东运输有限公司、远东船务代理有限公司国际多式联运合同纠纷案【浙江省高级人民法院(2010)浙海终字第64号】…………… 735

> **No. HY-2.1-6** 多式联运合同包含承运人代为清关内容时,对因清关产生的纠纷时效,应该适用《中华人民共和国民法通则》关于诉讼时效的规定;诉讼时效起算及诉讼时效中断均应依照《中华人民共和国民法通则》的规定计算。 735

> **No. HY-2.1-7** 承运人或多式联运经营人收取货物未签发正本提单仅交付副本提单复印件的,未依照托运人指示而将货物交付给第三人,致使托运人无法控制、收回货物的,承运人或多式联运经营人应该向托运人承担赔偿责任。 735

2.2 多式联运的责任承担 …………… 740

④ 原告上海通富国际物流有限责任公司厦门分公司与被告宁波市镇海港通船务有限公司沿海多式联运合同纠纷案【厦门海事法院(2009)厦海法商初字第523号】…………… 740

> **No. HY-2.2-1** 合同双方约定自发货人仓库接收货物,经公路运至港口堆场、水路运至卸货港,再经公路运至国内收货人堆场,双方形成沿海多式联运合同法律关系,应该按照《中华人民共和国合同法》第317条的规定履行义务。 740

> **No. HY-2.2-2** 在合同未约定情况下,国内沿海多式联运的货物的灭失赔偿额应该按照交付或者应当交付时货物到达地的市场价格计算。 740

⑤ 原告中国×××股份有限公司深圳分公司与被告惠州××运输有限公司、天津××物流有限公司多式联运合同纠纷案【广州海事法院(2010)广海法初字第273号】…………… 743

> **No. HY-2.2-3** 多式联运经营人可以与参加多式联运的各区段承运人就多式联运合同的各区段运输约定相互之间的责任,但该约定不影响多式联运经营人对全程运输承担的义务。承运人作为多式联运经营人,对于由区段承运人负责的区段运输承担义务,因此,在多式联运中,由于陆路区段承运人的原因造成的货物损失,该承运人应当承担货损责任。 743

⑥ 原告东莞宇扬电子有限公司与被告翊达海空货运(香港)有限公司海上货物运输合同纠纷案【广州海事法院(2008)广海法初字第337号】……………… 748

> **No. HY-2.2-4** 在多式联运方式下,货物灭失或损坏发生在某一区段的,多式联运经营人的赔偿责任按照该运输区段的有关法律规定确定,在国内陆路运输区段应该适用《中华人民共和国合同法》的规定。 748

> **No. HY-2.2-5** 由于多式联运经营人未尽谨慎义务致货物在运输期间被盗,造成托运人损失的,经营人应该承担赔偿责任。陆路运输方式下,在合同没有约定情况下,货物灭失的赔偿额应该按照交付或应当交付时货物到达地的市场价格确定。 748

2.3 多式联运承运人的权利和义务 ……………………………………… 751

⑦ 原告上海博盈展览服务有限公司与被告厦门展易货运代理有限公司多式联运合同纠纷案【厦门海事法院(2010)厦海法商初字第336号】……………… 751

> **No. HY-2.3-1** 货物未能在明确约定的时间内,在约定的卸货港交付的,为迟延交付。承运人未能在约定的时间届满60日内交付货物,有权对货物灭失提出赔偿请求的当事人可以认为货物已经灭失。 751

> **No. HY-2.3-2** 应当向承运人支付的运费、共同海损分摊、滞期费和承运人为货物垫付的必要费用以及应当向承运人支付的其他费用没有付清,又没有提供适当担保的,承运人可以在合理的限度内留置其货物。承运人行使留置权的,应具备法定条件,不得与承运人的义务相抵触。 752

⑧ 原告温州市瓯海劳莱斯鞋业有限公司与被告宁波航姆国际船舶代理有限公司、温州联强贸易有限公司、浙江中外运有限公司宁波泛海分公司联合运输合同纠纷案【宁波海事法院(2007)甬海法温商初字第44号】……………… 755

> **No. HY-2.3-3** 多式联运海上运输区段并未发生货物真实灭失,而在货物抵达目的地才发生推定灭失的情况,不适用《中华人民共和国海商法》关于海上货物运输合同时效规定,而应适用《中华人民共和国民法通则》关于时效的规定。 755

> **No. HY-2.3-4** 多式联运合同的经营人在履行合同义务过程中,未征得托运人同意,将有关合同权利义务转让给他人,托运人可以选择经营人作为运输合同相对方主张权利。经营人未按照合同约定将货物交付给托运人指定收货人的,构成违约,应当按照合同约定向托运人承担货物未交付的违约责任的后果。 756

⑨ 原告温州航华国际船务有限公司与被告浙江青田欧中化工有限公司国内多式联运合同纠纷案【宁波海事法院(2008)甬海法温商初字第19号】……… 760

> **No. HY-2.3-5** 按照合同法关于运输中货物的留置规定,承运人留置货物应当与收货人应承担的运费支付义务具有牵连关系或对应关系,而分批交运的货物的运输显然形成独立的多式联运合同,托运人拖欠上一期到期运费并不赋予承运人留置当次运输货物的权利。 …… 760

> **No. HY-2.3-6** 托运人未依约支付运费时,承运人拒绝继续运输货物,属于后履行抗辩权,不构成违约。 …… 760

2.4 多式联运托运人的权利和义务 …… 767

⑩ 上诉人宜兴市明月建陶有限公司与被上诉人北京和风国际物流有限公司多式联运合同纠纷案【天津市高级人民法院(2011)津高民四终字第0169号】…… 767

> **No. HY-2.4-1** 合同解除后,已经履行的,根据履行情况和合同性质,当事人可以要求恢复原状、采取其他补救措施,并有权要求赔偿损失。 …… 767

> **No. HY-2.4-2** 债权人转让权利的,应当通知债务人,未经通知,该转让对债务人不发生效力。 …… 767

> **No. HY-2.4-3** 根据合同相对性原则,托运人只能就其自身损失要求承运人承担赔偿责任,而不得主张承运人赔偿合同之外第三人的损失。 …… 767

⑪ 上诉人北京和风国际物流有限公司与被上诉人宜兴市明月建陶有限公司多式联运合同纠纷案【天津市高级人民法院(2010)津高民四终字第29号】…… 771

> **No. HY-2.4-4** 双方的合同虽名为货物运输代理合同,但根据双方合同的内容,一方负责办理货物海路和陆路运输,另一方相应支付全程运费,而且一方还向另一方出具了载明一程海运和二程陆运的提单,据此可认定双方实际为多式联运合同关系,出具提单的一方为多式联运经营人。 …… 771

> **No. HY-2.4-5** 托运人未按照合同约定而迟延支付运费,构成履行合同义务不符合约定的情形,应当承担赔偿损失的违约责任,对方有权要求托运人根据合同双方相关约定承担对应迟延期间所产生的相关费用损失,即相应期间的堆存费、仓储费和海关监管费。 …… 771

3. 航次租船合同纠纷 …… 776

3.1 航次租船下是否存在实际承运人 …… 776

① 上诉人宁波泰茂海运有限公司、上海海联船舶管理有限公司与被上诉人辎为华龙航运有限公司德阳分公司航次租船合同纠纷案【上海市高级人民法院(2011)沪高民四(海)终字第90号】…… 776

> **No. HY-3.1-1** 承运人在舱面装载货物应当同托运人达成协议或符合航运惯例，且应当在运单注明"舱面货物"。 776

> **No. HY-3.1-2** 货物灭失的赔偿额以货物交付时到达地的市场价格计算，包括货物的价值加上运费。 776

② 上诉人浙江中远国际货运有限公司温州分公司与被上诉人通平企业有限公司、林威航运有限公司、深圳市达希海运有限公司航次租船合同纠纷案【上海市高级人民法院(2011)沪高民四(海)终字第156号】................ 781

> **No. HY-3.1-3** 在提单证明的海上货物运输法律关系中，法律规定承运人的责任扩大适用于非合同当事方的实际承运人，但实际承运人是接受海上货物运输承运人的委托，不是接受航次租船合同出租人的委托，实际承运人并非航次租船合同法律关系的当事人，实际承运人及其法定责任限定在提单的法律关系中。 781

③ 再审申请人连云港明日国际海运有限公司与被申请人艾斯欧洲集团有限公司航次租船合同纠纷案【最高人民法院(2011)民提字第16号】................ 787

> **No. HY-3.1-4** 《中华人民共和国海商法》将航次租船合同作为特别的海上货物运输合同予以规定，但明确规定，仅《中华人民共和国海商法》第47、49条适用于航次租船合同出租人，其余关于出租人和承租人权利义务仅在航次租船合同未规定或不同约定时，才予以适用，故航次租船合同双方权利义务主要取决于合同约定。 787

> **No. HY-3.1-5** 海上货物运输合同关于承运人责任的规定扩大至非合同方的实际承运人，但实际承运人接受的是承运人的委托，而非航次租船合同当事人的委托，实际承运人及其法定责任仅限于提单法律关系中。 787

> **No. HY-3.1-6** 在已有证据证明货损是由于船体整体处于不良状态且不适航的情况下，败诉一方出具单方证据以证明货物损失是船舶在航行中碰撞水中悬浮的、雷达识别不到的物体导致左舷船壳板裂缝进水所致而要求免除赔偿责任，因该证据并不充分，因而法院不予采信。 787

3.2 航次租船合同的管辖及法律适用 797

④ 原告深圳市蛇口益荣船务有限公司与被告惠阳恒辉染厂有限公司海上货物运输合同纠纷案【广州海事法院(1999)广海法深字第46号】................ 797

> **No. HY-3.2-1** 合同当事人可以对履行合同的风险、损失及费用分担进行约定。对合同条款争议的解释，应结合合同文义、联系紧邻的上文规定以及法律的规定、基本常识综合地予以解释。航次租船合同约定的"货物原因"应理解成"涉及货物合法性的原因"，而不仅限于"货物不合法的原因"。货物被海关扣押即使不属于托运人本人的原因，托运人仍应当对涉及货物合法性的原因导致的船期损失承担赔偿责任。 797

⑤ 上诉人南京鸿润船务有限责任公司与被上诉人青岛航英国际货运代理有限公司航次租船合同纠纷案【山东省高级人民法院(2009)鲁民四终字第47号】 … 800

> **No. HY-3.2-2** 在合同纠纷案件中,主张合同关系成立并生效的一方事人,对合同订立和生效的事实承担举证责任。仅提供对方不予认可的传真件,又无其他证据佐证的,不能证明其主张的合同关系成立。 800

⑥ 原告上海世威国际货物运输代理有限公司与被告江苏永禄肥料有限公司航次租船合同纠纷案【上海海事法院(2010)沪海法商初字第230号】 …… 803

> **No. HY-3.2-3** 航次租船合同双方的权利义务应由双方订立的合同确定,合同项下滞期费的分担归属应结合该合同的其他规定予以全面理解。 803

> **No. HY-3.2-4** 基于租船合同中由出租人负责报关的合同约定,提交报关电子录入信息、查验报关货物证书等时间损失,应由出租人负责。船舶在海关手续未完备之前抵达并递交装卸准备通知书(NOR)为无效的通知,装卸时间起算应在出租人提交完备的海关手续且通过海关审核后开始起算。 804

3.3 航次租船合同下承租人的权利和义务 …………………………… 815

⑦ 原告锦州市锦海货运有限公司与被告上海江联货运有限公司租船合同纠纷案【天津海事法院(2000)海商初字第94号】 ……………………… 815

> **No. HY-3.3-1** 船舶在开航前和开航当时适航,即认为该船舶是适航的。中途出现修船等事实,不能认为船舶不适航。 815

> **No. HY-3.3-2** 承租人在没能及时支付出租人租船费的前提下,提出新的付款安排,出租人对此没有表示异议,也没有马上撤船,并陆续接受了承租人的汇款,承租人也继续承租船舶的,双方实际上同意达成了一个新的合意。 816

⑧ 原告艾克航运有限公司与被告福州昌雄远洋渔业有限公司等航次租船合同纠纷案【厦门海事法院(2003)厦海法商初字第111号】 …… 817

> **No. HY-3.3-3** 根据航运惯例,滞期费的计算应该按照船舶代理的装卸货事实记录表的时间节点和事实节点进行计算。 817

> **No. HY-3.3-4** 装卸时间计算有装货时间、卸货时间分别计算和装货卸货时间合并计算两种,合同未明确约定的,应当认为当事人选择装卸货时间分别计算方法。 818

> **No. HY-3.3-5** 不损害公共利益,且出具方及接收方均无恶意的提货保函,应该认定有效。出具保函的一方为承诺人,接受保函的一方为合同相对方,接受方有权要求出具方按照保函的约定承担义务。 818

⑨ 原告福建嘉航海运有限公司与被告淄博海旺达货运代理有限公司航次租船合同纠纷案【厦门海事法院(2009)厦海法商初字第318号】 …………… 826

> **No. HY-3.3-6** 航次租船合同下,承租人未能提供约定货物,构成违约,应当赔偿出租人的损失。出租人的损失为合同正常履行后所应得的利益,及可预期获得的运费扣除船东因不再装载航次货物而少支出的成本。 826

⑩ 上诉人张晓阳与被上诉人寿光市源丰航运有限公司运杂费欠款纠纷案【山东省高级人民法院(2009)鲁民四终字第129号】 …………………………… 829

> **No. HY-3.3-7** 航次租船合同约定了载量,承租人确保货物实装数量,故应按照约定的载量及运费标准计算运费,而不应按照实际吨位结算运费。 829

⑪ 上诉人武汉佳和船务有限责任公司上海分公司与被上诉人山东晨曦集团有限公司海上货物运输合同纠纷案【山东省高级人民法院(2010)鲁民四终字第117号】 ……………………………………………………………… 833

> **No. HY-3.3-8** 船舶未按照合同约定到达装货港构成违约,出租人应当承担相应的责任。承租人有权根据合同解除合同或延长船舶受载期;承租人未解除合同而与出租人协商延长船舶受载期,是选择继续履行作为违约责任承担方式。承租人在延长期限内仍未提供货物的,应当按照合同约定进行相应的赔偿。 833

3.4 航次租船合同下出租人的权利和义务 …………………………… 838

⑫ 原告新兴铸管股份有限公司与被告中国环洋国际运输有限公司、东桥海运公司航次租船合同纠纷案【青岛海事法院(2008)青海法海商初字第165号】 … 838

> **No. HY-3.4-1** 期租出租人因期租承租人(非航次租船承租人)拖欠租金撤船致使航次租船合同未能全面履行,也不能免除航次租船合同的出租人承担航次租船合同项下未依约定时间到达目的港卸货的违约责任,其应赔偿航次租船承租人为履行贸易合同而额外产生的运费等合理费用。 838

⑬ 原告中国黄石外轮代理公司与被告上海爱尔思国际货运公司航次租船合同违约损害赔偿纠纷案【上海海事法院(2005)沪海法商初字第294号】 ……… 841

> **No. HY-3.4-2** 出租人应当提供约定的船舶;经承租人同意,可以更换船舶。但是,提供的船舶或者更换的船舶不符合合同约定的,承租人有权拒绝或者解除合同。因出租人过失未提供约定的船舶致使承租人遭受损失的,出租人应当负赔偿责任。 841

[14] 原告上海儒仕实业有限公司与被告浙江永华海运有限公司航次租船合同纠纷案【上海海事法院(2010)沪海法商初字第767号】 ········· 843

> **No. HY-3.4-3** 双方订立合同之前就已经知道的恶劣天气海况,因为经权威机关发布过警报及媒体多次播报而不构成不可预见的情况,不属于不可抗力。 843

> **No. HY-3.4-4** 货物价格跌落并非航次租船合同订立时所能合理预见的损失,在运输或租船关联合同中不予赔偿。 843

3.5 滞期费 ········· 846

[15] 原告深圳市中海通运输有限公司与被告南京恒风船务有限公司水路货物运输合同纠纷案【广州海事法院(2001)广海法深字第9号】 ········· 846

> **No. HY-3.5-1** 因一程船东的船舶未按合同约定的受载期抵港,从而导致二程船东无法履行其与承租人签订的海船运输协议,并赔偿了承租人损失,由于该损失是一程船东违约造成的,一程船东应依约赔偿因船舶未按期抵港受载给二程船东造成的货物延滞的费用及损失。 846

[16] 上诉人山东晨鸣纸业集团齐河板纸有限责任公司与被上诉人中海集装箱运输(香港)有限公司集装箱超期使用费纠纷案【山东省高级人民法院(2008)鲁民四终字第79号】 ········· 848

> **No. HY-3.5-2** 进口货物因货物质量原因被海关查扣,其用以运输货物的集装箱超期使用的滞箱费应由货方(收货人)承担。虽然集装箱可以在费率表中约定超期使用费费率,但不应超出当事人所能合理预见的损失或者重置新集装箱的费用。 848

[17] 上诉人上海荣益船务有限公司与被上诉人上海弗莱特国际物流有限公司通海水域货物运输合同纠纷案【上海市高级人民法院(2009)沪高民四(海)终字第126号】 ········· 853

> **No. HY-3.5-3** 《中华人民共和国海商法》和《国内水路货物运输规则》对于计算滞期费的规定,并不要求以递交装卸准备就绪通知书为条件,双方可以在合同中约定以船舶到达锚地开始计算装卸时间。 853

[18] 原告泰州市永丰海运有限公司与被告连云港陆海达物流有限公司航次租船合同纠纷案【上海海事法院(2011)沪海法商初字第461号】 ········· 856

> **No. HY-3.5-4** 按照通常的理解,滞期费也属于议定违约金。存在两个违约金条款且指向同一个违约行为的,应选择适用数额较高的违约金的条款。 856

4. 国际海上货运代理合同纠纷 ·············· 859

4.1 签发货代理提单的货运代理纠纷 ············ 859

1 原告黑龙江省进出口公司与被告汕头粤东国际货运代理有限公司、江苏环球国际货运公司深圳分公司、博联国际货运公司海上货物运输合同货物交付纠纷案【广州海事法院(2001)广海法初字第67号】·············· 859

> **No. HY-4.1-1** 承运人收回其签发的正本提单后交付货物并无不当,在货物完成交付和收回正本提单后,其凭正本提单放货义务即刻解除。 859

2 原告南京竹尚纺织品有限公司与被告嘉宏国际运输代理有限公司海上货物运输合同纠纷案【上海海事法院(2012)沪海法商初字第271号】·············· 862

> **No. HY-4.1-2** 托运人同意承运人签发提单以外的其他单证,只能导致免除承运人签发提单的义务,但不造成托运人对货物控制权的丧失。承运人拒绝签发提单的行为,造成托运人丧失了对涉案货物的掌控权,并最终导致货款落空,应当向托运人承担赔偿货款损失的法律责任。 862

4.2 货运代理转委托问题 ············ 865

3 上诉人天津美设国际货运代理有限公司与被上诉人上海超鸿国际货物运输代理有限公司货运代理合同纠纷案【天津市高级人民法院(2011)津高民四终字第182号】·············· 865

> **No. HY-4.2-1** 货运代理人将业务转由他人实际办理,在没有证据表明委托人同意转委托的情况下,受托人应就第三人的行为承担责任。委托人事后未提异议,不能作为其同意转委托的依据。 865

4 上诉人连云港华丰国际货运有限公司、郯城新兴新装饰材料有限公司与被上诉人青岛港(集团)有限公司物流分公司滞箱费纠纷案【山东省高级人民法院(2006)鲁民四终字第7号】·············· 870

> **No. HY-4.2-2** 货运代理企业在履行进口货物的货运代理义务时,向承运人书面确认滞箱费,并说明了与委托人之间的委托关系;诉讼过程中,货运代理和委托人共同披露了委托人与货运代理之间的委托合同内容,一致表示委托人有义务承担滞箱费。在此种情形下,承运人将相应的债权转让给他人,则债权的受让人有权选择向委托人主张滞箱费,并以货运代理书面确认的费用为准。 870

4.3 货运代理合同中的无单放货 …………………………………………… 876

5 上诉人诸暨市佳能袜厂与被上诉人欧亿兴物流有限公司、欧亿兴国际货运代理(上海)有限公司海上货物运输合同纠纷案【上海市高级人民法院(2012)沪高民四(海)终字第48号】……………………………………………… 876

> **No. HY-4.3-1** 货运代理企业在代办订舱事务时,应当为委托人选择被交通部门认可的无船承运人订立海上货物运输合同。货运代理未尽谨慎义务造成托运人损失的,依据《关于审理海上货运代理纠纷案件若干问题的规定》第11条的规定承担连带责任。 876

6 原告苏州亨利国际贸易有限公司与被告大连奥威成一国际物流有限公司上海分公司海上货物运输合同纠纷案【上海海事法院(2012)沪海法商初字第433号】…………………………………………………………………… 881

> **No. HY-4.3-2** 发货人与收货人达成货款支付协议,但仍未收到货款的,仍不能据此免除或减轻无单放货的承运人应承担的赔偿责任。 881

> **No. HY-4.3-3** 发货人因为货物被无单放行导致失去对货物的控制权,不得不对收货人作出货款减让以及免除无单放货的承运人责任的意思表示,但仍无法收回货款的,从公平角度来看,不应该认为发货人的行为足以被视为其追认承运人无单放货的现实和免除承运人责任的真实意思表示。 881

5. 其他 …………………………………………………………………… 886

5.1 定期租船合同纠纷 ………………………………………………………… 886

1 上诉人耐威森船务公司与被上诉人连云港远东国际船舶代理有限公司等留置权损害赔偿纠纷案【天津市高级人民法院(2010)津高民四终字第0005号】… 886

> **No. HY-5.1-1** 在定期租船合同下,承租人未向出租人支付租金或者合同约定其他款项的,出租人对属于承租人的货物、财产及转租收入享有留置权。由于留置权是法定担保物权,提单记载的运费支付方式不是限制承租人行使留置权的条件。 886

> **No. HY-5.1-2** 根据航运惯例,订立租船合同既可以以当面签署的书面文本方式订立,也可以以电子邮件或者租船经纪人作为纽带磋商等方式达成,只要出租人和承租人的共同意思表示是真实、清晰、明确的,便具有法律约束力。 886

5.2 港口经营人的权利和义务 ……………………………………………… 892

2 原告可隆商事株式会社与被告湛江港务局货物交付侵权损害赔偿纠纷案【广州海事法院(1998)广海法商字第11号】……………………………………… 892

No. HY-5.2-1 提单持有人可以凭提单行使提货请求权,也可以凭提单控制货物的交付,或转让提单来转让对货物的权利。 ……… 892

No. HY-5.2-2 按照航运惯例,港口作业人(经营人)接受船方或者货方的委托从船上卸下并掌管货物,其应当凭承运人或承运人代理人的指示交付货物,因此,提单持有人对货物的占有虽是间接占有,但却可以以货物所有权人的身份主张权利。 ……… 892

No. HY-5.2-3 港口经营人虽非承运人或承运人的代理人,不承担提单下的合同义务,但不可以无视他人权益擅自处分他人货物,其在装卸、保管进出港货物中应尽善良管理人义务,包括妥善看管货物,凭法定的海关放行手续和按照承运人的指示交付货物,否则在交付货物方面构成过错。 ……… 892

No. HY-5.2-4 港口经营人的职员看管货物是其安排的工作岗位或经营活动的环节之一,职员非法提货表明港口经营人犯有管理和监管的过失,港口经营人应当对其职员的非法提货行为负责。经营人职员的行为使得提单持有人无法实现货物各种权能并造成合法权益的巨大损害,因此,职员的雇主应该承担赔偿责任。即使职员的行为构成犯罪,港口经营人应该承担的民事责任也不能因此而免除。 ……… 892

案例索引 ……………………………………………………………… 901
主题词索引 …………………………………………………………… 909
后记 …………………………………………………………………… 917

1. 海上货物运输合同纠纷

1.1 承运人

1.1.1 承运人的识别

1 原告中保财产保险有限公司湛江经济技术开发区支公司与被告越海航运公司、克罗地亚航运公司、幸运海路服务有限公司海上货物运输合同货损货差赔偿纠纷案

案例来源:广州海事法院(1999)广海法湛字第47号

主题词:提单持有人　租船合同　善意第三人　船舶所有人　船舶管理人

裁判要旨

No. HY-1.1-1　航次租船合同项下的提单,一旦转让至善意提单持有人,承运人与提单持有人的法律关系应依提单法律关系确定,两者并非租船合同法律关系。

No. HY-1.1-2　提单签署栏载明提单承运人具体名称的且签发提单的人经该承运人授权,对持有提单的第三人而言,提单载明的承运人应视为海上货物运输合同的承运人。

No. HY-1.1-3　船舶管理人并非海上货物运输合同的承运人或实际承运人,其管理船舶而引起货物损失或其他事故损失或风险,应按照转承责任的赔偿原则由船舶所有人承担。

一、基本案情

　　原告:中保财产保险有限公司湛江经济技术开发区支公司(以下简称开发区保险公司)

　　被告:越海航运公司(CROSS SEAS SHIPPING CORPARATION,以下简称越海公司)

　　被告:克罗地亚航运公司(CROATIA LINE)

　　被告:幸运海路服务有限公司(LUCKY SEA WAY SERVICES PTE. LTD,以下简称幸运海路公司)

　　原告中保财产保险有限公司湛江经济技术开发区支公司诉称:1998年1月28日,被保险人广东省湛江食品进出口公司(以下称湛江食品公司)与原告签订11 328.3吨印度豆粕编号为440801IMP98001的保险合同。合同约定:运输船舶为"罗西尼亚"(LOSINJ)轮,运输路线为印度贝迪港至中国湛江港,投保险别为一切险,保险金额为26 994 545.92元,保险费为188 961.82元。船舶抵达湛江港后卸货,发现货物严重损

坏。经中国船级社检验证实,货损是由于船舶货舱内货物积载堆装满至舱口盖和甲板纵骨,货物表面没有足够的连续空间,而且通风筒导管门有货物堵塞,影响了货物的正常通风所致;第 5 舱因靠近机舱后壁,热量传递导致货物受热不能正常通风散热所致。中华人民共和国广东进出口商品检验局(以下简称广东商检局)的检验结果表明,第 1 至第 4 舱部分货物由于通风不良严重烧伤,变棕褐色,第 5 舱由于机舱热量传递升温使靠近机舱壁货物灼焦变黑,合计整批货物实际损失净重 1 072.764 吨,折合经济损失为 2 556 321.52 元人民币。广东商检局货物重量检验报告表明,提单和发票货物均为 11 328.3 公吨,而船舶实际卸货量为 11 252.1 公吨,实际短货 76.2 公吨,经济损失 181 579.26 元人民币。为了查明上述货损事故和检验残损数额,产生的船舶检验费用 5 050 元,货物残损检验费 21 389 元。1998 年 12 月 25 日,原告与被保险人达成保险理赔协议。1999 年 3 月 22 日,原告根据保险理赔协议付清保险赔款 2 608 462.81 元人民币。3 月 23 日,原告取得权益转让书,取得了代位求偿权。原告诉称,承运人有义务根据提单数量和质量交付货物。上述货损、货差是由于被告未谨慎积载、照料货物及船舶不适货造成,根据《海牙规则》的规定,应承担赔偿责任。越海航运公司是承运船舶船东,是实际承运人,克罗地亚航运公司是船舶经营人,实际经营该船舶,幸运海路服务有限公司是提单签发人,是承运人,上述所有损失应由三个被告承担连带责任。对此,被保险人已于 1998 年 4 月 2 日向广州海事法院起诉,要求三被告赔偿货损、货差损失。因原告已赔付被保险人上述损失,根据《中华人民共和国海商法》第 252 条的规定,被保险人向上述三被告要求赔偿的权利,相应转移给原告。请求法院判令三被告连带赔偿原告货损、货差损失 2 608 462.81 元及其利息(从 1999 年 3 月 23 日起至实际支付之日止)。

被告越海公司、克罗地亚航运公司辩称:

(1) 本案原告以违约为诉因提起诉讼,有关本案的争议应依据以提单为证明的运输合同的有关条款解决。原告所依据的编号为 BEDI-1 的提单背面第 2 条首要条款约定,如果在起运地国家实施《海牙规则》,则该规则适用本提单;《海牙-维斯比规则》也适用于本提单。本案货物的起运地是印度,《印度 1925 年海上货物运输法》(1977 年修订本)并入《海牙规则》和《海牙-维斯比规则》的主要内容。因此,处理本案纠纷应适用《海牙规则》和《海牙-维斯比规则》。

(2) 根据《海牙规则》第 3 条规定,有关海上货物运输的诉讼应在货物交付之日或应当交付之日起 1 年内提出。法庭于 1999 年 4 月 14 日收到原告起诉状,但本案货物于 1998 年 2 月 23 日在湛江港交付。因此,原告的起诉已超过了诉讼时效,原告已丧失胜诉权。

(3) 根据《海牙规则》和《海牙-维斯比规则》对承运人的定义,承运人是与托运人签订运输合同的船舶所有人或承租人,印度法律也有同样的规定。被告越海公司是"罗西尼亚"轮的船舶所有人,被告克罗地亚航运公司是"罗西尼亚"轮的光船租船人,越海公司和克罗地亚航运公司从未与托运人或原告签订过任何运输合同,上述两公司不是本案适格被告。

(4) 原告根据广东商检局的检验报告,认为货损是由于货物积载不当,没有正常通风所致。然而,原告所提供的检验证书并没有对"罗西尼亚"轮所卸豆粕含水量这一重要指标进行检验。因为豆粕含水量的高低是决定豆粕是否会在运输途中发生货损的因素。广东商检局在没有对豆粕货损的原因进行分析的情况下,想当然地认为通风是防止豆粕货损的主要措施,继而得出错误的结论。根据越海公司和克罗地亚航运公司提供的上海海运学院的两位专家意见,"罗西尼亚"轮所载的豆粕的内部变化,是在运输过程中发生的,其根本原因是货物的自然特性在具体的散装运输中表现和暴露出来。微生物活动和油脂氧化产生的热量积聚在豆粕内部,使局部区域形成高温,导致部分豆粕变色,部分货物由于所处的区域散热条件特别差,如第 5 舱的下层舱,出现炭化现象。根据货物的实际情况,对照《国际海运固体散货规则》的有关条款,"罗西尼亚"轮所载的豆粕可以不按危险品装运,因此,通风不是必需的。更何况,货物用散装形式装运决定了不可能在运输途中对货物进行内部通风,而只限于表面通风,这对货物自热而造成的变色根本没有任何作用。可见,本案货物受损是因为豆粕本身的自然特性造成的。根据《海牙规则》第 4 条第(2)款(m)的规定,因货物的固有缺陷所造成的损失,承运人可以免责。因此,不管谁是本案的承运人,均不对本案的货损承担赔偿责任。

(5) 原告根据广东商检局的验船报告,认定货物实际损失净重 1 072.764 公吨,合人民币 2 252 804.40 元。但广东商检局的检验师是在未对豆粕的有效成分蛋白质进行测量的情况下,仅仅根据豆粕的颜色主观地估算豆粕的贬值率。广东商检局据此将货物的贬值率分别估算为 25%～100%是没有科学根据的。根据越海公司和克罗地亚航运公司提供的专家意见,豆粕的贬值率认定不能仅由外部颜色判定。因为豆粕的使用价值主要是蛋白质的含量。而豆粕颜色的变化,对其蛋白质的含量影响并不大。根据《海牙-维斯比规则》第 2 条 b 款的规定,可赔偿的总额应参照货物根据合同从船上卸下或本应卸下的当时当地的价值计算。据了解,1998 年 2 月至 5 月期间,湛江地区豆粕价格为人民币 1 680—1 850 元/吨。而收货人声称所谓货物受损后的销售价为人民币 1 913 元/吨或人民币 1 600 元/吨,这充分说明,即使货物价格下跌,主要是市场因素;即使索赔货物损失,只能按完好货物的当时当地价值及受损后的实际价值差额计算,而不能将原定合同的 CIF 价格作为索赔基础。

(6) 原告提供的广东商检局《重量检验证书》,对货物的重量的测定是通过吃水检验作出,而湛江食品公司在另案中提供的装货港 SGS《重量证书》显示,在装货港通过地磅对装船货物进行称重。可见,装货港及卸货港对货物的重量测量方式不同,没有可比性。相对而言,通过地磅称重比通过吃水检验测得的货物重量更加准确。因此,广东商检局的《重量检验证书》没有效力,不能作为认定货物短重的依据。请求法院驳回原告对越海公司和克罗地亚航运公司的诉讼请求。

被告幸运海路公司辩称:

(1)《海牙规则》和《海牙-维斯比规则》并入本案提单,应认为两规则是合同的条款,而不是法律适用条款。根据最密切联系原则,本案应适用中国法律。

（2）原告的权益来源于湛江食品公司的转让。根据《中华人民共和国海商法》第257条的规定,就海上货物运输向承运人要求赔偿的时效期间为1年,自承运人交付或应当交付之日起计算。湛江食品公司向法院起诉的时间是1998年4月3日,时效中断,重新起算,到1999年4月3日,1年时效期间届满,而原告于1999年4月14日起诉已超过1年的诉讼时效。原告已丧失胜诉权。

（3）原告没有证明其与湛江食品公司存在保险合同关系,原告提供的预约保险单不是保险合同,因此,原告没有赔付货损保险金的义务。

（4）越海公司是"罗西尼亚"轮的船舶所有人,幸运海路公司不是该轮船东；B. D. VITHLANI SHIPPING SERVICES PVT. LTD（以下简称 BDV 公司）不是幸运海路公司的代理人,而是幸运海路公司的下一手租家惠顿公司的船舶代理；幸运海路公司也从未授权 BDV 公司代表幸运海路公司签署任何提单；幸运海路公司是从上一手 NORTHSHIELD LIMITED（以下简称 NORTHSHIELD 公司）处租来该轮,然后再租给惠顿公司,均使用金康（GENCON）租约。根据幸运海路公司与 NORTHSHIELD 公司的租约第10条规定,"提单应按1994年的康金（CONGEN BILL）格式,依本租约的规定,交给船长签发,或者交船舶代理签发,但前提是出租人已书面授权代理签发,并将该授权书提供一份复印件给租船人。"据此,幸运海路公司无权授权代理签发提单。据幸运海路公司所知,NORTHSHIELD 公司与船东或经营人之间的租约也有同样条款的金康租约,依此类推,有权签发或授权代理签发提单的,只有船东或经营人。实际上,原告据以起诉的提单,是由原来的12份提单合并后换签成的。这12份原提单,是船舶代理代表船长签发的,这也说明 BDV 公司是明知其只能根据船长或船东的书面授权代船长签发提单的。幸运海路公司在得到该提单复印件后,曾向下手租家惠顿公司提出抗议。据上分析,幸运海路公司不是本案提单项下的承运人。

（5）本案的货损是由于货物自身的性质和潜在缺陷造成的,承运人可以免责。根据《海牙规则》的规定,计算货物的损失不能以 CIF 价格计算,应以当地当时的完好市场价格计算。综上,被告幸运海路公司请求法院驳回原告的诉讼请求。

二、法院查明事实

广州海事法院认定以下事实：

（一）关于本案货物买卖的事实

1997年8月19日,湛江食品公司与磊明公司签订了一份《销售合同》,合同约定：由磊明公司向湛江食品公司出售12 000吨散装印度产片状黄豆粕,价格为每吨277美元,C&F F. O 中国湛江；付款方式为买方须经银行开立100%货款的不可撤销及卖方接受的信用证。8月29日,湛江食品公司通过广南公司向南洋商业银行有限公司（以下简称南洋银行）申请开立信用证,受益人为惠顿公司,货物为印度产优质黄豆粕12 000吨,价格为每吨277美元。1998年1月23日,信用证进行了修改,货物价格修改为每吨

261 美元。1998 年 1 月 18 日，买卖双方签订了一份确认书，同意将货物的单价改为 261 美元，C&F F.O 中国湛江。2 月 20 日，南洋银行向广南公司发出《进口押汇/承兑通知书》，承兑总金额为 2 928 597.78 美元，付款日期为 1998 年 2 月 20 日。1998 年 1 月 23 日，惠顿公司向湛江食品公司出具了一份证明，证明货物装船的情况：11 328 吨，起运港印度贝迪港，到达港中国湛江港，提单签发日期为 1998 年 1 月 20 日，与信用证的要求相符。同日，惠顿公司开具货物发票给广南公司，货物重量为 11 328.300 吨，货物单价为 261 美元，C&F F.O 中国湛江，总金额为 2 928 597.78 美元。上述事实，各方当事人没有异议，合议庭予以确认。

（二）关于货物装运和提单签发的事实

湛江食品公司用于提货的编号为 BEDI-1 的正本提单记载：托运人为印度 Pratima Exports Private Limited（以下简称 PEP 公司），收货人凭指示，通知方为广南公司，承运船为"罗西尼亚"轮，货物为散装印度产优质黄豆粕 11 328.300 吨，由"BDV 公司作为船东幸运海路公司的代理人签发"，提单签发日期为 1998 年 1 月 20 日，提单签发地为印度贝迪港。提单抬头记载：本提单与租船合同一起使用，为 1994 版康金格式提单（CONGEN BILL）。该提单背面条款记载：租船合同中所有条款、条件和免责事项并入本提单。该提单由 PEP 公司作了空白背书。1998 年 2 月 27 日，"罗西尼亚"轮船长 GAJETAN GRANIC 向湛江港务监督局出具一份摘录自该轮航海日志的证明，记载："罗西尼亚"轮 1997 年 12 月 27 日 10:30 在贝迪港开始装货，1998 年 1 月 22 日 15:30 装完货，2 月 7 日从贝迪港起航，2 月 21 日抵达湛江港。湛江动植物检疫局和湛江港第一作业区分别出具证明，证实"罗西尼亚"轮 2 月 21 日在湛江港开舱验货，发现 5 个货舱货物充满所有货舱空间，直至舱口盖。1998 年 2 月 23 日，湛江食品公司办理了提货的手续。上述事实，各方当事人没有异议，合议庭予以确认。

1997 年 9 月 4 日，幸运海路公司作为船东与承租人惠顿公司签订了一份《航次租船合同》，船舶名称待幸运海路公司指定，租船合同采用 1994 年金康合同格式。该《航次租船合同》第 10 条规定，"应按照 1994 年修正的康金格式提单，在不影响本租船合同前提下，由船长或经船东书面授权的代理人签发提单。如果是后者，应向承租人提供授权书的副本。承租人应对船东因签发其条款和内容所规定的责任超过船东和承租人签订的租船合同规定的责任，而引起所有后果和责任给予赔偿"。1997 年 11 月 26 日，ASA 公司作为船东与承租人 NORTHSHIELD LIMITED 公司签订了一份《航次租船合同》，船舶名称为"罗西尼亚"轮，租船合同采用 1994 年金康合同格式。同日，NORTHSHIELD LIMITED 公司作为船东与承租人幸运海路公司签订了一份《航次租船合同》，船舶名称为"罗西尼亚"轮，租船合同采用 1994 年金康合同格式。1998 年 1 月 21 日，BDV 公司发给幸运海路公司的一份传真中称：根据惠顿公司和幸运海路公司之间的租约，BDV 公司是租家的代理，船舶进出港手续由该公司安排，代理费依据船代协会制定的费率表计算。上述事实，各方当事人没有异议，合议庭予以确认。

幸运海路公司为了证明其从未授权 BDV 公司代表其签发本案提单，提供了以下证据：克罗地亚航运公司于 1998 年 2 月 4 日发给幸运海路公司的传真复印件、由 BDV 公司代表船长签发的 12 份提单传真复印件、幸运海路公司于 1998 年 2 月 25 日发给惠顿公司的传真复印件、BDV 公司于 1999 年 2 月 22 日发给幸运海路公司的传真复印件、克罗地亚航运公司于 1998 年 2 月 11 日发给 NORTHSHIELD 公司的传真复印件、克罗地亚航运公司于 1998 年 2 月 20 日发给 NORTHSHIELD 公司的传真复印件、租船经纪人 C.R. SHIPPING 公司于 1998 年 2 月 20 日发给幸运海路公司的传真复印件、BDV 公司于 1998 年 2 月 21 日发给克罗地亚航运公司的传真复印件、大副收据和提单签发清单复印件、克罗地亚航运公司于 1998 年 1 月 16 日发给 NORTHSHIELD 公司的传真复印件。开发区保险公司、越海公司、克罗地亚航运公司对上述证据的真实性提出异议，认为幸运海路公司没有提供上述证据原件可供核对，难以辨认真伪。广州海事法院认为，幸运海路公司仅提供上述文件的传真复印件，无法核对，又没有其他证据予以印证，因此，对幸运海路公司提供的上述证据不予采信。

（三）关于承运船舶所有和经营的事实

根据"罗西尼亚"轮船舶登记证书记载，该轮船东为越海公司。该轮船长在广州海事法院调取的该轮船舶登记证书复印件上记载：该轮船东为越海公司，二船东为 ASA 公司，管理人为克罗地亚航运公司。越海公司没有提供其将"罗西尼亚"轮光船租赁给克罗地亚航运公司的证据。上述事实，各方当事人没有异议，合议庭予以确认。

（四）关于货物保险的事实

1998 年 1 月 20 日，湛江食品公司与开发区保险公司签订了一份《国际运输预约保险起运通知书》。该通知书记载：保险货物为印度豆粕，散装，11 328.300 吨，价格条件为 287.10 美元/吨 CFR 湛江，美元兑换人民币的汇率为 8.3，货价 3 252 354.93 美元，运输船舶为"罗西尼亚"轮，运输线路为印度贝迪港至中国湛江港，投保险别为一切险，保险费为 188 961.82 元。1 月 24 日，湛江食品公司向保险人支付了保险费 188 961.82 元。12 月 15 日，湛江食品公司与开发区保险公司就本案货物损失保险索赔达成协议，双方签订了一份会议纪要。该纪要记载：关于短量 76.2 公吨，按 119 260 元定损；保险人负责赔付验残费、验船费，不负责赔付困难作业费；关于受损货物的残值，保险人就广东商检局验残证书全损数量部分（即 196.32 吨）按 20% 收回残值；至于货损，数量以广东商检局验残证书为依据；货损按保单确定每吨人民币 2 382.93 元价值赔偿。1999 年 1 月 20 日、3 月 19 日，开发区保险公司两次向湛江食品公司支付保险赔款共 2 608 462.81 元。3 月 22 日，湛江食品公司向开发区保险公司出具了《收据及权益转让书》。上述事实，各方当事人没有异议，合议庭予以确认。

（五）关于货损、货差的事实

应湛江食品公司的申请，1998 年 2 月 27 日，中国船级社在湛江港 8 号锚地和 402 号泊位，登上"罗西尼亚"轮，对该轮发生的货损情况进行了检验。3 月 12 日，中国船级社出具了检验报告。该报告记载：货物状况为第 1 货舱（二层舱）底舱前部发现有分散性小块黑色货物，后部有少量结成大块变成褐色的货物；第 2 货舱（二层舱）底舱前部右侧货物断层有层状褐色货物,右舷前舱壁进入货舱梯口位置,顶层有少量潮湿变质货物,货物积载堆高至二层甲板纵骨,其余位置可见分散性褐色货物;第3、4货舱(二层舱)底舱均可见分散性褐色货物,货物积载堆高至二层甲板舱口边缘;第5货舱(二层舱)底舱前部右侧靠近机舱后舱壁附近可见堆状褐色货物,其余位置也分布着褐色货物,后部舱底有少量潮湿变质货物,货物积载堆高至二层甲板舱口边缘。该报告认为货损原因为:

(1)由于货舱内货物积载堆装满至舱口盖和甲板纵骨,货物表面没有足够的连续空间,而且通风筒导管内有货物堵塞,影响了货物的正常通风散热。考虑到货物缓慢发出的热量积蓄在货物中间,会造成货物温度升高,导致货物颜色变成褐色、黑色和变质。

(2)由于机舱后舱壁温度相对较高,热量传递至第5货舱内的货物中,造成第5货舱内货物损坏比较严重。

(3)少量潮湿变质的货物是由于货舱内存在少量水分造成。例如货舱内蒸气的热胀冷缩变成的水分(即船舱"汗水"现象)。洗舱后货舱内构件表面未完全干燥便装货也会造成的货物潮湿。1998年3月20日,原告支付了货损检验费5050元。

应湛江食品公司的申请,1998年2月25日,广东商检局在湛江港登上"罗西尼亚"轮对该轮各舱内的货物及已卸至港方仓库内的货物进行检验鉴定。3月25日,广东商检局出具了检验证书(验残)。该证书记载:报验重量2931.737公吨,全批货物实际损失净重1072.764公吨。该证书认为货损原因为:

(1)该轮各舱内的货物积载过满,造成货物表面没有足够的连续通风空间,而且货物将部分通风导管埋没,堵塞了通风导管的通风口和通风窗,致使舱内货物无法正常通风散热,在装运过程中,货物所发出的热量无法及时排至舱外,加之该轮装运时间过长(共57天),造成热量积蓄于货物中逐渐升温,将货物严重烧伤。

(2)由于机舱内温度较高,加之紧靠后舱壁的油柜在航行途中需人为加热,而机舱舱壁与货物之间既无任何隔热装置,又无留出通风道,大量热量直接经舱壁传至第5舱内货物中,造成该舱内的货物受损特别严重。1998年3月10日,广东商检局出具了"罗西尼亚"轮所载货物《重量检验证书》。该证书记载的检验结果为:根据船舶吃水和在卸货后查验船舶的要素以及船上提供的作必要修正的船舶排水量,计算得出装船货物重量为11 252.1公吨。根据发票中所载的货物重量11 328.3公吨,短货76.2公吨。原告支付货物残损检验费21 389元。对于上述事实的真实性,各方当事人没有异议,合议庭予以确认。

越海公司、克罗地亚航运公司为了证明本案货物是由于货物的自然特性或者固有缺陷造成的,提供了上海海运学院副教授王学锋、副研究员徐银富于1998年12月3日出具的《关于"罗西尼亚"轮货损原因的若干意见》,开发区保险公司提出异议,认为该证据形式上不符合法律规定的要求。广州海事法院认为,越海公司、克罗地亚航运公司未能举证证明,出具上述意见的人员属于国家授权或有专业资格的人员,上述意见书不能对抗开发区保险公司提供的国家法定检验机构广东商检局出具的检验报告。

湛江食品公司提供的 1999 年 3 月 29 日湛江市物价局商品价格科出具的《1998 年湛江市豆粕市场销售价格》记载：1 月份豆粕价格为 2 650 元/吨，2 月份为 2 550 元/吨，3 月份为 2 250 元/吨，4 月份为 2 100 元/吨，5 月份为 1750 元/吨，6 月份为 1300 元/吨，7 月份为 1 150 元/吨，8 月份为 1 100 元/吨，9 月份为 1 100 元/吨，10 月份为 1 100 元/吨，11 月份为 1 200 元/吨，12 月份为 1 200 元/吨。广东省价格事务所 1999 年 6 月 2 日向广东海事律师事务所出具的《关于黄豆粕价格的复函》记载：1997 年 12 月至 1998 年 1 月印度产黄豆粕价格为 1850 元/吨，上下浮动约 3%；1998 年 6 月至 1998 年 10 月印度产黄豆粕价格为 1 650 元/吨，上下浮动约 5%；由于黄豆粕的价格不属于国家定价，其价格受市场及批量影响较大，故以上价格仅供参考。广东省价格事务所 1998 年 5 月向广东海事律师事务所出具的《关于印度产黄豆粕价格的函复》记载，1998 年 2 月份黄豆粕（印度产）价格为 1 830—1 850 元/吨（国营粮食部门成批批发价），3 月份为 1 800—1 820 元/吨，5 月份为 1 680—1 700 元/吨。对于上述事实的证据，开发区保险公司认为其提供的湛江市物价局作出的 1998 年湛江市豆粕市场销售价格证明具有证据效力，而越海公司认为其提供的湛江市价格事务所、广东省价格事务所出具的估价证明具有证据效力。广州海事法院认为，根据《中华人民共和国价格法》的规定，湛江市物价局是商品价格的主管机关，而湛江市价格事务所、广东省价格事务所也是依法设立的价格评估机构，应当认为这些单位和机构出具有关价格的证明均有证据效力。由于黄豆粕在中国属于市场调节价的商品，不属于国家定价的商品，物价部门提供的商品价格只是参考价格，对当事人没有约束力。

（六）关于时效的事实

湛江食品公司于 1998 年 4 月 3 日以倒签提单损害赔偿和货损、货差为由向本院提起诉讼，被告为越海公司、克罗地亚航运公司、幸运海路公司。1999 年 5 月 14 日，湛江食品公司向广州海事法院申请将货损、货差的求偿权转移给开发区保险公司。

三、法院裁判

广州海事法院认为：本案是涉外海上货物运输合同货损、货差赔偿纠纷，由于合同双方当事人没有约定处理争议所适用的法律，而本案货物运输到达港为中国湛江港，中国是合同履行地之一，货损、货差的结果也发生在中国，中国是与合同具有最密切联系的国家，因此，根据《中华人民共和国海商法》第 269 条的规定，处理本案实体争议可以适用中华人民共和国法律。

湛江食品公司与磊明公司签订购买豆粕的合同，并通过信用证付款方式向惠顿公司支付货款而取得本案的提单，是本案提单的善意受让人和持有人。根据幸运海路公司与惠顿公司签订的航次租船合同，幸运海路公司为该租船合同项下的船东。本案提单是按照上述租船合同运输的货物签发的提单。本案湛江食品公司不是承租人，有关承运人与湛江食品公司之间的权利、义务关系适用上述提单的约定。由于上述提单背面载明租船合同一切条款并入本提单,因此,处理本案提单争议,应适用上述租船合同的条款。根据上述《租船合同》第 10 条的约定,幸运海路公司作为租船合同项下的船东,有义务签发提单。根据 BDV 公司 1998 年 1 月 21 日发给幸运海路公司的传真,该公司是承租人惠顿公司的代理。按照本案提单记载,提单是由 BDV 公司代理幸运海路公司就上述租船合同运输的货物所签发。幸运海路公司应是本案货物的承运人。幸运海路公司作为承运人承担了由于货物运输产生的责任后,再通过租船合同向承租人索赔。幸运海路公司提出其不是本案货物运输承运人的主张与事实不符,不予支持。越海公司是"罗西尼亚"轮的船舶所有人,其提出该公司已将该轮光租给克罗地亚航运公司,有关光船租赁期间所产生的风险和损失应由克罗地亚航运公司承担的主张,没有提供相应的证据,本院不予支持。克罗地亚航运公司作为该轮的管理人在管理船舶期间产生的风险和损失,应由船舶所有人越海公司承担。由于越海公司是本案所涉及海上货物运输的实际承担者,根据《中华人民共和国海商法》第 42 条第(二)项的规定,被告越海公司是本案货物运输的实际承运人。

湛江食品公司与开发区保险公司之间签订的《国际运输预约保险起运通知书》具有保险合同的主要条款。上述文件签订后,湛江食品公司根据约定也向开发区保险公司支付了保险费,因此,应认为开发区保险公司与湛江食品公司之间就本案货物运输的保险达成一致意见,双方之间的保险合同关系成立。根据《中华人民共和国海商法》第 252 条第 1 款的规定,保险标的发生保险责任范围内的损失是由第三人造成的,被保险人向第三人要求赔偿的权利,自保险人支付赔偿之日起,相应转移给保险人。本案中,由于开发区保险公司已向湛江食品公司支付本案货物损失的保险金 2 608 462.81 元,有关原告湛江食品公司向承运人和实际承运人追索货损、货差赔偿的权利应转移给保险人开发区保险公司。

根据中国船级社出具的检验报告和广东商检局出具的检验证书证明,本案货损、货差是在承运人的责任期间产生的,原因是承运人没有妥善地、谨慎地管理货物。根据《中华人民共和国海商法》第 46 条第 1 款的规定,承运人应当负赔偿责任。越海公司是本案货物运输的实际承运人,根据《中华人民共和国海商法》第 63 条的规定,应当负连带责任。

根据《中华人民共和国海商法》第 55 条第 1 款的规定,货物的实际价值,按照货物装船时的价值加保险费加运费计算。根据开发区保险公司提供的贸易合同、信用证和售货发票证明,本案货物的成本加运费价值为 261 美元/吨。按照双方当事人没有争议的 1 美元兑换 8.3 元人民币计算,本案货物的成本加运费价值为 2 166.3 元人民币/吨。根据本案保险合同记载的投保货物重量 11 328.3 吨及保险费人民币 188 961.82 元,可以得出每吨货物的保险费为人民币 16.68 元。这样,每吨货物的实际价值为 2 182.98 元。根据广东商检局出具的检验证书,本案货损净重 1 072.764 吨,货差 76.2 吨,共计 1 148.964 吨。经过计算,本案货损、货差的实际价值为人民币 2 508 165.43 元。开发区保险公司请求的货损、货差损失人民币 2 608 462.81 元,超出部分没有法律依据,不予支持。

根据《中华人民共和国海商法》第257条第1款的规定,就海上货物运输向承运人要求赔偿请求权,时效期间为1年,自承运人交付或者应当交付货物之日起计算。本案属海上货物运输合同纠纷,时效期间为1年,起算时间为提单持有人湛江食品公司办理提货手续的日期1998年2月23日。湛江食品公司于1998年4月3日向本院起诉,没有超过1年的时效期间。开发区保险公司于1999年3月19日向湛江食品公司支付保险赔偿后,取得了代位求偿权,于4月13日向本院起诉。开发区保险公司向本案三被告起诉,是提单持有人向承运人行使请求权的延续。因此,开发区保险公司的起诉也没有超过诉讼时效。

依照《中华人民共和国海商法》第46条第1款、第63条和第252条第1款的规定,判决如下:

(1) 被告幸运海路公司赔偿原告开发区保险公司货损、货差损失人民币2 508 165.43元及其利息(从1999年3月23日起至实际支付之日止,按中国人民银行人民币同期贷款利率计算);

(2) 被告越海公司对上述赔偿承担连带责任;

(3) 驳回原告开发区保险公司对被告克罗地亚航运公司的诉讼请求。

本案受理费人民币23 052元,原告开发区保险公司负担886元,被告越海公司、幸运海路公司负担22 166元。

2 原告广州粮油食品进出口公司与被告深圳海格龙威国际货运有限公司、时代船务有限公司海上货物运输合同货损纠纷案

案例来源:广州海事法院(2001)广海法初字第224号
主题词:延迟交付　承运人的识别　正本提单

> **裁判要旨**
>
> **No. HY-1.1-4** 一方虽与托运人进行业务联系,并协助完成订舱手续,但并未签发提单,仅仅是转递相关信息的,该当事人不得认定为承运人,其与托运人也不构成海上运输合同法律关系。
>
> **No. HY-1.1-5** 对于记名提单,承运人仍需要按照正本提单放货,否则应当承担无正本提单放货的后果。

一、基本案情

原告:广州粮油食品进出口公司
被告:深圳海格龙威国际货运有限公司(以下简称海格龙威公司)
被告:时代船务有限公司(以下简称时代公司)

原告广州粮油食品进出口公司诉称：原告与两被告有长期业务合作关系。两被告多次运载原告盛装鲜活货物的货柜从广州至日本东京。2000 年 9 月 25 日，原告委托两被告将一个装载 16 650 公斤保鲜荷兰豆，编号为 HJCU6995651 的 40 尺冷冻货柜运至东京交给原告客户日宏贸易株式会社（NIKKO BOEKI CO. LTD.，以下简称日宏株式会社），并约定将该货柜装上于 9 月 29 日开航的"HANJIN EIZABETH"轮，交货方式为提单电放，被告深圳海格龙威国际货运有限公司收取货物，时代船务有限公司签发提单，并由海格龙威公司将提单传真给原告。由于货运车在香港码头发生撞车事故导致货柜损坏并进行修理，该货柜改由 10 月 1 日开航的"CHO YANG ATLAS"轮运载，比预定日期迟延 4 天到达目的港，致使货物变质。原告为减少损失，被迫同意降价销售货物，因此遭受了经济损失。由于原告与收货人约定货到后支付货款，在收货人没有付款的情况下，原告对货物仍享有所有权，因而原告有权就货损向两被告请求赔偿。海格龙威公司是时代公司的独资企业。请求法院判令两被告共同赔偿因货物变质及迟延交付给原告造成的经济损失 24 926.32 美元，并承担本案的诉讼费。

被告海格龙威公司辩称：海格龙威公司是时代公司的代理人，根据时代公司的指示，为原告托运的涉案货物安排海运订舱、出口。海格龙威公司的全部行为是以被代理人时代公司的名义实施，且最终由时代公司签发和出具提单并收取运费。海格龙威公司不是运输合同的当事人，不承担运输合同义务，不应成为本案的共同被告。在海格龙威公司已经履行了代理职责，不存在过错的情况下，原告请求海格龙威公司赔偿经济损失没有任何法律依据。请求依法驳回原告对海格龙威公司的诉讼请求。

被告时代公司辩称：

（1）原告无诉权。原告委托时代公司运输货物的目的是履行原告与提单记名收货人之间的买卖合同，涉案货物以 CFR 价格交易。收货人已凭提单在目的港提取了货物，因此，涉案货物所有权在装上承运船舶时，至少在收货人办理完提货手续时，已从托运人转移给收货人。原告不再拥有对货物的所有权，无权就货物损坏或灭失请求索赔。

（2）货物在承运人责任期间内并未遭受任何损失，原告应对货物品质自行承担责任。理由是：① 货物由原告自行装箱并铅封。在货柜表面状况及铅封完好的情况下交付货物，承运人对柜内货物的状况不承担责任。② 原告或收货人不能举证证明货柜在交货时有任何损坏。货柜在目的港交付时铅封完好，收货人未提出异议，且原告提交的检验报告是在货物交付 10 天后作出的，检验结果不能代表货物交付时的真实状况。③ 检验报告将货物分成 A、B、C 三个类别，但并未明确所依据的标准，且所附照片未反映出货物有变质现象。即使是散装运输，承运人也只对货物的表面状况承担责任，而无需对货物品质承担任何责任。④ 运输过程中，冷藏货柜工作正常，货物一直处于低温冷藏状态。

（3）原告声称时代公司迟延交付货物没有事实和法律依据。时代公司与原告并没有明确约定涉案货物的交付时间，且货物于 10 月 7 日抵达目的港东京，运输时间并没有超过合理期限。

（4）原告提出的索赔金额没有法律依据。假设时代公司应承担赔偿责任，对正常情况下需要收货人自行支付的熏蒸费、植检费、码头费及运费是不能以任何货物损失为借口得到承运人的赔偿。

（5）即使时代公司需承担迟延交付的责任，其赔偿金额也只能以货物的海运费为限。综上，请求法院依法驳回原告的诉讼请求。

二、法院查明事实

广州海事法院认定以下事实：

（一）关于货物是否在运输过程中发生变质

原告为证明货物在运输过程中发生变质，向法院提交了中华人民共和国广州出入境检验检疫局出具的编号为 4401002000111161 的《植物检疫证书》、收货人日宏株式会社发给原告的由日本调查公司出具的检验报告和 9 张荷兰豆随机抽样照片三组证据。《植物检疫证书》记载被检保鲜荷兰豆不带有输入国或地区规定的检疫性有害生物，并且基本不带有其他的有害生物，因而符合输入国或地区的植物检疫要求。原告认为该证书可以证明交付托运的货物品质良好。两被告对《植物检疫证书》的真实性没有异议，但认为该证书并不能证明货物的品质情况，只能证明其经过卫生检疫。两被告同时认为，日本调查公司是在货物运抵目的港并在果蔬中心存放了 10 天后才进行检验，检验的结果不能代表货物交付时的实际状况。此外，两被告为证明货物在承运人责任期间内并未遭受任何损失，向法院提交了本案所涉冷藏柜的温度记录表，以此证明在运输途中，冷藏柜工作正常，温度保持在 2℃—5℃，符合托运人的要求。原告对该温度记录表的关联性表示异议，认为不能证明被告所主张的事实。法院认为，本案货物采用集装箱运输，并且由原告自行装箱并铅封，承运人不对箱内货物的状况负责。出口商品的植物检疫与商品检验具有不同的功能，原告提交的《植物检疫证书》只能证明货物不带有输入国规定的检疫性有害生物，不能证明出口货物交付托运时的品质良好；而日本调查公司出具的《植物检疫证书》所反映货物品质状况是在货物运抵目的港 10 天后的状况，并非货物交货时的实际品质状况。因此，原告关于托运时货物品质良好，运输途中因货柜损坏导致货物变质的主张依据不足，不予认定。

（二）关于货物是否迟延交付

原告主张货物比预定日期迟延 4 天到达目的港给原告造成了一部分损失。被告认为，原告与时代公司没有约定明确的交付时间，而且事实上承运船舶按照习惯的航线将货物运往卸货港，运输时间没有超过合理期限。法院认为，合同约定了明确的交付时间，但货物未能在明确约定的时间内交付的，为迟延交付。由于本案原告与时代公司没有约定明确的交货时间，因此，原告主张货物迟延交付，缺乏事实和法律依据，不予认定。

(三) 关于原告的经济损失

原告为证明货物的损失金额为 24 926.32 美元,向法院提交了日宏株式会社传真给原告的《关于保鲜荷兰豆的索赔函》和损失报告。索赔函记载,收货人要求托运人赔偿收货人因降价销售货物而遭受的 24 926.32 美元损失。损失报告提供了收货人损失金额的计算方法。时代公司认为,24 926.32 美元是收货人的损失而不是原告的损失,并且原告索赔的金额中有部分是收货人在任何情况下都必须支付的正常作业费用,不是货物损失的金额。法院认为,原告证明货物损失金额的依据只是收货人经过单方核算以后向原告发出的索赔通知,收货人的损失不能当然地成为原告的损失,在没有其他证据印证的情况下,收货人单方计算的结果,不能认定为原告的损失金额。

三、法院裁判

广州海事法院认为:本案是海上货物运输合同货损纠纷。各方当事人在庭审中均选择适用中华人民共和国的法律,符合《中华人民共和国海商法》第 269 条的规定,本案应适用中华人民共和国法律处理实体争议。

原告与时代公司之间的交易习惯为"提单电放",虽然时代公司没有出具正本记名提单,但是本案的货物已经实际完成了提单项下的运输,而且双方当事人对记名提单传真件均予以确认。鉴于记名提单传真件记载的提单签发人是时代公司,依据《中华人民共和国海商法》第 42 条第 1 款第 (一) 项关于"承运人是指本人或者委托他人以本人名义与托运人订立海上货物运输合同的人"以及第 72 条关于"货物由承运人接收后或者装船后,应托运人的要求,承运人应当签发提单"的规定,应认定时代公司是本案货物的承运人,与作为托运人的原告存在以提单为证明的运输合同关系。

原告与海格龙威公司之间不存在运输合同关系。虽然原告在运输合同的订立和履行过程中,只与海格龙威公司直接联系,并且最初通过向该公司发出订舱单,才完成了随后发生的涉案货物的运输,但是订舱单不是运输合同的证明,而是记载订舱信息的文件,是原告发出的要求订舱的要约。海格龙威公司收到该订舱单后,并没有签发作为运输合同证明的提单,而是将该订舱信息转达给时代公司,本案记名提单传真件是由时代公司签发并转发给海格龙威公司,再由海格龙威公司传真给原告,海格龙威公司并非提单当事人。此外,原告与两被告之间存在长期业务合作关系,既往运费付款凭证也显示运费直接支付给时代公司而非海格龙威公司,因而海格龙威公司不是运输合同关系中的承运人,而是承运人时代公司的代理人。根据《中华人民共和国民法通则》第 63 条第 2 款的规定,被代理人对代理人的代理行为,承担民事责任。海格龙威公司作为代理人,不具有运输合同中承运人的权利和义务。原告主张海格龙威公司是共同承运人,应当与时代公司共同向原告承担赔偿责任,没有事实和法律依据,不予支持。

关于本案货物的所有权是否发生转移。虽然原告没有提交其与收货人之间的买卖合同,不能确认买卖双方是否就所有权转移进行了特殊约定,但鉴于各方当事人都确认收货人已凭记名提单传真件在目的港提取了货物,依据《中华人民共和国民法通则》第 72 条第 2 款关于"财产所有权从财产交付时起转移"的规定,本案提单项下的货物所有权在货物交付给收货人时起,从托运人转移给收货人,原告主张其是货物所有权人,请求两被告赔偿货物损失,理由不充分,不予支持。

  记名提单虽然不能转让,但同样具有提单的属性。原告作为贸易合同的卖方、记名提单的托运人,在起运港交付货物时,对提单所证明的运输合同具有托运人的权利义务,但当提单项下的货物交给承运人,并由收货人日宏株式会社在目的港凭提单复印件提取了货物后,运输合同便完成了交、提货程序,提单所证明的运输合同项下托运人的权利义务已转移给收货人。因此,作为记名提单托运人,原告对货物已不再具有实体上的请求权,无权就运输合同中产生的货损,向承运人索赔。

  由于本案货物的所有权和托运人的权利义务均已发生了转移,因此,原告无权就货物损失请求赔偿。此外,原告对其所主张的货物在承运人责任期间发生变质及迟延交付的事实,因缺乏证据,不予认定,原告对此应承担举证不能的法律后果。

  综上,依照《中华人民共和国民法通则》第 72 条、《中华人民共和国民事诉讼法》第 64 条第 1 款的规定,判决如下:

  驳回原告广州粮油食品进出口公司的诉讼请求。

  本案受理费 5 813 元,由原告负担。

3 原告马乐博有限公司与被告厦门弘信国际货运代理有限公司无单放货纠纷案

案例来源:厦门海事法院(2003)厦海法商初字第 219 号
主题词:承运人的认定　货代提单　无单放货

> **裁判要旨**
>
> **No. HY-1.1-6**　一方虽自称其仅作为承运人的代理签发提单,但无法提供被代理人的具体授权予以证明,而且收取运费、在目的港对货物仍保有控制权的,可以认定该当事人是以自己的名义对外从事海上货物运输,具有承运人的法律地位,承担承运人的义务。即使在目的港由于第三人的原因而错误交付货物,不免除其作为承运人所承担的法律责任。

一、基本案情

  原告:马乐博有限公司(MALABO TRADING COMPANY LIMITED)

  被告:厦门弘信国际货运代理有限公司

  原告诉称:原告于 2002 年 11 月中旬从厦门港出口一批货物到美国,委托被告负责运输事宜。被告向原告签发了 3 份正本提单,但货物运抵目的港后,被被告无单放给他人,收货人拒付货款,原告现仍持有上述提单。原告认为,被告作为承运人,应对此承担违约责任,故提起诉讼,请求判令被告赔偿其货物损失 37 165.68 美元及按 4% 的年利率自货物装船之日起计算的利息,及本案诉讼发生的律师费、翻译费等 24 810 元(人民币,下同),并承担本案诉讼费。

被告厦门弘信国际货运代理有限公司辩称:被告对原告所提交的证据的真实性没有异议。但是,从提单正面的记载中可见,本案被告是代理东西联合有限公司签发提单,因此只是代理人,而非承运人。本案货物嗣后被委托给无船承运人捷联公司及实际承运人 OOCL 公司运输,货物被无单放掉是捷联公司或 OOCL 公司所为,被告没有参与,不应承担责任。其次,原告就货物价值所举的证据如商业发票和汇票等,都是自行打印,没有第三方确认,证明力不足。第三,原告主张的货款利息损失按装船之日起计算,明显不当;要求赔偿律师费及其他费用,也没有依据。

二、法院查明事实

厦门海事法院经审理查明,2002 年 11 月,原告在台湾组织一批货物自中国大陆销往美国。原告通过案外人杨思怀委托被告办理货物运输事宜,并自被告处取得了编号为 XTA20534 的 3 份正本提单。提单记载托运人为原告,收货人凭指示,装港厦门,卸港及交货地点纽约,货物为 2 个集装箱共 3 777 纸箱的婴儿擦布,装船日期 2002 年 11 月 10 日,提单签署栏内盖有被告公司英文章,显示提单由被告签署,但签署栏上方的印刷文字注明,下面的签署人是代表东西联合有限公司(EAST-WEST ASSOCIATES, INC.)签字,另提单格式抬头印刷为东西物流有限公司(EAST-WEST LOGISTICS, INC.)。

有关运费的支付,被告于 2003 年 3 月 21 日向杨思怀传真称其受委托"出口承运"3 票货物(其中一票为本案讼争货物),发生了海运费等项费用,并就此开列了明细金额,要求予以付款。在收到结欠费用后,被告在上述函件上注明收到款项并加盖财务专用章予以确认。

原告备齐贸易单据,通过汇丰银行台北分行向美国买方办理托收。因买方未付款,单据被退回,故原告现仍持有上述全套正本提单。有关讼争货物的价值,原告 2002 年 11 月 10 日的货物商业发票上记载为 CIF 纽约 37 165.68 美元,该项金额与原告为办理托收开具的商业汇票金额(该汇票已经收款人汇丰银行海外金融部背书)及汇丰银行台北分行在托收业务往来函电中所述的内容一致,并且上述商业发票、汇票(包括汇票背面银行的背书章)以及银行之间的往来函电均已经台北当地公证机关公证,故据此可以认定上述商业发票是在正常的商业过程中形成,其所记载的金额为货物的价值。

货物在运抵目的港后,于 2002 年 12 月 28 日被他人提走。原告向被告提出索赔。由于本次货物的运输在经过被告的环节后又被依次转托给捷联公司和 OOCL 公司负责履行,被告亦具函向捷联公司质询。在质询函中,被告称东西物流有限公司系其指定的美国代理,在捷联公司签发的提单中为记名收货人,但却未能收到货物,要求捷联公司对放货的情况予以说明。最终由于各方未能解决纠纷,原告对被告提起诉讼,被告亦于 2003 年 11 月 8 日向厦门海事法院递交诉状,另案起诉捷联公司和 OOCL 公司厦门分公司,厦门海事法院已受理了该案。

原告为进行本案诉讼,支付了翻译费用 1110 元和律师费 7000 元。

三、法院裁判

关于本案纠纷的法律适用,原、被告双方一致同意以中国法律为准据法。

厦门海事法院认为:本案属于涉外海上货物运输合同无单放货纠纷,因运输的始发地、被告住所地在中国厦门,根据《中华人民共和国民事诉讼法》第 28 条的规定,厦门海事法院有权管辖。鉴于原、被告双方均主张适用中国法律解决纠纷,故本案应以中国法作为准据法。本案中,被告签发的是指示提单,原告作为提单持有人,有权在目的港提取货物,在货物被无单放给他人的情况下,有权要求承运人赔偿损失。被告辩称其仅代理签发提单,并非承运人,同时也没有参与放货行为,不应承担责任,但却未能提供被代理人东西联合有限公司授权其签发提单和双方之间业务往来关系的证据材料,相反,根据其收取运费的事实和用承运货物的措词表述受托业务的内容,以及安排代理人在目的港向下家承运人提货即对货物在目的港保有控制的情况,足以认定被告在本案中对外是以自己的名义负担运输的任务,是本案货物运输的承运人。因此,即使货物由于第三方的原因被放走,被告仍应承担违约责任,赔偿原告因提货不着产生的损失。其中货物损失根据《中华人民共和国海商法》第 55 条的规定按 CIF 价 37165.68 美元计;利息部分,原告请求对货物损失的赔付计算利息虽可成立,但提出的利息起算时间不当,同时要求按 4%的年利率计算利息缺乏依据,应自货物被放走之日起按中国银行同期美元贷款 1 年以内(含 1 年)固定利率计算。原告为进行本案诉讼委托翻译机构翻译英文本证据和委托律师代理诉讼,发生的翻译费和律师费,属于合理费用,可予以支持。

综上,依照《中华人民共和国海商法》第 42 条第(一)项、第 55 条、第 269 条的规定,判决如下:

(1)被告厦门弘信国际货运代理有限公司在本判决生效之日起 10 日内赔偿原告马乐博有限公司 37165.68 美元及该款自 2002 年 12 月 28 日起至本判决确定应付之日止按中国银行同期美元贷款 1 年以内(含 1 年)固定利率计算的利息;

(2)被告厦门弘信国际货运代理有限公司在本判决生效之日起 10 日内赔偿原告马乐博有限公司翻译费 1110 元、律师费 7000 元;

(3)驳回原告马乐博有限公司的其他诉讼请求。

4 上诉人天裕海运有限公司与被上诉人山东远东国际海运有限公司海上货物运输合同货损纠纷案

案例来源:山东省高级人民法院(2009)鲁民四终字第 14 号
主题词:期租合同　提单持有人　实际承运人

> **裁判要旨**
>
> **No. HY-1.1-7**　就海上货物运输合同纠纷,海事法院依法扣押当事船舶后,享有对案件的管辖权。
>
> **No. HY-1.1-8**　提单持有人向承运人主张货损赔偿的海上货物运输合同纠纷,起运港系与合同有最密切联系地之一,在当事人均援引起运港法律情况下,法院可以适用起运港所在地的法律为准据法。
>
> **No. HY-1.1-9**　期租合同仅约束订立合同的当事人,非期租合同的当事人不受期租合同约束。船舶所有人虽未签发提单,未订立海上货物运输合同,但船舶所有人的船舶承运了货物,实际履行了海上运输合同,根据法律规定,船舶所有人具有实际承运人的法律地位。
>
> **No. HY-1.1-10**　承运人承担对提单持有人的海上货物运输合同项下的货物损害赔偿责任后,有权向负有责任的实际承运人追偿。

一、基本案情

上诉人(原审被告):天裕海运有限公司(TENYU SHIPPING S.A,以下简称天裕公司)

被上诉人(原审原告):山东远东国际海运有限公司(以下简称"山东国际海运公司")

原审被告:大连天裕船务代理有限公司(Dalian Tenyu Shipping Co,Ltd.,以下简称天裕船务公司,原告曾误译为大连天裕海运有限公司)

青岛海事法院审理查明,"天裕"轮船舶所有人为天裕海运有限公司。2003 年 3 月 1 日,天裕公司与大连天裕船务代理有限公司签订了管理协议,约定由天裕船务公司为"天裕"轮提供船员配备、加油、物料供应等服务,协议期限为自合同签订起 1+1 年。2004 年 10 月,该轮被期租给山东远东国际海运有限公司,租期 6+6 个月,交船时间 2004 年 10 月 23—28 日。

2005 年 4 月 4 日至 6 日,"天裕"轮在鲅鱼圈港装载上等热轧钢板 423 件,1 858 832 吨。4 月 6 日,辽宁中外运船务代理有限公司(以下简称辽宁中外运船代公司)代表远东国际海运公司签发 No.25011 号已装船清洁提单。该提单载明,托运人为鞍钢集团国际经济贸易公司(以下简称鞍钢国贸公司),收货人凭指示,通知方为小野建株式会社(ONOKEN CO.LTD,以下简称小野建公司),装货港中国鲅鱼圈,卸货港日本 Hakata。

2005 年 4 月 12 日,"天裕"轮抵达日本 Hakata 港卸货时发现货物受损。同日,小野建公司申请日本海事检定协会对该批货物进行了检验。2005 年 8 月 15 日,该协会出具了检验报告,报告称有 1 089.75 吨(256 件)钢卷受到不同程度的锈蚀,经过贬值计算,上述货损相当于 145.835 吨发生全损;报告认为,在航行途中,海水从塑料薄膜和舱盖进入货舱;塑料薄膜在中国鲅鱼圈港起航之前已经磨损/撕裂,舱盖的缺陷是由于船员的维护不善所致。

2005 年 9 月 28 日,中国平安财产保险有限公司辽宁分公司受平安鞍山公司委托向小野建公司支付了保险赔偿 99 452.2 美元。小野建公司出具了"赔款收据及权益转让书",并最终确认权益转让的受让人为平安鞍山公司。2006 年 12 月 1 日,青岛海事法院作出(2006)青海法海商初字第 103 号民事判决书,认定该批货物实际价值(含运费、保险费)为每吨 67 000 日元,货物净损失 145.835 吨,判决远东国际海运公司向平安鞍山公司支付 94 955.73 美元及该款项自 2005 年 9 月 29 日起至该判决确定的给付之日止的银行同期存款利息,并承担案件受理费 13 010 元。2007 年 2 月 28 日,远东国际海运公司向平安鞍山公司支付了 749 866.5 元人民币。3 月 6 日,平安鞍山公司出具收据一份,证明收到上述款项,(2006)青海法海商初字第 103 号民事判决书已全部执行完毕。

二、一审裁判

青岛海事法院认为,本案为国际海上货物运输合同货损纠纷,远东国际海运公司在起诉前向青岛海事法院申请扣押了天裕公司所属的"天裕"轮,因此,青岛海事法院对该案有管辖权。本案中货物的起运港位于中华人民共和国境内,且双方当事人均引用中华人民共和国法律主张自己的权利,因此,本案适用与合同最密切联系国家的法律,即中华人民共和国法律解决实体争议。

2005 年 4 月 4 日,远东国际海运公司通过辽宁中外船代公司签发已装船清洁提单,承运鞍钢国贸公司的热轧钢板至日本,远东国际海运公司与鞍钢国贸公司之间构成国际海上货物运输关系。远东国际海运公司承运上述货物后,将上述货物装载于天裕公司所属的"天裕"轮,该轮将货物实际运输至目的地,远东国际海运公司与天裕公司之间构成国际海运货物运输关系,天裕公司是该批货物的承运人,远东国际海运公司是将货物交上船的托运人。

天裕公司承运该批货物后,在航行途中,海水从塑料薄膜和舱盖进入货舱导致货损,而塑料薄膜在中国鲅鱼圈港起航之前已经磨损/撕裂,舱盖的缺陷是由于船员的维护不善所致。本案的货损发生在天裕公司运输责任期间,天裕公司作为承运人未尽到妥善、谨慎地保管、照料货物的义务,应对货损向远东国际海运公司承担赔偿责任。

天裕公司主张根据装货单证明装船时货物一部分锈蚀,天正在下雨。该装货单显示的手写批注为"部分锈蚀,通常经验,装载中有雨(Partly rust usl experience rain during loading)",首先该装货单的背面有"关于申请拨款缴纳增值税的请示"的打印字样,不符合正规的单据习惯;该装货单的抬头是中国外轮代理公司,经办单位盖章是营口海德船务代理有限公司,天裕公司称该批注是由船长所作,但船长没有资格参与上述单位的理货行为;由该批注本身也不能显示锈蚀货物的数量和锈蚀程度,天裕公司也没有进一步证据证明其在收到此份装货单后曾就上述事实向远东国际海运公司及货主对货物表面状况提出过意见;而根据目的港的检验,货物的受损原因是由于海水涌入货舱而造成的货物锈蚀,至于装货时可能发生的货物锈蚀能在多大程度上减轻天裕公司的责任,并没有明确的数字依据。

天裕公司提出根据船长声明证明在运输过程中遇到恶劣天气,装载时下大雨,但天裕公司没有证据证明上述天气状况是否构成不可抗力等承运人可以免责的事项。远东国际海运公司作为与鞍钢国贸公司之间国际货物运输合同的承运人,已经因本次货损被鞍钢国贸公司的保险人平安鞍山公司索赔,并经法院审理判决赔付94 955美元及相应利息。远东国际海运公司已执行该判决,于2007年2月28日赔偿人民币749 866.5元。根据《中华人民共和国海商法》第55条的规定,"货物灭失的赔偿额,按照货物的实际价值计算;货物损坏的赔偿额,按照货物受损前后实际价值的差额或者货物的修复费用计算。货物的实际价值,按照货物装船时的价值加保险加运费计算"。(2006)青海法海商初字第103号民事判决书判决认定的94 955美元即为根据货物实际价值计算出的货损总额,远东国际海运公司作为托运人已经实际遭受了损失,有权向承运人天裕公司主张赔偿货物损失及利息损失,利息可自2007年2月28日起算。远东国际海运公司未提供证据证明天裕船务公司参与了有关货物运输管理工作,远东国际海运公司与天裕船务公司之间不存在直接的法律关系,远东国际海运公司未能证明天裕船务公司对该次货损承担何种法律责任,因此,青岛海事法院对远东国际海运公司向天裕船务公司主张诉讼请求不予支持。根据《中华人民共和国海商法》第46条之规定,判决:

(1) 天裕海运有限公司向山东远东国际海运有限公司赔偿货物损失94 955美元及利息损失(利息损失自2007年2月28日起至判决确定的支付之日止按银行同期贷款利率支付)。上述款项,天裕海运有限公司应在判决生效起十日内付清,逾期则加倍支付迟延履行期间的债务利息。

(2) 驳回山东远东国际海运有限公司对天裕海运有限公司的其他诉讼请求。

(3) 驳回山东国际海运有限公司对大连天裕船务代理有限公司的诉讼请求。案件受理费13 410元,由山东远东国际海运有限公司承担1 282.89元,由天裕海运有限公司承担12 127.11元。

三、上诉与答辩

上诉人天裕公司不服原审判决上诉称:

(1) 青岛海事法院认定事实有误,天裕公司不是实际承运人,不应当承担赔偿责任。远东国际海运公司未向法庭提供证据证明天裕公司曾接受过委托或转委托,仅依据将货物装载于天裕公司所属的"天裕"轮,该轮将货物运至目的地即认定存在国际海运货物运输关系。青岛海事法院完全无视天裕公司与山东省国际海运公司签订的租船合同。在本案运输期间，正是天裕公司与山东省国际海运公司履行期租合同期间，其间船舶实际经营人为山东省国际海运公司，真正从事本案运输的是山东省国际海运公司，上诉人应向其主张权利。远东国际海运公司在（2006）青海法海商初字第103号案中认可其与山东省国际海运公司间存在航次租船合同，在本案中其又予以否认是不正确的。

（2）青岛海事法院认定货损是由于船员管货不当所致是错误的，本案货损原因是管船不当。（2006）青海法海商初字第103号案中认定舱盖存在孔和裂缝，显然是由于该原因造成进水，并不是船员管货不当造成，上诉人不应承担责任。

（3）远东国际海运公司明知货物装船时，天空正下雨，钢板已锈蚀，仍然签发清洁提单，其应对此行为承担全部货损后果。上诉人在原审庭审中提交的船长签发的装船收据表明，天正下雨，货物已锈蚀，下雨在前货物到日本检验在后，该检验报告并未考虑装船时货物状况和天气情况。远东国际海运公司明知货物属于雨中装货，货已锈蚀，仍签发清洁提单，其不能将责任转嫁给上诉人。请求撤销一审判决第一项，判令被上诉人承担上诉费用。

被上诉人远东国际海运公司辩称：

（1）山东省高级人民法院不应受理此案，根据法律规定一审判决已生效，天裕公司不服可以按申诉程序进行，因为上诉状虽然写明了上诉人是天裕公司，但上诉状中盖章却是天裕船务公司，其无权代表天裕公司提起上诉。

（2）天裕公司应当对货损承担责任，本案天裕公司就是实际承运人，远东国际海运公司将货物交与天裕公司承运，双方间形成了海上运输合同关系。

（3）根据日本海事鉴定协会检验报告，本案货损原因是塑料薄膜磨损及船员维护不善导致舱盖有缺陷，这是由于天裕轮船员没有尽到管货责任所致。

（4）天裕公司提供的证据不能证明在装货前发生锈蚀，货损是由于海水进入船舱造成的。

原审被告天裕船务公司未到庭应诉，也未提供答辩。

四、二审裁判

山东省高级人民法院审理查明，天裕公司在上诉状中未加盖本公司的公章，而是加盖了第三人天裕船务公司的公章，亦未有委托代理人或法定代表人的签字。本案诉讼费用系天裕公司交纳，也是天裕公司的委托代理人出庭应诉。

山东省高级人民法院查明其他事实同青岛海事法院认定事实。

山东省高级人民法院认为，本案为国际海上货物运输合同纠纷，起诉前青岛海事法院根据当事人申请扣押了"天裕"轮，青岛海事法院对本案有管辖权。货物起运港在中华人民共和国境内，且双方均引用中华人民共和国法律主张权利，因此青岛海事法院据此适用与合同最密切联系的国家法律即中华人民共和国法律解决本案实体争议并无不当。

本案争议的焦点是:① 天裕公司提起上诉是否正当;② 天裕公司是否应当承担赔偿责任。

关于焦点一,天裕公司提起上诉是否正当的问题。虽然上诉状中天裕公司未加盖公章,但是本案的诉讼费用是其交纳,出庭应诉是其委托的代理人,足以表明上诉是天裕公司的真实意思表示。因此,天裕公司的上诉是正当的,本案应予审理,远东国际海运公司主张其上诉无效的理由不能成立,山东省高级人民法院不予支持。

关于焦点二,天裕公司是否应当承担赔偿责任的问题。本案中天裕公司虽与山东国际海运公司订有船舶期租合同,货损也是发生在天裕公司所属"天裕"轮履行期租合同期间,但租船合约系天裕公司与山东国际海运公司所签,仅对该两者有合同约束力,天裕公司不能以履行其与山东国际海运公司的合约为由,损害第三人的利益。"天裕"轮从承运本案货物时起,其船东天裕公司便具备了实际承运人的地位,实际承运人在其所担负的运输任务内,应当承担与承运人同等的法律责任,货物在运输期间产生货损,实际承运人天裕公司应当承担赔偿责任。

天裕公司作为实际承运人,负有使"天裕"轮处于适航状态运输货物,安全谨慎管理货物的职责。根据青岛海事法院(2006)青海法海商初字第103号民事判决的认定,"天裕"轮船员未采取良好的管货措施,航行中导致海水由舱盖进入,造成货物锈损、卷曲,并认定承运人应当承担赔偿责任。因此,实际承运人天裕公司应当对货物的损失承担赔偿责任。

综上所述,原审判决认定事实清楚,适用法律正确,应予维持。依照《中华人民共和国民事诉讼法》第130条、第153条第1款第(一)项之规定,判决如下:

驳回上诉,维持原判。

二审案件受理费13 410元由上诉人天裕海运有限公司负担。

本判决为终审判决。

5 上诉人无锡新苏纺国际贸易有限公司与被上诉人福建省国贸运物流有限公司海上货物运输合同纠纷案

案例来源:福建省高级人民法院(2010)闽民终字第652号
主题词:承运人的识别　代理关系　第三人

裁判要旨

No. HY-1.1-11　提单仅为运输合同的初步证据,并非运输合同本身,不能单纯以提单的记载来确定合同承运人,应当结合其他证据加以认定。承运人的识别,不能简单地仅凭提单的记载来确定,还应当结合案件的其他证据进行认定。

> **No. HY-1.1-12** 受托人以自己的名义,在委托人的授权范围内与第三人订立的合同,第三人在订立合同时知道受托人与委托人之间的代理关系的,该合同直接约束委托人和第三人,但有确切证据证明该合同只约束受托人和第三人的除外。尽管代理人以承运人的名义签发自己的货代提单,该提单一直由托运人持有未经流转,但有确切证据证明代理人在委托人的授权范围内与第三人订立的合同,第三人在订立合同时知道受托人与委托人之间的代理关系的,代理人不应当识别为承运人。

一、基本案情

上诉人(原审原告):无锡新苏纺国际贸易有限公司(以下简称新苏纺公司)

被上诉人(原审被告):福建省国贸运物流有限公司(以下简称国贸运公司)

厦门海事法院原审查明:2008年6月,原告与以色列ZIP FASHION MARKETING LTD.(以下简称ZIP公司)签订买卖合同,出口一批服装到以色列,双方约定:贸易方式为FOB,付款方式为T/T,收到预付款后55天出运。被告根据MONTO INTERNATIONAL LTD(以下简称MONTO公司)的指示,为原告安排两票货物从上海和宁波出口货运事宜。原告于2008年9月12日和9月18日分别将两份《出口货物明细表》传真给被告。10月9日,原告按被告的提单格式填写两份《托运书》,并在盖章后传真给被告。《托运书》的"声明"栏载明:"以上货物指定MONTO INTERNATIONAL LTD公司承运,福建省国贸运物流有限公司为该公司启运港操作代理人。"被告向原告签发了3套抬头为被告的提单,编号分别为FIXM-0809016、FIXM-0810001A、FIXM-0810001B。3套提单均载明:托运人原告,收货人和通知人ZIP公司,目的港以色列ASHDOD,运费到付,签发地厦门。FIXM-0809016提单的起运港为上海,装船日和签发日期为2008年10月3日。FIXM-0810001A、FIXM-0810001B提单的起运港为宁波,装船日和签发日为2008年10月13日。根据报关单记载,FIXM-0809016提单项下货物价值为36 480美元,FIXM-0810001A、FIXM-0810001B提单项下货物价值为85 141美元。货物到目的港后已被收货人提走,但原告至今仍持有上述3份全套正本提单。

另查明,MONTO公司系一家在香港注册登记的公司。2008年1月15日,MONTO公司与被告国贸运公司共同签署一份《协议声明书》,MONTO公司授权被告代表其签发货运提单。3月19日,MONTO公司签发一份《授权书》给被告,授权被告作为其在中国境内的订舱代理,并说明因其在福建省没有设立办事点,无法向托运人签发自己的提单,授权被告就其自中国出口的指定货代表其向托运人签发被告的提单。买方ZIP公司指定MONTO公司负责与原告联系案涉货物的运输,被告接受MONTO公司的委托并根据其指示安排运输。

还查明，2008年3月，原告出口其他货物给 ZIP 公司，原告出具《托运书》给被告，被告以自己的名义签发提单给原告。《托运书》的声明部分同样载明："以上货物指定 MONTO INTERNATIONAL LTD 公司承运，福建省国贸运物流有限公司为该公司启运港操作代理人。"

二、一审裁判

厦门海事法院认为，本案为海上货物运输合同无单放货纠纷。因货物运输的目的地为以色列，故本案具有涉外因素。双方当事人均选择以中国法律作为处理合同争议的法律，故本案适用的实体法为中国法律。本案主要的争议焦点在于：被告是否为案涉货物的承运人。

厦门海事法院认为，虽然案涉提单记载的承运人为被告，但提单仍在托运人手里，提单仅为运输合同的初步证据，并非运输合同本身，不能单纯以提单的记载来确定合同承运人，应结合其他证据加以认定。第一，被告提交的《协议声明书》和《授权书》证明：被告在签发提单前得到 MONTO 公司授权，作为 MONTO 公司的货物操作代理，有权代 MONTO 公司签发代理提单。被告提交的其与 MONTO 公司往来的电子邮件证明：被告办理案涉货物运输及签发提单的行为均是根据 MONTO 公司的指示进行。因此，被告在案涉货物运输中的身份为 MONTO 公司的代理人。第二，原告就交付运输的货物填写《托运书》并盖章确认传真给被告，《托运书》中清楚表明承运人为 MONTO 公司，被告系操作代理。另外，2008年3月的两票出口给 ZIP 公司的业务中，被告也是签发自己的格式提单，原告同样在《托运书》上确认承运人为 MONTO 公司，被告为其代理人。以上事实表明：原告在接受被告签发的提单时明知被告是以 MONTO 公司代理人身份签发提单。第三，根据《中华人民共和国合同法》第402条规定，"受托人以自己的名义，在委托人的授权范围内与第三人订立的合同，第三人在订立合同时知道受托人与委托人之间的代理关系的，该合同直接约束委托人和第三人，但有确切证据证明该合同只约束受托人和第三人的除外"。案涉货物贸易方式为 FOB，由买方租船订舱，买方指定 MONTO 公司与原告联系运输，被告接受 MONTO 公司的委托并根据其指示安排运输，作为承运人 MONTO 公司的代理人，以自己的名义签发提单。在原告明知被告与 MONTO 公司之间的代理关系，且没有确切证据证明该提单只约束被告和原告的情况下，提单所证明的运输合同关系的主体为原告和 MONTO 公司。因此，被告并非案涉货运运输合同的承运人。

综上，被告并非原告以海上货物运输合同纠纷诉由起诉的适格被告，原告的起诉依法应予以驳回。依照《中华人民共和国民事诉讼法》第108条第（二）项、第235条的规定，裁定：驳回无锡新苏纺国际贸易有限公司对被告福建省国贸运物流有限公司的起诉。

三、上诉与答辩

原告不服一审裁定，向福建省高级人民法院提起上诉称：

（1）案涉提单的抬头为福建省国贸运物流有限公司，且国贸运公司作为承运人签发提单，根据承运人识别的基本原则，可以确定国贸运公司是讼争海上货物运输合同的承运人。

（2）原告与国贸运公司单独就海上货物运输合同进行磋商，并最终订立合同，交运货物，取得提单，国贸运公司为讼争海上货物运输合同的承运人，与MONTO公司无关。

（3）一审法院以《协议声明书》和《授权书》认定国贸运公司为代理人，严重错误。《协议声明书》和《授权书》是国贸运公司与案外人的法律关系，不能对抗第三人；国贸运公司从未向上诉人提供或披露《协议声明书》和《授权书》，表明其为代理人身份；《协议声明书》和《授权书》无法证明MONTO公司与本案的关联性，不能作为认定本案事实的依据；《协议声明书》和《授权书》在诉讼中才提供，显为逃避责任而事后补充制作的材料，且形成于域外，未经公证认证，形式不合法，不能作为认定事实的依据。

（4）《托运书》系国贸运公司提供，"以上货物指定MONTO INTERNATIONAL LTD公司承运"的声明，字体细小且不显眼，国贸运公司未提示或说明；"托运书"是格式条款，未与原告协商，该声明实质上构成国贸运公司试图免除或限制责任、排除对方权利，依法应认定为无效，不能约束原告。

（5）退一步，即使"托运书"表明MONTO公司为承运人，而之后国贸运公司又以承运人身份向原告签发提单，进一步证明国贸运公司作为讼争海上货物运输合同承运人的事实，一审无视时间先后及提单与托运单的效力层次，摒弃提单的记载，而仅凭托运书的声明，即认定国贸运公司并非承运人是错误的。

（6）一审裁定错误适用并错误理解《中华人民共和国合同法》第402条规定。假使国贸运公司与MONTO公司的代理关系成立，而国贸运公司以自己的名义与原告订立海上货物运输合同，并签发自己的提单，且在提单中无任何有关MONTO公司的字眼，故运输合同的主体为原告与国贸运公司，即国贸运公司为承运人，原审认定MONTO公司为承运人实属错误。请求撤销原裁定，指令一审法院重新组成合议庭进行审理。

四、二审裁判

福建省高级人民法院经审理认为，原审原告无锡新苏纺国际贸易有限公司以其与原审被告国贸运公司建立海上货物运输合同关系，国贸运公司无单发放为由提起诉讼，故本案应为海上货物运输合同无单放货纠纷。根据案涉货物运输的目的地为以色列，具有涉外因素及双方当事人一致选择适用中国法律作为处理本案的实体法，故原审适用中国法律正确。根据新苏纺公司的上诉理由及其请求,本案二审争议的焦点仍是:国贸运公司是否为案涉货物运输的承运人。

　　福建省高级人民法院认为,国贸运公司是否是案涉货物运输的承运人,不能简单地仅凭提单的记载来确定,还应结合本案的其他证据进行认定。首先,国贸运公司提交给新苏纺公司的《托运书》"声明"栏中,明确载明案涉货物由 MONTO 公司承运,国贸运公司是该公司的启运港操作代理人。该"声明"的字体与《托运书》其他栏目的字体一般大小,《托运书》最后一行还使用了比其他栏目大的字体进行"说明":"声明内容请务必填写,并盖章回传,谢谢配合!"由此可见,国贸运公司已尽了提示和说明义务,事实上,新苏纺公司在填写《托运书》的相关内容后传真给国贸运公司,也可证明新苏纺公司已知道"声明"内容,即 MONTO 公司是承运人,国贸运公司是 MONTO 公司的代理人。新苏纺公司关于"声明"字体细小,国贸运公司未提示或说明、"声明"无效、对其没有约束力的上诉理由不能成立。其次,一审庭审中,新苏纺公司已明确表示对国贸运公司提交的《协议声明书》和《授权书》、MONTO 公司的注册登记资料以及其与 MONTO 公司就案涉货物运输往来电子邮件的真实性无异议,新苏纺公司在上诉状中提出《协议声明书》和《授权书》未经公证认证、形式不合法,不能作为证据,福建省高级人民法院不予采纳。上述证据证明:MONTO 公司合法存在,国贸运公司与 MONTO 公司在案涉货物运输之前,双方即存在合作关系,国贸运公司有权代 MONTO 公司签发货代提单,《托运单》的"声明"与此相吻合;在案涉货物运输中,国贸运公司是根据 MONTO 公司的指令进行操作,是 MONTO 公司的操作代理人。第三,在新苏纺公司明知国贸运公司是 MONTO 公司启运港操作代理人的情况下,国贸运公司以承运人的名义签发自己的货代提单即案涉提单,且该提单一直由新苏纺公司持有未经流转,根据《中华人民共和国合同法》第 402 条"受托人以自己的名义,在委托人的授权范围内与第三人订立的合同,第三人在订立合同时知道受托人与委托人之间的代理关系的,该合同直接约束委托人和第三人,但有确切证据证明该合同只约束受托人和第三人的除外"的规定,案涉提单所证明的运输合同关系的当事人应为新苏纺公司和 MONTO 公司,即 MONTO 公司是案涉货物运输的承运人。为此,原审适用法律正确,新苏纺公司关于原审错误适用和错误理解合同法的上诉理由不能成立。

　　综上,虽然案涉提单记载的承运人为国贸运公司,但国贸运公司不是案涉货物运输合同的承运人,新苏纺公司关于国贸运公司是案涉货物运输合同承运人的上诉理由均不能成立。新苏纺公司以海上货物运输合同纠纷对国贸运公司提起诉讼,系被告主体不适格,原审依法裁定驳回新苏纺公司的起诉正确,应予维持。依照《中华人民共和国民事诉讼法》第 154 条的规定,裁定如下:

　　驳回上诉,维持原裁定。

⑥ 原告广东恒鑫能源有限公司与被告则立安那管理公司、被告双日株式会社海上货物运输合同纠纷案
案例来源：厦门海事法院（2010）厦海法商初字第 187 号
主题词：提单权利人　实际承运人　联合检验

裁判要旨

No. HY-1.1-13　提单中载明的向记名人交付货物，或者按照指示人的指示交付货物，或者向提单持有人交付货物的条款，构成承运人据以交付货物的保证。指示提单的托运人在提单上进行空白背书后，谁合法持有提单，谁就是提单的权利人。

No. HY-1.1-14　实际承运人是指接受承运人委托，从事货物运输或者部分运输的人，包括接受转委托从事此项运输的其他人。船舶所有人在没有充分证据证明船舶的经营权已交付给他人行使的情况下，应当被认定为同时也是船舶的经营人，即实际利用船舶从事运输、获取收益的人，也即实际从事货物运输的实际承运人。

No. HY-1.1-15　承运人向收货人交付货物时，收货人未将货物灭失或者损坏的情况书面通知承运人的，此项交付视为承运人已经按照运输单证的记载交付以及货物状况良好的初步证据。装货港货物的抽样及品质分析证书，如检验并非与承运人的联合检验，事后也没有经过承运人的认可，不构成提单货物状况记载，不能成为向承运人主张损失的依据。

一、基本案情

　　原告：广东恒鑫能源有限公司
　　被告：则立安那管理公司（Zliana Management S. A.）
　　被告：双日株式会社

　　原告广东恒鑫能源有限公司诉称，2009 年 12 月 22 日，原告通过贸易方式以 CFR 术语购买一批印尼煤。由被告双日株式会社租船承运所涉货物。被告则立安那管理公司所属的"第一号轮"（MV First Ⅰ）承运所涉货物，自印尼港口运至中国港口。货物装船后，2010 年 1 月 28 日被告则立安那管理公司签发了清洁提单。2010 年 2 月 1 日，装船检验机构签发检验证书载明该批被装载至"第一号轮"的印尼煤的 NCV 热值为 4 923 千卡/千克。货物在运输期间受湿，水分增加了约 4%，水分增加和杂质发生变化致使货物发生货损而导致热值降低。该批印尼煤被运抵中国泉州港时，经中华人民共和国泉州出入境检验检疫局检验，其 NCV 热值仅为 4 665 千卡/千克。在该批印尼煤到货前，原告与国电黄金埠发电有限公司签订合同，将该批印尼煤转卖给该公司。由于该批印尼煤受湿及有杂质而导致 NCV 热值降低为 4 665 千卡/千克，原告因此损失

2 730 176.955 元(人民币,下同)。具体的损失计算为,该批货物按装港热值 4 923 千卡/千克计算,则原告可收的货款为:4 923 千卡/千克 × 0.138 × 55 045 = 37 396 141.83 元;而按照卸货港检验的热值 4 665 千卡/千克计算,原告可收的货款为:4 665 千卡/千克 × 0.135 × 55 045 = 34 665 964.875 元。被告双日株式会社作为承运人和被告则立安那管理公司作为实际承运人,应对发生在两被告掌管货物期间的货物损失承担连带赔偿责任。请求判令:

(1) 两被告赔偿原告货物损失 2 730 176.955 元及利息 42 427 元(按日万分之二点一计算,自 2010 年 2 月 23 日起暂计至 2010 年 5 月 7 日,应支付至实际支付日)。

(2) 两被告承担本案的诉讼费用。

被告则立安那管理公司辩称:

(一) 原告和答辩人不是本案的适格主体

其一,原告无权索赔,原告未证明其为涉案提单的合法受让人和持有人,无权依据该提单主张权利。涉案提单的收货人一栏记载为"TO ORDER",即该提单为指示提单。该提单的托运人 PT. Inti Bara Perdana("芭拉公司")在提单背面进行了空白背书,但并没有将提单背书给原告。原告也没有提供证据证明其已经支付了货款,根据原告和被告在买卖合同中的约定,货物所有权在卖方(被告)双日株式会社收到全部货款之后才转移给买方(原告)。因此,在被告双日株式会社收到全部合同货款之前,涉案货物的合法权利人仍旧是被告双日株式会社,而非原告。当然,被告双日株式会社也必须证明其从前手处合法取得货物权利。其二,答辩人不是适格被告。只有承运人或者实际承运人才需要对所承运的货物承担责任。答辩人不是本案货物的承运人,也不是实际承运人。"承运人",是指本人或者委托他人以本人名义与托运人订立海上货物运输合同的人。而涉案提单的签发人为"PT. Sumber Fema Marina"("桑波海运公司"),答辩人没有授权该公司签发提单。根据最高人民法院《关于民事诉讼证据的若干规定》,对代理权发生争议的,由主张有代理权一方当事人承担举证责任。因此,原告应当举证证明桑波海运公司有代理权,否则应认定桑波海运公司为涉案运输的承运人。此外,根据《2001 年全国海事法院院长座谈会纪要》第 3 条的规定,提单若没有抬头,除非签发人能证明代签的事实,否则应当以提单签发人作为承运人。因此,涉案提单的承运人为桑波海运公司而不是答辩人。"实际承运人",是指接受承运人委托,从事货物运输或者部分运输的人,包括接受转委托从事此项运输的其他人。可见,成为实际承运人需要同时具备两个条件,即接受承运人的委托或转委托,并实际从事运输。委托是指委托人和受托人约定,由受托人来处理委托事务。本案中答辩人并未接受承运人的委托。而无论是被告双日株式会社还是桑波海运公司均未和答辩人约定过由答辩人来处理运输事务。答辩人使用"第一号轮"来运输涉案货物是通过一系列租船合同来实现的,这是典型的运输关系,而非委托关系。对此,法学界已有明确的理解。答辩人也没有实际从事运输。答辩人仅仅是"第一号"轮的注册船东。而"第一号"轮的经营管理、船员配备和货物运输等事宜均是由船舶经营公司进行。答辩人的地位仅相当于光船出租人。最高人民法院在"海南通连船务公司与五矿国际有色金属"再审案件中明确,注册船东将船舶交给船舶经营公司经营管理后,该注册船东不能被认为是实际承运人而承担责任。

(二)答辩人不对原告主张的货物质量负责

首先,答辩人不受原告和被告双日株式会社之间买卖合同的约束。原告主张货物受损,表现为水分增加、热值降低。这是依据其与被告双日株式会社的买卖合同。买卖合同关于货物热值为 5 100 千卡/千克,水分为 16% 的约定,仅约束买卖双方,而不约束答辩人。被告双日株式会社是否交付了符合合同约定热值和水分的印尼煤与船方并无关系,不能以货物与买卖合同的规定不符要求答辩人承担责任。其次,答辩人不受装港、卸港的检验报告约束。原告依据装、卸港的检验,主张货物受损。货物在装港的检验是由被告双日株式会社依据买卖合同安排的,与运输合同没有任何关系。被告双日株式会社既没有通知答辩人,也没有让答辩人参与现场检验。答辩人对该检验及其结果完全不知情,对进行该次检验的公司及人员的资质等更是无从得知。仅凭该检验报告,无法确定有检验报告所记载的质量等级的印尼煤装上了"第一号轮"。再次,船方对货物交付的责任,不超过提单的记载。在以提单为证明的运输合同下,承运人只对提单记载的货物表面状况负责,提单合法持有人则仅有权按照提单记载提取货物。本案 10/SGM/I-FI/10 号提单关于货物的记载内容为"55 000 吨印尼煤",并没有记载货物的发热量、水分等内容。所以,答辩人即使承担任何责任,也只对货物重量负责,而不对发热量、水分等负责;原告即使有权提取货物,也只有权按照提单的记载提取 55 000 吨,而无权要求答辩人对货物质量承担责任。

(三)本案货物没有受损

衡量煤炭的品质标准有多项指标,应综合判断。衡量煤炭品质的指标有全水分、低位发热量、高位发热量、硫、灰分等多个指标。低位发热量并不是唯一的指标,更不是最佳指标。各项指标应该结合在一起,才能全面衡量煤炭的质量。本案货物品质没有受损。

(四)原告没有遭受法律认可的损失,其索赔不应得到支持

根据《中华人民共和国海商法》的规定,货物损坏的赔偿额按照货物受损前后实际价值的差额计算。货物受损前的实际价值按照货物装船时的价值加保险费加运费计算。根据原告提供的发票,涉案货物装船时的价值为 4 140 950 美元,折合人民币 28 241 279 元(按汇率 1∶6.82),此为货物的完好价值。而原告转卖货物的价值即使按照 4 665 千卡/千克的热值计算也达到 34 665 964.875 元。可见,转卖收入高于货物的完好价值 6 424 685.875 元(34 665 964.875元 − 28 241 279 元)。综上所述,原告无权向答辩人提起本案索赔,答辩人无需承担任何责任。

被告双日株式会社辩称,答辩人不是适格被告,《中华人民共和国海商法》第 42 条规定:"本章下列用语的含义:(一)承运人是指本人或者委托他人以本人名义与托运人订立海上货物运输合同的人。(二)实际承运人,是指接受承运人委托,从事货物运

输或者部分运输的人,包括接受转委托从事此项运输的其他人。(三)托运人是指:1. 本人或者委托他人以本人名义或者委托他人为本人与承运人订立海上货物运输合同的人;2. 本人或者委托他人以本人名义或者委托他人为本人将货物交给与海上货物运输合同有关的承运人的人……"关于承运人与实际承运人的连带责任,《中华人民共和国海商法》第63条规定:"承运人与实际承运人都负有赔偿责任的,应当在此项责任范围内负连带责任。"根据上述法律规定,答辩人承担连带赔偿责任的前提是答辩人应具有承运人(实际承运人)的身份。原告与答辩人之间是买卖合同关系,而非海上货物运输合同关系。因此,在本案中,答辩人是买卖合同的卖方、海上货物运输合同的托运人,而非承运人。综上所述,请求法院驳回原告对答辩人的起诉。

二、法院查明事实

厦门海事法院经审理查明:2009年12月22日,原告广东恒鑫能源有限公司作为买方,被告双日株式会社作为卖方,中艺华海进出口有限公司作为买方代理,三方签订了编号为SNE091222的买卖合同。合同约定,买方原告广东恒鑫能源有限公司同意购买被告双日株式会社在印度尼西亚明古鲁开采的散装锅炉用煤,卖方被告双日株式会社应在中国泉州港交付该煤;装载港印度尼西亚明古鲁巴伊岛港;数量为50 000公吨(依卖方的决定可加/减10%),数量的测定由卖方指定和聘请独立检验代理机构于装载港依照惯例法规进行吃水测量;该代理机构将出具重量证书,该结果作为提单数量的基础,并是双方结算最终和有约束力的结果;装运期限为2010年1月,估计到达卸货港的时间为2010年2月10日,具体日期双方协商确认;质量描述为,在已接收的基础上煤的纯热值为5 100千卡/千克,最低不能低于4 800千卡/千克,如低于该数,买方可拒绝收货,质量的测定由卖方指定和聘请独立检验代理机构进行抽样和分析;该代理机构将出具抽样和分析证书,该结果作为双方结算最终和有约束力的结果;成交条件为,卖方承担成本加运费,买方承担卸货港的卸货费用,煤的单价为每公吨78美元,发票单价为78美元×实际热值(NAR)÷5 100(NAR)。

被告为履行买卖合同约定,在装货港安排了相应的货物检验和运输事宜。原告依据10/SGM/I-FI/10号提单,在中国泉州港提取相应的货物。该提单记载,托运人为PT. Inti Bara Perdana,收货人凭指示,通知地址为广东恒鑫能源有限公司、中艺华海进出口有限公司及其相应的办公地址。承运船舶为"第一号轮"(MV First I)。装货港、卸货港同买卖合同的约定,货物为印度尼西亚锅炉用煤,重量为55 000公吨。提单签发情况为:PT. Sumber Fema Marina(桑波海运公司)代表该轮船长签发。原告与被告双日株式会社双方无异议的证据体现的事实为:落款为2010年2月5日的商业发票记载发票的价值为75.29美元×55 000公吨=4 140 950美元;落款为2010年2月1日、编号为00075/GAAMAD的抽样和分析证书载明,"第一号"轮所装载的50 000公吨煤在已接收的基础上总水分为18.56%,总热值为5 212千卡/千克,纯热值为4 923千卡/千克;落款为2010年2月1日、编号为00074/GAAMAD的重量证书载明,"第一号轮"所装载的货物重量为 55 000 公吨,索取复印件的网站为 www.sucofindo.co.id;落款为 2010 年 2 月 2 日、编号为 350110110000024 的品质检验证书记载,应收货人中艺华海进出口有限公司的申请,检验机构中国出入境检验检疫局派员于 2010 年 2 月 6 日至 2010 年 2 月 8 日到肖厝沙格码头,在"第一号"轮卸货过程中,按 GB475-2008 标准抽取代表性样品,经检验,结果为全水分 20.8%,空干基高位发热量为 5 533 千卡/千克,收到基低位发热量为 4 665 千卡/千克,上述指标收到基低位发热量不符合 NE091222 合同的要求;落款为 2010 年 2 月 20 日、编号为 350110110000024 的重量证书记载,对于"第一号"轮于 2010 年 2 月 6 日至 2010 年 2 月 8 日卸在泉州的煤,中国出入境检验检疫局派员会同船方人员在卸货前后对船舶水尺和船用物料等进行测量,并根据船方提供的图表作必要的校正后,计算出上述货物实卸重量(湿态)为 55 045 公吨。

三、法院裁判

厦门海事法院认为,本案为海上货物运输合同纠纷,原被告双方争议的焦点问题有:原告、被告是否为适格的主体;原告损失是否存在,损失数额是多少。在诉讼过程中,双方均引用中国法律,且案涉海上货物运输合同的卸货港为中国港口,案涉货物是否存在损失与中华人民共和国存在最密切联系,因此本案应依照中华人民共和国的相关法律进行处理。

(一)原告、被告是否为适格的主体

关于原告广东恒鑫能源有限公司是否有权主张损失的问题,厦门海事法院认为,原告作为案涉指示提单的合法持有人的事实清楚,因为案涉指示提单的托运人在提单上进行空白背书后,谁合法持有提单,谁就是提单的权利人。根据本案查明的事实,是原告最后依据提单提取了案涉货物,因此原告有权依据提单,对提单所证明的运输合同当事人主张权利。

关于被告双日株式会社是否为承运人的问题,厦门海事法院认为,原告所提供的证据只能证明被告双日株式会社在案涉买卖合同中存在安排案涉货物运输的义务,而无法证明被告双日株式会社存在以本人或者委托他人以本人名义与托运人订立案涉海上货物运输合同的行为,因此对原告关于被告双日株式会社系案涉海上货物运输合同承运人的主张,厦门海事法院不予支持。

关于被告则立安那管理公司是否为实际承运人的问题,根据《中华人民共和国海商法》第 42 条第(二)项规定中关于实际承运人的定义,关键在于认定被告则立安那管理公司是否为接受承运人委托,从事货物运输或者部分运输的人,包括接受转委托从事此项运输的其他人。被告则立安那管理公司抗辩认为,其仅是"第一号"轮注册登记船东,并非船舶的管理人或经营人。厦门海事法院认为,船舶所有人在没有充分证据证明船舶的经营权已交付给他人行使的情况下,应被认定为同时也是船舶的经营人,即实际利用船舶从事运输、获取收益的人,因此在被告则立安那管理公司没有证据证明存在将船舶经营权交付他人行使的情况下,被告则立安那管理公司应被认定为实际从事货物运输的实际承运人。

（二）原告损失是否存在,损失数额多少

厦门海事法院认为,货物损失首先应当依据提单的记载进行认定。根据案涉提单的记载,承运人在装货港实际收到的货物重量为 55 000 公吨；在卸货港,根据中国出入境检验检疫局的检验结论,承运人实际交付的货物重量为 55 045 公吨,货物不存在短少的损失。原告提供装货港的抽样及分析证书,以此来证明货物的品质受损,但该检验并非与承运人的联合检验,事后也没有经过承运人的认可,无法越过提单记载,成为向承运人主张损失的依据。况且原告也没有提供证据证明,货物在卸货港交付时,承运人与收货人之间对货物品质存在联合检验,或者在货物交付之日起 7 日内,向承运人提交货物损坏的书面通知,因此应当视为承运人已经履行了按运输单证交货的义务。由此可知,原告向承运人主张的货物损失,没有证据证明,依法不能予以支持。

综上所述,原告有权依据提单来向货物承运人和实际承运人主张权利,但原告没有证据证明货物在承运人保管期间发生了损失,因此原告的诉讼请求没有事实与法律依据,依法应予以驳回。依照《中华人民共和国海商法》第 42 条、第 71 条、第 81 条、《中华人民共和国民事诉讼法》第 64 条第 1 款的规定,判决如下：驳回原告广东恒鑫能源有限公司的诉讼请求。

7 原告佛山市光大服装有限公司与被告丰顺国际船务有限公司、深圳市鹏城海物流有限公司及其广州分公司、中海集装箱运输股份有限公司、Wm 集装箱航运公司海上货物运输合同纠纷案

案例来源：广州海事法院(2007)广海法初字第 316 号
主题词：违法经营　货物灭失　租赁关系　实际承运船舶

裁判要旨

No. HY-1.1-16　集装箱运输公司未取得无船承运人资质却签发提单从事无船承运业务,属违法经营,应由交通主管部门依职权处理,但其签发的提单并不属于《中华人民共和国合同法》第 52 条第 5 款违反法律、行政法规强制性规定的情形,应当认定为有效。

No. HY-1.1-17　一方当事人陈述某公司实际承运了货物,而实际承运船舶与该公司船舶名称明显不符且该公司明确予以否认的,且一方当事人并无其他证据证明某公司与实际承运船舶存在租赁或所有权关系的,该公司不应认定为实际承运人,从而不应承担实际承运人的责任。

一、基本案情

原告:佛山市光大服装有限公司
被告:丰顺国际船务有限公司(Winsmart International Shipping Limited,以下简称丰顺公司)
被告:深圳市鹏城海物流有限公司(以下简称鹏城海公司)
被告:深圳市鹏城海物流有限公司广州分公司(以下简称广州分公司)
被告:中海集装箱运输股份有限公司(以下简称中海公司)
被告:Wm集装箱航运公司(Wm Container Line Inc.)

原告佛山市光大服装有限公司诉称:2006年12月14日,原告与新视野服装公司(New Horizon Fashion Inc.)签订合同,约定该公司向原告购买服装30 000件。货物价值215 556美元,按照中国人民银行公布的2007年2月27日美元对人民币的汇率中间价1:7.7471折合人民币1 669 933.90元。之后,原告委托佛山嘉益实业有限公司(以下简称嘉益公司)代理货物的出口事宜。嘉益公司将3个集装箱的货物交丰顺公司从南沙港运至加拿大多伦多(Toronto),丰顺公司于2007年2月3日以Wm集装箱航运公司的名义向嘉益公司签发了提单,丰顺公司和Wm集装箱航运公司是共同承运人。丰顺公司委托鹏城海公司及其广州分公司将货物交给中海公司从南沙运输至多伦多,鹏城海公司及其广州分公司、中海公司是实际承运人。货物于2007年2月27日被运抵加拿大温哥华(Vancouver),后来不知去向,在承运人责任期间灭失(原告起诉时主张5被告在目的港没有凭正本提单交付了货物,在2008年11月26日广州海事法院第二次庭审时主张货物灭失),使原告遭受货物损失1 669 933.90元、运输费用损失5 188.72元、追索货款费用26 758.10元,合计1 791 880.72元。5被告作为承运人及实际承运人应对货物灭失负责。请求法院判令五被告赔偿原告货物损失1 669 933.90元及其利息(从2007年2月27日起,按照中国人民银行同期贷款利率计算至法院判决确定的支付之日止)、运输费用损失5 188.72元、追索货款费用26 758.10元,并承担本案诉讼费用。

被告丰顺公司辩称:原告不是提单记载的托运人,不是运输合同的当事人,没有诉权。提单正面载明Wm集装箱航运公司是承运人,提单背面关于"承运人"的定义条款也规定该公司是承运人,而不是丰顺公司;按照提单背面第21条"光船租船"条款的约定,丰顺公司也不是承运人。原告没有证明其损失,原告主张的律师费、查询费、翻译费等费用,不属于必要的合理费用。请求法院驳回原告对被告丰顺公司的诉讼请求。

被告中海公司辩称:原告不是提起本案诉讼的适格主体,提单载明的托运人是嘉益公司,嘉益公司以其发票专用章在提单上背书无效,原告持有提单不合法;原告也不是货物的卖方,货物发票与报关单等证据表明货物卖方是嘉益公司,货物发票与报关单所载明的合同号码与货物数量等细节均与原告提供的买卖合同的相关内容不一致,原告与嘉益公司签订的协议书不是委托合同,不能证明双方之间存在委托代理关系。中海公司不是适格被告,中海公司与原告没有订立运输合同,也没有实际运输货物,中海公司既不是承运人,也不是实际承运人;提单载明承运船舶"达飞·牙买加(CMA CGM Jamaica)"轮从事从南沙港至加拿大多伦多的运输,但该轮没有参与从卸货港温哥华到目的地多伦多的运输;中海公司不是"达飞·牙买加"轮的所有人,也不是该轮的光船承租人,对原告没有侵害行为,不应承担责任。原告请求的赔偿金额不合理,没有事实与法律依据;原告没有实际支付运费,不应请求赔偿运费;原告主张的律师费、调查费均是其自己应付的费用,依法不应列入赔偿范围。请求法院驳回原告对被告中海公司的诉讼请求。

被告Wm集装箱航运公司辩称:货物在承运人责任期间内并未发生灭失,由于原告不能证明承运人无正本提单放货的事实,将诉由变更为货物灭失,其同样应当证明货物灭失的事实,而其不仅没有证明货物灭失,反而已经确认货物于2007年2月27日到达卸货港,至此承运人的责任期间已经结束;由于没有提单持有人向承运人办理提货手续,承运人没有出具提货单,原告作为提单持有人违约,而不是承运人违约。原告没有证明其有任何损失,原告并没有证明其曾经办理60%的货款的跟单托收及托收失败,相反原告提供了其出口代理人嘉益公司出具给收货人的完税发票,说明其已收取全部货款;Wm集装箱航运公司在卸货港海关取得嘉益公司出具给收货人的商业发票,表明货物价值为86 222.40美元,而不是完税发票中的215 556美元;鉴于本案有关货物价值的凭证是原告及其出口代理人单方确认或申报,没有收货人的有效确认,原告提供的货价证据均为单方陈述,而且有初步证据证明货物价值远低于其主张的货物价值,原告的有关证据不能作为认定货物价值的真实依据。故请求法院驳回原告的诉讼请求。

二、法院查明事实

广州海事法院经审理查明并确认如下法律事实:

2006年1月1日,原告与嘉益公司签订一份协议书,约定:原告每年提供针织服装1 000万件/套(总值人民币2.5亿元)给嘉益公司出口;嘉益公司负责按照每批出口订单及时办理有关单证、报关、原产地证明、结汇等手续,并负责报关费、原产地证明费、商品检验费以及货物出运到香港的散货船运费、码头杂费、文件费等,嘉益公司在收到外汇后3个工作日内按1港元兑1元人民币支付给原告,在收到增值税发票后3个工作日内将余额全部付清;原告负责接单安排生产和检验产品质量,将货物运到装运港码头,在货物出口55天内提供17%的增值税发票,并及时配合嘉益公司向外商催收货款等。

2006年12月14日,原告(作为卖方)与加拿大安大略省宾顿市(Brampton)的新视野服装公司(作为买方)通过传真签订买卖合同,约定:该公司向原告购买经该公司修订规格的服装30 000件,离岸价(FOB)单价7.10美元/件,总价213 000美元;60%的货款托收(D/P),40%的货款由该公司留作质量保留金在收到第一批主要订货后5天内电汇(T/T)给原告,装船日期最迟为2007年1月31日,运费到付,原告须在交货后15日提供全套载有"运费到付"的清洁已装船提单等单证。

2007年1月30日,嘉益公司出具广东省出口商品统一发票,载明:购货单位新视野服装公司,30 360件男装针织开胸衫,单价(FOB佛山)7.1美元/件,总额215 556美元。该发票第二联(购货方记账凭证)由原告持有。

2007年2月1日,嘉益公司委托佛山市南海区中南报关有限公司向番禺海关申报一批服装出口,所填写的《中华人民共和国海关出口货物报关单》(海关编号:516620070667502781)载明:经营单位与发货单位为嘉益公司,出口日期2月3日,提运单号NSTOR3ME051,结汇方式电汇,运抵国加拿大,成交方式离岸价(FOB),出口商品为30 360件男装针织开胸衫,单价7.1美元/件,总价215 556美元,共装1 265个纸箱,毛重25 553公斤,净重24 288公斤,载货集装箱号为CCLU4710527、CCLU4846241、TGHU4132229。番禺海关经审核后予以放行。

2007年2月3日,嘉益公司安排3个长40英尺集装箱的服装的出口运输,在南沙港装载于"达飞·牙买加"轮,由Wm集装箱航运公司签发了编号为NE07011827的一式三份提单,提单抬头以大号印刷字体标明"Wm集装箱航运公司作为承运人",提单载明:托运人嘉益公司,收货人"凭指示",通知方新视野服装公司,承运船舶"达飞·牙买加"轮,装货港中国南沙港,卸货港温哥华,交货地加拿大多伦多,货物由托运人装箱、计数并加铅封,货物交接方式为从门至堆场(DR-CY),3个长40英尺的集装箱据称内装1 265纸箱针织服装,毛重25 553公斤,体积157.180立方米,集装箱号分别为CCLU4710527、CCLU4846241、TGHU4132229,该3个集装箱的铅封号分别为E513585、E513508、E502372,运费到付,货物装船日期与提单签发日期为2007年2月3日,提单在佛山市三山港签发,承运人或其代理人的签章处加盖名称为"Wm集装箱航运公司"的印章。提单背面共载明22条格式条款,其中第1条"定义"条款(Definitions)约定:承运人是指该提单正面载明为承运人并以其名义签发提单的公司;第21条"光船租船"条款(Demise Clause)约定:如果(该提单下的)船舶不是由签发提单的人所有或者光船承租(尽管出现相反情况,仍可根据具体情况确定),该提单仅视为船舶所有人或者光船承租人作为本人签订的合同,签发提单的人作为船舶所有人或者光船承租人的代理人签发该提单而并不负提单下的任何个人责任。提单正面有一条格式条款和背面第22条"法律与管辖"条款(Law and Jurisdiction Clause)均载明:由该提单所证明的合同由香港特别行政区的法律调整,任何有关的索赔或者纠纷应受香港特别行政区法院管辖(不影响承运人在任何其他司法辖区内起诉的权利)。提单背面加盖有嘉益公司的发票专用章。该一式三份正本提单现由原告持有。

承运船舶"达飞·牙买加"轮于2007年2月3日从广东南沙港起航,于2月27日抵达加拿大温哥华港。2007年12月12日,登录中海公司的网站(http://www.cssl.com.cn)货物跟踪系统(Tracking)可查询:CCLU4710527号集装箱于2007年12月5日为空箱，位于巴黎；CCLU4846241 号集装箱于 2007 年 11 月 28 日在纽约，载货于"以星·巴塞罗那（Zim Barceona）"轮上；TGHU4132229 号集装箱于 2007 年 12 月 10 日为空箱，处于内陆货运中。但是，该三个集装箱原所装载的本案货物是否从温哥华港运抵目的地多伦多以及其他具体下落不明。"达飞·牙买加"轮不属 Wm 集装箱航运公司所有与经营，本案无有效证据证明该轮所有权与租赁等经营状况以及该轮在本案货运航次中的船长、船员由谁配备。

2007 年 2 月 9 日，丰顺公司向嘉益公司发出一份发票，要求嘉益公司支付上述提单下的信息更改费共 90 美元。4 月 27 日，丰顺公司出具一份证明，载明："兹证明我司提单号 NE07011827 和出口货物报关单编号 516620070667502781 上的提运单号 NSTOR3ME051 为同一出口货，柜号为 CCLU4710527、CCLU4846241、TGHU4132229。"6 月 1 日，丰顺公司出具一份情况说明，在正文首部列明：提单号 GZNSTOR3ME051；货代提单号 NE07011827；集装箱号 CCLU4710527、CCLU4846241、TGHU4132229，然后说明："上述货物我司委托深圳市鹏城海物流有限公司广州分公司经中海集装箱运输有限公司（China Shipping）运输从南沙出口到加拿大多伦多。"但是，中海公司、鹏城海公司及其广州分公司否认参与了本案货物运输。本案没有其他证据证明中海公司、鹏城海公司及其广州分公司实际从事了本案货物的全部或者部分运输。

2007 年 4 月 24 日，广东中艺国际储运有限公司南海营业部向原告出具了一份以原告为付款单位的国际货物运输代理业专用发票（购付汇联），该发票载明：NE07011827 号提单下的货物从南沙港至多伦多港的海运运费为 4 494.48 元。

2007 年 7 月 23 日，原告向广东古今来律师事务所支付其委托律师代理本案诉讼的律师费 20 000 元。从 2007 年 7 月 30 日至 8 月 7 日，原告为委托律师查询 5 被告的公司注册登记情况而支付查询费共 5 378.30 元。原告为委托广州启盛翻译有限公司翻译其英文证据而支付翻译费 700 元。

Wm 集装箱航运公司没有向中华人民共和国国务院交通主管部门办理提单登记、交纳保证金，并取得经营进出中国港口货物无船承运业务的资格。丰顺公司也没有向中华人民共和国国务院交通主管部门申请登记从事国际船舶代理业务，取得经营国际船舶代理业务的资格。

另查明，中华人民共和国国家外汇管理局公布的 2007 年 12 月 12 日人民币与美元的汇率中间价为每 100 美元兑 736.47 元人民币。

三、法院裁判

本案是国际海上货物运输合同纠纷。被告丰顺公司与 Wm 集装箱航运公司分别为香港特别行政区与英属维京群岛法人，运输目的地为加拿大多伦多，本案具有涉港涉外因素。本案提单约定该提单所证明的合同由香港特别行政区的法律调整，但各当事人没有提供香港特别行政区法律，并在庭审中一致同意本案适用中华人民共和国内地的法律，其中提单所证明的海上货物运输合同的双方当事人原告与被告 Wm 集装箱航运公司关于同意本案适用中华人民共和国内地法律的一致意思表示,应视为对提单约定法律适用的变更,合法有效。按照《中华人民共和国海商法》第269条关于涉外合同当事人可以选择合同适用的法律的规定,本案应当适用中华人民共和国内地的法律。

原告是本案货物出口的卖方,嘉益公司受原告委托办理货物的出运手续,提单上载明的托运人为嘉益公司,这表明嘉益公司作为原告的受托人以自己名义向承运人托运货物,订立了以提单为证明的运输合同。根据《中华人民共和国合同法》第403条第1款关于受托人以自己的名义与第三人订立合同时,委托人可以行使受托人对第三人的权利的规定,原告可以行使托运人的权利。而且,嘉益公司已将提单背书给原告持有,原告也可行使提单持有人的权利。原告是提起本案诉讼的适格主体。

根据《中华人民共和国海商法》第42条第(一)项的规定,"承运人",是指本人或者委托他人以本人名义与托运人订立海上货物运输合同的人。Wm集装箱航运公司是提单正面载明的承运人,也是提单的签发人,其以自己的名义与托运人订立了以提单为证明的运输合同。Wm集装箱航运公司是本案货物运输的承运人。尽管提单背面"光船租船"条款约定应将船舶所有人或者光船承租人认定为承运人,因本案无有效证据证明承运船舶"达飞·牙买加"轮的所有权与租赁等经营状况,且该条款的约定与上述法律关于"承运人"的定义不符,故对该条款的效力不予认定。

因"达飞·牙买加"轮不属Wm集装箱航运公司所有与经营,Wm集装箱航运公司在中国境内签发提单,从事国际海上运输,属于经营无船承运业务。根据《中华人民共和国国际航运条例》第7条、第13条的规定,经营无船承运业务应当向国务院交通主管部门登记提单并交纳保证金,办理经营登记,方可经营。Wm集装箱航运公司没有向国务院交通主管部门办理提单登记、交纳保证金,并取得经营进出中国港口货物无船承运业务的资格,却在境内签发提单,从事本案无船承运业务,属于违法经营,应当由交通主管部门给予处罚,但其签发的提单,不属于《中华人民共和国合同法》第52条第(五)项规定的违反法律、行政法规的强制性规定的情形,该提单应认定为有效。

根据《中华人民共和国海商法》第46、48条的规定,承运人对集装箱装运的货物的责任期间,是指从装货港接收货物时起至卸货港交付货物时止,货物处于承运人掌管之下的全部期间;承运人应当妥善地、谨慎地装载、搬移、积载、运输、保管、照料和卸载所运货物。本案集装箱货物已于2007年2月27日抵达卸货港温哥华,而装载本案货物的3个集装箱已被运离温哥华,投入其他用途,货物下落不明。原告持有本案货物全套一式三份提单,先以承运人无正本提单放货为由,后以货物灭失为由,主张货物损失。这涉及Wm集装箱航运公司作为承运人是否全面、适当履行运输合同义务以及货物下落的问题。按照最高人民法院《关于民事诉讼证据的若干规定》第5条第2款的规定,对合同是否履行发生争议的,由负有履行义务的当事人承担举证责任;且Wm集装箱航运公司作为承运人掌控着货物,其应熟知货物下落,有能力也更为方便对货物的下落进行举证,Wm集装箱航运公司应对其是否妥善履行管货义务以及货物的下落进行举证,而其没有予以举证,依法应承担举证不能的法律后果。2007年12月12日查询货物下落不明时,货物已运抵卸货港温哥华9个多月,货物较长时间下落不明,可认定货物灭失。查询货物下落不明的时间2007年12月12日可酌定为货物灭失的时间。

按照《中华人民共和国海商法》第55条第1、2款的规定,货物灭失的赔偿额,按照货物的实际价值即货物装船时的价值加保险费加运费计算。本案货物的出口报关单和出口发票一致表明货物的离岸价为215 556美元,出口货物报关单为原告委托嘉益公司报关并经海关审核的书证,依法可以单独作为认定案件事实的依据,且可与货物买卖合同关于货物价款的约定相互印证,各被告予以否认却没有提供相应的反证,应据此认定货物装船时的价值为215 556美元。本案货物的买卖合同约定采用离岸价(FOB)方式,原告作为卖方无须支付运费和保险费;原告提供国际货物运输代理业专用发票(购付汇联)载明货物海运运费为4 494.48元,但该发票联仅用于购付汇,不是付款结算凭证,不能证明原告已实际支付了货物的运费;原告也没有提供证据证明其实际支付了保险费,本案货物损失不应包含运费和保险费。原告主张的律师费、查询费等追索费用不属于上述法定的货损赔偿范围,故也不应计入损失赔偿额。本案货物损失的赔偿额应确定为离岸价215 556美元。Wm集装箱航运公司应赔偿原告货物损失215 556美元及其利息。原告以人民币主张损失,损失215 556美元可按照上述认定的货物灭失之日2007年12月12日国家外汇管理局公布的人民币与美元的汇率中间价每100美元兑736.47元人民币,折算为1 587 505.27元人民币。利息可从2007年12月12日起算,按中国人民银行同期同类贷款利率计至广州海事法院判决生效的支付之日止。

丰顺公司曾要求原告的受托人嘉益公司支付提单信息更改费,并于2007年4月27日、6月1日分别出具书面证明表明本案提单号NE07011827是其公司提单号及其向鹏城海公司转委托本案货运。这说明丰顺公司是以Wm集装箱航运公司的名义出具了本案提单,作为Wm集装箱航运公司的代理人行事,而且Wm集装箱航运公司认可了该提单,应视为认可了丰顺公司的代理行为。丰顺公司没有以自己的名义签发提单,没有以承运人身份行事,其不是承运人,而是承运人Wm集装箱航运公司的代理人。根据《中华人民共和国国际海运条例》第10条、第13条的规定,国际船舶代理经营者应依照该条例向国务院交通主管部门申请登记后,方可经营。丰顺公司没有取得经营国际船舶代理业务的资格,却代Wm集装箱航运公司出具提单,从事国际船舶代理业务,属违法经营。但是,丰顺公司代签提单的行为与本案货物灭失之间并无因果关系,其不应对货物灭失承担责任。

根据《中华人民共和国民事诉讼法》第64条第1款以及最高人民法院《关于民事诉讼证据的若干规定》第2条的规定,当事人对自己提出的主张,有责任提供证据;没有证据或者证据不足以证明当事人的事实主张的,由负有举证责任的当事人承担不利后果。原告主张中海公司、鹏城海公司及其广州分公司为实际承运人,应予以举证证明。丰顺公司于2007年6月1日出具情况说明陈述:其委托鹏城海公司广州分公司经中海公司运输本案货物。但该情况说明属于当事人陈述,依法不能单独作为认定案件事实的依据;中海公司、鹏城海公司及其广州分公司又予以否认;中海公司网站关于载货集装箱流程的记载仅表明该公司对集装箱的跟踪管理,不足以证明其实际从事了货物运输;原告没有提供证据证明承运船舶"达飞·牙买加"轮的所有权与租赁等经营状况或者该轮船长、船员由谁配备等可予认定实际承运人的基本事实,本案识别实际承运人的证据不充分。原告请求3被告中海公司、鹏城海公司及其广州分公司对货物灭失承担赔偿责任,缺乏事实依据,不予支持。

综上,依据《中华人民共和国海商法》第48条、第55条第1、2款以及《中华人民共和国民事诉讼法》第64条第1款的规定,判决如下:

(1) 被告Wm集装箱航运公司赔偿原告佛山市光大服装有限公司货物损失1 587 505.27元人民币及其利息(利息从2007年12月12日起算,按中国人民银行同期同类贷款利率计至本判决生效的支付之日止);

(2) 驳回原告佛山市光大服装有限公司对被告丰顺国际船务有限公司、深圳市鹏城海物流有限公司及其广州分公司、中海集装箱运输股份有限公司的诉讼请求;

(3) 驳回原告佛山市光大服装有限公司的其他诉讼请求。

8 原告广州市中之豪实业有限公司与被告马士基(中国)航运有限公司、马士基(中国)航运有限公司广州分公司、华光国际运输广州公司、海程邦达国际货运代理有限公司广州分公司海上货物运输合同货物交付纠纷案

案例来源:广州海事法院(2002)广海法初字第415号
主题词:合同义务　承运人的代理人　赔偿责任

裁判要旨

No. HY-1.1-18　一方未从事实际运输,也未以自己的名义签发提单,仅以另一方的名义向承运人办理托运手续,其身份是另一方的货运代理人,而非承运人。一方接受另一方委托后,向其他方订舱取得了其他方签发的正本提单,并将全套正本提单交给另一方的,应视为其履行另一方委托合同项下义务;在此情况下,其对交付货物不承担责任。

承运人的代理人在提单上明确注明其仅作为承运人的代理人并证明取得承运人的委托授权的,且根据提单足可以识别承运人的,货物交付发生纠纷时应承担责任的是承运人而非该代理人。

一、基本案情

原告:广州市中之豪实业有限公司(以下简称中之豪公司)
被告:马士基(中国)航运有限公司(以下简称马士基公司)

被告:马士基(中国)航运有限公司广州分公司(以下简称广州马士基公司)
被告:华光国际运输广州公司(以下简称华光公司)
被告:海程邦达国际货运代理有限公司广州分公司(以下简称海程邦达公司)

原告广州市中之豪实业有限公司诉称:2002年1月,中之豪公司通过海程邦达国际货运代理有限公司广州分公司(以下简称海程邦达公司)和华光国际运输广州公司托运一个集装箱货物,自广州至尼日利亚阿帕帕(APAPA)港。中之豪公司向海程邦达公司支付了运费。1月18日,马士基(中国)航运有限公司广州分公司代表承运人签发了以中之豪公司为托运人的正本提单,编号为 KWAF13356,马士基公司作为承运人在提单中"已装船"字样上加盖印章。广州马士基公司是马士基(中国)航运有限公司的分支机构。上述货物于2002年2月26日运抵目的港后,被人在未提交正本提单的情况下提走。中之豪公司仍持有全套正本提单,但不能提取货物,也无法收回货款,损失达71 134美元。4被告接收中之豪公司货物后,不履行凭正本提单交货的法定义务,应对中之豪公司的损失承担赔偿责任。据此,请求判令被告马士基公司、广州马士基公司、华光公司、海程邦达公司连带赔偿中之豪公司货款损失71 134美元(按2002年2月26日美元对人民币汇率1∶8.2889计算,折合人民币589 622.61元)及其自2002年2月26日起至实际清偿之日止,按中国人民银行人民币同期贷款利率计算的利息。

原告中之豪公司在举证期限内提供了10份证据。

被告马士基公司、广州马士基公司辩称:第一,马士基公司、广州马士基公司并非本案所涉运输的承运人。本案所涉提单确由广州马士基公司签发。但提单正面右下角已记载承运人为阿科特利斯卡贝特1912及卡贝特斯文特伯格公司(Dampskibsselskabet af 1912, Aktieselskab and Aktieselakabet Dampskibsselskabet Svendborg,以下简称1912公司),提单背面条款明确提单抬头的马士基海陆(MAERSK SEALAND)是承运人的商号,马士基公司享有该承运人授予的代理权,经营范围就是代理该承运人在中国港口的有关运输事宜。所以,马士基公司和广州马士基公司只是承运人1912公司的装港代理,不应承担承运人的义务。第二,中之豪公司没有提供货物买卖合同以及空白出口核销单,不能证明货物价款,也不能证明其没有收到货款。第三,本案所涉提单是记名提单。据中之豪公司的陈述,该货物已由提单记载的收货人提走,享有本案诉权的是提单记载的收货人,而非中之豪公司。综上,请求驳回中之豪公司对马士基公司及广州马士基公司的起诉。

被告马士基公司、广州马士基公司在举证期限内提供了1份证据。

被告华光公司辩称:2002年1月,中之豪公司向海程邦达公司托运本案货物,海程邦达公司转委托华光公司办理运输。华光公司向广州马士基公司托运并向其支付了运费。2002年1月18日,广州马士基公司签发了本案所涉提单,提单记载托运人为中之豪公司。华光公司将提单交给海程邦达公司,后由海程邦达公司转交给中之豪公司。华光公司没有收取中之豪公司的运费,没有向其签发过提单,也没有就本案货物运输与中之豪公司签订过运输合同,华光公司与中之豪公司之间不存在运输合同关系。另外,在中之豪公司是否遭受损失,及提单项下货物诉权方面,华光公司同意马士基公司、广州马士基公司的第二、三项答辩意见。中之豪公司起诉华光公司没有事实及法律依据,请求判令驳回其对华光公司的诉讼。

被告华光公司在举证期限内提供了5份证据。

被告海程邦达公司辩称:就中之豪公司是否遭受货物损失,同意马士基公司、广州马士基公司的第二项答辩意见。货物不是海程邦达公司放走的,不应由海程邦达公司承担责任。

被告海程邦达公司在举证期限内没有提供证据。

二、法院查明事实

广州海事法院查明如下法律事实:

2002年1月,中之豪公司向海程邦达公司托运一个集装箱货物。托运单记载:目的地尼日利亚阿帕帕港,托运人中之豪公司,收货人MAC COLLINS VENTURES LIMITED,货物为女鞋315件、手袋326件,装1个40英尺集装箱;装货时间1月17日,拖柜地点南海和顺镇官和公路龙辰鞋厂;海运费4 600美元,码头费人民币600元,文件费每票15美元,拖车费人民币1 050元,运费预付;配马士基船,出船东单。

1月15日,海程邦达公司就上述货物运输事宜转委托华光公司。货运委托单记载出货形式堆场至堆场,装货港黄埔,目的地尼日利亚阿帕帕港,运费4 500美元,文件费15美元,要求配1月18日马士基头程,请放柜,嘉利码头外拖。

华光公司接受委托后,向广州马士基公司托运。广州马士基公司于1月18日在广州签发了编号为KWAF13356的提单正本一式三份。提单抬头记载为马士基海陆。托运人为中之豪公司,收货人为MAC COLLINS VENTURES LIMITED,运输船舶"穗救5号"(SUI JIU 5),装货港广州黄埔港,卸货港尼日利亚阿帕帕港。货物装于一个集装箱,箱号MSKU8119331。货物描述一栏上方载明"由托运人提供,承运人不负责",栏内打印"托运人装载、积载和计数……堆场至堆场……641箱鞋子和手袋……2002年1月18日已装船"。马士基公司在"已装船"字样上加盖印章,林汉仪签名。提单正本一式三份,提单右下方签章栏由林汉仪签名并加盖广州马士基公司印章。签名栏上方印有"1912公司作为承运人",下方印有"仅作为代理人"字样。签名栏左方另有打印字样"作为承运人的代理人"。提单背面条款第一项为定义条款,其中明确:"马士基海陆"是承运人的商号;"承运人"指为其签署提单的海运船舶的所有人或租船人;"所有人或租船人"是1912公司,该公司地址为丹麦哥本哈根DK-1098伊斯普拉那登50号(50,Esplanaden, DK-1098, Copenhagen K, Denmark)。

全套正本提单由广州马士基公司签发给华光公司,华光公司交给海程邦达公司,海程邦达公司交给中之豪公司。

装货的集装箱为马士基公司所有,装货地点在中之豪公司指定的工厂内。

中之豪公司向海程邦达公司支付人民币40 666元,其中海运费38 640元、码头费

600元、内陆拖车费1050元、商检费100元、文件费126元、报关费150元。海程邦达公司向华光公司支付海运费4 500美元、文件费15美元。华光公司与广州马士基公司之间按月结算费用,本案所涉集装箱的海运费已支付。

本案所涉集装箱于2002年2月26日抵达尼日利亚阿帕帕港。之后,在中之豪公司持有全套正本提单的情况下,货物被他人提走。全套正本提单现在仍由中之豪公司持有。

广州马士基公司是马士基公司的分支机构,二者经营范围相同,均为:为丹麦马士基有限公司拥有或经营的船舶从事揽货、订舱、签发提单、结算运费和签订有关业务合同;从事中国港口至外国港口间的支线运输业务(不得从事中国沿海运输)。

对各方当事人争议的有关事实,法院认定如下:

关于马士基公司和广州马士基公司是否取得1912公司签发提单的授权问题,马士基公司和广州马士基公司提供了经公证认证的1912公司声明文件。该文件载明:1912公司"证明并确认自1994年起,正式指定依中华人民共和国法律于1994年在北京成立的马士基(中国)航运有限公司,作为本公司在中国进出口海上货物运输业务的代理人。其代理权限包括但不限于:接受货物、签发马士基海陆提单、开具运费发票并收取运费,以及其他在1912公司授权范围内为并代表该公司进行的其他任何必要的商业行为。除非本公司根据代理协议正式终止上述授权,本公司对马士基(中国)航运有限公司的上述授权将持续生效。"冯·勒·穆勒(Vagn Lehd Moller)和约根·哈林(Jorgen Harling)代表1912公司签署该文件。丹麦王国哥本哈根市公证员依斯·格雷博(Ilse Greby)证明冯·勒·穆勒和约根·哈林于2002年9月23日签署了上述文件,且证明其有权代表1912公司签署上述文件。该公司是根据丹麦法律合法成立的,其在丹麦商业和公司管理局的注册号码是22756214和22754416,其合法住所和管理总部所在地为丹麦哥本哈根K-1098伊斯普拉那登50号。该公证文件经过丹麦王国外交部确认,并经我国驻丹麦王国大使馆认证。

中之豪公司和华光公司对该证据的真实性没有异议,但认为马士基公司没有提供相应的委托协议,也没有附相应的企业登记证书,该证据不齐全,不能证明马士基公司是1912公司的代理人。海程邦达公司对该证据没有异议。法院认为:尽管马士基公司没有提供1912公司的登记证书,但丹麦王国哥本哈根市公证员依斯·格雷博在公证材料中明确确认1912公司在丹麦合法成立,并记载了其登记号及住所地,证明1912公司是合法存在的。马士基公司没有提供其与1912公司之间的委托合同,但是,代理权的发生非基于委托合同,而是基于委托人的授权行为,委托人的授权属于单方法律行为。1912公司在该文件中对自1994年以来授权马士基公司办理在中国有关进出口货物运输事务予以确认,足以证明马士基公司取得了1912公司的授权,无须提供委托合同。故中之豪公司和华光公司的异议不能成立,认定马士基公司取得了1912公司授予的包括在中国境内签发马士基海陆抬头提单在内的代理权。

关于本案所涉货物的价值,中之豪公司提供了以下证据:① 装箱单;② 商业发票;③ 2002年7月29日、8月1日中之豪公司发给广州马士基公司的传真复印件,内容分别为查询货物下落和索赔,其中提出货物价值为71 134元;④ 2002年7月30日广州马士基公司发给华光公司的传真复印件,载明货物已经被收货人以伪造的提单提走;⑤ 2002年8月8日华光公司发给广州马士基公司的传真复印件,内容为通知广州马士基公司中之豪公司已提出索赔,其中提及"发货人因此而无法收回货款71 134美元"。

马士基公司、广州马士基公司认为:装箱单和商业发票都是中之豪公司单方面作出的,不能证明集装箱内装货的内容,也不能证明货物的价值。广州马士基公司并未收到或发出上述四份传真。

华光公司、海程邦达公司对装箱单没有提出异议,但认为中之豪公司自己制作的商业发票不能证明货物价值。华光公司确认上述四份传真均是其收到后转发给广州马士基公司或中之豪公司。

广州海事法院认为,中之豪公司提供的装箱单和商业发票均由其单方制作,且没有相关证据可佐证,不能证明本案所涉集装箱所装货物的内容和价值。中之豪公司提供的四份传真均为复印件,虽然华光公司表示是由其转手发给广州马士基公司或中之豪公司的,但广州马士基公司予以否认,上述传真的真实性无法确认,不能作为认定本案事实的依据。综上,中之豪公司提供的证据不足以证明本案所涉集装箱内所装货物价值。

关于货物被何人提走的问题,马士基公司和广州马士基公司认为中之豪公司已经确认货物被提单记名的收货人提走,根据是中之豪公司提供的2002年7月30日广州马士基公司发给华光公司的传真中载明货物已经被收货人以伪造的提单提走。中之豪公司认为该份证据只能证明广州马士基公司做过如此陈述,不能证明中之豪公司确认其内容。法院认为:中之豪公司提供的该份证据并非由中之豪公司发出,不能得出中之豪公司确认其中记载内容的结论。而且,广州马士基公司已经否认发出过该份传真,却又依据该传真证明货物被何人提走,显属自相矛盾。故马士基公司和广州马士基公司关于货物被提单记名的收货人提走的陈述,不能成立。

各方当事人在庭审时都明确选择适用中华人民共和国法律处理本案纠纷。

三、法院裁判

本案为涉外海上货物运输合同交付纠纷。依照《中华人民共和国海商法》第269条的规定,当事人可以选择合同适用的法律。本案各方当事人均选择适用中华人民共和国法律,故以中华人民共和国法律解决本案实体纠纷。

中之豪公司就本案所涉集装箱运输,向海程邦达公司出具托运单。海程邦达公司将委托事项转委托给华光公司,华光公司向广州马士基公司订舱。广州马士基公司签发了以中之豪公司为托运人的提单。在本案提单所证明的海上货物运输合同关系中,中之豪公司是托运人,并持有全套正本提单,是提单的合法持有人,有权就提单提货不能造成的损失提起诉讼。

海程邦达公司和华光公司没有从事实际运输,没有以自己的名义签发提单,而是以中之豪公司的名义向承运人办理托运手续,其身份是中之豪公司的货运代理人,并非承运人。其接受委托后,向广州马士基公司订舱取得了正本提单,并将全套正本提单交给中之豪公司,履行了委托合同项下义务,对交付货物没有责任。

本案所涉提单是广州马士基公司在广州签发的马士基海陆抬头的提单。提单签发人一栏两处分别以印制和打印两种方式表明签发人是作为承运人的代理人签发提单。提单签发人上方明确标示承运人为1912公司。提单背面定义条款再次明确承运人为1912公司,并标明其地址,另表示提单抬头"马士基海陆"是承运人的商号。以上所述提单各处细节均表明广州马士基公司是作为承运人的代理人签发提单,而且明确其所代理的承运人是1912公司。马士基公司在签发本案所涉提单时,已经取得1912公司关于在中国签发马士基海陆抬头提单的授权。广州马士基公司作为马士基公司的分支机构,在1912公司授权范围内,以1912公司名义签发提单,其后果应由委托人,即1912公司承担。所以,本案海上货物运输合同的承运人是1912公司。中之豪公司认为马士基公司在提单上"已装船"处盖章只能是承运人,而不能是代理人的主张,没有法律及事实依据,不能成立。

综上,马士基公司和广州马士基公司是承运人1912公司的代理人,华光公司、海程邦达公司是中之豪公司的货运代理人,四被告均非本案所涉海上货物运输的承运人,没有交付货物的义务,不应向中之豪公司承担赔偿责任。

依照《中华人民共和国民法通则》第63条第2款、《中华人民共和国海商法》第42条、第71条的规定,判决如下:

驳回原告广州市中之豪实业有限公司的诉讼请求。

⑨ 原告上海弘永服装发展有限公司与被告上海中轻国际货运有限公司、徐家伟、上海亚轮国际货运有限公司海上货物运输合同损害赔偿纠纷案

案例来源:上海海事法院(2003)沪海法商初字第47号
主题词:承运人的认定 表见代理 合同主要条款

裁判要旨

No. HY-1.1-19 承运人是指本人或者委托他人以本人名义与托运人订立海上货物运输合同的人;实际承运人是指接受承运人委托,从事货物运输或者部分运输的人,包括接受转委托从事此项运输的其他人。

No. HY-1.1-20 运输协议若缺少合同标的、数量、质量、履行期限、地点和方式等合同主要条款,无法依该协议履行,该协议仅为一份意向书。

一、基本案情

原告:上海弘永服装发展有限公司
被告:上海中轻国际货运有限公司(以下简称中轻公司)

被告：徐家伟

被告：上海亚轮国际货运有限公司（以下简称亚轮公司）

原告上海弘永服装发展有限公司诉称：2001年9月18日，原告与美国mikado国际贸易公司（以下简称mikado公司）、亚轮公司三方签订一份协议书，亚轮公司的代表徐家伟在该协议书上签字。该协议书详细地约定了原告出口销售给mikado公司服装的运输事宜，贸易方式为FOB上海，交货地为墨西哥。2002年1月16日、2月22日，原告收到被告亚轮公司徐家伟的"配舱信息及进仓通知"两份传真件，均指令原告将货物送至上海兴豪国际集装箱修理储运有限公司（以下简称兴豪公司）的仓库。原告即按指令将出口服装送至上海市淞南路117号兴豪公司的仓库。上述货物由被告中轻公司代理报关，同年3月7日，被告中轻公司开具了以原告为付款单位的运费发票。原告交付货物后，始终未收到被告亚轮公司签发的提单。经原告向徐家伟催讨后，被告徐家伟仍无法向原告出具提单。同年9月3日，原告以mikado公司实施诈骗为由向南汇公安分局报案。经警方证实，被告徐家伟在安排原告的货物出运时，正在办理从亚轮公司至中轻公司的工作调动，关于此事，徐家伟及亚轮公司并未告知原告，其仍以亚轮公司的名义通知原告发货。该批货物不是运到墨西哥，而是运到美国洛杉矶，在目的港被擅自放给了美国某公司。原告认为，被告亚轮公司未履行协议书中约定的义务，3被告作为共同承运人，未签发提单，违反承运人的强制性义务，造成原告钱货两空，应依法承担赔偿责任。被告徐家伟未经原告的同意，擅自将货物的运输事宜交给中轻公司办理。三被告均参与了货物运输，且三被告之间的关系始终不明，故根据法律规定，委托关系不明的，三被告对原告承担连带责任。综上，原告请求法院判令3被告连带赔偿人民币4 785 256元及利息损失人民币264 082元并负担本案诉讼费。

被告中轻公司辩称：中轻公司与原告之间未签订运输合同，中轻公司在本案中为货运代理人，所办理的业务仅是接受mikado公司的订舱委托及办理内陆货运代理服务，中轻公司未接受过原告的委托，故原告对中轻公司不具有诉权；中轻公司不是涉案"协议书"的当事人，原告所主张的"协议书"并未实际履行，且该份"协议书"仅是意向书；原告要求中轻公司签发提单，但其既不能说明提单的内容，也不能出示托运单，且在涉案货物的海洋提单上清楚表明是电放提单，故说明原告要求签发提单的事实基础是虚假的；原告所举证的报关单中载明的提单号与亚轮公司提交的提单号相一致，即表明在货物报关时，原告已清楚地知道提单载明的目的地是美国，并了解涉案货物出运的全过程，电放提单亦经过原告认可；就涉案货物，原告没有书面买卖合同，却确认是信用证结汇，明显自相矛盾，且原告就同一票货物开具了两套发票却不敢拿出买卖合同进行核实，显然原告想掩盖无需提单即可收取货款的事实。综上，请求上海海事法院驳回原告的诉讼请求。

被告徐家伟辩称："协议书"并未实际履行，对协议三方当事人均无约束力；徐家伟在整个案件中所处的法律地位仅是业务介绍人，其在运输协议中不具有当事人的地位，其并非承运人，徐家伟作为个人不可能签发提单；原告所提交的外汇核销单共8

套,但只有 6 套原件,故货物价值应为 6 套核销单所载明的价值总和。综上,请求上海海事法院驳回原告的诉讼请求。

被告亚轮公司辩称:运输协议实质仅为一份意向书,并未实际履行;在涉案货物安排出运期间,徐家伟已经离开了亚轮公司,原告对这一情况已知晓,故徐家伟的行为并不构成表见代理;本案属国际贸易纠纷,实际托运人是王锦椿,根据涉案海洋提单记载,目的港是美国,收货人凭电放通知提货,结算方式是买方收到货物后付款,原告是否取得提单与原告收取货款无因果关系。故请求上海海事法院驳回原告的诉讼请求。

二、法院查明事实

上海海事法院经审理查明并确认如下法律事实:

2001 年 9 月 18 日,原告与亚轮公司、mikado 公司签订了一份协议书,协议书载明:原告向 mikado 公司出口服装,成交价格为 FOB 上海交货价,由 mikado 公司负责办理货物的运输手续,并承担运输途中的所有费用及相关风险;mikado 公司委托亚轮公司运输原告的货物,运费及相关费用由 mikado 公司与亚轮公司另行签署协议逐笔商定;亚轮公司负责将原告的货物送到 mikado 公司客户的仓库并承担货物在运输途中的一切风险,如发生货损或灭失,亚轮公司必须无条件全额赔偿相关损失;原告应配合亚轮公司安排货物及时运至指定的仓库并提供完整正确的通关资料;亚轮公司向原告、mikado 公司分别交付一张未签日期的印章齐全的空白支票及由亚轮公司承担货物受损的保函,如在运输途中发生确因亚轮公司的原因造成的货损及延误,原告与 mikado 公司均有权向亚轮公司提出索赔。王锦椿代表 mikado 公司在协议书上签字,徐家伟代表亚轮公司在协议书上签字,在徐家伟签字处并盖有亚轮公司的业务章。协议签订后,徐家伟于 2001 年 9 月 27 日向亚轮公司提出辞职。同年 10 月 31 日,亚轮公司与徐家伟解除劳动合同关系。2002 年 1 月 16 日、2 月 22 日,原告收到被告徐家伟的"配舱信息及进仓通知"两份传真件,均指令原告将货物送至兴豪公司的仓库。同年 1 月 19 日、2 月 26 日,原告将出口货物送至上海市淞南路 117 号兴豪公司的仓库。2002 年 1 月 12 日,mikado 公司的代表王锦椿以传真方式向中轻公司及徐家伟出具"订舱委托书",内容载明:因原告的货物出口至美国 roebuck,要求中轻公司办理订舱手续,具体品名件数与原告联系,并应原告要求报关,提单电放至 mikado 公司的目的港收货代理 transorientexpress. llc,有关的国内杂费向原告收取。同年 1 月 29 日、3 月 11 日,中轻公司就涉案货物向海关申报出口,在 8 张出口报关单上均载明:发货单位和经营单位为原告,目的港为墨西哥,结汇方式为电汇。中轻公司收到涉案货物后,即安排出运。根据两份海洋提单记载,海关编号为 512146232、512146233 的货物由 ever green marine corporation 运至美国 losangeles. ca,托运人是中轻公司,通知方及收货人均为 transorientexpress. llc,且在两张提单上盖有同意电放的章。同年 2 月,涉案货物运至美国,原告取得了 8 张盖有海关放行章的出口收汇核销单。后其中一张核销单(编号为:317384951)已核销,庭审中,原告称另一张核销单遗失。同年 3 月 3 日、3 月 7 日,中轻公司分别开具了以原告为付款单位的两张货代发票,要求原告支付报关费、商检费、装箱费、订舱费及包干费共计人民币10 760元,但原告未支付。后因mikado公司未向原告支付货款,同年6月,原告法定代表人叶华昌与mikado公司的负责人商谈此事未果。同年7月9日,mikado公司发电子邮件给王锦椿,通知王锦椿转发给原告,邮件内容为:因原告的货物存在质量问题,mikado公司表示不能接受该批货物并取消整个订单。

2002年9月3日,原告法定代表人叶华昌向上海市公安局南汇分局报案,称mikado公司以质量及货期延误为由,拒付货款,并据此指控mikado公司的代表王锦椿利用国际贸易合同故意骗取涉案货物。同日,王锦椿在接受南汇公安分局询问时,也称原告的货物已运至美国,并由mikado公司提取。南汇公安分局经初步调查后,未立案。

另查明,2001年8月24日,原告与mikado公司代表王锦椿签订借款协议书,该借款协议书载明:依据mikado公司与原告签订的出口服装合同,mikado公司负责货物全程运输手续及承担货物到达其客户指定仓库的所有费用及相关风险责任,mikado公司为支付上述费用向原告借款人民币20万元。

二、法院裁判

上海海事法院认为,关于承运人认定的法律适用,《中华人民共和国海商法》第42条规定:"承运人",是指本人或者委托他人以本人名义与托运人订立海上货物运输合同的人。"实际承运人",是指接受承运人委托,从事货物运输或者部分运输的人,包括接受转委托从事此项运输的其他人。在本案中,原告系以承运人未签发提单而造成其货款损失为由提起诉讼。原告系FOB贸易合同下的货物卖方,其以交货托运人身份主张权利,诉权存在。原告与亚轮公司、Mikado公司签订的运输协议,因缺少合同标的、数量、质量、履行期限、地点和方式等合同主要条款,无法依该协议履行,该协议仅为一份意向书。原告称将涉案货物交给了亚轮公司,并由亚轮公司转交给中轻公司,因无相关的证据佐证,与上海海事法院查明的事实相悖,故上海海事法院不予确认。实际上,上述运输协议根本没有履行。亚轮公司既未收到原告的货物,原告也未证明其与亚轮公司签订了运输合同,故亚轮公司不是本案的承运人。

徐家伟代表亚轮公司在协议书上签字,系职务行为,其法律后果应由亚轮公司承担。徐家伟已于2001年10月31日与亚轮公司解除了劳动合同,其在2002年1月16日、2月22日传真给原告的"订舱信息及进仓通知",上面只有徐家伟的签名,并没有亚轮公司的签章,仅以此认为徐家伟的行为构成表见代理,于法无据。事实上,徐家伟调至中轻公司后,一直以中轻公司名义与原告联系,故原告理应知道徐家伟已不能代表亚轮公司的事实。况且徐家伟作为个人,原告无证据证明徐家伟与原告签订运输合同,亦未收到原告的货物,故徐家伟不可能成为本案承运人,履行签发提单的义务。

根据原告与Mikado公司签订的借款协议、Mikado公司传真给中轻公司的订舱委托书、原告与Mikado公司约定的贸易方式及原告根据中轻公司要求交付货物的事实,足可证明涉案货物是由贸易合同的买方Mikado公司负责办理运输及原告明知涉案货物采用电放方式交货的事实。中轻公司接受 Mikado 公司的代表王锦椿的委托办理涉案货物的出口代理事宜,并根据王锦椿指示电放提单,指定收货人为 Mikado 公司的收货代理,中轻公司的代理行为并无过错。原告未能证明其与中轻公司签订过运输合同,其要求中轻公司签发提单,并赔偿因未签发提单而造成的货款损失,同样无事实和法律依据。

依照《中华人民共和国民事诉讼法》第 64 条第 1 款、《中华人民共和国海商法》第 42 条、《中华人民共和国合同法》第 13 条的规定,判决如下:

对原告上海弘永服装发展有限公司的诉讼请求不予支持。

⑩ 原告海澜国际贸易有限公司与被告韩国海空运输有限公司、全华物流中心有限公司海上货物运输合同损害赔偿案

案例来源:上海海事法院(2005)沪海法商初字第 6 号
主题词:承运人的认定　直接代理　隐名代理　实际承运人

> **裁判要旨**
>
> **No. HY-1.1-21**　承运人对集装箱装运的货物的责任期间,是指从装货港接收货物时起至卸货港交付货物时止,货物处于承运人掌管之下的全部期间。承运人对非集装箱装运的货物的责任期间,是指从货物装上船时起至卸下船时止,货物处于承运人掌管之下的全部期间。在承运人的责任期间,货物发生灭失或者损坏,承运人应当承担赔偿责任。

一、基本案情

原告:海澜国际贸易有限公司
被告:韩国海空运输有限公司(以下简称韩国海空)
被告:全华物流中心有限公司(以下简称全华物流)

原告海澜国际贸易有限公司诉称:2004 年 7 月,原告委托被告韩国海空出运一批价值为 130 750 美元的猪皮大衣至美国洛杉矶,被告韩国海空接受委托后,即安排了出运手续。同年 8 月 20 日,被告全华物流向原告开具了金额为人民币 6 308 元的包干费发票。该批货物自原告交付给被告后,被告与原告通过传真对提单进行了确认,但被告却至今未将该批货物出运的正本提单提供给原告,使原告丧失了对货物的控制,至今不知该批货物的下落。为此,原告诉至法院,请求判令两被告共同返还原告货物,若不能返还,两被告共同承担原告货物损失 130 750 美元及利息损失,并承担本案的诉讼费。

被告韩国海空未提交书面答辩状,但在庭审中辩称:原告没有证据证明与被告之间存在海上货物运输关系,被告韩国海空证据显示被告韩国海空是本案承运人美国速运集团有限公司(以下简称速运公司)的代理人;本案承运人合法存在,原告应当向本

案承运人要求签发提单或主张赔偿;涉案货物是来料加工,原告主张货物的所有价值有违公平原则。

被告全华物流辩称:被告全华物流和原告没有签订过任何合同,也不存在事实上的合同关系,因此被告全华物流和原告没有任何法律关系;被告全华物流出具的国际货物运输代理业专用发票不应构成承担涉案货物损失的依据。

二、法院查明事实

上海海事法院经审理查明并确认如下法律事实:

2004年7月,原告将一批来料加工的皮革制作成5000件猪皮大衣,该批货物价值130 750美元,其中料费90 750美元,加工费40 000美元。同年7月19日,原告贸易方的代理用传真告知原告涉案货物出运的时间、目的地等相关信息,并指定被告韩国海空作为出运货物的货运代理人。同日,被告韩国海空传真原告称"收货人 ADLER 公司指定我公司出运,如出运货物请将出口货物明细单传真我公司",并详细告知了原告其联系的地点、电话和传真号码等信息。原告将涉案货物出口明细单传真给被告韩国海空后,涉案货物出运,同年8月10日,被告韩国海空将一份抬头为速运公司的提单确认件传真给原告确认,原告确认后回传给被告韩国海空。据被告韩国海空声称其已将原告的提单确认件传真给无船承运人速运公司,但速运公司最终没有签发无船承运人提单交给被告韩国海空或者原告。货物出运后,被告韩国海空将涉案的核销单、报关单等资料退还给原告,并指令被告全华物流向原告出具了国际货物运输代理业专用发票,收取包干费人民币6 308元。2004年12月14日,原告向被告韩国海空发出律师函,要求被告韩国海空向其签发提单。被告韩国海空12月16日回函称货物出运后关于签正本提单事项与原告和案外人大进贸易公司(韩国 BOSUNG LEATHER COMPANY 的代理公司)确认后按要求在韩国签提单给韩国 BOSUNG LEATHER COMPANY。

三、法院裁判

上海海事法院认为,关于承运人的识别及其责任期间的法律适用:依照《中华人民共和国海商法》第42条规定:"承运人",是指本人或者委托他人以本人名义与托运人订立海上货物运输合同的人。"实际承运人",是指接受承运人委托,从事货物运输或者部分运输的人,包括接受转委托从事此项运输的其他人。第46条第1款规定:"承运人对集装箱装运的货物的责任期间,是指从装货港接收货物时起至卸货港交付货物时止,货物处于承运人掌管之下的全部期间。承运人对非集装箱装运的货物的责任期间,是指从货物装上船时起至卸下船时止,货物处于承运人掌管之下的全部期间。在承运人的责任期间,货物发生灭失或者损坏,除本节另有规定外,承运人应当负赔偿责任。"本案中,原告主张自己是涉案货物的托运人,被告韩国海空是涉案货物的承运人;被告韩国海空主张涉案货物的承运人是速运公司,自己是速运公司的代理人。上海海事法院认为根据涉案货物已出运的事实和本案的其他证据,本案当事人之间存在两种法律关系,即货运代理关系和海上货物运输关系;原告为涉案货运代理法律关系的委托人,同时又是涉案海上货物运输法律关系的托运人;被告韩国海空为涉案货运代理法律关系的受托人。对此,本案当事人并无争议。

当事人的争议聚焦在被告韩国海空在涉案海上货物运输法律关系中的地位及责任。本案货物已经出运,原告是涉案货物的托运人,所以相对应地肯定存在一个承运人。由于原、被告都没有提交有关海上货物运输合同订立的相关材料;作为海上货物运输合同证明的提单在本案中因没有签发,也不存在,因此,无法据此确定本案的承运人。原告主张自己只同被告韩国海空联系,现被告承认货物已经出运,因此被告就是承运人,应当承担承运人的责任。被告在庭审中证明了其与速运公司存在代理协议,速运公司在美国合法存在的事实,主张本案承运人是速运公司,自己只是速运公司的代理人,没有向原告交付正本提单的义务。上海海事法院认为,被告主张只有在直接代理的情况下才能成立,并且不得违反法律有关双方代理的规定。本案中,没有证据显示被告在涉案货物出运前或者出运当时向原告告知自己是承运人速运公司的代理人身份,被告甚至没有在纠纷发生后向原告披露自己是速运公司的代理人,而是在诉讼过程中才向原告披露这一事实,因此,被告的代理应被认定隐名代理或间接代理。综上,上海海事法院认为,原告作为本案的托运人,委托被告韩国海空出运涉案的5 000件猪皮大衣,被告韩国海空接受了委托并通过被告全华物流向原告出具了国际货物运输代理业专用发票,收取相关代理费用。现涉案货物已经出运,被告韩国海空作为货运代理人,同时又作为承运人的代理人理应了解涉案货物订舱、出运的具体情况,但直至法庭询问,被告韩国海空仍称不清楚。因此作为代理人,被告韩国海空未尽到谨慎、勤勉、忠实履行代理事务之责。

依照《中华人民共和国海商法》第42条、第46条和《中华人民共和国合同法》第403条的规定,判决如下:

(1)被告韩国海空运输有限公司应于本判决生效后10日内赔偿原告海澜国际贸易有限公司货款损失130 750美元及该款自2004年12月27日起至本判决生效之日止按中国人民银行同期企业活期存款利率计算产生的银行利息损失;

(2)对原告海澜国际贸易有限公司的其他诉讼请求不予支持。

⑪ 原告江苏玉兰木业有限公司与被告上海俄东船务有限公司、阿普利欧利货物运输有限公司海上货物运输合同纠纷案
案例来源:上海海事法院(2008)沪海法商初字第586号
主题词:FOB 无船承运人 代为签发提单行为

> **裁判要旨**
>
> **No. HY-1.1-22** 无船承运人的法律地位应该依据其在海上货物运输中实施的具体行为来认定。行为人仅实施代为签发提单、订舱等代理行为,所收取费用不含海运费,又能证明承运人授权其签发提单的,其仅具有货运代理人的身份,不应认定为承运人或实际承运人。

一、基本案情

原告:江苏玉兰木业有限公司

被告:上海俄东船务有限公司(以下简称上海俄东)

被告:阿普利欧利货物运输有限公司(APRIORI LTD.,以下简称阿普利欧利货运)

原告诉称:原告于2006年4月委托上海俄东承运一批货物从中国至俄罗斯,后上海俄东向原告交付了阿普利欧利货运于2006年4月27日签发的编号为HBLF2006040036的提单。货物运抵目的港后,因提单载明的收货人拒不付款,原告要求上海俄东就涉案货物进行退运,并出具退运保函。但涉案货物一直没有退运。2008年7月25日,上海俄东致函原告称涉案货物已由提单载明的收货人提取。原告认为,其至今仍持有全套正本提单,两被告的违约行为致使其遭受了经济损失,阿普利欧利货运作为承运人,应对原告的货款损失承担赔偿责任;上海俄东系涉案运输的实际操作方,应与阿普利欧利货运承担连带责任。为此,请求法院判令两被告连带赔偿原告货款损失人民币475 426.74元,并承担诉讼费用。

被告上海俄东辩称:① 本案已过诉讼时效;② 上海俄东仅系承运人阿普利欧利货运在国内的代理,与原告之间不存在海上货物运输合同关系。

被告阿普利欧利货运未出庭答辩,亦未提交书面答辩意见。

二、法院查明事实

上海海事法院经审理查明确认事实如下:

2006年4月,原告通过无锡锦航向上海俄东订舱,出运一批强化复合地板至俄罗斯。4月27日,上海俄东签发了抬头为阿普利欧利货运、编号为HBLF2006040036的一式三份正本多式联运提单。提单记载,托运人为原告,承运人为阿普利欧利货运,收货人为根据欧洲希尔有限公司(EUROSEAL LTD. CO)指示,装运港为中国上海,卸货港为俄罗斯东方港,承运船舶为WELLSTAR0613N。2006年5月4日,涉案货物由上海万通报关有限公司报关。报关单显示,涉案货物价值为57 280.33美元,成交方式为FOB。货物出运后,原告通过无锡锦航向上海俄东支付了订舱费、THC费用及文件费人民币3 820元。6月19日,原告向上海俄东发出退运申请,声明因收货人拒不付款,要求就涉案货物进行退运。2007年4月5日,上海俄东回复原告,称其作为代理,经与阿普利欧利货运联系得知涉案货物已被俄罗斯海关扣押;同时称原告若坚持退回货物,须提供相关保函。4月11日,原告向上海俄东出具退运保函。2008年7月25日,上海俄东向原告出具情况说明,告知涉案货物已由提单上收货人收取。原告至今未就涉案货物收到货款,并仍持有涉案全套正本提单。

另查明,上海俄东系阿普利欧利货运在中国国内的签单代理。阿普利欧利货运系注册于俄罗斯的企业,其提单未在中华人民共和国交通运输部进行备案登记。2008年8月13日中国人民银行公布的美元和人民币汇率中间价为1:6.8628。

三、法院裁判

（一）关于原告起诉是否已过诉讼时效

《中华人民共和国海商法》第 257 条第 1 款规定："就海上货物运输向承运人要求赔偿的请求权，时效期间为 1 年，自承运人交付或者应当交付货物之日起起算……"上海俄东认为，本案诉讼时效应按照上述规定，自原告知道涉案货物运抵目的港之日，即 2006 年 6 月 19 日起开始起算。法院认为，涉案货物运抵目的港后，由于收货人拒收，且原告明确表示要求退运，涉案货物在 2006 年 6 月 19 日并未实际交付，故不应以此作为本案诉讼时效的起算点。2008 年 7 月 25 日，原告从上海俄东处得知涉案货物已被实际交付，本案诉讼时效应自该日起算。原告于 2008 年 8 月 13 日提起诉讼，未超过 1 年的诉讼时效。

（二）关于原、被告之间的合同法律关系

法院认为，提单是海上货物运输合同的证明，对承运人的识别主要应依据提单的记载及当事人在运输过程中实施的行为。根据涉案提单记载，托运人为原告，承运人为阿普利欧利货运，运输合同在双方之间有效成立。原告在庭审中主张，上海俄东具有承运人资质，且签发了涉案提单，也应视为涉案运输的承运人。法院认为，无船承运人身份应依据当事人在运输中实施的行为而非其本身是否具有资质进行认定。虽然涉案提单由上海俄东签发，但上海俄东提供了阿普利欧利货运授权其在中国国内签发提单的证据，涉案提单系上海俄东代表承运人阿普利欧利货运签发；且上海俄东在涉案运输中仅实施了代为签发提单、接受货物、订舱等代理人的行为，所收取的费用不包括海运费，不应认定为涉案运输的承运人。法院对原告关于上海俄东也系涉案运输承运人的主张不予支持。

（三）关于涉案货物的最终下落

原告认为，涉案货物已经灭失。鉴于原告并未提供任何证据佐证其主张，法院不予支持。上海俄东在 2008 年 7 月 25 日向原告出具的情况说明中确认了涉案货物已交付收货人的事实。尽管上海俄东并非涉案运输的承运人，但其作为承运人的代理，理应了解货物的下落，其对货物下落的描述，可以视为承运人的意思表示。且涉案货物至今无法退运，在没有相反证据的情况下，上海俄东的情况说明应视为承运人对无单放货事实的自认。法院认为，涉案货物已被无单交付给收货人。

（四）关于两被告是否应对原告损失承担责任及如何承担责任

法院认为，原告是涉案提单记载的托运人，并始终持有全套正本提单，阿普利欧利货运作为涉案运输承运人，在没有收回正本提单的情况下，将货物交付给收货人，违反了承运人应凭正本提单交货的合同约定和法律规定，应对原告损失承担责任。上海俄东系阿普利欧利货运的代理人，虽然其代表阿普利欧利货运签发了未在我国交通运输部登记的提单，但其作为承运人的国内代理，无法掌控货物在目的港的去向，其签单行为与无单放货结果之间不存在因果关系，不应承担目的港无单放货的赔偿责任。

（五）关于原告的损失金额

法院认为,根据涉案货物报关单记载,货物的报关价值为57 280.33美元。上海俄东虽对涉案货物价值有异议,但并未提供证据佐证其主张,报关单的记载可以作为认定货物价值的依据。鉴于原告系在中国注册的企业法人,其以人民币折算货物损失的请求合理,应予支持。原告主张以2006年6月19日中国人民银行公布的汇率计算,但其未能提供证据证明在2006年6月19日前已向被告主张赔偿,故应以原告起诉之日2008年8月13日中国人民银行公布的美元和人民币汇率中间价1:6.8628计算货款损失,折合人民币393 103.45元。

综上,依照《中华人民共和国民法通则》第63条第2款、《中华人民共和国合同法》第107条、《中华人民共和国海商法》第71条、第269条、《中华人民共和国民事诉讼法》第64条第1款、第229条的规定,判决如下:

（1）被告阿普利欧利货物运输有限公司（APRIORI LTD.）应于本判决生效之日起10日内向原告江苏玉兰木业有限公司赔偿货款损失人民币393 103.45元;

（2）对原告江苏玉兰木业有限公司对被告上海俄东船务有限公司的诉讼请求不予支持。

12 原告东台市溱标不锈钢有限公司与被告天津捷运通物流有限公司海上货物运输合同纠纷案

案例来源:上海海事法院(2010)沪海法商初字第1209号
主题词:提单承运人识别　货物损失赔偿　提单持有人

裁判要旨

No. HY-1.1-23　签发提单的人不能证明其所称被代理的承运人真实存在以及签发提单授权的,应承担提单项下承运人的责任。

No. HY-1.1-24　承运人违反法律规定,无正本提单交付货物,损害正本提单持有人权利的,正本提单持有人可以要求承运人承担由此造成的损失。

No. HY-1.1-25　提单持有人的货物损失赔偿应扣除已预收的部分货款。

一、基本案情

原告:东台市溱标不锈钢有限公司

被告:天津捷运通物流有限公司

原告诉称:2010年6月,原告委托被告从中国上海出运一批货物至美国伯明翰（BIRMINGHAM）。被告向原告交付了编号为JITTJE1006005号全套正本提单。后经原告查询得知,货物在运抵目的港后即被无单放货。被告作为涉案货物的承运人应对无单放货行为承担赔偿责任。为此,原告请求判令:(1)被告向原告赔偿货款38 788.91

美元以及该款项利息损失(自原告起诉之日即 2010 年 12 月 15 日起至判决生效之日止按中国人民银行同期美元活期存款利率计算);(2) 本案案件受理费由被告承担。

被告辩称:2010 年 5 月 25 日,被告接案外人通知得知原告准备出运一批货物。被告随即与原告取得联系,了解到了货物的具体明细及出运要求。嗣后,被告向船公司进行订舱,并办理了出口报关手续。货物于 2010 年 6 月 7 日装船出运。同年 6 月 18 日,被告将提单和发票寄给原告。同年 6 月 28 日,原告确认收到提单和发票。被告与原告之间系货运代理合同关系,并非海上货物运输合同关系,被告受案外人委托签发提单,不应对无单放货承担赔偿责任。综上所述,请求驳回原告的诉讼请求。

二、法院查明事实

上海海事法院经审理查明并确认如下法律事实:

2010 年 6 月,原告与被告联系出运一批重型螺母(HEAVY NUTS)至美国。被告为原告订舱及办理了出口报关手续。同年 6 月 7 日,被告签发了编号为 JITTJE1006005 号的提单。提单抬头为 RELIABLE CARGO EXPRESS INC.,托运人为原告,收货人为 TRU-PRO PRODUCTS INC.(以下简称 TP 公司),通知方为 RGW 公司,承运船名航次为 HANJIN MALTA 第 150E 航次,装运港中国上海,交货地美国伯明翰,货物为重型螺母,毛重 11 193.95 公斤,运费到付,签单处显示为"AS AGENTS FOR CARRIER: FOR AND ON BEHALF OF TIANJIN JIT LOGISTICS CO.,LTD.张舰艇"。"TIANJIN JIT LOGISTICS CO.,LTD."系被告英文名称,张舰艇为被告法定代表人。嗣后,货物被运抵美国。根据 2010 年 9 月 8 日至 9 月 15 日之间,原告业务员与被告、目的港代理 RGW 公司、收货人 TP 公司的往来邮件显示,涉案货物已经交付给了收货人 TP 公司的客户。

另查明,原告持有涉案全套三份正本提单。该提单未在我国交通部登记备案,被告、RGW 公司以及 RCE 公司均不是在我国交通部登记的无船承运人。涉案货物出口报关总价为 55 093.81 美元,原告在庭审中自认收到 TP 公司预付货款 16 304.90 美元,该款已在诉请中予以扣除。

三、法院裁判

关于承运人的识别及无单放货下应承担的责任:上海海事法院认为,本案系一起海上货物运输合同无单放货纠纷案件。原告提供了涉案货物已被收货人客户提取的证据,以及货物出口报关的价值,被告对于上述证据的真实性均无异议,亦未提交任何反驳证据。据此,上海海事法院认为,涉案无单放货事实和货物价值可予认定,本案的关键争议焦点在于被告是否应承担涉案运输合同下承运人的责任。本案原、被告未订立书面的运输合同,故涉案提单作为运输合同的证明是据以识别本案承运人的主要证据。涉案提单显示系 RCE 公司格式提单,但该提单未经我国交通部登记备案,而被告亦未有效证明 RCE 公司真实存在以及被告有权代表 RCE 公司签发该提单。在此情形下,被告作为签单人即应被认定为承运人并承担该提单项下承运人的责任。其次,涉案提单抬头虽为 RCE 公司,但航运业中承运人借用他人格式提单的情形时有发生,故识别承运人不能依据提单抬头人加以确定,而应依涉案提单的签发内容确定。涉案提单签发处显示为"AS AGENTS FOR CARRIER:FOR AND ON BEHALF OF TIANJIN JIT LOGISTICS CO.,LTD.张舰艇",该文字语意不明,并未明确 CARRIER 系何人,而提单其他部分也无明确的文字表明涉案提单的承运人即为 RCE 公司。被告在庭审中回答法庭提问时,起先表示承运人是 RCE 公司,后又称是 RGW 公司,最后表示两家公司为同一公司。由此可见,被告作为格式提单的提供一方亦难以根据提单的记载明确承运人。提单签发处显示的公司名称仅有被告,原告据此认定被告为本案承运人亦无不妥。综上,上海海事法院认为,被告未能举证证明 RCE 公司真实存在以及涉案运输合同的真正承运人为 RCE 公司,应就此承担举证不能的法律后果,其应作为涉案运输合同的承运人对原告承担无单放货的民事责任。原告自认收到部分预付款并已在索赔金额中予以扣减,对此上海海事法院予以认可。原告请求利息损失符合法律规定,上海海事法院亦予支持。

综上所述,依照《中华人民共和国合同法》第 107 条、第 112 条、《中华人民共和国海商法》第 71 条、最高人民法院《关于审理无正本提单交付货物案件适用法律若干问题的规定》第 2 条之规定,判决如下:被告天津捷运通物流有限公司应在本判决生效之日起 10 日内向原告东台市溱标不锈钢有限公司赔偿货物损失 38788.91 美元以及该款项利息损失(自 2010 年 12 月 15 日起至判决生效之日止按中国人民银行同期美元活期存款利率计算)。

如果未按本判决指定的期间履行给付金钱义务,应当依照《中华人民共和国民事诉讼法》第 229 条之规定,加倍支付迟延履行期间的债务利息。

13 原告宁波京甬进出口有限公司与被告挪威奥德费尔海运公司、新丰航运有限公司海上货物运输合同货损纠纷案

案例来源:宁波海事法院(2005)甬海法商初字第 15 号
主题词:承运人认定　货损货差　货物转运

裁判要旨

No. HY-1.1-26　提单显示"代表船长签发","承运人"一栏还规定"船东或光船承租人为承运人,船舶所有人对此没有提出不同主张及相应证据的",应当认为该轮的船舶所有人为承运人。

No. HY-1.1-27　承运人应对货物运输全程发生的货损货差承担赔偿责任,实际承运人应对实际承运期间发生的货损货差承担赔偿责任。实际承运人有充分的机会了解涉案货物的转运事实,在其未主张并证明涉案货物另由其他船安排转运且货物在装上实际承运人船舶前就已存在货损情况下,其提出对货损不承担赔偿责任的主张,不予支持。

一、基本案情

原告：宁波京甬进出口有限公司
被告：挪威奥德费尔海运公司（Odfjell Seachem AS）
被告：新丰航运有限公司（New Rich Shipping Ltd,以下简称新丰公司）

原告宁波京甬进出口有限公司诉称：2003年11月21日，原告与国际化工（香港）有限公司签订合同，向其购买丙酮787.669吨。该货物于2003年11月13日装上"NCC JIZAN"轮，被告挪威奥德费尔海运公司签发了编号为22C的提单，后由被告新丰航运有限公司（New Rich Shipping Ltd）所属的"Bow De Feng"轮转船运至目的地宁波港，经检验发现货物短少且货物品质与合同约定不符。原告主张，短货及货损系由载货船舶不适航、不适货所造成，挪威奥德费尔海运公司作为涉案货物的契约承运人、新丰公司作为实际承运人，应向原告承担连带赔偿责任。原告因索赔未果，遂诉请法院判令二被告连带赔偿其货损及短货损失人民币1 436 320.49元。其中短货9.512吨及其关税增值税损失计人民币53 909.93元、实际卸货778.157吨因货损跌价损失人民币1 187 790.27元、仓储费人民币28 013.65元、律师代理费人民币80 000元，及利息损失人民币86 606.64元（按银行年贷款利率7%计算11个月）。

被告新丰公司辩称：其仅为"Bow De Feng"轮船东，原告未证明货差、货损发生在二程船掌控货物期间，故新丰公司不承担赔偿责任；货物在装上二程船时已有短少；原告主张货价不实，诉请主张的利率、利息及律师代理费无法律依据，据此请求法院驳回原告诉请。

被告挪威奥德费尔海运公司既未提出答辩，也未提交证据。

二、法院查明事实

宁波海事法院确认如下事实：

2003年11月21日，原告与国际化工贸易（香港）有限公司签订购销合同，以CNF宁波555美元/吨的价格向其购买丙酮800吨（可上下浮动5%），合同约定货物PTT值（高锰酸盐持续时间）最低为2小时，信用证结汇，卖方提交运费已依租约支付的全套装船清洁提单、独立检验人出具的质量数量证书、商业发票、原产地证明书等资料，并约定买方申请开立的信用证应允许货物（与他人货物）混装及转运，接受租约提单等。据涉案提单显示，涉案丙酮787.669吨于2003年11月13日装上"NCC JIZAN"轮（第200306航次），提单为港至港Odfjell格式，提单记载托运人为国际化工有限公司、收货人为"凭指示"，起运港鹿特丹、卸货港宁波，并表述国际化工有限公司与挪威奥德费尔海运公司之间在2003年11月4日订立有租约或运输合同；提单承运人栏记载为"承运人（船东或其光租人）：（如未指名承运人，则船东或光租人为承运人）"；提单由ODFJELL USA INC.代表船长签发。涉案货物在韩国仁川港转船由新丰公司所有的"Bow De Feng"轮承运。经两船交接，"Bow De Feng"轮实际接收丙酮780.309吨。该轮于 2004 年 1 月 9 日抵达宁波港，卸货前经 CCIC 宁波公司测得货物为 780.761 吨，卸货后 CCIC 宁波公司出具了空舱证书。原告付款赎单后，取得了全套信用证下的资料，其中独立检验人对鹿特丹港已装船货物出具的质量证书显示 PTT 值大于 180 分钟。原告在提货时据 CCIC 宁波公司出具的岸罐测量数量证书载明的 778.157 吨及质量证书主张货差 9.512 吨及货损，而新丰公司主张货物在其承运期间未发生货差、货损。双方因对责任承担、短货数量、货损原因存在争议而纠纷成讼。在纠纷协商处理中，新丰公司向原告提交了由西英船东互保协会出具的保函。

另查明，在卸货协商过程中，原告、被告新丰公司将取自"Bow De Feng"轮左舷 4 号、15 号舱的两个样品交 SGS 宁波公司检验，同时交付检验的还有天衡公司检验人员自称从"Bow De Feng"轮处获取的仁川装货时所取的 3 个样本（一程船"NCC JIZAN"轮卸货前样本、"Bow De Feng"轮装货时歧管样本、装货后样本）。经检验，天衡公司检验人员所提交的"NCC JIZAN"轮样本 PTT 值为 15 分钟，"Bow De Feng"轮歧管样本为 15 分钟、装船后为 74 分钟，宁波取样分别为 57 和 67 分钟。原告已为涉案货物投保海运险，保险人大众保险股份有限公司宁波分公司于 2003 年 11 月 12 日签发了保单。为进口涉案货物，原告与宁波港务局镇海港埠公司于 2004 年 1 月 5 日签订接卸协议，并依约支付装卸费人民币 25 049 元；与宁波孚宝仓储有限公司订立仓储合同，支付仓储、接卸费用人民币 33 616.43 元；于 2004 年 1 月 16 日支付了相应的关税和增值税计人民币 53 909.93 元，关税率为 5.5%、增值税率为 17%、适用的美元与人民币汇率为 8.2771∶1。原告分别以人民币 3 589.74 元/吨、3 555.55 元/吨（不含增值税）的价格于 2004 年 2 月 9 日将受损货物中的 500 吨、269.924 吨售与他人。

三、法院裁判

宁波海事法院认为：本案属海上货物运输货损货差纠纷，本案挪威奥德费尔海运公司缺席本案审理，而本案原告、被告新丰公司均同意本案适用中国法律，且本案卸货港、作为收货人的原告住所地均在中国，故依照《中华人民共和国海商法》第 269 条的规定，本案应适用中国法律审理。

涉案提单虽然显示"为船长签发"，其承运人栏也规定"本栏如未指名，则船东或光租人为承运人"，但鉴于该提单是被告挪威奥德费尔海运公司的格式提单、签单人为"Odfjell USA INC"，承运人虽有指名他人的可能性，但提单显示系据托运人国际化工有限公司与挪威奥德费尔海运公司的租约签发、挪威奥德费尔海运公司和新丰公司在纠纷协商处理及诉讼中均未对涉案契约承运人作出不同主张及证明、新丰公司主张其系据与 Odfjell 新加坡公司订立的租约从事涉案运输，故综合上述情形，原告提出的挪威奥德费尔海运公司为涉案货运之契约承运人的主张合法有理，宁波海事法院予以采纳；涉案货物在仁川港转船由新丰公司所属的"Bow De Feng"轮承运至目的港，原告主张被告新丰公司为实际承运人，合法有理，宁波海事法院亦予以采纳。相对于原告，作为实际承运人的被告新丰公司有更为充分的机会去了解掌握涉案货物运输的安排、转船运输等事实,在其未主张并证明涉案货物运输另有其他安排或转运、涉案货物在装上"Bow De Feng"轮前已存在短少、货损的情形下,其提出的不受提单记载货物数量约束、对货损不承担赔偿责任的主张,无事实与法律依据,宁波海事法院不予采纳。根据《中华人民共和国海商法》第46条的规定,被告挪威奥德费尔海运公司作为涉案货物的契约承运人应对货物自鹿特丹装船至宁波港卸货之全程发生的货损货差承担赔偿责任;作为实际承运人,被告新丰公司应对仁川港转船至宁波港卸货的期间内发生的货损货差承担赔偿责任。

关于本案货差赔偿,原告以目的港岸罐计量数字确定货差与《中华人民共和国海商法》第46条规定精神不符,目的港卸货数量应以船舶计量为准且应依航运惯例扣减3‰的合理损耗。据此,应认定涉案货物全程短少4.56吨,故原告要求被告挪威奥德费尔海运公司赔偿其货差损失的诉请有理,宁波海事法院予以支持;由于新丰公司与挪威奥德费尔海运公司在仁川港交接货物时测量的数量与货物在装货港鹿特丹的数量相比已经短少,而仁川港交接数量与卸货港数量基本一致,应认定在"Bow De Feng"轮承运期间未发生短少,故原告要求新丰公司承担货差赔偿责任的诉请,证据与理由均不足,宁波海事法院不予支持。

关于涉案货损,原告提交的外贸合同、信用证下的质量证书、目的港 CCIC 宁波公司及 SGS 宁波公司质量证书,已充分证明涉案丙酮发生货损,挪威奥德费尔海运公司作为契约承运人依法应对该货损承担赔偿责任。天衡公司检验人员所提交的样本之检验结果虽然表面显示丙酮质量变化不大、甚至有所好转,但该三个样本仅系新丰公司自称为"Bow De Feng"轮在仁川转船时所取,新丰公司无其他证据证明其所称仁川港取样的真实性,亦未能合理解释自装上一程船、转船、目的港卸船这一运输过程中丙酮质量的反复可逆性变化,其委托天衡公司所作的检验报告中也称新丰公司在仁川接收货物时未对丙酮进行货物分析、未收到如质量证书等文件,故新丰公司主张货损未发生于其责任期间的辩称,证据与理由均不充分,其依法也应对涉案货损承担责任。

关于本案赔偿范围,涉案货物进口时原告按美元与人民币 8.2771:1 的汇率支付了有关关税及增值税,本案计算货物价值的汇率应以此为据。根据《中华人民共和国海商法》第55条的规定,本案丙酮货差赔偿应以其实际价值确定,受损丙酮赔偿应为其受损前后的实际价值之差额。原告虽为涉案货物投保,但未主张并举证保险费金额、亦未对此提出相应诉请,故涉案货物的实际价值应以装船时的价值加运费确定。对于受损丙酮的实际价值,双方未予约定或主张。天衡公司检验报告估算丙酮贬值20%,并确定货损金额为112 671.4 美元;虽然可以参照原告已主张并证明的受损货物处理价、为货物进口支付的关税增值税、为处理货物所需合理仓储费还原出货物受损后、处理前的实际价值,但原告并未主张并证明双方已同意该处理价或该价格客观合理,故宁波海事法院参酌原告主张及天衡公司检验报告,确定本案到港货物 783.1 吨(已扣减短少 4.56 吨)、货损贬值率为 26%。原告主张货损货差损失赔偿及利息的诉请,合法有理,宁波海事法院予以支持,但货损、货差数量应据实计算,利息应以中国人民银行同期逾期贷款利率确定;原告主张货损、货差部分的关税、增值税及受损货物的仓储费于法无据,宁波海事法院不予支持;原告未主张并举证律师代理费已实际支付,故其律师代理费的主张,无事实与法律依据,宁波海事法院亦不予支持。综上,原告诉请有理部分,宁波海事法院予以支持。依照《中华人民共和国海商法》第269条、第46条、第55条、第60条、第63条、《中华人民共和国民事诉讼法》第64条第1款、第130条、第237条的规定,判决如下:

(1) 被告挪威奥德费尔海运公司于本判决生效后10日内向原告宁波京甬进出口有限公司支付货差损失人民币20 929.71元、货损人民币935 323.3元及两款利息(按中国人民银行同期逾期贷款利率计算11个月),被告新丰航运有限公司对其中货损赔偿人民币935 323.3元及其利息负连带赔偿责任;

(2) 驳回原告宁波京甬进出口有限公司的其他诉请。

14 原告宁波麦芽有限公司与被告E.K.航运公司、富士川海运有限公司海上货物运输合同货损赔偿纠纷案

案例来源:宁波海事法院(2006)甬海法商初字第65号
主题词:船舶所有人 实际承运人 免责

裁判要旨

No. HY-1.1-28 海上运输货物由船舶所有人所属船舶承运,船舶所有人有更为充分的条件及机会去确定有关的运输委托关系,但其在卸货处理期间乃至诉讼中均未积极主张或披露有关情形,推定船舶所有人接受承运人委托或转委托,构成实际承运人。

No. HY-1.1-29 实际承运人以航海日志证明海上恶劣天气,但该记载并无其他证据如气象、海浪资料等佐证,且其亦未证明所遇风浪不可预见、超出了船舶承受能力的,证据理由不充分,法院可据此认定实际承运人无权援引免责。

一、基本案情

原告:宁波麦芽有限公司

被告:E.K.航运公司(E.K.LINE S.A)

被告:富士川海运有限公司(Fujikawa Kaiun Co.,Ltd)

原告宁波麦芽有限公司诉称:2004年11月26日,原告与加拿大唯大公司(Unique Great Group)签订买卖协议,以C&F北仑205.5美元/吨的价格向其购买7700吨大麦。2005年3月6日,被告以其所有的"枫溪"轮(Maple Creek)自加拿大温哥华西海岸港承运上述货物至中国宁波北仑港,并签发了编号为VCR/NIN-3的海运提单。该船于同年3月25日抵达目的港,次日起卸货时发现货物严重结块湿损。原告采取了分拣、及时

处理受损货物等措施以减少损失,但仍遭受了货价下跌、处理货物的各项费用支出、关税、增值税等项损失,被告亦由中国再保险(集团)公司向原告提供了 105 万美元的担保。因向被告索赔未果,而货物受损发生在被告掌控期间,故诉请法院判令两被告赔偿损失。其中:① 整卸 5 969 吨好货中商定货损 115 吨计人民币 215 153.5 元,关税损失 5 870.75 元,增值税损失 26 201.6 元,检验检疫费用 747.5 元,卸货费 3 553.5 元,从码头至仓库运费 805 元。② 分离受损货物 1 737 吨,其中 1 237 吨跌价损失 953 603.3 元,另 500 吨跌价计 795 450 元。两货关税损失 88 666.7 元,增值税 395 726.18 元,检验检疫费 11 289.59 元,卸货费 53 668.97 元,码头困难作业费 39 079.35 元,仓储费 33 天计 28 658.19 元,码头至仓库运费 17 368.6 元,出入库装卸及灌包费用 83 369.28 元,包装袋费 37 203.54 元。③ 因受损货物检验、协商而引起运输车队待时费 27 小时计 2 万元,速遣费 20 小时计 69 160 元,货损检验鉴定费 80 400 元,律师费 8 万元。以上共计人民币 3 005 975.56 元及利息(所涉美元按 8.2765 折算,利息以中国人民银行同期企业贷款利率自 2005 年 3 月 26 日起计至实际支付之日止)。

被告 E.K.航运公司、富士川海运有限公司辩称:两被告虽系"枫溪"轮共同所有人,但已将该轮期租给他人经营,在托运人及期租人之间有多个租船合同关系,被告既非契约承运人亦非实际承运人,不应承担货损赔偿责任;货损系因航程中舱盖密封胶条脱落进水所致,该胶条脱落系船东经谨慎处理仍不能发现的船舶建造质量存在的潜在缺陷,船东可依法免责;船舶在航程中遭遇极大风浪,船东因海上风险造成货损可享受免责;原告索赔损失中多项不合理、无依据或无证据,被告据此请求法院驳回原告诉请。

二、法院查明事实

宁波海事法院确认以下事实:

2004 年 11 月 26 日,原告与加拿大唯大公司签订买卖协议,以 C&F 北仑 205.5 美元/吨的价格向其购买进口大麦 7 700 吨,并向中国太平洋财产保险股份有限公司宁波分公司为该货物及其他货物(同船装运)投保货运险,该保险公司 2005 年 3 月 6 日签发保单,载明保险货物数量 28 216.875 吨,保险金额 6 378 425 美元。原告 2005 年 4 月 21 日为该保单项下货物支付保险费人民币 22 700.08 元,货物平均保费为每吨人民币 0.8 元。涉案提单(编号为 VCR/NIN-3)显示,涉案货物 7 700 吨大麦于 2005 年 3 月 6 日在加拿大温哥华西海岸港装上"枫溪"轮第 1 舱,目的港宁波北仑,该提单正面右下角签发栏上下分别为打印记载"中外运加拿大有限公司代表承运人中外运百慕大有限公司签发"["By:SINOTRANS CANADA INC. AS AGENTS FOR THE CARRIER;SINO-TRANS(BERMUDA)LTD"]及"代表'枫溪'轮船长签发"("Signed for and on behalf of the Master of M/V'Maple Creek'Capt. Jodo Junji"),提单背书显示原告为涉案货物的收货人并实际接收了货物。该轮于 2005 年 3 月 25 日抵达目的港,次日起卸货时发现涉案货物严重结块湿损,双方经协商就卸货、受损货物处理陆续达成多项协议,其中主要包括:好、坏货物分别卸载处理,船方负责受损货物的港内运输费及相关装卸费、分离货物的困难作业费、包装费、仓储费等,双方约定5 869吨好货中有115吨受损货物。原告根据协议组织完成了卸货、货物分离、受损货物处理诸事宜。根据双方协议及被告提交的有关证据(双方2005年3月28日备忘录及码头作业单位3月29日出具的收据及放弃索赔书),被告并未支付困难作业费。2005年3月29日,被告由中国再保险(集团)公司向原告提供了105万美元的担保,该担保函确认在发生货损时涉案船舶不存在光船承租人、涉案纠纷由宁波海事法院管辖并适用中国法律等。

另查明,涉案船舶由 IMABARI SHIPBUILDING CO., LTD 建造,于2005年2月10日由 GIANT LINE INC., SA 据双方2004年6月1日签订的船舶买卖合同交付给两被告;船舶在建造期间,被告 E.K. 航运公司已于2004年6月1日将该轮期租给 Shoei Kisen Kaisha, Ltd,租期为自交付日5年加40日。两被告 E.K. 航运公司、富士川海运有限公司系涉案船舶"枫溪"轮的共同所有人,各占60%及40%的股份。在涉案运输期间,该轮不存在光租情形。

原告按人民币13 101 954元的完税价格为进口涉案货物于2005年5月25日支付了3%的进口关税人民币393 058.62元,并以关税完税价格及关税额之和人民币13 495 012.62元的增值税完税价格支付了税率为13%的增值税人民币1 754 351.64元(美元汇率为1∶8.2765),对其由涉案船舶运输的全部货物28 216.875吨支付 CIQ 检验检疫费人民币159 265元,为检验确定货损向 CCIC 宁波分公司支付商检费人民币80 400元。原告与港口卸货作业单位约定的卸货费为30.9元/吨并实际支付。对于实际受损货物1 737吨,原告根据其与被告达成的协议向装卸单位支付了22.5元/吨的困难作业费,按10元/吨支付了码头至仓库的运费、按0.5元/日/吨支付了33天的仓储费,按48元/吨支付了出入库装卸及灌包费用,按21.42元/吨支出了包装袋费用。2005年4月27日,原告根据其与船方达成的协议与宁波市镇海大丰饲料有限公司签订受损大麦购销协议,分别以船方认可的人民币1 100元/吨、280元/吨(均为含税价)的单价将受损物出售,买方已提取货物并以现金支付了货款。2005年3月28日,原告与浙江导司律师事务所签订委托代理合同,约定自协议签订之日支付代理费人民币28 000元,原告获得赔偿到账后5日内支付赔款的3%为后续代理费。原告已依协议支付了代理费人民币28 000元。

三、法院裁判

宁波海事法院认为,本案因双方明确约定和同意而应适用中华人民共和国相关法律。两被告为涉案船舶"枫溪"轮的共同所有人,该轮仅有期租而无光租情形,由两被告配备的船长及船员有妥善管理船舶及所载货物的职责;涉案货物实际由两被告所属船舶"枫溪"轮承运,两被告有更为充分的条件及机会去确定有关的运输委托关系,但其在卸货处理期间乃至诉讼中均未积极主张或披露有关情形,而是积极配合和参与有关的货物处理事宜并为自己的责任提供担保,故依据《中华人民共和国海商法》第42

条第(二)项的规定,原告提出的两被告为涉案运输实际承运人的主张合法有理,宁波海事法院予以采信;两被告提出的因原告未主张并证明被告接受承运人委托或转委托,故其不构成实际承运人的辩称,证据与理由均不充分,宁波海事法院不予采纳。

涉案货损发生在两被告实际承运期间,两被告根据《中华人民共和国海商法》第51条第1款第(十一)项、第(三)项的规定对货损分别提出了"船舶潜在缺陷"及"海上风险"两点抗辩以请求免除责任。宁波海事法院认为,两被告主张"船舶潜在缺陷"的主要依据是"枫溪"轮船长自称2005年3月22日所拍摄的照片及其陈述,该照片实际拍摄时间及部位、开舱的目的等无其他证据予以佐证,建立在此基础上的天衡公司检验报告及有关专家关于货损原因的结论之可靠性不无疑问,且天衡公司检验报告及专家意见均不能排除船舶曾有多次开关舱、开关舱时发现密封胶条脱落或形变的可能性,未论证事故前肯定不会发生或经谨慎处理亦不能发现胶条脱落或形变,亦未论证所谓海上风险或大风浪对于胶条的影响及其程度。被告提交的有关船检资料及证书,从其表面看系船舶为入级及营运而进行的法定检验,被告未主张亦未证明开航前或开航时对舱盖作过何种谨慎处理,故即使导致胶条脱落的原因系船舶设计或安装方面质量问题引起,被告的证据亦不足以证明被告已尽合理谨慎义务而不能发现,其提出的"船舶存在潜在缺陷"的抗辩,证据与理由均不充分,宁波海事法院不予采纳;被告据以证明船舶遭遇海上风险抗辩的主要证据是有关航海日志关于风浪天气的记载,该记载并无其他材料如气象、海浪资料等佐证,且被告亦未证明所遇风浪不可预见,超出了船舶承受能力;在他舱货物均完好的情况下,被告亦未能论证所遇风浪对1舱货物进水受损的因果关系及其影响程度,故被告提出的遭遇"海上风险"而应免责的抗辩,证据与理由亦均不充分,宁波海事法院亦不予采纳。

根据《中华人民共和国海商法》第46条、第61条的规定,被告对于其责任期间的货损应当承担赔偿责任。本案货价及费用涉及美元及人民币两种货币单位,鉴于海关在征收关税、增值税时适用了1∶8.2765的汇率,本案在计算货价时依该汇率为据。根据双方协商及实际检验,本案货损分二类情形,一类是双方对好货5 869吨中约定的推定货损115吨,另一类是实际受损货物1737吨。对于推定货损,双方对其数量有明确约定,且被告对原告以保险单金额(226.05美元/吨)主张的损失索赔额予以认可,故双方对该推定货损的赔偿已有明确约定,对原告主张该115吨人民币215 153.3元的货损请求予以支持,原告对该部分货物所主张的关税、增值税、装卸费等,无事实与法律依据,宁波海事法院不予支持;对于已分离并处理的实际受损货物,被告虽在协商中对受损货物分类、数量、处理价及有关困难作业费、仓储费、码头至仓库运费、出入库装卸及灌包费、包装袋费数额予以认可,对原告按处理价与完好货物CIF价之差所主张的损失索赔亦予以认可,但对原告所主张的关税、增值税、CIQ检验检疫费、商检费等提出异议,故双方对于实际受损货物的赔偿未达成协议。根据《中华人民共和国海商法》第55条的规定,货物损坏的赔偿额应按照货物受损前后实际价值的差额或者货物的修复费用计算,货物的实际价值以其装船时的价值加保险费加运费计算。涉案货物受损前的

CIF 价为人民币 1 701.62 元/吨(205.5 美元/吨 + 人民币 0.8 元/吨),对涉案货物受损后的 CIF 价,双方未予约定也未提交相关的估价报告,故该价格可参酌货物处理价及货物到港后至处理前所发生或产生的必要费用或支出予以合理确定。宁波海事法院认为受损货物的处理价系货物卸船、分拣、进口后出售的实际价格,其中已包括了相关装卸费用、码头至仓库运费、仓储费、检验检疫费、商检费、关税增值税等,故受损货物的实际价值(货物受损后的 CIF 价)应在处理价中扣除这些费用后确定。据此,1 237 吨受损货物的赔偿额应为人民币 1 111 617.68 元,另 500 吨之赔偿额为人民币 801 580 元。原告主张运输车队待时费、船舶速遣费,证据与理由均不充分,宁波海事法院不予支持;原告诉请被告承担货物受损赔偿款利息及律师代理费损失,合法有理,宁波海事法院予以支持,但其主张代理费利息的诉请无法律依据,宁波海事法院不予支持。综上,依照《中华人民共和国海商法》第 268 条、第 42 条第(二)项、第 46 条、第 55 条、第 61 条、《中华人民共和国民事诉讼法》第 64 条第 1 款、第 237 条的规定,判决如下:

(1) 被告 E.K.航运公司、富士川海运有限公司赔偿原告宁波麦芽有限公司货物损失人民币 2 128 351.18 元及利息(自 2005 年 3 月 26 日起至实际支付之日止,按中国人民银行同期贷款利率计付),赔偿原告宁波麦芽有限公司律师代理费损失人民币 80 000 元。前述款项于本判决生效之日起十日内支付;

(2) 驳回原告宁波麦芽有限公司的其他诉请。

15 原告中保财产保险有限公司福建省分公司与被告俄罗斯远东海洋轮船公司海上货物运输代位求偿纠纷案
案例来源:厦门海事法院(1999)厦海法商初字第 11 号
主题词:清洁提单　承运人识别　租船合同

裁判要旨

No. HY-1.1-30　承运人签发的清洁提单是承运人和收货人之间关于提单记载的货物状况的最终证据。货物在卸货前已存在货损,可认定货物在承运人掌管期间发生货损,承运人应当承担相应的货损赔偿责任,但是承运人能够证明免责事由存在的除外。

No. HY-1.1-31　根据提单的记载,提单由船长代理人签发的即视为船长签发,提单未明确记载承运人而船舶所有人也未提供证据证明其他人为承运人时,船舶所有人应当被视为承运人。

一、基本案情

原告:中保财产保险有限公司福建省分公司(以下简称福建中保)
被告:俄罗斯远东海洋轮船公司(Far Eastern Shipping Co., Ltd,以下简称远东公

司)

原告中保财产保险有限公司福建省分公司与被告俄罗斯远东海洋轮船公司海上货物运输代位求偿纠纷案,原告福建中保诉称:被告远东公司所属"阿卡迪·卡玛琳"(ARKADIY KAMANIN)于1998年2月4日签发一份清洁指示提单,托运人为Nippon Suisan KaishaLtd.,该轮为承运船舶,装港HIGHSEA,卸港中国福州马尾,货物为13030袋520.4吨白鱼粉。货抵马尾港卸货时发现货损,经福建进出口商品检验局检验,发现2号舱货物水湿,部分外包装粘有铁锈渍,现场拆包检验发现部分货物已霉变、结块,严重的已发臭,共计损失47吨。该批货物的收货人为福建省粮油食品进出口集团公司,由原告承保,保险金额354 934美元,险别为海洋货物运输一切险,1998年4月10日,原告就上述货损赔付作为收货人的被保险人32 007.6美元,并取得代位求偿权。根据商检报告,货损在卸货前已存在,而被告作为承运人签发了清洁提单,故应承担赔偿责任。为此原告请求法院判令被告赔偿货物损失32 007.6美元,并赔偿检验费人民币3 421元。

被告远东公司在答辩期内未答辩,庭审时辩称:案涉提单由航次承租人签发;本案根据提单背面条款的约定应适用海牙-维斯比规则。

二、法院查明事实

厦门海事法院经审理查明以下事实:

1998年2月4日,全球之星航运有限公司(Global Star Shippingco.,Ltd.)作为船长的代理人于韩国釜山签发NO. AK/FUZ-03024清洁指示提单,根据上述提单的记载,托运人为Nippon Suisan Kaisha Ltd.,提单项下为13010包鱼粉,每包40公斤,计520.4吨,于1998年1月13日装上承运船舶ARKADIY YAMANIN轮,装港HIGHSEA.卸港马尾,提单正面注明该提单与租船合同一起使用,提单背面首要条款约定:"若有关海运国家赋予1924年8月25日在布鲁塞尔签订的关于统一提单的某些法律规定的国际公约海牙规则以法律效力,则提单适用海牙规则。当海牙规则在有关海运国家不具法律效力时,本提单适用运输目的地国的相应法律。如目的港国家对海运无强制性的法律规范,仍适用海牙规则。对于在强制适用海牙-维斯比规则(即1924年布鲁塞尔国际公约于1968年2月23日在布鲁塞尔的修正案)的国家或者地区进行贸易时,视为该规则并入提单。但承运人对有关装货前及卸货后、货物在其他承运人掌管期间、装运甲板货或活动物的规定可以作出保留。"

提单背面有托运人的空白背书。ARKADIY YAMANIN轮属被告远东公司所有,1998年2月9日,该轮抵马尾港并开始卸货,因发现2号舱货物遭受水湿,应收货人福建省粮油食品进出口集团公司(以下简称粮油公司)的申请,中华人民共和国福建进出口商品检验局即派员登轮对NO. AK/FUZ-03024项下货物进行检验,并于3月6日出具NO.1-DQ98-5验残检验证书,其检验结果如下:单层塑料编织袋包装,部分内封塑料薄膜袋;2号舱货物水湿明显,部分货物外包装粘有铁锈渍,经现场拆包检验,发现有的货物已霉变、结块,严重的已有发臭现象,货物卸至仓库后,经认真分拣清理,并结合市场销售情况进行估损贬值,严重结块、霉变、发臭的 1 783 包,发票重量 71 320 公斤,以贬值率 45% 计算损失重量,共损失 32 094 公斤,轻微结块霉变的 1 248 包,发票重量 49 920 公斤,以贬值率 30% 计算损失重量,共损失 14 976 公斤,合计损失重量 47.07 吨;上述货物的水湿系卸货前业已存在。为此,粮油公司发生检验费人民币 3 421 元。在卸货期间,中国外轮理货总公司福州公司(以下简称理货公司)进行理货。2 月 15 日,ARKADIY YAMANIN 轮大副在货物残损清单上签字,确认 NO. AK/FUZ-03024 提单项下货物部分发生损坏。同日,理货公司出具理货结果汇总证明称 ARKADIY YAMANIN 轮在马尾港区卸货,第二舱上层舱货物部分残损,下层舱货物水湿,具体数字依商检报告确定。因舱单复印件较模糊,造成理货公司货物残损清单笔误,将 NO. AK/FUZ-03024 提单误写为 NO. AKFJZ-03024 提单。

1998 年 1 月 16 日,福建中保承保 NO. AK/FUZ-03024 提单项下货物,被保险人为粮油公司,保险金额 354 934 美元,承保险别为一切险(根据中国人民保险公司 1981 年 1 月 1 日《海洋货物运输条款》),为此发生保险费 1 064.8 美元。3 月 17 日,被保险人粮油公司向原告福建中保提出索赔申请,4 月 16 日原告福建中保以商检报告所确认的重量损失数额按每吨 680 美元赔付被保险人 32 007.06 美元,4 月 20 日,粮油公司签发收据及权益转让书。

另查明,依据 Nippon Suisan Kaisha Ltd. 开具的 NO. RU-01 商业发票,案涉货物价值 CFR 马尾 680 美元每吨。

以上事实有 NO. AK/FUZ-03024 提单、NO. 1-DQ98-5 验残检验证书、海洋货物运输保险单、进口货物残损索赔申请书、收据及权益转让书、中国银行外币转账回单、Nippon Suisan Kaisha Ltd. 开具的商业发票、理货公司残损货物清单、理货结果汇总证明及笔误证明、赔款计算书等证据为证,足以认定。

三、法院裁判

厦门海事法院认为:被告远东公司关于本案应依照提单背面条款的约定适用海牙-维斯比规则的抗辩没有事实根据,不予支持。海牙规则及海牙-维斯比规则在我国仅为国际惯例,而不具法律规范的效力,根据提单背面条款的约定,本案应适用目的港国家的法律即中华人民共和国法律来解决双方当事人之间的纠纷。

被告远东公司对原告福建中保提交的 NO. AK/FUZ-03024 提单、NO. 1-DQ98-5 验残检验证书、海洋货物运输保险单、进口货物残损索赔申请书、收据及权益转让书、中国银行外币转账回单、Nippon Suisan Kaisha Ltd. 开具的商业发票、理货公司残损货物清单及理货结果汇总证明、赔款计算书等证据不持异议,且上述证据经庭审质证,根据最高人民法院《关于民事经济审判方式改革问题的若干规定》第 22 条的规定,对上述证据予以确认。

托运人以外的提单持有人识别承运人的唯一依据是提单,根据提单的记载,提单由船长的代理人签发,即提单应视为船长签发,在提单未明确记载承运人时,被告作为船舶所有人应被视为承运人。被告抗辩提单由承租人签发,但未提供相应证据加以证明,提单虽记载与租船合同一并使用,但无证据表明租船合同与提单一起流转,根据最高人民法院《关于民事经济审判方式改革问题的若干规定》第21条的规定,对被告的抗辩不予支持。被告远东公司签发清洁提单,应视为其已按提单的记载收到表面状况良好的货物,该提单在承运人和收货人之间是关于提单记载的货物状况的最终证据,即货物在装船时表面状况良好;被告远东公司作为承运人应妥善地、谨慎地装载、搬移、积载、运输、保管、照料和卸载所运货物,而在马尾港的商检报告表明,在卸货前已存在货损,故可认定货物在承运人掌管期间发生货损。作为承运人的被告远东公司又未举证证明免责事由的存在,故应承担相应的货损赔偿责任。原告福建中保作为保险人,在赔付被保险人(也是收货人)后依法取得代位求偿权,有权向被告就货损提出索赔。

依照《中华人民共和国民事诉讼法》第237条、第64条第1款,《中华人民共和国海商法》第46条第1款、第55条、第252条第1款的规定,判决如下:

被告俄罗斯远东海洋轮船公司应于本判决生效后10日内赔付原告中保财产保险有限公司福建省分公司货物损失32 007.06美元及货物检验费人民币3 421元。

1.1.2 承运人的权利和义务

16 原告深圳南天油粕工业有限公司、中国人民保险公司辽宁省分公司与被告斯坦斯蒂船务有限公司海上货物运输货损赔偿纠纷案

案例来源:广州海事法院(1999)广海法深字第92号
主题词:谨慎处理 货舱适货 保管照料货物义务

裁判要旨

No. HY-1.1-32 收货人持有提单,在货物到港后办理了海关手续,向承运人提取了货物,在没有相反证据的情况下,应认定其对货物具有所有权。

No. HY-1.1-33 支付保险费并不是保险合同成立的法定要件,是否支付保险费,不影响保险合同的成立。

No. HY-1.1-34 承运人应当谨慎处理,为承运船舶配备适当的、船长船员能正确阅读理解的海图;若没有适当配备海图,致使船舶处于不适航状态,从而导致碰撞,承运人应当对因碰撞所导致的货损承担赔偿责任。

No. HY-1.1-35 承运人在开航前和开航当时应当谨慎处理,对货物的各项设备进行检查,使货舱适于并能安全收受、载运和保管货物。

> **No. HY-1.1-36** 无论承运人是否对碰撞造成的损失免责,都不能免除其在碰撞发生后妥善保管照料货物的义务。

一、基本案情

原告:深圳南天油粕工业有限公司(以下称南天公司)

原告:中国人民保险公司辽宁省分公司(以下简称辽宁人保)

被告:斯坦斯蒂船务有限公司(Standsted Shipping Co. Ltd.,以下简称斯坦斯蒂)

原告深圳南天油粕工业有限公司诉称:1999年5月20日,"巴拿马之星"(Panamax Star)轮(以下简称"巴"轮)承运巴西大豆47 250.992吨,由巴西运至深圳赤湾港。该轮船长为上述货物签发了两套提单。该两套提单后来经过合法转让至南天公司。该轮5月20日装货完毕,8月6日抵达目的港深圳赤湾港后,原告发现装载于第五舱的货物已经大部分灭失,其他各舱货物也由于非货物本身原因遭受不同程度的损害,有的颜色已经变成灰色,有的已烧成了黑色。经查,"巴"轮属被告所有。请求判令被告赔偿因货物灭失与损坏造成的经济损失5 553 510.20美元及利息,并承担本案的诉讼费用。在中国人民保险公司辽宁省分公司参加诉讼后,南天公司将其诉讼请求更改为要求被告赔偿货损损失2 423 579.03美元,以及南天公司额外支出的卸货费用、困难作业费、卸货工人加班作业费、清舱费、货物转堆费、额外堆存费、货物检验费用、为保全证据而支付的登轮拖轮费、向安得隆有限公司(Andrew Moore & Associates Ltd.,以下简称安德隆公司)支付的检验费共计271 609.90元人民币和40 525美元,并承担本案诉讼费用。

原告辽宁人保诉称:辽宁人保根据编号为SY65/I99013的保险单,向该保单的受益人南天公司支付了保单项下因货物短量7 001.992吨而造成损失的保险赔款1 713 754.04美元。南天公司向辽宁人保出具了收据及权益转让书。因南天公司已作为原告对造成保险事故的斯坦斯蒂船务有限公司提起诉讼,要求赔偿货物短少及损坏而造成的一切损失,根据《中华人民共和国海事诉讼特别程序法》第93、95、96条以及《中华人民共和国海商法》第252条的规定,特此请求以共同原告的资格参加诉讼,请求判令被告赔偿因货物短少7 001.992吨而造成的损失1 409 921.11美元及自货物交付之日起至实际支付之日止的银行贷款利息。

被告斯坦斯蒂公司辩称:

(1)南天公司营业执照和工商登记资料表明,南天公司无进口大豆的经营范围和许可证。因此,本案货物不合法,南天公司与卖方签订的买卖合同无效。南天公司无权向被告索赔不合法货物的损失。其次,南天公司未能提交有效证据,证明其取得了本案货物的所有权。因此,南天公司主体不适格。

(2)辽宁人保以共同原告的资格参与诉讼,于法无据。

(3) 辽宁人保在 2000 年 7 月 3 日开庭时所提交的保险单与南天公司于 1999 年 9 月 22 日向法院提交的保险单有多处不同,该 2 份保单显然不是同一份保单。但 2 份保单的号码均为 Y65/I99013。辽宁人保向法院提交的保单是不真实的,辽宁人保不应按该保单向南天公司赔款。假设第 2 份保单是真实有效的,但投保人(被保险人)嘉里粮油贸易有限公司(Kerry Oils & Grains Trading Co., Ltd.,以下简称嘉里公司)投保时尚未取得货物所有权,对本案货物不具有保险利益,该保单无效,保险合同无效。辽宁人保未举证证明被保险人嘉里公司向辽宁人保交纳了保险费。投保人未交保费或在保险事故发生后交纳保费的,保险人不负赔偿责任。如保险人作了赔付,亦属赔付错误。因此,辽宁人保并未真正取得代位追偿权,主体不适格。

(4)"巴"轮在本航次开航前和开航当时,船体及其设备处于良好状态:证书齐全,配备了齐全、合格的船员,船舶适航,货舱适货。斯坦斯蒂公司对本案货物灭失、损坏,依法免责。"巴"轮第 5 舱货物灭失、受损,是该轮于 1999 年 5 月 21 日在巴西伊塔夸蒂马拉港(Itacoatiara,以下简称伊港)河道内移泊时与"奥克"轮碰撞所造成的。碰撞事故造成了"巴"轮第 5 舱有一道约 8 米长的破洞,部分货物从该破洞掉入河水中,且大量河水涌进货舱,造成该舱中、下层大部分货物水湿。为了对船舶进行修理,以继续航程,"巴"轮船长向巴西港口当局申请将无使用价值的水湿货物倒进河中,并将第 5 舱货物顶部未受损部分卸至两艘趸船,数量约 1 280 吨。当时,货方和货物保险人委托的检验员及货方委托的夏礼文律师行对此做法并未提出任何反对意见。被告对因碰撞造成的上述部分的货物损失,依法免责。假设卸落河中的货物有使用价值,且租船人不同意将其卸落河中,亦应按共同海损处理,按船、货价值进行共同海损分摊。

(5) 斯坦斯蒂公司妥善、谨慎地装载、积载、运输、保管、照料和卸载了所运大豆。"巴"轮的修理历时 31 天,对货物的发热及其后果有一定影响。"巴"轮抵赤湾港、打开各舱舱盖卸货前,经检查发现没有海水、河水、雨水等渗漏入各货舱。"巴"轮从 1999 年 8 月 6 日抵赤湾锚地至 9 月 7 日卸货完毕,由于收货人未及时疏港,卸货速度缓慢,使本已发热、正日趋变坏的货物加剧了发热变坏,货损的数量大幅度增加。深圳商检局出具的"残损鉴定"记载货物的含水量为 13.4%,斯坦斯蒂公司提交的卡文海事顾问及勘察服务公司(以下简称卡文公司)的报告载明的货物在装货港的含水量为 13.74%。不论含水量是 13.4%,还是 13.74%,都是偏高的。而且原告提交的质量证书已证明货物于装船前已有约 520 公吨大豆发热受损,很明显部分大豆的含水量已超出 14%。过高的含水量造成货物内在的微生物不稳定,加剧了货物发热变坏。货物发热变坏的根本原因,在于货物本身的自然特性或固有缺陷。

(6) 本案所涉货物在装上船之前已存在货损,该部分货损理应从原告索赔损失数额中扣除。其中受损大豆占 3.2%,因此,原告索赔损失数额中,首先应扣除货物装上船之前的损失数额 304 462.76 美元。另在货物装船前,已有 1.1% 大豆发热受损,价值 104 659.06 美元,也应作相应扣减。短卸货物的重量应扣除货物总量的 0.4% 作为正常损耗。

(7) 南天公司、辽宁人保没有提交任何有效证据材料，证明其损失的存在和损失数额的构成，其所诉称的损失没有依据，且数额明显不合理。

请求驳回南天公司、辽宁人保的起诉，并判令其承担本案诉讼费以及斯坦斯蒂公司为本案诉讼所支出的有关费用。

二、法院查明事实

广州海事法院认定以下事实：南天公司于1999年4月29日与嘉里公司签订买卖合同约定，南天公司向后者购买1999年收成的巴西大豆45 000吨，运至中国赤湾；成本加保险加运费价（CIF赤湾）每吨201.36美元，货物的基准含油量18.5%，含水量最大14%，杂质基准值1%，最大值2%，杂质每超出1%，则价格相应补偿1%，小数点按比例计算，其他根据ANEC41条规定。

5月20日，斯坦斯蒂公司所属"巴"轮在巴西亚马逊河中的伊港装载完毕，船长签发了1、2号提单各一份。该两份提单均记载，"巴"轮在伊港装载1999年收成的巴西大豆23 625.496吨。独立检验人林弥拉服务有限公司（Linkmilla Services Ltd.，以下简称林弥拉公司）于5月20日出具的质量证书记载，"巴"轮装载的47 250.992吨大豆的含水量12.3%，杂质0.7%，受损大豆3.2%，其中发热受损大豆1.1%，破裂大豆12.9%。

5月21日，"巴"轮船长向伊港主管当局递交海事声明称："巴"轮完成装货作业后，离开装货码头，驶往临时锚地，等待船舶文件。在航行过程中，另一艘名为"奥克"的船停在航道的中央。尽管"巴"轮尽力避免碰撞该船，但是在强大的水流（大约7节）和风力的作用下，两船靠得很近。"巴"轮接触到该轮的锚链，使该船进一步转向左舷，"巴"轮5号货舱的右舷撞到"奥克"轮的球鼻艏上。碰撞致使"巴"轮第5舱右舷100-116肋骨处有长约15米的压痕，103-113肋骨处则有长约8米的裂缝，部分货物从裂缝漏入水中。

原告以信用证方式付款取得"巴"轮船长签发的上述提单及嘉里公司出具的发票，发票记载：47 250.992吨大豆的单价为CIF赤湾每吨201.36美元，总价款为9 514 459.75美元。

8月5日，"巴"轮抵达深圳赤湾港，9月7日卸货完毕。根据南天公司的申请，深圳进出口商品检验局（以下简称深圳商检局）对该轮所载货物进行了计重和品质检验。该局于9月15日出具的SKG99000488号检验证书（衡器计重）记载，经用校准之衡器衡重，计得"巴"轮实际到货数量为40 249吨（其中剔卸出来的已被烧黑的大豆为2 330.850吨）。10月12日，深圳商检局出具SKG99000553号残损鉴定。该鉴定记载，深圳商检局人员对整个卸货过程进行了监卸。随着卸货的进行，各舱货物的损坏情况逐渐暴露出来。为了将损失减到最低限度，深圳商检局人员建议港口和收货人，尽可能地将不可用于加工的货物及可用于加工的货物分卸开来。不可用于加工的货物是指因舱内温度过高而完全被烧黑或大部分被烧黑、小部分已被烧为棕黑色的货物，已完全失去原有的使用价值，建议给予100%贬值；可用于加工的货物是指不可用于加工的货物以外,卸货过程中进入收货人仓库,直接用于加工的货物,其中包括部分外观颜色明显变为棕色或深棕色及剐卸过程中不可避免的混入的极少量已烧黑的货物,实际存在一定损失。经测量,第 3 舱烧黑部分的货物的平均温度达 85 摄氏度,第 4 舱的平均温度为 85 摄氏度,第 7 舱表层烧黑部分货物温度达 88 摄氏度。本批货物残损系卸货前舱内货物温度过高所致。各舱可用于加工及不可用于加工的货物均用电子衡器过磅。"巴"轮各舱卸下的可用于加工的货物数量为 37 918.15 吨,第 1、3、4、7 舱部分烧黑、不可用于加工的货物数量为 2 330.85 吨。提单记载的载货数量 47 250.992 吨,与上述可用于加工及不可用于加工的货物数量之和相比较,"巴"轮短卸 7 001.992 吨。该鉴定还记载,经查阅 Thionville do Brasil Ltd. 于 1999 年 5 月 7 日在装货港出具的分析报告,货物装货时的含水量为 13.4%。

南天公司的企业法人营业执照记载的营业范围是:生产、加工豆油、菜油、花生油及其他食用油脂;豆粕、菜粕、花生粕、饲料原料及其他高蛋白食品。

南天公司于 1999 年 8 月 5 日向本院提出诉前证据保全申请,请求对"巴"轮的全套船舶证书、所有在船船员的证书、船舶登记港、装货港所在国对"巴"轮行使港口国管理的检查报告、船舶自检报告书、装货港的验舱证书或记录、开航前水尺检验报告、货物积载图、本航次航海日志、轮机日志、无线电日志、本航次使用过的海图、航向记录、雷达标绘记录、机舱车钟记录、甲板车钟记录、锚机检修记录、有关碰撞损害的照片、海事声明、事故报告、引航员报告、修船地船舶检验报告、修船清单、本航次船舶与外界来往的传真、函电及信件等证据进行保全。同日,本院依法作出裁定,准许南天公司的申请,责令斯坦斯蒂公司向本院提交上述证据材料。"巴"轮船长提交了所要求的部分文件,但未能提交"巴"轮与"奥克"轮碰撞前后的航海日志和轮机日志,其向本院所作的书面说明称,碰撞事故发生时的航海日志、轮机日志在船东的香港律师处,无法提交。

8 月 11 日,南天公司向本院提出诉前财产保全申请,请求扣押斯坦斯蒂公司所属"巴"轮,责令其提供 220 万美元的担保。9 月 3 日,南天公司向本院提出财产保全申请,请求责令被告追加 340 万美元的担保。本院先后作出裁定准许南天公司的申请。斯坦斯蒂公司向本院提交了上述金额的担保。

9 月 1 日,斯坦斯蒂公司向本院提出诉前证据保全申请,要求南天公司提交货物的买卖合同、与售货方的所有往来书信、与货物托运人及其代理人的所有往来书信、被申请人为支付该批货物的货款而向银行申请开立的信用证及其项下的全套议付单证、开证行对外付款的凭证、工商注册登记资料以及变更登记资料、"巴"轮所载货物的全套正本提单等证据,以进行证据保全。本院裁定准许斯坦斯蒂公司的申请。南天公司向本院提交了与本案争议货物有关的买卖合同、提单、保险单、信用证及银行付款凭证。

根据南天公司的申请,本院于 1999 年 9 月 3 日裁定对"巴"轮作强制检验,并委托中国船级社实施检验。中国船级社于 9 月 30 日出具了 GZ99990396 号"巴"轮检验报告。

辽宁人保提交了其于 1999 年 5 月 12 日出具的 SY65/I99013 海洋货物运输保险单

及其于2000年6月16日向南天公司支付保险赔款的银行凭证。保险单记载被保险人为嘉里公司,承保货物为47 250.992吨散装巴西大豆,保险金额为12 180 057.77美元,装载工具为"巴"轮,开航日期1999年5月4日,自巴西伊港至中国赤湾,按1982年1月1日的伦敦协会货物保险(A)条款承保一切险加若干附加险。嘉里公司在该保险单上作了空白背书。银行凭证记载,辽宁人保于2000年6月16日委托中国银行沈阳市分行营业部向南天公司支付赔款1 713 754.04美元。南天公司确认已收到上述赔款,并出具了《赔款收据及权益转让书》,将已取得赔款部分保险标的(即"巴"轮短卸货物7 001.992吨)之一切权益转让给辽宁人保。在诉前证据保全程序中,南天公司向本院提交了1份编号、出单日期与上述保险单相同的保险单,但该保险单中无被保险人名称、货物数量、保险金额的记载,保险险别也不相同。

南天公司、辽宁人保、斯坦斯蒂公司对以上事实均无异议。

本案争议的货物损失分为两个部分,即原告南天公司索赔的烧黑的货物2 330.85吨和可用于加工的货物37 918.15吨的贬值损失,以及原告辽宁人保索赔的短卸货物7 001.992吨的损失。

为证明可用于加工的37 918.15吨货物的贬值率,南天公司提交了1份安德隆公司于1999年10月4日出具的HK/1994/GSC/mc号检验报告。该检验报告对可用于加工的37 918.15吨货物的贬值情况的总结是:8 000吨货物贬值10%,29 684吨货物贬值30%。在本案庭审中,南天公司的代理人陈述,可用于加工的37 918.15吨货物由南天公司自己加工处理。南天公司没有提供加工该货物存在损失的证据。

斯坦斯蒂公司认为安德隆公司的检验报告得出的上述贬值情况,没有任何依据,且明显不合理,依法不应作为定案的依据。

广州海事法院认为,安德隆公司是我国境外的公司,南天公司未提供证据证明该公司可在我国进行合法经营及其具有对货物进行检验的能力与资格,故对安得隆公司的报告不予采信。

为证明碰撞发生后,从船舶破洞掉落水中及因水湿变质而抛弃的货物重量,斯坦斯蒂公司所提供的证据有:① "巴"轮船长于1999年5月31日发出的电传。该电传称,从受损区域裂缝掉落的货物约1 000吨。② 1份斯坦斯蒂公司称为"水尺检验报告"的便笺。该"水尺检验报告"手写在一张海滨海事检验服务有限公司(Seaside Marine Surveys & Services Ltd.)便笺上,内容为:"船长申报的常数为342吨,根据船上所进行的吃水检查,以下为计算出来的装船大豆货品的数量:40 956.561吨。"下面有未注明身份的两个签名和"巴"轮船长的签收,日期为1999年6月20日。辽宁人保认为,船长电传中所说的掉落河中货物的重量只是估计数,并不是实际货物重量,并且不认可"水尺检验报告"的真实性。

广州海事法院认为,该"水尺检验报告"签署人的身份、资格不明,计算货物重量依据的资料为"巴"轮船长所申报。故该"水尺检验报告"之合法性、真实性均无法确认,又没有其他证据可以印证,故对其证据效力不予确认。

为了证明"巴"轮不适航,辽宁人保提交了相应证据,斯坦斯蒂公司对此进行了反驳,亦相应地提交了证据以作佐证。

关于"巴"轮的证书问题。辽宁人保提出,斯坦斯蒂公司提供的"巴"轮《安全管理证书》和《符合证明》显示,证书持有人为塞浦路斯航运公司。"巴"轮所有其他证书上显示的公司均是斯坦斯蒂公司,单从证书上无法判断"巴"轮的营运者。斯坦斯蒂公司也未提供"巴"轮由塞浦路斯航运公司营运的证明。如斯坦斯蒂公司不能证明这一点,就应认定斯坦斯蒂公司是"巴"轮的所有人,同时也是该轮的经营人。这表明"巴"轮由一个并不具有营运资格的公司来营运,这是严重违反国际安全管理规则的,最终结果只能使"巴"轮处于严重不适航的状态。

斯坦斯蒂公司辩称,根据《国际安全管理规则》1.1.2 条的规定,船舶所有人或经营人均可持有主管机关签发的符合《国际安全管理规则》规定的《符合证明》,并没有强制要求船舶所有人必须持有《符合证明》。"巴"轮的管理人为塞浦路斯海运有限公司,美国海运局(American Bureau of Shipping)于 1998 年 3 月 25 日向该公司签发了《符合证明》,1999 年 3 月 12 日给"巴"轮签发了《安全管理证书》。斯坦斯蒂公司提交了上述《符合证明》及《安全管理证书》。南天公司和辽宁人保对上述两份证书的真实性没有异议。根据上述证书的记载,1998 年 3 月 25 日,美国海运局在美国休斯敦按塞浦路斯共和国政府的授权向塞浦路斯海运有限公司颁发了 PR40168-ISM 号《符合证明》,该公司的安全管理体系业已审核,所列的散装船符合《国际船舶安全营运及防止污染管理规则》(国际安全管理规则)的要求,该《符合证明》的有效期至 2003 年 3 月 12 日,但必须经强制年度审核。1999 年 6 月 20 日,美国海运局在希腊雅典对该证书作了第一次年度审核。1999 年 3 月 12 日,美国海运局在巴哈马斯自由港根据塞浦路斯共和国政府的授权,向"巴"轮签发了《安全管理证书》。该证书记载,船名"巴拿马之星"轮,公司名称塞浦路斯海运有限公司,该轮的安全管理体系符合国际海事组织第 A.788(19)号决议所采用的《国际安全管理规则》附件指南第 3.3.4 段和第 3.3.5 段之规定。该证书的有效期至 1999 年 9 月 12 日。

广州海事法院认为,"巴"轮的《安全管理证书》及塞浦路斯海运有限公司的《符合证明》是根据塞浦路斯共和国政府的授权签发,可以认定塞浦路斯海运有限公司为"巴"轮的经营人。该两证书证明"巴"轮及塞浦路斯海运有限公司符合《国际安全管理规则》的要求。

关于船员配备问题。辽宁人保提出,根据斯坦斯蒂公司提供的船员名单和船员适任证书,持证的无线电普通操作员只有一人,且不是由甲板部的高级船员兼任。船员配备与"巴"轮的《远洋航行安全配员证书》不符。可见,"巴"轮的船员配备是不适当的。斯坦斯蒂公司抗辩称,"巴"轮配备了一名专职一级电报员,该电报员持有无线电普通操作员证书和一级电报员证书。根据《人命安全公约》和《73/78 船员培训、发证和值班公约》的规定,配备了一名专职电报员,就无需要求 2 名驾驶员持有无线电普通操作员证书。

斯坦斯蒂公司提交了"巴"轮的远洋航行安全配员证书。该证书的背面条款记载，"甲板部高级船员中应有两名船员胜任根据《国际海上人命安全公约及其议定书》第Ⅳ(16)款的规定发布遇险及安全通讯，并持有普通报务员以上职位的证书"。斯坦斯蒂公司提交了"巴"轮船员约瑟夫·B.阿格纳斯(Joseph B. Agnas)持有的菲律宾交通部国家电信委员会颁发的94-GOC-5983号普通操作员证书和94-1RTG-4876号一级电报员证书。根据"巴"轮的船员名单，约瑟夫·B.阿格纳斯为该轮的电报员。原、被告对上述证书及名单均无异议。

关于引航员问题。辽宁人保提出，"巴"轮引航员完全不懂用英语进行交流，是"巴"轮与他船发生碰撞的原因之一。其依据是"巴"轮船长在碰撞发生后于5月21日发给塞浦路斯海运有限公司的电传。该电传称，船长的意见:(碰撞的原因可归咎于)年老而健忘的引航员和粗心的操纵风格，这些可退休的引航员完全不懂以英语进行交流。斯坦斯蒂公司对该电传的真实性没有异议。对此，斯坦斯蒂公司在庭审结束后向本院提交了一份巴西亚马逊河引航员协会于2000年7月11日出具的一份声明。该声明称，根据巴西的法律规定，当船舶在巴西水域包括亚马逊河航行时，必须雇请当地称职的引航员，1999年5月21日为"巴"轮引航的两名引航员均具有46年的引航经历，他们完全称职而且有义务掌握英语中的专业术语。

广州海事法院认为，斯坦斯蒂公司对辽宁人保向本院提交的电传真实性没有异议，应予认定。但巴西亚马逊河引航员协会的声明不能证明1999年5月21日为"巴"轮引航的两名引航员具备与船员以英语交流与引航有关的内容的能力。在谈及引航员的英语能力时，该证明所使用的字眼是，"有义务掌握英语中的专业术语"，并未表示引航员已实际掌握英语中的专业术语。

关于海图、航行通告、航海日志、轮机日志等航海资料的问题。辽宁人保认为，"巴"轮船长在法院登"巴"轮作证据保全时，未能提供在船舶碰撞发生前后的航海日志和轮机日志，对在诉讼过程中斯坦斯蒂公司提交的航海日志、轮机日志的真实性提出异议。证据保全时，斯坦斯蒂公司提交的编号为4106A的海图是碰撞发生水域的海图，是"巴"轮开航前和开航时采用的海图，但该海图是葡萄牙文版本而非英文版本。"巴"轮全体船员都是菲律宾人，船舶安全管理体系文件全部是用英文书写，从"巴"轮与公司的来往电报可以看出，船员与当地引航员在沟通上存在着语言障碍，也就是说船员并不懂葡萄牙文。由此可知，"巴"轮的工作语言是英语。该海图上以葡萄牙文所作的说明、通告或警示的内容包括亚马逊河涨水期和枯水期的情势告示、不同月份水流及湍急的情况以及通过何种方式了解每天水位情报的办法等。因此，在该水域航行时，船长及船员难以参阅海图上的通告、警示以及其他资料来正确操纵船舶。该轮配备了一份不恰当的海图。对此，斯坦斯蒂公司辩称，因"巴"轮与"奥克"轮发生碰撞后，当地主管机关调查时，调取了"巴"轮在发生碰撞期间的航海日志、轮机日志等原件。所以，法院作证据保全时，没有看到碰撞事故当天的航海日志、轮机日志原件。至于证据保全只保全到事故地点的葡萄牙语版的海图，并不等于该轮本航次开航前和开航当时未配备英文版海图。

广州海事法院登"巴"轮作证据保全时,要求斯坦斯蒂公司提交本航次航海日志及轮机日志、本航次使用过的海图、航向记录及其他文件。"巴"轮船长未能提交"巴"轮与"奥克"轮碰撞前后的航海日志和轮机日志,并向本院作了书面说明称,碰撞事故发生时的航海日志、轮机日志在船东的香港律师处,无法提交。"巴"轮船长还提交了3份葡萄牙文版的海图。在本案审理的过程中,斯坦斯蒂公司未提交"巴"轮备有亚马逊河航道的英文版海图的相关证据。

广州海事法院认为:在本院作证据保全时,"巴"轮船长称,碰撞事故发生时的航海日志、轮机日志在船东的香港律师处。而斯坦斯蒂公司在本案的答辩中称,在本院对"巴"轮作证据保全时,碰撞发生时的航海日志、轮机日志被伊港船舶管理当局调取。因斯坦斯蒂公司在证据保全时无正当理由拒绝提交,且该公司对碰撞发生时的航海日志、轮机日志的去向的说明相互矛盾,且没有证据证明。其在本案诉讼过程中提交的航海日志、轮机日志的真实性无法确认,故其中对斯坦斯蒂公司有利的内容,未经原告认可的,应不予采信。"巴"轮船长仅向本院提交了与碰撞发生水域有关的葡萄牙文版海图,而未对是否配备英文版海图作任何说明,斯坦斯蒂公司在诉讼过程中也未作任何实质性的说明,未提供任何证据证明"巴"轮当时配备了碰撞水域的英文版海图。应当认定,"巴"轮当时并未配备碰撞水域的英文版海图。

辽宁人保主张,"巴"轮右锚机及通讯设备存在故障,但未提交相应的证据。

斯坦斯蒂公司为证明"巴"轮适航、货舱适合装载货物,提供了下列证据:① 船舶船体、轮机、无线电以及各种设备的证书。② 美国海岸警备队官员于1999年3月22日对"巴"轮签发的登船报告。该报告称,经进行操舵试验,在驾驶台和舵机室以各种模式操舵正常,未见任何缺陷。③ "巴"轮船长、船员在船舶抵达亚历山大港、直布罗陀港及本案所涉货物装货港前以及离开上述港口前对船舶设备的检查清单。这些检查清单记载的内容包括对航行计划、海图和航行出版物的更新、有关航区的最新航行信息的检查,对舵机、航海仪器、通讯设备、信号设备、甲板照明系统、缆绳及缆机、主机等方面的检查。④ 巴西农业与粮食部驻亚马逊河地区联邦农业局农业监督出具的一份文件。该文件记载,经农业部技术人员检查,"巴"轮各货舱处于良好状态,农业部批准该轮装载货物,并将稍后签发植物检疫证书。⑤ 货物积载图。⑥ 林弥拉公司出具的货舱检验证书的复印件,检验结论是所有货舱状况良好,适于装货。⑦ "巴"轮从1999年6月21日至1999年8月8日每两天一次的货舱温度测量记录。⑧ 卡文公司的报告,该报告记录了"巴"轮从装载本案所涉货物至卸货完毕的过程及对货物检测的相关数据。其中记载,"巴"轮装货完毕时,第5舱载货量为8,039.916吨;1999年6月9日至11日,对货物抽样进行检验,货物的水分含量在12.4%—13.7%之间(第5舱货物没有抽样)。该报告的结论称,"载运散装巴西大豆的各船舱发生的广泛发热情况,基本上由于所装载的部分货物内在的微生物不稳定情况所致","由于发热情况属于累进性质,时间因素对最终显现的发热程度产生重要作用,因此延长的航程无疑对发热程度及其后果有不利的影响。在妥善贮存情况下，微生物稳定的大豆的潜在贮存期，一般远较装运在'巴'轮有关货物的期间为长，而在抵达目的地时大豆将具商业上完好状况，惟最初开始有关货物须处于微生物稳定情况"。

南天公司认为卡文公司的报告结论缺乏公正性，不予接受，对斯坦斯蒂公司提交的其他证据的真实性没有异议。但认为，斯坦斯蒂公司提供的证据不能证明其在开航前或开航当时做到了谨慎处理使货舱适货。卡文公司在卸货港对货物抽样检验的报告表明，第5舱以外各舱货物的含水量比货物装船前有明显的增加，货物内部的水分含量增加导致货物升温、变色，直至部分大豆炭化。而水分增加的唯一原因是在航程中有大量水分进入货舱：第一，装货时遇雨不能关舱导致雨水进舱；第二，航行途中通风不当，在恶劣天气时仍进行通风；第三，该轮的第5、6、7舱舱口后部的泄水管下端无止回球阀，第3、7舱以及其他各舱夹扣有的缺失，有的严重锈蚀。船舶在航程中遇浪簸动的时候，可能导致舱盖位移，使舱盖不能够水密。而在航行途中，确实发生过甲板上浪的情况。因此，斯坦斯蒂公司没有履行妥善地、谨慎地运输、保管、照料货物的义务。南天公司提交了下列证据：① "巴"轮在装货港所作的事实记录。其中记录，5月20日01：32—01：48时，因为下雨，第4舱的装货作业停止；01：48—02：50时，等待修理第4舱的关舱系统以关闭舱盖。② "巴"轮船长于7月12日、8月2日发给塞浦路斯海运有限公司的电传及"巴"轮7月12日的航海日志记录。7月12日的电传称，"经检验所有货舱，发现2、5、6舱货物变色，在1、3、4、7舱货物顶部的部分货物脱水发霉，也受影响，……通风仍在进行"。根据航海日志记录，从04：00时至24：00时，天气和海况为阴天、大浪、长涌，船舶一直颠簸，12：00时和16：00时的记录增加了"海水扑上甲板"。8月2日的电传报告"巴"轮自7月12日至7月31日的主要工作，其中自12日至20日，主要对甲板及甲板上的部分设施检修及除锈、油漆；21日，"除锈/油漆，收集/处理第1舱受湿/霉变而导致部分受损的货物"；22日，"收集/处理第1舱受湿/霉变而导致部分受损的货物"；23、24、26、27、28、29日，"收集/处理第1舱部分受损的货物"。③ 中国船级社的检验报告。该报告记载，"巴"轮第5、6、7号舱舱口后部泄水管下端无止回球阀。

斯坦斯蒂公司对南天公司提交的上述证据没有异议。

广州海事法院认为，南天公司与斯坦斯蒂公司提交的上述证据，因各自对对方证据的真实性均没有异议，应予确认。但卡文公司的报告的结论只是对货物发热的原因进行分析，该结论不具有证据效力。

为证明因货损而支出的额外费用，南天公司向本院提交了以下证据：① 其与深圳市赤湾码头有限公司（以下简称赤湾公司）签订的赤湾港货物装卸仓储合同。该合同载明，双方就"巴"轮水湿变质散装大豆在赤湾港装卸、仓储事宜达成协议，赤湾公司向南天公司收取该批货物卸船、进出仓、装车每吨40元（过磅、港建费另计），仓库或堆场盖帆布每吨每天0.60元，货物如有转堆，每吨加收10元，过磅费每吨次2元，分舱口、分好坏货卸货困难作业费每吨3元。② 赤湾公司1999年9月9日开具的计费单、运输装卸发票。计费单记载,进口船名"巴"轮,收货单位南天公司,卸船费(好货)37 918.16 吨,每吨 30 元,计 1 137 544.80 元,卸货费(坏货)2 330.85 吨,每吨 49 元,计 114 211.65 元,困难作业费 29 379.71 吨,计 88 139.13 元,加班费 6 000 元,清舱费 14 000 元,转堆费 3 511.50 元,单证费 2 元,共计 1 363 409.08 元,运输装卸发票的金额为 1 363 409.08 元。③ 赤湾公司开具的 1001172 号费用结算单及相应的发票,证明南天公司支付了堆存费 51 914.12 元。④ 深圳商检局开具的检验费收据。收据记载,南天公司支付了 SKG99000488 号申请单的公证鉴定费 4 725 元,SKG99000553 号申请单的公证鉴定费 16 545 元。⑤ 深圳市检通实业有限公司开具的其他服务收入专用发票,记载南天公司支付 SKG99000488 申请单的过磅费 40 249 元。⑥ 赤湾轮船运输公司开具的费用单、发票,证明南天公司支付拖轮费 2 240 元。⑦ 安德隆公司开具的账单,账单记载的费用总额为 31 695 美元。斯坦斯蒂公司认为南天公司提出的上述费用不合理,并对其真实性提出异议。

广州海事法院认为:南天公司支付上述费用,有货物装卸仓储合同、计费单、发票、收据可以证明,可予确认。斯坦斯蒂公司对其真实性提出的质疑,没有理由和证据,不予采信。

在庭审中,原告南天公司、辽宁人保与被告斯坦斯蒂公司各方均主张本案应适用中华人民共和国法律。

三、法院裁判

广州海事法院认为:本案属于涉外海上货物运输合同货损赔偿纠纷,合同当事人可以选择处理合同争议所适用的法律。原告南天公司、辽宁人保与被告斯坦斯蒂公司一致选择适用中华人民共和国法律,故以中华人民共和国法律处理本案实体争议。

南天公司持有企业法人营业执照,是依法成立的企业法人,具有民事诉讼主体资格。其持有本案所涉提单,在货物到港后办理了海关手续,向斯坦斯蒂公司提取了货物。在没有相反证据的情况下,应认为其对货物具有所有权。斯坦斯蒂公司关于南天公司非法进口货物,对涉案货物没有所有权,主体不适格的主张,因没有提供相应的证据,不应支持。

被保险人对保险标的应当具有保险利益。嘉里公司是货物卖方,其已取得了货物提单并转让给南天公司,斯坦斯蒂公司关于嘉里公司投保时尚未取得货物所有权,没有保险利益的主张,因没有证据支持,不予采信。支付保险费并不是保险合同成立的法定要件,嘉里公司是否已经支付保险费,不影响保险合同的成立。南天公司在诉前证据保全程序中向本院提交的保险单,因其无货物数量、保险金额和被保险人的记载,仅为辽宁人保接受"巴"轮所载货物的投保的意向的证明,对涉案保险合同的成立和效力没有影响。海上货物保险合同可以转让,嘉里公司将涉案保险合同转让给南天公司不违反法律规定。辽宁人保向本院提交了货物保险单原件及赔款的支付凭证,南天公司确认已收到短少货物的赔款,根据《中华人民共和国海商法》第 252 条第 1 款的规定，南天公司就短少货物向第三人要求赔偿的权利，已相应转移给辽宁人保。保险人取得的追偿权，应包括实体权利和程序性的权利，即包括民事权利和诉讼权利。保险人取得追偿权后，有权使自己处于被保险人的地位，行使被保险人有关该项损失的一切权利，有权替代被保险人对第三人提起诉讼，也有权与被保险人共同参加被保险人已经向第三人提起的诉讼。因此，辽宁人保申请作为原告参加本案诉讼，符合有关法律规定，应予准许。

"巴"轮短卸货物7 001.992吨，斯坦斯蒂公司抗辩是由于碰撞事故造成的。但据"巴"轮船长于1999年5月31日发出的电传称，从碰撞受损区域裂缝掉落的货物约1 000吨，2 500吨货物完好，其余4 500吨货物水湿受损。且不论"巴"轮船长提及的货物吨数的准确性，可以确定的是，碰撞事故发生后，从船体裂缝中流入河中的货物只是"巴"轮第5舱所载货物的一小部分，这是碰撞事故所引起的货物直接损失。对水湿的货物，如能及时妥善处理，应该可以避免或减少损失。斯坦斯蒂公司未提交任何证据证明伊港不具备处理水湿货物的设备和条件，也没有证据证明其已及时采取措施进行处理，斯坦斯蒂公司也没有提供证据证明其抛弃的货物已失去商业价值，故不能认为这部分货物灭失是由于船舶碰撞造成的。据"巴"轮船长7月12日和8月2日所发出的电传，"巴"轮发现各舱的货物发霉变质，并在7月21日至29日收集处理了部分霉变的货物。碰撞发生后，一些货物掉落水中；水湿货物被抛弃；"巴"轮在航行过程中又处理了部分货物。这些造成货物短少的原因中，只有掉落水中的部分短少货物是由于船舶碰撞事故直接造成的，但斯坦斯蒂公司不能证明该部分货物的实际重量。因斯坦斯蒂公司不能证明短少是因船舶碰撞事故造成的，其关于短卸货物损失是由船长驾驶船舶过失造成的主张，不能成立。

斯坦斯蒂公司主张，因水湿被抛弃的货物损失计算应以共同海损进行分担，但因斯坦斯蒂公司未按中华人民共和国法律提起共同海损诉讼程序，在本案中，不作审理。

为了船舶的航行安全，斯坦斯蒂公司应谨慎处理，为"巴"轮配备适当的、船长船员能正确阅读理解的海图。"巴"轮在伊港只配备了葡萄牙文版的当地海图，该海图记载了船舶在亚马逊河航行所需的各种资料，包括亚马逊河涨水期和枯水期的情势告示、不同月份水流及湍急的情况以及通过何种方式了解每天水位情报的办法等。"巴"轮全体船员都是菲律宾人，从"巴"轮与公司的来往电报可以看出，船员与当地引航员在沟通上存在着语言障碍，也就是说船员并不懂得葡萄牙文。船长、船员在无法与引航员进行交流的情况下，无法理解葡萄牙文海图中的相关航行信息，以引导船舶的安全航行。应认为该轮在伊港进行移泊前和开始移泊当时没有适当配备海图，致使该轮处于不适航状态。根据"巴"轮船长的海事声明记载，该轮发生碰撞事故，与航道的强大水流和风力的作用有关。故应认为，"巴"轮的碰撞与没有适当配备海图有直接的因果关系，斯坦斯蒂公司应对因碰撞所导致的货物损失承担赔偿责任。

"巴"轮碰撞事故与该轮是否适当配备报务员没有因果关系，仅凭船长的一个电传也不能证明"巴"轮在"伊"港的引航员不适任。

根据《中华人民共和国海商法》的规定，海上货物运输的承运人在船舶开航前和开航当时，应当谨慎处理，使船舶处于适航状态，使货舱适于并能安全收受、载运和保管货物，并应妥善地、谨慎地装载、搬移、积载、运输、保管、照料和卸载所运货物，以保证货物的安全运送。斯坦斯蒂公司主张，在本案所涉航次的开航前与开航当时，"巴"轮船体及其设备处于良好状态。但其所提交的"巴"轮在亚历山大港、直布罗陀港的检查记录，只是船员的自检，而不是有资格的检验机构对船舶的公正检验。美国海岸警卫队的登船报告仅记载了"巴"轮的操舵系统的检查情况。而且上述检查也只能证明"巴"轮在检查地时的检查结果，对"巴"轮在抵达伊港前的船舶实际状态不具有证明力。根据斯坦斯蒂公司提交的"巴"轮抵达伊港前的检查清单，船员并未对货舱的各项设备进行检查。而"巴"轮在伊港的事实记录表明，在装货作业过程中的5月20日01：32时至02：50时，部分时间下雨，而第4舱的关舱系统发生故障，货舱无法及时关闭。中国船级社的检验报告记载，"巴"轮第5、6、7舱舱口后部泄水管下端无止回球阀，海水可能经泄水管进入货舱。这些事实可以证明，斯坦斯蒂公司没有履行在开航前和开航当时谨慎处理，使货舱适于并能安全收受、载运和保管货物的义务。"巴"轮货舱存在的这些缺陷，可能导致货物在装、卸或载运过程中遭受水湿。斯坦斯蒂公司关于在开航前和开航当时"巴"轮船体及其设备处于良好状态的主张不成立。

根据"巴"轮船长7月12日发出的电传，船舶正在对货舱进行通风，而根据航海日志的记录，这一天12:00时至16:00时，因大浪海水扑上甲板。在这种情形之下对货舱进行通风是不适当的，可能将大浪带来的大量水汽引向货物，直接危害货物的正常保管。

"巴"轮在伊港多停留了31天以进行修理是斯坦斯蒂公司在碰撞发生后可以合理预见的，其有义务妥善地保管、照料船上所载货物。如其认为停留时间过长，无法正常地保管货物，就应该及时将货物转运往目的港，以防止货物损坏。无论斯坦斯蒂公司是否可以对碰撞造成的损失免责，都不能免除斯坦斯蒂公司在碰撞发生后妥善保管照料货物的义务。

林弥拉公司出具的质量证书上记载的含水量为12.3%，深圳商检局出具的残损鉴定上转抄的Thionille do Brasil Ltd. 出具的分析报告载明货物在装货港的含水量为13.4%，斯坦斯蒂公司提交的卡文公司出具的报告，所载明的货物在装货港的含水量为13.74%。并无证据表明，货物的含水量已经超过了海上货物安全运输允许的正常值。林弥拉公司出具的质量证书记载，因发热受损的货物占货物总量的1.1%。从证书上的文字表达看，因受热受损（heat damaged）的货物并不是指货物正在发热，而是指在检验之前货物因受热而致受损的事实。斯坦斯蒂公司签发的提单上没有关于货物正在发热受损的记载。

综上所述，在"巴"轮开航前和开航当时，船长、船员并未履行谨慎处理，使船舶适航，货舱适于并能安全收受、载运和保管货物的义务，在船舶航行过程中，船长、船员保管照料货物亦有不当。斯坦斯蒂公司关于货物在装船前已开始发热及货物的含水量过高,货损是由于货物的本身缺陷所造成的主张,缺乏证据,不能证明"巴"轮所载货物受损是货物内在缺陷的必然结果。故斯坦斯蒂公司应对货物损坏承担赔偿责任。斯坦斯蒂公司主张南天公司及其代理人在其完全清楚货物发热情形及严重性的情况下,没有恪尽职责,没有采取任何措施防止货物变坏及损失减少,因没有证据,不予支持。

关于南天公司的损失金额,根据深圳商检局的残损鉴定,已被烧黑的 2 330.85 吨大豆,实际构成了全损,斯坦斯蒂公司应按货物的 CIF 赤湾的价格予以赔偿。可用于加工的 37 918.15 吨大豆,由于深圳商检局没有作出残损程度鉴定,南天公司将其直接用于加工,又未能提供因使用这些大豆而实际遭受损失的证据,南天公司关于此项损失的索赔,不予支持。

斯坦斯蒂公司提出"巴"轮装载的货物在装船前已存在部分损坏,在计算损失时应作相应扣减。广州海事法院认为,南天公司在"巴"轮抵达赤湾港前已按信用证的要求对外付款,取得了包括提单、质量证书在内的全套议付单证。质量证书上记载的货物品质在买卖双方认可的范围内,也就是说买卖合同中约定的货价是针对质量证书上记载的货物品质而确定的。如果按斯坦斯蒂公司的主张将装船前受损的货物扣减,那么,南天公司购买的是另外一种品质的货物,其商业价格也会不同。因此,斯坦斯蒂公司的这一主张不合理,不予支持。斯坦斯蒂公司关于应从货损损失中扣减 0.4% 正常损耗的主张,因货物灭失和损坏并非正常运输所造成的,斯坦斯蒂公司的主张缺乏相应依据,不予支持。

关于赤湾公司的装卸费用计费单中,坏货 2 330.85 吨的卸船费,因该批货物已全损,卸货费用损失应由斯坦斯蒂公司赔偿;因部分货物发生损坏,需要分拣,产生困难作业费;为确定损坏的程度及数量,南天公司向商检部门申请检验,支出检验费和过磅费。这些费用是因处理受损货物所额外支付的费用,斯坦斯蒂公司应予赔偿。南天公司未提供证据证明安德隆公司可在我国进行合法经营及其具有对货物进行检验的能力与资格,其委托安德隆公司进行检验,所产生的费用应由其自行承担。南天公司索赔的其他装卸货物产生的费用,不能确认为货物受损而支出的额外费用,不予支持。

辽宁人保支付保险赔款的时间是 1995 年 6 月 16 日,在支付保险赔款之前其并无利息损失,其请求利息损失从货物交付之日起算不合理。其利息损失应从实际赔付之日起算。

依据《中华人民共和国海商法》第 47 条、第 48 条、第 55 条,《中华人民共和国民法通则》第 111 条、112 条的规定,判决如下:

(1) 被告斯坦斯蒂公司赔偿原告南天公司货损损失 469 339.96 美元及其利息(利息从 1999 年 9 月 8 日起,至本判决确定的付清款项之日止,按中国人民银行同期同币种流动资金贷款利率计算);

(2) 被告斯坦斯蒂公司赔偿原告南天公司卸货费 114 211.65 元、困难作业费 88 139.13 元、检验费 21 270 元、过磅费 40 249 元及上列费用的利息(利息从 1999 年 9 月 10 日,起至本判决确定的付清款项之日止,按中国人民银行同期同币种流动资金贷款利率计算）；

（3）被告斯坦斯蒂公司赔偿原告辽宁人保货物短少损失 1 409 921.11 美元及其利息（利息从 2000 年 6 月 16 日起，至本判决确定的付清款项之日止，按中国人民银行同期同币种流动资金贷款利率计算）；

（4）驳回原告南天公司的其他诉讼请求。

本案受理费 58 322 美元，由被告斯坦斯蒂公司负担 25 603 美元，原告南天公司负担 32 719 美元；诉前财产保全申请费 5 000 元、扣押船舶执行费 130 916 元、船舶检验费 14 100 元由被告斯坦斯蒂公司负担；财产保全申请费 145 021.8 元，由原告南天公司负担。

17 原告中设（南通）机械设备进出口公司进口分公司与被告新加坡成功海事私人有限公司海上货物运输合同纠纷案

案例来源：天津海事法院(1999)津海法商初判字第 143 号

主题词：管船行为　管货行为　承运人卸货义务

> **裁判要旨**
>
> **No. HY-1.1-37**　承运人有妥善地、谨慎地装载、搬移、积载、运输、保管、照料和卸载所运货物的义务。对燃油进行加温属于正常的管船行为，但承运人应当预见对燃油的加温可能会使船舱底部局部温度升高，且所运货物在运输过程中长期遇热会变质的特性，也是承运人应当了解的。在装货时，承运人应当对可能因加热燃油使舱底板受热较多的部分进行垫舱，承运人未履行该妥善积载的义务，属于管货过失，应当承担由此造成的货物损失。
>
> **No. HY-1.1-38**　"FREE OUT"（船东不负责卸货费用）仅是约定货方支付卸货费，并不能免除承运人在卸货中的义务，即使是由于装卸工人的疏忽造成的损坏，承运人仍要承担责任。

一、基本案情

原告：中设（南通）机械设备进出口公司进口分公司

被告：新加坡成功海事私人有限公司

原告诉称：1998 年 11 月原告从印度进口 13 650 吨散装黄豆粕，上述货物于 1998 年 12 月 2 日被装上被告所属的"大陆之荣"轮，被告签发了清洁提单。"大陆之荣"轮于 1998 年 12 月 28 日抵达天津。原告持正本提单提货，在卸货过程中，原告发现部分货物已发红、变色和结块，即向天津进出口商品检验局申请了检验。原告认为被告违反交付完好货物的义务，应赔偿原告的经济损失。在起诉时，原告要求被告赔偿货物损失 17.5 万美元、货物处理费用 122 300 元、货物检验费 17 150 元、诉前财产保全费 5 000 元及上述款项的利息、诉讼费和律师费。在 1999 年 1 月 27 日的庭审中，原告申请变更诉讼请求数额,变更后的诉讼请求数额为货物损失 332 584.17 美元,商检费、货物分拣费、验船费、诉前保全费、案件受理费、货物倒库费、仓储费共计人民币 427 912.09 元及自 1999 年 1 月 18 日至实际支付之日按日 4‰ 计算的利息。在审理过程中,原告提供提单、货物的商业发票、保险费收据、卸货发票、仓储发票、关税缴款书和天津进出口商品检验局的 No.9A7S013 和 No.8A7S085 检验证书等证据。

被告辩称:被告作为承运人在本航次开航前和开航当时已经恪尽职守使船舶适航,并在整个航行过程中妥善地照料和保管货物。对此被告提供船舶的相关证书和部分船员的适任证书的复印件。被告认为货物的自然属性是货损的重要因素。天津商检公司的商检报告显示,装载于第四舱中的完好货物的水分含量为 12.2%,超过豆粕的安全水分含量 12%。偏高的水分含量引起过强的呼吸作用、微生物繁殖以及不饱和酸酯氧化过程所产生的热量积聚于货物内部无法散发出去,加上散装豆粕本身的透气性差,货舱底部的较高温度导致货损,而这种缺陷在装船时是无法凭肉眼发现的,所以被告签发清洁提单是对表面状况的描述。另外被告认为船员对货舱底部的油舱加温的行为是货损的外因。该航次在冬季,自新加坡至天津新港日渐寒冷,燃油须加热。在该船油舱上部四周贴近货舱底部装有蒸汽加热导管,该导管连接船上的锅炉,其加热方式是以该导管接受从锅炉中排出蒸汽,以蒸汽的热量对重油进行加热。根据船上提供的油舱加温记录显示,由于第四号中心油舱的油温较高无须加温;因此在该航次中,船员仅针对第三号左右油舱进行加温。但由于该轮没有导管龙骨的设置,部分通往前部油舱的加热导管首先要经过后部油舱,因此尽管船员未对第四号中心油舱进行蒸汽加温,但在给第三号左右油舱进行加温的时候,蒸汽需首先通过第四油舱的管线到达第三号左右油舱的管线,导致第四号中心油舱的加热管的温度也升高。货舱底部加热导管的温度过高,形成对货物的烘烤。但是被告认为三号货舱底部的加热导管的温度应高于四号货舱底部的加热导管的温度,而三号货舱的货物没有货损,说明货损是由于货物品质原因造成。同时被告认为对油舱加温的行为属于管船行为,即使船员在对油舱加温时存在过失,承运人也应依法免责。另外被告对于原告提交的天津进出口商品检验局出具的 9A7S013 号检验证书提出异议,认为证书中的"报验重量"来源无根据。被告提供中国进出口商品检验天津公司出具的 C91602 号《残损鉴定报告》,证明变质的 480 吨豆粕的残损程度。同时,被告提供的农业部饲料工业中心质检中心主任王若军博士《关于"CONTINETAL GLORY"轮所载印度豆粕送检样品的评价》的报告说明天津进出口商品检验局的检验证书中估损比例过高,并提供 ANDEEW MOORE & ASSOCIATES LTD. 公司出具的《"CONTINENTAL GLORY"轮所卸从 KANDLA 至天津的豆粕损坏》的报告,报告主要内容是船舶离开天津后检验人在新加坡对该轮的加热系统进行的检验和对货损原因的分析。

二、法院查明事实

天津海事法院查明:1998 年 12 月被告所有的"CONTINETAL GLORY"(大陆之荣)

轮承运13 650吨的印度黄豆粕从印度堪隐拉(KANDLA)至天津。提单号为CTG-03/001,收货人为凭指示,货物为13 650吨散装印度黄豆粕,提单载明"FREE OUT"(船东不负责卸货费用),该票货发票价格为CNFFO天津每吨158美元,保险费共计9 517.90美元,以上事实有提单、商业发票和保险费收据证明。该轮于1998年12月25日到达天津,原告在天津港持正本提单向被告提货。并于1998年12月28日开始卸货,在卸货期间发现有结块现象。为此原告和被告分别委托天津进出口商品检验局和中国进出口商品检验天津公司对受损情况进行检验,天津进出口商品检验局出具两份检验证书,其中编号为8A7S085的检验证书称"我们发现No.4货舱中有部分货物受热结块,颜色暗红,残货与正常货物混杂。舱底部有两处底板用手触摸温度明显高于舱内其他部分。船方有关资料显示,该轮No.4货舱中部下面系No.4燃料油舱,且该轮在1998年12月2日—13日航行期间,一直使用No.4燃油舱内燃油。1998年12月31日全船货物卸毕。货物卸至新港码头仓库后进行了进一步检验,我们发现由于正常货物与残货在舱内混杂至大量货物掺有残货。在我局鉴定人的监督下进行人工分拣,最大限度地将正常货物与残货分开,整理后称重。其结果如下:残损豆粕受热、结块、色变,以毛计净重480 000公斤。严重影响使用,估损60%"。对于被混入了残货的货物,天津进出口商品检验局出具9A7S013号检验证书称,"5 430吨货物中有部分货物受热结块、颜色暗红,结块货物大量地散落在货物中。由于部分结块货物质地疏松、极易破碎,破碎后的残货混杂在货物中,使该批货物的颜色出现变化,色泽发暗。上述货物为畜用饲料,出现所列货损后,禽畜类食用将出现蛋白不吸收,产生消化不良,甚至导致死亡。因此影响正常使用,估损30%"。检验人解释上述货损重量5 430吨,是分拣灌包后进行称重所得。

中国进出口商品检验天津公司出具的C91602号《残损鉴定报告》称"卸货期间我们检验人于1998年12月31日14:00时登临该轮,我们发现1、2、3舱卸货完毕,第4舱中的货物几乎卸完,一些结块豆粕被暂时堆放于第4舱甲板的左右舷,结块货物已变色(黑红色和灰白色),我们进入到第4货舱并发现大约200公吨的散装豆粕尚未卸完且一些结块、变色货物与正常货物混杂","1998年12月31日16:00时卸货完毕,我们的检验人又进入到卸空的第4舱中,我们以手触方式检查了货舱底部及舱壁的温度,并发现货舱底部的两处地方(中部的前方和后方)及周围的舱壁温度较高","所有卸下的货物以卡车运至新港25号泊位附近的仓库(第K502)。根据检验,大量的货物(3堆)被发现与结块、变色货物混杂。在我们的监督下完好货物被从上述货堆中分离出来且一些结块货物被人工挑出,经重新处理后受损货物总重480公吨。受损货物的使用受到影响,估计贬值率为50%","检验结果表明完好货物与受损货物仅有较少差异,但受损货物的价值受到影响","货损是由于货舱底部第4号油舱的高温所致"。

为说明货损程度,被告提供由农业部饲料工业中心质检中心主任王若军博士出具的名为《关于"CONTINETAL GLORY"轮所载印度豆粕送检样品的评价》的报告。报告称收到送检豆粕样品两份,豆粕1号样品为淡黄色松散颗粒状,是正常豆粕样品;豆粕

2 号样品由两个颜色明显不同的块状物组成,其中一块为淡黄色,另外一块为深褐色,检验将淡黄色结块豆粕定为豆粕 2 号,将深褐色结块豆粕定为豆粕 2#号。"如果根据蛋白溶解度与肉鸡生长速度关系的研究结果,则豆粕 2#样的价值仅为豆粕 1 号样的 30.38%。已经证实向饲料中添加赖氨酸和蛋氨酸可以恢复受损豆粕的营养价值。添加量可按受损豆粕的赖氨酸和蛋氨酸消化率仅为豆粕的 30%。目前赖氨酸和蛋氨酸的市场价分别为 21 元/公斤和 33 元/公斤,二者的消化率为 100%,因此每吨受损豆粕需要添加共 503.7 元的赖氨酸和蛋氨酸,才能达到正常豆粕的可消化营养价值。按目前豆粕市场价格 1 700 元/吨计,相当于受损豆粕的价格为 1 196.3 元/吨。送检的豆粕 2 号样虽然结块,但对可消化营养价值并无明显的损害。鉴于发生了结块和蛋白溶解度有小量的降低,可按合同豆粕 97.66%的价值简单进行货损贬值计算。根据目前掌握的资料和实验室分析数据,对货损贬值的计算应主要针对深褐色的块状豆粕,因此需要查清发生褐变并结块的货物数量。"

关于船舶状况,法院委托天津船舶检验局进行检验,天津船舶检验局验船师于 1999 年 1 月 6 日登轮检验,后出具编号为 NO. Z99021 号的检验报告称,"验船师从 NO. 4 货舱内部对货舱内底板进行了检查,没有发现明显缺陷。货舱内底板上面没有设置垫舱材料","根据现有图纸资料和验船师的现场调查,NO.2、3 燃油舱的蒸汽管系是先穿过 NO.4 燃油舱中部,然后进入各自舱中,再通过 NO.4 舱中部流回机舱的。经验船师检验,该轮燃油舱加热系统上没有油舱温度控制或温度报警装置。据该轮轮机长称,该轮是通过绳索或测深尺绑上温度计从测深孔测量燃油舱燃油温度的,轮机长使用该测量的温度决定是否加热燃油","署名验船师登轮检验时,该轮轮机长告知 NO.3 和 NO.4 燃油舱正在加热当中,据该轮轮机长从设在机舱内部的测深孔测定,NO.4 舱中的燃油温度约为 25—30 度左右","该轮轮机长向验船师提供了该轮的燃油加温记录。该轮轮机长没能按验船师的要求提供一本包括以前航次的燃油加温记录簿。从该燃油加热记录中可以看到,只加热 NO.3 燃油舱时,NO.4 舱燃油也同时被加热了"。

被告在新加坡委托 ANDREW MOORE & ASSOCIATES LTD. 公司对"大陆之荣"轮进行检验,检验师于 1999 年 1 月 19 日登轮检验,后出具《"GONTINEN-TALGLORY"轮所卸从 KANDLA 至天津的豆粕损坏报告》,报告结论称"就油舱的状况和油舱受热的方法而言,该船状况是令人满意的,我们手头上没有证据显示发现的货损是由于海水入侵,凝结或类似的原因造成的""船上的人否认向第四油舱加过热,船上的记录似乎证实了这一点,根据货方的这一说法,由于发生货损只局限在 4 号舱的货物,目前对货物在卸货时处于上述状况的唯一解释是,在装货时货物的含水量和货物品质是产生该问题的根本原因","然而,由于船员向我们提供的热量记录只与题述航次有关,而且我们手头上没有类似的记录证明该记录是该船正常操作程序的其中一部分,我们怀疑他们所提供的记录是在新港发现货损后编造出来的","4 号舱里位于双层底顶面的受损货物和油舱内底表面的货物不一致,而发现的货损都是局部的,我们想指出:在整个散货堆中,农产品的质量不尽一样。如果正如我们所怀疑的那样,即轮机人员对燃油加热不加监控,那些含水量稍高的货物会比其他货物受损更严重"。综合上述检验报告,本案提单项下的货损是由于该船舶在该航次的航行中对燃油进行加温,货舱底部靠近加热系统的部分温度随之增高,使靠近舱底的豆粕受热变质造成。

三、法院裁判

　　天津海事法院认为,原、被告为海上货物运输合同关系,被告作为承运人有妥善地、谨慎地装载、搬移、积载、运输、保管、照料和卸载所运货物的义务。货损是由于货舱底部第 4 号油舱的高温所致,而该航次时值冬季从南方开往天津港,需要对燃油进行加温,加温行为属于正常的管船行为,但承运人应当预见对燃油的加温可能会使船舱底部局部温度升高,由于该轮双层底没有设置管隧及燃油舱的加热系统没有温度控制和温度报警装置,使热量更难以控制。而且豆粕在运输过程中长期遇热会变质的特性,也是承运人应当了解的。故在装货时,被告应当对可能因加热燃油使舱底板受热较多的部分进行垫舱。被告未履行该妥善积载的义务,属于管货过失,应当承担由此给原告造成的货物损失。

　　关于货损程度问题,被告委托的农业部饲料工业中心王若军博士和原被告分别委托的两家商验部门估损结果存在较大差别,天津海事法院认为结果的差异是由于计算损失的方法和标准不同,王若军博士是仅从残损豆粕营养成分损失的角度和以补偿残损豆粕营养成分损失的方法进行分析;而商检部门对残损豆粕成分的分析结果虽然也表明受损货物与完好货物的差异较少,但由于其估损结果主要是考虑货物受损对其商业价值的影响。因考虑受损豆粕不可能完全恢复完好状态,被告的赔偿数额应为豆粕受损前后实际价值的差额。根据法律规定,实际价值为装船时的价值加保险费加运费。原被告分别委托的商检部门对结块的 480 吨残损豆粕估损比例分别为 60% 和 50%,天津海事法院认为取两数值的中间值更能反映实际损失程度,故认定 480 吨残损豆粕的价值损失比例为 55%。关于被告提出的卸货由原告负责、被告对混货不负责任的主张,天津海事法院认为虽然提单上载明了"FREE OUT",但是按航运惯例"FREE OUT"仅是约定货方支付卸货费,并不能免除承运人在卸货中的义务,如果是由于装卸工人的疏忽造成的损坏承运人仍要承担责任。

　　依照《中华人民共和国海商法》第 47、48 条和第 55 条的规定,天津海事法院判令被告赔偿原告货物损失 300 413.95 美元[(计算方法 480 × 55% + 5 430 × 30%)×(158 + 9 517.90/13 650)],并支付自 1998 年 12 月 30 日至本判决判令被告应当支付之日,按同期银行活期美元存款利率计算的利息。上述款项被告应在本判决生效之日起 15 日内支付原告。

18 原告深圳市大三合实业有限公司与被告广州外轮代理汕尾公司、深圳市深粤航运公司无正本提单放货纠纷案

案例来源:广州海事法院(2000)广海法汕字第 36 号
主题词:船舶代理的职责　时效期间　时效中止

裁判要旨

No. HY-1.1-39　承运人未向海关申报提单项下的货物,也未对卸下的货物妥善保管,导致他人凭非涉案货物提单提走涉案货物,应当对由此产生的法律后果承担责任。船舶代理作为承运人的代理人及船务代理的专业公司,应当依法履行代理职责,其明知托运人少报多卸的行为违法并将直接影响货物的实际交付而仍进行代理活动,对他人凭非涉案货物提单提走涉案货物有过错,应当承担相应的责任。

No. HY-1.1-40　就海上货物运输向承运人要求赔偿的请求权,时效期间为1年,自承运人交付或应当交付货物之日起计算。货物交付的日期为卸完货之后,自卸完货之日起计算时效期间。权利人在取得提单前,在时效期间内不是提单持有人,不享有提单的任何权利,无权起诉承运人及其代理人,不具备构成时效中止的权利主体资格。因未发生不可抗力事件,也未发生不能克服的、客观存在的不能归责于权利人的障碍,权利人在时效期间届满后取得提单,不构成时效中止,其起诉已超过诉讼时效期间,应予驳回。

一、基本案情

原告:深圳市大三合实业有限公司
被告:广州外轮代理汕尾公司(以下简称汕尾外代)
被告:深圳市深粤航运公司(以下简称深粤公司)

原告诉称:1996年9月26日,深圳招商局蛇口免税品公司(以下简称免税品公司)与深圳银建投资发展公司(以下简称银建公司)签订代理开立信用证协议书,由免税品公司代理银建公司开立信用证购买棕榈油。免税品公司按约向银行申请开出612 000美元的不可撤销信用证,用于购买棕榈油4 736桶共976吨。银建公司未如期赎单。1997年1月14日,银建公司与原告签订协议,原告接受银建公司所购棕榈油,并对免税品公司承担赎单责任。在原告向免税品公司承诺由其还清银建公司所欠款项并以4套房产作抵押后,该批货物收货人免税品公司持3 684桶棕榈油(该批货物的一部分)的SW-961219-01号正本提单去汕尾港口提货,但货物已全部被他人提走。7月18日,免税品公司向深圳市南山区人民法院起诉原告,经该院主持达成调解协议,原告支付了对免税品公司承诺的欠款,并从该院取得SW-961219-01号正本提单。SW-961219-01号提单是不记名提单,根据《中华人民共和国海商法》第79条第(三)项"不记名提单:无需背书,即可转让"的规定,原告不需要经过背书即可取得提单。提单是物权凭证,原告有权主张提单项下的权益。承运人被告深粤公司负有向原告交付货物的法定义务,其未向原告交付货物,依法应承担赔偿责任。被告汕尾外代代办货物的口岸手续,其未凭正本提单放货造成原告的损失,也应承担赔偿责任。原告虽然于2000年4月3

日才起诉,但根据《中华人民共和国海商法》第 266 条的规定,原告是由于客观障碍而不能行使请求权,构成时效中止,原告起诉未超过诉讼时效期间。原告明确以侵权为诉因起诉,请求法院判令两被告共同赔偿原告全部货款 612 000 美元并承担本案诉讼费。

被告汕尾外代辩称:原告未证明本案据以提货的 SW-961219-02 号提单为无效提单,原告持有的 SW-961219-01 号提单为有效提单,原告是有效提单的合法持有人;原告持有的提单不是通过支付价款被背书转让而取得,不具有物权凭证的功能,故原告未证明其具有合法诉权;从 1996 年 10 月货被提走到原告于 2000 年 4 月 3 日起诉,已超过诉讼时效期间,原告的诉讼请求不受法律保护;原告未能证明装上船的货物为 3 684 桶、在汕尾卸下的为 3 684 桶、被提走的为 3 684 桶、放货是错误的且汕尾外代应对此错误负责,故原告未能证明其遭受了货物被错放的损失;本案是船方、货方用"少报多卸"的手段走私,汕尾外代也是受骗方,不应对走私负责;1996 年 10 月汕尾港的提货程序并非必经汕尾外代参与,汕尾外代没有机会参与放货。请求驳回原告的诉讼请求。

被告深粤公司辩称:

(1) 原告并非 SW-961219-01 号提单记载的关系人,也不是通过背书转让取得该提单,因此不是该提单的合法持有人;原告虽然从深圳市南山区人民法院取得该提单,但仅是提单的占有人,并不当然享有提单项下的一切权益;由于货物早在 1996 年已被提走,提单已丧失物权凭证效力,也无从就该提单设立权利质押。

(2) 原告因担保付款协议所遭受的损失,只能向被担保人银建公司追偿,无权起诉被告。

(3) 根据《中华人民共和国海商法》第 257 条的规定,就海上货物运输向承运人要求赔偿的请求权,时效期间为 1 年,自承运人交付或应当交付货物之日起计算。本案货物已于 1996 年 10 月被交付,原告于 2000 年 7 月 18 日起诉被告,已超过诉讼时效期间,丧失胜诉权。

(4) 本案货物是由被告汕尾外代负责交付的,因货物交付产生的法律责任应由被告汕尾外代承担。请求驳回原告的诉讼请求或由被告汕尾外代承担责任。

二、法院查明事实

广州海事法院认定以下事实:

1996 年 9 月 26 日,免税品公司与银建公司签订代理开立信用证协议书,由免税品公司为银建公司代理开立信用证,用于购买棕榈油。免税品公司按约向中国投资银行深圳分行申请开出 612 000 美元的不可撤销信用证用于购买棕榈油 1 000 吨。10 月 19 日,"深航 927"轮在香港装载了信用证项下棕榈油 4 736 桶,总重量 976.562 吨。该批货物承运人被告深粤公司分别签发了目的港均为汕尾港的两套已装船提单,一套编号为 SW-961219-01 提单记载:货物为棕榈油 3 684 桶,重量 759.640 吨,收货人凭指示;另一套编号为 SW-961219-02 提单记载:货物为棕榈油 1 052 桶,重量 216.922 吨,收货人凭指示。但深粤公司在其舱单上却记载船上装载的货物仅为 SW-961219-02 号提单项下 1 052 桶棕榈油,重 216.922 吨。10 月 18 日,深粤公司发函给被告汕尾外代,说明"装载 980 吨棕榈油"前往汕尾港并委托汕尾外代办理该轮的相关手续。汕尾外代接受委托,并向深粤公司出具《"深航 927"轮估收港口使费》,其中理货费按 980 吨计算。10 月 23 日,"深航 927"轮抵达汕尾。深粤公司将船舶载货量按 SW-961219-02 号提单项下 1 052 桶棕榈油,重 216.922 吨向海关出具报关资料(舱单、总申报单、货物申报单等),由汕尾外代代为报关,SW-961219-01 号提单项下的货物未报关。10 月 24 日,深粤公司交给汕尾外代港口费备用金 10 000 元。10 月 25 日,汕尾外代在卸完全部货物后发函给深粤公司,称该船定于当日离开汕尾开往香港。10 月 28 日,汕尾外代收取代理费后向深粤公司开具发票,其中货物代理费按上述两份提单项下货物共 976 吨收取。中国外轮理货总公司汕尾分公司开具的理货费发票也记载共理货 976 吨。提货人曾剑锋凭 SW-961219-02 号正本提单提走全部货物 976 吨。因银建公司未向免税品公司付清信用证项下全部款项,银建公司为此与原告达成由银建公司将该批货物交原告经营,原告代银建公司付清银建公司欠免税品公司款项的协议。原告及其法定代表人林小兵遂分别于 1996 年 11 月 11 日、1997 年 1 月 14 日向免税品公司出具抵押声明及有关抵押的说明,承诺在原告掌提单报关后以该批货物处分后的款项替银建公司还清欠款,并以林小兵所有的 4 套房产作抵押。后免税品公司凭 SW-961219-01 号正本提单去提货,发现货物已全部被提走。1997 年 7 月 18 日,免税品公司向深圳市南山区人民法院起诉原告。12 月 29 日,原告与免税品公司达成调解协议,由原告于 1998 年 4 月 10 日前偿还免税品公司欠款本息 1 190 000 元,林小兵以其房产承担连带责任;免税品公司应在原告自动履行债务的同时配合原告向第三人提起诉讼(如及时提供提单等)。深圳市南山区法院(1997)深南法经一初字第 252 号民事调解书于 1998 年 1 月下旬生效。2000 年 3 月 1 日,免税品公司通过法院强制执行而取得绝大部分欠款,遂将 SW-961219-01 号正本提单交给深圳市南山区法院。3 月 2 日,深圳市南山区法院因原告是实际付款人而将 SW-961219-01 号正本提单交给原告。

三、法院裁判

广州海事法院认为:原告未举证证明其持有 SW-961219-02 号正本提单,故其主张 SW-961219-02 号提单权益的诉讼请求缺乏事实和法律依据,不予支持。根据深圳市南山区法院(1997)深南法经一初字第 252 号民事调解书的内容,原告通过司法程序合法地取得了提单项下的权利,应确认原告是 SW-961219-01 号正本提单的合法持有人。提单是承运人保证据以交付货物的单证,原告作为 SW-961219-01 号正本提单的合法持有人,有权向侵害提单项下权利的人主张损害赔偿。深粤公司作为承运人,未向海关申报 SW-961219-01 号提单项下的货物,也未对卸下的 SW-961219-01 号提单项下的货物妥善保管,导致曾剑锋凭 SW-961219-02 号提单提走全部货物,应当对由此产生的法律后果承担责任。汕尾外代作为承运人的代理人及船务代理的专业公司,应当依法履行代理职责,其明知深粤公司"少报多卸"的行为违法并将直接影响货物的实际交付而仍进行代理活动,对曾剑锋凭 SW-961219-02 号提单提走全部货物同样有过错,应当承担相应的责任。本案货物交付的日期为 1996 年 10 月 25 日卸完货之后,根据《中华人民共和国海商法》第 257 条第 1 款"就海上货物运输向承运人要求赔偿的请求权,时效期间为一年,自承运人交付或应当交付货物之日起计算"的规定,时效期间应从 1996 年 10 月 25 日起计算。

对是否构成时效中止,合议庭有不同意见。

意见一:构成时效中止应当具备以下条件:① 权利人因不可抗力或其他障碍无法行使请求权;② 阻碍权利人不能行使请求权的不可抗力或者其他障碍必须发生在诉讼时效期间的最后 6 个月。原告在取得提单前,在时效期间内不是提单持有人,不享有提单的任何权利,无权起诉承运人及其代理人,因此不具备构成时效中止的权利主体资格。本案未发生不可抗力事件,也未发生不能克服的、客观存在的、不能归责于权利人的障碍。原告在时效期间届满后取得提单,不构成时效中止。因此,原告起诉已超过诉讼时效期间,应驳回其诉讼请求。

意见二:根据深圳市南山区法院(1997)深南法经一初字第 252 号民事调解书的内容和发生法律效力的时间可知,原告合法取得提单项下权利的时间为上述民事调解书生效之日,即 1998 年 1 月,在此之前的提单项下权利为免税品公司所享有。换言之,自 1996 年 10 月 25 日起算的 1 年时效期间内,享有提单项下权利的人为免税品公司,而不是原告。免税品公司在时效期间内并没有根据享有的提单项下权利向深粤公司和汕尾外代提起诉讼,而是根据代开信用证协议的法律关系起诉原告、林小兵和银建公司。在本案中,原告未能举证证明在 1 年时效期间的最后 6 个月内发生了不可抗力事件,或发生不能克服的、客观存在的、不能归责于权利人(即免税品公司)的障碍。在上述民事调解书生效之后,原告虽取得了提单项下的权利,但诉讼时效已经届满,其根据提单项下权利提起的诉讼请求已不在法院保护的范围之内,故应驳回其诉讼请求。

意见三:原告并非怠于行使请求权,而是因客观存在的、不能归责于原告的障碍而无法取得提单,不能向承运人及其代理人索赔。根据免税品公司已接受的原告出具的抵押声明,原告承担付款责任的前提条件是原告拿提单报关后以处分该货物的价款代银建公司偿还欠款。故免税品公司应先向原告交付提单。免税品公司不向原告交付提单,造成原告无法取得并行使请求权的障碍,该障碍不能归责于原告。若对原告因与免税品公司纠纷而未取得提单是否构成原告行使请求权的障碍有不同解释,则应做出对有违法行为的当事人,即深粤公司和汕尾外代不利的解释,以维护正义。因此,在时效期间的最后六个月内,原告由于客观存在的不能归责于原告的障碍而无法取得提单,不能取得和行使请求权,构成时效中止。原告的起诉未超过诉讼时效期间。承运人被告深粤公司应对原告的损失承担赔偿责任。被告汕尾外代明知被委托代理的事项违法仍然进行代理,应对原告的损失承担连带赔偿责任。

根据合议庭多数意见,依照《中华人民共和国海商法》第 257 条的规定,判决如下:驳回原告深圳市大三合实业有限公司的诉讼请求。

本案受理费 35 000 元,由原告负担。

19 原告南海市大沥太平奇乐饮料食品有限公司与被告中海集装箱运输有限公司、营口中海货运代理有限公司水路集装箱货物运输合同货损纠纷案

案例来源:广州海事法院(2000)广海法商字第 95 号

主题词:集装箱运输　不可抗力　证明责任

> **裁判要旨**
>
> **No. HY-1.1-41**　运单载明由发货人装箱封箱及计数,即由托运人负责装箱。货物在运抵目的地后,交货时箱体、封志完好,但箱内货物损坏,托运人请求承运人对货损负赔偿责任,但其没有提供承运人造成货损的证明,则其主张不能得到支持。
>
> **No. HY-1.1-42**　不可抗力是指不可预见、不可避免并不能克服的客观情况。若目的港的严寒低温天气情况是通常存在的,班轮运输承运人对该情况可以预见,则严寒低温不构成不可抗力。

一、基本案情

原告:南海市大沥太平奇乐饮料食品有限公司

被告:中海集装箱运输有限公司(以下简称中海集装箱公司)

被告:营口中海货运代理有限公司(以下简称营口中海货代公司)

原告南海市大沥太平奇乐饮料食品有限公司诉称:原告委托被告中海集装箱公司运输 24 个集装箱货物到沈阳,该批货物于 1999 年 12 月 28 日装箱,由被告中海集装箱公司所属的"向沪"轮承运。该批货物在沈阳由营口中海货代公司交付时,收货人发现货损,并在被告营口中海货代公司的送货联系单上作了批注,注明货物损坏 5 000 箱。以每箱单价 27.50 元计算,损失 137 500 元。因受损货物需重新包装,原告又发运空纸箱 16000 个,单价 1.80 元,合计 28 800 元。据装箱单和运单记载,本次运输的托运人是原告,承运人是被告中海集装箱公司。根据法律规定,承运人有义务谨慎地积载、运输所承运的该批货物,本案货损发生在承运人的责任期间内,应由承运人承担赔偿责任。请求法院判令两被告负连带责任,赔偿原告货物损失 166 300 元及利息(从 2000 年 1 月 3 日起至实际履行完毕之日止,按中国人民银行同期流动资金贷款利率计算)。

被告中海集装箱公司辩称:原告于 7 月 26 日提交的 6 份证据依法不应进行庭前证据交换、质证和认定,不应作为本案审理的依据。本案货物运抵目的地时所有权属于收货人,原告不是收货人,即使本案货物受损,原告也无权向被告索赔,因此,原告主体不适格。原告的名称与运单载明的托运人名称不同,原告不是托运人。原告未提供有效证据证明其所称货损的存在、数量、程度、货物的价值。本案货物由发货人装箱封箱及计数,集装箱在目的地交接时,箱体和封志完好。根据《中华人民共和国海上国际集装箱运输管理规定》第 27 条第(二)项规定,如果本案货物在装箱托运后至交付收货人之前的期间内发生损坏,应由托运人负责,被告中海集装箱公司无需承担任何责任。

即使原告所称货损存在,货物冻坏的原因有三:一是严寒低温,属于不可抗力;二是货物易冻损的自然属性;三是货物包装不良。被告对该货损依法无需承担责任。

被告营口中海货代公司辩称:被告营口中海货代公司只是在收到广州中海国际货运代理有限公司(以下简称广州中海国际货代公司)的仓单(传真件)后,按仓单所载内容,代广州中海国际货代公司将"向沪"轮承运的由原告托运的货物的有关提货单证,交给其指定的目的港送货车队。被告营口中海货代公司按时无误地完成了这一工作,原告所称的货损与被告营口中海货代公司的工作无关。原告诉称清楚地表明"本次运输的托运人是原告,承运人是被告中海集装箱公司",即原告与被告中海集装箱公司之间存在运输合同关系。被告营口中海货代公司并非本案运输合同的当事人,而且与原告诉称的承、托双方均无法律关系。原告将营口中海货代公司列为被告是错误的,为避免不必要的损失,营口中海货代公司不参加本案诉讼。

二、法院查明事实

广州海事法院认定以下事实:据原告提交的托运委托书的复印件记载:船名为"向沪",运单编号为CSLHPYK01987,装箱地点为南海大沥,装箱时间为12月28日,装货港为黄埔,卸货港为营口,托运人为奇乐饮料食品公司,收货人为中国人民解放军八一九四九部队,货物名称为饮料,集装箱数量为24个,原告委托广州中海国际货代公司作为其代理人,并委托广州中海国际货代公司代办上述货物的沿海运输,原告在委托人签章一栏上加盖了原告的公章。庭审时,原告称:上述托运委托书证明原告与广州中海国际货代公司的委托代理关系。被告中海集装箱公司称:上述托运委托书是复印件,没有原件,且没有"向沪"轮字样,该证据与本案无关。

据原告提交的8份运单复印件均记载:船名为"向沪",交接清单号为CSLH-PYK01987,装货港为黄埔,卸货港为营口,托运人为奇乐饮料食品公司,收货人为中国人民解放军八一九四九部队,货物名称为饮料。运输的交接方式为门到门,由发货人装箱封及计数,上述8份运单项下的集装箱数量合计额为24个。庭审时,原告称:上述运单证明原告作为托运人委托被告承运饮料。被告中海集装箱公司对上述运单没有异议,但认为:原告的名称与运单载明的托运人名称不同,原告不是托运人。

广州海事法院认为:虽然原告提交的托运委托书是复印件,但其记载的主要内容(包括运单编号、装货港、卸货港、托运人、收货人、货物名称、集装箱数量)均与运单相同,上述托运委托书、运单能够相互印证,均可以作为认定本案事实的依据。运单上载明的托运人名称均为奇乐饮料食品公司,与原告的全称不同,但这并不足以否定原告是上述运单项下货物的托运人。因为,托运委托书中委托人签章一栏中加盖的是原告的公章,这足以表明真正的托运人是原告。此外,运单中托运人签章一栏均加盖了广州中海国际货代公司的代理专用章,据此,应认定原告与广州中海国际货代公司之间存在委托代理合同关系。

关于原告提交的证据5—10是否超过举证期限的问题。被告中海集装箱公司于7

月18日第一次进行庭前证据交换时向本院提交了补充提交证据申请书,本院确定于7月26日第二次进行庭前证据交换。原告据此于7月26日向法院补充提交的证据5—10没有超过本院确定的举证期限。被告中海集装箱公司关于原告提交的证据5—10超过了举证期限的主张不能成立。

据原告提交的其与王沛兴签订的委托合同的复印件记载:原告委托王沛兴代为销售商品,王沛兴负责对原告提供的商品进行接货、保管、销售的工作,王沛兴代销的价格按原告提供的价格办理(见附页:原告出具的价目表),交货地点为沈阳。原告与王沛兴于1998年1月1日在该合同上盖章、签名。庭审时,原告称:收货人只是其在沈阳的代销商,货物的所有权并没有因为运输发生变更。被告中海集装箱公司认为:运单的收货人不是原告,因此不存在代销的问题;委托合同是1998年1月1日签订的,距离本案货物运输有两年的时间,因此不能证明本案货物存在委托代销关系。

据原告提交的黄庆伟、王沛兴共同出具的保证书的复印件记载:王沛兴作为收货人于1999年底至2000年初,接收了原告委托被告中海集装箱公司运输的四批70个20尺货柜,在接收过程中发现有货损现象,因此,王沛兴的代理人黄庆伟在送货联系单上作了批注,注明了受损货物数量。庭审时,被告中海集装箱公司认为:王沛兴在该保证书中自称是收货人,这与运单的记载不符,该保证书与本案没有任何关系。

广州海事法院认为:原告提交的委托合同和保证书能够互相印证,证明本案货物是原告委托王沛兴代为销售的。被告中海集装箱公司否定本案货物是原告委托王沛兴代为销售的,缺乏有效的相反证据,不予采信。

据原告提交的被告营口中海货代公司的送货联系单的复印件记载:船名为"向沪",运单号为CSLHPYK01987,货名为饮料,箱量为24个,箱号和封号与上述运单的记载一致,该票货箱体完整、箱封完好、请收货人签字(盖章),其上有"饮料冻坏5000件,24个集装箱收到"的批注,并盖有被告营口中海货代公司的内贸专用章,但没有收货人的签字(盖章)。庭审时,原告称:上述批注是收货人签的,证明24个集装箱中有5000件货物冻坏。被告中海集装箱公司对该送货联系单复印件予以确认,但其认为:送货联系单上没有收货人、集装箱拖车司机的签名、盖章,上述批注没有具体日期,也没有写明发生冻坏饮料的具体箱号和损坏程度,也没有经有关部门检验,因此,该送货联系单不能作为认定本案事实的依据。

广州海事法院认为:上述送货联系单是本案运单项下的货物运抵目的地沈阳后,被告营口中海货代公司在向收货人交付货物时出具的,属于原始证据,且被告中海集装箱公司予以确认,故应予以采信。虽然其上没有收货人、集装箱拖车司机的签名、盖章,上述批注没有具体日期,没有写明发生冻坏饮料的具体箱号和损坏程度,也没有经有关部门检验等,但这并不影响上述送货联系单作为认定本案事实的依据,只能对该证据证明力的大小构成影响。根据该证据的内容,应认定:本案运单项下的货物运抵目的地沈阳后,被告营口中海货代公司在向收货人交付货物时,收货人在送货联系单上作出了"饮料冻坏5000件,24个集装箱收到"的批注。但由于该批注是收货人单方

集装箱运输·不可抗力·证明责任

作出的,没有集装箱拖车司机的签名、盖章,事后也没有经有关部门检验确定损坏程度,故该证据只能证明"饮料冻坏5 000件",但不能证明冻坏的5 000件饮料全损。

据原告提交的广州中海国际货代公司商务部于2000年4月4日传真给原告的关于营口冻损饮料处理建议记载:关于营口冻损饮料事件,经广州中海国际货代公司调查,结果为:装载原告发生冻损54个货柜的"向沪"轮(运单号CSLHPYK01987,24个柜)和"向瑞"轮(运单号CSLHPYK02036,28个柜)分别于1月17日和1月20日抵达营口。严寒低温是本次冻损的直接原因。因天气原因,营口港务局吊机故障,造成港口装卸困难,使营口中海无法提取货物,延迟了送货时间。营口港、被告营口中海货代公司称原告货物包装不良是冻损的另一个原因。庭审时,原告称:该传真证明"向沪"轮所装运货物的冻损情况,且延迟了送货时间。被告认为:该传真证明本案货损是严寒低温、原告对货物包装不良、港口吊机故障造成的。

广州海事法院认为:上述传真记载的内容是经广州中海国际货代公司商务部调查后得到的,并非其亲自经历、亲眼看到的。该传真属于传来证据,不能直接作为认定本案事实的依据,应结合本案其他证据确定是否可以采信。

原告为证明冻损货物的价值,提交了价目表复印件。该价目表记载了多种规格饮料的价格(均为建议销售价),其中:24瓶1件的瓶装碳酸饮料,每件27.50元,该价格是该价目表中最低的。庭审时,原告称:5 000件货物冻损的损失是按照每件27.50元计算的,共计137 500元。被告中海集装箱公司对此提出异议称:价目表没有签字、盖章,也没有日期,该价格不能证明是本案货物的价格。本审判员认为:该价目表是原告自己手工制作的,被告中海集装箱公司不予确认,原告没有提供其他相应的证据。此外,原告也没有提供证据证明本案所涉及的冻损货物就是该价目表中列明的碳酸饮料。因此,对该价目表不予采信。

据被告中海集装箱公司提交的营口市气象局出具的3份营口地区天气情况证明、9份营口日报、辽宁日报有关营口、沈阳地区天气预报的摘录记载:从2000年1月2日到1月28日期间营口、沈阳地区存在严寒低温的天气情况。庭审时,原告对上述证据及内容没有异议。广州海事法院认为:双方当事人对上述证据及证明的事实没有异议,应予以认定。

庭审时,被告中海集装箱公司称其提交的24份集装箱发放/设备交接单证明"向沪"轮运输的本案货物在目的地交箱时箱体、封志完好。原告对"向沪"轮运输的本案货物在目的地交箱时箱体、封志完好的事实没有异议,但其对上述交接单的放单时间(2000年1月8日)提出异议。本审判员认为:原告对上述事实没有异议,应予以认定,原告提出的异议涉及另外的事实问题,与被告中海集装箱公司所要证明的事实无关。

三、法院裁判

广州海事法院认为:本案属水路集装箱货物运输合同货损纠纷。本案所涉运单是本案运输合同的基本形式,该合同合法有效。原告提交的托运委托书、运单表明,项下的货物是原告委托货运代理人广州中海国际货代公司向被告中海集装箱公司托运的,原告是该合同的托运人,被告中海集装箱公司是该合同的承运人,被告营口中海货代公司并非该合同的承运人。原告请求被告营口中海货代公司对该合同项下的货物损失承担连带赔偿责任,没有事实和法律依据,不予支持。

原告提交的委托合同和保证书能够互相印证,证明本案货物是原告委托王沛兴代为销售的,故本案货物运抵目的地时所有权仍然属于原告。被告中海集装箱公司关于本案货物运抵目的地时所有权属于收货人,原告主体不适格的主张,缺乏事实和法律依据,不予支持。

《国内水路集装箱货物运输规则》第13条第1款规定,由于承运人的责任造成箱体损坏、封志破坏、箱内货物损坏的,承运人应负赔偿责任,另有规定者除外。本案货物运输采取的交接方式是门到门,即承运人被告中海集装箱公司在原告的仓库接收整箱货物。本案运单载明由发货人装箱封箱及计数,即由托运人原告负责装箱。本案货物在运抵目的地沈阳后,交货时箱体、封志完好,但是箱内货物冻坏5 000件。根据上述规定及事实,原告请求被告中海集装箱公司对本案货损负赔偿责任,应由原告举证证明本案货损是由于被告中海集装箱公司的责任造成的,但原告没有提供这方面的证据,据此,应驳回原告的诉讼请求。

被告中海集装箱公司提出根据《海上国际集装箱运输管理规定》第27条第1款第(二)项的规定,本案货损应由托运人原告负责的主张不能成立,因为本案运输属国内水路集装箱货物运输,不能适用该规定处理。

被告中海集装箱公司关于本案货损原因是严寒低温,属于不可抗力的主张不能成立。因为,不可抗力是指不可预见、不可避免并不能克服的客观情况,而运输本案货物时营口、沈阳地区的严寒低温天气情况是通常存在的,被告中海集装箱公司作为班轮运输的承运人对该情况是可以预见的,故本案中严寒低温不构成不可抗力。虽然严寒低温是本案货损的原因之一,但该原因不是被告中海集装箱公司的责任造成的。

被告中海集装箱公司关于本案货损原因是货物易冻损的自然属性、货物包装不良的主张,缺乏充分有效的证据,不予采信。

原告称"因货物损坏需重新包装,又发运空纸箱16 000个,单价1.80元",但其没有提供相应的证据,不予采信。

综上所述,依照《中华人民共和国民事诉讼法》第64条第1款的规定,判决如下:

驳回原告南海市大沥太平奇乐饮料食品有限公司的诉讼请求。

本案受理费4 836元,由原告南海市大沥太平奇乐饮料食品有限公司负担。

20 原告海南泰业贸易有限公司、海南金钢实业有限公司与被告远东海洋轮船公司、裕利船务有限公司海上货物运输合同货物交付纠纷案

案例来源：广州海事法院（2000）广海法商字第 145 号

主题词：提单持有人　货物申报　货物查扣

> **裁判要旨**
>
> **No. HY-1.1-43**　提单持有人可以以适当方式处理提单下的权利。
>
> **No. HY-1.1-44**　承运人未及时申报货物，导致货物被查扣的，提单持有人取得提单后有权就查扣而无法交付货物的损失向负有责任的承运人追偿。

一、基本案情

原告：海南泰业贸易有限公司（以下简称泰业公司）

原告：海南金钢实业有限公司（以下简称金钢公司）

被告：远东海洋轮船公司（以下简称远东公司）

被告：裕利船务有限公司（以下简称裕利公司）

第三人：成倡有限公司（以下简称成倡公司）

原告泰业公司和金钢公司诉称：1997 年 10 月，远东海洋轮船公司所属"Grigoriy Aleksandrov"（亚历山大佐夫）轮在俄罗斯的 Nakhodka（纳库德卡）港装载 18 765.002 吨盘元钢，其中包括本案争议的 4 394.70 吨。原告金钢公司是该票货物的所有权人，原告泰业公司是原告金钢公司的进口代理人，裕利公司是正本提单的签发人。该轮装货完毕后，启航前往目的港中国湛江港。10 月 15 日，"亚历山大佐夫"轮在湛江港的代理湛江联合国际船舶代理有限公司（以下简称湛江联代）向湛江港务监督局申报"亚历山大佐夫"轮预计于 10 月 19 日抵达湛江港，船上装载进口货物 10 000 吨盘元钢。湛江联代申报的上述 10 000 吨盘元钢属海南宏坚贸易有限公司（后更名为海南荣诚集团有限公司）所有，湛江联代并没有就原告泰业公司和金钢公司持有的正本提单项下的 4 394.70 吨盘元钢如实向湛江港务监督局作进境申报，导致木案货物被广东省边防总队海警第三支队（以下简称海警支队）查扣，原告泰业公司和金钢公司无法向湛江海关作进口报关，其正本提单项下的权益无法实现。第三人成倡公司作为本案货物的卖方，对货物无法交付同样负有不可推卸的责任。请求法院判令：1. 被告远东公司、裕利公司及第三人成倡公司连带赔偿原告泰业公司和金钢公司：(1) 本案货物的货款 1 186 569 美元，折合 9 848 522.70 元人民币及其利息损失（从 1997 年 11 月 27 日起，按中国人民银行同期贷款利率计付至实际赔付之日止）；(2) 原告泰业公司和金钢公司遭受的利润损失 336 600 元人民币及其为本案支出的律师费 500 000 元人民币。2. 被告远东公司、裕利公司及第三人成倡公司承担本案的诉讼费。

被告远东公司辩称：被告远东公司是"亚历山大佐夫"轮的船东，该轮本案航次是

以航次租船的方式出租给Linkvest(香港)有限公司，Linkvest(香港)有限公司的代理人和运费担保人是三务船务有限公司。被告远东公司不是本案货物运输的承运人。"亚历山大佐夫"轮已妥善、完好地将18 765.002吨盘元钢运抵中国湛江港。由于海警支队的司法扣押和本案货物的托运人、收货人未及时或在适当的时间内向公安机关提供本案货物合法进口的有关证据而造成原告泰业公司和金钢公司的损失，被告远东公司不负赔偿责任。根据原告泰业公司和金钢公司提交的证据显示，原告泰业公司是原告金钢公司的代理人。既然原告泰业公司已提起本案诉讼，原告金钢公司就不能同时提起诉讼，不可能两原告同时具有诉权，应驳回原告金钢公司的诉讼请求。本案货物被查扣时，原告泰业公司不是货物的所有权人。本案货物被查扣后，原告泰业公司与第三人成倡公司为处理货物、逃避公安机关的监管，擅自签订买卖合同，应认定无效，原告泰业公司据此取得的正本提单不合法，其无权向承运人主张货物权利。另原告泰业公司和金钢公司至今没有提供计算损失的证据。请求法院驳回原告泰业公司和金钢公司的诉讼请求。

被告裕利公司辩称：原告泰业公司和金钢公司以共同原告的身份提起诉讼，在程序上没有法律依据，应裁定驳回起诉。另原告泰业公司和金钢公司不享有进出口经营权，不是提单的合法持有人；被告裕利公司仅代表被告远东公司签发了本案提单，其不是本案货物运输的承运人或实际承运人，不负有交付货物的义务；本案货物被查扣、拍卖的原因是原告泰业公司和金钢公司没有向海警支队提供有关货物进口的手续，其遭受的损失应自行负责。综上，请求法院裁定驳回原告泰业公司和金钢公司的起诉或判决驳回其诉讼请求。

第三人成倡公司述称：本案属提单纠纷，第三人成倡公司不是本案提单关系的当事人，其与本案的处理结果没有法律上的利害关系，不应作为本案的第三人参加诉讼。另第三人成倡公司与原告泰业公司就本案争议的4 394.70吨盘元钢签订了买卖合同，约定任何与合同或与合同执行有关的争议，如果双方当事人不能协商解决，应将争议上交给香港仲裁委员会并适用香港法律。综上，请求法院通知或裁定第三人成倡公司退出诉讼。

二、法院查明事实

广州海事法院认定以下事实

（一）本案货物运输、查扣和拍卖的事实

1997年10月19日，被告远东公司所属"亚历山大佐夫"轮抵达中国湛江港引水锚地。同日，海警支队在湛江港引水锚地查扣了该轮。船上装载三票货物，分别为9 506.962吨、4 863.34吨、4 394.70吨，合计18 765.002吨的盘元钢。上述货物的装港均为俄罗斯的纳库德卡港，其中第三票货物，即4 394.70吨盘元钢是与本案争议有关的货物。该票货物的装船日期为1997年10月8日，规格是6.5 mm，共1 522捆，单价为每吨CNF湛江270美元，总价1 186 569美元。

1997年10月26日,海警支队通知"亚历山大佐夫"轮在湛江港的代理湛江联代称,根据广东省公安厅的指示,决定对"亚历山大佐夫"轮装载的18 765.002吨盘元钢进行卸货监管,货物暂由海警支队保管,请湛江联代协助海警支队做好卸货及有关工作。

1997年10月31日,海警支队要求湛江港务局协助卸载"亚历山大佐夫"轮装载的18 765.002吨盘元钢,并请湛江港务局予以保管。双方签订了《港口包干费协议》《委托保管书》。其中《港口包干费协议》约定港口包干费标准为每吨42元人民币,包干费不包括装车费、过磅费、堆存费,堆存费按每吨每天0.10元人民币计算;《委托保管书》约定海警支队委托湛江港务局保管"亚历山大佐夫"轮卸载的盘元钢,委托保管时间约半年。同日,海警支队书面通知湛江联代,要求湛江联代通知货主两天内提供有关货物的进口手续、接受海警支队的调查。

1997年11月6日,"亚历山大佐夫"卸货完毕。11月7日,"亚历山大佐夫"轮驶离湛江港。

1998年2月26日,海警支队通知湛江港务局、湛江港集装箱公司称,关于海警支队委托湛江港务局从"亚历山大佐夫"轮卸载的盘元钢,现广东省公安厅决定交9 000吨给广东省拍卖行拍卖;请湛江港务局、湛江港集装箱公司向广东省拍卖行办理规格为6.5 mm的4 500吨盘元钢和规格为8.0 mm的4 500吨盘元钢的提货手续。最终,上述货物被广东省拍卖行拍卖,其中包括本案争议的4 394.70吨盘元钢。

各方当事人对以上事实没有异议,广州海事法院予以确认。

原告泰业公司和金钢公司提交了湛江联代于1997年10月15日出具的《国际航行船舶进口岸申请书》复印件,记载:船名"亚历山大佐夫"轮,出发港俄罗斯,途经港香港,预计抵达湛江港日期1997年10月19日,船上装载进口货物10 000吨盘元钢。湛江港务监督局于1997年10月16日核准了湛江联代的申请。湛江海上安全监督局于1999年9月22日证实上述申请书的复印件与原件一致。依据该证据,原告泰业公司和金钢公司主张湛江联代伪报了"亚历山大佐夫"轮载运进境盘元钢的数量,致使本案货物被查扣、拍卖。被告远东公司确认上述申请书的真实性。被告裕利公司和第三人成倡公司对申请书的真实性有异议,但没有提交反驳的证据。广州海事法院认为,湛江海上安全监督局证实了《国际航行船舶进口岸申请书》复印件的真实性,被告远东公司对该申请书的真实性也没有异议,尽管被告裕利公司和第三人成倡公司有异议,但在没有提交相反证据的情况下,上述申请书可以作为本案认定事实的根据,应认定"亚历山大佐夫"轮抵达湛江港前,湛江联代于1997年10月15日向湛江港务监督局申报:"亚历山大佐夫"轮预计1997年10月19日抵达湛江港,船上装载进境货物10 000吨盘元钢。庭审时,被告远东公司主张湛江联代就被漏报的进境盘元钢重新向有关部门递交了《国际航行船舶进口岸申请书》,补办了申报手续,但被告远东公司没有提交相应的证据。原告泰业公司和金钢公司对被告远东公司关于湛江联代已补办申报手续的主张有异议。广州海事法院对被告远东公司的该项主张不予采信。

为证明"亚历山大佐夫"轮在湛江港被查扣的具体经过，被告远东公司提交了湛江联代于1998年6月11日出具的《"亚历山大佐夫"轮在湛江港被扣查一事的情况说明》原件，湛江市人民政府口岸办公室于同日在《"亚历山大佐夫"轮在湛江港被扣查一事的情况说明》上批注"情况属实"。原告泰业公司、金钢公司及被告裕利公司、第三人成倡公司对该份证据有异议，认为该份证据材料是湛江联代应被告远东公司的要求出具，湛江联代是"亚历山大佐夫"轮在湛江港的代理人，与本案有利害关系，其出具的材料不能作为本案认定事实的根据；另湛江市人民政府口岸办公室不是查处"亚历山大佐夫"轮的机构，其在不了解案件事实的情况下，无权证实上述证据材料所记载的情况的真实性。广州海事法院认为，鉴于湛江联代是"亚历山大佐夫"轮的船舶代理人，与本案有利害关系；查扣"亚历山大佐夫"轮的机构是海警支队，不是湛江市人民政府口岸办公室，故湛江联代出具的《"亚历山大佐夫"轮在湛江港被扣查一事的情况说明》在没有其他证据印证的情况下，不予采用。

被告裕利公司提交了三务船务有限公司的传真复印件、湛江联代给三务船务有限公司的传真复印件，主张原告泰业公司和金钢公司从未持正本提单向承运人要求提货，导致货物被拍卖。被告远东公司对上述证据无异议。原告泰业公司和金钢公司认为上述证据的形式是传真件的复印件，且没有传真发件人的签名，不能据此认定本案的事实。广州海事法院认为，上述证据材料在没有其他证据印证的情况下，不能作为本案认定事实的根据。

（二）远东公司、裕利公司、湛江联代以及三务船务有限公司在本案中的法律地位

原告泰业公司和金钢公司提交了本案所涉NO.1、NO.2、NO.3正本提单，记载：收货人凭指示，承运船舶"亚历山大佐夫"轮，船舶所有人远东海洋轮船公司，装货港纳库德卡，卸货港湛江港，货物4 394.70吨盘元钢，规格6.5 mm，捆数1 522捆，清洁装船日期1997年10月8日，裕利船务有限公司作为船东远东海洋轮船公司的代表签发提单。依据上述证据，原告泰业公司和金钢公司主张被告裕利公司是根据被告远东公司的授权签发本案提单，被告远东公司是本案货物运输的承运人，被告裕利公司是承运人的代理人。被告裕利公司及第三人成倡公司对上述提单没有异议。被告远东公司对上述提单有异议，认为其未授权被告裕利公司签发上述提单。被告远东公司对其主张没有提交证据证明。庭审时，被告远东公司的代理人对广州海事法院的询问"被告远东公司有无就已装船的本案4 394.70吨盘元钢签发其他提单"回答"不知道"。广州海事法院据此认为，上述提单可以作为本案认定事实的根据，认定被告远东公司是本案货物运输的承运人，被告裕利公司是承运人的代理人。被告远东公司主张其以航次租船的方式将"亚历山大佐夫"轮的本案航次出租给Linkvest（香港）有限公司，Linkvest（香港）有限公司的代理人和运费担保人是三务船务有限公司，被告远东公司不是本案货物运输的承运人。被告远东公司没有提交相应证据。广州海事法院对被告远东公司的上述主张不予采信。

被告远东公司主张湛江联代接受三务船务有限公司的委托在湛江港代理"亚历山

大佐夫"轮,湛江联代是三务船务有限公司的代理人,不是被告远东公司的代理人,但被告远东公司对其主张没有提供证据加以证明。原告泰业公司和金钢公司对被告的主张有异议,认为三务船务有限公司是被告远东公司的代理人,湛江联代实际是接受被告远东公司的委托代理"亚历山大佐夫"轮。为此,原告泰业公司和金钢公司提交了"亚历山大佐夫"轮所载运三票货物中的第二票,即4 863.34吨盘元钢的提单复印件,记载:货物的捆数5 816捆,吨数4 863.34吨,目的港湛江港,承运船舶"亚历山大佐夫"轮,提单签发人三务船务有限公司代理远东海洋轮船公司签发。被告远东公司、裕利公司及第三人成倡公司对上述提单复印件无异议。广州海事法院认为,上述提单复印件可以作为本案认定事实的根据,根据该提单记载的内容应认定三务船务有限公司是被告远东公司的代理人。鉴于被告远东公司是本案货物运输的承运人,而且是提单记载的船东,故应认定湛江联代是接受被告远东公司的委托在湛江港代理"亚历山大佐夫"轮,湛江联代是被告远东公司的代理人,其代理行为的法律后果应由被告远东公司承担。被告关于湛江联代是三务船务有限公司的代理人的主张,没有证据支持,不予采信。

(三)本案货物进口、买卖的事实

原告泰业公司为取得本案4 394.70吨盘元钢的海运提单,于1997年11月7日向海南发展银行申请开立LC97119号信用证。11月21日,海南发展银行向原告泰业公司发出单据通知/承付确认书,要求原告泰业公司指示是否可承兑跟单汇票。11月27日,原告泰业公司在单据通知/承付确认书上加盖公章,批注"同意承兑、到期付款"。各方当事人对以上事实没有异议,广州海事法院予以确认。

原告泰业公司、金钢公司提交了原告泰业公司于1997年10月30日与第三人成倡公司就本案货物签订的SC/97-10-007号买卖合同复印件,拟证明本案货物系原告泰业公司向第三人成倡公司购买。该份买卖合同约定泰业公司向成倡公司购买规格为6.5 mm的盘元钢4 000吨(+/-10%),单价每吨CNF湛江270美元,付款方式信用证。被告裕利公司和第三人成倡公司对买卖合同没有异议。被告远东公司对买卖合同的真实性有异议,但没有提交相反证据。广州海事法院认为,在被告远东公司没有提交相反证据的情况下,鉴于买卖合同的对方当事人成倡公司对合同没有异议,该份合同可以作为本案认定事实的根据,应认定原告泰业公司就本案货物已与第三人成倡公司签订了钢材买卖合同。

原告金钢公司和泰业公司为证明本案4 394.70吨盘元钢属合法进口货物,提交了以下3份证据:(1)原告泰业公司于1997年10月10日与海南五矿乐海有限公司(以下简称五矿公司)签订的协议书原件,记载:泰业公司与五矿公司合作进口钢材20 000吨,由五矿公司负责以其自身名义或者其总公司名义向省计划厅申办进口钢材的"登记证明",至于钢材的品种型号等,根据泰业公司对外订货情况办理;办理、修改"登记证明"所涉及的一切费用由五矿公司自理;泰业公司负责组织货源、开立信用证及货物的销售;泰业公司负责委托具有报关资格的企业办理对外成交及进口报关报验手续;

泰业公司应向五矿公司支付每吨30元人民币的相关费用。被告裕利公司、远东公司及第三人成倡公司对协议书内容的真实性和合法性提出异议，但没有提交反驳的证据。广州海事法院认为，在被告裕利公司、远东公司及第三人成倡公司没有提交相反证据的情况下，该份协议书可以作为本案认定事实的根据，应认定原告泰业公司已委托五矿公司向海南省计划厅申办本案进口钢材的"登记证明"。（2）海南省计划厅于1997年11月12日出具的《特定商品进口登记证明》复印件，记载：进口单位为海南省五金矿产进出口公司，到货口岸为海口海关、湛江海关，货物为10 000吨俄罗斯产钢材。本案在海口海事法院审理期间，承办法官冯明岗在上述证明上批注"与原件核对无异"。被告远东公司、裕利公司和第三人成倡公司对上述证明的真实性有异议，但没有提交反驳的证据。广州海事法院认为，在被告裕利公司、远东公司和第三人成倡公司没有提交相反证据的情况下，鉴于海口海事法院对该份证明的复印件与原件已核对无异，该份证明可以作为本案认定事实的根据，应认定海南省五金矿产进出口公司为本案进口货物已办《特定商品进口登记证明》。（3）海南省商业贸易厅于1997年4月29日出具的《海南企业认定证书》原件，记载：泰业公司在本工商注册年度内可享受《海南省人民政府关于进一步放开我省企业从事进出口贸易及其有关问题的通知》第1条中关于第（一）类企业的有关权利，按工商局核准的经营范围从事岛内进出口贸易，有效期至1998年3月止。被告远东公司、裕利公司及第三人成倡公司对该份证书的真实性、来源以及内容均有异议，但没有提交反驳的证据。广州海事法院认为，在被告裕利公司、远东公司和第三人成倡公司没有提交相反证据的情况下，该份证书可以作为本案认定事实的根据，应认定原告泰业公司享有从事岛内进出口贸易的权利。

原告泰业公司、金钢公司提交了原告泰业公司于1998年1月15日出具的声明，拟证明原告泰业公司在本案进口货物贸易中所为的民事行为均是受原告金钢公司的委托。该份声明记载：泰业公司于1997年10月30日与成倡公司签订买卖合同，约定泰业公司向成倡公司购买规格为6.5 mm、数量为4 000吨（+／-10%）的钢材；该合同是泰业公司受金钢公司委托所为；泰业公司为结算业务受金钢公司的委托以自己的名义向海南发展银行申请开立了信用证；因开立信用证以泰业公司名义向海南发展银行存入的19 306 305元人民币的保证金是金钢公司提供；泰业公司是以金钢公司的名义取得上述货物的正本提单，提单项下货物的所有权及其他相关权利由金钢公司享有。被告远东公司、裕利公司及第三人成倡公司对上述声明的真实性及合法性有异议，但没有提交反驳的证据。广州海事法院认为，在被告裕利公司、远东公司及第三人成倡公司没有提交相反证据的情况下，该份证据可以作为本案认定事实的根据，可以认定原告泰业公司是原告金钢公司的代理人，原告泰业公司的上述行为均是受原告金钢公司的委托所为。

（四）有关本案损失的事实

原告泰业公司和金钢公司依据原告泰业公司于1997年10月10日与五矿公司签订的协议书，主张因其无法提取货物而遭受利润损失336 600元人民币。被告远东公司、裕利公司及第三人成倡公司对此有异议，认为原告泰业公司和金钢公司不能证明其已实际向五矿公司支付 336 600 元人民币。广州海事法院认为，仅凭协议书不能认定原告泰业公司和金钢公司已实际向五矿公司支付 336 600 元人民币。

原告泰业公司和金钢公司主张其为本案已支出律师费 500 000 元人民币，并提交了发票 2 份、收据 1 份。上述发票、收据记载的律师费金额为 250 000 元人民币，发票没有加盖收款单位的财务专用章。被告远东公司、裕利公司及第三人成倡公司对此有异议，认为发票、收据在没有支付凭证等相关证据印证的情况下，不能证明原告泰业公司和金钢公司已实际支付律师费 250 000 元人民币。广州海事法院认为，发票没有加盖收款单位的财务专用章，不能作为本案认定事实的根据；收据也不能作为本案认定事实的根据。对原告泰业公司和金钢公司的该项主张不予采信。

（五）其他事实

"亚历山大佐夫"轮所载运三票货物中的第一票货物，即 9 506.962 吨盘元钢，海南荣诚集团有限公司已就该票货物的货损、货差向海口海事法院起诉远东公司。最高人民法院于 2000 年 9 月 7 日裁定该案应移送本院管辖。本院已立案审理，案号为（2000）广海法商字第 186 号。经开庭审理，海南荣诚集团有限公司与远东公司确认该案争议的上述 9 506.962 吨盘元钢的卸货港应为湛江港；1998 年 3 月，海警支队决定对上述 9 060 吨盘元钢移交海关处理，待处理完后，可办理有关出港手续；3 月 30 日、4 月 3 日，湛江华联报关有限公司就上述货物分别向湛江海关递交中华人民共和国海关进口货物报关单，记载：经营单位为哈尔滨东方国际贸易公司，收货单位为海南宏坚贸易有限公司，货物为 9 506.962 吨盘元钢。湛江海关于 4 月 7 日对上述货物准予放行。

原告泰业公司和金钢公司于 1999 年 7 月 14 日向海口海事法院申请财产保全，请求冻结被告远东公司因其与中国外运海南公司、中国海口外轮代理公司申请执行案中所得执行款 250 余万元人民币及法院退还的诉讼费。海口海事法院于次日作出财产保全裁定，保全被告远东公司申请执行的因其与中国外运海南公司、中国海口外轮代理公司船舶代理纠纷案的到期债权执行款于法院账户，不予支付。

本案审理期间，广州海事法院前往海关总署走私犯罪侦查分局广东分局法制处就本案有关法律问题进行咨询。法规处负责人就广州海事法院的咨询作了回答：根据我国有关法律规定，承运船舶载运货物进境时，船舶负责人应如实向海关等有关部门申报进境货物；如申报进境货物的数量不属实，海关有权扣查货物；对于船舶负责人未申报进境的货物，即使货物进口人持有进口单证，海关对货物同样不予放行。

各方当事人同意选择适用中国法律审理本案。

三、法院裁判

广州海事法院认为：本案是一宗海上货物运输合同货物交付纠纷案。各方当事人选择适用中国法律处理本案争议。依据《中华人民共和国民法通则》第 145 条的规定，涉外合同的当事人可以选择处理合同争议所适用的法律，故应适用中华人民共和国法律处理本案实体争议。

原告泰业公司和金钢公司向本院提交了本案 4 394.70 吨盘元钢的正本提单，主张提单项下的权益。鉴于原告泰业公司是原告金钢公司的代理人，其接受原告金钢公司的委托后，代为签订买卖合同、申请开立信用证、取得正本海运提单；原告泰业公司在提交法院的声明中也认可本案提单项下货物的所有权及其他相关权利应由原告金钢公司享有，原告泰业公司同意放弃提单项下的权利，故本案正本提单项下的权利应由原告金钢公司行使，金钢公司是本案适格的原告；原告泰业公司不能行使上述权利，其诉讼请求应予驳回。

第三人成倡公司仅与原告泰业公司就本案货物的买卖签订了买卖合同，其不是本案海上货物运输法律关系的当事人，不负有依据正本提单交付货物的义务，故成倡公司与本案的实体处理结果没有法律上的利害关系，成倡公司不是本案适格的第三人。原告泰业公司和金钢公司要求成倡公司在本案中对承运人无法交付货物承担连带赔偿责任没有法律依据，应予驳回。至于原告泰业公司、金钢公司与成倡公司之间的买卖合同纠纷，不属本案审理范围，广州海事法院不予审理。

被告裕利公司仅作为被告远东公司的代理，代为签发本案提单，其不是提单法律关系的当事人，没有交付提单项下货物的义务，故原告金钢公司要求被告裕利公司交付本案提单项下的货物，没有法律依据，其对被告裕利公司的诉讼请求应予驳回。根据《中华人民共和国海商法》中有关"提单是承运人保证据以交付货物的单证"的规定，被告远东公司作为本案货物运输的承运人，应将本案提单项下的货物 4 394.70 吨盘元钢安全运抵湛江港，并将其交付给正本提单持有人，即原告金钢公司。

在本案中，承运船舶"亚历山大佐夫"轮在进入湛江港前，被告远东公司的代理人湛江联代向湛江港务监督局递交了国际航行船舶进口岸申请书，申报"亚历山大佐夫"轮装载进口货物为 10 000 吨盘元钢，而该轮实际装载 18 765.002 吨进口盘元钢。上述国际航行船舶进口岸申请书也是"亚历山大佐夫"轮进境时，船舶负责人应当向海关递交的主要单证。依据《中华人民共和国海关法》中有关"进口货物的收货人应当自运输工具申报货物进境后，及时向海关申报货物进口"的规定，进口货物的收货人向海关申报货物进口必须以运输工具已向海关申报货物进境为前提，否则进口货物的收货人无法向海关报关、无法提取货物。结合（2000）广海法商字第 186 号案的事实，海警支队已决定将湛江联代申报进境的、"亚历山大佐夫"轮卸载的、海南宏坚贸易有限公司的 9 060 吨盘元钢移交海关处理，海关对上述货物已予以放行，故应认定湛江联代申报进境的货物中不包括原告金钢公司持有的提单项下的 4 394.70 吨盘元钢。在湛江联代漏报的情况下，被告远东公司没有向湛江港务监督局、海警支队、湛江海关补报货物进境手续，其行为直接导致原告金钢公司即使持有正本提单，也无法向湛江海关、海警支队申报货物进口，无法实现提单项下的权益，被告远东公司应对此承担赔偿责任。依据《中华人民共和国海商法》第 55 条的规定，本案货物损失的赔偿额应按照货物的实际价值，即 1 186 569 美元计算。原告金钢公司请求从 1997 年 11 月 27 日起计付中国人民银行同期贷款利息损失,符合法律规定,予以保护。至于原告金钢公司请求保护利润损失和其为本案支出的律师费,没有事实依据和法律依据,不予支持。

被告远东公司答辩认为原告金钢公司不能提取货物的原因是原告金钢公司没有办妥本案货物的进口手续。鉴于原告金钢公司在取得本案正本提单前,已委托原告泰业公司代为办理本案提单项下的4 394.70吨盘元钢的有关进口手续。原告泰业公司作为享有从事海南岛内进出口贸易权利的企业,接受原告金钢公司的委托后,转委托海南五矿乐海有限公司向省计划厅申办进口盘元钢的《特定商品进口登记证明》,最终海南省计划厅于1997年11月12日出具了上述登记证明,被告远东公司的该项答辩理由没有事实依据,不予采纳。被告远东公司还认为,本案货物被查扣时,原告泰业公司不是货物的所有权人。在本案货物被查扣后,原告泰业公司才与第三人成倡公司签订买卖合同,该合同应认定无效,原告泰业公司据此取得的提单不合法,故原告金钢公司无权向承运人主张提单权利。鉴于提单的流转具有连续性,被告远东公司没有向本院举证证明原告金钢公司恶意地持有本案提单,且海警支队在查扣货物后,并未将货物定性为走私货物,只要原告金钢公司已办理货物的进口手续,海警支队仍会放行本案货物,而本案正是由于被告远东公司没有为本案货物作进境申报,导致原告金钢公司即使持有提单和货物进口登记证,也无法提取货物,货物最终被拍卖,被告远东公司的上述答辩理由予以驳回。

综上,依照《中华人民共和国民法通则》第145条、《中华人民共和国海商法》第55条、第71条、第78条第1款的规定,判决如下:

(1)被告远东海洋轮船公司赔偿原告海南金钢实业有限公司货物损失1 186 569美元及其利息损失(从1997年11月27日起,按中国人民银行同期流动资金贷款利率计付至判决确定支付之日止);

(2)驳回原告海南金钢实业有限公司的其他诉讼请求;

(3)驳回原告海南泰业贸易有限公司的诉讼请求。

本案案件受理费97 325元人民币,由原告泰业公司和金钢公司各自负担3 185元,由被告远东公司负担90 955元。

21 原告汕头市航星货运有限公司与被告天津轻丰货运有限公司深圳分公司、侨丰船务有限公司海上货物运输合同纠纷案

案例来源:广州海事法院(2000)广海法深字第65号
主题词:货物滞留 转运费 违约责任

裁判要旨

No. HY-1.1-45 承运人违反合同约定,未将货物运至目的港,而将货物滞留在中途港口,导致托运人重新安排转运而支出的转运费,系承运人违约所致,承运人应当赔偿托运人因其违约而支付的转运费及对应的利息损失。

一、基本案情

原告:汕头市航星货运有限公司

被告:天津轻丰货运有限公司深圳分公司(以下简称天津轻丰深圳分公司)

被告:侨丰船务有限公司(以下简称侨丰船务)

原告诉称:1999年8月至10月期间,原告向被告天津轻丰深圳分公司订舱,委托其承运18个20英尺、1个40英尺的集装箱货物由深圳至卡萨布兰卡。天津轻丰深圳分公司对此订舱予以确认。

原告按约向天津轻丰深圳分公司及侨丰船务及时支付了全程海运运费,天津轻丰深圳分公司和侨丰船务有限公司也向原告开具了运费发票。同时提单也明确注明运费预付。但天津轻丰深圳分公司于11月份通知原告上述集装箱滞留在亚历山大港和迪拜港,并要求原告必须另行支付转运费用才能安排货物转运至提单所记载的目的港——卡萨布兰卡,或者由原告自行安排。原告为此不得不支付转运费用22930.57美元及补偿客户因此造成的损失人民币10000元。被告的上述行为严重违反了运输合同,原告请求判令两被告连带赔偿原告因被告违约造成的经济损失共计22930.57美元、人民币10000元以及利息损失。

被告天津轻丰深圳分公司辩称:

(1)原告不具备本案原告主体资格。原告的经营范围决定原告只能开展普通货物运输活动和从事一般货运代理业务,无权以自己的名义经营国际海上货物运输或国际海上货物运输代理业务。原告只能作为货主的代理人,因此不得依据提单对任何人提起诉讼。

(2)根据威顺海运有限公司(WINSON MARITIME LTD.)和天津轻丰深圳分公司签订的海运代理合同以及威顺海运有限公司与新航船务有限公司(NEWS SHIPPING SERVICES CO. LLC)签订的代理协议的约定,天津轻丰深圳分公司是涉案提单承运人新航船务有限公司的代理或复代理,新航船务有限公司须对天津轻丰深圳分公司的代理行为承担民事责任。此外,天津轻丰深圳分公司不具有法人资格,其民事责任应由天津轻丰货运有限公司承担。

(3)原告诉请的费用欠缺合理性,表现在:原告诉请的总金额几乎接近原告声称已支付的27510美元的全程运费。依据《中华人民共和国民法通则》第114条的规定,原告无权就不合理的支出要求被告赔偿。至于原告向货主偿付的人民币10000元无理无据,货主并没有在收条上向被告转让任何请求权,原告因此无权就该通融的补偿向第三方进行追偿。

被告侨丰船务辩称:原告是将侨丰船务作为涉案提单的承运人对其提起诉讼,但侨丰船务在涉案运输中,仅代转通过天津轻丰深圳分公司代承运人收取的运费而已,并非海上货物运输合同关系方,不承担运输合同中承运人的义务和责任。

被告侨丰船务的其他答辩意见同天津轻丰深圳分公司的答辩意见相同。

二、法院查明事实

广州海事法院认定以下事实:1999年8月至10月期间,原告向天津轻丰深圳分公司订舱,并收到天津轻丰深圳分公司发出的9份接受原告订舱的"订舱确认"单。其中2份抬头为天津轻丰深圳分公司,盖章为"承运人侨丰船务的代理天津轻丰货运有限公司";另外7份抬头为NEWS SHIPPING LTD,这7份中有1份的盖章为"承运人侨丰船务的代理天津轻丰货运有限公司",6份的盖章为"承运人的代理天津轻丰货运有限公司",这7份"订舱确认"单上的盖章上均有天津轻丰深圳分公司负责人罗艳的签字。上述"订舱确认"单记载的发货人为原告;柜量共计为18个20英尺、1个40英尺的集装箱;目的港是卡萨布兰卡(CASABLANCA),卸货港是迪拜(DUBAI)或杰贝阿里(GEBEL ALI)。原告支付运费后,天津轻丰深圳分公司在8月至10月期间向原告开出了7张涉及15只20英尺集装箱运费的发票、1张关于1只集装箱堆存费的发票,金额共计为美元19 650元、人民币280元。上述发票均记载:付款单位是原告,启运港是深圳,卸货港、目的港是卡萨布兰卡。罗艳在每张发票上均写明:"汇出运费,已到我司账上。"10月19日,侨丰船务开出2张涉及3只20英尺、1只40英尺集装箱运费的发票,金额共计为美元6 560元。2张发票均记载:客户是原告,目的港是卡萨布兰卡。罗艳也在这2张发票上写明:"汇出运费,已到账。"

9月到10月期间,天津轻丰货运有限公司签发了涉及上述18只20英尺、1只40英尺集装箱的15份抬头为新航船务有限公司的提单。每张提单均记载天津轻丰深圳分公司是新航船务有限公司的代理;装运港是中国深圳赤湾;卸货港、交货地均为卡萨布兰卡;运费已付(FREIGHT PREPAID)。其中13份提单的托运人是原告(英文名称是EXPRESS STAR LINE LTD),2份提单的托运人是潮州中朝企业集团。

11月19日,原告发给天津轻丰深圳分公司的函件称:委托天津轻丰深圳分公司承运的18只20英尺、1只40英尺的集装箱至今未到卡萨布兰卡,经核实,有10只滞留在亚历山大,9只滞留在迪拜。由于原告已经支付了运费,天津轻丰深圳分公司应妥善解决转船事宜。同日天津轻丰深圳分公司致函原告称:从深圳运往卡萨布兰卡的18只20英尺、1只40英尺的集装箱现滞留在迪拜和埃及(亚历山大),等待承运人进一步指示。柜号分别为:CRXU2373085、CRXU2954557、CRXU2373547、CRXU2903061、CRXU2956570、CRXU2554020、CRXU2299748、CRXU2371987、CRXU2905059、CRXU2980772、CRXU2565540、CRXU1942926、CRXU2416227、CRXU2661780、CRXU2597779、TRIU5813984、TRIU3318410、TRIU3922230、TRIU1701688。由于天津轻丰深圳分公司是代理人,无权代表委托人确认任何事情。

随后原告委托SPANSHIP LLC将其中4只集装箱[柜号为TRIU1701688(换箱后的柜号为DVRU1261090)、TRIU5813984、TRIU3318410、TRIU3922230]由迪拜转运到卡萨布兰卡,SPANSHIP LLC开给原告的费用发票的总金额为美元9 555.57元。原告于12月13日向SPANSHIP LLC汇款9 000美元,余款从SPANSHIP LLC欠付原告的款项中抵扣。原告委托侨丰船务转运4只集装箱,其中柜号为CRXU2373085、CRXU2954557、CRXU2373547从迪拜转运,柜号为CRXU2903061从亚历山大转运至卡萨布兰卡。原告于1999年12月6日向侨丰船务支付转运费用2 200美元,又于2000年3月21日向侨丰船务支付转运费用11 175美元。侨丰船务向原告开具了运费发票。

2000年1月18日,收款人署名何文湘开具的收条记载:柜号为CRXU2554020、CRXU2299748、CRXU2371987、CRXU2905059、CRXU2980772、CRXU2565540、CRXU1942926、CRXU2416227、CRXU2661780、CRXU2597779的集装箱由何文湘厂长委托汕头陶瓷集团代理出口,并交给原告代理承运,现货柜滞留在中转港未能转运,今收到原告人民币1万元作为补偿,上述货柜中的货物中转事宜由何文湘厂长与收货人直接处理。

原告提交的天津轻丰深圳分公司与惠航国际货运代理有限责任公司深圳分公司的订舱单与本案事实没有关联性,法院对该证据不予采用。

被告提供的新航船务有限公司的提单背面条款,原告称被告从未告知过,被告也承认。法院对该项证据不予采用。

被告为证明侨丰船务代收转运费,提供了新航船务有限公司于1999年10月14日致威顺海运有限公司要求汇款给奥逊尼斯航运代理有限公司13 000美元的传真及付款凭证和发票。付款凭证和发票包括:翠斯曼哈顿银行的借项通知单,通知单上记载侨丰船务于1999年10月15日电汇13 000元给奥逊尼斯航运代理有限公司;联合阿拉伯航运有限公司于2000年3月22日开给威顺航运有限公司运费和储存费的发票,金额共计为11 175美元;国际货运集团于2000年1月17日开给侨丰船务的运费发票,金额为2 200美元。

被告提供的天津轻丰深圳分公司与威顺海运有限公司于1998年9月30日签订的海运代理合同约定:威顺海运有限公司委托天津轻丰深圳分公司为其深圳进出口的华南区总代理,进行揽货、订舱、签单、报关、运费结算等,天津轻丰深圳分公司可签发威顺海运有限公司或威顺海运有限公司代理的船公司的提单。被告提供的威顺海运有限公司与新航船务有限公司签订的代理协议约定:新航船务有限公司指定威顺海运有限公司作为代理人,且作为处理一切海事服务以及新航船务有限公司所属或承租的、挂靠中国内地和香港港口的船舶(包括舱位承租)的独家代理。威顺海运有限公司在知会新航船务有限公司后,代表委托人推荐和指定港口、内陆代理人和/或复代理人(如有要求),费用由新航船务有限公司承担。

被告提供的12份抬头为原告的提单记载:签发人是原告;托运人也是原告;卸货港和交货港均为卡萨布兰卡。这12份提单记载的所承运的集装箱共计17只,柜号与上述19只集装箱中的17只相同。

被告提供的天津轻丰深圳分公司的营业执照记载:隶属企业是天津轻丰货运有限公司,负责人是罗艳,营运资金是人民币100万元。

三、法院裁判

广州海事法院认为:本案中原告向天津轻丰深圳分公司发出订舱要约,天津轻丰深圳分公司发回的订舱确认单是对原告要约的承诺,因此订舱确认单是当事人之间的海上货物运输合同,其没有违反法律规定,合法有效。

9份订舱确认单上载明的发货人均为原告,因此原告是海上货物运输合同的托运人。被告认为原告是货主代理人的主张缺乏事实依据,不予支持。

其中3份订舱确认单上的盖章虽然为"承运人侨丰船务的代理天津轻丰货运有限公司",但天津轻丰深圳分公司未能出具侨丰船务的授权委托书,侨丰船务也不承认曾委托天津轻丰深圳分公司与原告签订海上货物运输合同,因此天津轻丰深圳分公司与侨丰船务之间不存在代理关系,天津轻丰深圳分公司是上述3份"订舱确认"单所确立的海上货物运输合同的一方当事人。另外6份"订舱确认"单上的盖章为"承运人的代理天津轻丰货运有限公司",但没有具体标明被代理人的名称。即使天津轻丰深圳分公司与新航船务公司之间存在代理关系,但天津轻丰深圳分公司未能证明上述海上运输合同成立时,原告已经知道天津轻丰深圳分公司与新航船务公司之间存在代理关系。依据《中华人民共和国合同法》第403条第1、2款的规定,"受托人以自己的名义与第三人订立合同时,第三人不知道受托人与委托人之间的代理关系的,……受托人因委托人的原因对第三人不履行义务,受托人应当向第三人披露委托人,第三人因此可以选择受托人或者委托人作为相对人主张其权利,但第三人不得变更选定的相对人",原告仍可以选择天津轻丰深圳分公司作为相对人主张合同的权利。虽然天津轻丰深圳分公司在履行上述海上货物运输合同时,以新航船务有限公司的代理人的名义签发了提单,但这并不影响原告与天津轻丰深圳分公司之间已经成立的海上货物运输合同。

根据订舱确认单所确定的海上货物运输合同,原告委托天津轻丰深圳分公司运输18只20英尺、1只40英尺的集装箱,目的港是卡萨布兰卡。天津轻丰深圳分公司以新航船务有限公司代理人的名义签发的涉及上述货物运输的提单也载明卸货港和交货地均为卡萨布兰卡。两被告开出的运费发票上也载明卸货港、目的港均为卡萨布兰卡。原告支付了运费,两被告向原告开具了运费发票,因此原告已完成了运输合同中支付运费的义务。天津轻丰深圳分公司应按合同的约定将货物运至目的地。但天津轻丰深圳分公司违反合同的约定,未将上述货物运至目的港,而将货物滞留在中途的亚历山大港及迪拜港。原告重新安排转运而支出的转运费是由于天津轻丰深圳分公司违约造成的,原告要求被告天津轻丰深圳分公司赔偿因其违约而支出的转运费22 930.57美元及其利息损失的主张应予以支持。利息自原告支付转运费之日起计算。

原告要求被告赔偿原告支付货主的补偿费人民币10 000元,但原告提供的证据仅证明原告支出了该笔费用,而没有提供证据证明涉案集装箱的货主实际遭受了损失,原告必须支付该笔费用。因此原告要求被告赔偿该笔补偿费的主张,理由不足,不予支持。

天津轻丰深圳分公司是天津轻丰货运有限公司在深圳设立的从事海上进出口货物国际运输代理等业务的分公司,其虽不具有法人资格,但依法领取了营业执照,根据《中华人民共和国民事诉讼法》第49条、最高人民法院《关于适用〈中华人民共和国民事诉讼法〉若干问题的意见》第40条第1款第(五)项的规定,天津轻丰深圳分公司可以作为本案的当事人。

被告侨丰船务在本案中,仅向原告开具了部分运费的发票,并没有与原告之间成立海上运输合同法律关系,原告要求侨丰船务连带赔偿原告损失的主张不予支持。

根据《中华人民共和国合同法》第107条、第113条第1款的规定,判决如下：

(1)被告天津轻丰深圳分公司赔偿原告经济损失共计22 930.57美元及其利息(其中9 555.57美元的利息从1999年12月13日起计至本判决确定支付之日止,2 200美元的利息从1999年12月6日起计至本判决确定支付之日止,11 175美元的利息从2000年3月21日起计至本判决确定支付之日止,按中国人民银行同期流动资金贷款利率计算)。

(2)驳回原告对被告天津轻丰深圳分公司的其他诉讼请求。

(3)驳回原告对被告侨丰船务的诉讼请求。

本案受理费8 129元,由原告负担406元,由被告天津轻丰深圳分公司负担7 723元。

22 原告广东省土产进出口(集团)公司与被告大连远洋运输公司、深圳联合国际船舶代理有限公司货物交付纠纷案

案例来源:广州海事法院(2000)广海法深字第68号
主题词:合同义务　理货费用　收货人　理货人　违约责任

裁判要旨

No. HY-1.1-46　向提单持有人交付货物是承运人依据提单所负有的合同义务。提单中未载明理货费用支付的条款,收货人也未向承运人和理货公司提出理货申请,承运人以收货人未支付理货费为由拒绝办理提货手续,构成违约行为,应赔偿相关损失。

一、基本案情

　　原告:广东省土产进出口(集团)公司
　　被告:大连远洋运输公司(以下简称大连远洋)
　　被告:深圳联合国际船舶代理有限公司(以下简称联合船代)
　　原告诉称:1999年12月14日,中山市三和木业有限公司(以下简称中山木业)委托原告代理进口马来西亚产的木材一批。该批木材由被告大连远洋承运,于12月18日运抵深圳赤湾港。其后原告委托深圳旭源达实业有限公司代理报关业务。当原告的代理人于12月18日要求大连远洋在赤湾港的卸货代理被告联合船代更换提单,办理提货手续时,联合船代要求原告负责支付船方("嘉荫关"轮)的理货费11 764.65元,否则不予更换提单。在反复交涉多日后,原告和中山木业为减少损失,向联合船代交

付了上述数额的理货费。由于联合船代扣留原告的单证达 10 多天,导致原告的木材不能及时报关并交付给中山木业的下手买家。其中一个买家于 12 月 30 日通知中山木业,拒收其中的价值为 1 162 000 元的 1 383 立方米的木材。最后,中山木业于 2000 年 3 月 25 日才卖出该批木材。在木材滞销期间,原告遭受的货款利息损失为 17 223.32 元,额外支出的堆存费为 26 952.69 元。原告购进该批木材的价格条款是 CIFFO,货物的保险费、运费均由卖方负责,原告只承担卸货费、码头堆存费。根据《中国外轮理货公司业务章程》第 17 条的规定,船舶理货费用是理货公司向船舶代理人收取的,原告没有合同上或法律上的义务,承担船舶的理货费。大连远洋指示联合船代为了 1 万多元的理货费,而强行留置价值几百万元的货物提单的行为严重侵犯了原告的合法权益。原告要求判令:

（1）大连远洋退还理货费 11 764.65 元并赔偿因货物延迟卖出的利息损失 17 223.32 元(从 1999 年 12 月 25 日至 2000 年 3 月 25 日,按年利率 5.58% 计算)及额外支出的堆存费 26 952.69 元(从 1999 年 12 月 20 日至 2000 年 3 月 25 日,按每立方米每天 0.3 元计算);

（2）联合船代对大连远洋的债务负连带清偿责任。

被告大连远洋辩称:

（1）原告主张被告退还的理货费及要求赔偿的堆存费都不是原告支付的,原告既然没有损失,就无权主张;此外原告主张的利息损失是基于中山木业与国内买家所签订的木材购销合同,但原告不是上述购销合同的当事人,当然无权就解除合同而产生的货款利息损失主张权利。

（2）没有任何法律规定或"业内行规"规定理货费应由船方承担。原告引用的《中国外轮理货公司业务章程》只是内部规章制度,没有法律效力。而作为收货人的原告是理货业务的实际受益人,理应支付理货费。

（3）大连远洋于 1999 年 12 月 29 日已经将全部货物交给原告,而广州市横石木业贸易部是于 12 月 30 日取消与中山木业的购销合同,因此大连远洋拒绝更换提单与中山木业因合同的取消而导致部分货物暂时无法售出所造成的利息及超期仓储费的损失无因果关系,大连远洋不应承担民事责任。

（4）中山木业因广州市横石木业贸易部取消合同,而将该批木材卖给新买家的价格比原合同价格多出 2 万多元,足以弥补其遭受的利息损失,原告因此无权要求赔偿。

被告联合船代辩称:在本案中,联合船代是大连远洋的代理人。联合船代按照大连远洋的指示并在其授权范围内,从事了相关的代理活动,包括要求收货人交付理货费的行为,因此所产生的法律后果应由大连远洋承担。此外,广州市横石木业贸易部取消与中山木业的购销合同是在全部货物交给原告之后,因此原告支出的超期仓储费与"留置提单"行为无因果关系。中山木业因广州市横石木业贸易部取消合同,而将该批木材卖给新买家的价格比原合同价格多出 2 万多元,足以弥补其遭受的利息损失,原告因此无权要求赔偿利息损失。

二、法院查明事实

广州海事法院认定以下事实:1999年12月4日,原告与中山木业签订协议书。协议书约定:中山木业委托原告进口一批木材;名称数量分别为甘笔原木3 600立方米、冰片树原木210立方米、高山杂原木1 400立方米,总价值为404 900美元;中山木业负责办理接货手续,并承担报关和接货一切费用。同日,原告与德生有限公司签订了购货合同。该合同的基本内容与原告和中山木业签订的协议书中的内容相同。该批货物由大连远洋所属的"嘉荫关"轮承运。大连远洋向托运人签发了6份指示提单。这6份提单记载:收货人为凭指示;通知方是原告;装货港为马来西亚港口;卸货港是中国赤湾;货名分别为甘笔原木(SARAWAK MENGARIS ROUND LOGS)、冰片树原木(SARAWAK KAPUR ROUND LOGS)、小规格高山杂原木(SARAWAK MLH ROUND LOGS),共计1 704件、5 085.2909立方米。12月6日,承运人大连远洋电传联合船代称:作为船东的大连远洋指定联合船代作为"嘉荫关"轮第258航次在赤湾港卸货的代理。12月17日,大连远洋发给联合船代的传真称,联合船代安排卸货后待大连远洋的书面指示再放货。12月18日,该批货物运抵深圳赤湾港。12月22日,深圳旭源达实业有限公司杨新行持本案所涉的6份正本提单(提单背面均盖有托运人的章和原告的公章以及经办人杨新行的签字)和在收货人栏盖了原告公章的6份提货单(编号自0001538至0001543),要求联合船代在上述6份提货单上加盖放行章,以便办理提货手续。同日,大连远洋通知联合船代,在货方未结清理货费11 764.65元前暂不放货。联合船代因此拒绝在提货单上加盖放行章。12月29日,中山木业将11 764.65元付给联合船代后,联合船代在上述6份提货单上加盖了放行章。联合船代向中山木业出具的发票记载:顾客名称是中山木业,项目是代收理货费。中国外轮理货总公司出具的理货账单上载明:船名是JIA YIN GUAN("嘉荫关"轮);代理公司是联合船代;理进口货物费、单证费、交通费共计11 764.65元。广州市横石木业贸易部于12月30日致函中山木业取消了12月7日与中山木业签订的编号为CN9979的木材购销合同。该合同约定:商品名称为马来西亚高山杂原木,数量为1 400立方米(增减10%),单价为830元/立方米,总价为1 162 000元,交货期为1999年12月20日前一批交清。

中山木业分别于2000年1月3日和1月10日致函给联合船代称,支付理货费是船方的义务,要求退还理货费。

深圳赤湾码头有限公司于2000年4月17日出具的"嘉荫关轮提货明细"记载:单号为G00W23的907根1 383.4立方米的木材自1999年12月20日进场,2000年3月25日全部出场,自2000年1月20日开始计算的堆存费共计26 952.70元。赤湾港货物结算通知单上记载:进口船名是嘉荫关;收货单位是原告;高山杂原木907根1 383.4立方米的堆存费为26 952.69元。深圳赤湾港航股份有限公司开给中山木业的发票上记载:卸船费(堆存费)26 952.69元。

2000年3月4日,中山木业与南海市恒顺胶合板厂签订了木材购销合同。合同约定:南海市恒顺胶合板厂向中山木业购买马来西亚高山杂原木约 1 400 立方米(以实际验收数量为准),单价为 850 元/立方米(含 13% 增值税价)。中山木业开给南海市恒顺胶合板厂的增值税专用发票记载:原木 1 392.531 6 立方米,价税总额为 1 183 651.86 元。

原告提供的《中国外轮理货公司业务章程》第 17 条规定,在全船理货结束时,理货组长编制理货证明书,提请船长签字。本公司凭理货证明书和其他船方签证,向船舶代理人结算各项费用。

原告未向任何公司或部门提出过理货申请。

三、法院裁判

广州海事法院认为:本案是提单项下的货物交付纠纷,本案所涉的 6 份提单合法有效。

原告是上述这 6 份指示提单的持有人和收货人,原告与承运人大连远洋的权利义务受提单条款的约束。

联合船代是大连远洋在赤湾港的卸货代理,联合船代根据大连远洋的指示,向收货人收取与卸货有关的费用、交付货物是在代理权限范围内从事的代理行为,其行为的法律后果应由被代理人大连远洋承担。

原告持有的 6 份提单上没有关于理货费支付的约定,原告未向两被告和理货公司提出过理货的申请,也没有法律法规规定在这种情况下有关理货费用应由收货人支付。联合船代受大连远洋的指示,以留置货物为手段,迫使收货人向联合船代交付的理货费用 11 764.65 元,没有合法根据,属不当得利,应该返还。该笔费用虽不是原告直接交给联合船代,但是由原告指示中山木业代为交付的。大连远洋和联合船代将支付理货费作为收货人提货的条件,而且联合船代收取该笔费用后立即办理了放货手续,说明大连远洋和联合船代已确认该笔费用系代收货人交付的。原告要求大连远洋返还该笔费用的主张应予以支持。

向提单持有人交付货物是承运人依据提单所负有的合同义务。原告向联合船代出示提单,要求提货时,大连远洋却指示联合船代以原告未交付理货费为由,拒绝为原告办理提货手续。大连远洋的上述行为构成违约,应承担相应的民事责任。但原告要求大连远洋赔偿因其违约造成的木材滞销的利息损失和额外支出的堆存费都不是其直接的损失,而是其下手买家中山木业可能受到的损失。原告也没有提供证据证明其应当对这些损失承担责任。故原告要求大连远洋赔偿木材滞销的利息损失和额外支出的堆存费的主张应不予支持。

根据《中华人民共和国民法通则》第 63 条第 1、2 款、第 92 条的规定,判决如下:
(1) 被告大连远洋返还原告 11 764.65 元。
(2) 驳回原告对被告大连远洋的其他诉讼请求。
(3) 驳回原告对被告联合船代的诉讼请求。
本案受理费 2 188 元,由原告负担 1 728 元,由被告大连远洋负担 460 元。

23 原告中国平安保险股份有限公司湛江办事处与被告泉州通达船业总公司水路货物运输合同货损赔偿纠纷案

案例来源:广州海事法院(2000)广海法事字第 68 号

主题词:责任期间　航海习惯　不可预见

> **裁判要旨**
>
> **No. HY-1.1-47**　沿海水路运输的承运人,其责任期间为从货物装上船时起至卸下船时止。按照《国内水路货物运输规则》的有关规定,沿海的货物运输承运人承担的是一种较为严格的赔偿制度,除非因不可抗力、货物本身的原因、托运人或收货人本身的过错所造成的货物损失外,承运人均应当承担赔偿责任。按照航海习惯,船舶在开航前应当及时注意收听或收看气象预报。承运船舶在开航前应当预见强热带风暴给所航行海域造成的影响,故不构成不可预见。承运人对船舶在运输途中因遭遇强热带风暴失去动力沉没导致货物全损应当承担赔偿责任。

一、基本案情

原告:中国平安保险股份有限公司湛江办事处(以下简称湛江办事处)

被告:泉州通达船业总公司(以下简称通达公司)

原告湛江办事处诉称:1998 年 10 月 25 日,原告签发编号为 0498006717 的国内水路、陆路货物运输保险单,承保广东省丰顺糖烟酒集团有限公司(以下简称丰顺公司)一级白砂糖 855 吨(17 100 件),承保条件为基本险。被保险货物从海南洋浦港由被告所属的"泉湖"轮承运至广东揭阳沙港。被告于 1998 年 10 月 24 日填具货物交接清单。货物在承运途中,由于被告的过失导致货物全部损失。原告根据保险合同的约定,对被保险人的损失进行了赔偿,并得到被保险人的权益转让书。原告认为,原告承保的货物损失,完全是被告过失造成的,被告应承担赔偿责任。原告根据保险合同约定进行保险赔偿并取得代位求偿权,被告应依法赔偿原告的损失。对于原告的损失,虽经原告多次向被告索赔,均遭拒绝。原告请求法院判令被告赔偿原告损失 2 718 900 元及其从 1999 年 7 月 2 日起算的利息。

被告泉州通达船业总公司辩称:

(1)根据原告提供的证据,本案货物的保险人是中国平安保险股份有限公司(以下简称平安保险公司),被保险人为丰顺公司。本案货物的保险赔款由原告代表保险人支付给被保险人,但是被保险人却把权益转让书开具给原告。原告作为保险人的分支机构,不具有独立的法人地位,不能独立向外行使和承担责任。被保险人的代位求偿权应该依法转让给保险合同中记载的保险人平安保险公司,而不是原告。根据上述事实和有关法律规定,有权提起诉讼的应该是平安保险公司,而不是原告。

(2)根据"泉湖"轮船长的事故报告和海南港务监督局的调查报告记载,"泉湖"轮

1998年10月25日在海南省洋浦港装载白砂糖855吨,货物积载绑扎适当。"泉湖"轮开航前收听海南气象台的天气预报得知,当时的海面偏北风5级,于是,船长决定26日早上05:20时开航。但是,船舶航行至兵马角时,风力逐渐加大。根据船长观察到的海况,风力实际超过7级以上,而且海南省气象局后来证明了当时的风力为7—8级。由于船舶受到风浪的影响,船体发生较大幅度的摇摆,船长于是采取措施顶浪航行。但是约11:54时,主机突然熄火,使船舶失去动力,随后,"泉湖"轮受到连续三个巨浪的袭击,导致盖舱帆布和舱盖板被海浪打开,大量海水进入货舱,尽管全体船员奋力抢救,但是船舶最终于12:05时沉没,船货全损。从上述事实可以看出,船舶沉没是由于不可预见的风浪和主机突发性的故障共同造成的,被告作为承运人可以免责。

(3) 本案的事故发生于1998年10月26日,原告于2000年7月14日向法院起诉。根据《国内水路货物运输规则》第90条的规定,托运人、作业委托人向承运人和港口经营人要求货运事故赔偿时,应在收到货运记录的次日起的180天内提出索赔书,超过时效提出的索赔要求,不再受理。按照上述规定,原告应该在事故发生后的次日起180天内向被告提出索赔书。原告在沉船事故发生日超过180天后,才向法院起诉,已经超过时效,丧失了胜诉权。据上,请求法院依法驳回原告的诉讼请求。

二、法院查明事实

广州海事法院认定以下事实:广东省高级人民法院于2000年5月18日作出的(2000)粤法经二终字第283号民事裁定书认定:1998年10月20日,丰顺公司作为购方与长坡糖厂作为销方签订了一份购销合同,约定:购方向销方购买755吨白糖,总金额为2 400 900元。同年10月21日,丰顺公司作为购方与那大糖厂作为销方签订了一份购销合同,约定:购方向销方购买100吨白糖,总金额为318 900元。丰顺公司为购买的855吨白糖支付货款2 718 900元。丰顺公司所购买的855吨白糖通过闽狮公司交给"泉湖"轮承运,从海南洋浦港运往广东揭阳沙港。10月25日,855吨白糖装上了被告所属的"泉湖"轮,该轮于10月26日05:30时起航驶往广东揭阳沙港,11:54时"泉湖"轮失去动力,处于失控状态,任凭风浪摆布,海水大量进入货舱,约12:05时"泉湖"轮在北纬20°07′43″,东经109°28′24″处沉没,船货全损。

上述民事裁定书还认定:平安保险公司于1998年10月25日向被保险人丰顺公司签发了编号为GD90B003198000A046的保险单,该保险单记载:保险项目一级白砂糖855吨,起运日期1998年10月25日,自海南洋浦港至揭阳沙港,运输工具"泉湖"轮,保险金额为2 736 000元,险别为基本险,签单公司地址霞山文明东24号。该保险单由平安保险公司盖章。1999年1月2日,丰顺公司向原告签发了赔款收据及权益转让书。原告和广州分公司为平安保险公司属下的具有营业执照的非法人机构。

广东省高级人民法院认为:本案所涉货物的保险单由平安保险公司盖章,并注明了签单公司地址为湛江霞山文明东24号,同时赔款收据及权益转让书也是丰顺公司向原告出具的,因此,本案所涉货物保险单是由原告签发的;当本案所涉货物发生事故灭失后,也是由原告实施理赔的。因此,原告是本案所涉货物的保险人,广州分公司不是本案所涉货物的保险人。广东省高级人民法院作出裁定,维持本院作出的驳回广州分公司对本案被告起诉的裁定。

上述事实属于人民法院发生法律效力的裁判确定的事实,当事人无需举证,法院对上述事实予以确认。

原、被告双方对"泉湖"轮是否适航有争议。根据被告提供的"泉湖"轮船舶检验证书簿中的《适航证书》记载,"泉湖"轮适航证书的有效期至1999年8月19日,而本次事故发生于1998年10月26日,事故发生日在适航证书的有效期内。合议庭认为,适航证书是船体适航的初步证据,在原告没有提供反驳证据的情况下,"泉湖"轮在事故当时是适航的。原告提出"泉湖"轮在事故航次超载。"泉湖"轮本航次载货855吨。根据被告提供的"泉湖"轮船舶营运证、缴纳1997—1998年度水路运输管理费收据记载,"泉湖"轮载货定额为879吨。合议庭认为,"泉湖"轮本航次载货量没有超过核定的载货定额,没有超载。原告提出"泉湖"轮在事故航次没有配备适任的船员。根据被告提供的"泉湖"轮最低安全配员证书记载:该轮的最低安全配员为船长、轮机长各1名,值班驾驶员、轮机员各2名,水手、机工各3名,共12名。根据"泉湖"轮船舶所有权登记证书记载,"泉湖"轮为498总吨。按照《中华人民共和国船舶最低安全配员规则》的规定,未满500总吨的船舶连续航行时间不超过24小时,在上述最低安全配员的基础上可减免水手、机工各1人。按照正常航行要求,该轮从海南洋浦港航行至广东揭阳沙港,航行时间不超过24小时。根据船长郭荣柿2000年8月8日提供的证明,"泉湖"轮事故当时有船长、轮机长各1人,大副、二副、大管轮、二管轮各1名,水手、机工各2名,共10名。对此事实原告没有异议。根据泉州港监2000年8月9日提供的证明记载:"泉湖"轮事故当时的职务船员均持有该港监签发的适任证书。被告同时提供了上述职务船员的适任证书复印件予以佐证。合议庭认为,被告提供的证据已充分证明"泉湖"轮在本航次中船员配备符合规定的要求。综上,合议庭认为,"泉湖"轮在事故航次中适航,船舶没有超载,船员配备符合规定。

关于事故当时的气象情况,双方当事人有争议。原告提供的海南省气象台1998年12月3日出具的证明材料记载:海南省受9810号台风外围环流和冷空气偏西南下的共同影响,1998年10月26日8时到14时北部湾北部海面偏北风5至6级,阵风8级。而被告提供的海南省气候中心1998年11月4日出具的天气气候证明记载:1998年10月26日,由于受9810号强热带风暴的外围影响,北部湾北部海面及东方、昌江、临高一带海面普遍为7至8级风。合议庭认为,上述两份证明内容并没有矛盾,其共同点是事故海面受台风影响,最大风力为8级。

关于事故发生后,丰顺公司和原告是否向被告提出索赔的事实,双方有争议。根据原告提供的丰顺公司1999年1月28日向被告发出的《海上运输货物损失索赔书》《国内特快专递邮件详情单》、丰顺县公证处出具的证明书,证明1999年1月28日,丰顺公司按照被告的住所地"福建省泉州市温陵路鲤城区粮食局五楼",用特快专递邮寄的方式向被告提出索赔。合议庭认为,在原告没有提供特快专递邮件回单的情况下,仅凭邮件发出的证据,不足以证明该邮件是否被退回或被告已收到该邮件。原告主张被告知悉丰顺公司已向其提出索赔,没有事实依据。根据原告提供的广州分公司1999年7月19日给千秋业公司出具的授权委托书和千秋业公司1999年7月21日向被告发出的索赔函,证明千秋业公司受广州分公司的委托,于1999年7月21日向被告提出索赔。合议庭认为,广州分公司不是本案所涉货物的保险人,其无权向被告提出索赔,其向被告提出索赔并不能代表原告也向被告提出索赔。

另查明,根据双方当事人提供的海南港监1998年11月27日出具的"泉湖"轮沉没全损事故原因查明书记载,造成这起海事的原因是:

（1）主机发生故障突然熄火。"泉湖"轮航行途中突然出现转速忽高忽低的大幅度跳动,在船员未及时检查原因的情况下,便自动熄火,使船舶失去动力,处于失控状态。船舶的运动状态无法得到人为的控制,造成船舶在短暂的时间内陷入十分危险的境地,而无法采取其他自救措施。

（2）恶劣的海况。根据海南气象台提供的实况资料,10月26日中午,北部湾北部和临高一带海面由于受到9810号强热带风暴的外围影响,有7至8级的大风,浪高约3米。恶劣的海况造成了"泉湖"轮主甲板大量上浪,舱盖被掀开,货舱大量进水而沉没。根据双方当事人提供的"泉湖"轮出具的船舶海事报告书记载:该轮载重量879吨,航速8.5节。根据原告提供的赔款收据及权益转让书记载:丰顺公司已收到原告支付的保险赔偿金2 718 800元。

三、法院裁判

广州海事法院认为:本案是一宗水路货物运输合同货损赔偿纠纷案。根据《中华人民共和国海商法》第252条第1款的规定,保险标的发生保险责任范围内的损失是由第三人造成的,被保险人向第三人要求赔偿的权利,自保险人支付赔偿之日起,相应转移给保险人。本案所涉货物保险单是由原告签发的,当本案所涉货物发生事故灭失后,也是由原告实施理赔的,因此,原告是本案所涉货物的保险人。原告已向被保险人丰顺公司支付了保险赔偿金,有权行使代位求偿权向承运人提出货损索赔。被告提出原告无权提起诉讼的主张,没有事实和法律依据,不予支持。

被告作为本航次货物运输的承运人,其责任期间为从货物装上船时起至卸下船时止。按照《国内水路货物运输规则》的有关规定,沿海的货物运输承运人承担的是一种较为严格的赔偿制度,除非因不可抗力、货物本身的原因、托运人或收货人本身的过错所造成的货物损失外,承运人均应承担赔偿责任。根据《中华人民共和国民法通则》第153条的规定,"不可抗力"是指不能预见、不能避免并不能克服的客观情况。按照航海习惯,船舶在开航前应当及时注意收听或收看气象预报。"泉湖"轮在开航前应当预见9810号强热带风暴给所航行海域造成的影响。因此,被告提出本案事故是不可预见的原因造成的主张不成立。被告虽举证证明"泉湖"轮在本航次中适航、按照规定配备了适任的船员、没有超载,但是其无法举证证明本航次事故属于《国内水路货物运输规则》第 73 条规定的免责事项,其免责主张不成立。被告应对本次货物灭失的实际损失 2 718 000 元承担赔偿责任。

根据《国内水路货物运输规则》第 73 条规定,货运事故的索赔期限为 180 天。该索赔期限属特殊时效。《中华人民共和国海商法》并没有规定第十三章关于时效的规定不适用于沿海货物运输。按照《中华人民共和国海商法》第 257 条第 1 款的规定,有关沿海货物运输赔偿请求的时效为 1 年。由于法律规定的效力高于行政规章,因此,关于本案的时效,应当适用《中华人民共和国海商法》有关时效的规定,即时效期间为 1 年。"泉湖"轮发生船沉货损事故的日期为 1998 年 10 月 26 日,而原告起诉的日期为 2000 年 7 月 14 日。在货物灭失之日至原告起诉的期间,没有出现时效中止或中断的事由。因此,原告的起诉已经超过 1 年的时效期间,其胜诉权已丧失,应当驳回原告的诉讼请求。

综上,依照《中华人民共和国海商法》第 257 条第 1 款的规定,判决如下:

驳回原告湛江办事处的诉讼请求。

本案受理费 23 605 元,由原告湛江办事处负担。

24 原告厦门诚毅船务公司与被告云浮硫铁矿企业集团公司海上货物运输合同纠纷案

案例来源:广州海事法院(2000)广海法事字第 95 号

主题词:保函　同等赔偿义务　扣押期间　赔偿责任

裁判要旨

No. HY-1.1-48　货物在托运当时存在表面状况不良的,承运人应当在提单上进行批注,否则应当向提单持有人交付表面状况良好的货物。

No. HY-1.1-49　承运人明知托运货物表面状况存在严重问题且能够预见到出具清洁提单会遭受索赔,仍接受保函出具清洁提单;而托运人明知货物表面状况不良而出具保函换取清洁提单的,托运人也构成恶意行为。承运人和托运人双方对收货人的损失应当承担连带责任。

No. HY-1.1-50　由于托运人对收货人的损失负有同等赔偿义务而没有赔偿,也没有为船舶获释而作出任何积极行为,致使船舶在扣押期间产生合理损失的,托运人对船舶的相应损失也负有赔偿责任。

一、基本案情

原告:厦门诚毅船务公司(以下简称诚毅公司)

被告:云浮硫铁矿企业集团公司(以下简称硫铁矿公司)

原告诚毅公司诉称:2000 年 7 月中旬,原告以其所有的"育康"轮承运被告托运的一批袋装磷酸氢二铵(DAP)化肥自湛江港至越南胡志明市港。"育康"轮在湛江港装货过程中,该轮大副发现该批货物有大量结块现象,少量货物破包,大副在大副收据上对此进行了批注。但被告坚持该货物是假性结块,不影响货物质量,并向原告出示了中华人民共和国湛江出入境检验检疫局出具的表明货物质量完好的品质和数量证书,还提供了用于替换破包的空袋。为不影响对外贸易的顺畅流通并出于信任被告出示的货物质量完好证书,原告在被告出具保证书及保函的情况下签发了清洁提单。7月22日,"育康"轮抵达卸货港胡志明市港。7月25日始卸货不久,越南收货人南方化肥公司即提出货物中有结块而于7月25日13:30时停止卸货,原告在卸货港的代理立即将此情况通知原告。收货人的保险人委请当地检验公司于7月26日对货舱内货物进行了检验,并就此向原告提出索赔,申请越南法院扣押"育康"轮,继而"育康"轮被扣。由于收货人拒绝继续卸货,"育康"轮于7月30日被责令移泊至港口锚地,禁止离港。原告一直积极与收货人及货物保险人交涉,同时,原告将以上情况及时通知了被告,要求被告根据其前述保证内容承担应负之义务,并立即与收货人协商解决以上问题。然而,被告却推卸责任。原告与收货人及其货物保险人进行了长时间的反复谈判。收货人最终同意先将货物卸下,然后在岸上仓库内分拣,由船、货双方各自委请的检验师进行联合检验。但收货人坚持由原告支付发现问题的货物的相关卸货、分类及仓储等费用。为能立即卸货并鉴于货物确实有结块现象,原告只得同意支付上述本不应由自己支付的费用。卸货于8月22日15:30时恢复,8月29日02:00时卸货完毕。卸货同时进行了联合检验,被告指定的检验公司SGS公司也参加了联合检验。根据联合检验报告,货袋外表干燥、正常,但发现货物结块,结块率为32.292%。因货物结块而导致的货物净损失为659.3公吨,另外还有263袋破包货物及57袋流空的货袋。原告已向收货人及其保险人表示,愿提供船东保赔协会的担保使船舶获释,但遭拒绝。收货人及其保险人要求原告最低支付现金135 000美元或其指定的越南当地银行担保才能放船。由于原告当时无能力筹措如此大量美元现金,也无法按收货人及其保险人的要求提供银行担保,船舶无法及时获释。也由于被告既不采取任何有效措施,也不直接与收货人及其保险人联系,致使"育康"轮在卸港被滞延及扣押达59天之久。原告因此遭受了极大损失,包括收货人的索赔、卸货、分类、仓储费、律师费、代理费、保赔协会及其通讯代理的服务费、货物检验费、船期损失及卸港额外港口费用等。上述损失均系被告的原因及行为所引起,被告应在其出具的保证书及保函项下对原告承担全部赔偿责任。原告请求法院判令被告因收货人索赔而产生的赔偿金121 970.50美元;与结块货物有关的卸货费、分类费、仓储费等8 606.65美元;为解决收货人索赔及扣船而支出的律师费人民币40 000元;卸港货物检验费1 800美元;差旅费人民币10 491.29元;因船舶在卸港延滞及扣押而产生的船期损失及额外港口费用共计127 293.69美元;本案诉讼所支付的受理费8 762美元,差旅费人民币7 927元。

被告硫铁矿公司辩称:本案是因被告出具的保函而提起的诉讼,属合约之诉。被告作为保函的担保人,仅在其担保范围内承担责任。根据保函的约定,因包装破损、污脏和假性结块而引起收货人向船方的索赔,被告承担赔偿责任。在本案中,收货人在卸货港向船方索赔是因货物在装上船后,水湿受潮结块褪色所引起的。收货人主张索赔的事由超出被告保函的担保范围。被告不应承担赔偿责任。据收货人给船方的传真表明,货物是因变硬、结块、水湿而发生损失。且收货人是依据船方签发的清洁提单向船方提出索赔,收货人的索赔请求与托运人出具的保函的担保事项无任何因果关系。而被告托运的货物在装货港装船前,其品质符合外贸合同约定,是流动的、黄色的、新的商品。买方代表在货物装船前也确认了该批货物,并接受该货物。货物在装船前一直存放在干燥的仓库内,从未在露天堆放过,货物干燥,品质良好。因此被告托运出口的3000吨DAP化肥在装船前品质良好,不存在卸货港所发生的货物变硬结块褪色水湿的现象。货物的损害是在装船后发生的。造成货物损害的原因是由于船方的过失,主要体现在以下两个方面:① 船方管货过失。货物在装船时曾遭受雨淋。被告托运的货物于7月16日至18日在湛江港装船,货物在装船期间,由于受热带低气压影响,曾多次下雨。船方有时来不及关舱,致使船舱内货物被雨淋。被告在卸货港委托SGS公司所作的检验也证实了货物在货舱内被水湿。② 船方在提供适航船舶方面存在过失。根据SGS公司的检验报告对货损原因的分析,承运船本身不适航。化肥的假性结块与受潮结块是完全不同的。袋装的DAP化肥常会有一种假性结块现象,这是由于该产品在包装时还未完全冷却,因而少部分产品会产生轻微粘结。这种假性结块在很小外力作用下就能散开,对产品的使用没有任何影响。这是化肥所特有的现象。DAP化肥易受潮,受潮后产生结块多且硬,严重的会粘连。受潮结块在外力作用下不易散开,产品会有一定程度的褪色,对产品的使用有影响。本案DAP化肥在卸货港发生的结块属于受潮结块,是由于货物在船舱内被雨淋受潮而产生的,不同于货物装船前的假性结块。综上所述,被告托运的货物是在装船之后,因船方承运人的过失导致货物在卸货港发生了货损。收货人的索赔超出了被告保函的担保范围。收货人的索赔与被告的保函担保无任何因果关系。承运人应对运输期间因其过失而导致的货损承担赔偿责任。请求法院依法驳回原告的诉讼请求。

二、法院查明事实

广州海事法院认定以下事实:2000年6月21日,被告硫铁矿公司与兼松公司签订了一份买卖磷酸氢二铵(DAP)化肥的销售合同。该销售合同约定的商品规格是:氮,16%—18%;五氧化二磷最低不少于46%;氮+五氧化二磷最低不少于64%;水分,不超过3%;粒度,1—4 mm者最低不少于90%;颜色为黄色,自由流动的新的商品;数量为3 000 MT ± 10%;单价为CNF胡志明市USD182.5/MT;包装为每净重50公斤用内塑外编袋装。原告对被告硫铁矿公司与兼松公司签订的销售合同的真实性提出异议,广州海事法院认为,原告未提供任何相关证据证明该合同不真实,对上述事实,应予认定。

同年7月中旬,被告硫铁矿公司委托原告诚毅公司以其所有的"育康"轮承运该批袋装 DAP 化肥自湛江港至越南胡志明市港。同时,被告硫铁矿公司向原告诚毅公司提交了 7 月 7 日由中华人民共和国湛江出入境检验检疫局检验并于 7 月 12 日出具的品质和数量证书。该品质和数量证书的检验结果是:氮,17.77%;五氧化二磷最低不少于 42.26%;氮 + 五氧化二磷最低不少于 64.03%;水分,2.35%;粒度,1—4 mm 者最低不少于 90.2%;颜色为黄色,自由流动的新的商品,商品质量符合信用证第 S-001-2018057 号的要求。原告对中华人民共和国湛江出入境检验检疫局出具的品质和数量证书的真实性提出异议,经法院向中华人民共和国湛江出入境检验检疫局核实,该证书真实存在,应予认定。

"育康"轮在湛江港装货过程中,该轮大副发现该批货物表面状况存在问题,在中国湛江外轮代理公司收货单上进行了批注。批注为"(1) 8% 包皮破,内容外流;(2) 20% 包皮污脏;(3) 50% 货物有结块现象,内容不明(据货主称假性结块)"。被告硫铁矿公司为换取清洁提单,于同年 7 月 18 日向中国湛江外轮代理公司出具了保证书。该保证书对上述大副批注情况进行了记载,并保证:"我公司保证因签发这清洁提单而引起的后果与你公司无关,并且保证对在目的港卸货时,收货人提出由于上述原因所引起的索赔,负完全责任,希望签发上开货物的清洁提单为荷。"同日,被告硫铁矿公司向"育康"轮出具了保函。该保函称"我公司托运的 66000BAGS/3300 MT 磷酸氢二铵从湛江港到胡志明市港,在装卸过程中船方发现货物有破包、外皮包装有污脏和货物结块现象,在卸货港如发生上述情况,与船方无关"。在被告硫铁矿公司出具保证书及保函的情况下,原告诚毅公司于 7 月 18 日将 7 月 15 日签发的清洁提单交给了被告硫铁矿公司。提单记载装船货物净重为 3 300 公吨,托运人为被告硫铁矿公司,收货人为凭越南工商银行指示,卸货港为胡志明市港,提单编号"1"。7 月 18 日"育康"轮装货完毕,7 月 22 日抵达卸货港胡志明市港。7 月 25 日开始卸货。不久,越南收货人南方化肥公司发现有货损,便停止了卸货。上述事实,原、被告双方均无异议,合议庭予以认定。

同年 7 月 26 日,收货人的保险人西贡保险公司委托当地的文东检验公司对货舱内货物进行了检验,检验结果是:"发现第 1 和第 2 货舱中大量货物结块。检验当时,第 1 和第 2 货舱内未发现水迹,货袋外观正常。"被告认为原告没有将该检验结果向其通报,对检验结果有异议。广州海事法院认为,被告的异议无相应证据佐证,且该检验是收货人的保险人西贡保险公司委托的,不是原告方委托的,因此,对检验结果应予认定。

同年 7 月 27 日,收货人因货损向原告提出索赔,并申请越南法院扣押"育康"轮。同日,越南法院签发了命令,命令港务局禁止"育康"轮在 48 小时内离港。7 月 28 日,越南法院签发了扣船令,扣押了"育康"轮。7 月 30 日,"育康"轮被责令载尚未卸船的货物离泊至港口锚地锚泊,禁止离港。在此期间,原告聘请了律师、保赔通讯代理与收货人及其货物保险人进行了反复谈判,收货人最终同意先将货物从舱内卸下,然后在岸上仓库内分拣。卸货于 8 月 22 日恢复,8 月 29 日卸货完毕。相关卸货、分类、仓储等费用以及货损的赔偿,原告进行了支付。卸货同时,船、货双方各自委托的 PICO 公司与 MIC 公司的检验师对货物进行了联合检验,SGS 公司在场进行了见证。8 月 29 日,"育康"轮驶离港口。上述事实,原、被告双方均无异议,法院予以认定。

PICO 公司与 MIC 公司的联合检验报告的检验结果是:完好货物占 2.604%,结块货物占 97.396%,包装袋外表正常、干燥。MIC 公司的检验报告的检验结果是:A 类,2 004 袋,包装干燥良好,货物正常,此类不贬值;B 类,62 515 袋,包装干燥良好,货物部分结块,建议贬值 20%;C 类,1 366 袋,包装干燥良好,货物部分结块、粘袋、潮湿,建议贬值 50%;货物贬值造成的损失总量为 659.3 公吨。被告对上述检验报告的真实性没有异议,但对检验报告的内容有异议。广州海事法院认为,上述检验报告是在利益对立的船、货双方的共同委托下作出来的,具有客观性与公正性,应予认定。

与此同时,被告也委托了 SGS 公司对货物进行了检验,检验结果是:舱口盖有漏洞和漏水痕迹;货舱有静态水;状况良好的货物在抽样的 10 袋中占 2.6%;结块且退色的货物在抽样的 366 袋中占 31.21%;结块且水湿的货物在抽样的 8 袋中占 1.07%。原告对该检验报告的形式和内容都有异议。广州海事法院认为,该检验报告检验的角度与联合检验报告不同,其真实性与客观性应予认定。虽然该检验报告表明舱口盖有漏洞和漏水痕迹以及货舱舱盖接合处下面的顶层袋子表面发现有静态水,但该货物有内塑外编的两层防水包装,且结块货物分布在各层,检验报告亦未由此得出舱口盖有漏洞和漏水痕迹以及货舱有静态水跟货物结块之间有必然联系的结论。因此,从该检验报告对货物的鉴定结果而言,它与前述检验报告对货物的鉴定结果没有实质性的差异。

关于本案损失:① 原告向收货人支付的货损赔偿金 121 970.5 美元,为解决在越南的索赔纠纷而支付的律师费人民币 40 000 元,原、被告双方均无异议,法院予以确认。② 被告对原告支付的卸货费、分类费、仓储费 8 606.65 美元和卸港货物检验费 1 800 美元有异议。广州海事法院认为,原告支付的上述费用在"育康"轮在卸港的代理出具的费用清单中有列明,清单后又附有发票,应予认定。③ 被告对原告为处理"育康"轮在越南被索赔一案而支付的差旅费人民币 10 491.29 元有异议,广州海事法院认为,原告支付的上述费用有报销单和相应票据支持,应予认定。④ 被告对"育康"轮被扣 59.16 天所计算出来的下航次损失及船期损失 121 674.38 美元有异议。广州海事法院认为,原告所计算出来的船期损失折合每天 2 056.7 美元,是原告自己测算出来的,依据不足,且高于"育康"轮在下一航次中与他人所约定的滞期费每天 2 000 美元。由于滞期费率基本反映船舶船期损失的情况,因此,可以参照"育康"轮滞期费率每天 2 000 美元来计算船期损失,59.16 天的船期损失应为 118 320 美元。⑤ 被告对船舶被扣押 59.16 天而产生的额外港口使费 5619.31 美元有异议。广州海事法院认为,该项费用有"育康"轮在卸港的代理出具的费用清单和相应的发票支持,应予认定。⑥ 被告对原告为解决本案纠纷而支付的差旅费人民币 7 927 元有异议。广州海事法院认为,原告支付的上述费用有报销单和相应票据支持,应予认定。综上,本案原告的损失为:货损赔偿金 121 970.5 美元;律师费人民币 40 000 元;卸货费、分类费、仓储费 8 606.65 美元;卸港货物检验费 1 800 美元;为处理"育康"轮在越南被索赔一案而支付的差旅费人民币 10 491.29 元;船期损失 118 320 美元;额外港口使费 5 619.31 美元;为解决本案纠纷而支付的差旅费人民币 7 927 元。

三、法院裁判

广州海事法院认为,本案是一宗海上货物运输合同纠纷。虽然原、被告之间没有直接签订书面的运输合同,但原告作为承运人接收了被告托运的货物并向被告签发了提单,原、被告之间的运输合同法律关系合法有效。

在"育康"轮卸货不久,收货人发现货物存在问题,就停止了卸货,后收货人的保险人西贡保险公司委托当地的文东检验公司对货舱内货物进行了检验,结果发现货物结块。之后收货人才申请扣船。因此根据上述事实可以认定,扣船原因就是货物结块。

原、被告共向法院提供了 4 个检验报告和 1 个品质和数量证书,原告根据其提供的检验报告认为货损原因是货物结块,被告根据其提供的检验报告、品质和数量证书认为货损原因是货物结块且水湿。由于品质和数量证书是根据贸易合同和信用证的要求作出的,在货物装船前 8 天所做的检验并不能反映货物在装船当时的真实状况。根据被告提供的检验报告,结块且水湿的货物在抽样的 8 袋中占 1.07%。由于该货物本身就有 2.35% 的水分,且经过内塑外编的两层防水包装,航程只有 4 天,被告没有足够的证据证明货物在装货和航行过程中有水湿损害,因此,对被告的货物在装货和航行过程中有水湿损害的主张不予支持。

由于我国法律没有强制规定当事人处理民事纠纷应聘请律师,因此,原告要求被告承担其所支付的律师费人民币 40 000 元无法律根据。同理,在原告为解决本案纠纷而支付的差旅费人民币 7 927 元中,有一半的费用即人民币 3 963.5 元是原告律师的差旅费,对原告的这部分损失,被告不应承担责任。此外,对货损赔偿金 121 970.5 美元,卸货费、分类费、仓储费 8 606.65 美元,卸港货物检验费 1 800 美元,为处理"育康"轮在越南被索赔一案而支付的差旅费人民币 10 491.29 元,船期损失 118 320 美元,额外港口使费 5 619.31 美元,被告均应承担相应责任。

依据《中华人民共和国海商法》第 76 条的精神,如果货物在托运时承运人已经发现货物的表面状况存在问题,承运人应当在提单上进行批注,否则承运人应向收货人交付表面状况良好的货物。在本案中,原告明知被告托运的货物的表面状况存在严重问题,并且已经预见到如果出具清洁提单,有可能会损害收货人的利益,而遭到收货人的索赔,却在被告出具保证书与保函的情况下开出了清洁提单;被告在其提供的保证书与保函中也明知货物的表面状况存在问题,却为了顺利地取得收货人的货款,以保函和保证书的方式换取了清洁提单。被告出具给原告的保函和保证书,作为担保合同,对收货人而言,已经构成了恶意,双方共同侵犯了收货人对完好货物的权利。根据《中华人民共和国民法通则》第 58 条第 1 款第(四)项的规定,该保函和保证书作为一个担保合同应属无效。由于原、被告双方均有过错,根据《中华人民共和国民法通则》第 130 条的规定,原、被告双方对收货人的损失应当承担连带责任。由于被告对收货人的损失负有同等赔偿义务而没有赔偿,也没有出面为使原告的船舶获释而作出任何积极的行为,以致使原告的船舶在被扣押期间产生了其他合理损失,根据《中华人民共和国民法通则》第 106 条第 1 款和第 2 款的规定,对此,被告也应承担相应的责任。因此,对原告向收货人支付的赔偿金损失和原告的船舶被扣押而产生的其他合理损失,被告应当承担 50% 的民事责任。

依照《中华人民共和国民法通则》第 130 条、第 106 条第 1 款和第 2 款的规定,判决如下:

被告硫铁矿公司赔偿原告诚毅公司货损赔偿金 60 985.25 美元;卸货费、分类费、仓储费 4 303.325 美元;卸港货物检验费 900 美元;为处理"育康"轮在越南被索赔一案而支付的差旅费人民币 5 245.645 元;船期损失应为 59 160 美元;额外港口使费 2 809.655 美元;为解决本案纠纷而支付的差旅费人民币 1 981.75 元。

本案受理费 8 762 美元、人民币 2680 元,原告诚毅公司负担 4 437.5 美元、人民币 2 389.58 元;被告硫铁矿公司负担 4324.5 美元、人民币 290.42 元。

25 原告河北省粮油(集团)总公司与被告阿塞尔吉达金亚塞那依维提加里特有限公司海上货物运输合同纠纷案
案例来源:天津海事法院(2000)津海商初字第 416 号
主题词:承运人责任期间　免责事由　散装大豆运输

裁判要旨

No. HY-1.1-51　在承运人的责任期间,货物发生灭失或损坏的,除由于承运人可以免责的原因外,承运人应当负赔偿责任。承运人不能提供证据证明其已妥善、谨慎地保管、照料货物的,应当承担举证不能的责任。

No. HY-1.1-52　散装大豆运输,除装货前应做好货舱准备工作保证货舱干燥无积水外,航行途中必须根据货舱内外露点和湿度正确通风,且承运人应当就此能提供有效的原始记录证明该轮船员已根据不同的气候和天气等情况测量了干湿度并根据测定的船内外露点进行了正确的通风,否则应当承担举证不能的责任。

一、基本案情

原告:河北省粮油(集团)总公司
被告:阿塞尔吉达金亚塞那依维提加里特有限公司(ASIL GIDA KIMYA SANAYI VE TICARET A. S.)
原告诉称:原告为河北省油脂公司代理进口巴西产大豆,货物在巴西 ITACOATI-

ARA 港装载于被告所属的"MUSTAFA NEVZAT"轮上。被告装港代理代表船长签发了已装船清洁提单,该轮于 2000 年 7 月 1 日抵达天津新港。卸货时,发现部分货物严重霉变。经塘沽出入境检验检疫局(以下简称检验检疫局)检验,货物损失为人民币 12 190 698.05 元。原告持有正本清洁提单,即拥有在卸货港提取完好货物的权利,被告作为承运人对货损负有赔偿责任。庭审中,原告变更了诉讼请求,称原告损失最后确定为人民币 8 274 151.80 元,存在于以下几项:① 货物完好状态下的到岸市场价每吨人民币 2 300 元,按受损货物 80%、60%、30% 的三个损坏程度,货物损失金额为人民币 7 455 790.40 元;② 处理受损货物额外支出的分卸、短倒费用人民币 698 956.40 元;③ 商检验残费人民币 34 942 元;④ 法院诉讼、保全费用人民币 84 463 元。

被告辩称:货损是由于货物水分过高、破碎粒多等固有缺陷造成的,且由于航程中天气、温度、长时间运输的影响,货物发生霉变,并非承运人的过错。承运人提供了适航的船舶,在航行途中对货物进行了力所能及的通风,尽到了良好的管货义务。而原告的损失又缺乏证据,且原告不具有诉权,请求法院驳回原告的各项请求。

二、法院查明事实

天津海事法院查明:2000 年 5 月 9 日,原告进口的一批巴西产大豆,装载于被告所属土耳其籍"MUSTAFA NEVZAT"轮上,被告签发了清洁的 B/L NO.02 号已装船提单。提单载明:托运人 WILMAR 公司,收货人凭指示,通知方为原告,装货港 ITACOATIARA/AM/BRAZIL,卸货港中国天津,货物为 24 880.424 公吨散装巴西产大豆,装载于 2、4、6、7 舱,运费预付。7 月 1 日,货抵天津新港,卸货时发现货物受损。检验检疫局对受损货物进行了检验,其出具的验残证书载明:经对 2、4、6、7 舱所载货物进行逐舱勘察,发现各舱舱内表层货物均已严重硬结霉变,舱内有明显的酸败气味。表层货物霉变呈灰白色,有明显遭受水湿痕迹。舱口围板下方的货物水湿迹象明显,且货物霉变严重。2、4、7 舱硬结霉变层断面显示深约 30 CM 左右,货物与舱壁及舱壳相接触处有明显水湿现象,货物发霉结块。第 6 舱霉变层断面显示深达 50 CM 左右。霉变层下面部分货物受热赤变呈褐色,部分货物炭化呈黑色,并伴有明显酸败气味。经分卸后进一步检验、衡重、验残工作,确定残损货物数量及损失程度为:① 1 827.800 公吨货物严重霉变,不能用于原用途,估损 80%;② 844.630 公吨货物部分赤变、炭化,并混有霉变物,有酸败气味,影响销售和使用,估损 60%;③ 4 242.100 公吨,部分赤变、炭化,影响销售和使用,估损 30%。卸货后,原告凭正本提单提取了案涉货物,被告向原告交付了货物。

三、法院裁判

天津海事法院认为,关于原告是否具有诉权,关键在于其收货人的法律地位是否确立。案涉提单是一份指示提单,WILMAR 公司作为托运人,进行了空白背书,提单因买卖合同进行流转。《中华人民共和国海商法》第 42 条第(四)项规定,"收货人",是指有权提取货物的人。只有支付相应对价的一方,才是提单的合法持有人,才对提单项下的货物具有所有权。银行是处于货款支付环节的金融机构，并不就提单项下货物支付对价，其因支付环节而对提单的占有，并非法律意义上的提单受让人或持有人。原告与 WILMAR 公司签订了购买案涉货物的买卖合同，支付了相应的对价，取得了正本提单，并依据正本提单向被告提取了货物，被告也向原告交付了货物。现原告仍能向法庭提交一份正本提单作为证据。而被告向原告交付货物的行为，亦表明其在交付货物当时对原告收货人的法律地位没有异议。原告是案涉货物的合法收货人，对于在承运人掌管期间造成的货物损坏，有权提出赔偿的诉讼请求。

关于货物损坏的原因。法院参考了多份文献资料和教材，发现货舱通风的基本原则，在于降低舱内露点，使舱内空气露点始终低于船体或货物表面温度，否则就会在船体或货物表面产生汗水。除装货前应做好货舱准备工作保证货舱干燥无积水外，航行途中必须根据货舱内外露点和湿度正确通风，在没有露点自动记录器的情况下，通常使用干湿球温度计和露点查算表来测定露点。本案中，货物运输由南半球跨越赤道到达北半球，温度变化大，航行时间长，正确通风尤为重要。根据本院审判人员对船长的调查，该轮并无露点自动记录器，被告也未能提供有效的原始记录证明该轮船员已忠实地根据不同的气候和天气等情况测量了干湿度并根据测定的船内外露点进行了正确的通风。被告不能对其已妥善、谨慎地保管、照料货物完成其举证责任。被告所称的货物含水量达到 16%、品质低于国家标准等，均没有提供相应的证据。而装港货物检验证书中载明的大豆所含水分 12.7%，与文献资料中所记载的通常 12.5%—13% 的标准基本相符。而含水量超标造成表层货物霉变与占全部货物近 80% 的底层货物完好的事实相矛盾。因此，被告所称货物损坏是其自身缺陷所致的主张不能成立。货物损坏应系被告未能对货物妥善正确通风导致船体和货物结露产生汗水所致。

关于原告损失的具体数额和法律适用。中国未加入《海牙规则》和《海牙-维斯比规则》的有关公约，依据提单背面条款，本案应适用卸货港国家的法律，即中国法。根据《中华人民共和国海商法》有关规定，货物损坏的赔偿额，按照货物受损前后实际价值的差额等方法来计算，而货物的实际价值，按照货物装船的价值加保险费加运费来计算。

综上，法院认为，本案是海上货物运输合同货物损坏赔偿纠纷。相对于承运人和收货人，提单具有运输合同的作用，双方的权利、义务依据提单上规定确定。在承运人的责任期间，货物发生灭失或损坏，除非由于承运人可以免责的原因外，承运人应当负赔偿责任。本案中，被告作为承运人，没有完成其负有的证明其已妥善、谨慎地保管、照料货物的举证责任。相反，相关证据表明，在其掌管期间，舱壁和货物结露产生汗水造成货物霉变损坏。被告对于因此造成的原告货物损失和相关验残费用、保全费用损失负有赔偿责任，并应支付相应的利息。对于本案诉讼费用，按照法律规定，应由败诉方承担，而不应作为一项损失来请求。原告其他的诉讼请求，因证据不足，不予支持。据此，判决如下：

（1）被告赔付原告货物损失人民币 6 035 117.20 元、验残费人民币 34 942 元、诉前证据保全费用人民币 5 000 元、诉前财产保全费用人民币 5 000 元，共计人民币

6 080 059.20 元,并按同期银行存款利率,支付自 2000 年 7 月 14 日起至判决确定的给付之日止的利息。上述款项应于判决书生效之日起 15 日内付清。逾期不付,按《中华人民共和国民事诉讼法》第 232 条执行。

(2)驳回原告其他诉讼请求。

26 原告本溪北台钢铁集团供销有限责任公司与被告南京华海船务有限公司、南京豪盛船务有限公司、营口市全通实业公司船载货物纠纷案

案例来源:广州海事法院(2001)广海法汕字第 10 号
主题词:承运留置权　牵连关系　留置船载货物

裁判要旨

No. HY-1.1-53　《中华人民共和国合同法》第 315 条规定,托运人或者收货人不支付运费、保管费以及其他运输费用的,承运人对相应的运输货物享有留置权。债权人行使留置权不以占有债务人所有的动产为必要条件,也不以债权人与动产所有人有债权债务关系为必要条件,只要债权人债权的发生与占有的动产有牵连关系就享有留置权。沿海水路运输包船运输合同项下,出租人为追索已届清偿期的运费留置船载货物,船载货物虽不属于承租人所有,但与出租人的债权有牵连关系,出租人对相应运输的货物享有留置权。

一、基本案情

原告:本溪北台钢铁集团供销有限责任公司(以下简称本溪钢铁公司)
被告:南京华海船务有限公司(以下简称华海公司)
被告:南京豪盛船务有限公司(以下简称豪盛公司)
被告:营口市全通实业公司(以下简称全通公司)

原告本溪钢铁公司诉称:2000 年 11 月 16 日,豪盛公司("新华海 101"轮船舶经营人)与全通公司签订航次租船合同,约定:全通公司包船租用豪盛公司提供的船舶"新华海 101"轮运送螺纹钢及铸管,从营口鲅鱼圈到汕头。11 月 28 日,"新华海 101"轮起航,船上载有原告的螺纹钢 1 049 件。11 月 29 日,全通公司向豪盛公司出具函件,确认运费没有付清时豪盛公司可以以运费相同价值的货物抵作运费。12 月 7 日,"新华海 101"轮抵达汕头,豪盛公司只将原告的螺纹钢卸下 994 件,余下 55 件以全通公司欠其运费且同意其留置船载货物为由不予卸货。12 月 12 日"新华海 101"轮卸下 53 件螺纹钢,丢失 2 件。被告华海公司("新华海 101"轮船东)也拒绝将卸下的 53 件螺纹钢交给原告,而是留置于汕头港货运公司。原告为避免损失扩大,向广州海事法院提供了 25 万元现金担保而申请了强制放货。根据《中华人民共和国海商法》《中华人民共和国担保法》《中华人民共和国合同法》的有关规定,豪盛公司、华海公司留置动产必须是与原

告有债权债务关系,且留置的应是债务人所有的动产。豪盛公司与全通公司的运费纠纷与原告无关,原告与豪盛公司、华海公司之间没有任何债权债务关系,原告也没有法定或约定支付运费的义务,被告留置的也不是债务人(全通公司)的动产,豪盛公司、华海公司无权留置原告的货物以向原告主张运费。被告全通公司无权授权豪盛公司、华海公司留置原告的货物,其向豪盛公司、华海公司出具的书面授权无效。因此,豪盛公司、华海公司留置原告的货物错误。豪盛公司、华海公司在错误留置货物期间丢失了 2 件货物,造成原告的货款损失,并造成原告为向法院提供 25 万元现金担保期间的利息损失。请求法院判令被告豪盛公司、华海公司赔偿原告 2 件螺纹钢货款损失 9 443.12 元、利息损失 5 366.60 元、申请海事强制令的受理费 5 000 元、执行费 6 000 元,被告全通公司对上述费用承担连带责任。

被告豪盛公司、华海公司共同辩称:根据合同法,承运人在应收取的运费未收到的情况下,可以留置相应的运输货物。根据最高人民法院《关于适用〈中华人民共和国担保法〉若干问题的解释》的规定,只要债权人对动产的占有与其债权的发生有牵连关系,债权人就可以留置其所占有的动产。因此,豪盛公司、华海公司对原告的货物有法定留置权,行使留置权合法有效,不应承担赔偿责任。请求驳回原告的诉讼请求。

被告全通公司到庭后未经法庭许可中途退庭,未答辩。

二、法院查明事实

广州海事法院认定以下事实:被告华海公司为"新华海 101"轮的所有人,华海公司书面委托被告豪盛公司全权处理运营事宜。11 月 16 日,豪盛公司与被告全通公司签订航次租船合同,豪盛公司为出租人,全通公司为承租人,船舶为"新华海 101"轮。合同约定包船承运,运费 45 万元,货物为螺纹钢及钢管,起运港为营口鲅鱼圈,到达港为汕头港。11 月 28 日,在装载了以原告本溪钢铁公司为收货人的螺纹钢 1 049 件及其他人的货物后,"新华海 101"轮驶离营口港。11 月 29 日,全通公司向豪盛公司出具确认书,确认"平舱后预付款没有付给船方,船方可以以运费 60% 相同的货物扣留抵作运费。卸货前全部货物运费没有付清,船方也可以扣留与运费相同价格的货物作为所差 40% 的运费"。12 月 7 日,"新华海 101"轮抵达汕头港并开始卸货。按约定,全通公司应在汕头港卸货前付清全部运费,但虽经豪盛公司催促,全通公司只支付了部分运费,未将约定的运费全部付给豪盛公司。12 月 8 日,全通公司向豪盛公司出具函件,载明"要求船方滞留 100 吨螺纹钢"。被告豪盛公司留置了原告本溪钢铁公司的螺纹钢 55 件。12 月 12 日,"新华海 101"轮在汕头港卸下 53 件螺纹钢,华海公司委托汕头港货运公司保管。12 月 10 日、12 日,原告本溪钢铁公司向船方交涉要求放货,豪盛公司拒绝放货。2001 年 1 月 4 日,原告本溪钢铁公司向法院提出强制放货申请,并提供了 25 万元的现金担保。同日,法院作出(2001)广海法汕字第 1—2 号民事裁定,并发出海事强制令,将螺纹钢放给原告本溪钢铁公司。根据装货港货物交接清单记载,船上共装载了原告的螺纹钢 1 049 件;根据中国外轮理货总公司汕头分公司在货物交接清单上的批注,"新华海 101"轮在汕头港共卸下原告的螺纹钢 1 047 件,丢失了 2 件。被告豪盛公司也承认在留置期间丢失了 2 件螺纹钢。根据《螺纹钢常用参数表》,该 2 件螺纹钢重 4.066 吨。原告已签订了将螺纹钢卖给汕头市福志有限公司的合同,每吨单价 2 320 元,2 件螺纹钢共 9 433.12 元。

以上事实均有证据印证,原告、被告豪盛公司、华海公司予以确认,被告全通公司不予反驳,法院予以确认。

三、法院裁判

广州海事法院认为:《中华人民共和国合同法》第 315 条规定"托运人或者收货人不支付运费、保管费以及其他运输费用的,承运人对相应的运输货物享有留置权"。最高人民法院《关于适用〈中华人民共和国担保法〉若干问题的解释》第 109 条规定"债权人的债权已届清偿期,债权人对动产的占有与其债权的发生有牵连关系,债权人可以留置其所占有的动产"。债权人行使留置权不以占有债务人所有的动产为必要条件,也不以债权人与动产所有人有债权债务关系为必要条件,只要债权人债权的发生与占有的动产有牵连关系就享有留置权。豪盛公司的债权已届清偿期,被告全通公司不支付全部运费,留置的螺纹钢与豪盛公司的债权有牵连关系,豪盛公司对相应运输的螺纹钢享有留置权。对原告本溪钢铁公司认为其与被告豪盛公司没有债权债务关系,因而被告豪盛公司无权留置其货物的主张不予支持。被告豪盛公司虽有留置权,但同时也有妥善保管留置物的义务,因保管不善致使留置物灭失或毁损的,应承担赔偿责任。被告华海公司与本案没有直接的法律关系,其委托汕头港货运公司保管被留置货物的行为应视为代豪盛公司行使留置权,不应承担责任。被告全通公司并未保管留置物,对货物灭失不承担责任。

依照《中华人民共和国合同法》第 315 条、《中华人民共和国担保法》第 86 的规定,判决如下:

(1) 被告南京豪盛船务有限公司赔偿原告本溪北台钢铁集团供销有限责任公司 2 件螺纹钢的价款 9 433.12 元;

(2) 驳回原告本溪北台钢铁集团供销有限责任公司关于向法院提供担保金所造成的利息损失,以及向法院申请海事强制令所缴纳的案件受理费、执行费的诉讼请求;

(3) 驳回原告对被告南京华海船务有限公司、被告营口市全通实业公司的诉讼请求。

本案受理费 1 610 元,由原告负担 1 020 元,被告南京豪盛船务有限公司负担 590 元。

27 上诉人(印度)拉迪恩航运有限公司与被上诉人(中国)五矿贸易有限公司提单记载与实际货物不符损害赔偿纠纷案

案例来源:山东省高级人民法院(2002)鲁民四终字第 24 号
主题词:提单背面条款　批注范围　检验结果

> **裁判要旨**
>
> **No. HY-1.1-54**　根据提单背面条款第 1 款的约定,发生租约约定的法律适用并入提单的条件是在提单首页标明租约日期的,因提单正面未记载租约和未标明租约日期,故应当认定不存在承运人所欲主张的租约约定的法律适用条款并入提单的前提。
>
> **No. HY-1.1-55**　承运人在提单上做出批注的情形限于提单记载的货物的品名、标志、包装或者件数、重量或者体积,货物的内在品质不属于承运人进行批注的范围。承运人在提单上的批注应当是船方在签发提单时根据通常的观察方法观察到和发现的货物状况。承运人是否做出批注不以他人的检验结果为依据。
>
> **No. HY-1.1-56**　依据贸易合同所做的检验结果可以作为贸易合同双方解决争议的约定依据,但不能作为解决独立于贸易合同之外的海上运输合同的依据。
>
> **No. HY-1.1-57**　当交货行为不能发生后,收货人用书面形式向承运人明确表示将该批货物的所有权重新归于卖方所有,承运人亦已按照其指示将货物交于卖方处理,对该批货物的处置承运人也不存在任何过错,收货人由此产生的损失与提单运输合同关系没有关联,其损失应当通过贸易合同解决。

一、基本案情

上诉人(原审被告):(印度)拉迪恩航运有限公司(Radiant Shipping Limited,以下简称拉迪恩公司)

被上诉人(原审原告):(中国)五矿贸易有限公司(以下简称五矿公司)

经审理查明:2000 年 7 月 3 日,五矿公司与瑞士纽克公司(NEWCO FERROUS TRADING AG)签订了一份销售合同(NO. 147-5112701-S),合同约定,由瑞士纽克公司向五矿公司出售 25 000 公吨至 30 000 公吨货物,允许增减 10%,货物名称为"冶炼用废钢,其中 80% 为符合美国废物回收工业协会标准(ISRI)200/201/202 的 1 号重熔废钢,其余符合美国废物回收工业协会标准 203/204/205/206 的 2 号重熔废钢",价格为 112 美元/公吨,交货条件为 CNFFO 中国连云港或烟台(由买方在签署合同后的 15 个工作日内确定)装船期为 2000 年 7/8 月,由买方决定。质量检验由中国进出口检验公司进行,其在装货港的检验结果为最终结果,对双方有约束力。在卸货港,买方有权在卸货期间向中国进出口商品检验公司提出重新检验的申请。如果质量与合同不符,买方有权依中国商检证书在 90 天内向卖方索赔,所有检验费用由买方承担,但重新检验需立即通知卖方,以便卖方派出其核查检验师监督卸货港进行重新检验。如果 2 号重熔废钢超过总量的 22%,超出合同规定比例的每一吨,卖方需向买方支付每公吨 5 美元的罚金,但该等级所占比例绝对不能超过 30%,如果根据中国进出口商品检验公司在卸货港的检验结果,2 号重熔废钢超过总量的 30%,买方有权拒收货物。买方有权自己在装船期对货物进行检验,但应自行承担费用。上述检验公司在装货港确定的货物重量是唯一和最终的重量。双方还就货物重量的确定、载运的船舶、卸货速度、货款的支付等其他问题在合同中进行了约定。

2000 年 8 月 21 日,五矿公司致函纽克公司称:鉴于你方未申请中国进出口商品检验公司在装货港进行品质检验,考虑到双方的长期合作关系,我方决定接受你方的建议,即不用中国进出口商品检验公司(CCIC)的品质证书,而用装货港英斯贝克公司(INSPECTORATE DNAIEL C. GRIFFITH)签发的品质检验证书作为议付文件,但是,如果货物的品质与合同不符,我方有权依照中国商检在卸货港签发的品质检验证书向卖方索赔。要求对方予以确认。纽克公司于当日回函确认。

2000 年 8 月 19 日,荷兰英斯贝克公司在鹿特丹对有关货物进行了检验,并出具了检验证书。该检验证书称:我们"参加了上述货物装载到'巴拉基'(BALAJI PREMIUM)轮的整个过程,现证明上述货物符合合同描述及美国废物回收工业协会标准的要求,没有受到污染,不含垃圾和有害废物"。

中国商检鹿特丹分公司在供应方货场对货物也进行了装船前检验。并于 2000 年 8 月 22 日出具了装船前检验证书。该证书称,"根据在装船前进行的目检,发现上述货物不含生活垃圾、BANNEL 公约关于'控制有害废物和其他废物跨国境运送和处理'的协定所禁止的危险和有害废物。进一步用手提射线警报器对货物进行了放射检验,没有发现异常"。其结论是:"上述货物已妥善处理。适合回收利用,并符合中华人民共和国《进口废物环境保护控制标准——有色金属 GB1648 7.7-1996》的要求。"但该证书同时声明,上述结论仅反映在上述检验时间和检验地点对货物进行检验的结果,并不包括其他事项。

瑞士纽克公司将 32 697.158 公吨废钢交给拉迪恩公司所属"巴拉基"轮运输。该批货物于 2000 年 8 月 19 日装上船后,船长签发了大副收据。该收据称,"我声明,我在船上已收到 32 697.158 吨重熔 1 号和 2 号废钢"。该收据同时注明,"以上系根据船舶吃水确定。重量、尺码、质量和数量不知"。拉迪恩公司的代理代表船长签发了已装船清洁指示提单。提单格式为康金提单 1994 年版。其正面记载提单与租约一起使用,提单编号 1,参考编号空白。"托运人表述的货物"一栏对货物的表述为:"冶炼用废钢。重熔 1 号和 2 号。其中重熔废钢 1 号为 80% 依美国废钢回收工业协会标准 200/201/202;其余为重熔废钢 2 号依美国废刚回收工业协会标准 203/204/205/206。重量:32 697.158 公吨。已清洁装船。运费预付。货物的重量、尺码、质量、数量、状况、内容和价值不知。"提单背面的条款第 1 条规定,"提单正面注明签订日期的租船合同中的所有条款、条件、责任和免责条款,包括法律适用和仲裁条款,均并入本提单"。但是,在提单的正面,"租船合同的日期"一栏为空白。当事人双方未提交提单背面其余条款的中文译件。

2000年8月25日,五矿公司通过银行议付取得了上述提单。9月30日,"巴拉基"轮抵达烟台港,并开始卸货。当卸下20000余吨时,拉迪恩公司发现货物存在严重的杂质,即申请中国进出口商品检验总公司山东分公司进行检验。中华人民共和国烟台出入境检验检疫局也依法进行了检验。中华人民共和国烟台出入境检验检疫局于2000年10月9日出具的报告称:"依据SNO581-1996《进口废钢铁检验规程》、GB1648 7.6-1996《进口废物环境保护控制标准——废钢铁》,对上述货物进行检验,发现货物中夹带渣土、剥离铁锈、废旧塑料等废物所占货物总重量比例超过GB16487.6-1996(《进口废物环境保护控制标准——废钢铁》)中规定的2%",其结论是"上述货物的环保项目不符合GB16487.6-1996的规定"(见该局0300100001629号《检验证书》)。该局依法对货物的品质也进行了检验,并出具了检验证书,该证书称:"依据147-5112701-S合同对上述货物进行了检验,发现货物中重熔2号(ISRI 203/204/205/206)所占比重超过30%。"其结论是"上述货物品质不符合147-5112701-S合同的规定"。该局于10月8日具函通知五矿公司"于10月8日暂时停止卸货,待处理完毕后方可卸货"。

2000年10月15日,英斯贝克上海公司依据瑞士纽克公司的委托对船上和已卸下货物进行了检验并出具了检验报告。检验结论为:"岸上货物杂质含量不超过0.5%,船上仍装有货物的货舱的底层,含有更多杂质,在废钢卸货过程中,这种现象很正常,已卸下船的货物含有较少量的杂质。因此我们相信该批货物总杂质量不超过2%。"

2000年12月21日,中国进出口商品检验总公司山东分公司应五矿公司的请求对货物进行了检验并出具检验证书。该检验证书称,"我方鉴定人员于9月30日10:00时登'巴拉基'轮进行首次水尺鉴定,在卸货过程中我方鉴定人员发现该批货物杂质含量明显过多,随着卸货的进行,情况愈加严重,在卸货地点和船舱内尘土飞扬,我方鉴定人员于10月8日下船检验,发现2、3、4、5舱所载废钢的缝隙已被尘土塞满,4舱情况尤其严重,所剩货物表面有2/3的面积已被杂质填平"。"卸货完毕后,我方鉴定人员会同英斯贝克公司Ronald Visser先生根据ISRI的废物检验标准和买卖双方的合同对所卸货物进行检验。""检验结果如下:重量(以水尺鉴定为准):20606吨;H.M.S.1(重熔1号):51.30%;H.M.S.2(重熔2号):44.26%;杂质:1.88%;H.M.S.1,2等外品:2.56%;超长超大件(已包含在H.M.S.1内):1.47%。"该公司还对船上剩余货物逐舱进行了检验,并参考了船方提供的积载图,认为其杂质含量为9.69%。该检验证书对剩余货物的检验结果作了声明,"以上结果为我方鉴定人员仅由货物的表面检验所得,但底部货物的杂质含量逐渐增多,杂质实际含量应远高于此结果"。

2000年11月20日,五矿公司致函"巴拉基"轮在中国的船代中国外轮代理烟台公司称:"我们已被有关当局口头告之货物的处理决定。依此决定,船上未卸货物被禁止再卸。鉴此,我们已行使合同权利拒收滞留船上的货物,并将此通知纽克公司。货物的所有权已经转回纽克公司。随附拒货通知请查收。"

2000年11月7日,五矿公司以拉迪恩公司签发提单未批注、货物杂质超标给申请人造成重大损失为由,向青岛海事法院申请扣押拉迪恩公司所属"拉迪恩"轮(即"巴拉基"轮),要求拉迪恩公司提供180万美元的担保,并提供了180万美元的反担保。山东省高级人民法院接受申请后,于2000年11月7日裁定扣押该船。12月20日,中国再保险公司向山东省高级人民法院出具了160万美元的担保,经五矿公司同意,山东省高级人民法院于12月20日对该船解除扣押。2000年11月23日,拉迪恩公司向山东省高级人民法院提起诉讼,认为五矿公司扣船申请错误,要求其赔偿损失10万美元,并处理船上剩余货物。五矿公司提起反诉,要求拉迪恩公司赔偿损失(即本案)。在合并审理两案过程中,拉迪恩公司撤回对五矿公司的起诉,山东省高级人民法院已裁定准予撤诉。

2000年12月1日,中华人民共和国烟台海关具函通知五矿公司,"经检验检疫部门检验并经国家环保部门审查认定,尚未卸船12 091.158吨废钢不符合国家环保标准",责令五矿公司立即通知船舶所有人不得卸船,并限15日内"将上述不符合国家环保标准的废钢全部退运出境"。该函也送达给了拉迪恩公司方的船舶代理人。

2000年12月11日,拉迪恩公司授权律师就五矿公司不能卸货作出声明,声明送达五矿公司后,2000年12月14日,五矿公司又向拉迪恩公司作出书面声明,称:由于剩余货物不能入关,我司已依据买卖合同拒收船上未能卸下部分货物,该部分货物所有权现已由该批货物卖方纽克公司重新拥有,为便于贵司处理船上货物,我司已将上述情况及时通知贵司知悉,我司已向贵司明确表示了基于海关退运贵司不能交货后,我司放弃对船上货物处置权利的意愿。

2000年12月29日,"巴拉基"轮载剩余货物12 091.158吨离开烟台港。后该货物在托运人纽克公司的协助下由拉迪恩公司在马来西亚槟城变卖,所得价款存入第三者账户,须经拉迪恩公司与纽克公司共同确认才能提取。拉迪恩公司聘请英国CWA国际咨询服务有限公司在装货港鹿特丹及退运港马来西亚槟城对相关事实进行了调查。该咨询公司认为,货物中尘土的含量没有超过2%;货物中除了重熔1号和重熔2号外,还夹杂部分严重锈蚀的废钢碎屑。如果把碎钢屑认定为重熔1号,则重熔1号和重熔2号的比例大致符合合同规定;若认定为重熔2号,则该货物不符合合同规定;如果把废钢碎屑或其中大部分认定为尘土或杂质,则会导致货物尘土过多的不正确结论。此外,经对"尘土"化验,其中的铁成分为13.35%—24.37%,三氧化二铁成分为21.99%—25.99%。该批货物的完好到岸价格为3 588 840.06美元。剩余货物的数量为12 091.158公吨,其进口价值为1 354 209.6美元。五矿公司在卸货港支付的检验费为47 000元人民币。烟台港堆存费率为每天每吨0.15元人民币。中国银行2000年10月8日(停止卸货日)美元短期贷款(1年以内)利率为8.8125%;人民币6个月以下短期贷款利率为5.58%;6个月至1年的短期贷款利率为5.85%。另查明:1999年8月23日,"巴拉基"轮原船舶所有人印度巴拉基公司(BALAJI DISTILLERIES LTD, IN-

DIA)与租船人丹麦丹布克公司(DANBULK A\S)订立了1份"巴拉基"轮定期租船合同。该合同采用1946年纽约土产交易所格式,租期为4至7个月,租船人另有4至7个月的选择权。2000年7月13日,巴拉基公司将"巴拉基"轮转让给拉迪恩公司(该轮在烟台港卸货期间更名为"拉迪恩")。拉迪恩公司与原租船人丹布克公司重新订立租船合同,所有条款与原合同基本相同。2000年8月4日,期租人丹布克公司将"巴拉基"轮以航次期租的形式转租给瑞士纽克公司即本案提单中的托运人。该合同也采用1946年纽约土产交易所格式。上述定期租船合同和航次期租合同的附加条款(RIDER CLAUSES)第30条均为仲裁条款,两条款均规定,"本租船合同应受英国法约束。双方同意:50 000美元以内的索赔(不包括利息和费用),适用伦敦海事仲裁协会(LMAA)1989年小额索赔程序"。

上述事实,均有相关合同、提单、检验证书、调查报告、照片、录像资料及有关发票、银行证明等证据为证,当事双方对相关证据在庭审中均未提出异议,可以认定。

二、一审裁判

青岛海事法院认为:

(一)本案适用的准据法问题

本案提单背面第2条为首要条款(General Paramount Clause),该条款规定:① 装货港法律对适用海牙规则有立法的,本提单适用海牙规则;装货港没有此种立法的,则适用目的港的法律。但是,目的港的法律有关装货的规定若不强制适用,则仍适用海牙规则;② 在贸易中,如果海牙-维斯比规则强制适用,则有关的立法规定应适用本提单。如前所述,两份定期租船合同第30条均约定,该租船合同受英国法约束,并由伦敦仲裁。对该案管辖权问题,山东省高级人民法院在审理期间,拉迪恩公司提出管辖权异议,山东省高级人民法院依照有关法律规定已作出裁定,裁定山东省高级人民法院拥有对本案的管辖权。该裁定已发生法律效力。这里需要解决的争议是,对提单中首要条款如何理解以及租船合同中的法律适用条款是否适用于本提单。拉迪恩公司认为:根据提单的首要条款,本案应适用海牙规则;根据提单中的并入条款,本案的准据法应为租约第30条约定的法律,即英国法。五矿公司则认为,首要条款不是法律适用条款,该条款的意义只是把海牙规则或海牙-维斯比规则并入提单而已。租约中的法律适用条款并未有效并入提单,本案的准据法应为中国法。

提单中的首要条款虽然含有法律适用的内容,但该条款不是法律适用条款,而是将首要条款指向的国际公约并入提单,从而构成提单的条款。这主要是因为:第一,"首要"(paramount),应是相对于提单的其他基础条款而言,表明该条款具有优先于或高于其他条款的效力。法律适用条款与其他条款一样,是当事人协商的结果,二者不存在何者优先的问题。第二,提单中,除了首要条款外,往往还存在法律适用条款,如本案的"租约并入条款"。提单中不可能存在两个法律适用条款。第三,从首要条款的本意来看,虽然首要条款也涉及法律适用问题,但其目的主要是为了使提单强制适用海牙规则或海牙-维斯比规则,并不是为了确定准据法。因此,本案中的首要条款,不是法律适用条款,而是将海牙规则或海牙-维斯比规则引入提单的条款。本案的装货港为荷兰鹿特丹,荷兰于 1982 年批准了修改海牙规则的议定书,即海牙-维斯比规则,《荷兰商法典》第 467 条对海牙-维斯比规则的效力做了规定。依照本案"首要条款"的约定,海牙-维斯比规则应当视为已并入该提单。

本案租约中的法律适用条款未并入提单。租约中的法律适用条款并入提单至少应当符合以下条件:

首先,提单中的并入条款应当明确包括法律适用条款。租约中的法律适用条款、仲裁条款和管辖条款均属于独立于租船合同之外的协议,除非提单并入条款中明确表明,否则不发生并入的效力。本案五矿公司持有的提单明确表明,该提单并入租约中的条款包括法律适用条款。因此,本案提单中的并入条款符合并入租约中法律适用条款的前提条件。第二,租约条款(包括法律适用条款)并入提单,应当符合"并入条款"约定的条件。本案的并入条款明确说明,所并入的租约是"提单正面注明签订日期的租船合同",而该提单正面的租船合同签订日期一栏,拉迪恩公司在签发提单时却没有填写。五矿公司作为提单持有人,不是租船合同的一方,无法确认或了解租船合同条款包括法律适用条款的内容,如果承认该并入条款的效力,既不符合提单的约定,也不符合公平合理的原则。第三,被并入的租约应当与提单所证明的运输合同具有基本相同的法律性质。本案拉迪恩公司提供的两份租船合同均为期租合同,尽管其中一份是航次期租合同,但该合同仍属于期租合同。中国海商法将运输单证、航次租船合同规定在第四章"海上货物运输合同"中,而将定期租船合同、船舶光租合同规定在第五章"船舶租用合同"中。据此可以认为,根据中国海商法的规定,航次租船合同属于海上货物运输合同,而定期租船合同属船舶租用合同;提单持有人与承运人的关系,属海上货物运输合同关系。《中华人民共和国海商法》允许航次租船合同的条款并入提单(第 95 条),对期租合同的条款是否可以并入提单未予规定。航次租船合同与定期租船合同是两种不同性质的合同,不仅二者的目的不同,而且当事人之间权利义务的内容也不同,二者难以相互包容。因此,船舶租用合同的内容难以并入货物运输合同。定期租船合同中的法律适用条款也是如此。在定期租船合同中,其法律适用条款的本意是或应当是,双方同意选择适用准据法中与定期租船合同相关的法律。双方协商时不可能涉及适用其他与此无关的法律问题。因此,从定期租船合同中法律适用条款的本意来看,本案租船合同中的法律适用条款也不可能并入本案货物运输合同——提单中。

鉴于本案提单并入条款(包括法律适用条款)不符合上述第二项和第三项条件,拉迪恩公司提交的定期租船合同中的条款并未并入提单,应当视为本案当事双方对法律适用没有约定。根据《中华人民共和国海商法》第 269 条的规定,"合同当事人没有选择(准据法)的,适用与合同有最密切联系的国家的法律"。拉迪恩公司船舶承运货物的目的港即运输合同的履行地为中国,中国是"与合同有最密切联系的国家",对该提单引起的有关纠纷,应当适用中国的有关法律。

（二）货物中的杂质问题

五矿公司、拉迪恩公司双方均承认，本案货物中的杂质不是该船上一航次遗留下来的，航行过程中废钢可能遇潮生锈，但杂质的绝大部分并不是航行过程中产生的。杂质的绝大部分在装货时即已存在。双方争议的焦点是货物中重熔1号和2号以外的部分，到底是废钢碎屑，还是杂质。五矿公司认为，根据卸货地——中国有关部门的检验，拉迪恩公司承运的货物中的重熔1号和重熔2号的比例与提单记载严重不符，货物的杂质高达4.77%以上，严重超过《进口废物环境控制标准——废铁》规定的2%。拉迪恩公司则认为，根据英国 CWA 国际咨询有限公司在装货港和退运地对相关事实的调查和检验，拉迪恩公司所承运货物的重熔1号和重熔2号的比例分别为71.6%和20.6%，废钢碎屑为5.9%，尘土为1.1%。若将废钢碎屑归入重熔1号，则重熔1号和重熔2号的比例与提单记载基本相符。中国有关机构认定的杂质，其实大部分为废钢碎屑，尘土仅为1.1%，并未超过中国废钢进口环保标准。

本案货物属特种货物，应当受中国法律的约束，并适用中国的强制检验标准。中国有关检验机构的检验结果应当作为确定本案货物状况的最终依据。废钢属中国限制进口的固体废物。为防治固体废物污染环境，中国于1995年颁布了《中华人民共和国固体废物环境污染防治法》。依照该法的授权，中国国家环境保护局、对外贸易经济合作部、海关总署等五部局于1996年3月1日联合制定了《废物进口环境保护管理暂行规定》（以下简称《暂行规定》），同年8月1日，对该《暂行规定》又作了《补充规定》。该《暂行规定》不仅规定了废物进口的申请、审批等有关程序，同时对废物进口后的检验、检验机构及检验后发现问题的处理也作了明确的规定。废钢铁被列入该规定附录"国家限制进口的可用原料的废物目录"的第六类7204.1000-7204.5000。《补充规定》则进一步明确规定，"对国家允许的进口废物必须实施装船前检验"，进口废物运抵我国口岸后，收货人须持有关单证向海关申报，向"口岸检验机构"报验，"发现问题后及时通知海关和当地环保行政部门依法处理"；"任何企业不得进行转口贸易"。依据该《暂行规定》，国家环境保护局于1996年8月1日又制定了《进口废物环境控制标准——废钢铁（试行）》（中华人民共和国国标准 GB16487.6-1996）。该标准除规定了进口废钢的其他技术指标外，还进一步规定，"进口废钢中无法在其加工利用过程中作为原料直接利用的其他夹带废物（如废木料、废纸、废织物、废玻璃、塑料、渣土、剥离铁锈等，但不包括铜、铝等国家允许进口的有色金属）总重量不得超过进口废钢铁重量的百分之二"。

由此可见，在我国，废钢属特种货物，其进口必须遵守中国的有关环保法规，符合中国的环保标准。装港检验是申请进口必须履行的法定手续，依法授权的检验机构在卸港的检验结果是检验废钢是否符合中国环保标准的依据。

本案中国进出口商品检验公司在鹿特丹进行的检验，正如其检验证书表示的，是"装船前"在货物堆场进行的检验，并非对船上货物状况的检验，其检验结果只能证明货物在堆场的情况。拉迪恩公司提供的有关证据表明，拉迪恩公司所装货物中，一部分并不是堆场中的货物。所装堆场上的货物,有一部分也不是该公司检验的货物。所以,拉迪恩公司以该检验报告对抗卸货港的检验报告没有根据。废钢中的夹带物是否为杂质,应由中国法定的或认可的检验机构依中华人民共和国的有关标准确定。对中国检验机构认定的杂质部分,拉迪恩公司提供的英国 CWA 公司的调查报告认为该部分绝大部分是废钢碎屑,不属杂质。但是,该报告同时承认,该废钢碎屑已"严重锈蚀"。至于严重到何种程度,是否具有可利用的价值,该报告既没有分析,也没有说明。中华人民共和国烟台出入境检验检疫局依照中华人民共和国检验废钢的标准,将其认定为"剥离铁锈"、渣土,属废物即杂质。所以,即使仅从技术上分析,拉迪恩公司提供的报告也不能推翻中华人民共和国烟台出入境检验检疫局(CIQ)有关杂质认定的结论。根据中国环境科学研究所固体废物污染控制技术研究所和国家质量监督检验检疫总局检验监管司有关专家的证言,进口废钢夹带废物一般大约在千分之几,有些甚至在万分之几。"正常情况下进口废钢都比较干净,没有什么杂质,表面看起来干净的废钢一般杂质不会超过2%。""如果废钢中杂质含量在4%以上,货物表面肯定很不干净,通常用肉眼就能看出杂质。"据此可以认定,如果拉迪恩公司在装船时,货物中的杂质超过2%,其船长应当能够发现。

关于废钢中重熔1号和2号的实际比例。对该批货物,原告、拉迪恩公司各自提供了检验报告或调查报告,但由于该货物分两批卸货,且各自的检验人均未到对方的港口进行卸货检验,故两份报告对该整批货物中重熔1号和2号的比例均为估计,没有确切的结论。

对货物中重熔1号和2号的比例,在烟台港所卸货物应当依山东商检卸货检验的货物状况为准;退运的货物则应当以拉迪恩公司卸货调查的情况为准。山东商检是国家指定的山东省进出口货物的专业检验公司,从事废钢的进出口检验有多年的检验历史。对烟台港已卸下的货物,该公司在烟台与荷兰英斯贝克公司的 Ronald Visser 先生根据 ISRI 的废物检验标准和买卖双方的合同共同进行了检验,其检验结论真实可靠,可以作为定案的依据。其检验结果是:卸货重量为20606吨,其中重熔1号占51.30%,重熔2号为44.26%,等外品2.56%,杂质1.88%。CWA 公司是向国际海事、能源保险市场提供技术咨询的主要公司。报告撰写人 Roger Marsh 先生是 CWA 公司的高级钢铁顾问,在金属业和钢铁方面有44年的从业经验,其在马来西亚槟城对退运的货物进行了实地观察,并提供了大量有关货物情况的照片,对当时所卸货物构成比例所作的结论,应当予以认定。其检验结果为:货物重量为12 093吨,其中重熔1号比例为66.0%,重熔2号19.0%,超大件为0.7%,尘土2.3%,废钢碎屑12.0%(该碎屑应认定为杂质,其理由已述及)。根据上述两报告计算,该案的整批货物(32 697.158吨)中,重熔1号的重量为18 552.26吨,约为57%;重熔2号的重量为11 399.89吨,约为35%;等外品612.15吨,约为2%;杂质为2 116.69吨,约为6%。

(三)对提单记载的货物比例与实际不符,拉迪恩公司是否应承担责任

提单对货物的记载是,"托运人对货物的描述(Shipper's description of goods):冶炼

用重熔 1 号和 2 号废钢,重熔 1 号 80%,符合美国废物回收工业协会标准 200、201、202;其余为重熔 2 号,符合美国废物回收协会产标准 203、204、205、206"。根据目的港和退运卸货港的检验,重熔 1 号和 2 号实际比例与提单记载的不相符。拉迪恩公司作为承运人是否应承担差价损失,这是本案当事双方争议的另一个问题。五矿公司方认为,拉迪恩公司签发的提单中记载的货物比例与货物的实际状况严重不符,其提单中又未含有任何批注,根据中国的法律,五矿公司作为提单受让人,拉迪恩公司应当受其提单记载内容的约束,对五矿公司由此遭受的损失应承担赔偿责任。拉迪恩公司方认为,提单记载的货物比例,属货物的质量,不构成货物的品名,船长不是该方面的专家,对货物的质量无法判断。提单中的不知条款已明确声明,对货物的质量不知,该条款已构成提单的批注,应尊重其效力。故拉迪恩公司对于五矿公司索赔的差价损失不应承担赔偿责任。

前已述及,《海牙-维斯比规则》即 1968 年《修改统一提单的若干法律规则的国际公约的议定书》已并入本案提单的条款,本案的准据法为中国法。《海牙-维斯比规则》规定,提单中有关货物的主要标志、重量或数量及货物表面状况的记载,"当提单已经转给诚实行事的第三方时,与此相反的证据不予接受"。《中华人民共和国海商法》第 75 条和第 77 条的规定除增加了货物的"品名"外,其他与《海牙-维斯比规则》的规定基本相同。五矿公司不是本案货物的托运人,其持有的提单系通过托运人纽克公司的转让取得,构成善意的提单持有人。根据《中华人民共和国海商法》第 44 条的规定,海上货物运输合同和作为合同凭证的提单或者其他运输单证中的条款,违反该法规定的,无效。据此,原告拉迪恩公司之间的关系应当适用《中华人民共和国海商法》的该强制规定。

提单是承运人接管货物或将货物装船的证明,同时也是承运人保证据以交付货物的凭证。承运人签发的清洁提单中有关货物的记载,对善意取得提单的第三人而言,具有排他的证据效力。但是,这种排他证据效力的范围,是由法律所规定的,它仅限于货物的主要标志或品名和重量、数量或体积以及货物的表面状况等三项内容。对该内容与实际不符、怀疑不符或没有适当方法核对的,船长可以在提单中批注。对提单中的其他内容,法律没有要求船长批注。"清洁提单"也只是表明船长对表面的、合理的、无需其对该货物具有较深知识等情况下对货物状况的判断。不应对船长签发清洁提单提出额外过高的要求。

废钢作为大宗散货其本身一般并没有明显标志。提单中将货物描述为"冶炼用重熔 1 号和 2 号废钢",该描述应当视为该货物的"品名"。至于对该废钢的构成即重熔 1 号和重熔 2 号的比例及标准的描述,应属于货物的质量问题。根据《美国废物回收工业协会标准》,重熔 1 号和重熔 2 号均为锻铁和/或钢废料,区分二者的标准主要有两点,即废钢铁的厚度和尺寸。重熔 1 号 200、201、202 的厚度标准分别是:0.5 英寸、0.25 英寸和 0.5 英寸以上;尺寸标准分别是:60×24 英寸、3 英尺×19 英寸、5 英尺×16 英寸;重熔 2 号 203 的标准是:厚度 1/8 英寸以上,其尺寸为不适合归入重熔 1 号的物质;

204:最大尺寸不超过 36×18 英寸;205:3 英尺×16 英寸,最大不超过 36×18 英寸;206:5 英尺×18 英寸,最大不超过 60×18 英寸。由此可见,重熔 1 号和 2 号均属废钢铁,只是其规格有差异。船长不是废钢方面的专家,他不可能了解这两种型号废钢的划分标准。两种货物混装在一起,船长也不可能区分出二者比例。对于货物的这种质量,要求船长在签发提单时予以批注没有法律依据。况且,提单中已明确注明,货物的比例是托运人提供的;"不知条款"也已说明,承运人对货物的质量不知。对此,五矿公司在接受该提单当时应知道。五矿公司以拉迪恩公司签发的提单对货物的比例没有批注为由,要求拉迪恩公司承担由此造成的差价损失没有法律依据。

(四) 本案的其他问题

1. 五矿公司是否拥有诉权

拉迪恩公司认为五矿公司对本案没有索赔权,其理由主要有两点:第一,山东省环保局在处理本案有关问题的函件中确认,所争议的货物是五矿公司"为河南安阳钢铁集团有限公司从瑞士代理进口",五矿公司为外贸代理人,不是货物的所有人;第二,五矿公司在 2000 年 11 月 22 日和 12 月 14 日明确表示拒绝接受货物,即使五矿公司拥有该批货物的所有权,根据该函,五矿公司对未卸货物的所有权已经抛弃。因而,五矿公司无权索赔。五矿公司认为,山东环保局的文件认定五矿公司身份与实际不符,不能作为定案的依据。五矿公司不仅是贸易合同的买方,而且五矿公司向银行付款赎单,该货物的所有权应当属于五矿公司。即使五矿公司是外贸代理人,依据中国合同法的规定,亦有权对我方签订的合同直接享有权利。

该批货物的贸易合同是五矿公司以自己的身份与纽克公司签订的,拉迪恩公司签发的指示提单有托运人纽克公司的空白背书,五矿公司通过有关银行议付取得了该提单,已成为合法的提单持有人。五矿公司向拉迪恩公司提示该提单后,有权要求拉迪恩公司交付货物,拉迪恩公司也有义务按提单的记载向五矿公司交付货物。若货物与提单记载的货物标志、品名、数量、重量或货物的表面状况与提单记载不符,五矿公司有权要求拉迪恩公司赔偿。五矿公司在 2000 年 11 月 22 日和 12 月 14 日确曾向纽克公司和拉迪恩公司表示过由于该货物被海关禁止进口,拒收船上剩余货物并放弃对该货物的处置权,但这并不影响五矿公司依据买卖合同向卖方索赔,也不应影响五矿公司依据提单向拉迪恩公司方索赔的权利。五矿公司放弃的是货物的处置权,而非其索赔权。

2. 拉迪恩公司是不是承运人

拉迪恩公司认为,《海牙-维斯比规则》规定的"承运人"的定义是,"承运人包括与托运人定有运输合同的船舶所有人或租船人"。《中华人民共和国海商法》规定,"承运人"是指"本人或者委托他人以本人名义与托运人订立海上货物运输合同的人";"实际承运人"是指"接受承运人委托,从事货物运输或者部分运输的人"。拉迪恩公司没有与托运人纽克公司订立过运输合同,不是"承运人"。"实际承运人"以接受承运人的委托或者转委托并实际从事货物运输为前提,船舶所有人并不必然为实际承运人。船舶所有人成为实际承运人的基本条件之一是船长受船舶所有人控制和指示。本案"巴拉基"轮的船长依照定期租船合同应受定期租船人丹布克公司控制和指示。因此,拉迪恩公司也不是实际承运人,对五矿公司的损失不应承担责任。五矿公司认为,五矿公司作为提单受让人,已成为提单所证明的运输合同的一方当事人,五矿公司与承运人的关系,只能依据提单。提单显示,该提单是以船长的名义签发的,而船长是由拉迪恩公司雇用的,其行为后果当然由拉迪恩公司承担。故拉迪恩公司对五矿公司的损失应当负责。

对我国海商法有关承运人的规定,应当根据该法的整个体系来理解,不应片面地理解。我国海商法对承运人的定义,确如拉迪恩公司所述。但《中华人民共和国海商法》的第71条同时还规定,"提单是指用以证明海上运输合同和货物已经由承运人接收或者装船,以及承运人保证据以交付货物的单证"。该法第78条规定,"承运人同收货人、提单持有人之间的权利、义务关系,依据提单的规定确定"。根据《中华人民共和国海商法》的规定,与托运人签订运输合同的人,毫无疑问是承运人。与托运人没有签订运输合同,但实际接受其货物并向托运人签发提单的人也是承运人,双方构成运输合同关系,其签发的提单即为该承运人与托运人运输合同关系的证明。该提单转让后,签发提单的承运人应受提单条款的约束,即该承运人"同收货人、提单持有人之间的权利、义务关系,依据提单的规定确定"。本案拉迪恩公司所属船舶的船长接受托运人纽克公司的货物后向该公司签发了提单,由于该提单未表明其代表其他人,该船长的行为应视为代表拉迪恩公司,其签署的提单应视为拉迪恩公司的提单。对本案的提单持有人五矿公司而言,拉迪恩公司应视为承运人。拉迪恩公司否认自己为承运人,其理由不能成立。

3. 拉迪恩公司的责任及赔偿范围

拉迪恩公司认为,承运人的责任期间为船舷至船舷,其责任仅限于对货物的灭失、损坏和迟延交付,本案不属此类。五矿公司的损失是由于货物违反国家环保标准被禁止进口造成的,拉迪恩公司本身没有过错,对此不应承担赔偿责任。

根据《海牙规则》的规定,承运人的责任期间为"自货物装上船开始至卸离船舶为止",习惯称为"钩到钩"或"船舷到船舷",在此期间发生的货物灭失、损坏和迟延交付,承运人应当承担责任。但《海牙规则》规定的承运人责任,并不仅限于此。依照《海牙规则》第3条的规定,承运人对其收到或已装船的货物,负有在提单中如实记载的权利和义务。如果其签发的提单记载的货物的标志、品名、重量或表面状况与实际状况不符,承运人应当依照《海牙-维斯比规则》的规定向收货人或提单持有人承担赔偿责任。承运人或船长应当对其收到货物的表面状况负责。至于货物的质量,如是否允许含有杂质及允许杂质的含量,是贸易双方在买卖合同中确定的问题,与承运人无关。但是,承运人或船长对其收到货物中存在明显可见杂质的,不应视为"货物的表面状况良好",应当在提单中作出批注。对应当批注而承运人或其船长未予批注,收货人或提单受让人因此遭受损失的,承运人应当负责。废钢作为一种特殊货物含有杂质是不可

提单背面条款・批注范围・检验结果

避免的,但如果该杂质的含量达到或超过目力能够发现的程度,船长或承运人应当在提单中作出批注。本案货物中杂质含量高达6%,远远超过"表面干净"(2%以下)和目力能够发现的程度,在此情况下,船长应当在提单中做出批注。船长或其代理人在签发提单时不予批注,明显存在过错。由于拉迪恩公司签发了清洁提单,五矿公司因此付款赎单、安排卸货,卸货中发现该货物的状况与提单记载严重不符,被国家有关部门责令停止卸货直至责令部分退运,致使五矿公司不仅不能及时收取全部货物,而且对已卸下的货物进行重新检验、重新报关,造成其港口堆存费用增加,并额外支出检验费用。对五矿公司由此遭受的货物损失,拉迪恩公司当然应当承担责任。

退运货物损失的金额应按五矿公司受让提单时支付的价款计算,其利息损失按停止卸货之日中国有关银行短期美元贷款利率计算;检验费用和额外的港口堆存费用按实际支出计算,有关利息自实际支付之日起按同期人民币贷款利率计算。五矿公司提出的困难作业费,因所卸货中的杂质和超长、超大件货物并未超出合理的范围,五矿公司也未提出其他合理的理由和充分的证据证明其支出是合理的,故对该费用拉迪恩公司不应承担;货物的差价损失,属于贸易合同中的质量问题,拉迪恩公司作为承运人不应予以赔偿。

依照《中华人民共和国海商法》第75条、第76条、第77条和第83条的规定,判决:

(1) 拉迪恩公司赔偿五矿贸易有限责任公司货物损失1 354 209.60美元、检验费47 000元人民币和货物额外堆存费383 271.60元人民币及相应损失的利息。退运货物损失的利息按中国银行短期贷款利率8.8125%计算,自停止卸货之日(2000年10月8日)计算至本判决确定支付之日;检验费、额外堆存费的利息按中国银行人民币短期贷款利率5.85%计算,自实际支付之日(分别为2001年5月22日和2001年4月11日)计算至本判决确定应付之日;其余货款(2 234 631.60美元)利息按上述美元贷款利率8.8125%计算,自停止卸货之日(2000年10月8日)计算至中国海关通知退运之日(2000年12月1日)。拉迪恩公司应于本判决生效之日起15日内付清。逾期,应加倍支付延期履行期间的债务利息。

(2) 驳回五矿公司的其他诉讼请求。

本案案件受理费72 950元和财产保全费申请费10 000元人民币,由五矿公司承担3 235元,拉迪恩公司承担79 715元。

三、上诉与答辩

拉迪恩公司不服一审判决,上诉称:本案货物在荷兰鹿特丹港装船,装载和运输行为不受一审判决所指的《中华人民共和国固体废物污染环境防治法》《废物进口环境保护管理暂行规定》和《进口废物环境保护控制标准——废钢铁(试行)》等的约束,特别是不受其中设定的2%杂质含量标准的约束。本案应当适用英国法律审理,而不应当适用中国法律审理。2%的杂质含量标准,是量变范围,不是质变临界。船长既不能目测杂质的含量比例,也无须事先知道该含量标准,更不受该含量标准约束。

提单记载与货物退运没有因果关系。只有在提单记载是货物退运、货物损失的直接原因时，上诉人才应该对提单记载负责，否则上诉人对诉称的货物损失不承担责任。一审判决认为，货物在装船时杂质含量超过2%，船长应该能够发现并应当在提单上作出批注，船长或其代理人在签发提单时不予批注，明显存在过错。由此可见，一审判决把杂质含量归类为货物的表面状况，属于可以并应当在提单上记载/批注的事项。然而，一审判决同时认定，货物是否含有杂质及杂质含量，应属货物质量问题，与承运人无关。该认定与前述自相矛盾。从实质而言，青岛海事法院同意杂质含量属于货物质量问题，并非承运人在提单上应该记载/批注的事项。

区分杂质含量属于货物的表面状况还是内在质量，似乎成为船长应否就杂质含量在提单上作出记载及批注的标准。上诉人认为，从表面而言，货物含有杂质，似乎影响到其"表面状况"是否良好，但本案所涉货物是"废钢"而非"纯净钢材"，根据废钢货物特性、回收方式及存放地点，该种货物混有一定数量的杂质是不可避免的，属于货物的自然特性，换言之，废钢货物不可能不混有杂质。即使是中国国家标准允许的杂质含量2%（这不代表我们同意本案适用该标准），根据被上诉人提供的专家意见，含有2%杂质的货物在外观上已不干净。

如果要求承运人首先对货物杂质含量作出具体而准确的判断，然后再根据具体的量确定是否需要批注提单，如上所述，承运人在技术上不具有这种判断能力，在法律上也不承担这种责任。归根结底，杂质及其含量比例属于货物内在品质问题，不是体现货物表面状况的提单所能记载的。所以，提单记载与货物实际状况（内在杂质含量）无关。

2000年12月1日，中华人民共和国烟台海关具函通知原告，"经检验检疫部门检验并经国家环保部门审查认定，尚未卸船12 091.158吨废钢不符合国家环保标准"，责令原告立即通知船舶所有人不得卸船，并限15日内"将上述不符合国家环保标准的废钢全部退运出境"。该认定表明，货物被退运的原因是不符合国家环保标准。具体而言，货物杂质含量超过GB16487.6-1996《进口废物环境保护控制标准——废钢铁》规定的2%杂质标准。

另外，烟台出入境检验检疫局依法对货物的品质也进行了检验，并出具了检验证书，该证书称："依据147-5112701-S合同对上述货物进行了检验，发现货物中重熔2号（ISRI203/204/205/206）所占比重超过30%。"其结论是："上述货物品质不符合147-5112701-S合同的规定。"根据销售合同中"质量条款"的约定，如果货物品质不符合合同约定，买方可以拒绝货物。可见，本案货物之所以退运，而在结果上表现为被上诉人不能全部提取货物，在行政法上，为货物杂质含量不符合国家环保标准，在民事法上，为货物内在质量违反合同约定，都属于货物自身品性问题，与提单的表面性记载没有直接因果关系。

概言之，杂质含量既为货物内在品质问题，不是提单记载事项；而且本案货物被退运应归因于货物品质不符合环保标准或合同质量约定，与提单记载没有直接的因果关系,所以,上诉人无须由于提单记载事宜对被上诉人承担赔偿责任。

依据被上诉人与纽克公司之间的销售合同的"支付条款"约定,被上诉人是否接受货物以及是否付款赎单,依据的主要是装货港的检验报告,而不是提单记载。被上诉人决定是否接受货物的依据是装港检验结果,不是本案提单的记载,所以,本案提单记载不是决定上诉人和被上诉人权利义务的依据。如果被上诉人只依赖提单记载,则没有必要指定检验机构作装船检验,并在未能申请原指定检验机构时,变更检验机构。显然,装货港的检验报告是议付必备条件之一。英斯贝克的检验结果是被上诉人决定接受货物的最终依据,而且该证书载明的检验委托人就是被上诉人,说明被上诉人知晓并接受该检验结果。

由于被上诉人并非依赖提单记载而作出是否接受货物的决定,所以,本案提单关于货物状况的记载,在被上诉人和上诉人之间不具有最终证据效力。而且,正如被上诉人在2001年11月4日的"代理词"第15页援引的案例所揭示的,由于被上诉人"并未依赖提单描述而付款",则"未能胜诉"。

青岛海事法院认为被上诉人遭受损失事实依据不足。

综上所述,由于杂质含量不是提单记载事项,提单记载不是货物退运的直接原因,而且被上诉人并不依赖提单记载,所以上诉人无须就提单记载对被上诉人承担不能全部提取货物的赔偿责任。鉴于一审判决事实认定不清,法律适用错误,上诉人特此请求二审法院撤销(2000)青海法烟商初字第115号民事判决书,判令上诉人没有责任,并责令被上诉人负担本案诉讼费用。

五矿公司答辩称:判决书对拉迪恩签发清洁提单存在明显过错的认定是正确的,证据是确凿的。根据《中华人民共和国海商法》及《海牙规则》之有关规定,承运人负有在提单中如实记载实际接受货物表面状况并按照提单的描述交付货物的权利与义务。本案一审庭审的证据表明:拉迪恩公司签发了清洁提单并注明"货物的表面状况良好"。但经法定检验机构检验及拉迪恩公司提供的证据显示:拉迪恩公司所签发提单项下的货物表面状况极不清洁,杂质含量高达6%,远远超过目力能够发现的货物表面状况的程度。经专家证实,废铁中杂质含量2%以上在视觉上给人以不清洁的感觉;五矿公司提交的拉迪恩公司承运货物表面状况的照片及卸货时的录像,是每一个非专业人士所能看到的极不清洁的货物表面状况。上述证据清楚地表明,拉迪恩公司承运的货物表面状况极不清洁与其签发的清洁提单是不相符合的,这种不符是承运人在接受货物时应该能够看到的,而且事实上船长已经看到,只是疏于关注并应托运人代表的要求在提单与大副收据上不加批注。拉迪恩公司在这种情况下仍签发清洁提单,存在明显过错。因此,判决书认定的事实是正确的。

本案提单明确记载的货物品名为"ISRI冶炼用废钢"。ISRI明确规定:所有级别的废钢不含有污垢、有色金属或者其他非铁物质或者过多锈蚀。但不含污垢、有色金属或者其他非铁物质并不排除在正常操作中产生的可以忽略不计的物质。这是拉迪恩公司提单记载并应当知晓的ISRI冶炼用废钢的概念。同时,它也是五矿公司与拉迪恩公司共同的认识。根据《中华人民共和国海商法》第 75 条、77 条及《海牙规则》第 3 条之规定,承运人有如实记载收到货物表面状况的权利与义务,即本案承运人在提单批注的标准是其目力能够看到的货物表面状况是否清洁,当然可以忽略不计的物质除外。这个标准是唯一的,不存在多重标准。2% 杂质含量标准不是拉迪恩公司是否进行批注的标准,但含有 2% 以上杂质的货物表面状况在目力能够发现不清洁范围之列,因而拉迪恩公司应承担未批注产生的一切法律责任。

根据批注标准,若货物中含有 2% 以上的杂质是在目力能够发现的货物表面不清洁状况的范围之列,则拉迪恩公司就应当作出批注;若含有 2% 以上的杂质在目力不能够发现的货物表面不清洁状况的范围之列,则拉迪恩公司无须作出批注。根据双方提供的证据,判决书认定杂质含量 2% 以上在目力能够看到极不清洁货物表面状况的范围之列,是拉迪恩公司应当加以批注的。这并未改变拉迪恩公司的批注标准——货物表面状况是否清洁。判决书未论证货物中的杂质含量 2% 以下拉迪恩公司应当看不到或可以不加批注。我们也不能推导出"承运人在签发提单时,如果杂质含量低于(包含)2%,则无须记载,一旦超过就要具体批注杂质含量比例,否则需要承担责任",更不能推导出所谓的"同时隐藏两个前提性判断"。可见,拉迪恩知道其批注的标准是货物的表面状况,即使货物中的杂质含量在 2% 以下,而货物的表面状况不清洁,也应在提单中作出批注。拉迪恩为逃避其应承担的法律责任,在上诉状中对判决书肆意进行歪曲并断章取义,从混淆提单批注标准出发,臆造推论前提,推理过程思维混乱,导致一个与本案无关的错误结论,以期达到否定判决书对本案事实的认定,这显然是徒劳的。

《中华人民共和国海商法》及《海牙规则》规定的拉迪恩对提单进行批注及未予批注给有关方造成损失所应承担的责任是独立的,即拉迪恩是否在提单上批注不以装运港的检验结果、五矿公司在贸易合同中约定的接受货物条款为依据。拉迪恩对应在提单中批注而未予批注给有关方造成的损失不以贸易合同的卖方对品质承担责任为前提。这是由法律赋予承运人与检验人员在同一货物上所应尽的不同职责决定的。法律规定承运人负有在提单中如实记载实际接受货物表面状况的权利与义务;而检验人员检测的是货物的内在品质并对其承担法律责任。本案中,即使贸易合同的卖方应对货物的品质承担法律责任(另案处理),拉迪恩不能因此逃脱对五矿公司应承担的法律责任。

由于拉迪恩公司违反海商法及海牙规则的有关规定对表面状况不清洁的货物未加批注,且不清洁的程度严重违反了我国环保法的有关规定,被海关禁令退运。在这种情况下,拉迪恩就不能依其签发的提单向五矿公司交货。显然,拉迪恩运载与提单描述不符的不清洁货物造成海关退运,而由于其未加批注因而应承担此法律后果,两者有相互的因果关系。因此,拉迪恩对提单记载与实际货物不符,致使海关禁令并不能依约交付提单记载的货物,负有不可推卸的法律责任。海关禁令正是基于货物杂质含量超标因而表面状况不清洁引起的,而不是基于货物的内在品质问题。因此,拉迪恩应当对应予批注而未予批注的过错行为引起的退运后果承担相应的法律责任。

综上所述,判决书对拉迪恩签发清洁提单却不能交付清洁的货物存在明显过错的认定是正确的,证据是确凿的;适用法律并判令拉迪恩承担相应的法律责任是准确的。因此,我公司恳请贵院依法驳回拉迪恩的上诉请求,维持原判。

四、二审裁判

山东省高级人民法院认为:本案是一起因海上货物运输纠纷提起的损害赔偿诉讼,因拉迪恩公司为外国法人,故本案属于涉外案件。根据提单背面条款第 1 款的约定,发生租约约定的法律适用并入提单的条件是在提单首页表明日期的租约,因提单正面未记载租约和未标明租约日期,故本案不存在如拉迪恩公司所主张的发生租约约定的法律适用并入的前提,又因为本案的当事人双方未就提单背面条款第 2 款(主要条款)约定的内容提供中文译件,按照《中华人民共和国民事诉讼法》的规定,山东省高级人民法院对该涉案提单第 2 款的内容无法认定,综合以上,可以认定本案当事人双方未约定审理本案适用的法律。按照最密切联系原则,因涉案提单项下货物的卸货地在中国烟台,山东省高级人民法院决定以中华人民共和国法律为审理本案的准据法。

根据五矿公司的诉讼请求,其请求拉迪恩公司赔偿因其交货不能给五矿公司造成的货物损失和货物中重熔 1 号和 2 号比例与提单记载不符造成的差价损失以及额外费用。因其中的要求赔偿货物中重熔 1 号和 2 号比例与提单记载不符造成的差价损失未被一审判决所支持,而且五矿公司未提起上诉,故对五矿公司的该项请求不再予以审理。山东省高级人民法院按照拉迪恩公司的上诉请求仅就其应否承担五矿公司因交货不能产生的货物损失及相应的额外费用进行审理。

山东省高级人民法院认为,拉迪恩公司对此次未完成的交付不应承担责任。

第一,造成该提单所标志的海上运输关系未能履行完毕,货物未能交付的客观原因是中国政府的强制行为,但该强制行为指向的主体为五矿公司而非拉迪恩公司。拉迪恩公司已经按照提单的记载到达约定港口,做好卸货准备,并且已经开始实际卸货,并非是拉迪恩公司的主观原因导致提单项下的货物未能交付完毕。

第二,烟台海关赖以做出不得卸货的依据是中华人民共和国烟台出入境检验检疫局于 2000 年 10 月 9 日对提单项下货物的检验报告,该报告的检验结论为"货物的环保项目不符合 GB16487.6-1996 的规定"。尽管该报告对货物描述为货物中夹带渣土、剥离铁锈、废旧塑料等废物所占货物总重量比例超过 GB16487.6-1996 中规定的 2%,但该结论难以得出是对货物表面状况的描述。按照 GB16487.6-1996《进口废物环境保护控制标准——废钢铁(试行)》中第 1 条关于该标准范围的规定:"本标准规定了进口废钢铁中对环境造成影响的夹带物和放射性污染的控制要求",中华人民共和国烟台出入境检验检疫局做出的上述结论只能是对货物品质做出的判断,而不能归结于对货物表面状况的判断。

第三,本案中五矿公司将禁止卸货的原因归结于拉迪恩公司在提单中未作不清洁批注,根据《中华人民共和国海商法》第 75 条之规定,承运人在提单上作出批注的情形限于提单记载的货物的品名、标志、包装或者件数、重量或者体积,货物的品质不属于承运人进行批注的范围。前已述及本次运输交货行为未能完成是因为中国政府的强制行为,禁止继续交付的原因是对货物本身的判断而认定不符合中国的强制性规定,上述结论以及为完成上述结论所做的检验检疫过程并不以提单的记载为要件,亦即是说,无论提单记载的内容如何,都构不成做出上述检验检疫结论的前置性条件,中华人民共和国烟台出入境检验检疫局是依据中国政府对其的授权对该批货物进行的强制检验,即使提单记载了非清洁货物,因货物本身不符合中国的国家标准仍然会被退运,因而,由于该批货物固有的特性不符合中国的国家标准,无论承运人对该批货物做出任何的描述都不可能改变货物不能进入中国境内的结果,提单记载的内容与本次货物的强制离境没有任何关联。

第四,尽管提单对货物的描述记载了许多内容,但按货物名称的分类仍然应把其作为废铜铁,这一点从中国烟台港由中华人民共和国烟台出入境检验检疫局对该批货物所做检验适用的标准可以得到印证。判断承运人是否应对该批货物做出批注不能脱离上述标准。五矿公司要求以美国废钢回收工业协会标准 200/201/202 和美国废刚回收工业协会标准 203/204/205/206 作为承运人签发提单的判断标准没有依据。

第五,承运人有权对运载货物的表面状况做出清洁或不清洁的批注,但该批注应当是船方在签发提单时根据通常的观察方法以及通常应当具备的知识用肉眼或者其他通常的、合理的检验方法,仅从外表所能观察到和发现的货物状况。该描述争议提单项下的货物自到达装货港起至货物在马来西亚槟城变卖,前后经过 6 次检验机构的检验,其中,在装货港的两次检验和在卸货港由纽克公司委托的检验均认定货物符合合同要求,在目的港由五矿公司委托所做的检验认定货物不符合合同要求,中华人民共和国烟台出入境检验检疫局所做的强制性检验认定不符合中国国家标准,拉迪恩公司在变卖货物时委托的英国 CWA 公司所做的检验采用了模糊的概念做出了 2 种判断结果。尽管承运人是否做出批注不以他人的检验结果为依据,但通过不同商检机构由专业人士通过专用器材对货物做出的检验结果都是不同的,因此,承运人作为运输专家而非废钢铁专家在当时的货物状态下认定货物表面清洁而签发清洁提单是符合上述签发提单标准的。难以断定承运人拉迪恩公司是出于故意或过失。

第六,尽管涉案提单项下的货物经过 6 次商检,但均未有在装货港签发提单时的货物状态数据,特别是在装货港和卸货港(强制检验不在此例)的两次检验都是五矿公司和纽克公司依据贸易合同所做的检验,上述检验结果可以作为贸易合同双方解决争议的约定依据,但不能作为解决独立于贸易合同之外的海上运输合同的依据。因本案不能取得装货港签发提单时的货物状态数据,以最接近于货物装船状态时的卸货港中国烟台出入境检验检疫局的强制检验结论为准作为一种参考判断依据,由于该局检验结论仅认定杂质超过 2%,依据此标准亦难以断定承运人拉迪恩公司应当签发不清洁提单。

第七,当交货行为不能完成后,五矿公司用书面形式向承运人拉迪恩公司明确表示,将该批货物的所有权重新归为纽克公司所有,承运人拉迪恩公司亦已按照其指示将货物交与纽克公司处理,对该批货物的处置承运人拉迪恩公司也不存在任何过错,因此,五矿公司由此产生的损失与提单运输合同关系没有关联,其损失应当通过贸易合同解决。

综上所述,拉迪恩公司上诉有理,其上诉请求应当支持。原审判决认定事实不清,判决拉迪恩公司承担责任不当,在此予以纠正。根据《中华人民共和国民事诉讼法》第153条第1款第(三)项之规定,判决如下:

(1)撤销中华人民共和国青岛海事法院(2000)青海法烟商初字第115号民事判决。

(2)驳回五矿公司的诉讼请求。

一审案件受理费72 950元,财产保全费10 000元;二审案件受理费72 950元均由五矿公司承担。

本判决为终审判决。

28 原告武威百花蜂业天然保健品有限公司与被告法国达飞轮船有限公司海上货物运输合同纠纷案

案例来源:天津海事法院(2003)津海法商初字第648号

主题词:承运人责任期间　无人提货　妥善保管

裁判要旨

No. HY-1.1-58　承运人对货物的责任期间,是从装货港接收货物时起至卸货港交付货物时止,货物处于承运人掌管之下的全部期间。货物运至目的港,即使无人提货,承运人可采取将货物卸在仓库或其他适当场所等措施妥善保管货物,其产生的费用和风险可向负有责任的人索赔,而不应擅自将货物转运至其他港口,承运人对擅自改港给托运人造成的损失应当承担赔偿责任。

一、基本案情

原告:武威百花蜂业天然保健品有限公司

被告:法国达飞轮船有限公司

原告诉称:2002年9月28日原告与案外人美商吉泰国际发展有限公司签订销售合同,合同约定原告以USD330/MT FOB TIANJIN的条款出售50公吨大蒜给吉泰公司,合同总价款16 500美元,付款方式T/T。2002年10月13日,原告货物装上LYKES TIGER(达飞老虎)轮,被告代理向原告签发了TJ064073号正本提单一式三份,托运人为原告,收货人凭指示,目的港德国汉堡。货物出运后,吉泰公司没有按合同付款,正本提单一直在原告手中。原告经向中华人民共和国驻汉堡总领事馆了解得知:原告托运货物在 2002 年 11 月 17 日到达汉堡,但于当月 19 日被被告转运至巴西。原告向被告索赔,被告拒绝原告索赔要求。为此原告请求法院判令被告赔偿原告货款损失 16 500 美元及相应利息;诉讼费由被告承担。2003 年 11 月 3 日原告增加诉讼请求,要求被告赔偿税款损失 24 434.07 元;为处理本案所发生的差旅费 9 246.3 元;为处理本案发生的电话传真费 469.62 元。

  被告答辩称:① 就涉案货物海上运输,被告接受订舱后已经按海上运输合同的约定,合理、谨慎地将货物运到汉堡港,然后应运输合同托运人的指示,货物被转运往其他港口。承运人本身没有过错,不应承担任何赔偿责任。② 涉案货物仍在被告控制之下,没有灭失或者损坏或者交付给任何其他人,原告可以凭正本提单提取货物。因此,原告要求被告承担货款及利息损失缺乏事实和法律依据。③ 原告没有收到货款是由于货物质量问题,买方拒绝付款赎单,与被告无关。庭审中被告辩称,原被告不存在合同关系,原告不是本案适格的诉讼主体。

二、法院查明事实

  天津海事法院查明:2002 年 9 月 28 日,原告与案外人美商吉泰国际发展有限公司签订买卖合同,双方约定原告作为卖方向美商吉泰国际发展有限公司出售 50 公吨大蒜,价格条件是 USD330/MT FOB 天津,合同总价款 16 500 美元,付款方式 T/T。2002 年 10 月 13 日,原告货物装上 LYKES TIGER(达飞老虎)轮,被告代理天津外轮代理公司向原告签发了 TJ064073 号正本提单一式三份,托运人为 WUWEI BAIHUA HONEY NATURAL HEALTH PROTECTION PRODUCTS CO. LTD. MR. RICHARD CHANG,收货人凭指示,目的港德国汉堡。货物出运后,原告一直持有正本提单。由于美商吉泰国际发展有限公司没有按合同付款,原告请求中华人民共和国驻汉堡总领事馆查询,总领事馆回函答复:原告托运的货物在 2002 年 11 月 17 日到达汉堡,但于当月 19 日被被告转运至巴西。转运时没有办理或提供任何担保手续。之后原告向被告提出索赔,并应被告要求向被告提供了包括一份正本提单在内的索赔单据,但被告拒赔。原告未能收回货款。

三、法院裁判

  天津海事法院认为,原告持有全套正本提单,对货物拥有所有权。被告在书面答辩状以及管辖权异议书中明确认可了自己是涉案货物的承运人,原告是提单上的托运人。因此被告认为原告不适格,不具有本案诉讼主体资格,以及原被告之间没有法律关系的主张不予支持。被告作为运输合同的承运人,应按照承托双方的约定将货物安全运抵目的港,凭正本提单正确交付货物。在目的港,即使无人提货,承运人可采取将货物卸在仓库或其他适当场所等措施妥善保管货物,其产生的费用和风险可向负有责任的人索赔,而不应擅自将货物转运至其他港口。本案提单记载的目的港是德国汉堡,被告在答辩状中称应托运人的请求将货物转运至巴西,但未提供证据证明托运人向其发出了改港的指示。由于承运人没有在目的港交付货物,也没有卸下货物,因此货物仍处于承运人的责任期间。承运人对擅自改港给托运人造成的损失应承担赔偿责任。本案涉案货物是大蒜,具有易腐烂性。被告擅自改港,使原告失去对货物的实际控制能力,原告向被告提出索赔后,被告亦未采取回运等有效措施防止损失扩大。到目前为止该批货物已经过了一年零五个月的时间,显然该批货物已没有食用价值,因此应推定全损。根据我国海商法规定,货物灭失的赔偿额,按照货物的实际价值计算;货物的实际价值,按照货物装船时的价值加保险费加运费计算。原告要求被告赔偿核销退税损失、增加的税款损失以及为处理本案而支出的差旅费损失,没有法律依据,天津海事法院不予支持。

综上,判决如下:

(1) 被告法国达飞轮船有限公司赔偿原告武威百花蜂业天然保健品有限公司货款损失 16 434 美元。上述款项应自本判决生效之日起 10 日内给付。

(2) 被告应按中国人民银行同期存款利率向原告支付自 2002 年 10 月 20 日起至本判决确定的给付之日内实际给付之日止的利息。

29 上诉人青岛华青进出口有限公司与被上诉人 A. P. 墨勒-马士基有限公司海上货物运输合同纠纷案

案例来源:山东省高级人民法院(2004)鲁民四终字第 1 号
主题词:集装箱运输　转港运货　谨慎义务

> **裁判要旨**
>
> **No. HY-1.1-59**　虽然提单记载运费到付,但提单载明收货人凭指示,由于货物没有运到约定的地点,没有在交货地提货,托运人没有指示收货人,故不能证明改变运输合同承担运费的主体,托运人仍需向承运人支付运费。
>
> **No. HY-1.1-60**　对于集装箱运输,由于托运货物经卸货港国家机关检验被认为违反法律规定而不得进入海关情况下,承运人得免除在卸货中转港继续转运货物至目的地义务。承运人将货物卸载,然后予以合理运输方式转运回国,尽到了谨慎处理的义务,托运人应当承担运费及由于转运回国所导致的合理费用。

一、基本案情

上诉人(原审被告、反诉原告):青岛华青进出口有限公司(以下简称华青公司)

被上诉人(原审原告、反诉被告):A. P. 墨勒-马士基有限公司(A. P. Molloer-Maersk A/S)

青岛海事法院审理查明:2001 年 8 月,1912 公司接受华青公司的订舱,为其出具了 TSTFR7953 号联运提单,提单上记载:托运人华青公司,收货人凭指示,通知方青岛 s.r.o.公司(QINGDAO．s.r.o),船名 MAERSK AVON V.0133,装货港青岛,卸货港鹿特丹,交货地布拉迪斯拉发,集装箱号 MWCU5682819,运费到付,货名去皮无骨冷冻鸡胸脯肉,2001 年 8 月 8 日装船,提单签发地青岛,签发日期 2001 年 8 月 8 日。马士基(中国)航运有限公司青岛分公司作为 1912 公司的代理人签发了该提单。

该票货物于 2001 年 9 月 3 日抵达鹿特丹后,未能通过通关检查,荷兰的国际兽类检测中心认为该批货物在外盒没有注明产地和货物名称及种类,只有斯洛文尼亚文字,而宣布拒绝这批货物进入欧洲共同体国家,并在 60 日内海运至第三国。

发生该事件后,1912 公司于 2001 年 11 月将货物安排回运,途经香港中转,货物于 2002 年 1 月退运至青岛。华青公司在接到退运通知后一直未提取该票货物。

1912 公司因该票货物而产生的费用包括在鹿特丹产生的滞期费、码头操作费等 9 925.162 欧元折合人民币 83 371.36 元、在香港产生的转运超时费、迟延指定下程运输费 11 683 港元折合人民币 12 267.15 元、在青岛产生的集装箱超期使用费 18 670 美元折合人民币 153 654.1 元及港务费等人民币 15 673.6 元,以及来回程运费 3 298 美元折合人民币 27 142.54 元,共计 292 108.75 元。

另查明,2001 年 7 月 20 日,华青公司就出口冻鸡肉与青岛 s.r.o.公司签订销售合同。合同约定单价美金 1400/吨 FOB 青岛,数量 31.2 吨,总价 43 680 美元,华青公司按照青岛 s.r.o.公司的要求和青岛 s.r.o.公司提供的唛头印刷内外包装,华青公司在收到青岛 s.r.o.公司全部货款的 30% 订金后组织货源,货到目的地后 30 天内青岛 s.r.o.公司将余款汇至华青公司,装运港青岛港,目的地斯洛伐克布拉迪斯拉发,2001 年 8 月 10 日前华青公司负责起运货物,青岛 s.r.o.公司负责货物进口通关,并按时向华青公司支付货款。

华青公司为履行该合同分两次向 1912 公司订舱,1912 公司分别为其出具了 TSTFR7953、TSTFR7962 号提单。TSTFR7953 号提单项下的货物价值 21 268.8 美元,华青公司主张其货物买卖合同的买方青岛 s.r.o.公司对该货款的 70% 未予支付。

1912 公司主张华青公司支付费用人民币 285 318.9 元,拖欠费用的利息从 2002 年 10 月 29 日,即最后一笔费用的发生时间起算。

华青公司反诉 1912 公司赔偿 TSTFR7953、TSTFR7962 号提单项下货款损失人民币 259 531.04 元。

二、一审裁判

青岛海事法院认为,1912 公司在青岛海事法院提起诉讼,关于案件的管辖权这一程序问题应适用的法院地法为《中华人民共和国民事诉讼法》和《中华人民共和国海事诉讼特别程序法》。本案为海事案件,华青公司在山东省高级人民法院辖区内,故山东省高级人民法院对本案有管辖权;1912 公司、华青公司在起诉、答辩、庭审时均选择适用中国法律,且运输始发地为中国青岛,华青公司的住所地也在此,中国是与本案有最密切联系的国家。故无论是依当事人的选择还是依最密切联系原则,本案均应适用中国法律为本案的准据法。

1912 公司所举的集装箱货物托运单、提单以及华青公司所举的订舱通知等证据都能证明 1912 公司、华青公司之间的海上货物运输合同关系成立,1912 公司为承运人,华青公司为托运人。因华青公司的原因致其货物被退运,由此所发生的费用包括运费等 292 108.75 元,华青公司有义务支付给 1912 公司。虽然华青公司作为买卖合同的卖方,在 FOB 价格条件下,不应承担买卖合同中货物运输所产生的海运费,但买卖合同与运输合同不是同一法律关系,作为运输合同中的托运人的华青公司,无权依据买卖合同来对抗作为承运人的 1912 公司,所以即使华青公司与其买卖合同中的买方约定的价格条件为 FOB,在青岛 s.r.o. 公司不支付该费用的情况下,华青公司支付该费用的义务不能免除,1912 公司向华青公司所主张的运费、集装箱超期使用费等费用 285 318.9 元应予支持。华青公司所作的不应支付该费用的辩称,青岛海事法院不予支持;华青公司所主张的货款损失,其中 TSTFR7953 号提单项下的损失并非因 1912 公司所致,青岛海事法院不予支持;TSTFR7962 号提单项下的损失同本案无关。依照《中华人民共和国民法通则》第 106 条、《中华人民共和国民事诉讼法》第 64 条的规定,判决:

(1) 青岛华青进出口有限公司给付阿科特利斯卡贝特 1912 公司海运费及相关费用人民币 285 318.9 元,加自 2002 年 10 月 29 日起至判决确定支付之日止的银行同期贷款利息,于判决生效之日起十日内付清;

(2) 驳回青岛华青进出口有限公司的反诉请求。本诉案件受理费 6 790 元,反诉案件受理费 6 410 元,共计 13 200 元,由青岛华青进出口有限公司承担。

三、上诉与答辩

上诉人华青公司不服原审判决,上诉称:

(一) 关于诉讼主体资格根据交通部公布的国际班轮运输经营者名单,被上诉人不在名单之列,根据《中华人民共和国国际海运条例》及其实施细则的规定,被上诉人未取得中国政府批准,无权经营进出中国口岸的国际班轮运输业务,被上诉人及其代理人在中国所从事的一切业务活动皆属于非法经营。因此,被上诉人无权以承运人名义提起诉讼,其提出的非法诉请也不应得到法院的支持。

(二) 关于本诉

原审判决在以下事实认定上存在错误:

(1) 原审判决错误地认定上诉人与被上诉人之间存在海上货物运输合同关系,并据此判令上诉人对往返运费及其他相关费用承担责任。《中华人民共和国海商法》第 42 条规定了两种托运人,其中一种为"本人或者委托他人以本人名义或者委托他人为本人与承运人订立海上货物运输合同的人",司法实践中称之为"订约托运人",另一种为"本人或者委托他人以本人名义或者委托他人为本人将货物交给与海上货物运输合同有关的承运人的人",司法实践中称之为"交货托运人"。与"订约托运人"不同,"交货托运人"与承运人之间并没有运输合同关系,但基于他向承运人交付货物的事实被法律定义为托运人的一种,据此享有相应的权利,比如持有提单的权利。众所周知,在 CIF 或 CFR 等卖方负责安排运输的价格条件下,卖方既负责订立运输合同又负责向承运人交付货物,从而使两种托运人归为一体。而在 FOB 价格条件下,货物运输合同由买方负责订立,但货物交付需要由卖方来完成,因而在这种情况下就出现了"订约托运人"与"交货托运人"并存的局面。我国海商法之所以存在两种托运人的定义,其立法背景就是为了适应 FOB 价格条件下保护卖方利益的需要。很显然,基于以下事实,上诉人在本案中不可能是"订约托运人",而只能是"交货托运人":① 在 2001 年 7 月 20 日上诉人与青岛 s.r.o.公司签订的销售合同中,买卖双方约定的价格条件是 FOB 青岛。根据该价格条件,负责订立运输合同并承担运费的是买方青岛 s.r.o.公司。买卖合同是运输合同的前提,运输事务的安排和运输合同的订立来源于买卖合同的约定,因此买卖合同中的约定应当在判断运输纠纷中予以充分考虑。② 因此,当上诉人将货物交付给被上诉人时,双方之间并没有就运输合同的订立进行磋商,更没有协商确定海运费这一海上货物运输合同的核心内容,而只是按照航运习惯和交易条件,承担了装船前发生在装货港的部分港杂费用。③ 在被上诉人确认的提单中,明示约定"运费到付"(FREIGHT COLLECT)。所谓运费到付,无论是航运实践还是英文 COLLECT 的字源本意,都只能有一种解释,即在这项约定下,海运费由收货人支付。事实上,青岛海事法院在(1995)青海法海商初字第 103 号判决中就曾明确指出:"运费到付"构成了托运人与承运人之间由收货人支付运费的约定,而这种约定既已在运输单证中载明,托运人便不再负有支付运费的义务[参见(2003)青海法海商初字第 103 号民事判决书第 17 页]。

(2) 原审判决错误地认定上诉人交付的货物不能如期运抵目的地并退运青岛的责任在于上诉人。原审判决只是简单地认为"因被告(即上诉人)的原因致其货物被退运",而没有关注如下事实:① 自始至终,被上诉人都没有向上诉人提供所谓上诉人的货物因违反有关规定被禁止进入荷兰及欧盟的符合法律规定的证据材料。② 即便如被上诉人所言,上诉人交付给被上诉人的货物被荷兰当局勒令必须在规定的期限内运至第三国,没有证据显示货物不能经适当途径运抵当时并非欧盟的目的地斯洛伐克的克拉迪斯拉发。③ 更何况,同一销售合同项下同样交由被上诉人承运并经由同一线路运输的 TSTFR7962 号提单项下货物,最终就运抵了同一目的地,为什么前一周发运的 TSTFR7953 号提单项下货物就不能运抵目的地而必须运回青岛?

(3) 原审判决错误地支持了被上诉人提出的全部诉讼请求,使被上诉人获得了非法利益,逃避了法律责任。《中华人民共和国合同法》第 119 条第 1 款规定,"当事人一方违约后,对方应当采取适当措施防止损失的扩大;没有采取适当措施致使损失扩大的,不得就扩大的损失要求赔偿"。因此退一步说,即便作为交货托运人的上诉人应当对其交付给被上诉人运输的货物被禁止进入荷兰和欧盟承担相应的责任,原审判决也因未查清或关注以下事实而偏袒了被上诉人,并使其获得了非法利益,逃避了应当承担的法律责任:首先,很显然,被上诉人没有为将TSTFR7953号提单项下货物运抵目的地作出适当的努力,履行一个谨慎、负责的承运人所应尽的职责。其次,被上诉人更没有如其所诉称的那样,"为了保护货方的利益"采取积极的措施,避免本来可以完全避免或绝大部分都可以避免发生的损失:① 在费用高昂的鹿特丹港,被上诉人放任货物长期堆存达79天,产生费用高达人民币83 371.36元;② 在回运途中,放任货物滞留香港23天,产生迟延指定下程运输费、转运超时费人民币12 267.15元。上诉人非常难以理解的是,既然由被上诉人承担货物回运,那么安排"下程运输"或者安排及时转运的工作当然也应当由被上诉人负责。进而言之,如果在指定"下程运输"或安排及时转运方面有失误并因此产生损失的话,也应当由负责此项工作的被上诉人来承担,可为什么原审判决却居然判令由上诉人来替被上诉人在转运过程中的失误买单? ③ TST-FR7953号提单项下货物于2002年1月22日就已经回运至青岛(参见被上诉人《民事起诉状》及提交的费用清单),但是被上诉人却迟至2002年4月才通知上诉人货物已回运的事实并宣称已留置货物,然后又放任货物继续长期堆存7个多月,直至2002年8月29日被青岛海关决定扣留,并最终于2002年10月29日,货物回运至青岛9个多月后才卸离被上诉人集装箱。在此期间,被上诉人诉称产生各项费用高达15万多人民币。《中华人民共和国海商法》第86条规定,"在卸货港无人提取货物或者收货人迟延、拒绝提取货物的,船长可以将货物卸在仓库或者其他适当场所,由此产生的费用和风险由收货人承担"。《中华人民共和国海商法》第88条规定,"承运人根据本法第八十七条规定留置的货物,自船舶抵达时的次日起满六十日内无人提取的,承运人可以申请法院裁定拍卖;货物易腐烂变质或者货物的保管费用可能超过其价值的,可以申请提前拍卖"。上诉人认为,根据前述《中华人民共和国合同法》第119条规定的减损规则,作为承运人的被上诉人在出现无人提取或收货人拒绝提取到港货物情况时,不仅有权利同时也有义务将货物卸载至适当仓库或场所,或者根据货物的性质尽早地依法处置货物以避免损失的持续扩大。在本案中,被上诉人显然疏于及时处置货物,放任损失扩大,违反了合同法的相关规定。很难想象,按照原审判决的逻辑,如果回运青岛的货物在被上诉人的集装箱内被放任堆存至今天,上诉人是否也应当按照被上诉人计算的损失标准照付不误? 在前述与本案相似的(2003)青海法海商初字第103号案件中,法院就曾明确指出:"原告(承运人)虽积极地催促被告提取货物或就货物的处理做出明确指示,但当其知悉被告已不可能提取货物亦一直未对货物的处理做出明确的指示或者货物本身已无提取价值时,作为一个谨慎的承运人,即应及时就该已不可能有人提取或已无提取价值的货物加以处理,以避免损失的不合理扩大。而本案中原告对上述货物的处理难谓及时,因而原告对因其未能及时处理货物而扩大的损失和增加的费用依法应自行承担。"上诉人认为,同一法院应当对相同或相似的案件作出相同或相近的裁判,以维护司法的统一。最后,被上诉人诉称的损失缺乏客观证据支持,原审判决全面甚至超额支持被上诉人的诉讼请求明显不当,具体表现在:① 被上诉人诉请上诉人赔偿的各项费用损失总额为人民币 285 318.90 元，而原审判决却认为，"因被告的原因致其货物被退运，由此所发生的费用包括运费 292 108.75 元被告有义务支付给原告"。② 被上诉人宣称的应当由其收取的费用，其标准完全是由被上诉人单方制定，每天高达 140 欧元的所谓滞期费包含着高额暴利而绝非被上诉人的实际损失，更非作为交货托运人的上诉人在向被上诉人交付货物时所能够合理预见。而被上诉人宣称的由第三方收取的费用，上诉人既没有看到相关第三方出具的收费凭证，也没有看到被上诉人已经实际垫付该费用的证据材料。上诉人有理由相信，被上诉人凭借原审判决可以攫取正常运输业务过程中所不可能取得的高额暴利。

（三）关于反诉

原审判决认定上诉人所主张的货款损失并非因被上诉人所致以及 TSTFR7962 号提单项下的损失与本案无关也明显不当。TSTFR7953 号提单和 TSTFR7962 号提单项下的货物都是同一销售合同项下的货物，并且都是交由被上诉人承运至同一目的地，交付给同一收货人，因此两票提单项下的运输业务是不可分的，因两票提单运输所产生的争议也应当并案解决。被上诉人作为承运人未能（针对 TSTFR7953 号提单项下货物而言）以及未及时（针对 TSTFR7962 号提单项下货物而言）将上诉人交付的货物按其承诺运抵目的地，直接造成收货人拒绝向上诉人支付 70% 的货款并索赔 1 万美元，被上诉人的过错与上诉人遭受的损失之间有着明显的因果关系，被上诉人依法应当就其过错给上诉人造成的损失承担相应的赔偿责任。

故请求：

（1）二审法院查清本案事实并依法改判，驳回被上诉人在本诉中提出的一切诉讼请求；

（2）二审法院判决支持上诉人提出的各项反诉请求；

（3）判令被上诉人承担因本案发生的一切诉讼费用。

被上诉人 A.P 墨勒-马士基有限公司（以下简称墨勒公司）辩称：原审判决认定事实清楚，适用法律正确，请求法院依法驳回华青公司的全部诉讼请求，维护本公司的合法权益。具体理由如下：

（一）原审关于 1912 公司与华青公司之间存在运输合同关系的评定完全符合中国法律的规定及司法实践

（1）原审双方均不争的一组事实为：① 华青公司以其自己的名义（而非华青公司所称之涉案货物的买方）向马士基出具托运单；② 关于涉案货物运输合同的确认是在马士基与华青公司之间进行的；③ 涉案货物是由华青公司交付给马士基进行运输的；④ 涉案提单上显示的托运人为华青公司，且提单亦由马士基签发给华青公司；⑤ 在涉案货物运输的整个过程中，马士基始终只与华青公司就运输及退运事宜进行联系、协商，而未与案外人有过任何联系；⑥ 华青公司没有提供任何证据证明涉案货物运输合同系华青公司之买方与马士基签订。上述事实足以说明涉案货物运输合同之托运人（华青公司所称之"订约托运人"及"交货托运人"）均为华青公司，而非华青公司之买方。退言之，即使华青公司仅为"交货托运人"（仅为假设），则根据《中华人民共和国海商法》的规定，"交货托运人"亦为《中华人民共和国海商法》规定之托运人。其在根据法律的规定享受托运人之权利的同时，亦应当承担托运人在运输合同项下的义务。

（2）判断运输合同当事方的依据只能是依据托运事实，而非依据买卖合同。国际贸易术语价格条款是买卖双方在贸易合同下关于权利义务、风险、费用的划分，与运输合同为两个完全独立的法律关系。尽管买卖合同中关于运输的安排、费用及风险的分摊在买卖双方之间会作出一定的规定，但在判定运输合同双方当事人为谁时所依据的标准只能是我国海商法确定之托运事实之存在，而非依据买卖合同。在FOB运输合同之下，买方安排货物运输并不是唯一的方式，FOB买卖合同中，由谁安排货物运输存在多种不同的灵活做法，卖方亦不改变其在买卖合同中应承担的费用、风险以及义务而成为运输合同的托运人。由于海上货物运输是国际贸易的一个重要环节，故买卖合同之当事人与运输合同之当事人之间常常存在着千丝万缕的联系，但毋庸置疑的是，判断某一特定法律关系的当事人，只能从该法律关系本身出发进行识别，任何其他法律关系，均不应当作为判断的依据。《国际贸易术语解释通则》之引言亦明确指出："诸如FOB等术语，仅仅是适用于买卖合同的贸易术语，只涉及买卖合同项下买卖关系，而绝不适用于运输合同。"故华青公司有关其签订的买卖合同之条款为FOB，因而其不可能与马士基签订涉案货物运输合同之辩述缺乏事实及法律依据。

（3）涉案提单上"运费到付"之条款亦不改变华青公司托运人之身份及对运费承担责任之地位。首先，在班轮运输中，托运人根据承运人公布的船期表及费率表进行托运订舱，承运人确认接受订舱（通常以订舱通知或送货通知的形式出现），运输合同即在双方之间成立，通常无需承托双方就运输条款及运费进行磋商，此为班轮运输区别于租船运输的显著特点，亦为航运实践操作之惯例。其次，根据我国海商法之规定，支付运费是托运人在运输合同项下之主要义务，提单上载明的"运费到付"仅表明运费支付的时间在货物运到目的地时，并不因此确认运费支付的义务人为收货人。在提单上标明运费到付时，通常由收货人进行支付，但在收货人不支付运费之情形，托运人并不因提单上载明"运费到付"而免除运费支付之义务。华青公司在上诉状中提及（1995）青海法商初字第103号判决中关于"运费到付"之判定，华青公司并未举证证明该判决所依据的事实与本案一致，其断章取义之引用不具有任何参考意义。且我国并非判例法国家，先例之判决仅对后来案件的判决具有参考作用，并无任何法律约束，法院进行判决的依据只能是本案的事实及现行法律的规定。

（4）华青公司对马士基之反诉依据其与马士基之间的货物运输合同提起。华青公司在原审反诉中作为涉案货物之托运人对马士基提起了货物损失赔偿之诉，即基于华青公司与马士基之间的海上货物运输合同。华青公司在其民事反诉状中明确表明"反诉原告……于2001年7月下旬委托反诉被告出运货物"，且在其2002年4月19日发给马士基的律师公函中亦明确表明华青公司委托马士基承运涉案货物（见马士基在原审中提交之证据5第1页第2段第1行）。在上述华青公司自己出具的诉讼文书及法律文书中,华青公司均自认了其与马士基之间存在海上货物运输合同关系,其不得随意翻供。

(二)涉案货物被荷兰当局拒绝入关并只得退运至青岛完全是由于华青公司自身的原因造成,青岛海事法院对该事实之认定并无不当

(1)就货物被荷兰当局拒绝入关之事实,马士基已完成其举证之责。马士基已向青岛海事法院提交了经公证认证的由荷兰兽类检测中心出具的两份文书,一份是对涉案货物的检验报告,认为其包装不符合欧盟的规定而被拒绝进入欧盟境内;另一份是该中心勒令将涉案货物在自2001年9月28日起的60天内海运至第三国。马士基在接到该检验结果后即刻通知了华青公司,已尽到合理通知的义务,而华青公司在接到该等通知后却迟迟没有给予马士基任何关于如何处理货物的指示。

(2)马士基没有义务亦无法通过其他途径将货物运往目的地。涉案提单明确载明卸货港为荷兰鹿特丹,交货地为捷克的布拉迪斯拉发,即承托双方约定的运输路线为经鹿特丹至斯洛伐克的布拉迪斯拉发。在本案中,完全是由于华青公司的违约行为,即没有提供与涉案货物运输相适应的货物包装,导致了货物无法在约定的卸货港鹿特丹卸下,马士基作为承运人事实上已无法按照原合同的约定继续履行该合同,其在货物运输合同下的运输义务至此已经完成。造成该局面的原因完全在于华青公司在货物包装上的过错行为,与马士基无涉,故马士基作为承运人没有义务通过其他途径将货物运往目的地。事实上,马士基亦无法通过其他途径将货物运往目的地,稍有地理及外贸常识的人均知道,与鹿特丹邻近的沿海港口均属于欧盟国家(如丹麦、比利时、卢森堡、法国等国家),涉案货物亦不能在该等国家的港口卸下,故根本无法通过其他途径转运至原定的目的地斯洛伐克的布拉迪斯拉发。综上,华青公司关于马士基应当通过其他途径将货物运送至交货地的主张显然缺乏事实及法律依据。

(3)提单TSTFR7962项下的货物成功运抵目的地之事实与认定本案事实无涉。稍有外贸常识的人均知道,各国海关均不可能对所有进出口货物逐一进行检验,而是按一定的比例进行抽查,故发生华青公司所称的二批同样包装的货物一批能够通关而另一批却被海关拒绝的现象亦不足为怪了。华青公司现主张,TSTFR7962项下的货物在荷兰顺利通关,故涉案同样包装的货物亦应当能够通过荷兰海关的检验,或换言之,因荷兰海关没有对TSTFR7962项下的货物的包装提出质疑或拒绝,其拒绝涉案货物即为错误。华青公司的逻辑实为:一违法行为未被查获即可证明同一性质的另一行为即为合法,该主张显然没有法律依据,二者之间没有任何因果关系。

(4)马士基将涉案货物运回青岛已尽减少损失之义务,并得到华青公司的确认。华青公司在接到马士基关于货物被荷兰当局拒绝入境并命令于60天内海运至第三国后立即通知了华青公司,华青公司一直未就如何处理该等货物向马士基作出任何指示。考虑到将货物运回至青岛最便于华青公司处置货物,且回运成本亦可由华青公司所合理预见,为避免涉案货物被荷兰当局扣押并销毁,马士基即在该60天即将届满之际将货物从荷兰回运至青岛,马士基已尽到了合理谨慎减少华青公司损失的义务。根

据华青公司2001年12月21日致马士基的函、双方之间草拟的退运协议以及华青公司之律师致马士基的律师公函均明确表明华青公司对涉案货物之退运予以确认,且其声明不放弃货物。

（三）马士基诉请之损失客观存在,原审判决支持马士基的全部诉讼请求并无不当

（1）涉案货物之所以产生如此高额的费用完全是由于华青公司的原因造成的,马士基已尽合理减少损失的义务。首先,关于涉案货物在鹿特丹产生的费用。涉案货物于2001年9月3日抵达鹿特丹港,2001年9月28日经荷兰当局检验被拒绝入关并要求该等货物必须在60天内海运至第三国。华青公司在接到马士基关于货物被拒绝的通知后一直没有就如何处理货物给予任何指示,故涉案货物在鹿特丹港滞留至马士基将货物回运至青岛之日,共计79天。其次,关于涉案货物在香港产生的费用。由于当时并没有自鹿特丹直达青岛的航线,货物只能暂先运至香港后转运至青岛。之所以在香港发生"迟延指定下程运输费"及"转运超时费",一方面是由于涉案货物之回运并非正常业务操作中的运输,另一方面是由于当时确实没有自香港至青岛的船舶可供将涉案货物运回至青岛。如华青公司认为马士基在上述转运过程中存在过错,应当举证证明当时确实存有可供将涉案货物自香港运输至青岛的船舶,而马士基没有将货物及时转运。第三,关于在青岛产生的费用。货物回运后,华青公司一方面向马士基声明其不放弃货物,另一方面却迟迟不前来提取货物并办理货物进口报关手续。鉴于：① 在华青公司表示其不放弃货物之情形下,马士基无法将其视为海商法规定之无人提取之货物而对其进行处理；② 华青公司以律师公函的形式特别告知马士基应当保证货物"不会发生灭失、短少、损害等风险",并"应当采取妥善措施防止海关罚没货物"；③ 货物尚未进行过进口报关,马士基无法自行对货物进行处理；④ 涉案货物并非一般之件杂货,而是须进行冷藏之冻鸡肉,卸载至冷藏仓库亦将产生高额的贮藏费用,且容易引起货物的毁损。故马士基完全是按照华青公司的指示对涉案货物进行保管、照料,使其处于良好状态并尽量不受海关罚没,涉案货物在青岛产生之所有费用均由于华青公司之原因造成,马士基并未有任何使损失扩大之不当行为。

（2）原审判决仅支持马士基共计人民币285 318.9元之诉讼请求,并未如华青公司所称超额支持马士基诉讼请求,华青公司所称之人民币292 108.75元显属原审判决之笔误。

（3）马士基之费率表应当约束华青公司。首先,根据提单条款的约定,承运人的费率并入提单,华青公司在接受涉案提单时,知道或应当知道该等条款而未表示异议,并非如华青公司所称"无法合理预见",故该费率应当约束华青公司。其次,关于马士基在国际互联网上下载之费率表之证据效力。在互联网高度发展并被广泛利用的今天,网络已成为船公司(特别是原告这种跨国企业)普遍应用的商业运作平台,除商业宣传外,还用以公布运价、费率、协议等,可供世界各地的客户查询信息。该种网络形式的费率表以其方便、快捷以及成本低廉的优势正在逐步取代传统的纸面费率表,并

且具有公众性和广泛性,故决定了其真实有效性。第三,关于原告之代理提供的集装箱在青岛港的超期使用费标准,是原告对所有客户统一公布的费率表,其公开性及广泛性决定了其真实性。故青岛海事法院判定按照马士基提供之费率表计算其损失并无不当。

(4)马士基无须提供第三方收取之费用的发票或证明马士基已实际垫付第三方收取的费用。在第三方处产生之费用,马士基已向青岛海事法院提交证据证明其客观真实存在(且现代货箱码头有限公司亦证明马士基已向其实际支付该等费用)。华青公司之支付义务并不以马士基向案外人实际支付为前提。根据马士基与案外人之间的法律关系以及商业合作关系,马士基对该等费用可能采取抵销、垫付、延迟支付的方式结算他们之间的费用,该种付款安排与马士基和华青公司之间的海上货物运输合同关系无涉,华青公司以马士基与案外人之间的付款安排作为自身付款义务的抗辩明显缺乏法律依据,原审判决支持马士基的全部诉讼请求并无不当。

(四)原审判决依法驳回华青公司的全部反诉请求符合法律规定

首先,华青公司称 TSTFR7962 项下的货物与 TSTFR7953 项下的货物属同一销售合同,在运输上是不可分的,从而主张合并审理,该主张缺乏事实及法律依据。理由之一,据华青公司在原审过程中提交的证据明确显示,该两票货物由华青公司向马士基分别进行托运,并分别签发两套提单,两票货物分属两完全独立之运输合同。理由之二,退言之,即使该等货物在贸易合同中为不可分割之物(仅为假设),亦不应影响该两票货物在运输合同下的关系,此为两个完全独立之法律关系,两者之间不存在因果关系。其次,华青公司之反诉请求已过诉讼时效。涉案货物于 2002 年 1 月即抵达青岛港,华青公司迟至 2003 年 3 月才提出反诉请求,已过《中华人民共和国海商法》规定之一年时效。第三,华青公司于原审庭审过程中提交之出口报关单显示涉案货物已收汇核销,说明事实上并不存在华青公司反诉之货款损失。华青公司向国家外汇管理局申请办理涉案货款出口收汇核销的行为,为向国家行政管理机关对实际已收到货款之事实作出的确认,在没有相反证据的情形下,收汇核销之事实说明华青公司已收到涉案货物在买卖合同项下的货款,不存在任何损失。

四、二审裁判

山东省高级人民法院庭审期间,上诉人华青公司为支持自己的诉讼主张,提交了如下四组证据:

第一组证据:

(1)中国交通部公布的国际班轮运输经营者名单。

(2)号码为 TSTFR7953 及号码为 TSTFR7962 的提单。

证明被上诉人未取得中国交通部颁发的《国际班轮运输经营资格登记证》,没有运输经营资质,被上诉人无权以提单表明的承运人名义来起诉上诉人。

第二组证据：

（3）上诉人与青岛 s.r.o. 公司签订的销售合同，证明双方约定价格条款为 FOB 青岛，负责订立运输合同并承担运费的是买方。

（4）号码为 TSTFR7953 及号码为 TSTFR7962 的提单项下的订舱通知，证明两票货的订舱事宜均由被上诉人通知上诉人完成，上诉人与被上诉人之间没有运输合同关系。

（5）号码为 TSTFR7953 及号码为 TSTFR7962 的提单中均载明"运费到付"，证明海运费、堆存费、滞箱费等费用应当由目的港的收货人承担。

第三组证据：

（6）荷兰国际兽类检测中心出具的检验报告。

（7）2002 年 6 月 21 日及 2002 年 7 月 4 日被上诉人给上诉人的传真。证明被上诉人迟延、拒绝转交荷兰商检文件，使上诉人失去向有关部门申诉的权利。

（8）2001 年 10 月 9 日被上诉人给上诉人的电传。证明上述提单项下的货物迟延交付及未交付导致回运的原因并非荷兰检验机构禁止转运至斯洛伐克，而是集装箱在鹿特丹因铅封号错误而被滞留及未尽承运人职责造成的。

（9）欧盟国家名单及世界地图，证明波兰及斯洛伐克均非欧盟成员国，被上诉人完全可以将货物从荷兰海运至第三国。

第四组证据：

（10）费用清单，证明上诉人从未与被上诉人约定货物运输的相关费用，被上诉人提交的清单系单方证据，依法不能采信。

反诉部分：

（11）上诉人与青岛 s.r.o. 公司签订的销售合同。

（12）号为 TSTFR7953 及号为 TSTFR7962 提单项下的箱单、发票。

证明上述提单项下的货值均为 21 268.8 美元，上诉人未收回货款与被上诉人迟延交付及擅自退运货物之间存在直接因果关系。

被上诉人墨勒公司对华青公司提交的证据质证意见：

（1）证据 1 的取得是否详尽所有内容，不能肯定，申请登记的公司与提单签发的公司不一定非得是同一公司，网上公布提单的格式就是 1912 公司，与本案提单格式一致。

（2）证据 3、4、5，国际贸易术语只是销售合同双方权利义务的划分，与海上运输合同无关，上诉人以 FOB 项下的卖方不承担责任为由没有法律依据。

（3）证据 6、7 本身没有异议。被上诉人尽到了合理通知的义务。货物被荷兰拒绝入境是由于货物本身的原因造成的，与被上诉人无关。荷兰周围的国家在 2001 年就是欧盟的国家，被上诉人不能通过这个线路运往斯洛伐克。

（4）证据 10，所有的费用合理合法。

（5）证据 11、12，TSTFR7953 号提单与 TSTFR7962 号提单项下的货物不是同一合同关系。TSTFR7953 号提单项下的反诉请求已过一年的诉讼时效，上诉人没有就其遭受的损失提供证据,报关单证明其已经收到了全部货款,没有损失。

山东省高级人民法院认为,华青公司提交的12份证据经墨勒公司质证并无异议,故以上证据的真实性应当予以确认。

被上诉人墨勒公司提交了如下证据:丹麦商业及公司登记署文件,证明1912公司变更为墨勒公司。

上诉人华青公司质证:对被上诉人证明的内容有异议,在中国交通部备案的名称是马士基公司,不是1912公司,也不是墨勒公司。

山东省高级人民法院认为,墨勒公司提交的证明材料经过了公证、认证手续,应当确认真实性。

山东省高级人民法院根据当事人双方举证情况及在原审中举证情况,除认定原审判决查明的事实外,认定以下事实:

2003年6月16日,斯万德伯格公司与阿科特利斯卡贝特1912公司合并,合并后仅存斯万德伯格公司,斯万德伯格公司后更名为A.P墨勒-马士基有限公司。

截止到2004年1月,中国交通部公布《国际班轮运输业务经营者名单》中为马士基有限公司,没有1912公司,也没有墨勒公司。

墨勒公司于2002年1月将TSTFR7953号提单项下的货物退运至青岛。墨勒公司通知了华青公司。华青公司致函马士基海运青岛公司,声明不放弃该批货物,并愿意尽快解决有关问题。2002年4月,墨勒公司通过律师告知华青公司安排拆箱提货。

2002年8月29日,青岛海关大港查验处向集装箱站发出《海关监管货物扣留通知单》,对题案货物扣留。2002年10月29日,青岛海关监控处向集装箱站发出《海关监管货物移动通知单》,决定对存放的题案货物移至监管库存放。

山东省高级人民法院认为:原审判决关于本案管辖的取得及解决本案适用的准据法为中华人民共和国法律,山东省高级人民法院予以确认。

本案是海上货物运输合同纠纷,华青公司用证据1来证明墨勒公司没有按照《中华人民共和国国际海运条例》的规定到中国交通部进行国际班轮运输经营资格登记,墨勒公司没有运输经营资质。事实上,墨勒公司没有在中国港口经营国际班轮运输业务,墨勒公司没有办理国际班轮运输经营资格登记,并非不能在中国揽货。华青公司的证据1关于墨勒公司非法经营的理由没有证明力,山东省高级人民法院不予采纳。

华青公司与墨勒公司之间是否存在货物运输合同关系,华青公司的证据3销售合同,只能证明贸易合同双方、贸易合同及国际贸易价格术语条款,只约束贸易合同契约方,并不改变运输合同的主体。华青公司的证据4订舱通知及证据2提单,与墨勒公司在原审中提交的华青公司托运单,形成证据链,证明华青公司为托运人,墨勒公司接受订舱,签发了联运提单。墨勒公司在原审中举证证明华青公司在运输过程中与墨勒公司进行业务联系。故双方之间的运输合同成立,双方意思表示真实,合同有效。华青公司用证据5提单记载的"运费到付"来证明海运费等费用应由目的港收货人承担。本案中,收货人按提单记载凭指示,由于货物没有运到约定的地点,没有在交货地提货,华青公司没有指示收货人,华青公司的证据 5 不能证明改变了运输合同承担运费的主体。故华青公司否定运输合同的主张没有证据支持,山东省高级人民法院不予采纳。墨勒公司关于该争议焦点的抗辩理由有证据支持,山东省高级人民法院予以认可。

货物不能运抵目的地的责任问题。华青公司用证据 6、7、8、9 来证明墨勒公司在转交文件上有过错,墨勒公司可以绕行其他国家履行合同。船舶到了鹿特丹港后,通关检查时,荷兰国际兽类检测中心拒绝这批货物进入欧洲共同体国家,墨勒公司将此情况通知了华青公司,尽到了告知义务,墨勒公司在转交文件上没有过错。关于墨勒公司可否绕行问题,华青公司与墨勒公司之间运输合同依据是 TSTFR7953 号联运提单,提单上记载卸货港鹿特丹,交货地布拉迪斯拉发。提单中对卸货港、交货地的约定明确,墨勒公司依约履行,将货物卸下,联运中的海运结束。华青公司知悉荷兰国际兽类检测中心的决定后,没有积极处理,也没有与墨勒公司协商变更运输方式。墨勒公司在没有得到托运人的指令,没有形成新的运输合同时,再将货物起运到其他国家港口没有合同依据,因此,墨勒公司在货物不能通过荷兰,又没有得到华青公司指令的情况下退运,是作为承运人谨慎运输采取的合理措施。华青公司在荷兰通关检查之后的消极行为,系导致退运的主要原因,应承担由此导致的民事责任。墨勒公司关于该争议焦点的辩解理由成立,山东省高级人民法院予以支持。华青公司关于退运责任的主张,没有法律依据,山东省高级人民法院不予采纳。华青公司证据 10 对费用清单提出异议,对此,华青公司负有举证责任,华青公司没有举出相反的证据,应承担不利后果。

本案反诉部分,华青公司主张 TSTFR7953 号提单与 TSTFR7962 号提单项下的货物系同一销售合同,应并案解决。华青公司的主张,忽视了 TSTFR7953 号提单与 TST-FR7962 号提单是两个运输合同,两个独立的法律关系。本案的本诉乃依据 TSTFR7953 号提单提起,华青公司的反诉亦应相对本诉提起。华青公司主张 TSTFR7962 号提单项下的损失,对本诉而言系另外的法律关系。华青公司主张 TSTFR7953 号提单与 TST-FR7962 号提单并案审理,没有法律依据,山东省高级人民法院不予采纳。

当墨勒公司将 TSTFR7953 号提单项下的货物运回青岛后,华青公司声明不放弃该批货物,并愿意尽快解决有关问题。故原审判决关于 TSTFR7953 号提单项下货物损失并非墨勒公司原因所致的认定并无不当。原审判决驳回华青公司的反诉请求,山东省高级人民法院确认。

综上所述,华青公司上诉请求没有事实与法律依据,山东省高级人民法院不予支持。原审判决认定事实清楚,解决纠纷适用的法律正确,应予维持。根据《中华人民共和国民事诉讼法》第 153 条第 1 款第(一)项的规定,判决如下:

驳回上诉,维持原判。

案件受理费人民币 13 200 元,由青岛华青进出口有限公司负担。

本判决为终审判决。

30 原告福建省工艺品厦门进出口公司与被告裕利航运有限公司、厦门裕利集装箱服务有限公司无单放货纠纷案

案例来源：厦门海事法院（2004）厦海法事初字第 51 号

主题词：合同适用的法律　无单放货　主张提货的权利

> **裁判要旨**
>
> **No. HY-1.1-61**　合同当事人可以选择合同适用的法律，但该法律不应违背我国社会公共利益或者法律法规的排除性、强制性、禁止性规定。

一、基本案情

原告：福建省工艺品厦门进出口公司（以下简称厦门工艺品公司）

被告：裕利航运有限公司（GREATING MARINE LIMITED.，以下简称裕利航运）

被告：厦门裕利集装箱服务有限公司（以下简称裕利集装箱公司）

原告福建省工艺品厦门进出口公司为与被告裕利航运、厦门裕利集装箱服务有限公司无单放货纠纷一案，原告诉称：2003 年 7 月 19 日，原告由于业务需要出口一批货物至美国，原告委托裕利集装箱公司进行排载。之后，裕利集装箱公司出具抬头为裕利航运的提单 3 套，号码分别为 GXMO3075030、GXMO3071123、GXMO3075016。裕利集装箱公司在提单上加盖其印章后，原告将货物交给其运输。货物运出后，在未有任何人赎单的前提下，两被告无单放货，侵犯了原告的权利。为此，诉请判令两被告返还提单提示货物，如无法返还，则赔偿货值美金 23 850.72 美元。

被告裕利航运辩称：其系案涉提单所载的无船承运人；原告以侵权提起诉讼属案由不当，根据提单背面条款，本案应适用香港法律，裕利航运结合本案实际情况不应承担赔偿责任；即使原告可选择侵权之诉，裕利航运仍可主张自身行为不构成违约而进行抗辩，本案无论适用提单确定的香港法律或侵权行为法即美国法，裕利航运都无需承担赔偿责任；原告以侵权提起诉讼，而裕利航运的目的港代理是在其不知情的情况下放货，属越权代理，对此裕利航运不承担赔偿责任；提单是物权凭证，承运人负有在目的港交付货物的义务，而不是返还货物，因此原告要求承运人在装运港返还货物没有法律依据，其诉求应予驳回。

被告裕利集装箱公司辩称：第一被告裕利航运已承认其系本案无船承运人，裕利集装箱公司仅系裕利航运的装港代理，不涉及海上运输及目的港放货事宜；裕利集装箱公司并未收取海运费，所收费用均系装货服务代收代付性质；提单责任期间为 CY-CY 或 CY-Door，货物进入堆场的服务与海运及提单均无关；提单载明目的港放货应由 Greating Marine Inc. 负责，与裕利集装箱公司无关，故诉请判令驳回原告对裕利集装箱公司的诉求。

二、法院查明事实

厦门海事法院经审理查明：

（一）提单载明的记名收货人 USA INSPIRED DESIGNS INC. 是否收到货物

原告声称两被告未收回正本提单而把货物放给与收货人无关的他人,并提交其持有的 3 套正本提单以及银行退单文件和说明为证。两被告对原告提交的正本提单、银行退单文件及说明的真实性没有异议,但认为这不足以证明被告无单放货,同时辩称,货物已交给提单载明的记名收货人 USA INSPIRED DESIGNS INC.,并提交经公证认证的目的港放货资料为证。

厦门海事法院认为,原告仅凭自身持有 3 套提单正本的事实而主张两被告无单将货放给与收货人无关的他人,无论在事实上还是在逻辑上均无法成立:其一,原告目前持有的 3 套提单虽系经过合法的托收程序,后因付款人不付款而退回至原告手中,但仅凭此尚不能证明其持有全套提单与承运人未收回正本记名提单而放货行为之间有因果关系或必然联系;其二,被告提交的目的港放货资料,经过了法定的公证认证手续,符合最高人民法院《关于民事诉讼证据的若干规定》（以下简称《证据规则》）第 11 条第 1 款的规定,原告对此予以否认,但未能举出反证,依照《证据规则》第 72 条第 1 款的规定,该目的港放货资料的证明力应予采信;其三,原告提交的中国建设银行厦门市分行营业部（以下简称厦门建行）出具的说明,系由与本案无利害关系的案外第三人所提供的,两被告对其真实性也无异议,根据《证据规则》第 72 条第 1 款的规定,其证明力应予采信。根据该说明,案涉货物出运后,原告将其手中所持提单及商业发票等均委托厦门建行进行托收。代收行于 2003 年 7 月 29 日签收了单据,厦门建行于 2003 年 8 月 26 日第一次发电催款,代收行于 2004 年 1 月 9 日来电告知付款人仍未支付该笔款项且客户双方正在洽商中,2004 年 1 月 28 日又来电告知付款人仍未支付该笔款项并要求退单,2004 年 2 月 6 日代收行退回该套未被付款的单据,2004 年 7 月 2 日该单据被原告签收。根据《证据规则》第 9 条第 1 款第（三）项的规定,从原告与其贸易对方直至 2004 年 1 月还在就货款支付进行洽商这一事实,可以推定原告的贸易买方 USA INSPIRED DESIGNS INC. 或其指定的人在此之前已经收到案涉货物。设若被告裕利航运将案涉货物放给了与记名收货人无关的第三人,则记名收货人根本无需也不可能与原告洽商付款问题。综上,可以认定:案涉货物运抵目的港后,记名收货人 USA INSPIRED DESIGNS INC. 于 2003 年 8 月 7 日向裕利航运的目的港代理 GREATING MARINE INC. 出具保函,在未出示正本记名提单的情况下,将货物提走。2004 年 1 月 24 日,USA INSPIRED DESIGNS INC. 根据《美国统一商法典》第 101et 节破产法第 11 章规定,向美国破产法庭得克萨斯州东区路夫金分庭（THE UNITED STATES BANKRUPTCY COURT FOR THE EASTERN DISTRICT OF TEXAS LUFKIN DIVISION）提出了自愿救济申请。厦门工艺品公司系其中一个债权人。

（二）原告是否已收到货款

原告称其未收到货款。两被告辩称原告自行提交的三份报关单均盖有"已核销"的章，表明原告已收到案涉货物的外汇货款。

厦门海事法院认为，报关单系出口企业向海关报备的单据，其上盖有的长方形"已核销"印章，并不是外汇管理部门所盖的核销章。根据我国外汇管理部门出口收汇核销的通常做法，只有出口收汇核销单上的核销部门印章才能证实出口企业是否已收汇核销。即使出口收汇核销单上盖有核销单，也只是出口企业收到外汇货款的初步证据，但并非最终证据。本案报关单所显示时间为2003年7月前后，而银行退单文件以及厦门建行出具说明的时间在2004年，根据以上对银行退单文件和厦门建行出具的说明的审核与认定，可以确定原告并未收到案涉货物的外汇货款。

三、法院裁判

厦门海事法院认为，本案为海上货物运输合同无单放货纠纷。双方当事人争议焦点在于：

（一）本案适用法律

原告主张本案适用《中华人民共和国海商法》，认为即使承运人签发的是记名提单，也应履行凭单放货的义务。被告主张适用提单约定的香港特别行政区法律，承运人在签发记名提单的情况下无需凭单放货，同时认为，即使本案为侵权之诉，也应适用侵权行为地法即美国法，根据《美国联邦提单法》，承运人在签发记名提单的情况下同样无需凭单放货。

厦门海事法院认为，对本案是国际海上货物运输合同无单放货纠纷，双方当事人没有异议，应予认定。《中华人民共和国海商法》第269条规定"合同当事人可以选择合同适用的法律，法律另有规定的除外。合同当事人没有选择的，适用与合同有最密切联系的国家的法律"。本案原告住所地、被告裕利集装箱公司住所地、运输始发地以及提单签发地在中国厦门，但被告裕利航运住所地在香港，而目的港也即原告所述的无单放货侵权行为地在美国，依照《中华人民共和国海商法》第269条的规定，在具有涉外因素的民事纠纷案件中，当事人可合意选择所适用的法律。本案提单背面条款载明适用香港特别行政区法律，原告没有提供证据证明该条款违反了中华人民共和国的公共利益，或违反我国海商法或其他相关法律的排除性或禁止性或强制性规定，而裕利航运系在中国交通部办理了合法登记手续的无船承运人，其在本案中使用的提单格式也办理了必需的登记备案手续，根据《中华人民共和国国际海运条例》的规定，其合法取得在中国大陆从事无船承运人业务以及使用备案提单的资格。由于其提单格式已经备案，故相应的法律适用条款应视为已得到中国海运行政主管部门的认可，该条款的内容应属有效。原告系提单载明的托运人，且目前持有提单，其在将货物交给裕利集装箱公司安排运输且裕利集装箱公司代表裕利航运签发了案涉提单的情况下，其并未就提单背面的法律适用条款提出异议，视为其同意案涉提单项下纠纷应适用香港特别行政区法律。据此,本案应适用的准据法为香港特别行政区法律。因香港法传承英国法,属判例法,因此香港高等法院的已决判例对本案具有法律约束力。

(二)承运人应否向未持有记名提单的记名收货人交付货物

被告裕利集装箱公司系被告即本案无船承运人裕利航运在装港的代理,而非承运人,其虽然实施了一些在装港的货运代理行为如收取港口使费、代表承运人收取海运费等,但此与目的港的放货行为并无关联,故原告对其的诉讼请求缺乏事实依据,应予驳回。

原告目前仍持有案涉3套正本提单,而货物已放给收货人,裕利航运无单放货的事实成立。对香港法下记名提单之承运人可否向未持有记名提单的记名收货人交付货物的问题,两被告提交了由香港欧华律师行出具的法律意见。两被告关于适用法律的做法,符合最高人民法院《关于贯彻执行〈中华人民共和国民法通则〉若干问题的意见(试行)》第193条的规定,应予准许。原告对该法律意见书的内容存有异议,但未能举出反证,其反驳理由不予采纳。根据欧华律师行的法律意见,在香港法律下,记名提单没有明确的法律定义,通常情况下等同于直接指定收货人的提单及海运单进行处理。根据现有的香港判例,承运人在未获得正本记名提单的情形下即放货给指明的收货人并未违反承运人义务。本案中,裕利航运虽未收回正本记名提单,但其确实将货物放给了案涉记名提单所载明的收货人 USA INSPIRED DESIGNS INC.,作为承运人,其适当履行了海上货物运输合同中交付货物的责任,放货行为并无过失,亦未违反注意义务,故其无需对厦门工艺品公司承担任何形式的赔偿责任。厦门工艺品公司在货物抵达目的港交付前,没有通知作为承运人的裕利航运停止向提单记名的收货人交付货物,由此产生的后果应由其自行承担。USA INSPIRED DESIGNS INC. 在提取货物后破产而未付款,厦门工艺品公司持有正本记名提单而未能收回货款,系其在贸易中的风险,与承运人无关。

(三)原告的诉讼请求有无法律依据

原告起诉时要求两被告返还提单提示货物,如不能返还,则赔偿货值损失。在庭审时又变更其诉求为要求两被告赔偿货值损失。两被告对其在举证期限届满后变更诉求的做法不予认可。

厦门海事法院认为,原告未能根据《证据规则》第34条第3款的规定,在举证期限届满前变更其诉求,故其变更诉求的行为厦门海事法院不予认可,根据"所判如所请"的原则,厦门海事法院应在其原诉讼请求的范围内进行审理,即两被告是否应当返还提单提示货物,或在无法返还时应否赔偿原告货物价值损失。撇开本案适用的准据法以及承运人应否向未持有正本记名提单的记名收货人交货两个问题,根据航运惯例,提单持有人持有提单向承运人主张提货的权利只能在提单载明的目的港行使,或在提货不着的情况下向承运人主张赔偿的权利。本案中,原告持有正本提单,但却在装运港要求承运人返还货物,既违反航运惯例,亦缺乏法律依据,不应予以支持。

综上,原告没有提供证据证明两被告有应承担赔偿责任之过错行为,依照《中华人民共和国民事诉讼法》第64条第1款、《中华人民共和国海商法》第269条的规定,判

决如下:

驳回原告福建工艺品厦门进出口公司的诉讼请求。

31 原告韩国进世贸易公司与被告连云港海运有限公司海上货物运输合同纠纷案

案例来源:天津海事法院(2005)津海法商初字第 37 号

主题词:非集装箱货物　舱面装载　航运惯例

> **裁判要旨**
>
> **No. HY-1.1-62** 对于非集装箱货物,承运人只有取得托运人的同意或根据航运惯例才有权将货物装于舱面,否则应当对因此引起的货损承担赔偿责任。

一、基本案情

原告:韩国进世贸易公司

被告:连云港海运有限公司

原告诉称:2003 年 11 月,原告自中国购入扁钢带和楔形针,其中扁钢带 10 托盘(共 119 500 个,毛重 15 100 公斤)、楔形针 30 袋(共 1 500 000 个,毛重 51 300 公斤),卖方为河北华太进出口有限责任公司。上述货物交付承运人连云港海运有限公司所属"云龙"轮承运,"云龙"轮船舶代理人天津盛弘船务代理有限公司签发了承运人为被告的清洁提单。2003 年 11 月 26 日,"云龙"轮抵达韩国仁川港,卸货期间,原告得到通知,涉案货物被装载在 2 号舱口过道甲板右舷,并存在不同程度的水湿、锈蚀。2003 年 11 月 28 日,获得韩国政府检验许可的韩国仁川 HYOPSUNG 检验调解公司应原告要求,登轮对货物进行检验,承运人的韩国代表、原告代表以及"云龙"轮的船长、大副均在场参与检验,经检验证实,货物码成两层堆放在 2 号舱口过道甲板右舷,没有任何防水油布遮挡以防止天气变化,以致提单号 SH-38 项下的 119 500 个扁钢带完全被海水浸湿,全部严重生锈。提单号 SH-39 项下的 1 500 000 个楔形针全部被海水不同程度浸湿,其中 1 000 000 个楔形针部分生锈、氧化,500 000 个楔形针严重生锈、氧化成暗红色。检验结论为:货物湿损是由于货物装在甲板上与海水接触造成。检验公司并就货损做出估算。2003 年 12 月 22 日,检验公司出具了 IHY-199/03 号调查报告,原告已于 2003 年 12 月 2 日向被告提出索赔,但被告至今没有赔付。

被告在提单中没有载明货物装载甲板的情况下,擅自将货物装载在甲板上,又未采取任何防护措施,致使原告货物受损,被告违反了承运人应当妥善、谨慎地装载、保管、照料所运货物的义务,依照《中华人民共和国海商法》第 48、53、59 条第 1 款的规定,被告应当承担赔偿责任,请求法院判令被告赔偿原告 SH-38 号提单项下的货物损失 5 106.59 美元、杂费损失(包括码头搬运费、港口税、清关费、卡车搬运费)690.42 美元、商务损失 973.74 美元,SH-39 号提单项下的货物损失 8 678.43 美元、杂费损失(包括码头搬运费、港口税、清关费、卡车搬运费)704.64 美元、商务损失 1 057.50 美元,两票提单货物检验费损失 750 美元。上述损失共计 17 961.32 美元。本案诉讼费用由被告承担。

被告未到庭参加诉讼,视为放弃质证权利,原告的证据能够互相印证,天津海事法院对其证据效力予以确认。

二、法院查明事实

天津海事法院查明:2003 年 11 月,原告自中国购入一批扁钢带和楔形针,货物价值为 27 641.6 美元。货物装载于"云龙"轮,由被告负责海上运输。2003 年 11 月 24 日,天津盛弘船务代理有限公司代表被告签发了编号为 SH-38、SH-39 的清洁提单,货物始发港为天津新港,目的港为韩国仁川港,提单托运人为河北华太进出口有限责任公司,收货人凭 KOOKMIN 银行指示,银行将提单背书转让给原告,原告为涉案货物运输的收货人。2003 年 11 月 26 日,"云龙"轮抵达韩国仁川港,因被告发现货物受损,通知了原告,原告遂委托韩国仁川 HYOPSUNG 检验调解公司对货物进行检验,检验报告称,"货物码成两层堆放在 2 号舱口过道甲板右舷,没有任何防水油布遮挡以防止天气的变化","SH-38 号提单项下发现 119 500 个扁钢带全部严重生锈并完全被海水浸湿,SH-39 号提单项下发现 1 000 000 个楔形针部分生锈、氧化,500 000 个楔形针严重生锈、氧化成暗红色";"SH-38 号提单项下货物损失为 5 106.59 美元,SH-39 号提单项下货物损失为 8 678.43 美元";"货物的湿损可能归于当船在航行中遭遇了海事声明备忘录中所说的恶劣天气时,由于货物装在船甲板上与海水接触造成的"。还查明,原告支付韩国仁川 HYOPSUNG 检验调解公司货物检验费 750 美元。

三、法院裁判

天津海事法院认为,本案系海上货物运输合同货损纠纷,被告为承运人,原告为收货人。依照《中华人民共和国海商法》的规定,承运人只有在取得托运人的同意或根据航运惯例才有权将货物装在舱面,本案没有证据证明被告将货物装于舱面已经征得托运人同意。将非集装箱货物装载在舱面上显然也不符合航运惯例,况且被告对装载于舱面的货物也未采取任何防护措施,被告的上述行为导致原告货物受损,违背了《中华人民共和国海商法》关于承运人应当妥善、谨慎地装载、保管、照料、运输所运货物的法定义务。原告货物受损发生在被告的责任期间,被告也未提供证据证明对货物受损享有法定免责事由,因此被告对给原告造成的 13 785.02 美元货物损失和 750 美元检验费损失应当承担赔偿责任。原告请求的其他杂费损失和商务损失,证据不足,不予支持。

综上,依照《中华人民共和国海商法》第 46 条第 1 款、第 48 条、第 53 条第 1、3 款的规定判决如下:

被告连云港海运有限公司赔偿原告韩国进世贸易公司货物损失 13 785.02 美元、检验费损失 750 美元,共计 14 535.02 美元。

32 原告仙游县镱进工艺有限公司与被告上海沁洋国际货物运输代理有限公司、天津航星国际货运代理有限公司厦门分公司海上货物运输合同纠纷案

案例来源:厦门海事法院(2009)厦海法商初字第 8 号
主题词:时效期间　无人提货　留置

裁判要旨

No. HY-1.1-63　海上货物运输向承运人要求赔偿的请求权,时效期间为 1 年,自承运人交付或者应当交付货物之日起计算。

No. HY-1.1-64　在卸货港无人提取货物或者收货人迟延、拒绝提取货物的,承运人可以将货物卸在仓库或者其他适当场所。

No. HY-1.1-65　应当向承运人支付的运费、共同海损分摊、滞期费和承运人为货物垫付的必要费用以及应当向承运人支付的其他费用没有付清,又没有提供适当担保的,承运人可以在合理的限度内留置其货物。

一、基本案情

原告:仙游县镱进工艺有限公司
被告:上海沁洋国际货物运输代理有限公司(以下简称上海沁洋)
被告:天津航星国际货运代理有限公司厦门分公司(以下简称天津航星)

原告仙游县镱进工艺有限公司与被告上海沁洋国际货物运输代理有限公司、天津航星国际货运代理有限公司厦门分公司海上货物运输合同纠纷一案,原告仙游镱进诉称:2007 年 10 月 30 日,亨达国际货运代理有限公司(以下简称亨达货运)以亨达国际运通股份有限公司(以下简称亨达运通)的名义接受了原告 2×40 集装箱货物(1 119 箱工艺品),起运港为福州,目的港美国长滩,运输条款为 CY-CY。货物起运后,亨达货运向原告出具了以"Ardic Worldwide Logistics Ltd"为抬头和承运人的提单,同时又以亨达运通的名义向原告催缴有关费用,并以天津航星的名义收取相关费用并开具发票。货物于 2007 年 11 月 19 日抵达目的港。然而,在原告持有全套正本提单的情况下,货物已于 2007 年 11 月 29 日离开码头,至今下落不明,致使原告无法收回货款,遭受重大经济损失。原告多次与亨达货运、亨达运通联系,要求告知货物下落并回运货物,但二者以各种理由予以拒绝。原告认为,亨达运通、上海沁洋均以"Ardic Worldwide Logistics Ltd"的名义从事经营活动,所签发的提单格式未向中国交通主管部门备案。上海沁洋、天津航星均参与了货物运输,为涉案货物共同承运人,其违法开展无船承运业务,且未能妥善保管货物,未履行承运人应尽的义务,其行为违反了我国现行法律法规和国际航运惯例。为维护原告的合法权益,特提起诉讼,请求法院判令:
(1)上海沁洋、天津航星赔偿原告货物损失人民币 220 933 元(美元 30 708.00 元,按 2008 年 1 月 29 日汇率折算)、码头操作费(THC)人民币 250.00 元、美国舱单费

(AMS)人民币 200.00 元,以及按中国人民银行规定的逾期还款利率从 2008 年 1 月 19 日起至实际付款之日的利息(为方便计算诉讼费,暂计到起诉日为人民币 14 110 元);

(2)判令上海沁洋、天津航星承担本案的诉讼费用。

被告上海沁洋辩称:

(1)原告的起诉已经过了诉讼时效,其诉求依法应予以驳回。案涉货物 2007 年 11 月 19 日已经运抵目的港,原告始终将提单控制在自己手中,导致目的港收货人无法凭正本提单提取货物,且从被告与原告的往来联系上看,原告至少在 2007 年 12 月 7 日之前已经知悉目的港收货人不提取货物,因此,原告在 2008 年 12 月 8 日之后起诉,已经过了一年的诉讼时效,其诉求依法应予以驳回。

(2)原告要求被告赔偿货物损失没有事实和法律依据:① 被告已经履行海上货物运输合同下的义务。在接收原告货物后,被告已经全面完整地履行了海上货物运输合同下的义务,将案涉货物安全运抵原告指定的目的港。② 被告在目的港案涉货物的处理过程中没有过失:首先,在案涉货物运抵目的港后,被告即通知收货人领取货物,但因收货人未及时支付货款,导致无法获得正本提单,被告在此情况下,拒绝放货给收货人,完全正确。其次,案涉货物在目的港无人提取,原告虽表示要另找买家,但一直没有回音,在此情况下,为减少原告的滞箱费等进一步损失,被告代理在案涉货物到达 3 个月后将货物拆箱放于仓库堆存,完全合理。最后,案涉货物堆存在第三方仓库,至今保存完好。被告已尽到保管货物的责任。

③ 因原告拒绝支付目的港的费用以及运费,导致案涉货物无法运回,与被告无关,相反,被告有权继续向原告追索相关的费用。综上所述,被告已经完全履行海上货物运输合同下的运输和保管货物的义务,原告货物至今仍完整、适当地保存在第三方仓库。原告提起本案诉讼缺乏事实和法律依据。

(3)原告诉求的码头操作费、美国仓单费没有事实依据。原告没有支付该费用的凭证,而且即使支付,该费用也涵盖在原告的货物价值之中。

(4)原告诉求利息缺乏事实和法律依据,被告已经完全履行义务,不用赔偿原告任何费用,更不论利息。而且即使支付利息,利息标准也不能按照银行逾期还款利率来计算。

二、法院查明事实

厦门海事法院经审理查明:2007 年 10 月 30 日,原告将案涉货物交付给被告上海沁洋,被告上海沁洋出具了以"Ardic Worldwide Logistics Ltd"为抬头的全套正本提单给原告,提单编号为 XM 20710466,提单上载明:托运人为原告,承运人为 Ardic Worldwide Logistics Ltd,收货人为马世腾制造公司(MAXTON MANUFACTURING)(以下简称马世腾),集装箱号 MSCU8661472、MSCU8565720,装货港为中国福州,卸货港为美国长滩。被告上海沁洋其后以亨达运通、亨达货运的名义向原告催缴有关费用,并委托天津航星收取相关费用及开具发票。2007 年 11 月 19 日,案涉货物在美国长滩卸船。原告多次催促收货人支付货款但未得到任何回复,遂于 2007 年 12 月 7 日和 12 月 14 日向被告上海沁洋表示若在短时间内仍未收到国外买家的付款,原告将考虑把该两集装箱货物运回,并要求被告上海沁洋把原告考虑运回货物的消息转达给其海外代理国际运输集团(Transgroup International)(以下简称国运集团),并告知原告该票货物抵达目的港后的具体免费堆存期限及将货物运回的相关手续及费用。被告上海沁洋于2007年12月12日发邮件给国运集团,要求再次更新该票货物的状况,并请求国运集团再次联系收货人核实何时才能付款,并告知货物运回福州的费用。

2008年1月8日,原告致函被告上海沁洋,说明由于原告多方途径联系收货人未果,原告决定着手办理将货物运回的相关事宜,并请被告联系国运集团,告知将该票货物运回的操作程序及各项费用。同日,被告上海沁洋将该信息转达给国运集团。2008年1月23日,国运集团告知被告上海沁洋:收货人仍称其会付款,国运集团已告知收货人直接和原告联系;国运集团仍在和实际承运人 MSC 联系确定每日的费用;目的港费用收货人没有支付;只有在费用全部支付的情况下,国运集团才能将集装箱退运,同时告知了从目的港退运回福州的费用以及已经发生的目的港费用,其中滞期费为624美元,自2007年12月5日计至2008年1月25日的日租费用为14 560美元(每集装箱每日140美元)。1月25日,原告告知被告上海沁洋其现在考虑寻找美国其他的买家来接收这票货物,并表示希望为新买家争取到一个合理的目的港费用。2月28日,为减少目的港费用,国运集团将集装箱拆箱后返还给实际承运人。3月12日,原告发现案涉两个集装箱返空,发电子邮件给被告上海沁洋,要求其联系国运集团,告知货物的真实情况,并作出解释。同日,被告上海沁洋发电子邮件给国运集团询问收货人有无新消息并询问案涉货物下落。3月14日,国运集团回信给上海沁洋,说明其仍未收到收货人马世腾的付款确认,为了减少费用,已经将集装箱拆箱并存放于其仓库,同时要求原告作出货物处理的指示(是否回运或者转售),并要求在处理之前结清相关的费用。同日,上海沁洋转发国运集团邮件给原告,告知原告货物还在上海沁洋方的仓库,并未无单放货,并询问货物是要运回福州还是在美国弃货。3月19日,原告发电子邮件给上海沁洋称已经收到美国代理提供的货物照片,同时称业务部更倾向于寻找新的买主来接手,且此单涉及金额较大,已经超出业务部的决策范围,还需要其公司总经理的文件批示。3月24日,上海沁洋再次询问原告是弃货还是将货物回运。4月14日,原告致函上海沁洋称知悉相关集装箱已于2008年2月28日被拆空,要求告知货物下落。上海沁洋于4月14日回电子邮件称非常惊讶收到原告信函,因为已经多次告知原告货物还在其代理的仓库,并称如果原告想取回货物,可以直接联系其海外代理并告知了海外代理的电话。4月15日,上海沁洋回函(传真)原告,声明已经及时反馈原告货物信息,并已经将回运相关费用及货物照片都发给了原告。4月17日,原告致函上海沁洋,提出正本提单仍由原告持有,原告决定将货物运回福州,要求上海沁洋协助办理相关手续。4月18日,上海沁洋告知原告付清目的港费用即可办理退运相关手续。2008年12月8日,原告对被告上海沁洋等提起本案诉讼。

另查明,本案案涉货物拆箱后保存在位于18221 S. Susanna Road Rancho Dominguez, CA 90221的国运集团的签约仓库中。该仓储单位与马世腾并不存在利害关系。

三、法院裁判

（一）关于原告的起诉是否超过诉讼时效

厦门海事法院认为，依照《中华人民共和国海商法》第257条的规定，就海上货物运输向承运人要求赔偿的请求权，时效期间为1年，自承运人交付或者应当交付货物之日起计算。本案中，承运人并未实际交付货物，故时效应当自"应当交付货物之日"起计算。案涉货物于2007年11月19日抵达卸货港美国长滩，但截至目前收货人一直未去提货。期间，为减少货物在目的港产生的费用，承运人的代理人于2008年2月28日将货物拆箱后另存放在自己的仓库。3月12日，原告得知装载其托运货物的集装箱返空并由此认定自己的货物被无单放货，因此本案的时效应从该日起算，原告于2008年12月25日向厦门海事法院起诉并未超过诉讼时效。

（二）原告是否有货物损失，被告是否应当对原告的货物损失承担责任

厦门海事法院认为，原告虽然仍持有全套正本提单，但其并无证据证明其曾经凭正本提单提货不着。因此，不能仅凭案涉集装箱被拆空就认定其货物已经被无单交付。况且，被告上海沁洋已经举证证明货物并没有交付给收货人，至今仍存放在被告海外代理国运集团的签约仓库。根据《中华人民共和国海商法》第86条的规定，在卸货港无人提取货物或者收货人迟延、拒绝提取货物的，承运人可以将货物卸在仓库或者其他适当场所。上海沁洋在货物抵达卸货港三个多月无人提取货物以及原告明知收货人不付款而不及时作出处理指示的情况下，为了避免目的港费用不断增加，由其海外代理将集装箱拆空还给实际承运人，并将货物卸在仓库中，这一做法既符合法律规定，也是履行其减损义务。此外，被告已经全面完整地履行了其在海上货物运输合同下的义务，将案涉货物安全运抵原告指定的目的港。在原、被告双方没有达成退运协议的情况下，其并无当然返运义务。根据《中华人民共和国海商法》第87条的规定，应当向承运人支付的运费、共同海损分摊、滞期费和承运人为货物垫付的必要费用以及应当向承运人支付的其他费用没有付清，又没有提供适当担保的，承运人可以在合理的限度内留置其货物。在仓储费、到付运费、滞期费以及其他目的港费用未得到支付的情况下，被告上海沁洋有权留置案涉货物。综上，被告上海沁洋并未违约，原告关于被告上海沁洋及天津航星造成其货物损失并应负赔偿责任的主张没有事实和法律依据，厦门海事法院不予支持。原告请求的码头操作费、美国仓单费、利息也没有事实和法律依据，厦门海事法院亦不予支持。

依照《中华人民共和国海商法》第86条、《中华人民共和国民事诉讼法》第64条第1款的规定，判决如下：

（1）驳回原告仙游县镱进工艺有限公司对被告上海沁洋国际货物运输代理有限公司的诉讼请求；

（2）驳回原告仙游县镱进工艺有限公司对被告天津航星国际货运代理有限公司厦门分公司的诉讼请求。

33 原告龙海市格林水产食品有限公司与被告太平船务有限公司太平船务(中国)有限公司、太平船务(中国)有限公司厦门分公司、中国外运福建有限公司漳州分公司海上货物运输合同纠纷案

案例来源:厦门海事法院(2011)厦海法商初字第 98 号

主题词:格式提单　谨慎义务　据以交货保证

> **裁判要旨**
>
> **No. HY-1.1-66**　提单中载明的向记名人交付货物,或者按照指示人的指示交付货物,或者向提单持有人交付货物的条款,构成承运人据以交付货物的保证。正本提单虽未签发,但承运人格式提单样稿正面明确记载"……提取货物或提货单应提交一份经背书已签字正本提单……"的,据此,承运人必须签发和交付正本提单而非以托运人要求签发提单为前提。承运人不凭提单交付货物,违反了与托运人关于凭提单交付货物的约定,应当承担相应的违约责任。

一、基本案情

原告:龙海市格林水产食品有限公司

被告:中国外运福建有限公司漳州分公司(以下简称外运漳州公司)被告:太平船务有限公司(以下简称太平公司)

被告:太平船务(中国)有限公司

被告:太平船务(中国)有限公司厦门分公司(以下简称太平厦门公司)

原告龙海市格林水产食品有限公司诉称:2010 年 12 月原告委托外运漳州公司办理出口至美国的冻精制罗非鱼片的海上运输和相关事宜。外运漳州公司将该票货物交给太平厦门公司承运。原告在托运时明确告知应根据原告的书面通知办理电放交付,外运漳州公司表示接受。此后,原告将装于编号为 DFOU6112434 的集装箱货物交付给外运漳州公司。2010 年 12 月 8 日,上述货物被太平厦门公司排载于"KOTA WARUNA"轮由厦门运往美国洛杉矶,太平厦门公司未向原告签发正本提单,根据提单草稿及报关单的记载,提单的编号为 PABV00135305,此外提单草稿上还载明被告太平公司作为承运人。货物运抵目的港后,由于买方拒付货款,原告未作电放指示,后原告指示外运漳州公司办理该票货物的退运手续。然而,外运漳州公司却告知原告该票货物已在收货人未提交正本提单的情况下被提取。原告至今未能收到该票货物的货款,货款损失达 169 920 美元。请求法院判令:

(1) 四被告共同向原告赔偿货物损失 169 920 美元及该款自 2011 年 1 月 1 日起至实际支付之日止按中国银行同期美元贷款利率计算的利息(暂计至 2011 年 3 月 15 日约为人民币 12 160 元);

（2）四被告共同承担本案诉讼费用。经法院释明，原告明确其选择海上货物运输合同纠纷的诉由进行起诉。

被告太平船务有限公司辩称：

（1）答辩人和被答辩人未存在任何的运输合同关系。① 本案货物运输是案外人厦门中外运裕利集装箱服务有限公司（以下简称中外运裕利公司）向本案答辩人之代理人太平厦门公司提出订舱要求。答辩人的代理人太平厦门公司代表答辩人予以接受要求，并发出订舱确认书。运输合同成立并生效。

2010年12月5日，用于装货的集装箱 No. DFOU6112434 自厦门堆场被提走进行装货使用，并于2010年12月6日，上述集装箱装货完毕，拖进堆场等待装船。2010年12月8日，涉案集装箱货物装载于"Kota Waruna"轮，并驶往目的港长滩。2010年12月29日，涉案集装箱货物到达目的港，卸载并堆放至TTI码头。2011年1月3日，收货人自码头提走集装箱货物。2011年1月4日，收货人将空箱返回至堆场。② 按照答辩人的内部操作流程，答辩人之代理人太平厦门公司按照托运内容和全部要求，准备了提单初稿。但托运人并未要求答辩人和（或）答辩人之代理人签署提单。根据《中华人民共和国海商法》第72条，货物由承运人接收或者装船后，应托运人的要求，承运人应当签发提单。答辩人签发提单的义务是以托运人有此要求为前提。任何有关提单之法律法规，必须以提单的存在为基础。因此，本案被答辩人以无单放货为诉由显然是错误的，其诉求应予驳回。

（2）在整个订舱过程及运输过程，一直到货物在目的港交付给收货人之前和之时，答辩人包括答辩人的代理人太平厦门公司并无接到任何关于涉案货物在目的港必须按照被答辩人的通知电放交付之要求。本案答辩人按照货运合同，将货物交付给收货人，答辩人已履行了运输及所有应尽的义务，不存在任何过错。

（3）被答辩人所称其已明确告知本案另一被告外运漳州公司本案货物的交付必须以被答辩人书面通知电放交付为条件，但在本案货物交付给收货人之前和之时，本案答辩人并未接到外运漳州公司或其他方的关于以上条件的告知或要求。至于外运漳州公司是否已妥善完成受托事项，是外运漳州公司和被答辩人之间的委托合同关系范畴，属于另一个法律关系，应由外运漳州公司和被答辩人另行解决，和本答辩人无关。

（4）被答辩人提出回运要求是在货物已交付给收货人之后，即是在答辩人正常履行货运合同完毕之后，其回运要求依法无据。

（5）被答辩人声称其未收到货款，是不真实的。收货人的律师向原告所签发的律师函，已表明被答辩人已全额收到涉案货物之货款，且涉案集装箱货物存在25%的短重。

（6）本案被答辩人所提出的货物价格和总价值，是不实的。

（7）原告应该明确选择一个诉由，在原告诉讼请求不明确的情况下应驳回原告的诉讼请求。

被告外运漳州公司辩称：

（1）原告的诉讼请求不明确，应予驳回。

（2）原告以海上运输合同关系起诉答辩人，答辩人不是海上运输合同关系当事人，不是本案适格被告；

（3）答辩人作为货运代理人，已谨慎履行代理义务，不存在过错，答辩人已经选择了合适的承运人，案涉货物也已运抵目的地，答辩人已履行完代理义务；

（4）本案中，承运人违反交易习惯放货，答辩人与无单放货行为无关，不应承担任何责任；

（5）承运人违反交易习惯放货，答辩人是否转告电放指示对本案的放货行为无影响，也无因果关系；

（6）凭电放保函放货是运输合同的义务，不是货运代理人的义务。

二、法院查明事实

厦门海事法院查明：2010年12月原告委托外运漳州公司办理出口至美国的冻精制罗非鱼片的海上运输和相关事宜。外运漳州公司接受原告委托后，通过其关联公司中外运裕利公司向太平厦门公司订舱。原告将装于编号为DFOU6112434集装箱的货物交付运输。各方经核对信息，确认了提单样稿上所记载的信息，即托运人为原告，收货人为EXCEL HOIDING GROUP，承运人为被告太平公司，承运船舶航次为"KOTA WARUNA"轮215航次，起运港厦门，目的港美国洛杉矶，运费预付，样稿编号为PABV00135305，货物装船时间为2010年12月8日等。此外，在提单样稿正面右上方还载明"……提取货物或提货单应提交一份经背书的已签字正本提单……"，在核对提单过程中，原告向外运漳州公司指示"等通知电放"。另该提单未实际签发，没有证据显示外运漳州公司将"等通知电放"的指示转达给太平厦门公司或其代理人。2010年12月29日，货物到达美国洛杉矶。2011年1月3日，货物被收货人EXCEL HOIDING GROUP提走。庭审中，原告陈述其未收到过任何货款。在诉讼过程中，原告同意按被告太平公司所提供的发票价格来计算货物损失，即货物价值为86 400美元。

三、法院裁判

厦门海事法院认为，本案案由根据原告的选择应认定为海上货物运输合同纠纷。从已查明的事实看，与原告存在海上货物运输合同关系的相对方即承运人为被告太平公司，原告起诉的其他被告并非海上货物运输合同的承运人，故依法应驳回其对除被告太平公司外其他被告的起诉。

处理海上货物运输合同纠纷应优先适用《中华人民共和国海商法》第四章海上货物运输合同的规定，而不是适用《中华人民共和国合同法》第十七章运输合同的规定。根据《中华人民共和国海商法》的相关规定和海上货物运输的实践，货物的交付方式一般有凭正本提单放货、凭托运人的保函和电放指示放货、凭托运人直接的放货指示（未签发提单情况下)放货等几种。具体至本案,首先,正本提单虽未签发,但经各方确认的太平公司格式提单样稿正面明确记载"……提取货物或提货单应提交一份经背书已签字正本提单……",据此,作为承运人的太平公司就有了必须签发和交付正本提单的义务,且此义务并非以托运人即原告要求签发提单为前提。除非此后托运人明示,承运人不要求签发提单即修改上述条款,否则,不能免除承运人凭正本提单放货的义务。其次,原告虽曾向外运漳州公司指示"等通知电放",但由于没有证据显示外运漳州公司将此指示转达给太平公司或其代理人,因此太平公司正本提单签发义务及凭单交货的义务并不能免除。退而言之,即使在提单或运输合同的双方未对放货方式作出约定的情况下,作为承运人的被告太平公司从合同履行的谨慎原则出发也应在询问托运人,并征得托运人同意后才交付货物,但被告太平公司也未履行这一谨慎义务,其应承担相应的违约责任,即被告太平公司应赔偿其违约给原告造成的货款损失86 400美元。

原告关于货款损失的利息从2011年1月1日起算的主张,没有事实和法律依据,本院酌定从原告起诉后的合理时间起算,即从2011年4月22日起算。依照《中华人民共和国海商法》第71条,《中华人民共和国合同法》第60、107条的规定,判决如下:

(1) 被告太平船务有限公司在本判决生效之日起10日内支付原告货款损失86 400美元,及该款自2011年4月22日起按中国银行同期美元贷款利率计算的利息;

(2) 驳回原告的其他诉讼请求。

34 原告山东淄博通宇新材料有限公司、中国产物保险股份有限公司与被告永兴航运有限公司、大连永吉船务代理有限公司、东龙亨船务代理股份有限公司海上货物运输合同损害赔偿纠纷案

案例来源:青岛海事法院(2004)青海法海商初字第33号
主题词:适航船舶　海上风险　管货义务

> **裁判要旨**
>
> **No. HY-1.1-67**　承运人对适航的义务标准为应当谨慎处理使船舶适航,而非提供绝对适航船舶。
>
> **No. HY-1.1-68**　船舶尽管在开航前和开航时具备有效证书,但如果不能经受预定航次的正常风险,不构成适航船舶。
>
> **No. HY-1.1-69**　海上货物运输合同中的海上风险是海上特有的风险,且不可以预见的状况。
>
> **No. HY-1.1-70**　承运人在事故发生当时或之后管理货物有过失,从而违反承运人谨慎而妥善地照料、管理货物义务的,承运人仍应当对货物损坏负责。

一、基本案情

原告:山东淄博通宇新材料有限公司(以下简称通宇公司)

原告:中国产物保险股份有限公司(以下简称保险公司)

被告:永兴航运有限公司(EVER THRIVE SHIPPING COMPANY LIMITED,以下简称永兴公司)

被告:大连永吉船务代理有限公司

被告:东龙亨船务代理股份有限公司(ORIENTAL RICH SHIPPING AGENCY CO.,LTD,以下简称东龙亨公司)

原告通宇公司诉称:2003年11月13日,原告与三菱株式会社签订了货物买卖合同,约定由原告向该公司购买3 000吨苯二甲酸,合同价格为580美元/吨,CIF青岛。同年11月17日,原告依约开立了不可撤销信用证。该批货物于同年11月26日在台湾装于第一被告永兴公司的船上,第三被告东龙亨公司签发了全套正本清洁提单,提单中的托运人为三菱公司,该公司将提单转让给原告。货到青岛港后,原告发现货物严重水湿。经检验机构检验,确认货损金额为430 013美元。原告认为货损是由于被告船舶不适航及管货不当造成的。原告要求诸被告赔偿货物损失430 013美元,支付检验费137 314元人民币,并承担本案的诉讼费、律师费。

原告保险公司诉称:其已按保险合同赔付通宇公司货物损失36.2万美元和其他费用1.8万美元,取得代位求偿权。另外还支出调查公估费29 593元人民币,请求诸被告予以赔偿。

因此,原告通宇公司在庭审中将诉讼请求变更为诸被告赔偿通宇公司货物损失68 113美元、检验费137 314元人民币并承担本案的诉讼费和律师费。

诸被告辩称:原告保险公司的诉讼主体不适格,其代位求偿依据的保险单与本案无关,且未实际赔偿,其无代位权;原告提供的检验报告不可信,检验人并未上船检验,且该报告未证明船舶不适航;货物是由于天气恶劣,巨浪将缆车打飞,击破舱盖的帆布造成的,是开航前不能预见的;该船舶在开航之前和当时,承运人已尽了适当谨慎使船舶适航的义务;原告也未能提供充分的证据证明货损程度及数量;答辩人提供的检验报告客观公正,根据该报告,货物的实际损失为167 620美元。

二、法院查明事实

青岛海事法院经审理查明以下事实:

2003年11月13日,原告通宇公司与三菱商贸株式会社签订了一份购买PTA的合同,货物数量为3 000吨,每吨580美元,CIF中国青岛,发货港为台湾海港,收货港为中国青岛。该批货物于2003年11月26日在台湾麦寮港装于被告所属"长江"轮(CHOHKOH)上,由被告东龙亨公司以承运人的名义签发了清洁空白指示提单。2003年12月10日,该批货物运抵青岛。卸货中发现船舱内有大量海水,货物严重湿损。

适航船舶·海上风险·管货义务

涉案船舶"长江"轮(CHOHKOH)是在伯利兹(临时)登记的船舶。登记船东为永兴公司,该船备有全套有效的船舶证书。经营人为大连永吉船务代理有限公司。

"长江"轮(CHOHKOH)于2003年11月27日凌晨05:00时装货完毕,08:14时离开台湾麦寮港,当时东北风风力6级,当日12:00时风力加大到8级,13:30时因风力太大,该轮返航避风,16:20返回麦寮港抛锚避风。20:00时,该船甲板大量上浪,21:00时船方检查第1号货舱正常。11月28日00:05时经检查船方发现左锚链固定卸扣已脱离锚机,被锚链导向槽制链器卡住,遂用钢丝绳固定锚链。此后,虽有大浪涌上甲板,船仍慢速航行,防止走锚。14:10时右舷缆车被浪打掉,并将缆车滚筒打飞,击破1号舱盖的三层帆布并打断锚机的高压油管。15:05时,船长决定丢弃左锚,调头向南避风。16:53时艏尖舱大量进水,船拱头1米左右。11月29日01:20时,船长决定进入高雄港避难。07:30时靠码头,07:55时发现船艏有个破洞。

国家海洋局环境预报中心对2003年11月27日到28日台湾海峡(123°20′N、120°00′E附近)海域海况分析报告称,受强冷空气南下影响,27日出现8级东北大风,浪高2.5—3.5米,涌高3.0—4.0米,涌向东北;28日风力7—8级,浪高3.0—4.0米,涌高4.0—6.0米,涌向东北。此期间的海况是受东北季风影响而产生,这种风浪等级是该海域冬季常见的风浪。

国家海洋局环境预报中心的分析报告与麦寮港附近海域地面天气分析图及浪高周期记录基本一致。

原告通宇公司向青岛海事法院提供了上海天衡保险公估有限公司的检验报告及其他证据材料,原告诉称该船舶存在以下不适航情形:① 船舶携带证书不齐,缺乏国籍证书,不符合船舶适航的最基本要求等问题。② 船舶的船锚系统存在明显缺陷和故障。航海日志显示该船在开航不久的抛锚避风时,出现了制链器断裂、锚链尾端连接扣脱离船体及锚扣被锚链导向槽制链器卡住等问题。③ 船体锈蚀严重,存在明显破损隐患。这一表面即可发现的缺陷只能说明船舶开航时不适航。开航后,在未出现碰撞或类似意外的情况下,船头被风浪击破一个破洞。④ 货舱密封不良,船舶舱口围板严重变形,间隙过大。货舱状况不符合安全载货要求。⑤ 依据舱内货物水湿痕迹高度规律,可见船舶舱室间密闭隔离失效;或者依据污水阱记录,可见货舱排水系统没有正常运转。⑥ 船舶缆绳滚筒支架锈蚀严重。这一表面缺陷是可以通过谨慎的外观检查即可发现的缺陷。综合以上事实,原告方认为涉案船舶"长江"轮(CHOHKOH)是不适航的。

被告认为原告提供的上海天衡保险公估有限公司的报告不可采信,应采用被告提供的大连三杰海上保险股份有限公司出具的报告。而根据该报告,被告认为"长江"轮(CHOHKOH)是适航的。

根据双方提供的报告,涉案船舶"长江"轮(CHOHKOH),船长78.00米,船籍伯里兹,总吨2519,净吨位1259,1982年建造于日本,船上备有有效的船舶登记证书,安全构造证书、安全设备证书、安全无线电证书、国际载重线证书、国际防污证书、安全管理符合证书和船舶安全管理证书。

根据双方提供的报告所附照片,制链器破损严重,锈迹斑斑,缆车架锈损严重。这与原告报告所附的照片是一致的。根据原告报告,风浪将船头打了破洞,这一事实可见报告援引的海事声明和航海日志,但三杰公司的检验报告回避此事实。

根据三杰公司的报告,舱盖板之间及舱盖与舱盖口之间虽有缝隙,但是水密性是依靠帆布保证。帆布虽然是旧帆布,但其质量状况和数量符合《船舶与海上设施法定检验规则》。

根据三杰公司的报告,1号舱和2号舱货物水湿痕迹高度均呈前高后低的规律,1号舱后部货物水湿最低高度200毫米,2号舱前部货物水湿高度200毫米。

根据报告转引航海日志内容,2003年11月27日06:00时"长江"轮(CHOHKOH)准备出港。07:50时备车,检查汽笛、雷达、舵机等助航仪器一切正常。13:00时,海上风力7—8级,阵风9级,大量海水涌上甲板。16:00时,风力6—7级,阵风8级。11月28日00:05时,左锚链固定卸扣脱离锚机。14:10时,风力6—7级,阵风8级。右舷缆车被浪打掉,缆车滚筒也被打飞,1号舱大量进水,在将2号舱帆布移至1号舱后,2号舱短时间进水。16:53时舶尖舱大量进水,决定进高雄港。11月29日07:55时,发现船艏破洞。11月30日至12月2日在高雄港临时修理。

综上,根据天衡公司的检验报告、三杰公司的检验报告、海事报告和相关的航海日志、污水阱测量记录,以及双方举证责任承担情况,"长江"轮(CHOHKOH)不适航的事实成立。

另查明,涉案货损是进舱海水造成的。海水入舱是由于巨浪将缆车滚筒打飞,击破1号舱帆布(移动2号舱帆布),破坏了货舱的水密性造成的。

还查明,原告保险公司已按照保单赔偿了通宇公司货物损失36.2万美元和其他费用1.8万美元。为处理保险赔偿还支出了调查公估费29 593元人民币。为此,原告通宇公司签署了收据和权益转让书,原告保险公司取得了代位求偿权。

三、法院裁判

青岛海事法院认为,尽管原告保险公司在本案审理过程中以代位求偿权为依据参加诉讼,但并未改变各方海上货物运输合同损害赔偿纠纷的主要性质,本案案由仍定为海上货物运输合同损害赔偿纠纷为宜。各方均认可青岛海事法院管辖,对适用我国法律解决纠纷也无异议。本案适用我国法律。

青岛海事法院认为:

(一)各方争议的焦点之一为涉案船舶是否适航

关于适航责任,我国法律采用的是谨慎处理的适航标准,而非绝对适航标准,并要求船舶不适航与货损之间具有因果关系。在有关不适航造成货损的诉讼中,双方的举证顺序应作如下分配:①货方证明货损,即可初步推定承运人对货损负责(除非承运人免责事由成立且在责任期间包括事故中和事故后管理货物方面没有过失)。②承运人初步证明船舶在开航前和开航时是适航的。③虽有承运人适航的初步证据,货方证明不适航是承运人谨慎处理即可发现的表面缺陷造成的。④承运人证明船舶不适航是其恪尽职责仍未能发现的潜在缺陷造成的。

本案中,原告诉称"长江"轮(CHOHKOH)缺乏国籍证书,不管成立与否,与水湿货损没有因果关系。该理由不是判断承运人船舶是否合理适航的标准。

原告诉称舱口围板严重锈蚀、变形、间隙过大,导致货舱密封不良,不适宜安全载货。尽管原告证明了承运人对船舶保养不周,但被告举证证明货舱的水密是依靠帆布保证的,且帆布的数量、质量符合《船舶与海上设施法定检验规则》,在货舱舱口、舱盖的水密性能方面,"长江"轮是适航的。

原告诉称船体锈蚀严重、缆车架锈损,是一个谨慎的检验人以通常、合理的方法即可检验发现的表面缺陷,并非船体、船舶设备的潜在缺陷。该表面缺陷造成了船舶在冬季常见季风风浪下,船艏破洞,船舶缆车被海浪打飞。这一表面缺陷在双方提交的检验报告所附照片显示是一致的。尽管被告提供了船舶结构安全证书、设备安全等证书,但这些证书只是证明船舶适航的初步证据。在原告证明这些缺陷是表面缺陷情况下,被告未能证明这是通过合理的检验无法发现的潜在缺陷。被告的检验报告甚至对船艏破洞这一损害事实避而不谈,不履行进一步举证的义务,未能证明船舶是适航的。另一方面,船体锈蚀严重、缆车架锈损等表面缺陷是承运人对船舶日常维护、保养不周造成的。就此,承运人在开航前和开航时没有做到谨慎处理,没有恪尽职责使船舶适航。

关于原告诉称船舶舱室间密闭隔离失效或排水系统没有正常运转,这一事实由被告方提供的三杰公司报告及污水阱测量记录证实。三杰公司报告称两舱货物水湿痕迹高度均呈前高后低的规律,1号舱后部的最低水湿痕迹高度与2号舱前部的最高水湿痕迹高度完全一致,证明了货舱舱室密闭隔离失效。另外,在货舱长时间大量进水的情况下,污水阱测量记录保持为空,基本没有变化,证明了排水系统没有正常运转。被告也未证明其采取了船用水泵或其他方式排水。就此,涉案船舶货舱不适宜安全载货。

此外,涉案船舶为老龄中小型船舶,尽管在开航前和开航时具备各种证书,但如果不能经受预定航次的正常风险,也不能称之为适航船舶。本案中,预定航次的季风是该海域冬季常见的,其风险是通常风险,不具有偶发性。而且该风险并非长途航次的途中风险,而是开航不久即遇到的通常风险。承运人未能在开航前和开航时恪尽职责,认真收听天气、海浪预报,谨慎开航,使船舶适合预定航次并能经受预定航次的通常风险。该船舶针对该航次,未能经受该航次通常风险,其事实上也是不适航的。

(二)免责事由是否成立及承运人是否存在管货过失

被告认为,事发海域风力8—9级,海况恶劣,巨浪将缆车打飞,击破帆布,造成货损,是典型的海上灾害或意外事故。而海上危险或意外事故造成的货损,承运人依法可以免责。

原告认为海上危险或意外事故是指在特定的时间和特定的海域内不能合理预见,

超出适航船舶所能防止和抵御的通常风险。

青岛海事法院认为,根据我国法律,承运人享受免责的前提条件是船舶适航,否则不能享受法定的免责事由。而且,认定海上危险或意外事故须具备两个条件,其一是海上特有的风险;其二是具有不可预见性。虽然事发时海况恶劣,但该海况在该海域是冬季常见的风浪,是可以预见的。由于本案事故不符合第二个条件,不能构成海上危险或意外事故,被告以此免责,理由也不能成立。

即使海上危险或意外事故成立,被告仍负有谨慎而妥善的管货义务。但被告在事故期间,移动2号舱的帆布至1号舱,造成2号舱进水。被告的行为虽是谨慎的,但并不妥善。另据航海日志显示,事故期间船方仅仅巡视货舱一次,甚至在事发后11.5小时内仍未能排出舱内积水。证明被告在事故发生时和发生后管货有过失,违反了承运人谨慎而妥善地照料货物的义务,即使免责事由成立,被告仍须对货损负责。

(三)原告保险公司的诉权

原告保险公司向青岛海事法院提交了保险单、海运提单、保险赔偿协议、接受赔款账单通知书、付款凭证、收据和权益转让书等证据。

被告认为:① 保险公司赔偿所依据的保险单与本案无关,保单上的航次被更改过,而且原告通宇公司也不是保单上的被保险人。保险公司不具备原告诉讼主体资格,无权行使代位求偿权。② 保险公司付款并非支付给通宇公司,而是付给 NAVIGATOR WORLDWIDE INC. 和 GROB HORGEN AG 两家公司。③ 银行凭证显示支付38万美元,保赔协议超过货损标的,有违常规。④ 两份银行账户通知书均是2004年4月29日,但第二份通知却称"你公司已于4月19日收到第一笔赔款",显示两份通知书的真实性有疑问。

青岛海事法院认为,保单的被保险人虽然不是"MITSUBISHI"公司(通宇公司的贸易卖方),但经被保险人"FORMOSA CHEMICALS&FIBRE CORP"在保单背面空白背书并交付给"MISUBISHI"公司后,"MISUBISHI"公司即为合法持有,具有保险利益。通过贸易环节流转到原告通宇公司手中,原告也是合法持有,具有保险利益。保单虽然更改航次,但同时附有保险公司的更正章,并不违反法律规定。

青岛海事法院认为,保险赔款的支付,法律并未规定必须支付给被保险人,可以向被保险人指定的第三人支付;本案中的保险赔款即是按照通宇公司的指示支付给了 NAVIGATOR WORLDWIDE INC. 和 GROB HORGEN AG 两家公司。保险人赔偿的不仅包括货物损失,还包括相关费用,保险赔偿高于货物损失是正常、合理的。接受银行账户通知书的日期对已支付保险赔款并无实质影响,改变不了支付保险赔款的事实。形式上原告通宇公司已签署收据和权益转让书,事实上保险公司支付了保险赔偿。青岛海事法院认为,原告保险公司享有代位求偿权,具备原告的诉讼主体资格。

(四)关于货损情况及定损依据

各方均认为PTA货物因海水湿损,但对受损的程度、数量分歧明显。

原告提供的山东商检报告对湿损的程度未作归类检测,货损数量有失客观。对残值认定未查询同类产品的市场价格,仅以原告处理残损货的买方价格为依据,认定残货的价格依据有失公正、合理。因此原告提供的商检报告存在明显瑕疵,不应作为定损的依据。

被告提供的三杰公司的检验报告对受损货物进行准确的清点、分类、抽样,每次抽样均要求联合检验且均有原告方在场,检验报告关于货损的检验方法科学、合理,结论客观公正,应作为确定货损的依据。

根据三杰公司的报告,货物实际受损相当于289吨,按照原告购买价格每吨580美元为依据,货物损失的价值为167 620美元。

(五)关于请求主体和赔偿责任主体

原告通宇公司已将权益转让给共同原告保险公司,其所得到的保险赔偿已超过了被告应承担的法律赔偿责任,原告通宇公司无权再获得赔偿。原告保险公司有权索赔并依法获得相应赔偿。

因原告通宇公司的货物损失和检验费用已得赔偿,其请求诸被告赔偿货物损失68 113美元、检验费137 314元人民币,没有法律依据,青岛海事法院不予支持。原告保险公司已实际支付保险赔偿,包括货物损失36.2万美元和其他费用1.8万美元,取得代位求偿权,有权请求被告赔偿。但其超额赔付,是其在保险关系下自愿的商业行为,在本案海上货损关系下具体货损数额和费用应依法确定,货损确定为167 620美元和检验费137 314元人民币。另外其支付的调查公估费29 593元人民币,是其为处理保险赔偿的必要费用,被告也应予以赔付。

综上所述,青岛海事法院认为,被告东龙亨公司签发了全套正本清洁提单,是海上货物运输合同的承运人。承运人没有适当履行海上货物运输合同义务,在其责任期间发生货损,是对货方的违约行为,应对其承运的货物损害承担赔偿责任。

被告永兴公司是"长江"轮船东,实际承运了涉案货物,是涉案货物的实际承运人。在其实际运输过程中因船舶不适航造成货损,是对货物所有权的消极侵害,且承运人免责理由不成立,永兴公司依法也应承担连带赔偿责任。

永吉公司是"长江"轮的经营人,负责"长江"轮的经营与管理工作,根据权利与义务相一致原则,其也应对"长江"轮营运过程中所产生的债务承担共同赔偿责任。

根据《中华人民共和国民事诉讼法》第64条、《中华人民共和国海事诉讼法》第95条、《中华人民共和国海商法》第42、47和48条之规定,判决如下:

(1)驳回原告山东淄博通宇新材料有限公司对被告永兴航运有限公司、被告大连永吉船务代理有限公司、被告东龙亨船务代理股份有限公司的诉讼请求;

(2)被告永兴航运有限公司、被告大连永吉船务代理有限公司、被告东龙亨船务代理股份有限公司共同赔偿原告中国产物保险股份有限公司货物损失167 620美元、检验费137 314元人民币和调查公估费29 593元人民币。限于本判决生效后10日内支付,逾期,则须加倍支付迟延期间的债务利息。

(3)案件受理费31 520元,原告中国产物保险股份有限公司负担18 269.2元,诸被告负担 13 250.8 元人民币。证据保全费 5 000 元人民币由原告中国产物保险股份有限公司负担,诉前扣船费 20 000 元人民币由诸被告负担。因原告山东淄博通宇新材料有限公司已全部预缴,青岛海事法院不再清退。被告应将其负担的费用连同上述判决第二项赔款同时径付原告中国产物保险股份有限公司。

35 原告联德电子(东莞)有限公司与被告深圳市外代国际货运有限公司海上货物运输合同纠纷案

案例来源:广州海事法院(2008)广海法初字第 330 号
主题词:运费预付　记名提单　留置货物

裁判要旨

No. HY-1.1-71　货物的运输承运人签发了运费预付的记名提单,其在没有证明货物运抵目的港后货物仍属托运人所有的情况下,以托运人拖欠其他货物运输费用为由留置货物,不符合法律的规定。承运人不当留置造成托运人损失,应当依照协议约定和法律规定承担违约赔偿责任。

一、基本案情

原告:联德电子(东莞)有限公司
被告:深圳市外代国际货运有限公司

原告诉称:2007 年 9 月 24 日,原告与被告签订货物运输合同,约定原告委托被告运输一批电脑电源(集装箱号为 CCLU4614499,货物总价值 115 688 美元)到美国洛杉矶。10 月 20 日,货物运抵目的地,被告在没有法律规定及合同约定的情况下,擅自扣押了该批货物,导致原告不能按时交货而另外补货,由此产生直接经济损失 125 251.59 美元,其中包括向客户补发同批次货物价款 115 668 美元、补发货物的运费 4 797.49 美元及被扣押货物运费 4 786.16 美元。鉴于双方长期的合作关系,对于货物的交付、运输、提货及款项结算均有约定及惯例。被告上述行为属于单方违约并造成巨大经济损失和信誉损失。请求判令被告承担违约责任,赔偿原告经济损失 125 251.59 美元,并承担本案诉讼费用及律师费用。

被告没有提交书面答辩状,在庭审中口头辩称:原告诉讼请求的事实与实际不符。① 被告不知晓原告是否补货,原告没有向被告发出补货通知。② 被告所扣的货物在 2007 年 11 月 16 日已经交付给原告指定的收货人。原告或收货人至今都没有对该批货物的收货行为提出异议。③ 原告提出的其他货物损失包括被扣押货物的运费和补充货物的运费均没有足够证据支持。请求法院驳回原告的诉讼请求。

二、法院查明事实

广州海事法院经审理查明并确认如下法律事实:

2005年11月8日,原告和被告签订海运运输服务合作协议书,约定:原告委托被告代理出口货物的运输业务,服务收费(包括运费、其他费用)的结算将采用月结60天的方式,被告每月25日前统计本月度发生的所有款项,以正本书面形式交给原告;因原告是由境外公司付款至中国境内账户,因此可能导致未能按协议付款期限支付运杂费至被告账户,如遇上以上特别情况,原告须书面通知被告,被告同意原告在协议付款期限基础上再延缓付款时间为20天;如原告在延缓付款期限内仍未付清运杂费,被告对原告托运的任何货物的相关单证和文件拥有留置权,并由原告自行承担相应后果;协议有效期为2006年11月8日至2006年11月7日,双方任何一方要求对本协议的提前终止需提前1个月以书面通知提出。协议有效期届满后,原告和被告均没有提出终止合同,双方继续按照该协议由原告委托被告出运货物。

2007年9月24日,原告委托被告将1个40英尺集装箱装的电脑电源从深圳盐田港运往美国洛杉矶。被告于10月1日承运了该批货物,并签发了编号为WD2007090761的提单。该提单上载明的托运人为原告,收货人为联德电子(美国)有限公司,起运港为中国盐田,卸货港为美国洛杉矶,货物为一个40英尺集装箱装的1512箱电脑电源,集装箱号为CCLU4614499,运费为预付。10月19日,被告向原告开具了3份发票,要求原告支付该批货物的运费等费用4 786.16美元。

该货物运抵目的港美国洛杉矶后,被告以原告拖欠本案及其他货物运费为由,留置了该批货物。2007年10月24日,原告委托律师致函被告,指出被告以要求支付其他批次货物运费为由留置货物的行为是非法的,因留置货物造成原告无法按期交货的损失应由被告承担。10月31日,被告向原告发出律师函称:由于原告拖欠2006年运费共计29 077.96美元,被告依照双方协议的约定有权留置原告托运的货物;原告拖欠被告2007年的运费本金149 396美元,如不能在2007年11月10日之前付清,将计收利息;原告2007年9月24日托运的货物,由于原告没有按照约定预付运费,导致货物被滞留目的港,由此可能产生的额外损失,原告应承担全部责任;原告应尽快付清上述费用并提取货物,如在2007年11月10日之前不能解决此事,被告将拍卖滞留的货物。

原告和被告均确认,被告后将该货物交付给了提单所记载的收货人联德电子(美国)有限公司,原告亦支付了本案货物运费等费用。

另据原告提供的结算清单记载,2007年1月至10月,原告与被告有关货物运输的代垫费用和国外税金的付款条件为月结2个月,拖车报关费用的付款条件为月结3个月。被告未付4月份的拖车报关费、5月份和6月份的拖车报关费及国外税金、7月份的垫付费用和国外税金以及本案货物运输的费用。

原告和被告在庭审中一致选择中华人民共和国法律处理本案纠纷,并表示双方实际上是在履行2005年11月8日签订的海运运输服务合作协议书。

双方当事人对以上证据和事实没有异议,广州海事法院予以确认。

原告提供运送指示表复印件、宣威公司出具的发票、账单及编号为WD2007090761的提单、装箱单,以证明货物重新补运的事实及补运货物的费用。被告认为,运送指示表不是原件，不予确认；宣威公司国内部分发票只是打印件，不是运输行业的专用发票，且上面的盖章无法确认是宣威公司的章，对国外部分发票的真实性不予确认；编号为 WD2007090761 的提单是原告和第三方之间的关系，不予确认其证据效力。广州海事法院认为，原告所提交的上述证据虽然为复印件，没有提供原件予以核对，但其均能相互印证，形成证据链，在被告没有提供其他相反证据的情况下，对上述证据应予采信。据此认定，经原告委托，宣威公司于 2007 年 11 月 10 日从盐田港承运了一个 40 英尺集装箱装的 1 512 箱电脑电源至洛杉矶，运费为 4 798.49 美元。

被告提交其发给目的港代理的电子邮件打印件、设备交接单复印件、码头交接单复印件、派车单复印件、工作单复印件、装箱单复印件，以证明被告已于 2007 年 11 月 16 日将本案货物交付给了收货人。原告认为上述证据均为复印件，无法确认其证据效力。广州海事法院认为，因原、被告确认被告已将本案货物交付给了收货人，与上述证据相印证，故对这些证据所证明的被告于 2007 年 11 月 16 日交付本案货物的事实予以确认。

三、法院裁判

本案属海上货物运输合同纠纷。依照最高人民法院《关于海事法院受理案件范围的若干规定》第 11 条的规定，本案应由海事法院专门管辖。本案货物运输的始发地、被告的住所地均在广州海事法院辖区范围内，依照《中华人民共和国民事诉讼法》第 28 条的规定，广州海事法院对本案具有管辖权。

本案货物是从中国深圳盐田港运到美国洛杉矶，货物运输合同关系具有涉外因素。现双方当事人一致同意本案适用中华人民共和国法律解决本案争议，依据《中华人民共和国海商法》第 269 条关于涉外合同关系当事人可以选择处理合同适用的法律的规定，本案实体争议应适用中华人民共和国法律解决。

原告与被告签订海运运输服务合作协议书，是双方当事人的真实意思表示，且不违反我国法律的强制性规定，应合法有效。该协议虽然约定有效期为 1 年，但有效期届满后，双方当事人并没有提出终止该协议，而是仍继续履行该协议，原、被告仍依照该协议委托运输了本案货物。因此，该协议在双方当事人之间仍然发生效力，双方当事人在本案货物运输中的权利义务依照该协议的约定确定。

本案中，被告接受原告委托，以承运人的身份签发了提单，将货物从深圳盐田港运输至美国洛杉矶，原告是本案货物运输的托运人，被告是本案货物运输的承运人。

本案争议的焦点是被告作为承运人是否有权留置本案货物及留置货物造成损失的认定。被告以双方协议约定原告未按期支付之前运输的费用，被告有权留置原告托运的货物为由留置了本案的货物。根据双方在协议中的约定，原告迟延支付运杂费的，被告只能对原告托运的货物的相关单证和文件有留置权，而非对货物有留置权，因此被告留置本案货物并无合同依据。且原告委托被告运输的其他批次货物，被告签发了不同的提单，涉及不同的法律关系和收货人等利害关系人，就本案货物运输被告签发了运费预付的记名提单,被告在没有举证证明本案货物运抵目的港后货物仍属原告所有的情况下,以原告拖欠其他货物运输费用为由留置本案货物,也不符合《中华人民共和国海商法》第 87 条的规定。被告不当留置造成原告损失,应依照协议约定和法律规定承担违约赔偿责任。

原告请求的补发运货物的价款和运费损失,因原告所谓的补发运货物已运抵目的港,并交付了给收货人,即收货人除收到本案货物外,还收到该补发运的货物。该补发运货物并没有灭失,价款可向实际收取货物的收货人请求支付,而该货物运费是运输所必须支付的费用。因此,原告不存在价款和运费损失,原告关于该两项损失的请求,无事实和法律依据,不予支持。

关于本案货物的运费损失,因被告已将本案货物运抵目的地,并交付给指定的收货人,已履行了双方协议约定的义务,有权就此收取本案货物的运费。故原告关于退还本案货物运费的主张也没有事实和法律依据,不予支持。

综上,原告诉讼请求的损失无事实和法律依据,依照《中华人民共和国民事诉讼法》第 64 条第 1 款的规定,判决如下:

驳回原告联德电子(东莞)有限公司对被告深圳市外代国际货运有限公司的诉讼请求。

36 原告广州港兴隆物流有限公司与被告招商局国际货运公司广州分公司、招商局国际货运公司海上货物运输合同货物交付纠纷案

案例来源:广州海事法院(2003)广海法初字第 283 号
主题词:委托合同　申请追加共同被告　拒绝放货

裁判要旨

No. HY-1.1-72　在委托合同关系中受托方有权以自己的名义从事与货物提取有关的一切事宜,具有提取货物的请求权。申请追加共同被告是原告行使自己的诉讼权利,与被告是否可以作为诉讼主体没有关系。承运人在没有收到有关费用前拒绝放货是合理的,而在收到费用后履行放货手续时无过错,对收货人的提货权并未造成侵害,所以对收货方以提货权受侵害提出侵权之诉,不予支持。

一、基本案情

原告:广州港兴隆物流有限公司(以下简称港兴隆公司)
被告:招商局国际货运公司广州分公司(以下简称广州分公司)
被告:招商局国际货运公司

原告广州港兴隆物流有限公司诉称:2002 年 12 月 28 日,原告与高明威联盟塑胶有限公司(以下简称高明威公司)签订包干协议,约定原告为高明威公司提供其货物到港后换单、报关、报检、送货到厂一条龙服务。如原告在单证齐备条件下,三天内未能

送货到厂，须支付逾期每天 5 000 元的违约金予高明威公司。同日，原告与广州中盈丰物流有限公司（以下简称中盈丰公司）签订同盟协议，约定中盈丰公司为原告提供车辆承运货物，如中盈丰公司的车辆到达装卸起点 3 小时内不能装卸货完毕，原告须向中盈丰公司支付逾期每小时 80 元的违约金。2003 年 2 月 26 日，原告收到高明威公司关于 6X20 GP 聚氯乙烯（PVC 粉）货物的全套报关单证。按照原告与高明威公司的合约，原告为该票货物办理报关及送货到厂。2 月 27 日上午 9 时 30 分，原告向被告招商局国际货运公司广州分公司及其控箱公司交纳了该货物的 THC 费（卸货港码头作业附加费）、换单费共 2 370 元及押柜费 18 000 元的支票，被告广州分公司开具发票。同日，原告向中盈丰公司预约了 6 辆货柜车，准备于 2 月 28 日下午 5 时到黄埔港口提走货物。2 月 28 日上午，原告向海关办理报关手续。当天下午 5 时 30 分，原告至被告广州分公司指定的码头办事处办理码头放行手续时被拒，拒绝放货的理由为未收到被告广州分公司的放货通知的传真。3 月 5 日 11 时，被告广州分公司才准许原告提走该批货物，造成原告的经济损失共计 82 600 元。原告认为，虽然原、被告没有签订书面合同，但双方一直依照货运业的行规处理双方关系，从被告收取原告支票开始，原、被告双方已形成事实合同关系，由于被告的过失，导致原告遭受上述损失。庭审时，原告变更诉因，认为被告侵犯了其持有提单提取货物的权利，由于被告拒不放货，造成原告上述损失。因此，原告请求判令：两被告赔偿原告的经济损失 82 600 元，并承担本案诉讼费。

原告在举证期限内提交了以下证据：① 广州分公司给原告的进口货物预报通知书；② 广州分公司的开户银行和账号；③ 广州分公司的控箱公司营口永利东方国际货运有限责任公司广州分公司（以下简称营口公司）给原告的到货通知；④ 原告支付给广州分公司的 THC 费、换单费、押柜费支票；⑤ 支票划账凭证；⑥ 广州分公司放货通知；⑦ 营口公司海运部放货通知；⑧ 头程提单和二程提单；⑨ 进口货物报关单；⑩ 原告致高明威公司的书面解释；⑪ 原告致广州分公司的函；⑫ 原告与高明威公司签订的包干协议；⑬ 原告与中盈丰公司签订的同盟协议；⑭ 原告向中盈丰公司预约车辆的车辆预约单；⑮ 原告送货给高明威公司的陆运签收单；⑯ 广州分公司致原告的函；⑰ 原告的广州市商业银行对账单；⑱ 广东黄埔外运汽车运输公司拖箱运价表。

被告广州分公司辩称：该批货物的海关进口货物报关单上的经营单位和收货单位都是高明威公司，而不是原告，原告无权对被告提起诉讼；另外，被告广州分公司和其控箱公司于 2003 年 2 月 11 日和 2 月 19 日分别向原告发出到货通知，告知其货物于 2003 年 2 月 18 日抵港，请原告收到此通知后 7 天内前往办理换单手续，并限定了 7 天的免箱期。原告于 2003 年 2 月 27 日才去办理相关手续，3 月 5 日提取货物，正是原告疏于履行其及时提取到港货物的义务，未及时向被告广州分公司交纳相关费用，才导致货物延迟交付，所造成的损失是原告自身的原因造成的，与被告广州分公司无关；同时，原告诉称的于 2003 年 2 月 27 日与中盈丰公司预约车辆并签下高额违约赔偿金，没有事实和法律依据，并且原告没有出示任何证据证明其已遭受任何损失，如果产生违约金也应由原告自行承担，被告对原告诉称的货物交付没有任何过失，不应对原告所称的损失负任何责任。据此,请求判令驳回原告的诉讼请求。

被告招商局国际货运公司(以下简称国际货运公司)辩称:原告与其不存在任何法律关系,广州分公司具有诉讼主体资格,追加其作为本案共同被告没有依据。其他答辩意见与广州分公司相同。

被告广州分公司和国际货运公司在举证期限内提交了以下证据:① 广州分公司给原告的进口货物预报通知书;② 广州分公司的控箱公司营口公司给原告的到货通知;③ 原告的申请延长免箱期报告。

二、法院查明事实

经庭审质证,原、被告双方均确认以下事实:本案所涉货物的全程提单承运人为宏海箱运有限公司[Regional Container Lines (HK) Ltd.],收货人凭指示。二程提单的承运人为鸿安船务有限公司,收货人为凭全程提单所有人的指示。广州分公司是全程承运人的代理人,营口公司是二程承运人的代理人,高明威公司是全程提单持有人,是本案所涉货物的收货人。原告是高明威公司的代理人。2003年2月11日,广州分公司传真给原告进口货物预报通知书,通知其承运的货物将于2月15日抵达香港再转到黄埔,备注栏注明提货前必须交齐所有THC费,交费方式为现金或汇款,并提供了其开户银行和账号。营口公司于2月19日传真给原告到货通知,通知货物已经到港,要求原告7天内前往办理换单手续。原告于2月28日到海关进行报关,海关在3月3日办理放行手续。

对以上当事人没有争议的事实法院予以确认。

关于广州分公司是否延迟放货以及原告是否因此遭受损失,当事人有争议。

原告称其2月27日9时30分将THC费、换单费、押柜费的支票交给被告广州分公司,被告收到支票并盖章确认,但被告没有及时入账,导致其2月28日未能在账户上反映出已经收到钱。对此原告提供一份2003年2月27日支付THC费、换单费、押柜费的广州市商业银行支票及划账凭证复印件。支票背书签有被告广州分公司财务专用章和黄祥光印章,日期为2003年2月27日。原告还提供了一份其广州市商业银行对账单,该对账单记载3月3日通过转账支票分别支出18 000元和2 370元,但对其主张的被告广州分公司没有及时入账没有提供证据。被告广州分公司确认收到了该支票款,根据原告提供的支票显示,广州分公司的开户行中国建设银行广州支行建设路办事处已于2月28日向原告的开户行托收。但被告对收到支票款项的时间有异议,称其于3月5日才收到该款,并认为原告没有提供该对账单的原件。

原告称被告广州分公司3月5日才给其发出放货通知,提供一份被告广州分公司3月5日的放货通知(头程单:JKTCB3045572/6X20'GP,二程单:HK0302201503)和营口永利东方国际货运有限责任公司广州分公司海运部3月5日发出的放货通知(柜号:GATU00831805, GATU0942178, GLDU2072084, MLCU3206724, REGU3068980, REGU3078628)。被告广州分公司认为通知上面的货物"热轧不锈钢板"不是本案的货物，该证据与本案无关；营口公司海运部放货通知的抬头是给老港大码头，而不是给原告的，不能作为本案的证据。原告另提供的两份提单与广州分公司的放货通知上的提单号相符，原告称货名"不锈钢卷板"是被告写上的；原告还提供原告公司向高明威公司送货的陆运签收单，签收时间分别为3月5日、3月6日，营口公司海运部放货通知里的六个柜号与签收单上的柜号一致。根据以上证据，法院认为，尽管广州分公司的放货通知上写的货名为"不锈钢卷板"，但根据该通知上记载的提单号码和其他相关证据，可以认定被告广州分公司于3月5日给原告发出放货通知。

原告为了证明其未能及时提到货，受到违约金损失，提供其与高明威公司签订的包干协议、与中盈丰公司签订的同盟协议、3月6日给高明威公司延迟送货的情况说明、2月27日向中盈丰公司预约车辆预约单，以及一份广东黄埔外运汽车运输公司拖箱运价表。预约单上注明装箱点为黄埔旧港，预约时间为2月28日下午5时，车辆6辆。被告广州公司对车辆预约单的真实性有异议，认为原告在2月28日向海关申报、3月3日才拿到手续的情况下，却在2月27日预约车辆是没有道理的。法院认为，对于原告提供的上述证据，被告没有提供反证，对原告的上述证据予以采信。

被告广州分公司和国际货运公司称原告未按期办理清关手续，对此提供了一份原告给被告广州分公司的《申请延长免箱期报告》，内容如下："兹有我公司代理清关的6X20GP 聚氯乙烯（PVC 粉）（头程 B/L：JKTCB3045572；头程船名航次：LILA BHUM 292N。到货码头：黄埔旧港大码头；到货日期：2003-02-18），头程提单于2003年2月27日下午才寄到我司，而次日又碰上海关电脑发生故障，致使我司未能及时报关，因此，现向贵司申请延长免箱期至2003年3月7日"，申请日期为3月5日。原告认为被告没有提供该申请报告的原件，且该报告上的章是原告公司的"单证专用章"，该章是不对外的；报告上的抬头也不是给被告广州分公司，而是给宏海箱运公司，但承认该报告上的传真号码是原告公司的。本审判员认为，对于该份报告，原告没有提供相反的证据反驳，对该报告予以采信，认定原告发出过该份《申请延长免箱期报告》。

基于以上证据，认定事实如下：2002年12月28日，原告与高明威公司签订包干协议，约定原告为高明威公司提供其货物到港后换单、报关、报检、送货到厂一条龙服务。如原告在单证齐备条件下，三天内未能送货到厂，须支付逾期每天5 000元的违约金予高明威公司。同日，原告与中盈丰公司签订同盟协议，约定中盈丰公司为原告提供车辆承运货物，如中盈丰公司的车辆到达装卸起点3小时内不能装卸货完毕，原告须向中盈丰公司支付逾期每小时80元的违约金。2003年2月27日，原告将本案所涉货物相关费用的支票交给了被告广州分公司，并向中盈丰公司预约了6辆车辆，准备于2月28日下午5时提货。原告到码头办理提货手续时被被告以原告支票没有到账为由拒绝。2月28日，广州分公司将支票交给其开户行托收上述费用。3月3日，原告的开户行将上述费用转出。3月5日，广州分公司通知营口公司将货物放给原告。3月5日、6日，原告将货物运抵高明威公司的工厂，高明威公司签收了上述货物。3月5日，原告向宏海箱运有限公司发出《申请延长免箱期报告》，称其于2月27日收到全程提单，次日海关电脑故障，故未及时报关，请求免箱期延至3月7日。

三、法院裁判

广州海事法院认为,原告与高明威公司签订包干协议,为高明威公司办理进口货物的报关提取等事务。原告与高明威公司之间的关系为委托合同关系,根据《中华人民共和国合同法》第396条的规定,原告有权以自己的名义从事与货物提取有关的一切事宜,具有提取货物的请求权。本案是原告因向广州分公司提取货物受拒而以提货请求权受到侵犯为由提起的侵权诉讼,符合法律规定的起诉要件,原告具有诉权。原告申请追加国际货运公司作为本案共同被告是原告行使自己的诉讼权利,与广州分公司是否可以作为诉讼主体没有关系。被告国际货运公司认为追加其作为本案共同被告没有依据的主张不能成立。

根据查明的事实,广州分公司于2003年2月27日收到原告的支票,2月28日委托其开户行托收。但是,3月3日,原告的开户行才转出有关款项。由于是跨行交易,广州分公司称其3月5日才收到款项,并于同日通知放货。被告广州分公司在没有收到有关费用之前拒绝放货是合理的,而且被告广州分公司在银行收到费用的当日就通知其代理向原告放货,可见,被告广州分公司在履行放货手续方面没有过错,没有构成对原告提货权的侵害。另一方面,虽然原告于2月28日向广州分公司要求提货,但其到3月3日才办妥海关放行手续,那么,在此之前货物是无法提走的,原告于2月28日预约了车辆,由此造成的损失也与广州分公司无关,应由原告自己承担,且原告没有提供充分的证据证明其实际支付了违约金。因此,原告关于被告侵犯了其提货权,要求被告赔偿其经济损失82 600元的主张,缺乏事实和法律依据,不予支持。由于广州分公司不承担赔偿责任,其上级主管机关国际货运公司也不需承担责任。

综上,依照《中华人民共和国民事诉讼法》第64条的规定,判决如下:
驳回原告港兴隆公司对被告广州分公司、国际货运公司的诉讼请求。

37 原告深圳市华运国际物流有限公司与被告海程邦达国际货运代理有限公司广州分公司、海程邦达国际货运代理有限公司海上货物运输合同纠纷案
案例来源:广州海事法院(2003)广海法初字第392号
主题词:承运人留置权的行使 货物价款的处理 到付运费

裁判要旨

No. HY-1.1-73 适用中国法律审理时,在《中华人民共和国海商法》未有具体规定的情形下,适用《中华人民共和国合同法》相关规定,承运人在履行完合同规定的运输货物义务后,收货人不提货的,承运人有权要求托运人支付运费并承担不及时提货的其他费用。留置权是承运人享有的权利,是否行使应当由承运人决定。《中华人民共和国海商法》第88条第2款规定的是承运人行使留置权时货物价款的处理,不适用于承运人不行使留置权时的情形。

一、基本案情

原告:深圳市华运国际物流有限公司(以下简称华运公司)
被告:海程邦达国际货运代理有限公司广州分公司(以下简称邦达广州公司)
被告:海程邦达国际货运代理有限公司(以下简称邦达公司)

原告深圳市华运国际物流有限公司诉称:2002年8月,邦达广州公司委托华运公司由黄埔港运输4个40英尺货柜电子游戏机至墨西哥曼沙尼略港,运费到付,每柜2 668美元。华运公司接受委托后向地中海航运有限公司(以下简称地中海公司)订舱,委托其运输上述货物。货物运抵目的港后,无人提货,运费无法收回。2003年4月16日,邦达广州公司向华运公司出具保函,保证对华运公司的上述运费损失承担付款责任。华运公司至今无法收回上述运费,地中海公司多次催付运费。据此,请求法院依照我国法律判令两被告连带支付运费10 672美元及其自2002年8月31日起至实际付款之日止按照年息5.72%计算的利息,判令两被告连带承担本案诉讼费用和华运公司为本案诉讼所支付的翻译费。

被告海程邦达国际货运代理有限公司广州分公司辩称:① 华运公司不是涉案货物的承运人,与邦达广州公司之间不存在海上货物运输合同关系,华运公司向两被告主张支付运费没有依据;② 涉案运费是到付,承运人在无人提货的情况下,应当先行使留置权,然后才能向托运人索赔,华运公司没有先行使留置权,邦达广州公司也不是涉案托运人,华运公司不能向邦达广州公司索赔;③ 邦达广州公司是邦达公司的分支机构,依法不能出具担保,涉案保函无效;④ 华运公司没有遭受任何损失。据此,请求法院依照我国法律驳回华运公司的诉讼请求。

被告海程邦达国际货运代理有限公司辩称:邦达广州公司是其分支机构,本案应适用我国法律。

二、法院查明事实

2002年8月,邦达广州公司向华运公司递交了4份货运委托单,托运4个40英尺货柜的电子游戏机,装货港黄埔港,目的地墨西哥曼沙尼略。4份货运委托单均写明"目的港请代收海运费3 900美元,即退我司1 232美元"。柜号分别为MLCU4545640、GSTU6216311、MSCU4103282、PRSU4014850。华运公司接受邦达广州公司的委托后,向邦达广州公司交付了4份提单,提单均载明运费到付。

上述4柜货物由地中海公司实际承运,地中海公司为此签发了4份提单,提单记载的托运人是CHINATRANS INT'L LTD,收货人是多功能运输有限公司(TRANSPORTE MULTIMODEL S. A. DE C. V.)。华运公司称其分别于8月14日、31日、9月5日、19日向香港地中海航运有限公司深圳代表处[MSC(HKG) LTD SHENZHEN REPRESENTATIVE OFFICE](以下简称地中海代表处)出具电放委托书,要求将上述货物以电报方式放给收货人。但目的港无人提货。

2003年4月16日，邦达广州公司向华运公司出具保函，承诺"今我司（海程邦达国际货运代理有限公司广州分公司）委托贵司（华运国际物流有限公司）出运4×40英尺至中南美……由于客人迟迟不提货，造成运费无法收回，若船公司向贵司提出支付此费用，则由我司来承担直至客人妥善处理为止"。

4月26日，地中海代表处通知托运人（CHINATRANS INT'L LTD.）上述货物在目的港无人提货。

另查明，邦达广州公司是台商投资企业的分支机构，没有法人资格，隶属于邦达公司，邦达公司是企业法人。

华运公司提交了4份其所签发提单的复印件，以证明涉案货物承运人是华运公司，托运人是邦达广州公司。该4份提单承运人一栏盖有"深圳市华运国际物流有限公司 CHINATRANS INTERNATIONAL LTD."条章和"CHINATRANS INT'L LTD."圆形章。两被告则认为，涉案货物承运人是华运国际股份有限公司，托运人是广盈达公司，邦达广州公司提交了4份提单复印件和4份广盈达公司给邦达广州公司的货运委托单复印件以支持其主张。该4份提单承运人一栏盖有"华运国际股份有限公司 CHINATRANS INT'L LTD."条形章和"CHINATRANS INT'L LTD."圆形章。法院认为，邦达广州公司所提交的4份广盈达公司给邦达广州公司货运委托单系复印件，无法核对，华运公司又不予确认，其真实性无法确定，不予采信。华运公司和邦达广州公司所提交的上述提单均为复印件，没有原件可供核对，其真实性无法确认，应结合其他涉案事实、证据予以认定。法院注意到，华运公司和邦达广州公司所提交的提单均记载涉案货物运输承运人的英文名称是"CHINATRANS INT'L LTD."，与地中海公司所签发的涉案提单托运人英文名称相同，可以认定二者系同一公司。

华运公司称其曾于2003年4月13日函告邦达广州公司无人提货的情况，要求其支付运费等费用，于6月20日发函邦达广州公司要求其在7日内付清所有费用，处理目的港货物，并于6月26日函告收货人涉案货物已被抛弃，要求其支付运费等费用，为此提交了相关函件。邦达广州公司认为，华运公司从未向其发出这个函件，发给收货人的函件的真实性无法确认。法院认为，华运公司所提供的上述函件的真实性无法认定，不予采信，华运公司的主张不能成立。

华运公司提交了一份请求函，以证明邦达广州公司已经确认目的港无人提取涉案货物的事实和表示愿意支付有关费用的事实。邦达广州公司认为，该请求函是伪造的，且该请求函未经华运公司承诺并不生效。本合议庭认为，该请求函盖有邦达广州公司的印章，经初步核对，并未发现该印章存在异常，邦达广州公司认为该印章系伪造的，但没有提供相应证据，不能成立。华运公司提交该请求函的目的是为了证明邦达广州公司确认涉案货物在目的港无人提货并表示愿意支付有关费用的事实，该请求函明确记载了华运公司所主张的上述事实，华运公司的主张可以成立。据此，可以认定邦达广州公司确认涉案货物在目的港无人提货，同意支付16 072美元以取回货物。

邦达广州公司提交了3份涉案提单样本传真件,以证明华运公司和邦达广州公司协商提单内容的过程。华运公司对此不予确认。法院认为,邦达广州公司主张该提单样本传真件来自华运公司,但不能提供相关证据予以证明,华运公司也不予确认,其真实性无法确定,不能作为本案的证据使用。

邦达广州公司为了证明涉案保函是由于华运公司扣留其他货物强迫其出具的事实,提交了邦达广州公司的加拿大代理与邦达广州公司之间的来往函电和相关提单。华运公司认为该证据是复印件,与本案无关,作为在域外形成的证据,没有经过公证认证,不能作为本案的定案证据。法院认为,邦达广州公司提交的这些证据未经公证认证,不具备证据的形式要件,不能作为证据使用,邦达广州公司的主张缺乏证据支持,不能成立。

三、法院裁判

本案是一宗海上货物运输合同纠纷。邦达广州公司委托华运公司运输涉案货物,邦达广州公司出具的保函也明确写明"委托贵司(华运国际物流有限公司)出运"涉案货物,因此,二者成立海上货物运输合同关系,涉案运输的承运人是华运公司,托运人是邦达广州公司,两被告认为华运公司和邦达广州公司之间不存在海上货物运输合同关系,却不能提供相反证据证明,不予支持。

邦达广州公司委托华运公司运输涉案货物至墨西哥曼沙尼略港,因此,本案是一宗涉外纠纷。鉴于当事各方在庭审中均选择适用中华人民共和国法律,根据《中华人民共和国海商法》第269条的规定,当事人的选择没有违反法律规定,本案应当适用中华人民共和国法律解决。

本案争议的焦点有二:一是涉案保函的效力问题,二是华运公司可否直接向邦达广州公司索取运费的问题。

关于涉案保函的效力问题。两被告认为,出具该保函不是邦达广州公司的真实意思表示,是受华运公司的强迫出具的。法院认为,两被告主张华运公司强迫邦达广州公司出具涉案保函却不能提供有效的证据予以证明,不予采信。由于没有证据证明邦达公司授权邦达广州公司出具涉案保函,根据《中华人民共和国担保法》第10条规定,企业法人的分支机构、职能部门不得为保证人,《最高人民法院关于适用〈中华人民共和国担保法〉若干问题的解释》第17条第1款进一步规定,企业法人的分支机构未经法人书面授权提供保证的,保证合同无效。因此,涉案保函无效,华运公司只能据之提起保证合同无效的损害赔偿之诉,而不能要求邦达广州公司承担保证责任,支付涉案货物运输的全部运费。

关于华运公司可否直接向邦达广州公司索取运费的问题。华运公司认为,是否对涉案货物行使留置权是华运公司的权利,可以行使,也可以不行使。两被告则认为,依据《中华人民共和国海商法》第88条第2款的规定,华运公司依法应先对涉案货物行使留置权,再向邦达广州公司索取剩余的费用。法院认为,留置权是承运人华运公司享有的权利,是否行使应由承运人华运公司决定,《中华人民共和国海商法》第88条第2款规定的是承运人行使留置权时货物价款的处理,不适用于承运人不行使留置权时的情形。本案中,当事各方均确认承运人华运公司没有行使留置权,因此,两被告提出的抗辩不能成立。由于《中华人民共和国海商法》没有对收货人不提货时承运人可否直接向托运人要求支付到付运费的问题作出特别规定,因此,应当适用《中华人民共和国合同法》的有关规定。根据《中华人民共和国合同法》第65条的规定,在收货人不提货,不支付到付运费的情况下,华运公司有权要求托运人邦达广州公司支付到付的运费。根据邦达广州公司向华运公司出具的货运委托单记载,华运公司运输涉案货物,每柜可获得运费2668美元(3900－1232美元),涉案运输运费总额为10672美元。邦达广州公司应向华运公司支付该运费。根据查明的事实,2003年4月16日邦达广州公司出具保函确认目的港无人提取涉案货物,在此之前,没有充分、有效的证据证明货物已经运抵目的港、华运公司已经通知收货人提货、涉案货物在目的港无人提货等事实,因此,华运公司主张的利息损失应从2003年4月16日起算。

华运公司所主张的翻译费请求,由于不能在举证期限内提供证据予以证明,应承担举证不能的不利后果,对该请求不予支持。

华运公司主张,邦达广州公司不具有法人资格,根据《中华人民共和国公司法》第13条第1款的规定,"公司可以设立分公司,分公司不具有法人资格,其民事责任由公司承担"。因此,邦达公司应对其分公司邦达广州公司所负的民事责任承担连带责任。法院认为,分公司不具有独立的民事主体资格,不能独立承担民事责任,其责任应由设立分公司的具有法人资格的公司承担,但不能据此推论分公司和公司应当承担连带责任。因此,华运公司要求邦达公司和邦达广州公司承担连带责任的主张不能成立,不予支持。邦达广州公司所欠运费,应由邦达广州公司以其自身的财产承担,邦达广州公司的财产不足清偿的部分由邦达公司承担。

综上,依照《中华人民共和国合同法》第65条的规定,判决如下:

(1) 被告邦达广州公司向原告华运公司支付运费10672美元及其自2003年4月16日起按照该日国家外汇牌价将该运费换算成人民币,按照中国人民银行同期流动资金贷款利率计算至本判决确定的付款之日止的利息;

(2) 被告邦达广州公司的财产不足清偿上述款项的,不足部分由被告邦达公司承担;

(3) 驳回原告华运公司的其他诉讼请求。

38 原告台山市志高休闲用品制造有限公司、志高股份有限公司与被告 DSL 星运公司、马士基物流(中国)有限公司、巴拿马绿色罗盘海运公司、哥本哈根 A.P 穆勒–马士基公司、法国达飞轮船有限公司海上货物运输合同货物交付纠纷案

案例来源:广州海事法院(2007)广海法初字第 171 号

主题词:价格评估　市场价值　市场法

裁判要旨

No. HY-1. 1-74　提单是承运人保证据以交付货物的单证,提单中载明的向记名人交付货物的条款,构成承运人据以交付货物的保证。记名提单作为提单一种,承运人也应当凭提单交付货物。

No. HY-1. 1-75　经法院委托,有资质的价格评估机构采用国务院批准的具体评估办法中通常采用的市场估价法并随机抽取样本,对涉案货物在提单签发时的市场价值进行评估后,其评估参加人员接受当事人质询、答复合理,且当事人并无证据足以推翻评估报告结论的,法院对该评估结论的证明力予以认可。

一、基本案情

　　原告:台山市志高休闲用品制造有限公司(Kogee International Group,以下简称台山志高公司)

　　原告:志高股份有限公司(Kogee Company Limited,以下简称志高股份公司)

　　被告:DSL 星运公司(DSL Star Express Inc.,以下简称星运公司)

　　被告:马士基物流(中国)有限公司[Maersk Logistics (China) Co. Ltd.,以下简称马士基中国公司]

　　被告:巴拿马绿色罗盘海运公司(Greencompass Marine S. A.,Panama,以下简称罗盘公司)

　　被告:哥本哈根 A.P 穆勒–马士基公司(Moller-Maersk,A. P.,A/S,Copenhagen,以下简称马士基公司)

　　被告:法国达飞轮船有限公司(CMA CGM S. A,以下简称达飞公司)

　　原告台山志高公司、志高股份公司诉称:台山志高公司受志高股份公司的委托生产产品,并作为志高股份公司的代理人向承运人托运货物,货物所有权属志高股份公司。被告星运公司、马士基中国公司分别于 2006 年 2 月 24 日、3 月 13 日、4 月 5 日将原告托运的 18 个集装箱货物分 3 批从深圳盐田港通过海运运往瑞典的维斯特拉斯(Vaesteraas),分别向原告签发了 3 套提单。货物运抵目的港后,5 被告没有凭正本提单交付了货物,造成原告损失 490 720.80 美元,按照 100 美元兑 774.36 元人民币的汇率,折合人民币 3 799 945.59 元。被告星运公司、马士基中国公司作为承运人,被告罗盘公司、马士基公司、达飞公司作为实际承运人,均违反了凭正本提单交付货物的义

务，造成了两原告的损失，依法应予以赔偿。请求法院判令 5 被告连带赔偿两原告货物损失 3 799 945.59 元及其利息（从 2007 年 3 月 11 日起，按银行同期贷款利率计算至法院判决确定的支付之日止），并共同承担本案诉讼费用。

被告星运公司、马士基中国公司共同辩称：台山志高公司与志高股份公司均对货物没有权利，没有诉权。马士基中国公司作为星运公司的代理签发了提单，不应承担责任。提单载明有关纠纷适用美国法或者英国法，而在美国法或者英国法下承运人无需凭记名提单放货。两原告没有举证证明星运公司实施了没有凭正本提单交付货物的行为。本案货物的买卖合同没有约定卖方须向买方转让提单，托运人在托运之前已有无需凭正本提单交付货物的意向，货物交付与两原告损失之间并无因果关系。两原告没有提供报关单、核销单等文件，其提供的商业发票是其自己制作的，不能证明货物价值。有关货物价值的评估报告有很多纰漏，不能作为证据采纳。请求法院驳回两原告对被告星运公司、马士基中国公司的诉讼请求。

被告罗盘公司辩称：两原告没有提供证据证明他们之间有委托代理关系。台山志高公司对提单项下的货物没有所有权，没有遭受损失；志高股份公司是货物的所有权人，但不是提单关系人，不能依据提单向承运人或者实际承运人索赔。两原告均无诉权。罗盘公司既不是货物的承运人，也不是实际承运人，不应承担赔偿责任。长荣海运公司是 DSLSYAT1232199 号提单下货物的实际承运人，其也是依据提单、海运单的记载向单据上载明的收货人交付货物的，并无过错。原告也没有提供有效的证据证明其损失。请求法院驳回两原告对被告罗盘公司的诉讼请求。

被告马士基公司没有答辩与举证。

被告达飞公司辩称：两原告没有提供证据证明他们之间存在委托代理关系，志高股份公司不是托运人，不能主张提单下的权利。志高股份公司没有在大陆注册，利用台山志高公司在中国境内从事出口业务，违反了中国法律关于进出口经营权的规定。两原告为非法经营，即使其遭受损失，也不应得到法律的保护。达飞公司作为承运船舶"达飞·莫扎特"（CMA CGM Mozart）轮的所有人，是实际承运人，但仅负责货物从盐田至德国汉堡的运输区段，没有从事从汉堡到瑞典维斯特拉斯的支线运输，不负责在目的港的货物交付。货物交付给记名提单的收货人后，两原告已默认了承运人不凭提单交付货物，不具备索赔权。两原告提供的证据不足以证明损失的存在及数额。请求法院驳回两原告对被告达飞公司的诉讼请求。

两原告于 10 月 22 日申请法院委托价格鉴定机构鉴定本案货物在提单签发时的市场价值。法院于 11 月 5 日委托广东中晟会计师事务所有限公司进行鉴定。该公司于 11 月 16 日作出《资产评估报告书》（粤中晟评报字[2007]028 号），于 11 月 22 日派注册资产评估师吴央到庭接受了质询，于 11 月 26 日作出书面质询答复及报告修正意见。

经质证，星运公司与马士基中国公司确认 3 套提单和马士基中国公司致台山志高公司确认放货的传真件的证据效力；确认台山志高公司向马士基中国公司汇付提单费用的凭证和马士基中国公司网站信息的真实性与合法性，否认该两份证据的关联性；

否认两原告的其他证据。罗盘公司仅确认 3 套提单和马士基中国公司致台山志高公司确认放货的传真件、台山志高公司向马士基中国公司汇付提单费用的凭证、马士基中国公司网站信息的真实性,否认该 6 份证据的关联性与合法性,否认原告的其他证据。达飞公司对原告的证据均予以否认。

两原告确认最高人民法院(1998)交提字第 3 号民事判决书的真实性与合法性,否认其关联;确认提单背面"法律适用与管辖权"条款的真实性,但以该条款不适用于本案为由否认其合法性与关联性;否认马士基中国公司与星运公司签订的《代理协议》复印件及其提单格式的证据效力。罗盘公司否认代理协议复印件的证据效力,对星运公司与马士基中国公司的其他证据无异议。达飞公司以代理协议复印件与其无关为由不发表质证意见,对星运公司与马士基中国公司的其他证据无异议。

两原告确认铁行渣华有限公司深圳分公司致永航船代公司的订舱单复印件、马士基中国公司致永航船代公司关于变更货物数量的电子邮件、永航船代公司的订舱确认单、马士基中国公司致永航船代公司关于提单记载事项的电子邮件、绿色瑞典有限公司的放货通知传真件、明星货运公司在维斯特拉斯的交货单据、泛大西洋欧洲服务公司的证明函复印件、ICA 家居休闲瑞典有限公司的确认函复印件,否认罗盘公司的其他证据。星运公司和马士基中国公司除否认泛大西洋欧洲服务公司的证明函复印件外,对罗盘公司的其他证据均予以确认。达飞公司以罗盘公司的证据与其无关为由不发表质证意见。

对于广东中晟会计师事务所有限公司的《资产评估报告书》、书面质询答复及报告修正意见,原告确认其证据效力;被告星运公司、马士基中国公司、罗盘公司、达飞公司均予以否认,认为:评估机构忽略了产品的材质、工艺及承重能力等相关因素;评估产品不是国有资产,评估机构依据国务院颁布的《国有资产评估管理办法》评估,依据不当。

二、法院查明事实

根据上述认定的证据,结合庭审情况,法院认定有关事实如下:

台山志高公司是注册地为萨摩亚的志高有限责任公司(Kogee Co., Ltd.)于 2000 年 12 月 28 日经广东省人民政府批准(批文为粤台外资证字[2000]0038 号的《中华人民共和国台港澳侨投资企业批准证书》),于 2001 年 1 月 3 日在广东省台山市投资注册成立的外商独资经营企业,经营范围为帐篷、跳床等旅游器材及运动用品、户外游戏用品。志高股份公司是 2000 年 9 月 27 日在台湾省新竹县登记成立的股份有限公司,经营运动器材的批发与零售以及国际贸易。2006 年,志高股份公司委托台山志高公司为其生产跳床等产品,并代办出口运输及其他出口手续。志高股份公司与台山志高公司没有提供经国务院对外经济贸易主管部门许可经营对外贸易的文件。

2006 年 2 月 15 日、3 月 5 日、3 月 20 日,台山志高公司将为志高股份公司向瑞典维斯特拉斯(Vaesteraas)出口的 18 个集装箱货物(跳床及其配件),分三票货委托马士基中国公司托运,马士基中国公司接受了委托,将三票货物在深圳盐田港分别装载于"埃沃·厄休拉"(Ever Ursula)轮、"卡伦·马士基"(Karen Maersk)轮、"达飞·莫扎特"(CMA CGM Mozart)轮。2月17日、3月10日、3月28日,台山志高公司向马士基中国公司分别支付了该三票货物的提单费用20 758.90元、11 951.42元、11 951.42元。马士基中国公司分别于2月24日、3月13日、4月5日就三票货物在深圳以星运公司代理人的名义向台山志高公司各签发了1套联运提单,3套联运提单的编号分别为DSLSYAT1232199(一式三份正本)、DSLSYAT1246345(一份正本)、DSLSYAT1262916(一式三份正本)。该3套提单均以星运公司的名称为抬头,是马士基中国公司采用星运公司向交通部报备的提单格式制作的。台山志高公司接受该3套提单时没有对提单上记载的承运人等事项提出异议。马士基中国公司与星运公司曾于2002年11月25日签订代理协议,约定马士基中国公司接受星运公司的委托,作为星运公司的代理人提供海运服务,包括代签星运公司的无船承运人提单(House-Bill of Lading)等。

DSLSYAT1232199号提单正面载明:托运人台山志高公司,收货人ICA家居休闲瑞典有限公司(ICA Sverige AB),接货地盐田,装货港盐田,承运船舶"埃沃·厄休拉"轮,航次0208043W,卸货港汉堡,交货地维斯特拉斯,货物为8个长40英尺的集装箱(高柜),据称共装载2 796个纸箱跳床(Fun Trampoline),重量180 621.60公斤,体积490.76立方米,ICA订单号144165/69922,货物由托运人装箱、积载、计数并称重,从堆场至堆场(CY/CY)交接,于2006年2月15日在盐田装船,运费到付。马士基中国公司作为承运人星运公司的代理签发提单。

DSLSYAT1246345号提单正面载明:托运人台山志高公司,收货人ICA黑姆弗瑞逊德公司(ICA Hem & Fritid AB)、ICA家居休闲瑞典有限公司(ICA Sverige AB),接货地盐田,装货港盐田,承运船舶"卡伦·马士基"轮,航次0606,卸货港不莱梅(Bremerhaven),交货地维斯特拉斯,货物为1个20英尺集装箱(干柜)、4个长40英尺的集装箱(高柜),据称共装载1 772个纸箱跳床及跳床外护网(Safety for Fun Trampoline),重量99 731.86公斤,体积271.84立方米,ICA订单号144165/69923,货物由托运人装箱、积载、计数并称重,从堆场至堆场(CY/CY)交接,于2006年3月5日在盐田装船,运费到付。马士基中国公司作为承运人星运公司的代理签发提单。

DSLSYAT1262916号提单正面载明:托运人台山志高公司,收货人ICA家居休闲瑞典有限公司,接货地盐田,装货港盐田,承运船舶"达飞·莫扎特"轮,航次NX2083W,卸货港汉堡,交货地维斯特拉斯,货物为1个20英尺集装箱(干柜)、4个长40英尺的集装箱(高柜),据称共装载2 112个纸箱跳床、跳床盖布、跳床梯、跳床外护网,重量103 154.26公斤,体积283.85立方米,ICA订单号144167/69924、144166/69924,货物由托运人装箱、积载、计数并称重,从堆场至堆场(CY/CY)交接,2006年3月20日在盐田装船,运费到付。马士基中国公司作为承运人星运公司的代理签发提单。

该3套联运提单背面共印制26条格式条款,其中第1条(定义条款)载明:承运人是指星运公司;第6.2(d)条款载明:"如果灭失或损坏已知发生在美国内陆运输中,应根据运输合同或内陆承运人的费率本确定内陆承运人对发生在其掌管期间的货物灭失或损坏的赔偿责任;在没有运输合同或费率本的情况下按照本提单第6.1条(灭失或损坏发生的运输区段不明时承运人的责任)的规定确定承运人的赔偿责任;在该两种情况下,均应适用美国纽约州的法律";第26条(法律适用与管辖权条款)载明:"一旦发生该提单第6.2(d)条款约定的情形,及/或货物运往美国或从美国运出或者其他原因导致适用《美国海上货物运输法》,有关区段的运输应当适用美国法律,美国纽约南区联邦法院有审理所有有关纠纷的专属管辖权。在其他情形下,该提单应当适用英国法,依据英国法解释,提单下发生的所有纠纷均应由英国伦敦高等法院裁决,并排除其他国家法院的管辖。"

该3套提单下的货物运抵目的地维斯特拉斯后,已由收货人在没有提交提单的情况下提取,具体交付时间和交付人不详。该3套提单仍由志高股份公司掌控,没有转让。2006年10月25日,马士基中国公司传真告知台山志高公司:马士基中国公司正在与收货人尔玛进口公司(Erma Import AB)联系,保证努力促使尔玛进口公司履行对台山志高公司的义务。

DSLSYAT1262916号提单下货物由达飞公司以其所属的"达飞·莫扎特"轮从盐田港运至汉堡港。本案无有效证据表明"埃沃·厄休拉"轮、"卡伦·马士基"轮的所有权及租赁等权属与经营状况,也无证据表明达飞公司从事了DSLSYAT1262916号提单下货物从汉堡港至目的地维斯特拉斯的运输与货物在目的地的交付以及罗盘公司、马士基公司从事了本案货物的运输与交付。

两原告提供3套提单项下货物的定式发票(Proforma Invoice)传真件和原告自己制作的装箱单与商业发票显示:从2005年10月31日至2006年2月8日,志高股份公司与尔玛进口公司通过传真签订定式发票约定尔玛进口公司向志高股份公司购买跳床及其配件,其中2 800台跳床最迟装船期限为2006年1月29日至2月4日,1 476台跳床最迟装船期限为2006年2月19日至2月25日,374台跳床外护网最迟装船期限2006年1月19日至1月25日,1 400台跳床、1 400件跳床盖布、200件跳床梯和374台跳床外护网的最迟装船期限为2006年3月5日至3月11日;付款方式为电汇(T/T),价格条件为从盐田港起运的离岸价(FOB YANTIAN),单价分别为跳床(型号:TR-13-P11W)80美元/台、跳床外护网(型号:TRP-1304A)46.60美元/件、跳床盖布(型号:TRC-0013B)5.26美元/件、跳床梯(型号:TR1-0001)5.7美元/件;DSLSYAT1232199号提单下装载于"埃沃·厄休拉"轮的8个长40英尺的集装箱(高柜)内装2 796纸箱(1台/纸箱)跳床,离岸价共为223 680美元;DSLSYAT1246345号提单下装载于"卡伦·马士基"轮1个长20英尺的集装箱与4个长40英尺的集装箱(高柜)内的货物分别为374件跳床外护网、1 398纸箱(1台/纸箱)跳床,离岸价分别为17 428.40美元与111 840美元,共计129 268.4美元;DSLSYAT1262916号提单下装载于"达飞·莫扎特"轮的1个长20英尺的集装箱和4个长40英尺的集装箱(高柜)内的货物为374件跳床外护网、1 398台跳床、1 400件跳床盖布、200件跳床梯,离岸价共计137 772.40美元。

价格评估·市场价值·市场法

上述3套提单下货物离岸价合计490 720.80美元。

两原告于10月22日申请法院委托价格鉴定机构鉴定本案货物在提单签发时的市场价值。法院于11月5日委托广东中晟会计师事务所有限公司进行鉴定,该公司接受委托后到法院查看两原告提供的产品,进行了评估,于11月16日作出《资产评估报告书》(粤中晟评报字[2007]028号)。该报告书载明采用市价法对货物在评估基准日的国内市场批发公允价格评估如下:(1)跳床(产品编号TR-13-P11TW),以2006年2月24日为评估基准日,单价为1 530元/台,2 796台的金额为4 277 880元;(2-1)跳床(产品编号TR-13-P11TW),以2006年3月13日为评估基准日,单价为1 530元/台,1 398台的金额为2 138 940元;(2-2)跳床外护网(产品编号TRP-1304A),以2006年3月13日为评估基准日,单价为656元/件,374件的金额为245 344元;(3-1)跳床(产品编号TR-13-P11TW),以2006年4月5日为评估基准日,单价为1 530元/台,1 398台的金额为2 138 940元;(3-2)跳床外护网(产品编号TRP-1304A),以2006年4月5日为评估基准日,单价为656元/件,374件的金额为245 344元;(3-3)跳床盖布(产品编号TRC-0013B),以2006年4月5日为评估基准日,单价为95元/件,1 400件的金额为133 000元;(3-4)跳床楼梯(产品编号TRL-0001),以2006年4月5日为评估基准日,单价为126元/件,200件的金额为25 200元;上述产品在评估基准日的国内市场批发公允价格合计9 204 648元。广东中晟会计师事务所有限公司具有广东省财政厅颁发的《资产评估资格证书》,签署《资产评估报告书》的注册资产评估师吴英、秦玉革均持有财政部制发的《注册资产评估师证书》。广东中晟会计师事务所有限公司指派注册资产评估师吴英到庭接受质询后,针对各被告的质疑,作出书面修正意见并答复如下:委托评估的跳床是户外运动健身的器材,也是儿童游戏的器材,主要材料是镀锌钢管支架和尼龙网面,在安装完成后跳床最大承重为100公斤;评估时采用的方法是市价法,评估过程中询价的其他跳床生产厂家也是采用以上结构、材料和承重指标的;对于同样的产品、结构、材料和能达到相同的承重能力,在开放活跃市场的前提下,采用市价法评估是最确当的;对同样的货物采用市价法评估可以忽略其生产工艺的异同;《国有资产评估管理办法》是评估依据的主要文件之一,该文件由国务院颁布,是我国目前相关评估业务的最高层次的文件,对评估具有指导意义;在相同环境下,同一评估方法的采用,不会因资产所有权性质的改变而对评估标的物的价格产生影响;经询得国内6家同类跳床生产厂家的报价,取消最高价与最低价后选取四家报价作为样板进行评估。两原告按法院的通知向广东中晟会计师事务所有限公司支付本案货物价值评估费26 512元。

另查,据国家外汇管理局公布的人民币汇率中间价统计数据,2007年3月9日,100美元兑人民币774.36元;3月12日,100美元兑人民币774.74元。

三、法院裁判

本案属海上货物运输合同货物交付纠纷。本案3套提单所涉货物运输是从中国盐田港起运,经德国汉堡、不莱梅中转,至瑞典维斯特拉斯的全程海运,具有涉外因素。按照《中华人民共和国海商法》第269条关于涉外合同当事人可以选择合同适用的法律的规定,本案应依提单的约定确定准据法。3套提单均载明:进出美国和美国内陆的运输适用美国法律,其他运输适用英国法。根据提单条款的约定,本案不应适用美国法,而应适用英国法。但是,各当事人均未提供英国法,法院也未能查明英国关于海运货物交付的法律。按照最高人民法院《关于贯彻执行〈中华人民共和国民法通则〉若干问题的意见(试行)》第193条关于应当适用的外国法律不能查明的,应当适用中华人民共和国法律之规定,本案应适用中华人民共和国的法律。

台山志高公司受志高股份公司的委托,以自己的名义向马士基中国公司托运货物,3套提单记载的托运人是台山志高公司。按照《中华人民共和国合同法》第403条第1款关于受托人以自己的名义与第三人订立合同时,委托人可以行使受托人对第三人的权利之规定,志高股份公司可以行使台山志高公司作为提单托运人的权利。志高股份公司是本案运输合同的托运人,台山志高公司是托运人的代理人。提单并未转让给记名的收货人,志高股份公司仍依法享有对提单下货物的权利,是提起本案诉讼的适格主体,有权请求承运人赔偿货物损失。台山志高公司作为受托人无权行使委托人已行使的权利。

按照《中华人民共和国对外贸易法》第9条第1款与第13条第1款的规定,从事货物进出口的对外贸易经营,必须具备法定的条件,经国务院对外经济贸易主管部门许可;没有对外贸易经营许可的组织或者个人,可以在国内委托对外贸易经营者在其经营范围内代为办理对外贸易业务。志高股份公司作为台湾法人,委托台山志高公司从事货物进出口业务,但没有提供经国务院对外经济贸易主管部门许可经营对外贸易的文件,应认定台山志高公司没有取得国务院对外经济贸易主管部门的对外贸易经营许可。志高股份公司委托台山志高公司出口货物,违反了对外贸易法的上述规定。两原告违反对外贸易行政管理制度,应由有关行政主管机关处理,但并不产生剥夺其主张货物权利或者免除货损责任人赔偿义务的法律后果。志高股份公司仍有权请求货损责任人赔偿货物损失。

马士基中国公司接受台山志高公司的托运,经星运公司授权签发了以星运公司的名称为抬头的提单,提单背面条款载明承运人系星运公司,提单正面明示马士基中国公司作为承运人星运公司的代理签发提单,表明了提单承运人为星运公司。马士基中国公司所签发的提单是星运公司向交通主管部门报备的格式提单,星运公司授权马士基中国公司签发提单合法有效。提单是运输合同的证明。在没有相反证据的情况下,应认定星运公司是本案货物的承运人,马士基中国公司是承运人的代理人。

根据《中华人民共和国海商法》第71条的规定,提单是承运人保证据以交付货物的单证,提单中载明的向记名人交付货物的条款,构成承运人据以交付货物的保证。按照上述法律规定,记名提单作为提单之一种,承运人也须凭提单交付货物。本案3套提单均为记名提单,承运人星运公司有凭提单交付货物的义务。

根据《中华人民共和国海商法》第 46 条第 1 款的规定,承运人对集装箱装运货物的责任期间,是指从装货港接受货物时起至卸货港交付货物时止,货物处于承运人掌管之下的全部期间。在承运人的责任期间,货物发生灭失或者损坏,除法律另有规定外,承运人应当负赔偿责任。本案 3 套提单下的货物运抵目的地后,收货人在没有提交提单的情况下提取了货物,3 套正本提单仍由志高股份公司持有。本案并无证据表明原告与货物买方在买卖合同中约定双方无需转让提单或货物无需凭提单交付,也无证据表明两原告事后默认了承运人未凭提单交付货物的行为。星运公司提出托运人在托运之前已有无需凭正本提单交付货物的意向之抗辩,以及达飞公司提出两原告已默认承运人不凭正本提单交付货物之抗辩,均无事实依据,不予支持。星运公司没有尽凭提单交付货物的义务,使得志高股份公司对提单下的货物失去了控制,星运公司应赔偿志高股份公司由此遭受的货物损失。

根据《中华人民共和国海商法》第 55 条第 1 款与第 2 款的规定,货物灭失的赔偿额,按照货物的实际价值(货物装船时的价值加保险费加运费)计算。关于货物装船时的价值,两原告提供载明买卖双方约定货物离岸价(FOB)的定式发票复印件(传真件)、自己出具的装箱单、商业发票,表明本案 3 套提单下的货物的离岸价共为 490 720.80 美元。鉴于本案货物实际交付日期不详,可按照两原告起诉以前的 100 美元兑人民币 774.36 元的汇率中间价,将该离岸价 490 720.80 美元折算为人民币 3 799 945.59 元。法院应原告的申请,委托价格评估机构广东中晟会计师事务所有限公司鉴定本案货物在提单签发时的市场价值。该评估机构采用市场法评估本案货物在提单签发时国内市场批发公允价格合计 9 204 648 元,高于原告主张的货物价值。该评估机构具有价格评估的资质,作出的质询答复合理,各被告对其评估结论没有足以反驳的相反证据和理由,其评估结论的证明力可予认定。虽然两原告没有提供货物的报关单、核销单等出口文件,其提供的定式发票复印件(传真件)、自己出具的装箱单、商业发票均不能单独作为认定案件事实的依据,但货物的报关单、核销单等进出口文件并非当事人证明货物价值缺一不可的证据,上述评估结论已佐证了两原告举证证明的货物离岸价总值 3 799 945.59 元的合理性与真实性,可以综合认定货物的离岸价共为 3 799 945.59 元。两原告没有举证证明其支付了保险费和运费,货物的赔偿额应为货物装船时的价值 3 799 945.59 元。星运公司应赔偿志高股份公司货物损失 3 799 945.59 元及其利息。鉴于货物交付时间不详,货物损失的利息可按原告的主张从起诉之日 2007 年 3 月 12 日起,按照中国人民银行公布的同期同类贷款利率计算至本判决确定支付之日止。

马士基中国公司作为承运人的代理人,不应承担承运人的责任。两原告没有举证证明达飞公司、罗盘公司与马士基公司实际参与了货物在目的地的交付。两原告请求四被告马士基中国公司、罗盘公司、马士基公司、达飞公司承担赔偿责任,没有事实与法律依据,应予以驳回。

综上,依照《中华人民共和国合同法》第 403 条第 1 款及《中华人民共和国海商法》第 46 条第 1 款、第 71 条、第 55 条第 1 款与第 2 款的规定,判决如下:

（1）被告 DSL 星运公司赔偿原告志高股份有限公司货物损失 3 799 945.59 元及其利息（从 2007 年 3 月 12 日起，按照中国人民银行同期同类贷款利率计算至本判决确定支付之日止）；

（2）驳回原告台山市志高休闲用品制造有限公司的诉讼请求；

（3）驳回原告志高股份有限公司对被告马士基物流（中国）有限公司、巴拿马绿色罗盘海运公司、哥本哈根 A.P 穆勒-马士基公司、法国达飞轮船有限公司的诉讼请求。

39 原告山哥拉-多明戈斯公司与被告尼罗河航运私有有限公司海上货物运输合同纠纷案

案例来源：上海海事法院（2007）沪海法商初字第 751 号

主题词：责任期间　管货义务　恪尽职责

裁判要旨

No. HY-1.1-76　集装箱货物交接方式为堆场至堆场的，承运人的责任期间应当从装货港堆场接收货物时起至卸货港堆场交付货物时止，货物处于承运人掌管之下的全部期间。

No. HY-1.1-77　承运人应当妥善地、谨慎地装载、搬移、积载、运输、保管、照料和卸载所运货物。冷藏集装箱可能因在目的港堆场缺少制冷而造成货损，承运人未举证证明其在交付货物前已恪尽职责，履行妥善、谨慎保管货物的义务，应当对货物受损承担赔偿责任。

一、基本案情

原告：山哥拉-多明戈斯公司（SHANGOLA-DEDOMINGOSLEITEFERREIRADECEITA）

被告：尼罗河航运私有有限公司（NILEDUTCHAFRICALINEB.V.）

原告山哥拉-多明戈斯公司诉称：2006 年 10 月 18 日，原告向日照东方环球进出口有限公司购买 52 吨价值为 61 516 美元的大蒜。同年 10 月 31 日，东方环球公司将上述货物分装两个集装箱交于被告从中国上海运至安哥拉卢安达，被告出具了清洁提单。货物运抵目的港后，原告凭提单至堆场提货时发现两集装箱货物均有不同程度的腐烂变质情况。经检验，货物 70% 全损，30% 必须降价销售，损失原因为货物运抵目的港堆场后，两集装箱均有长时间未插电情况。原告认为，被告作为承运人有妥善保管、照料货物的义务，因被告疏忽大意导致货损，被告应承担赔偿责任。据此，原告请求判令被告赔偿货物损失和关税损失及港口费用 74 935 美元、商检费 910 美元、公证认证费 1 750 美元，并承担本案诉讼费用。庭前，原告将公证认证费 1 750 美元变更为 1 511 美元，并撤销关于商检费的诉讼请求。

被告尼罗河航运私有有限公司辩称:① 原告未证明已经支付货款,因此原告没有损失,对货损没有诉权。② 货物交接方式为堆场至堆场,承运人责任期间应至货物到达目的港被告向收货人开具提货单时终止,被告在货损发生之前已完成货物交付,货损的发生不在承运人责任期间,原告迟延提货导致的货损不应由被告承担赔偿责任;即使货损发生在承运人责任期间,因目的港长期存在断电现象,收货人有尽快提箱义务,货损系因原告迟延提货所致,被告也不应承担赔偿责任。③ 原告的损失不具有合理性。

二、法院查明事实

上海海事法院经审理查明并确认如下法律事实:

2006 年 10 月 18 日,原告与东方环球公司签订了两份购销合同,约定原告向东方环球公司购买大蒜。根据两份购销合同记载,货物数量均为 26 吨,单价均为 1 183 美元/吨,单份合同总价均为 30 758 美元。同年 10 月 20 日,两票货物经检验,符合输入国或地区现行的植物检疫要求。同年 10 月 31 日,为两票货物出运,被告出具了抬头人为被告、编号为 NDAL003SHALAD214 的提单。提单记载:托运人东方环球公司,收货人原告,装运港上海,卸货港卢安达,货物品名大蒜,数量 5 200 袋,毛重 52 100 公斤,集装箱号分别为 NIDU6201826 和 NIDU6202165,货物交接方式堆场至堆场,船名航次尼罗河前进号 V.C003,托运人装箱。被告在庭审中确认,涉案提单系电放提单,货至目的港后凭电放提单放货。同日,东方环球公司向原告开具编号为 AN-GO-008 和 AN-GO-009 的商业发票,两张发票金额均为 30 758 美元。同年 11 月 26 日,货物到达目的港卢安达。同日,被告向原告开具提货单。同年 11 月 28 日,货物到达冷藏箱专用堆场。2007 年 1 月 6 日,原告提货后发现货物发生变质,遂于同年 1 月 8 日要求安哥拉海事咨询有限公司对货物进行检验。同年 1 月 12 日,安哥拉海事咨询有限公司出具检验报告,认为涉案大蒜发生变质是因为集装箱缺少制冷,集装箱到达堆场后至原告提货的 42 天内,两个集装箱未插电期间分别为 21 天和 17 天。涉案冷藏集装箱在船期间的温度日志显示,冷藏集装箱在船期间的温度记录正常。同年 1 月 15 日,因超期使用涉案两个集装箱,原告向被告支付了集装箱超期使用费 9 600 美元。同年 2 月 5 日,原告就货损向被告提出索赔。根据涉案两份报关单记载,两票货物的 C&F 价均为 30 758 美元,共计 61 516 美元。检验报告结论显示,两票货物的 70% 推定全损,30% 将以每 10 公斤低于 5 美元的价格销售。因此,推定全损的货物价值为 43 061.20 美元,降价销售的货物损失为 10 654.80 美元,原告的货物损失共计 53 716 美元。货物到达目的港后,原告发生关税和港口费用共计 1 992 143 宽扎,折合 24 902 美元。

三、法院裁判

上海海事法院认为,依照《中华人民共和国海商法》第 46 条第 1 款之规定:"承运人对集装箱装运的货物的责任期间,是指从装货港接收货物时起至卸货港交付货物时止,货物处于承运人掌管之下的全部期间。承运人对非集装箱装运的货物的责任期间,是指从货物装上船时起至卸下船时止,货物处于承运人掌管之下的全部期间。在承运人的责任期间,货物发生灭失或者损坏,除本节另有规定外,承运人应当负赔偿责任。"第 48 条规定:"承运人应当妥善地、谨慎地装载、搬移、积载、运输、保管、照料和卸载所运货物。"本案中涉案货物交接方式为堆场至堆场,被告作为承运人的责任期间应从装货港堆场接收货物时起至卸货港堆场交付货物时止,货物处于被告掌管之下的全部期间。现有事实表明,涉案货物于 2006 年 11 月 26 日到达目的港,11 月 28 日到达目的港堆场,2007 年 1 月 6 日原告从堆场提货。被告虽于 11 月 26 日向原告开具了提货单,但货物尚未实际交付,仍处于被告的掌管之下,被告的责任期间应至原告实际将货物提离堆场时终止。因此,被告关于提货单开具之日责任即终止的抗辩缺乏法律依据。根据原告提供的检验报告显示,涉案货损发生的原因系因装载货物的冷藏集装箱在目的港堆场有长时间未插电现象,造成集装箱缺少制冷所致。因此,被告关于集装箱缺少制冷系因目的港经常发生断电所致的抗辩与检验报告显示的集装箱未插电而非断电的事实不符。被告作为承运人,在涉案冷藏集装箱卸离船舶后至实际交付收货人之前的责任期间内,有义务使冷藏集装箱内货物保持在完好状态。被告未举证证明其在交付货物前已恪尽职责,履行妥善、谨慎保管货物的义务,应对货物受损承担赔偿责任。

关于原告的诉权。被告辩称,原告未证明已经支付货款,因此原告没有损失,对货损没有诉权。法院认为,原告是货物买方,也是提单记载的收货人,涉案提单系电放提单,原告凭电放提单提取了货物表明对货物具有物权,是涉案运输合同的当事人,原告是否支付货款不影响其作为收货人依据运输合同向承运人主张货损赔偿的权利。

关于被告认为的提单附加条款中承运人已告知原告目的港电力不足,原告迟延提货导致的货损不应由被告承担责任的抗辩。法院认为,被告未举证证明原告对提单附加条款已经知晓,即使原告对此条款已经知晓,被告也未举证证明涉案集装箱缺少制冷确因目的港电力不足所致。货物在不同的港口办理提货手续所需的时间各不相同,涉案货物运至目的港卢安达后,被告主张原告在合理时间内未提货而构成迟延提货,应举证证明涉案货物到达目的港至原告实际提取货物的时间已经超出货物在卢安达办理提货手续所需的合理时间。

关于损失的程度和范围。原告提供的证据可以相互印证,证明涉案两票货物价值为 61 516 美元,原告货物损失为 53 716 美元。上海海事法院认为,原告请求的关税损失、港口费用是原告为实现贸易合同所必须支出的成本,不应计算在货损比例中由被告承担;公证费用金额从证据上难以辨识;认证费用无法确定和本案具有关联性。据此,法院对原告请求的关税损失、港口费用和公证认证费用均不予支持。

综上,依照《中华人民共和国民事诉讼法》第 64 条第 1 款、《中华人民共和国海商法》第 46 条第 1 款、第 48 条、第 55 条第 1 款的规定,判决如下:

(1)被告尼罗河航运私有有限公司(NILEDUTCHAFRICALINEB. V.)应于本判决生效之日起 10 日内向原告山哥拉-多明戈斯公司(SHANGOLA-DEDOMINGOSLEITEF-

ERREIRADECEITA)赔偿货物损失 53 716 美元;

（2）对原告山哥拉-多明戈斯公司(SHANGOLA-DEDOMINGOSLEITEFERREIRA-DECEITA)的其他诉讼请求不予支持。

如果被告尼罗河航运私有有限公司(NILEDUTCHAFRICALINEB.V.)未按照本判决指定的期间履行给付义务,应当依照《中华人民共和国民事诉讼法》第 229 条之规定,加倍支付迟延履行期间的债务利息。

40 上诉人地中海航运公司与被上诉人南通刚正薄板有限公司、上海航吉国际货物运输代理有限公司海上货物运输合同纠纷案

案例来源:上海市高级人民法院(2011)沪高民四(海)终字第 148 号
主题词:实际承运人　航海过失　举证责任

裁判要旨

No. HY-1.1-78　实际承运人是指接受承运人委托,从事货物运输或者部分运输的人。

No. HY-1.1-79　承运人对驾驶船舶过失负有举证责任,举证不能的,不能享有法定免责。

一、基本案情

上诉人(原审被告):地中海航运公司(MSC Mediterranean Shipping Company S.A.,以下简称地中海航运)

被上诉人(原审原告):南通刚正薄板有限公司(以下简称刚正公司)

原审被告:上海航吉国际货物运输代理有限公司(以下简称航吉公司)

上海海事法院一审认定:2009 年 11 月 19 日,刚正公司与案外人 WEILINTRADING 和 88 TRADING(以下分别简称 W 公司和 88 公司)签订贸易合同,刚正公司向 W 公司和 88 公司出售价值 138 600 美元钢卷。同年 12 月 21 日,刚正公司与航吉公司签订了外贸运输合同约定:刚正公司委托航吉公司承运涉案货物,起运港为上海港,目的港为苏里南 PARAMARIBO(以下简称 P 港),装船日期为 2009 年 12 月 25 日,涉案运输的海运费加报关费、订舱费、THC、内装费用等计 20 580 美元。航吉公司对货物的责任期间为从货到航吉公司仓库起至海关封箱止,货物处于航吉公司掌管的期间(不包括实际承运人掌控货物的期间)。航吉公司应当妥善地、谨慎地装载、运输、保管、照料和卸载所有货物,向收货人交付货物时,应当会同收货方对货物联合检查或检验,并向收货人出具货物状况的书面通知,违约应当承担违约责任,违约金为承运货物总价值的 20%。经计算,该运输合同的违约金为 26 434.77 美元。此后刚正公司向航吉公司支付了海运费 20 605 美元。

次日,刚正公司为履行该贸易合同委托货运代理人向海关申报出口,根据出口报关单记载,出口经营单位和发货单位均为刚正公司,运抵港为苏里南的 P 港,成交方式 C&F,涉案货物总价 132 173.84 美元,涉案货物装载于 6 只集装箱内,运输工具名称为 MSCFABIENNE/G952A,提单号为 MSCUS9506797。

由于涉案货物交付为电放方式,地中海航运未向刚正公司交付正本提单,但向航吉公司发送了涉案提单的扫描件,航吉公司将该扫描件转发给刚正公司。根据该提单扫描件记载,提单编号 MSCUS9506797,托运人刚正公司,收货人和通知方 88 公司,交接方式堆场至堆场,运费支付方式预付,提单抬头人地中海航运,提单右下角签单处为上海联东地中海国际船舶代理有限公司作为承运人的代理,签单日期为 12 月 25 日。提单记载的起运港、目的港、船名航次和货物数量与报关单记载相同。

涉案货物出运后,据地中海航运称,涉案货物转至 ANGELN 轮进行运输,2010 年 2 月 21 日,该船舶在运输过程中沉没,船货全损。案外人 ANGELNKG 和 ANGELNTED 公司向美国纽约南区法院申请责任限制,该法院已准许其申请。

2010 年 11 月 24 日,刚正公司与案外人 W 公司和 88 公司签订补偿协议约定,由于涉案货物灭失,刚正公司向案外人补齐货物,视为刚正公司原合同履行完毕。2011 年 1 月 1 日,刚正公司履行了上述协议,向买方履行了补货义务。2009 年 11 月至 2010 年 5 月期间,涉案货物原材料价格上涨,同样数量涉案货物成本上涨了人民币 144 151.46 元。

另查明,刚正公司与招商银行股份有限公司南通分行签订了借款合同,该合同适用利率人民币一年期贷款基准利率。

二、一审裁判

上海海事法院一审审理认为,本案为海上货物运输合同纠纷。地中海航运系在中国境外注册的企业,涉案运输的目的港在中国境外,本案具有涉外因素。根据中国法律规定,当事人可以就处理涉外合同争议适用的准据法作出约定。在审理过程中,各方当事人均选择适用中国法律处理涉案纠纷,法院确定处理本案争议的准据法为中国法律。

刚正公司与航吉公司签订了外贸运输合同,该合同系双方当事人真实意思表示,依法成立有效。刚正公司系涉案运输合同的托运人,在该运输合同中,航吉公司享有收取包括海运费在内的运费的权利,同时接受刚正公司的委托承担将涉案货物运至目的港并履行管理和交付货物的义务,该权利义务符合海上货物运输合同承运人的法定特性,可据此认定其为承运人。关于该外贸运输合同中责任期间的约定,与合同约定的承运人义务相矛盾,且属于减轻承运人义务的条款,违反法律的禁止性规定,该条款无效。故法院对航吉公司系货运代理人的抗辩理由不予采纳。现有事实表明,地中海航运在涉案运输中接受航吉公司的委托实际承运涉案货物运输,其身份应为实际承运人。地中海航运辩称 ANGELN 轮系其定期租赁,地中海航运未实际承运涉案货物,由于未提交相应的证据予以证实,法院对该抗辩不予采信。

一审法院另认为,刚正公司系涉案运输合同的托运人,航吉公司为承运人,地中海航运是实际承运人。根据法律规定和合同约定,承运人应履行将涉案货物安全地运抵目的港并向收货人交付的义务。承运人违反交货义务的情形下,托运人有权主张运输合同项下的权利。且在本案中,收货人已将涉案运输合同项下的权利转让给了刚正公司,刚正公司亦遭受了实际损失,故刚正公司在本案中具有诉权。

一审法院又认为,根据法律规定,承运人在运输途中应当履行妥善地、谨慎地运输、保管和照料货物的义务,并安全地将货物运往卸货港。虽然现有证据表明,涉案船舶沉没并造成货物灭失,但关于涉案船舶沉没是否属于船舶驾驶过失尚待证明。依据法律规定,承运人对驾驶船舶过失负有举证义务,因航吉公司和地中海航运未能对沉船确因驾驶船舶过失所致进行举证,故应当承担举证不能的不利后果,不能享受法定免责。由于货损发生在航吉公司和地中海航运责任期间,航吉公司和地中海航运未能尽承运人管理货物之法定义务,将涉案货物安全运至卸货港,违反海上货物运输合同的约定,航吉公司和地中海航运作为涉案运输的承运人和实际承运人依法应当承担赔偿责任。关于地中海航运要求本案移送美国南区法院集中管辖的抗辩,法院认为,因本案起运港为中国上海,航吉公司住所地为中国上海,法院具有管辖权,地中海航运关于管辖权的抗辩,于法无据,不予采纳。

一审法院还认为,刚正公司已提交贸易合同、报关单等证据证明了涉案货物的价值,涉案贸易术语为C&F,涉案货物价值包括货物装船时价值和运费,现刚正公司已实际支付了运费,刚正公司主张货物C&F价损失符合法律规定,予以支持。刚正公司称由于原材料价格上涨造成刚正公司向贸易合同对家补货时增加了成本支出的损失。根据法律规定,该损失不属于承运人的赔偿范围,且刚正公司已向航吉公司提出了违约金的赔偿请求,违约金本身就具有填补刚正公司实际损失的性质,刚正公司就实际损失和违约金一并请求于法无据,法院对该项损失不予支持。关于刚正公司要求航吉公司赔偿违约金26 434.77美元的诉请,法院认为,根据法律规定,当事人在签订合同时,可以约定一方违约时应当向合同相对方支付一定数额的违约金或约定因违约产生损失的计算方法。在本案中,刚正公司与航吉公司在合同中约定了承运货物的总价值的20%作为违约金。该约定系双方当事人的真实意思表示,符合法律规定,予以支持。地中海航运与刚正公司无违约金约定,其对航吉公司承担的违约金不承担连带支付责任。

一审法院再认为,刚正公司主张的利息损失系孳息损失,应予以支持。现有事实表明,刚正公司向银行贷款用于生产经营流动资金,其请求按一年期贷款利率主张利息损失,于法有据,予以支持。刚正公司利息损失按中国人民银行一年期贷款利率自起诉之日起计算至判决生效之日止较为合理。综上,航吉公司和地中海航运作为海上货物运输合同的承运人和实际承运人,未能履行法定和约定的交货义务,由此造成刚正公司的损失应当承担赔偿责任。遂判决:

(1)航吉公司应于判决生效之日起10日内向刚正公司赔偿货物损失132 173.84美元及利息损失(按中国人民银行一年期贷款利率自起诉之日起计算至本判决生效之

日止),地中海航运对上述损失承担连带赔偿责任;

(2) 航吉公司应于判决生效之日起 10 日内向刚正公司支付违约金 26 434.77 美元;

(3) 对刚正公司的其他诉讼请求不予支持。

三、上诉与答辩

上诉人地中海航运公司不服原审判决,上诉称:① 地中海航运与 BERNUTHLINES(以下简称 B 公司)签订支线运输协议,B 公司与 ANGELN SHIPPING COMPANY LTD.(以下简称 A 公司)签订定期租船合同。故涉案货物由地中海航运的船舶从上海港运往西班牙,然后由实际承运人 A 公司的船舶将货物从西班牙运往圣卢西亚及巴巴多斯,故地中海航运是合同承运人,原判认定为实际承运人有误。② 涉案货物是管船过失致船舶沉没而灭失,属于承运人依法可以免责的情形。③ 一审判决承认美国南区法院裁定书的真实性,未说明该裁定是否适用于涉案纠纷。原判认定事实不清,请求二审法院撤销原判,重新审理。

被上诉人刚正公司辩称:① 承运涉案货物的是地中海航运所属的船舶,而并非 A 公司的船舶。② 地中海航运管货存在过错,依法不能免责。③ 人民法院已经出具裁定书解决案外裁定问题。原判认定事实清楚,适用法律正确,请求二审法院驳回上诉,维持原判。

航吉公司答辩认为:其将涉案提单交给刚正公司后,双方的权利义务已经结束;其对地中海航运的上诉没有意见,并认为原审判决不能维持。

四、二审裁判

二审庭审中,地中海航运提供以下证据材料:① B 公司与 A 公司签订的定期租船合同复印件,证据形成时间为 2009 年 11 月 30 日,证明沉没的船舶系 B 公司从 A 公司处承租,此系案外人的证据材料,一审无法取得,故作为二审新的证据。② 地中海航运与 B 公司的支线运输服务协议复印件,证据形成时间为 2003 年,证明 B 公司为地中海航运提供运输服务。从电脑数据库打印出来,作为二审新证据提供。③ 圣卢西亚警署的沉船报告复印件,证据形成时间为 2010 年 2 月 28 日,证明货物系管船过失至船舶沉没而灭失,属于承运人可以免责情形。此系客观上无法取得的证据,故作为二审新证据提交。④ A 公司所属船舶船长、船员的证人证言,证据形成时间为 2010 年 2 月,证明目的和作为新证据理由同证据 3。地中海航运还陈述,以上证据材料办理公证认证手续已经一年多,至今仍未办出且均未提供中文翻译件。

刚正公司质证认为,以上材料不符合证据的形式要件,对其证据的真实性、合法性和关联性均不认可。

航吉公司质证同意地中海航运的意见。

上海市高级人民法院认证认为:刚正公司于 2010 年 5 月提起诉讼,上述证据材料

实际承运人·航海过失·举证责任

在一审诉讼以前已经存在,地中海航运又没有举证系客观原因无法在一审举证期限内提供,且上述证据材料均不符合法定的形式要件,故上述证据材料不属于二审程序中的新证据。本院对地中海航运提供的上述证据材料的证明效力不予采纳。

上海市高级人民法院经审理查明,原判认定事实清楚,应予确认。另,二审庭审中,地中海航运承诺在2012年1月24日前提供上述材料的公证认证手续,逾期不能提供则承担举证不能的不利后果。至本案判决前,地中海航运没有提供上述材料的公证认证手续。地中海航运另陈述,涉案提单没有注明中转港和中转船舶。此外在诉讼中,地中海航运没有提供A公司所属船舶的所有权证书。

上海市高级人民法院认为:本案系海上货物运输合同纠纷。地中海航运是在中国境外注册的企业法人,根据法律规定,涉外合同的当事人可以选择解决合同争议的准据法。鉴于各方当事人在一审中经协商一致选择中华人民共和国法律解决合同纠纷,一审法院依法行使管辖权和适用中华人民共和国法律为处理本案争议的准据法正确。本案中,各方当事人争议焦点主要是:地中海航运是否系实际承运人及是否应承担相应的责任。

根据法律规定,实际承运人是指接受承运人委托,从事货物运输或者部分运输的人。本案中,涉案提单扫描件等现有证据载明,起运港上海港,目的港苏里南P港,承运人系地中海航运,可以证明地中海航运接受合同承运人航吉公司委托运输涉案货物、且以自己的名义从事实际运输刚正公司货物的事实,实际运输包括全部货物的全程运输和全部货物的部分航程运输,故地中海航运在本案中的法律地位是实际承运人。原判对此节处理正确。地中海航运关于涉案货物在西班牙至目的港是A公司船舶运输、地中海航运是合同承运人的上诉理由,缺乏事实和法律依据,二审法院不予支持。

我国海商法律规定,承运人的法定责任是适航、管货、不得进行不合理绕航和正确交付货物。其中,管货和正确交付货物是承运人的基本义务,违反该义务,承运人必须承担赔偿责任。本案中,涉案船载货物灭失发生在承运人责任期间,地中海航运没有提供涉案船舶沉没原因的证据,也没有提供涉案货物灭失系承运人驾驶船舶过失的证据,且没有证明涉案货物全损属于承运人法定免责的事项,故实际承运人地中海航运和承运人航吉公司必须依照法律规定承担赔偿责任。地中海航运虽在二审中提供部分材料,但该证据材料在二审法院准许延长的举证期限内均没有办理公证认证手续,也没有提供有资质的机构翻译的中文文本,故地中海航运提供的证据材料不具备证据的证明效力。地中海航运和航吉公司应当向刚正公司赔偿经济损失。原判对此节处理正确。此外,境外法院裁定一节,不属于本案审理范围。地中海航运关于承运人对涉案货物灭失可以免责等上诉理由也没有依据,二审法院不予支持。

综上,原判认定事实清楚,适用法律正确。地中海航运的上诉理由均不能成立,二审法院不予支持。依照《中华人民共和国民事诉讼法》第153条第1款第(一)项、第158条之规定,判决如下:

驳回上诉,维持原判。

41 上诉人浙江天翔控股集团有限公司与被上诉人长荣海运新加坡公司、杭州鑫远国际货运代理有限公司海上货物运输合同纠纷案

案例来源:上海市高级人民法院(2012)沪高民四(海)终字第 24 号
主题词:整箱货运输　核对义务　提货义务

> **裁判要旨**
>
> **No. HY-1.1-80**　运输是整箱货交接的,货物由托运人自行装箱并加以铅封后交予承运人,承运人在签发提单时对箱内货物不负核对义务。

一、基本案情

　　上诉人(原审被告):浙江天翔控股集团有限公司(以下简称浙江天翔)。
　　被上诉人(原审原告):长荣海运新加坡公司[EvergreenMarine(Singapore)Pte. Ltd.,以下简称长荣海运]。
　　被上诉人(原审被告):杭州鑫远国际货运代理有限公司(以下简称杭州鑫远)。
　　一审法院认定:2010 年 4 月 20 日,浙江天翔与案外人美国创建有限公司(USA CREATION LIMITED)(以下简称美国创建)签订了编号为 SJM/00105 的销售与购买协议,约定浙江天翔向美国创建采购共计 12 500 吨阴极铜(电解铜等级),交付 500 吨试用货物,合同双方约定信用证付款。同年 5 月 12 日,浙江天翔与案外人富阳擎天贸易有限公司(以下简称富阳擎天)签订委托进口代理合同,约定由浙江天翔代理进口电解铜,办理货物进口审批手续、进口报关手续和对外支付货款等手续。该协议第 6 条关于货物交付及验收的约定为,浙江天翔与富阳擎天在交货时以电解铜国家商检局实际检测纯度为准,价格按合同约定。之后,浙江天翔与富阳擎天签订补充协议,就货物到国内后对第三人的国内贸易等情况作约定,浙江天翔收到第三方给付的货款后,应当在 2 个工作日内将扣除代理费后的余款支付给富阳擎天,同时浙江天翔向富阳擎天指定的第三方开具发票。5 月 18 日,浙江天翔开设了受益人为美国创建的信用证,编号为 111LC100000206。该信用证记载的合同编号为 SJM/00105,货物品名为电解铜阴极,价格条款为 CIF 中国上海。
　　2010 年 8 月 23 日,长荣海运承运的 500 吨电解铜分别装于 20 只 20 英尺的集装箱内,从坦桑尼亚的达累斯萨拉姆港运至中国的上海港,长荣海运为上述货物签发了编号为 EGLV322000000078、托运人为 OCEANLINK INTERNATIONAL SHIPPING(T)、通知方为浙江天翔的指示提单,货物品名为电解铜,装于 20 只 20 英尺的集装箱内,提单记载的合同编号为 SJM/00105,信用证编号为 111LC100000206。浙江天翔为履行涉案货物进口事宜,委托杭州鑫远办理相关的入关手续,并向其交付了包括自动进口许可证在内的相关的报关文件。次日,杭州鑫远向长荣海运的代理人上海航华国际船务代理有限公司交付了正本提单并换取了提货单,同时向长荣海运支付了换单费人民币 9 600

元。但杭州鑫远未实际办理报关和提货手续。在原审庭审中,杭州鑫远称因涉案货物与实际不符,浙江天翔要求杭州鑫远停止办理相关手续;浙江天翔称,因国外卖家单方面变更信用证支付货款的方式,导致贸易合同未能履行。据长荣海运了解,涉案集装箱内装的是石头,没有任何商业价值。

2010年8月31日,富阳擎天诉浙江天翔进出口代理合同纠纷一案,并提起财产保全申请。富阳市人民法院于次日裁定准许该申请,冻结了浙江天翔的银行存款人民币290万元。同年9月2日,浙江天翔与富阳擎天签订终止代理关系协议,该《协议》约定编号为SJM/00105合同所产生的法律责任和经济责任均由富阳擎天承担,与浙江天翔无关;浙江天翔退还富阳擎天开证保证金人民币280万元,富阳擎天向法院撤回对浙江天翔的起诉。同日,富阳市人民法院裁定准许富阳擎天撤回对浙江天翔的起诉。9月6日,浙江天翔向开证行杭州市联合银行申请结束涉案贸易的信用证。另查明,杭州鑫远的股东方玮接受富阳擎天的委托与浙江天翔签订了终止代理关系协议。

2010年11月26日,杭州鑫远通过网上银行拟向长荣海运的代理人深圳永航国际船务代理有限公司上海分公司支付集装箱超期使用费人民币10万元,后未实际支付。12月30日,长荣海运向杭州鑫远催提涉案货物,并告知逾期提货将收取集装箱超期使用费,逾期超过10天的每天每只集装箱收取人民币40元,逾期20天的每天每只集装箱收取人民币80元。2011年1月4日,长荣海运再次催告杭州鑫远提取涉案货物。

另查明,根据互联网发布的信息,一只20英尺的集装箱的销售价格为人民币17 000元至人民币25 000元。目前,美元与人民币的基准汇率为1∶6.35。

二、一审裁判

一审法院认为:本案系海上货物运输合同纠纷。因长荣海运的住所地、货物的起运港均在中国境外,本案具有涉外因素。在原审庭审中,各方当事人均选择中国法律处理涉案纠纷,故一审法院依照我国相关法律确定以中国法律作为审理涉案合同纠纷的准据法。

关于各方当事人的法律地位。本案为海上货物运输合同纠纷,根据法律规定,提单系运输合同的证明。长荣海运签发了涉案提单,并实际运输了货物,应为涉案海上货物运输合同的承运人。杭州鑫远作为货运代理公司,持有浙江天翔交付的相关单证为浙江天翔办理报关手续等,故杭州鑫远仅是货运代理人,并非海上货物运输合同的当事人。杭州鑫远持有涉案货物的包括自动进口许可证在内的报关文件,这些文件记载的内容均与浙江天翔有关。并且,现有证据表明浙江天翔就是涉案货物的进口方。根据法律规定,收货人是指有权提取货物的人,涉案提单记载通知方为浙江天翔,通常情况承运人将根据该记载内容通知浙江天翔提取货物。现有证据表明浙江天翔作为涉案货物的进口方,亦为提取涉案货物进行了准备,并委托杭州鑫远办理报关提货手续。据此,一审法院认为涉案海上货物运输合同中有权提取货物的人应为浙江天翔,即浙江天翔为收货人。至于浙江天翔与案外人富阳擎天之间的外贸代理合同中的约定,系与贸易合同相关的法律关系,与涉案运输合同法律关系无关,浙江天翔不能以此为由不履行收货人的法定义务。

关于浙江天翔是否应当承担归还集装箱义务或赔偿涉案集装箱的损失。收货人有及时提货的义务,收货人迟延、拒绝提取货物的,应承担由此产生的费用和风险。在本案中,浙江天翔与富阳擎天已解除进口代理合同关系,浙江天翔并以自己的行为明确表示不履行收货义务。鉴于浙江天翔事实上已不能履行还箱义务,根据法律规定,不能返回原物的,应当折价赔偿,故浙江天翔应当赔偿长荣海运相当于涉案集装箱价值的损失。

关于浙江天翔是否应当支付集装箱超期使用费。由于浙江天翔一直未能按照约定归还集装箱,致使长荣海运不能收回集装箱并重新投入营运。根据法律规定,当事人可以约定一定数额的违约金,也可约定违约损失的赔偿额计算方法。集装箱超期使用费率为行业内计算违约迟延还箱的计算方式,迟延还箱支付超期使用费已是行业惯例,因此浙江天翔应当支付相应的集装箱超期使用费。

关于集装箱超期使用费金额和涉案集装箱的价值。在目前航运实践中,集装箱的价值主要体现在集装箱运营流转过程中,超期使用集装箱要支付超期使用费已构成一种行业惯例,且长荣海运的集装箱超期使用费费率表已经在其商业网站上公示,浙江天翔作为外贸公司理应知晓该行业惯例和公示的费率。长荣海运亦多次书面催告浙江天翔及时提箱,并告知了相关的法律后果,即逾期应支付集装箱超期使用费。但是长荣海运主张的集装箱超期使用费为人民币 926 400 元,已经超出了 20 只新的集装箱本身的价值,长荣海运完全可以采购新的集装箱投入营运来减少损失的扩大。根据目前的市场行情,一只 20 英尺的新集装箱价格为人民币 17 000 元至人民币 25 000 元。故一审法院酌定,以一只 20 英尺的新集装箱价格为人民币 20 000 元计算,浙江天翔向长荣海运支付人民币 400 000 元作为涉案 20 个集装箱的超期使用费较为合理。关于涉案未予归还的 20 个集装箱的价值,长荣海运主张为 47 440 美元,折合人民币 301 244 元(按照美元与人民币的汇率 1∶6.35 计算),平均一只集装箱的价格为人民币 15 062.20 元。一审法院认为长荣海运主张的涉案集装箱总价为 47 440 美元属于合理,可予支持。集装箱超期使用费从性质上讲,是海上货物运输合同下约定的对未按期归还集装箱的违约金,该违约金本身具有惩罚性,长荣海运同时主张相关损失的利息,于法无据,一审法院不予支持。

一审法院遂依照《中华人民共和国合同法》第 107 条、第 113 条第 1 款、《中华人民共和国海商法》第 42 条第(四)项、第 78 条第 1 款、第 269 条、《中华人民共和国民事诉讼法》第 64 条第 1 款之规定,判决:

(1) 浙江天翔于判决生效之日起 10 日内向长荣海运赔偿涉案集装箱价值损失 47 440 美元;

(2) 浙江天翔于判决生效之日起 10 日内向长荣海运支付集装箱超期使用费人民币 400 000 元;

(3)对长荣海运的其他诉讼请求不予支持。

三、上诉与答辩

浙江天翔上诉认为:原审判决认定事实错误,证据不足,适用法律不当。① 原审关于浙江天翔是涉案海上货物运输的收货人,杭州鑫远是货代理人的认定依据不足。事实上浙江天翔并非涉案运输的收货人,也从未委托杭州鑫远办理进口货代事项,杭州鑫远才是真正的提单持有人和收货人。② 承运人长荣海运对涉案集装箱内的货物未经核对,有重大过错,其因此遭受的损失应向托运人追偿。同时,长荣海运在知道集装箱内装的是石头的情况下,没有及时销毁石头并及时收回空箱,其扩大的损失应当自行承担。③ 原审认定的20只集装箱的超期使用费和折价赔偿金额明显过高,应予调整。并且,原审法院在计算超期使用费时酌定一只集装箱的价格为人民币20 000元,但长荣海运在主张集装箱折价金额时自认一只集装箱的价格为人民币15 062.20元,故原审法院认定的集装箱超期使用费的金额有误。据此,请求二审法院撤销原审判决第一项和第二项,依法改判驳回长荣海运的全部诉讼请求。

长荣海运答辩认为:一审判决认定事实清楚,适用法律正确。① 关于浙江天翔和杭州鑫远各自的身份,以及相互的关系,原审法院已经查明。② 本案运输方式为整箱货运输,由托运人自装箱,承运人接收到的是铅封好的集装箱,承运人对箱内货物不负审核义务。浙江天翔作为收货人,未尽及时提货义务导致承运人损失,应负赔偿责任。承运人无权随意处置收货人箱内的货物,货物被海关销毁后承运人要取回空箱的前提是收货人需支付高额集装箱堆存费和货物销毁费(这笔费用承运人没有义务替收货人垫付),故浙江天翔关于长荣海运扩大损失的主张不能成立。③ 集装箱滞箱费除了违约金的性质外,还有损害赔偿的功能,一审认定的滞箱费金额符合审判实践,长荣海运主张的集装箱折价金额也是合理的。据此,请求二审法院驳回上诉,维持原判。

杭州鑫远答辩认为,原审法院关于浙江天翔是涉案运输的收货人的认定准确,杭州鑫远仅是浙江天翔的货运代理人,富阳擎天与本案运输合同无关。故原审认定杭州鑫远不承担责任是正确的。

四、二审裁判

二审法院认为:本案系涉外海上货物运输合同纠纷。原审庭审中,各方当事人均选择中国法律作为解决纠纷的准据法,故一审法院适用中国法律审理本案符合法律规定。

本案二审主要争议焦点是:① 浙江天翔在本案中的法律地位;② 长荣海运在签发提单和集装箱内货物(石头)销毁环节是否有过错;③ 原审认定的集装箱超期使用费及集装箱折价金额是否合理。

(一)关于浙江天翔在本案中的法律地位

浙江天翔上诉认为自己并非涉案海上货物运输合同项下的收货人,也未委托杭州鑫远办理涉案货运代理事项。二审法院认为,涉案提单系不记名指示提单,托运人在提单背面进行了空白背书,根据《中华人民共和国海商法》第71条的规定,承运人长荣海运应向提单持有人交付货物。现有证据表明,浙江天翔与国外卖方签订了涉案货物的销售与购买协议,浙江天翔为此开具了以该国外卖方为受益人的信用证,浙江天翔在原审中称国外卖方后变更了信用证付款方式。根据国际贸易的操作流程,国外卖方在货物出运后应将承运人签发的提单转让给买方浙江天翔,故浙江天翔应是涉案提单的合法受让人。相对于长荣海运而言,浙江天翔是提单的合法持有人和收货人。浙江天翔指认杭州鑫远是提单的合法持有人和收货人,但现有证据表明杭州鑫远在本案中系货运代理人身份,其虽为办理到长荣海运处换单事宜而"持有"过涉案提单,但这种"持有"并非海商法意义上的持有,杭州鑫远并不因此成为提单的合法持有人和收货人。故一审法院结合浙江天翔被记载为提单的通知方、杭州鑫远称系接受浙江天翔的委托办理货代事项并实际办理了换单手续、涉案报关文件自动进口许可证上的"进口商"和"进口用户"也均显示为浙江天翔等事实,认定浙江天翔系涉案海上货物运输合同项下的收货人,并无不当。二审法院对浙江天翔关于其并非涉案运输的收货人一节上诉理由不予采纳。

(二) 关于长荣海运在签发提单和集装箱内货物(石头)销毁环节是否有过错

浙江天翔上诉认为,长荣海运对涉案集装箱内的货物未经核对就签发提单,具有过错,同时长荣海运未及时销毁箱内的石头并及时收回空箱,也存在过错。二审法院认为,提单记载涉案运输是整箱货交接,在这种方式下,货物由托运人自装箱并加以铅封后交予承运人,承运人在签发提单时对箱内货物不负核对义务。且涉案集装箱系被海关拆箱检查后承运人才被告知箱内实为石头的情况,故浙江天翔关于集装箱内货物由电解铜"变成"石头的责任在承运人长荣海运的观点,与海运实践有悖,也缺乏法律依据。浙江天翔是涉案集装箱货物的收货人,在海关认定集装箱内货物(石头)应予销毁的情况下,浙江天翔应是支付销毁费用和集装箱堆场费用的义务人。杭州鑫远在原审中称,浙江天翔得知集装箱内货物实为石头后要求其停止办理相关报关提货手续,这表明浙江天翔在海关拆箱查验后就知道了箱内货物的实际状况,在浙江天翔已经委托杭州鑫远履行换单手续的情况下,浙江天翔作为收货人应就箱内货物销毁事宜承担相应责任,并支付相关费用。浙江天翔在不愿意承担责任并支付费用的前提下,要求承运人长荣海运支付相关费用并取回集装箱空箱,显然缺乏法律依据。故浙江天翔关于长荣海运在签发提单和集装箱内货物(石头)销毁环节有过错的上诉理由不能成立。

(三) 关于原审认定的集装箱超期使用费及集装箱折价金额是否合理

二审法院认为,长荣海运在起诉时要求浙江天翔支付20个集装箱的超期使用费共计人民币929 400元,而一审法院根据当时的市场行情,酌定以人民币20 000元作为一个新箱单价。长荣海运在主张集装箱折价金额时自认一只集装箱的价格为人民币15 062.20元,该价格是二手集装箱的价格,这与一审法院酌定的新箱价格并无矛盾,故一审法院认定20个集装箱的超期使用费为人民币400 000元,并无不合理处,一审法院以单价人民币 15 062.20 元计算浙江天翔不能归还的 20 个集装箱的折价金额,亦无不妥。浙江天翔关于原审认定的集装箱超期使用费及集装箱折价金额不合理的上诉理由,缺乏事实依据,二审法院不予采纳。

综上所述,浙江天翔作为涉案海上货物运输合同项下的收货人,在 20 个集装箱运抵目的港后,长时间不向承运人长荣海运归还集装箱,理应向承运人支付相应的集装箱超期使用费。因浙江天翔至今不愿支付相应费用取回空箱归还长荣海运,其应向长荣海运赔偿 20 个集装箱的折价金额。浙江天翔的上诉理由不能成立,二审法院对其上诉请求不予支持。原审事实认定清楚,判决结果正确。依照《中华人民共和国民事诉讼法》第 153 条第 1 款第(一)项、第 158 条之规定,判决如下:

驳回上诉,维持原判。

42 上诉人东方海外货柜航运公司与被上诉人河北省五金矿产进出口公司、山东烟台国际海运公司海上货物运输合同纠纷案
案例来源:浙江省高级人民法院(2001)浙经二终字第 109 号
主题词:货物申报　载货清单　随船携带文件

裁判要旨

No. HY-1.1-81　《中华人民共和国海商法》将货物分为一般货物和危险货物,但并未规定托运人应当特别申报所运货物为国家限制进口货物。

No. HY-1.1-82　载货清单是运输过程中需随船携带以备海关检查的重要文件。船长在明知未携带载货清单将导致提单项下的货物被罚没的严重后果的情况下,放任这种后果的发生,承运人应当赔偿货方实际损失。

一、基本案情

上诉人(原审被告):东方海外货柜航运公司(ORIENT OVERSEAS CONTAINER LINE LTD,以下简称货柜公司)

被上诉人(原审原告):河北省五金矿产进出口公司(以下简称五矿公司)

被上诉人(原审被告):山东烟台国际海运公司(以下简称海运公司)

宁波海事法院认定:1999 年 5 月 28 日,上诉人东方海外货柜航运有限公司签发了 OOLU76473790、OOLU76473791 两套正本提单,载明:托运人为华鸿国际货运(中国)有限公司(以下简称华鸿公司),收货人及受通知方系五矿公司,集装箱号码 GSTU2117429/2450459,GSM900MNZ 系统及附件共 10 箱,运费预付,从香港至大连,分段承运人交货地点秦皇岛,承运船舶"同心泉"轮第 9922 航次。"同心泉"轮系山东烟台国际海运公司所属,挂巴拿马方便旗,该航次船长高晓敏。同年 5 月 31 日,该轮航行至浙江省台州海域,被海门海关依法登轮检查。据船方提供的货物配载图,船上载有 100

只空集装箱,88只重集装箱,而船方仅提供46只重箱的载货清单。没有载货清单的42只重箱中,有8只装有国家限制进口货物(包括收货人为五矿公司的GSTU2117429集装箱),被海门海关以有走私嫌疑而暂扣。同年8月24日,海门海关以高晓敏驾驶巴拿马籍"同心泉"轮,在浙江省台州海域运输国家限制进口货物,无合法证明(载货清单),已构成走私行为为由,作出《处罚决定书》,没收上述在扣货物。因高晓敏、货主辽宁成大股份有限公司(以下简称成大公司)、大连集装箱码头有限公司、黑龙江省机械进出口公司及香港明华船务有限公司不服海门海关处罚决定,申请复议。杭州海关于同年11月15日作出复议决定,维持海门海关处罚决定。因成大公司不服复议决定,诉至法院。经浙江省台州市椒江区人民法院一审、浙江省台州市中级人民法院二审,驳回其诉讼请求,维持海门海关处罚决定。对海门海关处罚决定,五矿公司未申请复议,而于同年9月15日授权华鸿公司处理被扣货物提前抵押提取事宜。9月20日,华鸿公司委托汉彩投资有限公司垫付海门海关押金人民币300万元。9月23日,海门海关放行了五矿公司被扣货物。同日,华鸿公司委托台州市安达联运公司将上述货物运往石家庄市河北外运石家庄仓库,运费1 565美元(折合人民币13 000元)。2000年7月20日,浙江省罚没走私物资拍卖行台州分行与五矿公司签订拍卖成交确认书,将该批货物以人民币300万元(含佣金87 379元)拍卖给五矿公司。上述货物系五矿公司向香港北方电信(亚洲)有限公司所购,总价CIF石家庄524 469.34美元,应缴关税人民币1 204 234.8元,秦皇岛至石家庄运费报价为人民币5 478元。五矿公司持有国家机电产品进出口办公室出具的《机电产品进口证明》《机电产品进口附表》。

宁波海事法院还认定:1999年4月30日,海运公司将"同心泉"轮期租给朝联货柜运输有限公司(以下简称朝联公司),租期一个月,明华公司为租家代理,涉案航次系租期内。货柜公司与明华公司共同经营大连/天津——香港航线,朝联公司租用的"同心泉"轮,货柜公司与明华公司各租用一半舱位。

二、一审裁判

宁波海事法院认为:本案货物被海关罚没事实清楚,系船长高晓敏驾驶巴拿马籍"同心泉"轮,在浙江省台州海域运输国家限制进口货物,无合法证明(载货清单),已构成走私行为,被海门海关罚没。五矿公司虽未对海门海关处罚决定申请复议及提起行政诉讼,但涉及处罚的其他货主及明华公司已申请复议,而且成大公司提起行政诉讼,法院已终审判决,维持海门海关的处罚、决定。货柜公司称承运人无随船携带舱单的法定义务及申请宁波海事法院提请国务院裁定或最高人民法院作出解释,理由不足,不予采纳。

五矿公司持有货柜公司签发的OOCL正本提单,根据《中华人民共和国海商法》第78条规定:"承运人同收货人、提单持有人之间的权利、义务关系,依据提单的规定确定。"承运货物在运输途中被海关以船长无随船携带载货清单而罚没,说明承运人没有履行《中华人民共和国海商法》第48条规定的谨慎管货义务。托运人是否尽到限制进口货物性质申报的法定义务,与五矿公司向货柜公司主张权利无关。况且货柜公司没有证据证明托运人向承运人申报进口货物是否系限制进口,是属于《中华人民共和国海商法》第 67 条规定的托运人法定义务之一。故货柜公司称已尽到管货义务,证据与理由均不足。作为一个适格的经营大连/天津——香港航线的承运人或从事国际航线运输的船长,对《中华人民共和国海关行政处罚实施细则》及相关的海关总署通知中所规定的随船携带舱单的法定义务应当知晓,不存在船长明知、而承运人不明知或船长、承运人均不明知的情形。因此,货柜公司主张享有责任限制的理由不足。货柜公司对五矿公司提单项下货物被罚没造成的实际损失应承担赔偿责任。

海运公司系"同心泉"轮的出租人,朝联公司系定期承租人,海运公司与五矿公司没有海上货物运输合同关系,与货柜公司亦无租船合同关系,海运公司不是实际承运人。且五矿公司、货柜公司没有证据证明"同心泉"轮船长没有随船携带舱单系海运公司过错。故海运公司称其不应承担赔偿责任有理。五矿公司的实际损失应扣除应缴关税、秦皇岛至石家庄的运费,因为在正常进口情况下,五矿公司进口价值为 524 469.34 美元 GSM900MNZ 系统及附件,需缴纳关税人民币 1 204 234.8 元,而五矿公司以拍卖价 300 万元人民币从海关取得的上述货物是不需要缴纳关税的。另外,正常货物到达港是秦皇岛,秦皇岛至石家庄的运费亦属正常支出。故上述两项均应扣除。

法院依照《中华人民共和国海商法》第 48、55、71、78 条第 1 款及《中华人民共和国民事诉讼法》第 64 条第 1 款之规定,于 2001 年 7 月 17 日判决:

(1) 货柜公司赔偿五矿公司经济损失 1 803 287.2 元,于本判决生效后 10 日内履行完毕;

(2) 驳回五矿公司对海运公司的起诉。案件受理费 25 591 元,调查取证费 2 250 元,由五矿公司负担 11 178 元,货柜公司负担 16 663 元。

三、上诉与答辩

宣判后,货柜公司不服,向浙江省高级人民法院提起上诉,称:一审法院无视国内立法并无承运人必须随船携带舱单的法律规定,忽略了我国参加的国际公约以及我国相关的法律法规对采用纸面舱单或电子数据传送舱单的一系列明文规定,得出承运人有随船携带舱单的法定义务错误;由于托运人未尽到法定申报义务,故五矿公司的损失应自负;认定海运公司是"同心泉"轮出租人,不是实际承运人,从而不承担赔偿责任,严重违背法律;承运人对货物灭失或损坏如果负有责任则依法享受责任限制的权利;一审对货物价值及损失的认定错误。综上,请求浙江省高级人民法院撤销一审,改判驳回五矿公司的诉讼请求或改判海运公司承担责任。

五矿公司、海运公司答辩称:一审认定事实清楚,适用法律正确。请求驳回货柜公司的上诉,维持一审。

四、二审裁判

针对上诉人货柜公司对原审认定的案件事实的异议,浙江省高级人民法院依法进行了审理，查明：

（一）关于托运人是否已履行申报义务

二审庭审中，货柜公司提供新证据1份，名称为华鸿公司传真件，内容为货物的详细资料，注明商品为GSM900MIIZ系统及其附件，收货人为五矿公司。证明托运人在托运货物时并未说明该批货物是属于国家限制进口货物，必须随船携带舱单，违反了《中华人民共和国海商法》第66条、提单背面条款第7条的规定，其损失应自负。经质证，五矿公司认为该证据与上诉人要证明的内容无关。浙江省高级人民法院认为，《中华人民共和国海商法》第66条，提单背面条款第7条并未规定托运人有应申报货物系限制进口货物的义务。《中华人民共和国海商法》将货物分为一般货物和危险货物，托运人以一般货物申报，如实写明了货物品名，并无违法之处。

（二）关于海运公司与朝联公司的定期租船关系是否存在

二审期间，货柜公司多次要求海运公司提供其与朝联公司的期租合同，认为海运公司是涉案货物的实际承运人，应由其对船长的作为或不作为负责，承担本案的赔偿责任。海运公司认为其不是《中华人民共和国海商法》第42条第2款意义上的实际承运人，不应承担本案的任何责任。浙江省高级人民法院认为，在本案中无法也无需查明谁是实际承运人。理由是：首先根据《中华人民共和国海商法》第60条规定，承运人对实际承运人的行为负责，除非在海上货物运输合同中明确约定，在特定的部分运输，货物在指定的实际承运人掌管期间发生的灭失等责任，承运人不负赔偿责任。本案中，无证据表明存在这一约定，故上诉人货柜公司作为契约承运人应对实际承运人的行为负责。其次，海运公司与朝联公司关于"同心泉"轮的期租合同，由于期租人朝联公司未参与本案诉讼，也未提供证据，在未赋予其申辩权的情况下，认定朝联公司为期租人是不合适的。即使海运公司提供了货柜公司认可的期租合同，由于合同当事人朝联公司没有参加本案诉讼，无法对该合同的真实合法性进行质证，该合同亦无法作为本案的定案证据。最后，本案中没有证据表明"同心泉"轮承运涉案货物，系接受货柜公司的委托。但这并不影响货柜公司在本案中承担责任后，依其与实际承运人之间的合同关系另行解决纠纷。

（三）关于货物的价格、收货人所遭受的损失是否合法、属实

就涉案货物的价格，五矿公司在原审期间提供了商业发票两份、保险单、外贸合同、机电产品进口证明等证据。上述证据中，商业发票与保险单能相互印证货物的价值，该价值亦在外贸合同、机电产品进口证明上所反映的货物总价值之范围内，故予以认定，其价值为524 469.34美元。五矿公司在货物被罚没后，为减少损失，以人民币300万元的代价取得货物，该行为合理合法。一审以损益相抵原则，减去应纳关税等得出的损失结论，并无不当。

综上，浙江省高级人民法院确认的事实，除一审认定"'同心泉'轮由海运公司于1999年4月30日期租给朝联公司，租期一个月，明华公司为租家代理，涉案航次系租期内。货柜公司与明华公司共同经营大连/天津——香港航线，朝联公司租用的'同心

泉'轮,货柜公司与明华公司各租用一半舱位"一节外,其余相同。

浙江省高级人民法院认为,本案性质系海上货物运输合同纠纷;载货清单是承运人或其代理人在货物装船完毕后编制的,并应在运输过程中随船携带以备海关检查的重要文件。涉案货物因船长高晓敏驾驶"同心泉"轮,在浙江省台州海域运输国家严禁进口货物,无合法证明(载货清单),构成走私行为,被海关罚没。海关罚没决定,历经行政复议、行政诉讼,为法院生效判决所维持。故上诉人辩称承运人无随船携带舱单的法定义务,理由不足,不予采纳;高晓敏作为适格的船长,对不履行随船携带载货清单等合法证明的法定义务,有可能导致运载货物被罚没的结果,应是明知的,但其放任这种结果的发生,导致五矿公司提单项下货物被罚没,理应赔偿五矿公司实际损失,并不能享受责任限制或免责的权利。由于"同心泉"轮在本航次是由海运公司还是朝联公司,抑或其他人实际经营的情况,不在本案的审理范围,故原审判决根据提单证明的海上货物运输合同关系,由对全程运输负责的契约承运人货柜公司承担赔偿责任并不能享受责任限制,同时驳回五矿公司对海运公司的起诉正确。综上,上诉人的上诉理由均不能成立。一审认定事实基本清楚,适用法律正确,依照《中华人民共和国民事诉讼法》第153条第1款第(一)项之规定,判决如下:

驳回上诉,维持一审。

43 原告浙江物产化工集团有限公司与被告上海鼎衡船务有限责任公司水路货物运输合同货损赔偿纠纷案

案例来源:宁波海事法院(2009)甬海法商初字第216号
主题词:化工品运输　管货责任　直接损失　违约赔偿

裁判要旨

No. HY-1.1-83　当事人在发货通知单中盖章构成其已收到货物并据此交付货物的保证,当事人和单证持有人之间水路货物运输合同关系成立。

No. HY-1.1-84　承运人未能彻底吹扫上一航次残余化学品致本航次货物受损的,承运人违反运输期间管理货物责任,应当承担赔偿责任。

一、基本案情

原告:浙江物产化工集团有限公司
被告:上海鼎衡船务有限责任公司

原告浙江物产化工集团有限公司起诉称:2008年11月27日,原告与中海壳牌石油化工有限公司(以下简称中海石化)签订了销售合同一份,约定向中海石化购买乙二醇(MEG)约1 500公吨,货款共计5 445 355.80元。合同签订后,中海石化委托被告承运至宁波金海菱液化储运有限公司(以下简称金海菱公司)第05-05号岸罐。2008年

12月3日,被告所属的"鼎衡11"轮在惠州东联码头装载1 501.759吨散装乙二醇,于12月10日抵达宁波镇海港第14号化工泊位,该泊位有专用管道至金海菱公司第05-05号岸罐,无需通过公共卸货管道。12月10日20:30时开始卸货,12月11日10:20时卸货完毕,并于同日10:30时完成管线吹扫。经中国检验认证集团宁波有限公司(以下简称CCIC宁波公司)对卸货前、卸货后的样品检验,认为被告在船舱管道吹扫时带入了上一航次承运遗留的甲基丙烯酸甲酯(MMA)产品,导致卸货后金海菱公司第05-05号岸罐中共计2 179.282吨乙二醇受到污染,紫外透过率下降。除了当天存储的乙二醇,另有679.373吨原先就储存在金海菱公司第05-05号岸罐,该批乙二醇系原告于2008年11月14日以每吨3 789.60元向君德化工有限公司(以下简称君德化工)买入的1 949.125吨后尚未售出的部分。原告购买1 500吨乙二醇产品是为了履行与南方石化工业有限公司(以下简称南方石化)于2008年11月27日签订的购销合同,约定将1 500吨乙二醇按每吨3 900元出售给南方石化,由于被告承运的货物质量已不符合乙二醇国际优级品标准,南方石化不接受该批货物并向原告主张违约责任,目前,原告与南方石化达成赔偿协议,已支付877 500元赔偿金。货物损害事故发生后,原告曾发函给被告,要求积极处理货物受损赔偿事宜,但被告至今未回复。为避免损失扩大,原告不得不自行处置受损货物。2009年5月12日,原告将受损货物共计2 179.282吨按等外品以每吨3 000元的价格出售给浙江易融实业有限公司(以下简称易融实业),造成原告实际损失1 480 481.8元、可得利益损失405 000元、仓储损失337 500元。原告认为,被告作为货物的承运人在卸货过程中未尽到妥善、谨慎卸货义务,造成涉案货物受损贬值,给原告造成经济损失共计3 100 481.8元。故诉请法院判令被告赔偿原告货物实际经济损失1 480 481.8元、可得利益损失405 000元、仓储费损失337 500元、违约损失877 500元,共计3 100 481.8元,并由被告承担本案诉讼费用。

被告上海鼎衡船务有限责任公司答辩称:原告与被告不存在水路货物运输合同关系,被告的船舶是航次租船的,租船人不是原告;被告已经履行了运输合同的所有义务,在装运港承载货物到卸货港卸货完毕,取得了相关的合格证书;被告在运输过程中不存在任何的管货过失,如果涉案货物有损失,该损失不可能是船方造成的,与被告无关;原告主张的损失不客观真实,且不具有合理性。

二、法院查明事实

宁波海事法院认定如下事实:

2008年11月27日,原告浙江物产化工集团有限公司与中海石化签订了一份销售合同,约定:原告向中海石化购买乙二醇(纤维级)1 500公吨,数量可在+/-5%范围内选择,价格为3 630元/公吨(含17%增值税),货款共计5 445 000元(含税),中海石化在收到原告支付的总价款后,于2008年12月7日前在装运港将产品交到船上,由中海石化负责将产品运到宁波码头,产品在装运港越过船舷起,原告应承担产品灭失或损

化工品运输·管货责任·直接损失·违约赔偿

坏的一切风险,数量与质量以中海石化在装运港签发的检测数量与岸罐质量报告为准。合同附件约定乙二醇的紫外透过率最少:220 nm 为 70%、250 nm 为 90%、275 nm 为 95%、350 nm 为 98%。同日原告与南方石化签订了一份商品购销合同,约定:原告向南方石化出售 1 500 吨纤维级乙二醇,单价(含税)为 3 900 元/吨,金额为 5 850 000 元,质量符合乙二醇国际级优级品标准,在 2008 年 12 月 20 日前原告安排送货至南方石化工厂,交货时允许有 5% 的溢短,南方石化在收到货物后 3 个工作日内以实际交货数量付清货款,若有一方违约,则支付另一方合同总金额的 20% 的违约金。

2008 年 12 月 1 日原告依约支付中海石化货款 5 445 000 元,同年 12 月 12 日中海石化出具发票总金额为 5 445 355.80 元,2009 年原告支付余款 355.80 元。2008 年 12 月 3 日中海石化出具发货通知单,载明:承运人为被告上海鼎衡实业有限责任公司,货物为乙二醇(纤维级)1 500.1 公吨,由广东惠州市中海石化运至浙江宁波镇海港埠码头威远路 111 号原告处。中海石化盖发货用章,被告在承运人处盖"鼎衡 11"轮船章。中海石化也向"鼎衡 11"轮船东发出了航行指示,对货物承载期、收货人、承运时应注意事项对承运人提出了要求。同日被告委托 SGS 对"鼎衡 11"轮五个船舱(左右舱)进行清洁检验及清洗测试分析。SGS 出具《船舱清洁报告》,载明:一号、三号、五号左右舱最后一次装载的货物为甲苯、二号、四号左右舱最后一次装载的货为 MMA,每个船舱均进行了清洗,清洗方法由该船大副告知,根据仔细的视觉检查及舱壁清洗测试,检验结果为清洁、干燥且不存在任何存留物。同日商检出具《适装证明》,载明:"鼎衡 11"轮适装乙二醇(MEG),证明上分别有商检人员及船上大副张明中、陆豪签名。同日陆豪接替张明中任"鼎衡 11"轮大副。同年 12 月 4 日,SGS 受中海石化委托对已装上"鼎衡 11"轮的乙二醇进行检验,出具的分析报告载明紫外透过率最少:220 nm 为 70%、250 nm 为 90%、275 nm 为 95%、350 nm 为 98%。

2008 年 12 月 10 日 15:10 时,"鼎衡 11"轮靠泊宁波镇海港第 14 号化工泊位准备卸货。CCIC 宁波公司受原告委托对卸货过程进行监视。12 月 10 日 20:30 时开始卸货。卸货前经实测货物重量为 1 500.969 公吨,货物紫外透过率等项目符合合同要求。CCIC 宁波公司的检验人员在卸货前还对金海菱公司的第 05-05 号岸罐进行了检测,结果为:罐内原有货物重量为 679.373 公吨,货物的紫外透过率项目符合合同要求。货物通过金海菱公司专用的中转乙二醇管线卸至该公司的第 05-05 号岸罐中,不需要通过公共管道,在卸货前检验人员对该岸罐的相应管道出口进行了施封。12 月 11 日 10:20 时卸货完毕,10:30 时船方完成吹扫。吹扫完毕后,检验人员在船方卸货管道出口进行取样并出具了货物已全部卸清的《干舱证明》。样品由检验人员高宗豪和船上大副陆豪(12 月 16 日被张明中接替)共同在样品瓶口封签上签名,标签上载明:编号 R081211R(意为 2008 年 12 月 11 日取样),船名"鼎衡 11",货物 MEG,取样点船上管道,卸货后,并盖有"鼎衡 11"轮船章。CCIC 宁波公司对卸货后的样品进行化验,发现紫外透过率明显下降,220 nm 为 0.1%、250 nm 为 0.1%、275 nm 为 45.1%、350 nm 为

99.9%，且其中含有大量的 MMA，含量为 4 592 PPM。检验人员即对第 05-05 号岸罐进货管道和岸罐内货物进行分析，其中进货管道货物紫外透过率 220 nm 为 15.6%、250 nm 为 83.6%、275 nm 为 93.7%、350 nm 为 98.4%，MMA 含量为 26 PPM；岸罐内货物紫外透过率 220 nm 为 44.2%、250 nm 为 92.1%、275 nm 为 97.5%、350 nm 为 99.7%，MMA 含量为 4PPM，卸货后岸罐内货物总重量为 2179.282 公吨。CCIC 宁波公司根据检验结果和实验对比分析，出具《检验报告》认为：引起金海菱公司第 05-05 岸罐内乙二醇紫外透过率下降是由甲基丙烯酸甲酯（MMA）引起的，而引起乙二醇污染的 MMA 是由于"鼎衡 11"轮在吹扫船舱管道时带入的，实际受污染的货物重量为 2 179.282 公吨。12 月 18 日，被告致函原告，表明其已履行了承运人的义务，不可能造成货物的污染，对《检验报告》的结论不予认可。

另查明，2008 年 11 月 24 日，原告向君德化工购买了乙二醇（纤维级）2 000 吨，同年 12 月 1 日报关进口后卸入金海菱公司第 05-05 号岸罐，实际到港 1 949.125 吨，单价为 450 美元/吨，原告实际付款 877 106.25 美元，并依法缴纳了进口关税人民币 329 636.84 元。至 12 月 10 日，"鼎衡 11"轮卸货前，罐内尚有货物 679.373 吨。

还查明，原告与金海菱公司签订的储罐租用合同约定，原告计划于 2008 年 12 月 10 日—12 日左右到港乙二醇 1 500 吨（按实收数计），届时租用金海菱公司储罐储存，由金海菱公司负责货物的装卸及分装作业，装卸费为 10.89 元/吨（不包括港务局装卸费）；储存费第一周期为 30 天，按实际进罐数量计算，45 元/吨，第 31 天起按 10 天一周期计，以每周期第一天实际库存数计费，15 元/吨，不到 500 吨按 500 吨计；装卸储存费每月结算一次，仓储数量以第三方合法检验机构在储罐中的检测数量为准。

2009 年 4 月 7 日，原告致函被告认为货物受污染后受损，要求被告协商赔偿事宜，否则将自行处置。同年 4 月 30 日，原告与南方石化达成协议，载明：因原告计划出售给南方石化的乙二醇存在严重质量问题，不能如期供货，双方协商解除 2008 年 11 月 27 日签订的购销合同，原告支付南方石化 15% 的违约金 877 500 元，南方石化不再追究其他责任。同年 5 月 12 日，原告与易融实业签订商品购销合同，约定：原告将受污染的 2 179.280 吨乙二醇（等外品）出售给易融实业，单价（含税）为 3 000 元/吨，总金额 6 537 840 元，2009 年 5 月 20 日前在宁波港区办理货权交割。5 月 18 日原告收到易融实业支付的全部货款。5 月 19 日原告将 877 500 元违约赔偿款如数支付给南方石化。

三、法院裁判

宁波海事法院认为，根据原告提供的中海石化《发货通知单》，结合被告提供的《航行指示》，可以确认，本案水路货物运输合同的托运人为中海石化、承运人为被告、收货人为原告，被告在《发货通知单》上盖章已构成被告已收到货物并据此向原告交付货物的保证，原、被告之间的水路货物运输合同关系成立，被告提出其与原告不存在水路货物运输合同关系而只与中海石化存在航次租船合同关系的抗辩，理由不足，不予采信。

化工品运输·管货责任·直接损失·违约赔偿

被告在接收货物承运后,应当切实履行承运人的管货义务。被告承运的货物在到港后卸货前,经检验符合合同要求,但在卸清吹扫后,检验发现有被 MMA 污染的现象,根据从船上到岸罐 MMA 含量不断减少,结合被告在前一航次的二、四舱中曾经承运过 MMA 的事实,CCIC 宁波公司作出的涉案乙二醇受污染系被告吹扫时船舱管道内残留的 MMA 带入所致的结论合理,在被告没有足够的反证推翻该结论时,宁波海事法院对 CCIC 宁波公司的检验结论予以确认,认定被告在装卸承运货物时,未尽到足够的谨慎义务,导致承运的货物受损,应当赔偿原告因此而遭受的损失。

原告主张其损失包括:① 1 500 吨乙二醇贬值损失 945 000 元[(3 630 - 3 000) × 1 500];② 储存在岸罐的 679.373 吨乙二醇贬值损失 535 481.8 元[(3 788.2 - 3 000) × 679.373];③ 1 500 吨乙二醇可得利益损失 405 000 元[(3 900 - 3 630) × 1 500];④ 1 500 吨乙二醇因受污染后无法交货而增加的仓储费用,从 2008 年 12 月 20 日(原告与南方石化约定的交货日期)起至 2009 年 5 月 18 日(原告与易融实业的货权实际交割日),按储罐租用合同约定的费率计算为 337 500 元;⑤ 因无法向南方石化交货而赔偿违约金 877 500 元;共计 3 100 481.8 元。宁波海事法院认为,原告主张的第 2 项,原存在金海菱公司第 05-05 号岸罐中的 679.373 吨乙二醇因污染而引起的贬值损失 535 481.8 元,系原告直接损失,予以确认;原告主张的第 1 项和第 3 项,为原告所购买的 1 500 吨乙二醇的价值损失,货物的价值应当以交货时货物到达地的市场价格计算,原告与南方石化签订的合同约定的 3 900 元/吨的价格,可以作为货物到达地的市场价格的参考,在被告没有相反证据的情况下,以此作为货物到达地的市场价格是合理的,故原告所购 1 500 吨乙二醇的价值损失为 1 350 000 元[(3 900 - 3 000) × 1 500],此为原告的直接损失,宁波海事法院予以确认;原告主张的第④项,增加的仓储费用 337 500 元,原告在乙二醇受污染后也积极地采取了减损措施,但毕竟需要一定的时间,故产生一定的仓储费用是合理的,原告计算的是新购 1 500 吨乙二醇的仓储费(按吨数实算),而未包括原存货,该计算合理,故对此费用,宁波海事法院也予以确认;原告主张的违约金损失 877 500 元,系原告与南方石化自行商定的,对于原告与下家的违约赔偿约定,被告在承运货物时是无法预见的,因此,原告的此项主张,理由不足,宁波海事法院不予支持。宁波海事法院认定原告损失共为 2 222 981.8 元。

综上,依照《中华人民共和国合同法》第 107 条、第 113 条第 1 款、第 311 条、第 312 条,《中华人民共和国民事诉讼法》第 64 条第 1 款的规定,判决如下:

(1) 被告上海鼎衡船务有限责任公司赔偿原告浙江物产化工集团有限公司损失 2 222 981.8 元,此款于本判决生效后 15 日内履行完毕;

(2) 驳回原告浙江物产化工集团有限公司的其余诉讼请求。

44 原告河南省曙光水运有限公司与被告重庆宜化化工有限公司、宜昌锦程万和物流有限公司、李俊操水路货物运输合同纠纷案

案例来源:武汉海事法院(2011)武海法商字第871号
主题词:留置权行使　保管货物义务　合同相对性

> **裁判要旨**
>
> **No. HY-1.1-85**　即使承运人行使留置权,其亦有将货物卸下船舶安全保管,以减少损失的义务。对承运人未及时卸货、将货物长期滞留在船上导致的损失,就损失扩大的部分,应由承运人自行承担。

一、基本案情

原告:河南省曙光水运有限公司(以下简称曙光公司)
被告:重庆宜化化工有限公司(以下简称宜化公司)
被告:宜昌锦程万和物流有限公司(以下简称锦程万和公司)
被告:李俊操

原告河南省曙光水运有限公司诉称:原告是"曙光永星"号船舶的所有权人。2011年6月28日接受被告宜昌锦程万和物流有限公司的委托在重庆市万州港装载被告重庆宜化化工有限公司的纯碱2 600吨运往芜湖港。船舶于同年7月5日安全到达目的港,直到10月27日长达113天仍没卸完货,主要原因是为船舶滞期费之事3个被告互相推卸责任。8月24日,原告曙光公司为船舶滞期费事宜与被告宜化公司业务人员达成一致,确认截至2011年8月24日,滞期费为119 600元,已付20 000元,余款待船上货物卸剩200吨时,付完所有滞期费。当船上货物卸剩至300吨时,原告曙光公司要求被告宜化公司按协商给付,3被告相互推诿,既不支付船舶滞期费,也不卸货,造成船舶继续在港滞期。据此,原告曙光公司诉请法院判令:3被告连带付清原告曙光公司的船舶滞期费262 400元;以后按每天2 600元增加至货物卸完日止;海事部门收取的货港费用由3被告承担;本案诉讼费用由3被告承担。庭审中原告曙光公司当庭变更诉讼请求,将滞期费从262 400元增加至268 600元。

被告宜化公司未到庭应诉,其提交的书面意见辩称:① 根据原告曙光公司提交的两份水路货物运输合同,托运方分别为李俊操和锦程万和公司,被告宜化公司未与原告曙光公司发生水路货物运输合同关系,不是适格被告;② 滞期费应根据船上货物吨位计算,随着吨位减少滞期费基数相对减少;③ 原告曙光公司扣留货物造成滞港期限延长,扩大的损失应由其自理;④ 货物损失应由原告曙光公司赔偿。

被告锦程万和公司辩称:① 2011年8月24日前存在滞期问题,同意按合同约定承担滞期费,但具体天数和基数应据实结算。② 原告曙光公司主张2011年8月24日双方为滞期费问题达成协议不能成立,因为双方都没有在协议上签字确认。③ 滞期天数

实为 13 天,按每日 2 600 元计算,滞期损失为 33 800 元,现已预付 20 000 元,实际还应支付 13 800 元。④ 依照双方在 2011 年 8 月 24 日签订的承诺书,货物必须在剩余 200 吨时,被答辩人才能合法行使留置权,要求答辩人支付滞期费,如答辩人不结清滞期费则存在违约行为。然而事实是被答辩人在货物卸至剩 300 多吨时,违反承诺约定强行留置货物,向答辩人索要滞期费,是非法留置。即使要赔偿损失,答辩人只能承担相应的 300 多吨货物的仓储费用。⑤ 被答辩人应当赔偿 35.8 吨的货物损失。

被告李俊操辩称:"曙光永星"号滞港确实给原告曙光公司造成损失,损失金额也正如原告所述,但李俊操是原告曙光公司的委托代理人,在从事代理事务中并无过错,依法不应当承担赔偿责任。

二、法院查明事实

武汉海事法院查明:

2011 年 6 月 28 日,原告曙光公司和被告李俊操与被告锦程万和公司签订水路货物运输合同,合同约定:由"曙光永星"号船舶自重庆市万州港装运被告宜化公司的纯碱至安徽省芜湖港;货物装载吨位为 2 600 吨;运费 60 元/吨;装卸期限为装 3 天卸 6 天(不可抗力及下雨天除外),逾期船方按照船舶装载吨位向被告锦程万和公司收取滞港费(1 元/吨/天);货物装船完毕双方确认数量后预付 78 000 元,货物到港卸货后,被告锦程万和公司凭运单按照装载吨位三天内付清全部运费余款;船方不负责吨位交接,其中装船时有 20 包损耗,由李俊操负责(按照成本价格赔偿)等。合同承运人栏有被告李俊操签名并加盖"曙光永星"号船舶章。

同日,被告李俊操就上述货物运输与"曙光永星"号船舶代表刘永仪签订水路货物运输合同,约定:货物运费 55 元/吨;货物装船双方确认数量后预付 40% 运费。其余条款与原告曙光公司、被告李俊操与被告锦程万和公司之间签订水路货物运输合同内容相同。

同年 7 月 5 日,"曙光永星"号船舶载货抵达芜湖港,8 月 7 日开始卸载。因船舶在港滞期,原告曙光公司与被告锦程万和公司发生争议。8 月 24 日,被告锦程万和公司委托被告宜化公司业务员张某、乔某与"曙光永星"号船舶代表刘明才就船舶滞期问题进行协商。当日,经双方协商,由乔某执笔,形成《"曙光永星"号滞期费方案》。该方案载明:"曙光永星"号船舶 2011 年 7 月 5 日到达芜湖港,8 月 7 日开始卸货,至 8 月 24 日卸货 982 吨,船舶滞期 50 天,其中 4 天下雨,共产生滞期费 119 600 元;8 月 24 日预付 2 万元滞期费;"曙光永星"号船舶在天气允许的情况下保证开仓卸货,不得再以任何理由不卸货,货物卸剩至 200 吨时付清所有滞期费。被告宜化公司业务员张某在该方案上批注"滞期费具体由船代与船主协商,请双方尽量不要因此影响卸货进度"字样。当日,张勇代锦程万和公司向"曙光永星"号船舶代表刘明才预付了 2 万元船舶滞期费。

其后,"曙光永星"号船舶继续卸载。货物卸剩至 300 吨时,"曙光永星"号船舶代表刘明才提出按协商给付滞期费,3 被告均未支付剩余滞期费,货物未卸清。至双方纠纷诉讼到武汉海事法院,为减少损失,经武汉海事法院协调,双方当事人同意卸载货物。涉案货物于 2011 年 10 月 30 日卸清。

同时查明:原告曙光公司所有"曙光永星"号船舶参考载重量为 1 760 吨。

三、法院裁判

武汉海事法院认为:本案为水路货物运输合同纠纷。原告曙光公司与被告锦程万和公司签订的水路货物运输合同系双方当事人真实意思表示,内容合法,为有效合同。

结合原告曙光公司、被告李俊操与被告锦程万和公司签订的水路货物运输合同,以及原告曙光公司与被告李俊操签订的合同内容,可以认定涉案货物运输业务为被告李俊操从被告锦程万和公司处承接后交由原告曙光公司运输,被告李俊操从中收取 5 元/吨费用,且原告曙光公司和被告锦程万和公司亦认可被告李俊操的货运代理行为。因此,本航次货物运输的托运人为被告锦程万和公司,承运人为原告曙光公司,被告李俊操实际从事货运代理,应为货运代理人。

原告曙光公司依约将货物安全运抵目的港,被告锦程万和公司应及时安排卸载。被告锦程万和公司未能在约定的 6 天卸载期限内卸清货物,造成"曙光永星"号船舶在目的港滞期,属违约行为,应承担依据合同约定赔偿损失的违约责任。2011 年 8 月 24 日,受被告锦程万和公司委托,被告宜化公司业务员张某、乔某与"曙光永星"号船舶代表刘明才协商形成的《"曙光永星"号滞期费方案》,就船舶到港时间、卸货时间、滞港期间、滞港损失、给付方式等已予以明确,并实际履行,该方案是双方真实意思表示,亦不违背双方合同中滞期费按船舶装载吨位计算的约定,为有效协议,双方均应遵照执行。被告宜化公司业务员张某在该方案上所作的批注系代表被告宜化公司的意见,不能视为对该方案内容的否定。被告锦程万和公司以双方未签字为由,主张该方案不具有效力,没有法律依据,武汉海事法院不予支持。同时被告锦程万和公司提交的芜湖市专业气象台《芜湖市 2011 年 7 月 5—8 月 24 日降水量》只是气象预报,不能证明其主张的卸载期间非雨天气为 19 天,以及双方协商形成的《"曙光永星"号滞期费方案》没有事实依据。

货物卸剩至 300 吨时,双方再次发生纷争。无论未卸载货物的原因是原告曙光公司行使留置权,还是被告宜化公司不愿结清尾款继续卸载,原告曙光公司均有将货物卸下船舶安全保管,以减少损失的义务,对原告曙光公司未及时卸货、将货物长期滞留在船上导致损失扩大的部分由原告曙光公司自行承担。自 2011 年 8 月 24 日至 10 月 30 日卸清货物,计 66 天,扣除 6 天卸载期,"曙光永星"号船舶在目的港停留 60 天。原告曙光公司应在合理期间将船上剩余货物卸至仓库妥善保管,依照公平原则,武汉海事法院确定给予原告曙光公司 20 天时间联系货物仓储、卸载,委托保管事务。被告锦程万和公司按合同约定的标准承担"曙光永星"号船舶在 20 天合理期间的滞期损失,即 42 000 元,超出期间,由原告曙光公司自行承担。

原告曙光公司主张被告支付其代付的货港费用,因未提交相关证据,本案不予保护。

原告曙光公司与被告宜化公司无运输合同法律关系，其诉请被告宜化公司赔偿船舶滞期费用，没有法律依据，武汉海事法院不予支持。同时，被告李俊操为涉案货物运输代理人，不具有安排货物卸载的合同义务，原告曙光公司诉请其赔偿船舶滞期费用，无法律依据，武汉海事法院不予保护。

被告宜化公司和被告锦程万和公司辩称中提出的货损问题，因未提起反诉，本案不予审理。

根据《中华人民共和国合同法》第107条、第114条第1款、第119条，《中华人民共和国民事诉讼法》第130条的规定，判决如下：

（1）被告宜昌锦程万和物流有限公司支付给原告河南省曙光水运有限公司2011年8月24日前欠付的船舶滞期费99 600元，2011年8月24日后的船舶滞期损失42 000元，共计151 600元，于本判决生效后10日内一次性付清；

（2）驳回原告河南省曙光水运有限公司对被告宜昌锦程万和物流有限公司的其他诉讼请求；

（3）驳回原告河南省曙光水运有限公司对被告重庆宜化化工有限公司、被告李俊操的诉讼请求。

1.1.3 承运人的免责

45 原告西安市轻工业品进出口公司与被告天津航都长兴国际货运代理有限公司、韩进海运有限公司、美国航都公司海上货物运输合同纠纷案

案例来源：天津海事法院(1998)海商初字第334号

主题词：承运人　指示交付　特定收货人

裁判要旨

No. HY-1.1-86 承运人应当将货物交付给出示正本提单的收货人，但托运人在货物交货前指示承运人将货物立即交付给特定收货人，托运人要求承运人承担未凭正本提单交付货物的赔偿责任，应不予支持。

No. HY-1.1-87 在正常操作中，实际承运人要求其代理按正本提单交付货物的函件不改变托运人作出明确指示并据此而交付货物所造成的法律后果。

一、基本案情

原告：西安市轻工业品进出口公司

被告：天津航都长兴国际货运代理有限公司(以下简称天津航都)

被告：韩进海运有限公司(以下简称韩进海运)

被告：美国航都公司(AIR-CITY INC.，以下简称美国航都)

原告诉称：原告与德国醒狮贸易公司(以下简称德国醒狮)签订了一份买卖合同

(售货确认书),由原告向德国醒狮出售500箱(5 000打)牛二层皮劳保手套。原告将该合同项下的货物委托被告天津航都运输。天津航都向原告签发了一套三份清洁已装船指示提单,该货物的实际承运人为韩进海运,该公司于12月29日签发了一套三份清洁已装船指示提单,该套提单经天津航都交给原告。然而货物到达卸货港后,承运人在没有收到正本提单的情况下,于1998年2月23日将货物交给了德国醒狮,致使全套货物单据滞留在银行,无人付款赎单,原告至今未能收回货款。

被告天津航都辩称:在提单的正面显示,天津航都是作为承运人美国航都的代理(AS AGENT FOR THE CARRIER AIR-CITY INC.),其只是依据承运人的委托签发提单。作为提单持有人的原告,只能依据提单向承运人或实际承运人提出诉讼请求,无权起诉与其没有任何合同关系的承运人的代理人,请求驳回原告对其的诉讼。

被告韩进海运辩称:原告据以提起诉讼的是HJSCHUAE 10622801号提单,韩进海运并非该提单所证明的海上货物运输合同双方当事人,不受提单的约束,也无须履行包括向提单持有人交付货物的义务。韩进海运签发的第5号提单上载有"不可转让"字样,该提单也从未进入流通领域,因此不具有通常提单的物权凭证的作用,仅为承运人和实际承运人之间的货物收据作用。韩进海运已按其所签发的第5号提单项下的约定,将货物安全运抵目的港,履行实际承运人的义务,行为没有过错。此外,原告在1998年2月26日指示天津航都按照其要求将货物交给新的收货人GERTRUD E. BUCHHOLIZ(以下简称G.E.B.公司)。1998年3月5日,G.E.B公司在传真中确认收到该批货物。上述事实表明,本案中的承运人和实际承运人均适当地履行了交付货物的义务。韩进海运请求驳回原告对其的诉讼。

被告美国航都公司未作答辩。

二、法院查明事实

天津海事法院查明:原告与德国醒狮签订售货确认书,由原告向德国醒狮出售500箱(5 000打)牛二层皮劳保手套,CIF价格,付款方式D/P at sight。原告委托西安联运办理货物出运手续。因西安联运不具有国际运输资格,以天津航都西安办事处的名义开展国际货物运输。本次货物运输,即是代表天津航都作为承运人来承运,并转委托韩进海运广州办事处实际承运该批货物,并向原告收取了运费。1997年12月31日,天津航都以承运人美国航都的代理人的名义,向原告签发HJSCHUAE10622801号提单。提单载明托运人为原告,收货人待指示,通知方为德国醒狮。1997年12月29日,韩进海运制作了与上述天津航都提单基本一致的提单。该提单由韩进海运交给天津航都,天津航都将提单交给原告背书后,又将提单交还给韩进海运,未作流通。韩进海运实际承运了货物。

货抵目的港德国不莱梅后,原告于1998年2月8日,致函天津航都西安办事处称原告申请保留货权,要求目的港代理等候原告指示放货,原告承担由此产生的后果。2月16日,原告再次致函天津航都西安办事处姚华军,称原告已将此票货物转售另一买家,要求通知港口代理将货物放给收货人 G.E.B. 公司,并提供了该公司详细地址和电话传真。原告在该函中还称,原告"将承担由此而造成的一切责任,请通知买方马上提货"。2月23日,醒狮公司和 G.E.B. 公司的职员,共同到韩进海运的卸港代理 ALKOR 公司处,结清了未付款项,并取走了提货单。G.E.B. 公司提取货物后,于3月5日向 ALKOR 公司就货物短少事宜提出索赔,未果。3月14日,G.E.B. 公司致函原告,称其是从德国醒狮处取得货物,已将货款付给醒狮公司,不能付第二份货款。4月13日,德国醒狮尤文彦致函韩进海运,称没有收到货物,也没有收到任何货款。因无人付款赎单,该提单等全套单据从银行退回。现原告仍持有全套三份正本提单。

三、法院裁判

天津海事法院认为,天津航都西安办事处以西安联运的名义对外承揽货物,天津航都根据委托书以承运人美国航都的代理身份签发了提单,因此,天津航都是承运人的签单代理而非本次货物运输的承运人。韩进海运作为实际承运人承运了货物。本案所涉货物运输的提单是"凭指示"提单,作为本案被告的承运人,本应将货物交付给出示正本提单的收货人。原告作为托运人,在货物交付前,指示承运人将货物立即交付给特定的收货人 G.E.B. 公司,该项指示解除了承运人必须依提单交付货物的责任。原告主张的韩进海运函件中也要求 ALKOR 要在放货时收取提单,所以韩进海运自己也执凭正本提单放货的观点,因承运人已被解除凭正本提单放货责任,韩进海运对其代理的要求,不构成对原告的责任,原告的该项主张不能成立。关于承运人是否按照原告的指示正确地将货物放给了 G.E.B. 公司的问题,本案证据表明,是 G.E.B. 公司提取了货物,而非德国醒狮取得了货物。G.E.B. 公司直接提取了货物的事实,从其以收货人的名义直接向承运人主张货差的索赔这一证据也得到证明。因此,天津海事法院认为,作为承运人的被告履行了正确交付货物的义务。据此,根据《中华人民共和国民事诉讼法》第64条第1款的规定,天津海事法院判决如下:原告的诉讼请求不予支持。

46 原告中国人民财产保险股份有限公司北京分公司与被告潘太那快运公司、韩进海运有限公司、利德雷公司海上货物运输保险代位求偿纠纷案
案例来源:天津海事法院(2004)津海法商初字第179号
主题词:实际承运人　伴随爆炸的火灾　火灾免责

裁判要旨

No. HY-1.1-88　由于爆炸和火灾先后及界限很难区分,因此对伴随爆炸的火灾适用火灾造成的货物灭失或损坏赔偿规定。火灾是承运人的免责事由之一,除非证明火灾是由于承运人过失造成,否则,承运人不承担赔偿责任。

一、基本案情

原告：中国人民财产保险股份有限公司北京分公司
被告：潘太那快运公司（Pantainer Express Line）
被告：韩进海运有限公司
被告：利德雷公司（Reederer F Laseisz GmbH Rostock）

原告诉称：中汽凯瑞贸易有限公司2002年10月委托潘太那快运公司从天津新港出运三个集装箱到LEHAVRE，货名为TAMBOURUM。潘太那快运公司接受委托，2002年10月29日将货物装载于"韩进宾夕法尼亚"轮，签发提单123375/YXPL8547。被告潘太那快运公司作为承运人没有在目的地交货。据查，被告韩进海运有限公司是"韩进宾夕法尼亚"轮实际经营人，被告利德雷公司是船东，利德雷公司与韩进海运有限公司同是实际承运人，3被告应连带承担责任。原告为本案货物保险人，已支付被保险人36 143欧元，取得代位求偿权。请求判令被告承担连带责任，赔付货损36 143欧元及该款自赔付之日起到生效日止按中国人民银行同期贷款利率计算的利息损失，判令被告承担本案诉讼费和其他法院费用。

被告韩进海运有限公司辩称：① 货损火灾造成，承运人可免责；② 保留查验发票、保单真实性的权利；③ 货物价值限于CIF；④ 原告应提交全套提单。

被告利德雷公司辩称：我方不是船东，原告据互联网信息判定我方是船东不妥，因为互联网信息可以随意更改，有不确定性，原告起诉我方没有依据。

二、法院查明事实

天津海事法院查明：中汽凯瑞贸易有限公司2002年10月委托潘太那快运公司从天津新港出运三个集装箱到LEHAVRE，货名为TAMBOURUM。潘太那快运公司接受委托，2002年10月29日将货物装载于"韩进宾夕法尼亚"轮第4舱和第6舱，签发提单123375/YXPL8547，承运条件CY/CY。原告承保海洋运输险和战争险，保单号为BJAPBHMMAR020390。2002年11月11日6时45分，该轮由新加坡至苏伊士运河途中，在距科伦坡东南方约122海里处，该轮的第4、6舱先后发生火灾和爆炸，大范围地损坏货舱和舱内物，火灾使舱内许多集装箱大范围损坏。经检验分析，事故原因可能是阳明海运有限公司承运的含镁基的集装箱货物首先发生爆炸，但该货物不是《国际海运危险货物规则》所列危险货物。被告承运货物正是首先发生火灾和爆炸的第4舱和第6舱，经事后涉案共同海损理算师和有关利益方对货物在此次事故中认定全损，原告以36 143欧元赔付被保险人。

三、法院裁判

天津海事法院认为，本案属于海上货物运输合同保险代位求偿纠纷。因各方当事人已达成适用中国法的合意，所以本案适用中国法。根据已查明事实，原告作为货物保险人已经取得代位求偿权,有权主张货损赔偿。货物价值应以《中华人民共和国海商法》规定的最高限额 CIF 价为准,即 32 856.96 美元。潘太那快运公司为承运人,韩进海运有限公司与"韩进宾夕法尼亚"轮船东有长期期租合同,实际控制船舶运输,按中华人民共和国海商法规定实际承运人是承运人以外实际进行全部和部分运输的人,据此韩进海运有限公司处于实际承运人地位,应与潘太那快运公司共同对原告货物负有保管、照料、运输、完好交付之义务。原告除互联网信息外未能举证证明利德雷公司是"韩进宾夕法尼亚"轮船东,韩进海运有限公司也不能讲明"韩进宾夕法尼亚"轮船东是谁,从利德雷公司提供的韩进宾夕法尼亚轮所有权和抵押权证书看,船东为 DS-RENDITE-FONDS NR. 88 MSPENNSYLVANIAG MBH&CO. CONTAINERSCHIFF KG,并非利德雷,所以原告认为利德雷公司是实际承运人的主张缺乏依据,据此利德雷公司不承担本案货物的运输、保管、照料、完好交付之责任。

原告承保的货物装载于第 4 舱和第 6 舱,在爆炸、火灾中灭失。虽然被告韩进海运有限公司提供的初步调查报告没有对爆炸和火灾进行明确区分,但根据理论常识,爆炸是物质发生变化不断急剧增速并在极短时间内放出大量能量的现象,爆炸时,温度和压力突然升高,产生爆破作用或推动作用。爆炸分为物理爆炸和化学爆炸,化学爆炸从性质上是一种快速燃烧。火灾是在时间上失去控制的燃烧造成的灾害,火灾发生时,常伴随爆炸,而爆炸(特别是化学爆炸)通常导致火灾,检验是事后进行的,很难区分爆炸和火灾先后及界限,因此对伴随爆炸的火灾适用火灾造成的货物灭失或损坏赔偿规定。依据《中华人民共和国海商法》第 51 条第 1 款规定"在责任期间货物发生灭失或损坏是由于下列原因之一造成的,承运人不负责任……(二)火灾,但是由于承运人本人的过错造成的除外……"第 2 款规定"承运人依照前款规定免除赔偿责任的,除第二款规定的原因外应当负举证责任"。根据上述规定,本案原告应提供证据证明此次火灾是由于被告潘太那快运公司和韩进海运有限公司的过失造成,才能由两被告承担货损责任。原告未能提供证据证明两被告对火灾有过错,据此两被告不承担赔偿责任。

综上所述,依照《中华人民共和国民事诉讼法》第 64 条第 1 款、《中华人民共和国海商法》第 51 条第 1 款第(二)项及第 2 款之规定判决如下:

驳回原告中国人民财产保险股份有限公司北京市分公司的诉讼请求。

47 原告中国人民财产保险股份有限公司北京分公司与被告环球海运中国有限公司、韩进海运有限公司、利德雷公司海上货物运输保险代位求偿纠纷
案例来源:天津海事法院(2004)津海法商初字第 184 号
主题词:损害赔偿请求权 火灾免责 举证责任

> **裁判要旨**
>
> **No. HY-1.1-89** 保险人可以凭一份或两份正本提单向承运人主张交付货物或货物损害赔偿的请求权。

No. HY-1.1-90 火灾发生时常伴随爆炸,在有可燃物附近,爆炸也导致火灾,火灾是海上货物运输合同承运人免责的一种法定事由,火灾既可以是一种现象,也可以是一种结果。除非提单持有人证明火灾是由于承运人本人的过失造成,承运人得免除对货物的损害赔偿责任。

一、基本案情

原告:中国人民财产保险股份有限公司北京分公司

被告:环球海运中国有限公司(Globelink Marine China Pte Ltd)

被告:韩进海运有限公司

被告:利德雷公司(Reederer F Laseisz GmH Rostock)

原告诉称:北京海洲贸易有限公司2002年10月委托环球海运中国有限公司从天津新港出运三个集装箱到斯德哥尔摩,货名为GOTHEHBURG。环球海运中国有限公司接受委托,2002年10月29日将货物装载于"韩进宾夕法尼亚"轮,签发提单HF13EU2975/GMT/STC/AP00056596。被告环球海运中国有限公司作为承运人没有在目的地交货。据查,被告韩进海运有限公司是"韩进宾夕法尼亚"轮实际经营人,被告利德雷公司是船东,利德雷公司与韩进海运有限公司同是实际承运人,3被告应连带承担责任。原告为本案货物保险人,已支付被保险人人民币29 521元,取得代位求偿权。请求判令被告承担连带责任,赔付货损人民币29 521元及该款自赔付之日起到生效日止按中国人民银行同期贷款利率计算的利息损失,判令被告承担本案诉讼费和其他法院费用。

被告韩进海运有限公司辩称:①货损由火灾造成,承运人可免责;②保留查验发票、保单真实性的权利;③货物价值限于CIF;④原告应提交全套提单。

被告利德雷公司辩称:我方不是船东,原告据互联网信息判定我方是船东不妥,因为互联网信息可以随意更改,有不确定性,原告起诉我方没有依据。

二、法院查明事实

天津海事法院查明:北京海洲贸易有限公司2002年10月委托环球海运中国有限公司从天津新港出运三个集装箱到斯德哥尔摩,货名为GOTHEHBURG。环球海运中国有限公司接受委托,2002年10月29日将货物装载于"韩进宾夕法尼亚"轮第6舱,签发提单HF13EU2975/GMT/STC/AP00056596。原告承保别为海洋运输险和战争险,保单号为PIIE200211010400033975。2002年11月11日6时45分,该轮由新加坡至苏伊士运河途中,在距科伦坡东南方约122海里处,该轮的第4、6舱先后发生火灾和爆炸,大范围地损坏货舱和舱内物,火灾使舱内许多集装箱大范围损坏。经检验分析,事故原因可能是阳明海运有限公司承运的含镁基的集装箱货物首先发生爆炸,但该货物不是《国际海运危险货物规则》所列危险货物。被告承运货物正是首先发生火灾和爆炸的第 6 舱,经事后涉案共同海损理算师和有关利益方对货物在此次事故中认定全损,原告以人民币 29 521 元赔付被保险人。

三、法院裁判

　　被告韩进海运有限公司提到原告应提交全套正本提单主张权利。天津海事法院认为,通常向承运人主张权利应提交全套正本提单,但由于该案事故发生时间与起诉时间相差较长,加之原告单位人员变动较大及管理上的原因,原告在有限时间不能拿出全套正本提单,而原告确实有损失,该如何公正处理? 天津海事法院认为,原告作为提单持有人可以凭一份正本提单或两份正本提单向承运人主张交货或赔偿损失权利。虽然存在收货人凭另一份正本提单向承运人主张权利的可能,但并不代表收货人已向承运人主张权利或收货人向承运人主张权利的情况必然发生,且迄今被告韩进海运有限公司并没有证据证明收货人已向承运人主张权利,因此本案原告未凭全套正本提单提起诉讼并无不妥。

　　原告承保的货物装载于第 6 舱,在爆炸、火灾中灭失。虽然被告韩进海运有限公司提供的初步调查报告没有对爆炸和火灾进行明确区分,但根据理论常识,爆炸是物质发生变化不断急剧增速并在极短时间内放出大量能量的现象,爆炸时,温度和压力突然升高,产生爆破作用或推动作用。爆炸分为物理爆炸和化学爆炸,化学爆炸从性质上是一种快速燃烧。火灾是在时间上失去控制的燃烧造成的灾害,火灾发生时,常伴随爆炸,而爆炸(特别是化学爆炸)通常导致火灾,检验是事后进行的,很难区分爆炸和火灾先后及界限,因此对伴随爆炸的火灾适用火灾造成的货物灭失或损坏赔偿规定。依据《中华人民共和国海商法》第 51 条第 1 款规定"在责任期间货物发生灭失或损坏是由于下列原因之一造成的,承运人不负责任……(二) 火灾,但是由于承运人本人的过错造成的除外……"第 2 款规定"承运人依照前款规定免除赔偿责任的,除第二款规定的原因外应当负举证责任"。根据上述规定,本案原告应提供证据证明此次火灾是由于被告环球海运中国有限公司和韩进海运有限公司的过失造成,才能由两被告承担货损责任。原告未能提供证据证明两被告对火灾有过错,据此两被告不承担赔偿责任。

　　综上所述,依照《中华人民共和国民事诉讼法》第 64 条第 1 款、《中华人民共和国海商法》第 51 条第 1 款第 2 项及第 2 款之规定判决如下:

　　驳回原告中国人民财产保险股份有限公司北京市分公司的诉讼请求。

48 上诉人哈尔滨波特家具有限责任公司与被上诉人阳明海运股份有限公司海上货物运输合同纠纷案

案例来源:天津市高级人民法院(2010)津高民四终字第23号
主题词:航运惯例　合同相对性　准据法

裁判要旨

No. HY-1.1-91　在收货人不能提交正本提单的情况下,承运人为保护提单利害关系人和其自身合法权益,要求收货人出具担保办理放货手续的做法符合航运惯例,亦不违反法律规定。

No. HY-1.1-92　在涉外案件中,各方当事人在诉讼中均援引中华人民共和国法律作为起诉、抗辩的依据,应当视为各方当事人合意选择适用中华人民共和国法律。此时,应当以中华人民共和国法律作为处理案件争议的准据法。

一、基本案情

上诉人:(一审被告、反诉原告):哈尔滨波特家具有限责任公司(以下简称波特公司)

被上诉人:(一审原告、反诉被告)阳明海运股份有限公司(以下简称阳明公司)

天津海事法院原审查明:2008年4月,波特公司委托案外人治晟公司代理9个集装箱货物的海运业务,治晟公司又转委托案外人富景公司代理此业务。2008年4月8日,上述货物(饰面床背板)装上"YM KAOHSIUNG"轮29W航次,Young Carrier Co.,Ltd. 作为阳明公司的代理人签发了N235015406号正本提单(两页)。该份提单载明:托运人为波特公司,收货人为POLIKAT S. A.,起运港为天津新港,目的港为波兰格丁尼亚港,共装载9个40尺集装箱(箱号分别为:PGRU4132272、UESU4272561、XINU4051943、YMLU4432074、YMLU4509540、YMLU4731291、YMLU4731542、YMLU4891915、YMLU4991869)。阳明公司将全套正本提单交给波特公司的货运代理人富景公司,该套提单在富景公司邮寄给治晟公司的过程中丢失。之后,治晟公司又给波特公司提供1份提单,该份提单仅1页,且其中1个集装箱箱号标注为PGPU4132272。2008年4月21日,波特公司支付给治晟公司涉案货物海运费226 800元人民币。2008年5月17日,上述货物运抵目的港。收货人于2008年5月8日收到到港通知后持第二份提单向阳明公司的波兰代理办理提货手续,因发现该提单与Young Carrier Co.,Ltd.签发的共两页的提单不符,阳明公司的波兰代理拒绝向收货人交付涉案货物。2008年6月25日,波特公司向原审法院提交公示催告申请书,申请宣告N235015406号正本提单无效。原审法院受理后依法于2008年6月27日通知阳明公司停止交付涉案货物,并于2008年8月13日作出(2008)津海法催字第5号民事判决书,判决N235015406号正本提单无效。后阳明公司分别于2008年8月19日、9月2日及9月9

日致函波特公司,告知其应就货物的交付给予指示,并支付相应目的港费用,但波特公司一直未回应。2008年10月31日,阳明公司致函波特公司,告知其阳明公司将在目的港依法处理货物。2008年11月12日,阳明公司通过其当地代理致函收货人,通知其涉案货物将依法出售。2008年12月2日,检验人Marbalco Shipping Co., Ltd.根据阳明公司的委托,对涉案货物进行了检验,认为合理的处理价格为9 000美元。2008年12月16日,阳明公司致函波特公司,告知其涉案货物经检验在当地的价格和在目的港产生的费用,并要求其支付相应目的港费用,波特公司未表示异议。2008年12月17日,阳明公司将涉案货物以9 000美元的价格卖给案外人P. W. HORN SP. ZO. O.。至货物处理时,涉案货物共产生仓储费5 000美元。涉案9个集装箱回空至阳明公司堆场的日期分别为:YMLU4432074、YMLU4509540、YMLU4731291、YMLU4731542、YMLU4891915为2008年12月18日,PGRU4132272、UESU4272561、XINU4051943、YMLU4991869为2008年12月19日。按照阳明公司公布的集装箱滞箱费计算办法,涉案集装箱的免费使用期为5天,从船舶抵港日起算至集装箱回空日,超过免费期后1—30天滞箱费20欧元/天,31天以上滞箱费30欧元/天。经计算,上述9个集装箱共产生滞箱费53 850欧元。涉案货物售价9 000美元冲抵仓储费、滞箱费后,波特公司仍欠阳明公司滞箱费50 966欧元(美元按2008年12月19日的汇率0.721折算欧元)。

另查明,2008年3月12日,波特公司作为卖方与买方波兰玻利凯特公司签订涉案9个集装箱饰面床背板的销售合同(合同号:JV-M02),货物总价为152 360.95欧元;目的港收货期为2008年5月;如超过合同交货期,买方有权根据生产计划全部或部分拒收货物,由此产生的损失由卖方负责。2008年4月18日,波特公司收到折算为人民币的涉案货物的全部价款。2008年6月24日,玻利凯特公司通知波特公司,因超过合同约定的交货期,而拒收8个集装箱的货物。2008年7月21日,玻利凯特公司致函波特公司,声明撤销合同,并要求波特公司退还全部货款。2009年5月19日,玻利凯特公司致函波特公司,声明涉案货款将在以后的订单中分期扣除。

二、一审裁判

原审法院认为,本案作为海上货物运输合同纠纷案件,原被告属由涉案提单所证明的海上货物运输合同关系,我国海商法及海事诉讼特别程序法的相关规定应作为确定双方权利义务的依据。阳明公司作为承运人,负有安全、及时将货物运抵目的港,并向正本提单合法持有人交付货物的法定义务;收货人亦享有因合法持有正本提单而享有提取货物的权利。本案中,收货人所持提单(治晟公司提供)因与阳明公司签发的涉案提单明显不符,且波特公司未提供证据证明该提单系由阳明公司或其授权的代理签发,阳明公司因而拒绝向收货人交付货物,其行为并无不当。涉案提单为记名提单,依法不得转让,托运人对提单项下货物具有支配权利。但在涉案提单遗失后至波特公司向该院申请公示催告前,波特公司当庭确认没有证据证明其就货物交付向阳明公司发出指示,阳明公司为保护涉案提单利害关系人和其自身合法权益而要求波特公司出具担保办理放货手续的做法,符合航运惯例,并无不当。波特公司辩称其与阳明公司一直交涉放货事宜、阳明公司应立即将货物交付记名收货人的主张,证据不足,于法无据,不予支持。阳明公司在此期间的涉案货物堆存费、滞箱费损失应由波特公司承担。在原审法院受理波特公司的公示催告申请至该院作出除权判决前,依据最高人民法院《关于适用〈中华人民共和国海事诉讼特别程序法〉若干问题的解释》第 72 条和第 74 条的规定,阳明公司应停止交付涉案货物,波特公司应承担在此期间涉案货物产生的相关费用。故公示催告期间涉案货物所产生的堆存费、滞箱费应由波特公司承担。自该院的除权判决公告之日起,依据最高人民法院《关于适用〈中华人民共和国海事诉讼特别程序法〉若干问题的解释》第 77 的规定,波特公司有权请求阳明公司交付涉案货物。事实上,该院的除权判决公告后,波特公司未就涉案货物的交付向阳明公司提出请求,且在阳明公司多次致函要求其作出交付货物指示的情况下,波特公司一直未予回应。在此情况下,为避免损失的进一步扩大,阳明公司对涉案货物进行检验、估价、变卖,其程序符合目的港法律的规定,波特公司对此亦未提出异议。对此期间阳明公司的堆存费、滞箱费损失亦应由波特公司承担。

关于波特公司的反诉请求,原审法院认为,涉案提单所证明的海上货物运输合同独立于涉案货物的买卖合同而存在。根据合同相对性的原则,涉案货物的买卖合同的约定仅对买卖双方具有约束力,对非买卖合同关系方的阳明公司没有法律约束力。是在海上货物运输合同项下,如前所述,阳明公司在履行合同的过程中并无过错,无违约行为,不应对波特公司诉请的货款损失承担责任。波特公司诉请阳明公司赔偿其运费、货款损失的主张,于法无据,理由不成立,不予支持。

综上,阳明公司拒绝向收货人交付涉案货物的行为符合法律规定,不存在违约行为;阳明公司诉请的涉案货物产生的滞箱费及相应利息损失应由波特公司承担;波特公司诉请的运费、货款损失,阳明公司不应承担。据此,判决如下:

(1) 本诉被告哈尔滨波特家具有限公司向本诉原告阳明海运股份有限公司支付滞箱费 50 966 欧元;

(2) 本诉被告哈尔滨波特家具有限公司给付本诉原告阳明海运股份有限公司上述款额自 2008 年 12 月 20 日起至实际给付之日止,按中国人民银行公布的银行同期存款利率计算的利息。

三、上诉与答辩

波特公司不服,向天津市高级人民法院提起上诉称:

(1) 原审判决认定阳明公司拒绝交货的理由没有事实依据。① 涉案两提单均是治晟公司交给波特公司,应当由阳明公司就该份提单不是其签发而举证。② 原审判决认定波特公司提供的证据㈠系"伪造提单"不具有法律效力错误,因原审证据七"检验报告"采用的就是此份提单,即箱号为"PGPU4132272"而不是"PGRU4132272"。阳明公司原审时的解释是"笔误",该问题没有查清楚。

(2）原审法院的"公示催告"程序违法,应属无效。本案货物所在地为波兰格丁尼亚港,当地法院对本案有管辖权,原审法院无权审理。

（3）波特公司要求阳明公司放货的主张符合法律规定。涉案提单是不可转让的记名提单,阳明公司应依据波特公司的指示将货物交付波兰买家。同时,即使两份提单不相符,也不构成拒绝放货的理由,阳明公司行为没有法律依据。且直到原审判决下发,波特公司只收到一份从货代转交的要求交付300万元人民币保证金的通知。

（4）"惯例"非法律,不能作为贸易准则使用。原审法院已经明确了本案的法律适用依据,又认定阳明公司要求波特公司出具担保办理放货手续的做法符合"航运惯例",前后矛盾。

（5）阳明公司只依据检验报告和律师函而出卖波特公司货物的行为不符合法律程序,属于非法侵占。

（6）涉案货物系为特定公司、特定用途而特制的商品,波兰买方对此货物有严格要求。阳明公司对此情况完全知晓,其故意不履行合同为恶意违约,不受合同相对性理论的限制,阳明公司应当返还海运费并赔偿全部经济损失。综上,波特公司请求撤销原审判决,驳回阳明公司的诉讼请求,支持阳明公司的反诉请求,一、二审诉讼费用由阳明公司承担。

阳明公司答辩称,原审法院认定事实清楚,适用法律正确,请求驳回波特公司的上诉请求,维持原审判决。

四、二审裁判

原审法院查明事实属实,天津市高级人民法院予以确认。天津市高级人民法院认为,阳明公司系我国台湾地区注册的法人,因此本案系涉台案件,应参照涉外案件进行审理。各方当事人在诉讼中均援引中华人民共和国内地法律作为起诉、抗辩的依据,应视为各方当事人合意选择适用中华人民共和国内地法律。因此,应当以中华人民共和国内地法律作为处理本案争议的准据法。提单具有物权凭证的效力,承运人负有凭正本提单交付货物的义务。本案中,阳明公司签发的正本提单在邮寄过程中丢失,收货人所持提单系治晟公司提供的,与阳明公司所签发的正本提单明显不符,因此阳明公司作为承运人有权拒绝向收货人交付货物。在收货人不能提交正本提单的情况下,阳明公司为保护涉案提单利害关系人和其自身合法权益,要求波特公司出具担保办理放货手续的做法符合航运惯例,亦不违反法律规定。涉案提单遗失后,波特公司向原审法院申请公示催告。原审法院作出除权判决后,阳明公司多次函要求波特公司作出交付货物的指示,履行了其应尽的义务。由于波特公司一直未予回应,为避免损失的进一步扩大,阳明公司对涉案货物进行检验、估价、变卖,波特公司对此亦未提出异议,现波特公司主张阳明公司为非法侵占,依据不足。在此期间产生的堆存费、滞箱费等损失应当由波特公司负担。关于波特公司主张的运费及货款损失问题。本案系波特公司与阳明公司之间海上货物运输合同纠纷,阳明公司已经履行了合同约定的运送义务,因此波特公司应当依合同约定给付运费。由

于阳明公司在合同的履行过程至货物的变卖均不存在过错,因此波特公司主张的货款损失不应由阳明公司负担。综上,判决如下:

驳回上诉,维持原判。

49 上诉人中国平安财产保险股份有限公司上海分公司与上诉人申利航运有限公司海上货物运输合同纠纷案

案例来源:天津市高级人民法院(2011)津高民四终字第153号

主题词:承运人过失 收货人义务 共同承担责任

裁判要旨

No. HY-1.1-93 硫磺为国际海运危险品规则规定的危险品,具有强腐蚀性。承运人应当在装货前清扫货舱,并在舱壁舱底喷涂石灰水;在装卸时为避免扬尘应当向硫磺喷洒淡水。承运人喷涂石灰层的浓度和厚度不能满足散装硫磺的厚度要求,又存在发现黑色物质时舱底存有积水的情况,证明承运人未保障污水井通畅和及时排水,导致舱内水分不能排干,继而导致石灰石软化、硫磺和舱底板发生化学反应的,应当认定承运人在备舱和管理货物方面有过失。

No. HY-1.1-94 收货人在卸货港负责卸货,发现货物受损后,应当及时通知港口经营人改变原有装卸作业方法、分拣货物以减少损失,否则应当承担损失扩大的后果。

No. HY-1.1-95 承运人和收货人均违反各自的义务,共同造成最后的损失,法院可以酌定双方各承担相应责任。

一、基本案情

上诉人(原审原告):中国平安财产保险股份有限公司上海分公司(以下简称平安保险上海分公司)

上诉人(原审被告):申利航运有限公司(SUN LEAF SHIPPING S. A.)(以下简称申利公司)

天津海事法院原审查明:案外人上海百金化工集团有限公司(以下简称百金公司)从美国进口了20 600吨散装硫磺,该货物于2009年12月14日被装载于申利航运有限公司所属的"艾肯"轮第2舱及第4舱,由美国博蒙特港运至中国天津新港。船东代理签发了NO.2号清洁提单,收货人凭指示。百金公司作为被保险人就涉案货物进行投保,中国平安财产保险股份有限公司上海分公司签发了20200099902010900202号保单,保险金额为1 977 010.84美元。2010年1月24日涉案货物运抵天津新港,至1月25日15:00时卸货临近结束时,发现装载涉案货物的第2舱和第4舱的舱底有积水和黑色物质。后平安保险上海分公司委托了上海东方国泰保险公估有限公司(以下简称上海国泰公估公司),申利公司委托了天津环球海事检验咨询公司(以下简称环球海事检验公司)均对货舱货物进行了取样。至1月26日01:40时货物卸载完毕。天津港出入境检验检疫局签发了重量检验证书,载明水尺计重结果为20 896吨。中国检验认证集团上海有限公司出具残损鉴定证书,证明经过码头衡器过磅,报检受污染硫磺货物数量为8 964.440吨,其灰分、酸度、水分均不符合国家标准和合同标准。上海国泰公估公司出具了公估报告书,认定:本次事故货物遭损系发生在天津港卸货前的运输过程中,系货物在舱内受污染所致,受污染货物重量为8 822.8吨。环球海事检验公司出具了检验报告,认定:货物受损系因货物自然特性以及卸货过程中装卸不当所致,受损货物为563.9吨。两方检验人于2010年3月24日在货主仓库再次对受污货物进行联合检验,确认受污货物经清洗处理可以投入使用,产生的清洗费用为229.85元人民币/吨。2010年5月20日,平安保险上海分公司依据保单向百金公司支付保险赔偿金1 630 326.05元人民币,取得了权益转让书。平安保险上海分公司向上海国泰公估公司支付了检验费63 575元人民币。平安保险上海分公司提起本案诉讼,请求申利公司赔偿货物损失1 630 326.05元人民币、检验费63 575元人民币及相应利息,并承担本案诉讼费用。

二、一审裁判

原审法院认为:本案系海上货物运输合同纠纷。根据双方共同主张,本案适用中华人民共和国法律。申利公司作为承运人就涉案货物签发了清洁提单,应在目的港完好交付货物。涉案货物在目的港卸货过程中发现货损,检验报告显示货损的原因系硫磺与舱底发生化学反应产生污染物所致。该损失发生在申利公司承运期间内,申利公司应当承担赔偿责任。申利公司虽主张因涉案货物硫磺含有的较高水分软化了石灰涂层造成腐蚀污染,属于货物自然属性造成的损失,承运人不应赔付,但并未为其主张提供可信服的科学依据或者行业惯例。申利公司通过用石灰水冲洗货舱,正是为了防止硫磺腐蚀舱底,但事实上舱底仍然产生腐蚀造成货物污染,说明申利公司在装船前的准备工作不足以满足本次硫磺运输的要求,因此应当对货物的污染损害承担赔偿责任。作为被保险人的收货人,在发现舱底存在积水及黑色物质后,应及时通知港口经营人改变原有装卸作业方法,以减少货物损失的发生。虽然在现实中分货作业可能面临手工卸货硫磺的刺激性限制、产生困难作业费等诸多困难,但与港口经营人研商分货处理方案以减少损失的发生是收货人的义务。本案中,发现货损之后,收货人没有提出请求港口经营人分货处理的要求,造成对于卸货过程中大量货物二次污染的发生。对此,收货人具有过错,应当承担相应责任。对于二次污染货物与最初被舱底锈蚀污染货物的比例,双方检验人存在极大认识差距。根据本案证据,结合双方检验报告所附照片,对于卸货过程中没有分货处理造成的扩大损失,原审法院酌定为50%。平安保险上海分公司对被保险人的货物损失应自行承担50%的责任。

中国检验认证集团上海有限公司出具残损鉴定证书,证明经过码头衡器过磅,受污染硫磺货物数量为8 964.440吨,此数据具有客观性,原审法院予以确认。平安保险上海分公司提供的检验报告述明扣除多余水分,受污染货物数量为 8 822.800 吨,具有客观性,原审法院予以认定。平安保险上海分公司、申利公司各自的检验人在收货人仓库对受污染货物如何恢复良好品质进行了联合检验,并一致认为受损货物清洗的合理费用为 229.85 元人民币/吨,平安保险上海分公司、申利公司对此均认为可以接受,原审法院据此认定残损货物损失为 2 027 920.80 元人民币。平安保险上海分公司在此基础上进行理赔,实际支付数额小于货损数额,不属于通融赔付,申利公司应负赔偿责任。

对于申利公司辩称的溢卸部分是否应从平安保险上海分公司诉讼请求中扣除的主张,原审法院依据货物积载图和提单记载,第 2 舱及第 4 舱货物共装载 20 600 吨,且全部属于收货人百金公司,以及原审法院于天津港第四港埠公司调取的船舶作业卡片上所载明作业货舱为第 2 舱和第 4 舱的情况,认定检验证书所依据水尺计重结果与提单记载误差属于正常范围之内。申利公司对上述货物并不享有货权,无权主张货物权利,对其扣除主张,原审法院不予认可。

据此,原审法院判决:

(1) 申利公司赔偿平安保险上海分公司货物损失 1 013 960.40 元人民币,货物检验费 31 787.50 元人民币,共计 1 045 747.90 元人民币;

(2) 申利公司赔偿平安保险上海分公司上述款项的利息(自 2010 年 5 月 20 日起至实际给付之日止,按中国人民银行同期存款利率计算);上述款项应于判决生效之日起 10 日内给付。

三、上诉与答辩

平安保险上海分公司不服原审判决,向天津市高级人民法院提起上诉,请求:依法改判支持其全部诉讼请求。主要理由:① 收货人与申利公司是海上货物运输合同关系,根据《中华人民共和国海商法》第 48 条的规定,妥善、谨慎地卸载货物,是承运人的法定责任和义务,不是收货人的责任,原审法院将海上货物运输合同项下承运人的卸载义务强加在了收货人身上是错误的。② 卸下货物是分开堆放的,没有将受损货物和完好货物进行混合,收货人没有扩大损失,且尽力寻求清洗的办法避免了货物全损,已经尽到了合理减损的义务。③ 承运人应对免除其赔偿责任承担举证责任,本案的货损是承运人不可免责的原因造成的,原审判决收货人承担 50% 的责任是错误的。

申利公司针对平安保险上海分公司的上诉,答辩称:涉案货物的卸货义务是由收货人承担的,收货人委托天津港第四港埠公司从事的卸货工作,卸货时没有采取分货作业,将受损货物和完好货物进行了混合,造成了扩大损失,收货人应当承担扩大损失的责任,请求驳回平安保险上海分公司的上诉请求。

申利公司不服原审判决,向天津市高级人民法院提起上诉,请求改判驳回平安保险上海分公司的全部诉讼请求。主要理由:① 申利公司在备舱和管货方面已经妥善履行了承运人的义务,不存在任何过失,原审法院对申利公司所做的准备工作不足以满足本次硫磺运输的要求,缺乏依据。② 本案货损的原因是硫磺中的水分软化了舱底的石灰涂层,硫磺腐蚀了舱底产生三硫化二铁或硫化铁,导致货损,因此货损的原因是货物的自然特性或固有缺陷,申利公司不应承担任何责任。③ 根据环球海事检验公司的检验报告,第 2 舱、第 4 舱中黑色物质的厚度分别为 2 厘米、5 厘米,舱底面积分别为 415.152 平方米、397.854 平方米,黑色物质比重约为 2 吨/立方米,由此计算的受损货物重量分别为 415.152 平方米 × 0.02 米 × 2 吨/立方米 = 16.6 吨、397.854 平方米 × 0.05 米 × 2 吨/立方米 = 39.79 吨,共计 56.39 吨,如果收货人采取有效的分离措施,最终货损的数量不会超过 563.9 吨,再去除超出合同约定的水分 2.58% − 1% = 1.58%,实际货损数量应为 554.99 吨。据此,按照平安保险上海分公司所主张的 229.85 元人民币/吨清洗费用计算,货值损失仅为 127 564.45 元人民币。平安保险上海分公司所诉的其他受损货物是因收货人卸货不当造成的,应由收货人自行承担,原审法院将受损货物一分为二,判令申利公司承担一半受损货物的赔偿责任是不合理的。

平安保险上海分公司针对申利公司的上诉,答辩称:受损货物所在舱内有明显积水,舱底涂抹石灰层不符合货物要求,石灰层被水分软化,硫磺腐蚀舱底,而导致货物受损,涉案船舱不适货,且申利公司管货不当;不论卸货方法是否得当,申利公司负有法定卸货义务,因此应当对卸货过程中所谓扩大的损失承担赔偿责任;申利公司的检验人使用了目测方法估算黑色物质的厚度,是极不科学的,所计算的受损货物数量不具有客观性,故请求驳回申利公司的上诉请求。二审期间,双方均未提交新的证据。

四、二审裁判

原审法院查明事实属实,天津市高级人民法院予以确认。天津市高级人民法院认为:

1. 关于案件管辖权

本案为海上货物运输合同货损赔偿纠纷。申利公司是在巴拿马登记注册的外国企业法人,因此本案为涉外案件。根据《中华人民共和国民事诉讼法》第 28 条"因铁路、公路、水上、航空运输和联合运输合同纠纷提起的诉讼,由运输始发地、目的地或者被告住所地人民法院管辖"的规定,原审法院作为涉案海上货物运输合同的目的港所在地海事法院,对本案具有管辖权。

2. 关于法律适用

由于平安保险上海分公司和申利公司在本案中均援引了中华人民共和国法律且未提出法律适用异议,根据最高人民法院《关于审理涉外民事或商事合同纠纷案件法律适用若干问题的规定》第 4 条第 2 款的规定,当事人未选择合同争议应适用的法律,但均援引同一国家或者地区的法律且未提出法律适用异议的,应当视为当事人已经就合同争议应适用的法律作出选择,据此,本案应以中华人民共和国法律作为准据法。

3. 本案的争议焦点本案的争议焦点为:

① 涉案货损发生的原因是货物的自然属性还是承运人的责任;② 卸货过程中是

否存在损失扩大的事实,如果存在该事实,则扩大的损失应由何方承担;③涉案货损的实际数量和金额如何确定。

首先,涉案货物为散装硫磺,作为《国际海运危险货物规则》(以下简称《国际危规》)所列明的易燃固体危险品,硫磺对钢具有腐蚀性,不溶于水,其粉尘或蒸汽能与空气形成爆炸性混合物,因此,在装载散装硫磺前,应当彻底清扫货舱,并在舱壁、舱底喷涂石灰水,浓度和厚度应根据货物积载因数和货舱容积而确定;在装卸时为避免扬尘应向硫磺喷洒淡水;运输过程中应保障货舱的污水井通畅,并随时排水。涉案货物卸货过程中在舱底发现了黑色物质和积水,经检验,各方所委托的检验人均确认为硫磺与舱底钢板发生化学反应而产生的污染物,成分中含有铁。申利公司作为承运人,在装货港对涉案货物签发了清洁提单,表明货物在装船时状况良好,申利公司应当在目的港向收货人交付完好货物。根据《中华人民共和国海商法》第46条第1款"……承运人对非集装箱装运的货物的责任期间,是指从货物装上船时起至卸下船时止,货物处于承运人掌管之下的全部期间。在承运人的责任期间,货物发生灭失或者损坏,除本节另有规定外,承运人应当负赔偿责任"的规定,涉案货损发生在申利公司掌管货物的责任期间,申利公司应对涉案货损承担赔偿责任。申利公司提出其在备舱和管货方面已经妥善履行了承运人义务,货损发生的原因是硫磺的自然特性的主张,天津市高级人民法院认为,申利公司虽在装货前对货舱喷涂了石灰层,但其所喷涂的浓度和厚度未能满足涉案散装硫磺的运输要求,且结合发现黑色物质时舱底存有积水的事实,能够证明申利公司未能保障污水井通畅和及时排水,导致舱内水分不能排干,石灰层被全部软化,硫磺和舱底钢板直接接触而产生化学反应,因此,申利公司在备舱和管货方面存在过失。根据《中华人民共和国海商法》第51条的规定,承运人应当对"货物的自然特性或者固有缺陷"的原因负有举证责任,申利公司提交的证据不足以证明涉案受损货物是由于硫磺的自然特性或固有缺陷造成的,故其作为承运人的责任不能免除,因此,对申利公司的该项上诉主张,天津市高级人民法院不予支持。

其次,关于卸货过程中是否存在损失扩大的问题。上海国泰公估公司出具的公估报告中所附收货人百金公司提供的现场照片以及环球海事检验公司出具的检验报告中所附现场照片,能够证明在舱底发现货损时舱壁四周尚有完好货物。双方均确认目的港的港口经营人是由收货人百金公司安排卸货作业的,在发现货损后,百金公司未对原来的作业方式提出异议,也没有要求更改作业方式,货物仍按照原来的作业方式继续卸货,导致舱内尚存的完好货物与受损货物混合,产生了扩大的损失。平安保险上海分公司不能证明在货损发生后港口经营人采取原来的卸货方式的合理性或者采取其他作业方式的不合理和不可操作性,因此,收货人对于货物损失的扩大具有过错,依据《中华人民共和国合同法》第119条第1款"当事人一方违约后,对方应当采取适当措施防止损失的扩大;没有采取适当措施致使损失扩大的,不得就扩大的损失要求赔偿"的规定,收货人应当对扩大的损失承担责任。对于平安保险上海分公司提出的妥善、谨慎地卸载货物是承运人的法定义务的主张,天津市高级人民法院认为,本案中,收货人百金公司是安排卸货作业并支付卸货费的一方,收货人负有涉案海上货物运输合同项下的卸货义务,并应承担卸货作业中产生的风险。作为替代收货人行使代位求偿权的平安保险上海分公司的该项主张不能成立,天津市高级人民法院不予支持。

最后,关于受损货物的数量。原审法院采纳了码头衡器过磅计重扣除多余水分的计算方法,最终认定受损货物数量为 8 822.800 吨,该计算方法依据充分,具有客观性,天津市高级人民法院予以确认。申利公司提出按照黑色物质厚度×舱内面积×黑色物质比重×10 计算受损货物数量的主张,天津市高级人民法院认为,黑色物质厚度是检验人的目测估算,误差较大,且黑色物质厚度在舱内分布不等,很难得到实际厚度,因此,依据黑色物质厚度计算受损货物数量的方法,缺乏客观性,天津市高级人民法院对申利公司的该项上诉主张不予采纳。关于货损金额的认定,平安保险上海分公司、申利公司各自检验人在收货人仓库对受损货物能否恢复使用进行了联合检验,一致确认了受损货物通过清洗能够重新恢复使用,并对清洗费用 229.85 元人民币/吨予以认可,原审法院按照货物的清洗费用计算受损货物金额,客观、合理,天津市高级人民法院予以确认。

综上,涉案受损货物总数量是承运人与收货人共同行为造成的,涉案货物的损失应由承运人申利公司与替代收货人行使代位求偿权的平安保险上海分公司共同分担。由于平安保险上海分公司与申利公司均不能证明最初在舱内的受损货物与卸货过程中扩大的受损货物的数量,原审法院根据本案证据,结合双方检验报告所附照片,酌定最初在舱内的受损货物与卸货过程中扩大的受损货物各占受损货物总数量的 50%,故申利公司与平安保险上海分公司各自对受损货物承担 50% 的责任,该处理结果妥当,天津市高级人民法院予以确认。

原审法院认定事实清楚,适用法律正确,根据《中华人民共和国民事诉讼法》第 153 条第 1 款第(一)项的规定,判决如下:

驳回上诉,维持原判。

50 原告大连北方粮食交易市场海侨粮油有限公司与被告柳州地区柳州港运输公司、陈丽弦、广西苍梧县航运四公司水路货物运输合同货损纠纷以及柳州地区柳州港运输公司、陈丽弦反诉水路货物运输合同运费、滞期费纠纷两案

案例来源:广州海事法院(2006)广海法初字第 70、110 号
主题词:承运人负责事由 检验货物期限 初步证据

> **裁判要旨**
>
> **No. HY-1.1-96** 承运人对运输过程中货物的毁损、灭失承担赔偿责任,但承运人证明货物的毁损、灭失是因不可抗力、货物本身的自然性质或者合理损耗以及托运人、收货人的过错造成的,不承担赔偿责任。

No. HY-1.1-97 收货人提货时应当按照约定的期限检验货物。对检验货物的期限没有约定或者约定不明确，依照《中华人民共和国合同法》第61条的规定仍不能确定的，应当在合理期限内检验货物。收货人在约定的期限或者合理期限内对货物的数量、毁损等未提出异议的，视为承运人已经按照运输单证的记载交付的初步证据。

一、基本案情

原告（反诉被告）：大连北方粮食交易市场海侨粮油有限公司
被告（反诉原告）：柳州地区柳州港运输公司（以下简称柳州运输公司）
被告（反诉原告）：陈丽弦
被告：广西苍梧县航运四公司（以下简称苍梧航运公司）

原告诉称：2005年10月26日，原告与苍梧航运公司签订运输协议，由该被告承运原告的玉米。10月30日，苍梧航运公司提供"柳地港运公司06"船，从黄埔港起运，装载了240.42吨散装玉米，于11月21日到达四会市马房港散货码头。11月29日，原告卸货时发现大量砂子，买主拒绝收货。原告遂向陈丽弦索赔，陈丽弦拒绝赔偿，并以运费未付清为由拒绝继续卸货。原告于12月11日委托广州进出口商品检验技术研究所对船上货物进行取样鉴定，鉴定结论为船上货物杂质含量为8.0%，远高于同批其他货物的杂质含量1.7%。12月18日，原告发现货物大批量霉变，先后于12月22日申请法院扣押该船，于12月28日申请法院责令陈丽弦、柳州运输公司卸货。2006年1月5日，原告与陈丽弦协商由广州进出口商品检验技术研究所对霉变货物进行检验，鉴定结论为水湿霉变系外界非正常水分侵入造成的。船舶在四会市马房港实际卸货236.03吨，短少4.39吨，扣除3‰的合理耗损0.72吨后，不合理短少3.67吨，以2005年11月28日四会市马房港的市价1350元/吨计算，短少货物损失为4954.50元；变质玉米37.03吨以600元/吨转卖，含砂玉米199吨以1250元/吨转卖，与市价1350元/吨相比，该两项货物转卖差价损失分别为27777.50元、19900元。全部货物损失共计52627元。被告违反了运输合同的管货义务，并不当留置货物，造成了货物损失。柳州运输公司和陈丽弦分别是"柳地港运公司06"船的挂靠公司和实际所有人。请求判令被告苍梧航运公司、柳州运输公司和陈丽弦赔偿原告货物损失52627元，承担诉前财产保全费用3000元和海事强制令的费用6500元。

被告柳州运输公司、陈丽弦共同辩称：①原告故意隐瞒运输合同的目的地是东莞市中堂镇东莞光华饲料有限公司、玉米发霉偏高遭该公司作退货处理，以及在中堂港停船21天而无法售出玉米等重大事实，企图将玉米霉变的责任不当转嫁于柳州运输公司和陈丽弦。②原告违反了运输合同的约定。水路货物运单载明运输目的地是东莞市中堂港，被告陈丽弦将货物运抵中堂港后，便完成了合同约定的任务。玉米因变质被东莞光华饲料有限公司拒收,后转运至四会市仍无人购买,导致船舶滞期,无法卸货,均是原告的过错所造成的。原告违反运输合同的约定,不仅不卸货,拒付运费,而且制造借口,申请扣船,转嫁货物损失。③ 原告所称被告陈丽弦以未付运费、滞期费为由拒绝卸货的主张与事实不符。2005年12月18日,原告派人上船与被告陈丽弦就滞期费问题进行协商,口头约定滞期费按每天每吨2元计算,但原告的代表刘安民拒签书面协议,不予理睬,反而认为陈丽弦留置货物,扩大了损失。④ 有关货损的鉴定结论是原告单方委托检验人作出的,且取样过程有违法情形,不能采信。

被告苍梧航运公司承认原告的诉讼请求。其在庭审时提供了一份证据:载明陈丽弦向叶建贵借款1 000元的借条。

被告柳州运输公司、陈丽弦共同提出反诉称:陈丽弦于2005年10月28日接受原告的委托装载散装玉米240.42吨由广州市黄埔港运至东莞市中堂港,约定运费为每吨13元。10月30日,原告通知开船,当天船抵中堂港,但买方东莞光华饲料有限公司以玉米发霉为由拒绝收货。船被迫停留于中堂港21天(从10月31日起至11月20日止),滞期按17天计。经双方协商,陈丽弦按每天每吨1元向原告计收滞期费。11月21日,原告要求陈丽弦将货物转运至四会市马房港,当日船抵达马房港,但买方再次以玉米发霉为由拒绝收货,船停滞于马房港,从11月24日起至12月22日法院扣押船舶之日止共滞期28天,经双方协商,陈丽弦按每天每吨2元向原告计收滞期费。按照双方当事人的约定,有关运费和滞期费分别为:从广州市黄埔港至东莞市中堂港的运费3 125.46元(240.42吨×13元/吨);在东莞市中堂港滞期17天的滞期费4 087.14元(240.42吨×17天×1元/天·吨);从东莞市中堂港至四会市马房港的运费3 125.46元(240.42吨×13元/吨);在四会市马房港停船28天的滞期费13 463.52元(240.42吨×28天×2元/天·吨),上述四项费用合计23 801.58元。原告没有依约予以支付。原告与柳州运输公司、陈丽弦之间的合同关系体现在运单中,苍梧航运公司是原告的代理,苍梧航运公司与柳州运输公司、陈丽弦之间并无合同关系。鉴于陈丽弦实际经营船舶,柳州运输公司同意由陈丽弦受领全部运费、滞期费。请求法院判令原告向被告陈丽弦支付运费、滞期费23 801.58元。

原告针对被告柳州运输公司、陈丽弦的反诉,辩称:同意该两被告的运费请求及其计算滞期费的时间与货物重量(吨数),但船舶在东莞市中堂港与四会市马房港的滞期费均应按每天每吨1元计算。

在诉讼中,鉴于编号为5045591的水路货物运单上承运人与托运人的代理人及运单签发等情况不明,而这些情况可能对认定各当事人之间法律关系有影响,法院向广州港集团船舶代理有限公司和广州港集团货运有限公司黄埔分公司调查取证,取得以下证据:① 调查笔录(共3份);② 该两公司分别出具的广州港集团有限公司港口业务专用发票各1份。

根据被告陈丽弦的申请,法院委托中国检验认证集团广东有限公司对涉案玉米样品进行检验,该公司经检验出具了编号为GD01CM063063的检验证书。

经质证,对于原告提交的证据,被告苍梧航运公司全部承认其证据效力;被告柳州运输公司、陈丽弦除承认原告证据4的证据效力外,对原告在庭后补充的6份证据以其逾期举证为由不认可证据效力,对其他证据的证据效力也均予以否认。

对于被告苍梧航运公司提交的证据,原告承认其证据效力;被告柳州运输公司、陈丽弦否认其证据效力,认为该证据(欠条)与本案无关。

对于被告柳州运输公司、陈丽弦提交的证据,原告承认证据2、5、6、16、17、18的证据效力,确认证据1、3、4、证据19—23的真实性与合法性,但否认该8份证据的关联性;对其他证据的证据效力予以否认。被告苍梧航运公司承认证据2、5、6、证据16—23的证据效力;承认证据1、3、4的真实性与合法性,但否认其关联性;对其他证据的证据效力予以否认。

各当事人对法院调取的证据均无异议。原告否认法院委托检验的鉴定结论(编号为GD01CM063063的检验证书)的证据效力,但未提出具体异议,其他当事人认可该检验证书的证据效力。

二、法院查明事实

法院经审理查明有关事实如下:

2005年6月8日,柳州运输公司与陈丽弦签订《承租"柳地港运公司06"船协议》,约定:陈丽弦从柳州运输公司承租"柳地港运公司06"船,该船载重吨为257吨,每月租金3000元,陈丽弦必须在每月10日前向柳州运输公司交纳租金;承租期从2005年6月8日起至2007年6月7日止;陈丽弦在承租期内负责船舶安全,配齐船舶设备,购买船舶保险,办理检验及有关证书,交纳各项税费和规费,并对海损事故、货损货差等一切损失与费用负责;陈丽弦雇请船员必须经柳州运输公司审核后任职等。陈丽弦从柳州运输公司承租"柳地港运公司06"船后,以该公司的名义经营货物运输。"柳地港运公司06"船为178总吨钢质干货船,于1990年10月10日在柳州市建成,船籍港柳州,自2000年5月10日起由柳州运输公司所有。柳州运输公司持有广东省珠江航务管理局颁发的《水路运输许可证》,载明:经营范围为珠江水系内河省际普通货物运输,有效期从2004年1月1日起至2008年10月31日止。

2005年10月,原告以单价1250元/吨向西丰县丰华经销公司购买等级为三等的玉米780.65吨,于10月23日向该公司支付货款975812.50元。同时,原告委托大连港万通船务股份有限公司派"万通"轮从大连装载玉米4033.26吨,于10月25日运抵广州市黄埔港。原告与大连港万通船务股份有限公司约定运费80元/吨,该公司不负责货物港口装卸等费用。原告于2006年1月17日向大连港万通船务股份有限公司支付运费322660.80元,于2006年4月17日向广州港集团船舶代理有限公司支付"万通"轮港口费82290.22元,该港口费包含广州港集团船舶代理有限公司代原告托运货物的代理费等。

2005年10月26日,原告与苍梧航运公司签订运输协议,约定:苍梧航运公司用驳船为原告承运550吨散装玉米,装货地点是广州黄埔港(万通轮),卸货地点是东莞市中堂镇东莞光华饲料厂(东莞光华饲料有限公司),运费为每吨16元,承包耗损为3‰;装载货物重量以装货港地磅单为准,苍梧航运公司在运输过程中必须保证质量及重量,负责赔偿运输中发生的损失等。10月27日,苍梧航运公司的职员叶建贵电话通知陈丽弦驾船到黄埔港装载玉米,陈丽弦遂驾驶"柳地港运公司06"船到黄埔港等候装货。原告没有向苍梧航运公司支付上述约定的运费。

2005年10月28日,广州港集团船舶代理有限公司作为原告的代理人向广州港集团货运有限公司黄埔分公司提交托运玉米的托运单,陈丽弦向广州港集团货运有限公司黄埔分公司提供"柳地港运公司06"船的船舶检验证书供核对。广州港集团货运有限公司黄埔分公司制作了编号为5045591的水路货物运单,该运单载明:船名"柳地港运公司06",货物为250吨散装玉米(10月29日加批:实装240.42吨),起运港和到达港分别为"万通4柜"(是指当时停泊在广州市黄埔港的"万通"轮的第4舱)和中堂,收货人为"光华饲料厂"(东莞光华饲料有限公司),运费为13元/吨等。广州港集团货运有限公司黄埔分公司作为承运人的代理人在运单上加盖印章"广州港集团长航业务专用章(黄埔)",陈丽弦在运单"承运人"签章栏加盖"柳州地区柳州港运输公司06船"印章。广州港集团货运有限公司黄埔分公司向陈丽弦收取了货港费和代理费共378.75元,之后向陈丽弦签发了上述水路货物运单。陈丽弦持该运单到码头办理装货手续。

2005年10月29日,陈丽弦作为船长,凭上述水路货物运单在黄埔港向"柳地港运公司06"装载了从"万通"轮卸于黄埔港码头的散装玉米240.42吨。10月30日,陈丽弦根据原告的通知起航,并于当日到达东莞市中堂港,因该批货物的买方东莞光华饲料有限公司没有收取货物,船舶在中堂港停留至11月21日。11月21日,原告要求陈丽弦将货物转运至四会市马房港,陈丽弦同日从中堂港开航,并于当日抵达马房港。原告与陈丽弦口头约定该转运的运费为13元/吨。另有莫锋英派"粤惠州货0812"船为原告装载玉米284.58吨,与"柳地港运公司06"船同时从黄埔港起航,同时抵达中堂港并转运至马房港。

11月24日,四会市中顺饲料有限公司化验室检验"柳地港运公司06"船上的玉米,出具检验报告单载明:玉米经感官检验不合格,发现玉米已经有霉变现象(带有霉菌),不能进仓。

12月6日至9日,广州进出口商品检验技术研究所应苍梧航运公司驻广州办事处的申请,派检验人员赴四会市马房港和广州市黄埔港对"柳地港运公司06"船、"粤惠州货0812"船运载的玉米和由"万通"轮卸入黄埔港码头13号仓库32-34堆位的玉米进行抽样检验,于12月11日作出编号为440100/05GW00002的鉴定报告载明:检验人员对"柳地港运公司06"船货舱表层玉米进行检查,发现已卸货的部分表层玉米存有少许砂粒,但在未卸货部分表层玉米则发现较多细砂粒;对上述仓库的玉米表层随机抽样检查,仅发现玉米有少量破碎粒和粉尘,未发现有砂粒;检验人员分别抽取"柳地港运公司 06"船运载的玉米样品(称为 1#样品)19.82 公斤(净重),抽取"粤惠州货 0812"船运载的玉米(称为 2#样品)17.90 公斤(净重),抽取上述仓库的玉米样品(称为 3#样品)20.08 公斤(净重),检验其杂质含量分别为 8%、9.3%、1.7%,1#样品杂质含量超出 3#样品杂质含量 6.3%。该鉴定报告同时备注:上述鉴定结果仅代表"柳地港运公司 06"船、"粤惠州货 0812"船货物的表层状况,并不代表全船货物的情况。

2005 年 12 月 26 日,广州进出口商品检验技术研究所应原告的申请再次派检验人员赴四会市马房港对"柳地港运公司 06"船、"粤惠州货 0812"船运载的玉米进行检验,于 2006 年 1 月 18 日出具编号为 440100/06GW00003 的鉴定报告,载明:在 12 月 6 日检验时,该两船船舱上的表层货物未发现有水湿霉变现象;12 月 26 日对该两船运载的玉米进行检验,发现两船船舱均用帆布遮盖,移开帆布发现表层货物存在严重异味、生虫、水湿、结块、霉变现象,结块的货物已板结,以至于检验人员在船舱内行走都不会下陷;经两船船东与收货人协商,双方确定了分卸方案,在双方共同监督下,两船上表层水湿霉变货物于 2005 年 12 月 29 日至 2006 年 1 月 1 日卸至四会大沙镇的大布村仓库、大沙货场仓库;从船舱卸入货车后,水湿货物用校准之衡器计重,从"柳地港运公司 06"船上卸下水湿货物 37 030 公斤,从"粤惠州货 0812"船上卸下水湿货物 49 630 公斤;经对卸下的水湿货物抽样,将分别从"柳地港运公司 06"船、"粤惠州货 0812"船卸下的玉米样品编为 1#样品、2#样品;收货人(原告)委托广东出入境检验检疫局检验检疫技术中心食品实验室根据《饲料卫生标准》(GB13078-2001)进行检验,结果为:1#样品水分 11.8%,霉菌计数 500 000 cfu/g,黄曲霉毒素 B1＜1 ug/kg;2#样品水分 11.8%,霉菌计数 530 000 cfu/g,黄曲霉毒素 B1＜1 ug/kg;上述检验结果中,霉菌计数项目不符合标准要求;经调查饲料玉米市场行情和饲料的加工工艺,根据上述检验结果并结合水湿霉变玉米的商销情况等综合考虑,以公正客观的方法合理估损,建议贬值为 55%,合计损失重量 47.66 吨;经查阅 2005 年 12 月 6 日—26 日的有关部门气象资料,在此期间没有降雨记录,因此上述货物的水湿霉变系外界非正常水分侵入造成的;编号为 440100/05GW00002 的鉴定报告是该鉴定报告不可分割的一部分。

上述两份鉴定报告由广州进出口商品检验技术研究所主任检验员袁雁庭签署,并加盖该研究所的印章。该研究所是经广州出入境检验检疫局批准成立,并隶属该局管理的事业单位,具有接受委托进行商品检测、鉴定的资质。广东出入境检验检疫局检验检疫技术中心持有由中国实验室国家认可委员会颁发的认可证书和中国国家认证认可监督管理委员会颁发的《计量认证合格证书》,具有检测玉米等动植物的资质。在法院于 2006 年 6 月 1 日第二次开庭审理时,广州进出口商品检验技术研究所派检验人员吴坚华、周毅代表该研究所授权的主任检验员袁雁庭到庭接受了质询,该两检验人员接受质询时,解释如下:上述鉴定报告所述"货物的水湿霉变系外界非正常水分侵入造成的",是指玉米霉变并非玉米本身的水分和外界湿度、温度条件所造成的;如果玉米本身原来有霉变,船舱内玉米应为均匀霉变;船舱中底部玉米无霉变,玉米从上层向下层霉变扩散,这只能说明玉米损失原因不正常;卸货时采用分卸方案就是将船舱表层水湿霉变与中底部完好的玉米分开,防止完好的玉米受感染。湿损霉变玉米不能作饲料,只能作其他用,根据商销情况,只能以600元/吨出售,根据玉米当时的市价,得出玉米湿损霉变贬值55%,等等。袁雁庭与吴坚华、周毅均持有有效的《出入境检验检疫行政执法证》。

2005年12月21日,原告为本案货损纠纷,以陈丽弦和"柳地港运公司06"船所有人为被申请人,向法院提出诉前海事请求保全申请,请求扣押该船,法院经审查于次日作出(2006)广海法保字第4-2号民事裁定,准许了原告的申请,将该船扣押于四会市马房港,责令陈丽弦向法院提供7万元担保。因陈丽弦没有向法院提供担保,该船仍处于扣押中。原告为申请扣押该船向法院预交保全申请费1000元、执行费2000元和保全申请担保金4万元。12月28日,原告以陈丽弦和"柳地港运公司06"船所有人不当留置价值远超过运费的玉米,而且玉米已发霉,不卸载会扩大货损为由,申请法院作出海事强制令,责令陈丽弦卸下并交付货物,法院经审查于同日作出(2006)广海法强字第1-2号民事裁定,准许了原告的申请,作出海事强制令,命令陈丽弦向原告交付"柳地港运公司06"船运载的货物。之后,陈丽弦开始卸货,于2006年1月15日卸清,向原告交付了该船运载的玉米。在卸货过程中,原告发现有货损,派代表刘安民会同陈丽弦、"粤惠州货0812"船所有人莫锋英、广州出入境检验检疫局人员周毅(即上述出庭接受质询的检验人员)等,于2005年12月31日对该船运载的玉米商定了分卸及抽样方法,即上述鉴定报告所述的玉米分卸与抽样的方法。原告为申请海事强制令向法院预交申请费5000元和执行费1500元。

2005年10月25日,原告与四会市澳华饲料有限公司签订《农副产品购销合同》,约定原告向该公司供应800吨散装玉米,单价为1380元/吨。10月26日,原告与四会市中顺饲料有限公司签订《农副产品购销合同》,约定原告向该公司供应1000吨散装玉米,单价为1370元/吨。12月28日,原告与四会市大沙镇业兴饲料批发部签订《农副产品购销合同》,约定原告向该批发部供应100吨东北玉米(国产),单价为600元/吨。该三份合同均没有约定玉米的品质、具体规格等细节。

2006年4月19日,法院根据被告陈丽弦的申请,委托中国检验认证集团广东有限公司对上述从"柳地港运公司06"船抽取的玉米样品进行检验,该公司经检验,于4月29日出具编号为GD01CMU63063的检验证书,载明检验样品的结果如下:水分14.49%,杂质0.4%,砂0.04%,生霉粒18.6%。法院委托该公司检验时已核实该公司具有商品检验鉴定的资质。陈丽弦向法院预交了该公司的鉴定费用1000元。

三、法院裁判

本案本诉、反诉分别为水路货物运输合同货损纠纷与运费、滞期费纠纷。

原告通过其代理人广州港集团船舶代理有限公司向陈丽弦、柳州运输公司的代理人广州港集团货运有限公司黄埔分公司托运货物,广州港集团货运有限公司黄埔分公司制作并签发水路货物运单,陈丽弦作为承运人以柳州运输公司的船章在水路货物运单上签章，即以柳州运输公司的名义从事本案货物运输，陈丽弦是承运船舶"柳地港运公司06"船的实际经营人，陈丽弦与柳州运输公司是本案货物运输的共同承运人。柳州运输公司持有有效的《水路运输许可证》，陈丽弦与柳州运输公司共同经营本案运输，属合法经营。原告作为托运人，与陈丽弦、柳州运输公司自愿成立了以水路货物运单为载体的水路货物运输合同。陈丽弦将原告托运的货物从广州市黄埔港运至东莞市中堂港后，已履行了上述水路货物运输合同。原告又与陈丽弦口头协商将货物转运至四会市马房港，因陈丽弦以柳州运输公司的名义经营运输，且已实际从事了转运，原告与陈丽弦、柳州运输公司又成立了从东莞市中堂港至四会市马房港的水路货物运输合同。该两份运输合同均合法有效，双方当事人应遵守合同的约定履行各自的义务。

本案本诉与反诉争议集中于上述两份运输合同，苍梧航运公司并非该两份运输合同的当事人。虽然苍梧航运公司与原告签订了运输协议，但苍梧航运公司既没有实际运输，也没有以自己的名义委托他人实际运输，而是通知陈丽弦驾船到港装货，由陈丽弦、柳州运输公司与原告直接订立了运输合同。苍梧航运公司仅为原告与陈丽弦、柳州运输公司订立合同提供了媒介服务，实际上发挥居间人作用，而没有以承运人角色行事。苍梧航运公司并非本案货物运输的承运人，不应对货物的短少与损坏负责。原告请求苍梧航运公司承担赔偿责任，没有事实与法律依据，应予以驳回。

陈丽弦、柳州运输公司作为承运人应妥善运输、保管货物。《中华人民共和国合同法》第311条规定："承运人对运输过程中货物的毁损、灭失承担赔偿责任，但承运人证明货物的毁损、灭失是因不可抗力、货物本身的自然性质或者合理损耗以及托运人、收货人的过错造成的，不承担损害赔偿责任。"除非承运人举证证明存在上述四种法定免责事由，其应对运输中的货损负赔偿责任。

本案货物自2005年10月29日装载于"柳地港运公司06"船至2006年1月15日卸船完毕并交付原告时止，处于承运人陈丽弦、柳州运输公司的运输和保管中。四会市中顺饲料有限公司化验室于2005年11月24日检验"柳地港运公司06"船所运载的玉米有霉变现象（带有霉菌），但没有说明玉米是否有水湿、结块等霉变的症状与程度，且这已是运输过程中的玉米状况，不能证明该船玉米在装运前已有霉变。尽管原告没有直接举证证明玉米在装船时的质量状况，但广州进出口商品检验技术研究所的检验人员于2005年12月6日到该船检验时没有发现船舱表层货物有水湿霉变现象，至少可说明此时（装船后38日）玉米外表状况仍良好（除有沙粒外），而该研究所的检验人员于12月26日再次到该船检验时发现货物严重水湿霉变。而且，该船运载的玉米仅船舱内表层37.03吨发生水湿霉变，而其余船舱中底部203.39吨玉米并没有水湿霉变，也可反映同批玉米在装船时外表状况良好，并不存在卸船时的严重水湿霉变。由此应认定货物水湿霉变发生在承运人陈丽弦、柳州运输公司的运输和保管过程中。广州进出口商品检验技术研究所作的鉴定结论及其检验人员到庭的解释表明：货物的水湿霉变系外界非正常水分侵入造成的，并非玉米本身的水分和外界湿度、温度条件所造成的；如果玉米本身原来有霉变，船舱内玉米应为均匀霉变；船舱中底部玉米无霉变,玉米从上层向下层霉变扩散,这只能说明玉米损失原因不正常。这表明玉米湿损霉变并非不可抗力、货物本身的自然性质或者合理耗损等原因造成的。尽管玉米在船时间达 2 个月之久,但同船大部分玉米(船舱中底部 203.39 吨玉米)没有水湿霉变,说明玉米在船时间较长并不必然遭水湿霉变;而且,原告与陈丽弦已协商对船舶滞期给予滞期费补偿,陈丽弦既然欲向原告收取滞期费,就理应在船舶滞期中继续恪尽职守,妥善保管货物,防止发生水湿霉变等损害。法院于 2006 年 4 月 19 日应陈丽弦的申请委托中国检验认证集团广东有限公司检验从"柳地港运公司 06"船抽取的玉米样品,该公司的检验结果表明样品含水分 14.49%、生霉粒 18.6% 等,因该玉米样品是船舶运抵马房港后于 2005 年 12 月 31 日的抽样,该检验结果不能证明玉米在装船前已有霉变等固有缺陷,却表明在抽样时玉米已有霉变,不能证明玉米在抽样时状况良好,更不能否定部分船载玉米水湿霉变的事实。承运人陈丽弦、柳州运输公司不能提供有效证据证明货损是因上述四种法定免责事由所造成的,应依法承担货损赔偿责任。结合原告以 1 250 元/吨向西丰县丰华经销公司购买玉米、委托他人以"万通"轮从大连港向广州市黄埔港运输,以及原告分别以 1 380 元/吨、1 370 元/吨向四会市澳华饲料有限公司、四会市中顺饲料有限公司转卖玉米的事实看,原告以 1 350 元/吨的市价主张货物损失合理,应予支持。"柳地港运公司 06"船卸下水湿霉变货物 37.03 吨,按照广州进出口商品检验技术研究所建议贬值 55% 的鉴定结论,以 1 350 元/吨的市价计算货物水湿霉变损失为 27 494.78 元(37.03 吨×1 350 元/吨×55%)。被告陈丽弦、柳州运输公司应连带赔偿原告货物损失 27 494.78 元。

在陈丽弦将货物运抵四会市马房港后,原告申请法院作出海事强制令,命令陈丽弦卸货交付原告。原告接受货物后,理应确定和知悉货物数量,而原告却没有提供有效的证据证明其实际接受货物的数量,也没有提供证据证明其曾在合理期限内对货物数量提出异议。按照《中华人民共和国合同法》第 310 条的规定,收货人在约定的期限或者合理期限内对货物数量、毁损等未提出异议的,视为承运人已经按照运输单证的记载交付的初步证据。据此,应推定承运人陈丽弦、柳州运输公司已按水路货物运单记载的玉米 240.42 吨交付了货物。原告主张其接受的货物不合理短少 3.76 吨,请求货物短少损失 4 954.50 元,没有事实依据,不予支持。

原告主张其接受的货物中含砂玉米为 199 吨,提供由广州进出口商品检验技术研究所作出的编号为 440100/05GW00002 的鉴定报告证明:"'柳地港运公司 06'船货舱表层玉米有砂粒,杂质含量为 8%,超出原同批货物样品杂质含量 6.3%。"但该《鉴定报告》同时备注:"上述鉴定结果仅代表'柳地港运公司 06'船货物的表层状况,并不代表全船货物的情况。"仅依据该《鉴定报告》不能计算出全船玉米的含砂量和含砂玉米的数量。原告请求以 1 250 元/吨转卖含砂玉米 199 吨的差价损失 19 900 元,缺乏事实依据,不予支持。

原告委托两被告陈丽弦、柳州运输公司从事了从广州市黄埔港至东莞市中堂港、从东莞市中堂港至四会市马房港的货物运输,应按照约定向该两被告支付两航次的运费 6 250.92 元(240.42 吨×13 元/吨×2)。"柳地港运公司06"船在中堂港和马房港分别滞期17天和28天,两被告柳州运输公司、陈丽弦主张其与原告协商在中堂港的滞期费按每天每吨1元计算,在马房港的滞期费按每天每吨2元计算,但不能提供有效证据证明双方曾有该约定。原告否认该两被告的此项主张,但同意按每天每吨1元赔偿该两被告的船舶滞期损失。在两被告陈丽弦、柳州运输公司举证不能的情况下,以双方当事人一致认可的滞期费率每天每吨1元计算,原告应向该两被告赔付45天的滞期费共10 818.90 元(240.42 吨×1 元/吨天×45 天)。原告应向该两被告支付运费、滞期费共17 069.82 元。柳州运输公司基于陈丽弦实际经营运输同意由陈丽弦受领全部运费和滞期费,不损害他人利益,不违反法律规定,可予支持。

综上,依照《中华人民共和国合同法》第292条、第310条、第311条的规定,判决如下:

(1)被告柳州地区柳州港运公司、陈丽弦连带赔偿原告大连北方粮食交易市场海侨粮油有限公司货物损失27 494.78 元;

(2)原告大连北方粮食交易市场海侨粮油有限公司向被告陈丽弦支付运费、滞期费共17 069.82 元;

(3)驳回原告大连北方粮食交易市场海侨粮油有限公司对被告广西苍梧县航运四公司的诉讼请求及其他诉讼请求。

51 原告金海岸国际贸易有限公司与被告盐城中大国际贸易有限公司海上货物运输合同纠纷案

案例来源:上海海事法院(2007)沪海法商初字第655号
主题词:舱面货　恶劣天气　特殊风险

> **裁判要旨**
>
> **No. HY-1.1-98**　承运人同托运人达成协议在舱面上积载货物,此后,由于装载货物的特殊风险而造成货物损失的,承运人不承担赔偿责任。
>
> **No. HY-1.1-99**　舱面货物由于海浪冲击、海水侵蚀而发生损害,以及部分因加固绳索松动而发生碰撞,是舱面货在恶劣天气情况下面临的特殊风险,不属于承运人管理货物过失。

一、基本案情

原告:金海岸国际贸易有限公司(GOLDEN COAST INTERNATIONAL TRADING LIMITED)

被告:盐城中大国际贸易有限公司

原告诉称:2007年5月,被告委托其运输29台汽车从中国连云港港至约旦亚喀巴港(AQABA)。应被告要求,船方将该批货物装载于甲板上,并在收货单上批注:"货物装载在甲板上;船方对甲板货不承担责任,由托运人承担风险。"被告要求原告签发不批注舱面货的清洁提单,并向原告出具保函。涉案货物在运输途中发生货损,收货人Mesk 旅游运输公司(Mesk Tourism Transportation Co.)遂向原告索赔 2 150 000 美元。据此,原告请求判令被告赔偿 2 150 000 美元及相关诉讼费用。本案中止审理期间,原告与收货人在约旦法院诉讼过程中达成和解协议,赔偿收货人 1 000 000 美元,并实际履行完毕。原告遂变更其诉讼请求:① 要求被告赔偿原告 1 057 446.34 美元,其中包括支付给收货人的货物赔偿款 1 000 000 美元、为解除船舶扣押提供银行担保向银行支付的担保手续费 27 496.34 美元、检验费用 8 800 美元、在约旦委托律师参与扣船、诉讼等代理费用 11 150 美元、委托目的港船代处理相关事务产生的额外费用 10 000 美元;② 要求被告赔偿因汇率差损失的人民币 691 041.18 元;③ 要求被告支付从和解赔款支付日(2007 年 10 月 28 日)起至判决生效之日止的利息损失;④ 本案诉讼及诉前保全费用由被告承担。

被告辩称:其没有违约行为,且原告索赔主张缺乏法律依据。本案系原告与案外人就海上货物运输合同纠纷达成和解并予以赔付后向被告提出的追偿之诉。原告与案外人形成的和解协议并未提及赔偿的理由和承担责任的原因,赔偿数额也不合理。因此,原告没有向被告追偿的权利。涉案货损是由于原告没有尽到管货义务造成的,与甲板货固有风险没有关系。原告将货物装载的位置容易使货物遭受损坏,且没有做好抵御恶劣天气的绑扎。此外,原告凭提单向被告索赔无法律依据,涉案保函即便由被告出具,该保函亦无效,不能据此向被告主张权利,请求驳回原告的诉讼请求。

二、法院查明事实

上海海事法院经审理查明确认事实如下:

2007 年 5 月,原告接受被告委托,将涉案 29 辆型号为 YCK6129HG 中大巴士汽车通过海运从中国连云港港运往约旦阿咯巴港。被告分两批(第一批为 22 辆,第二批为 7 辆)将涉案货物交给原告,并指示将货物装载在甲板上。被告对两批货物分别向原告出具了两份保函,要求原告签发不批注甲板货的舱内货提单。上述两份保函经上海市公安局物证鉴定中心鉴定,确定系由被告出具。被告在保函中同意向原告及其雇佣人和代理人赔偿并免除由于按照被告要求货装舱面而导致的任何责任、损失、损坏和费用。2007 年 5 月 22 日,原告遂就涉案货物向被告签发了两套编号分别为 GN707LAQB29 和 GN707LAQB30 的已装船正本清洁提单,船名航次为 GLORYNINGBOV.0707。两套提单记载的承运人均为原告,托运人均为被告,编号 GN707LAQB29 提单的收货人为凭联合储蓄投资银行指示,编号 GN707LAQB30 提单的收货人为 MESK 旅游运输公司(MESK TOURISM TRANSPORTATION)。

2007 年 6 月 13 日,涉案船舶驶离中国连云港。原告将涉案货物装载于甲板的各个位置,并在装运港委托具有绑扎资质的连云港军振木业有限公司对涉案货物进行绑扎系固。每辆客车每个车轮绑扎三道钢绳,每个车轮前后以30厘米×30厘米的三角木予以固定,并在货物表面覆盖防水布。在前往约旦阿喀巴港的航程中,涉案船舶于同年7月4日24:00时至7月8日12:00时在西印度洋遭遇恶劣天气,风力达到9级,船舶剧烈颠簸,大量海水上甲板和舱盖。覆盖车身的防水布和部分编织网被损毁,绑扎的钢绳松动,车辆因碰撞、海浪冲击和海水侵蚀造成损坏,但未有涉案货物因系固不牢而落入海中。

2007年7月16日,涉案船舶至约旦阿喀巴港后被约旦阿喀巴初审法院临时扣押,原告提供210余万美元银行担保得以解除船舶扣押。收货人MESK旅游运输公司(商业名称所有人SULTANABUHASSAN&PARTNERS公司)对原告、GLORYNINGBO轮的管理人以及船长在约旦阿喀巴初审法院提起诉讼,请求赔偿1 606 837.50美元。此后,原告与收货人达成和解协议,原告向收货人支付共计1 000 000美元的赔款,收货人撤回起诉,并承诺放弃就涉案货物损失向原告及其他相关方追偿的权利。和解协议已实际履行完毕。根据约旦法院指定专家出具的检验报告、约旦海关会同港口当局、清关方、船方和货方组成的联合委员会检验报告和原告委托的独立检验机构的检验报告,涉案货损的具体情况如下:3辆汽车遭严重损坏已无法修理,认定全损;3辆汽车遭比较严重损坏;23辆汽车遭部分损坏。涉案货物的出口单价为90 000美元,全损车辆损失价值共计270 000美元。另外,根据约旦当地的修理费用,对余下26辆客车的维修保养费用的总价在1 000 000美元以上。原告在与收货人达成和解协议之前,将赔款数额告知被告,并征询其意见,被告没有提出书面反对意见。此外,在诉讼过程中,原告还支付了为解除船舶扣押提供银行担保而向银行支付的担保手续费27 496.34美元、检验费用8 800美元、在约旦委托律师参与扣船、诉讼等代理费用11 150美元、委托目的港船舶代理人处理相关事务产生的额外费用10 000美元。

三、法院裁判

1. 涉案保函是否因欺诈而无效的认定

对第一个争议焦点,法院认为,保函是涉案海上货物运输合同的内容之一。根据法律规定,依法成立的合同,自成立时生效,当事人应当按照约定全面履行自己的义务;恶意串通,损害他人利益的合同无效,对当事人不具有约束力。本案托运人出于善意向承运人出具保函,双方均有履行之义务。当事人的善意表现为不具有欺诈他人的故意,该欺诈故意指为了自身利益而欺骗和损害他人利益直接明显的意图,欺诈行为与收货人损失结果之间具有直接关系。涉案货物在交付给原告时并不存在瑕疵,货物是因置于甲板在运输途中遭遇恶劣天气而发生损坏。原告接受被告保函签发清洁提单并无直接获利目的,该行为与涉案货损不具有直接因果关系。原告与被告不以损害收货人利益为直接目的,不具有欺诈收货人的故意。涉案保函符合合同生效要件,对双方当事人具有约束力。将涉案货物装载于舱面系被告要求,根据保函约定,被告同意承担因签发不批注舱面货提单而对原告及其代理造成的一切风险、责任和损失。因此,原告有权依据该保函向被告主张追偿权利。

2. 原告作为承运人是否存在管货过失的认定

对第 2 个争议焦点,法院认为,原告作为承运人应当妥善、谨慎地装载、搬移、积载、运输、保管、照料和卸载所运货物。原告委托具有资质的绑扎公司对涉案货物进行绑扎系固,系固方法符合对舱面货绑扎的一般要求。涉案货物损失系由于海浪冲击、海水侵蚀而发生损害以及部分涉案货物因系固绳索松动发生碰撞,均是舱面货在恶劣天气下面临的特殊风险,不属于原告管理货物过失。根据法律规定,承运人在舱面上装载货物,应当同托运人达成协议,或者符合航运惯例,或者符合有关法律、行政法规的规定;承运人依照前款规定将货物装载在舱面上,对由于此种装载的特殊风险造成的货物灭失或者损坏,不负赔偿责任。本案中,被告没有证据证明原告在管理货物过程中存在不妥善或不谨慎的行为,故原告不存在管货过失。

综上,法院认为,被告要求原告将涉案货物装载于舱面运输,并以保函形式承诺承担相应的责任。在本案海上货物运输过程中,被告已经给原告造成了实际损失,应当承担违约责任。被告应当赔偿原告的损失包括:原告直接赔付给案外收货人的货款损失、原告在约旦进行诉讼的其他损失共计 1 057 446.34 美元以及原告实际损失发生之日(即原告向收货人支付和解赔款之日)起至本判决生效之日止的同期美元活期存款利率损失。此外,根据法院查明事实,原告注册地在香港,在对外贸易及涉案赔款中均使用美元,不存在汇率差损失,故对原告汇率损失不予支持。据此,依照《中华人民共和国海商法》第 48 条、第 53 条,《中华人民共和国合同法》第 60 条第 1 款、第 107 条、第 113 条第 1 款,《中华人民共和国民事诉讼法》第 64 条第 1 款之规定判决如下:

(1)被告盐城中大国际贸易有限公司应在本判决生效之日起 10 日内向原告金海岸国际贸易有限公司赔偿经济损失 1 057 446.34 美元及其利息损失,自 2007 年 10 月 28 日起按中国人民银行同期美元活期存款利率计算至本判决生效之日止。

(2)对原告金海岸国际贸易有限公司的其他诉讼请求不予支持。

52 原告平湖市富华箱包厂、上海中纺联纺织服装有限公司与被告环捷国际货运代理(上海)有限公司海上货物运输合同纠纷案

案例来源:上海海事法院(2009)沪海法商初字第 259 号
主题词:货代收据　物权凭证　货物控制权

裁判要旨

No. HY-1.1-100　承运人签发提单以外的单证是订立海上运输合同和承运人接受该单证所列货物的初步证据,但不是据以交付货物的保证。

No. HY-1.1-101　货代收据仅是接收货物后出具的收据,不是提单,不具有物权凭证的功能。承托双方未约定承运人须凭货代收据交付货物的,承运人不凭货代收据交付货物,不违反运输合同的规定。

一、基本案情

原告：平湖市富华箱包厂

原告：上海中纺联纺织服装有限公司

被告：环捷国际货运代理(上海)有限公司

两原告平湖市富华箱包厂、上海中纺联纺织服装有限公司诉称：2007年，原告富华箱包通过原告中纺联与美国 LEGENT INTERNATIONAL LTD. 公司签订买卖合同，约定由原告向美国 LENGENT INTERNATIONAL LTD. 公司提供价值 87 696 美元的箱包。2008年六七月间，原告中纺联与被告就前述货物运输达成运输合同。被告收取了货物后，向原告出具了货代货物收据(FCR)。该单证并未在正面显著位置标明"见到收货人可以直接放货"的明确说明，且与标准的货代收据形式相差甚远。货物运到目的地后，被告未经原告指示将货物放给了收货人，导致原告结汇不能后丧失了对货物的控制，款、货两空。为此，两原告请求判令被告赔偿原告货物损失人民币 602 120 元，并赔偿按照中国人民银行企业同期活期存款利率从 2008 年 9 月 8 日至判决生效之日止的利息损失，本案诉讼费用由被告承担。

被告辩称：原、被告双方不存在海上货物运输合同关系，被告只是涉案货物收货人的代理人，代理收货人收取货物，不应承担无单放货的赔偿责任。货代货物收据不具有物权凭证的效力。请求驳回原告的诉请。

二、法院查明事实

上海海事法院经审理查明并确认如下法律事实：

2008 年 4 月，原告中纺联与案外人美国 LEGENT INTERNATIONAL LTD. 订立买卖合同，约定向案外人出售 50 112 件价值为 87 696 美元的背包，价格术语为 FOB 上海，付款方式为即期信用证。同年 5 月 12 日，美国汇丰银行就涉案货物开立金额为 87 696 美元的不可撤销可转让的跟单信用证，信用证号为 DCMTN217765，受益人为原告中纺联，信用证议付要求的文件包括被告签发的货代货物收据正本和一份副本，注明系为 FAMILY DOLLAR 公司装运货物的货物收据，运费到付，通知方为 FEDEX 贸易公司。6 月份，被告就涉案货物向原告中纺联发出进仓通知书。2008 年 7 月 7 日，被告向原告中纺联签发了 18 份抬头为被告的货代货物收据，记载的货物数量总和为 50 112 件，卸货港分别为美国西雅图、洛杉矶和萨瓦那，最终目的地分别为美国 FRONTROYAL, VA; MATTHEWS, NC; MOREHEAD, KY; MARIANNA, FL; ROME, NY; DUNCAN, OK; ODESSA, TX; WESTMEMPHIS, AR 和 MAQUOKETA, IA。18 份货代收据上面均载明托运人为原告中纺联，收货人为 FAMILY DOLLAR SERVICE, INC，通知方为 FEDEXTRADE，装货港为上海，货物的品名为男女孩背包，信用证号为 DCMTN217765，运费到付，正本份数为一份。同时，该收据正面下方载明："托运人特此证明，本收据首页上的具体情况正确，同意上述货物收据的条款和条件。"右下角签名栏标注有"Globe Express Services(被告) as carrier"的字样。该收据的背面第 2 条载明:"公司承诺代表客户收货,作为代理人持有这些货物并根据客户的指示,发货或代发运给承运人或转运人,随后由水上或航空承运人进行运输和配货,并最终发送给客户。"第 4 条载明:"在接收货物、履行本协议涵盖的集运服务时,公司作为客户的唯一代理人,而非货物的承运人、转运人或分销商,公司同时通过代表客户与第三方订立合同和/或直接处理客户和第三方之间的合同成为客户的唯一代理人,提供客户要求的服务。公司不是承运人,并不是作为负责人或承运人与客户订立或声称要订立任何货物的承运、储存、包装或搬运合同,尤其是公司不是一个公共承运人。客户同意自公司按照客户指示将货物交付承运人起,货物的照管、报关、承运和交货的唯一责任应由上述承运人承担,而非公司承担。公司在此被授权并承诺作为客户的代理人通过海上或航空承运人安排货物的装运、运输。客户确认,他们应受承运人运输协议条款和条件的约束,货物将依此代为发货保管。"第 9 条载明:"交付货物取得货代收据时托运人的权利终止。"

2008 年 6 月,被告开具国际货物运输代理业专用发票,向原告收取了卡车费、出口清关费、文件费、订舱费等费用共计人民币 19 857.6 元。2008 年 9 月 8 日,原告中纺联发邮件给被告,告知原告富华箱包不能同收货人达成协议,要求被告尽快将货物运回,否则将诉诸法律以解决争议,并声称等从银行处收到客户拒付的正本银行单证时再联系被告。同日被告回复称不能接受退运的要求。庭审中,两原告陈述信用证结汇不能是因为检验报告的软条款问题。被告陈述涉案货物已经交付给了收货人。

另查明,2008 年 4 月 20 日,原告富华箱包与原告中纺联就涉案货物签订代理出口协议,约定富华箱包委托中纺联代理涉案货物的出口。庭审中,两原告明确有权就涉案货物提起赔偿请求的应是原告中纺联。

三、法院裁判

上海海事法院认为,《中华人民共和国海商法》第 71 条规定:"提单,是指用以证明海上货物运输合同和货物已经由承运人接收或者装船,以及承运人保证据以交付货物的单证。提单中载明的向记名人交付货物,或者按照指示人的指示交付货物,或者向提单持有人交付货物的条款,构成承运人据以交付货物的保证。"第 41 条:"海上货物运输合同,是指承运人收取运费,负责将托运人托运的货物经海路由一港运至另一港的合同。"第 80 条:"承运人签发提单以外的单证用以证明收到待运货物的,此项单证即为订立海上货物运输合同和承运人接收该单证中所列货物的初步证据。承运人签发的此类单证不得转让。"在本案中,关于被告的法律地位,虽然在货代收据(FCR)背面,被告声称自己是收货人的代理人,代表客户收货,不是承运人,但该条款与货代收据正面右下角签名栏标注的"Globe Express Services(被告) as carrier"相矛盾,正面条款因其显著性应优先于背面条款适用。被告虽对此否认,但未能举证证明涉案货物运输合同是其与案外人签订的。相反,在其出具的涉案货物收据上载明了托运人、收货人、通知方、船名航次、起运港、目的港、货物品名数量等运输合同的具体事项,并向原告收取了订舱费等费用,故上海海事法院确认原告中纺联作为货代收据载明的托运人与被告之间存在海上货物运输合同关系,被告是涉案货物运输的承运人。根据中华人民共和国海商法的规定,提单是承运人保证据以交付货物的单证,但并未规定货代收据等提单以外的单证也是承运人据以交付货物的保证,因此本案中被告不凭货代收据将货物交付收货人并不违反法律的规定。从涉案货代收据背面第9条的记载"交付货物取得货代收据时托运人的权利终止"可以看出,该单据仅是货运代理人或承运人收到货物后出具的收据,不具有物权凭证的性质,托运人在交付货物取得货代收据时,其在运输合同项下的指示交货等货物控制权也随之丧失。本案中,既然原告接受了该单证,即应受该项约定的约束,因此被告不凭货代收据将货物交付给收货人也不违反运输合同的约定。同时涉案信用证明确指明议付信用证需要提供由被告出具的货代货物收据。被告向原告出具货代收据时,原告也未提出任何异议,并提交了货代收据用以议付信用证项下货款,而根据原告在庭审中的陈述,涉案货款结汇不能是因为信用证软条款问题,故被告在履约过程中没有过错,对于原告不能收回货款的损失,被告不应承担责任。

综上,依照《中华人民共和国民事诉讼法》第64条第1款、《中华人民共和国海商法》第41条、第71条、第80条之规定,判决如下:

对原告平湖市富华箱包厂和原告上海中纺联纺织服装有限公司的诉讼请求不予支持。

53 原告上海信达机械有限公司与被告上海港复兴船务公司海上货物运输合同纠纷案

案例来源:上海海事法院(2010)沪海法商初字第1221号

主题词:沿海货物运输　迟延交付　免责事由　举证责任　舱面货

裁判要旨

No. HY-1.1-102 沿海货物运输合同双方约定参照交通运输部《国内水路货物运输规则》分担运输风险和责任的,承运人对货物损坏或迟延交付是否承担责任,可以援引该规则第48条第(一)项至第(十)项规定的承运人在沿海运输中的免责事由,但承运人对免责事由应当承担举证责任,否则仍应承担赔偿责任。

No. HY-1.1-103 应当积载于舱面货物的运输风险是特殊风险,但不因此免除承运人的适航义务以及妥善地装载、搬移、积载、运输、保管、照料和卸载所运货物。

一、基本案情

原告:上海信达机械有限公司

被告:上海港复兴船务公司

原告诉称:2008年2月,原告与案外人东莞深赤湾港务有限公司(以下简称深赤湾港务)签订建造合同一份,约定由原告(作为卖方)建造并向深赤湾港务销售 MQ2535/4025 型门座式起重机六台,而深赤湾港务需向原告支付合同价款人民币(以下币种均为人民币)4,500 万元。为履行建造合同项下的交货义务,原告于 2009 年 11 月开始将货物装船以海运方式运往广东省东莞深赤湾港务所属的码头。由于门座式起重机为超大型的设备,为运输安全考虑装船时需将每台整机分拆成"转台以上"和"行走门架"两个部分以分别固定在船舶甲板之上,另有辅助设备(每台起重机包含 1 个吊钩和 2 个抓斗)亦与起重机本体分离而分别固定在船舶甲板之上。2009 年 11 月 7 日,原告将合同项下的部分货物(共分成二批,此为第一批)——4 个"转台以上部分"和 5 个"行走门架部分"及辅助设备 4 个吊钩、9 个抓斗装船发运。该第一批货物被装上"海港特5001"驳船,由"海港 37"拖带,由上海龙吴港务公司码头驶往东莞深赤湾港务所属码头。2009 年 11 月 14 日,"海港 37"拖带"海港特 5001"驳船行驶至福建沿海北纬 25°47.8′,东经 119°56.6′附近海域时,因遭遇海上突发暴风,而导致驳船上的货物受损,货物受损情况为:"转台以上部分"4 件和"行走门架部分"1 件落海全损,另有"行走门架部分"1 件及抓斗 2 件因撞击而损坏。上述货物损失价值共计 2,450 万元。原告向被告提出索赔未果,遂向法院起诉要求被告赔偿货物损失 2450 万元,及利息损失暂计 130.095 万元,本案诉讼费用由被告承担。庭审中,原告确认诉讼请求金额为货物损失 22 786 176.96元、施救费用 811 108.80 元、公估检验费损失 25 200 元、公估检验产生的差旅费损失5 329 元,以及上述合计金额按银行同期贷款利率计算的利息损失,起算时间为 2009 年12 月 14 日。

被告答辩认为:涉案运输的货物是笨重长大货物,且装载于舱面甲板上,其固有风险较高。依据我国《国内水路货物运输规则》第 23、51、54 条相关规定、原、被告所签运输合同第 6、10 条约定以及大件货运输的国际国内航运惯例等,被告作为承运人对运输此种货物的固有风险不应承担赔偿责任。货损原因不能排除是原告的绑扎不当造成。即使退一步说,承运人应当承担责任,也应该依据海事赔偿责任限制的规定,享受船舶赔偿责任限制。涉案运输系拖轮拖带驳船运输,驳船为无动力装置,因此,应将拖轮与驳船视为一个整体,按船舶总吨位合并计算来确定赔偿责任限额。原告诉称的损失及构成,被告不同意其公估报告及其确定的损失金额,建造合同约定价格构成包括门机的设计、制造、安装调试三部分成本和费用,此外后续技术培训、运输、保险、税费等共 7 个部分的成本构成了合同总价,原告公估报告按照重置成本法,重新产生的仅是重新制造的费用,而其他费用不会重复发生。依据其付款条件,设计完成后支付30% 的设计费,因此设计费用的成本可合理推定为合同价的 30%,后续培训 5%,商业利润 5%—10%,总计有 40%—45% 的费用不会重新发生,原告认为上车与下车的比例是 72% 比 28%,原告的公估报告是其单方委托的,对其内容真实性无法确定,被告认为比例应是 60% 比 40%,而且运输企业对比例很难发表意见,原告在损失方面应该举证充分。

二、法院查明事实

上海海事法院经审理查明确认事实如下：

2008年2月21日，原告通过投标方式与案外人深赤湾港务签订建造合同一份（合同号：港合技 MC2008001），约定原告向深赤湾港务提供6台 MQ2535/4025 门座式起重机及辅助设备的设计、配套件的采购、制造、调试及培训工作。合同"设备"系指门座式起重机、辅助设备与技术服务。供货范围、设备由卖方按技术文件（参见合同附件及供货范围）要求交付给买方。技术文件和其中所包含的条款与规格书应被认为已合并入合同之中，并应相应地按合同的一部分予以解释。6台 MQ2535/4025 门座式起重机制造总价为4 500万元。合同价格应理解为 CIF 现场整机交钥匙，包括门机设计、制造、运输、安装、调试，包括在深赤湾港务处设备的测试、试运行和移交，文件资料、服务和备件供应的费用，以及卖方为买方建造人员提供必需的办公场所与其他合理的设施、从住所到工厂与办公室的交通费等。分期付款方式为：① 设计审查通过后，卖方开具1 350万元的为期6个月或者至钢结构完成50%止的履约保函后，买方支付1 350万元的预付款，现汇。② 钢结构完成50%后，卖方开具1 350万元的为期6个月的履约保函后，买方支付1 350万元的进度款，现汇。③ 起重机安装调试结束并取得东莞市技术监督局的证书后，买方向卖方支付1 575万元的合同款。④ 产品正式交机1年后的30天内，买方根据设备的使用情况，向卖方支付最多225万元的质量保证金。⑤ 以上4次付款均以6个月的承兑汇票支付，且在买方收到每笔付款卖方开出的相应金额的有效发票后。合同还对检验、建造和修改、交货、试运行与测试、迟交与违约罚金、合同终止、技术培训、仲裁等条款作出约定。作为合同附件的《技术规格书》表明，本设计拟由武汉理工大学设计。门机交机后150天无故障，产品100%在工厂内完成，二大件运输、安装、现场交机零整改。供货范围：起重量25吨，最大工作幅度35M的四连杆门座式起重机6台，每台主要包括：门机、吊钩（2个）、上海 PEINER 抓斗（散粮、散化各1个/台）、导缆装置、供电电缆、锚定装置及锚定板（座）、预留防风拉索，还包括备品和配件、随机工具和附件、随机资料、竣工图纸等。⑥ 安装、调试和验收，门机的安装、调试、试车和运输到现场均由中标方负责，其费用包含在投标总报价中。⑦ 交货时间、地点、条件、运输和安装方案。时间：合同签订生效之日起13个月内；地点：门机验收合格后，在东莞深赤湾（麻涌港区2#-3#泊位）码头交货；条件：门机最后经当地技术监督局检验合格后，中标方按规定的内容交清；整机两大件运输、安装方案：本机在制造厂内进行总装、调试，用户和技术监督局到制造厂进行试车、验收。通过验收后将本机解体成二大件，即转台以上部分（转台、立柱平衡系统及臂架系统）和转台以下部分（圆筒门架系统及行走机构）。将两大件吊入海驳，经捆扎确认后运输至用户码头。在用户现场用合适的吊装设备将转台以下部分吊入轨道，将转台以上部分吊放在转台以下部分上，锁紧回转支承的高强度螺栓和完成中心集电环的电缆接线，即完成整机的现场安装。2007年12月27日《深赤湾港务邀标书》载明："6.1 中标人必须对其确认的最终价格做如下承诺:本合同价格已考虑到产品设计、制造、运输、安装、调试、验收、培训、保险等过程中可能遇到的种种影响价格的因素,故本合同价格为到东莞麻涌港区2#-3#泊位交钥匙价格。6.2 招标人建议的付款方式:6.2.1 合同签订后,卖方开具合同总金额30%的为期12个月的履约保函后,买方支付合同总金额30%的预付款;6.2.2 钢结构完成50%后,卖方开具合同总金额30%的为期10个月的履约保函后,买方支付合同总金额30%的进度款;6.2.3 起重机安装调试结束并取得当地技术监督局的证书后,买方向卖方支付合同总额35%的合同款;6.2.4 产品正式交机一年后的30天内,买方根据设备的使用情况,向卖方支付最多合同总价的5%的质量保证金。"原告按照深赤湾港务招标书的要求在投标书中列示2535/4025型整机总造价(6台)为4 500万元,每台造价750万元;其中主机价格6台4 080万元,每台680万元;其中运杂费120万元;其中安装调试费用分浮吊费180万元,每台30万元,安装调试费120万元,每台20万元;其中电气部分(含电气安装)197万元;安装场地面积要求为占200米码头岸线,6天;在深赤湾港务场地安装调试时间为4天安装、2天调试;主要安装设备为500吨浮吊、10 000吨海驳、10吨铲车。技术规格书还载明包括制动片、空气断路器、防风拉索装置、冷却风扇等在内6台随机备件共302 300元,6台起重机随机工具共314 850元。

设备建造完毕后,为履行建造合同项下的交货义务,原告与被告于2009年10月20日签订运输合同一份,约定托运人为原告,承运人为被告,拖轮海港37,驳船海港特5001,载重吨5 000吨,货物门机9台,每台重量为400吨,每航次装4.5台,装货港为上海港龙吴公司码头,卸货港为东莞深赤湾码头,装货日期为预计2009年10月30日左右,共计2航次,托运费用90万元每航次,总价180万元,船到卸货港后原告支付单航次合同价格的全额款项,付款前被告向原告提供运输专用发票。运输合同约定:"一、船舶:被告负责按规定提供拖轮和驳船履行该合同的运输任务,上述船舶应在开航前和开航时处于适航状态并具备合格的船员和船舶文件或证书。二、货物:本合同内所指的货物系载于驳船主甲板上或货舱内的一切合法货物,原告应在托运时将货物的详细情况和清单提供给被告。原告还应在装货前办妥货物进出港的一切手续和单证并按合同规定的货物提供装船。……五、运到期限:自装运港装运完毕后3天内,承运人将货物运抵东莞深赤湾码头指定安全泊位码头;如遇不可抗力时间、天气的影响或耽误,以上运到期限则顺延。六、责任、风险、义务和费用:1.合同双方充分认识到海上拖运大型设备的风险,根据公平原则,参照《国内水路货物运输规则》中有关重、大件运输相关精神分担相应的运输风险和责任。双方约定:(1)本货物为装载在舱面甲板上的笨重、长大件货物。(2)在运输过程中,对由于此种装载的特殊风险造成的货物损坏、灭失,承运人不承担赔偿责任。2.被告应根据本合同有关条款安全、迅速地将货物由装货港拖运至卸货港。3.由于自然灾害或人力不可抗力或由于船舶的船体、机械、电器装备等方面的潜在缺陷或者由于船长和船员在驾驶操作船舶方面的疏忽和过失行为而造成船货损坏或灭失应由双方各自承担自己的损失部分。4.原告负责安排货物的配载、装卸及装卸码头或者泊位,装卸工人、装卸机具和设备,理货人员,并承担其费用。5. 如果原告提供的货物装船后需绑扎加固,则货物的绑扎加固方案应符合拖轮船长的要求(如有必要,还应得到有关部门的认可)和海上航行安全的需要。6. 凡由于货物而引起的一切费用(包括货物的装卸费等)均由原告承担,被告负责船舶的保险费和进出装卸两港的船舶港杂费。7. 原告承担货物的延误、损坏、灭失、清除打捞、污染水域等一切的风险的赔偿和由于船舶所载货物所引起的对第三方造成的损害赔偿。……十、特定条款……2. 原告应对货物进行运输保险,在这些保险单中托运人应付费安排承运人作为共同被保险人,并安排保险人放弃代位行使权;被告应对承运船舶进行保险。"合同还对延滞费率、拖运费的支付方法、延滞费的计算和支付方法等作出约定。

2009 年 11 月 5 日,原告向案外人民安保险(中国)有限公司上海分公司就运输涉案货物进行投保,投保单载明被保险人为原告,保险货物名称为门座起重机设备,保险金额 3000 万元,件数 9 大件(整机 4 台),启运日期 2009 年 11 月 5 日,投保险别及费率为水路基本险 0.7%,运输路线上海港龙吴分公司码头到广东东莞深赤湾港务有限公司码头。2009 年 11 月 8 日民安保险(中国)有限公司上海分公司在上海签发了民安保险(中国)有限公司格式抬头的保单号码为 06020800000906072009000033 的货物运输保险单,载明被保险人为原告,运输工具为海港特 5001 号驳船,起运日期为约于 2009 年 11 月 8 日,航程由上海港龙吴港分公司码头至广东东莞深赤湾港务有限公司码头,保险金额 3000 万元,定值,保险标的物工程合同号:08 造 6 门座起重机设备 9 大件,承保条件及条款为国内水路、陆路货物运输保险(基本险)。

2009 年 11 月 7 日 09:40 时,海港特 5001 驳船于上海装货完毕,驳船上装载了 MQ2535 门机上车(指安装焊接于转台上司机室、机房、起升机构、回转机构、立柱等)4 台、下车(指安装焊接于主梁圆筒上主梁圆筒、端梁、运行机构等)5 台,散件包括抓斗 9 个、吊钩总成 4 台等,货物的绑扎和固定由原告参照 GD008-97《海上拖航指南》中附录的标准计算后并经被告确认后,由原告派人进行了固定和绑扎。中国船级社签发了适拖证书和检验报告,适拖证书记载:应上海国际港务集团股份有限公司要求,中国船级社郭建军于 2009 年 11 月 7 日根据中华人民共和国船舶检验局颁布的《海上拖航法定检验技术规则 1999》(以下简称《拖航规则》),在上海港对该公司所属"海港 37"及被拖船只"海港特 5001"进行检验,并对本次拖航的具体安排进行审核。经检验,"本次拖航的准备工作已满足《拖航规则》要求,批准上述船只驶离中国上海,进入中国东莞。船长(包括拖拖船和被拖航船)应采取相关措施以使拖航满足检验报告所列安全操作要求。请注意:拖轮应在接收到当地区域 48 小时内良好天气且蒲氏风力不会超过 6 级的天气预报时,可于白天自航程中的任何港口出发,如果蒲氏风力超过 6 级,拖航船舶应当寻求避风。拖航期间,拖轮船长应始终注意拖航航线及被拖船的状态。拖航船长应根据海洋的季节特征、气象预警和海洋的状态,履行相关程序,采取适当的航海技术,并根据情况调整速度和航道。"

2009 年 11 月 7 日 09:40 时,"海港 37"拖轮拖带"海港特 5001"驳船由上海港龙吴公司码头开航,驶往东莞,航次0909,当时风力3—4级。航海日志记载,2009年11月8日07:00时,通知5001对货物进行检查,07:15时,5001报绑扎情况基本正常。2009年11月10日07:20时,拖轮协海港特5001锚泊于福建三都澳锚地,锚位26—38.94N,119—48.81E,风力南风4级,海浪南3级。2009年11月14日09:20时备车,09:35时海港特5001锚起续航,风力4—5级。当天16:00时东北风风力5级,东北浪4级,18:05时发现5001驳船上冒有火星、慢车,收短主拖缆,用强光灯检查,发现货物已落水,位置为北纬25°47.8,东经119°56.6。当时风浪大,无法滞留现场,驶往海坛海峡,并用VHF通报来往船舶远离该区域。20:00时东北风风力7—8级,海浪东北浪4—5级,23:45时于北纬25°24.6,东经119°41.01位置锚泊。抛锚后登驳检查发现丢失4台上车1台下车,并报公司及海事局。

　　2009年11月15日,海港37拖轮船长向福州海事局发出海事声明:"事故起因是11月7日13:40时,海港特5001装载大件,转台以上部分4大件,圆筒以下五大件(详见运货清单)经相关部门绑扎、检验确定适合拖带后由我轮从上海港拖带出发,目的港广州东莞,10日由于冷空气风大到三都澳避风,14日09:20根据气象台所报中午风力渐弱,不大于6级,决定开航,17:30在白犬列岛附近海面,突然风速逐渐增强,本船决定到海坛避风,17:50时风速高达14.5米/秒,瞬时风力18米/秒,18:05时船位在北纬25度47点8分,东经119度56点6分,船速突然下降,我船慢车。查看情况发现有几个门机上车坠落海中,并造成海港特5001驳甲板及部分设备损坏,并向来往船舶发出警告。损伤情况:经抛锚后检查,门机上车4台,下车1台落入水中,2只抓斗损坏,几个行走损坏,驳船1台水泵,1个救生筏,甲板四处破损,坠落到海中位置是北纬25°47.8,东经119°56.6。"(注:福州海事局于2010年1月27日签证准予备查。)

　　2009年11月15日09:30时,当地海事局抵达驳船附近,由于当时风浪大,风力为6级,海浪4级,海事局官员在驳船周围拍照后离开,并没有登轮进行调查。2009年11月16日16:55时,民安保险(中国)有限公司委托的广州海正保险公估有限公司(以下简称海正公估)检验师上船,了解事故情况,并从拖轮船长处取得船舶证书、航海日志、适拖证书、气象资料等相关资料。天气预报资料显示:中国沿海24小时气象预报,2009年11月13日08时至2009年11月14日08时,东海南部区域北风风力为6级阵风7—8级,下午转7级阵风8—9级,台湾海峡北部区域北风风力6级阵风7级,下午增强到6—7级阵风8级;2009年11月14日08时至2009年11月15日08时,东海南部区域北风;中午转东北风,风力为6—7级阵风8级,中午减小为6级阵风7级,台湾海峡北部区域北风风力7级阵风8级,中午减弱为6级阵风7级。

　　2009年11月17日11:00时,海正公估检验师、被告公司代表、原告代表登上驳船,在驳船船长陪同下,对驳船上的货物状况进行了现场检验。检验结果:门机上车4件于事故中全部坠海、1件门机下车行走部分在驳船甲板上,但已经损坏,而其上部已于事故中坠海,1件门机下车的行走部件、楼梯、电缆绞盘、电动机等损坏,3件外表状况完好;9个抓斗中1个已严重损坏、1个局部损坏、7个外表状况完好。在海正公估的报告中披露,船长朱汉评在接受海正公估调查时,明确说明了事故当时的风力为东北风6—7级。

事故发生后,福州海事局于2009年12月25日向上港集团物流有限公司发出《关于限期打捞清除沉物的通知》(闽海事榕指挥[2009]41号),指出:"2009年11月7日,你司所属船舶"海港特5001"船从上海港开往广东东莞途中,在白犬列岛以南水域发生门机坠海事故,导致门机上车4台、下车1台落入水中。该门机坠海水域是海上船舶交通较为密集的水域,为防止坠海的门机对过往船舶通航安全造成影响,现要求:一、……你司应于2009年12月25日前在已发现的门机上设置沉物标志,并在未妥善对该沉物进行无碍航处理之前,保证该沉物标志的正常。二、……你司应在收到本通知之日起7日内组织对该沉物进行打捞清除,否则我局将依法采取强制处理措施,其全部费用将由你司承担。三、你司应继续寻找探测未发现的门机,并及时将沉没门机的位置和深度等资料及时、准确地报告我局,对造成碍航的所有沉物应设置沉物标志并立即组织打捞清除。"

2009年12月4日,原告与福州德瑞水下工程有限公司(以下简称德瑞公司)签订《"海港特5001"吊机扫测、探摸协议》,约定原告委托德瑞公司就"海港特5001"吊机提供扫测、探摸潜水作业服务,服务费为25万元。2009年12月15日,原告与德瑞公司签订《"海港特5001"吊机水下切割协议》,约定原告委托德瑞公司就掉落的一台吊机进行水下切割,总价款为35万元。2009年12月22日,原告与德瑞公司又签订《"海港特5001"吊机扫描、探摸、水下切割补充协议》,因为德瑞公司提出在实际施工中,水下作业的工作量和工作强度都增加,原告同意追加给德瑞公司施工作业服务费15万元。原告于2009年12月4日、12月30日、2010年1月27日,分别向德瑞公司支付上述款项10万元、30万元、35万元,共计75万元。

原告还主张2009年11月15日至12月30日为查看现场、处理事故多次往返于上海与福建平潭之间,花费交通费、高速通行费、油费、住宿费等,现以查勘事故船及指导捆扎的差旅费的名义主张19 108.80元。

事故发生后,为保证驳船上剩余货物能继续运输,原告委托绑扎公司进行了捆扎、扶正、加固,产生费用42 000元。

原告于2010年4月委托华大公估就涉案事故及门机重新制造进行调查,定损结果是1台全损门机(坠海的上车和下车)扣除未受损的2个抓斗(每个抓斗按重置价110 000元计算)和1个吊钩(按重置价30 894.22元),为7 249 105.78元;重新制造3个转台以上部分的重置价14 561 529.33元(每个重置成本为4 853 843.11元);购置1个抓斗为110 000元,1个受损的电缆卷绕机构的维修费用;在事故发生后为处理事故及减少损失而发生额外费用,并将重新制造的替代货物运往买家而发生相关费用,包括重新绑扎加固事故船上的剩下货物费用42 000元,为事故船勘查和重新进行加固指导而发生的差旅费用19 108.80元(属于施救费),为发运重新制造货物而发生的吊装费、船运费、航告费、保险费829 081.97元,落海货物的探摸和打捞费用75万元仅主张

25万元,这部分属于最早发生的"扫测、探摸、拍照"费用,当时的意图是打捞货物(也是福州海事局的要求),可以认定是为了挽救货物(减少损失)而支出的费用(可以列为保单责任范围),而切割费35万元和追加施工作业服务费15万元目的是为了切割落海的设备以免影响航道安全而非为了挽救货物(不应列入保单责任范围)。因此,关于货物价值,华大公估认为,4台门机整机750万×4=3000万元,1个门架行走部分2025000元(按该设备重新制造费用与整台设备重新制造费及抓斗和吊钩费用之和的比例推算约为750万×27%),1个抓斗110000元(按采购发票金额确定),总计人民币32135000元。

事故发生后,被告未委托检验。而海正公估评估损失为1270万元,依据是每台门机造价750万元,包括门机设计、制造、运输、安装、调试(包括在东莞深赤湾港务处设备的测试、试运行和移交)、税费等,但货物建造合同没有具体列明每项的价格,根据合同第三章支付条件设计审查通过后支付总金额的30%,可推出设计费为30%,建造费按60%计算。而上下车比例按60%比40%计算。因此,上车每件为750×60%×60%,4件为1080万元,下车1件750×40%×60%为180万元,门机下车行走部件、楼梯、电缆绞盘、电动机等已损坏可修复的金额10万元,对于这个检验结论中建造费占合同价款的60%和上下车比例为60%比40%,被告表示认同。

华大公估对涉案货损原因的结论是,该起事故是因装有货物的"海港特5001"驳船在航行至福建省白犬列岛附近海域时,因遭遇海上暴风及暴风带来的大浪,并且因驳船航行路线(偏向东南)与东北风向成直角受力关系,造成驳船船体严重摇晃,致使货物的重心发生严重偏移后,继而绷断下部焊接固定和上部的捆扎钢缆,造成货物倾覆、位移和相互碰撞,从而导致门座起重机的4个转台以上部分和1个行走门架部分共5大件落海,另有未掉落海中的1个行走门架部分上的1个电缆卷绕机构及2个抓斗因货物之间相互碰撞而受损。在华大公估的调查报告中载明,根据船长的陈述及交福州海事局备案的船方出具的海事声明内容看,该船于2009年11月14日17:30时航行至白犬列岛附近海面,突然风速逐渐增强,所以决定到海坛避风,17:50时风速高达14.5米/秒,瞬时风力18米/秒(该风速是拖轮"海港37"上的风速仪测定结果,但并未有书面记录)。在华大公估调查期间向国家海洋局东海预报中心调查事发当时风浪实况,该中心于2010年6月23日出具风浪实况证明:因受冷空气影响,2009年11月14日下午至傍晚,福建平潭北部北纬25度47点8分,东经119度56点6分附近海域的风浪实况为东北风6级阵风7—8级,并伴有2.2—2.8米的中到大浪。

另查明:海港特5001(HAIGANGTE5001),船籍港上海,船舶种类驳船,船舶总吨为3203吨,船舶所有人上海港复兴船务公司,船长92米、型宽26米、型深5.5米。海港37(HAIGANG37),船籍港上海,船舶种类拖船,船舶总吨为361吨,船舶所有人上海港复兴船务公司。拖轮船长朱汉评。

民安保险(中国)有限公司提供的福州市专业气象台2009年11月18日天气证明,由于受北方冷空气南下影响,2009年11月14日我市平潭县沿海海域出现八级大风。

被告提供的福建省气象信息中心出具的沙埔站、薛港站、东翰站3个气象观测点的 2009 年 11 月 14 日大风资料显示,其中沙埔站、东翰站测得的全天 1 小时内极大风速(即阵风)均在 6—7 级,仅在 15:57 时和 15:54 时出现阵风 8 级,而事故发生时间 18:05 时前后各 1 个小时内的阵风风力均为 7 级。

三、法院裁判

上海海事法院认为,本案货物运输由上海港运往东莞深赤湾码头,属于我国港口之间的海上货物运输,根据《中华人民共和国海商法》第 2 条规定,不适用《中华人民共和国海商法》第四章海上货物运输合同的规定,应适用《中华人民共和国合同法》以及参照《国内水路货物运输规则》来认定双方当事人在涉案货物运输中的权利义务。原告与被告对于双方之间签订运输合同且运输合同关系合法有效并实际履行并无争议,上海海事法院予以确认。从运输合同的内容分析,实质是约定了两个航次的航次租船合同,而涉案运输是其中的第一个航次的运输,故就涉案运输而言,双方之间建立航次租船合同关系,被告系出租人,原告系承租人。本案的争议焦点在于:① 被告作为承运人是否存在冒险开航并应承担货损赔偿责任;② 如被告应承担赔偿责任,则责任范围和具体金额,是否能享受责任限制;③ 被告主张原告未按照运输合同约定安排被告作为共同被保险人,是否影响被告的责任承担。

(一) 被告作为承运人是否存在冒险开航并应承担赔偿责任

上海海事法院认为,涉案运输的货物为笨重、长大货物,合同双方在运输合同中已经明确约定双方充分认识海上拖运大型设备的风险,根据公平原则,参照《国内水路货物运输规则》中有关重大件运输相关精神分担相应的运输风险和责任。《国内水路货物运输规则》第 54 条规定,承运人依照本规则第 53 条规定将货物装载在舱面上,对由于此种装载的特殊风险造成的货物损坏、灭失,不承担赔偿责任。当货物被装载于舱面时,与舱内货物相比,更容易因船舶摇摆、甲板上浪而被扫到水中,或因甲板上浪而雨淋而遭受损失等。这种风险是舱面货物所必须面临的,也是将其作为特殊货物处理的根本理由。但这里的免责仅指单纯因舱面货特殊风险引起的,而且承运人的免责,并不意味着免除其应当履行的保证船舶适航及管理货物等义务,承运人仍然应当妥善地装载、搬移、积载、运输、保管、照料和卸载舱面货物。《国内水路货物运输规则》第 32 条规定,承运人应当妥善地装载、搬移、积载、运输、保管、照料和卸载所运货物。我国《中华人民共和国合同法》第 311 条规定,承运人对运输过程中货物的毁损、灭失承担损害赔偿责任,但承运人证明货物的毁损、灭失是因不可抗力、货物本身的自然性质或者合理损耗以及托运人、收货人的过错造成的,不承担损害赔偿责任。这是承运人可以免责的法定理由。《国内水路货物运输规则》第 48 条规定,承运人对运输合同履行过程中货物的损坏、灭失或者迟延交付承担损害赔偿责任,但承运人证明货物的损坏、灭失或者迟延交付是由于下列原因造成的除外:① 不可抗力;② 货物的自然属性和潜在缺陷;③ 货物的自然减量和合理损耗;④ 包装不符合要求;⑤ 包装完好但货物与运单记载内容不符;⑥ 识别标志、储运指示标志不符合本规则第 18 条、第 19 条规定;

⑦ 托运人申报的货物重量不准确;⑧ 托运人押运过程中的过错;⑨ 普通货物中夹带危险、流质、易腐货物;⑩ 托运人、收货人的其他过错。这条是承运人免责条款的规定,其中第(一)至(二)项是对《中华人民共和国合同法》第311条规定的重述,第(四)至(九)项是对《中华人民共和国合同法》第111条规定有关托运人过错的具体细化。承运人要享受该等免责权利的前提是负有举证的义务,而且承运人不能在上述法定免责事项之外享受免责。《国内水路货运运输规则》第47条第2款规定,承运人承担本规则未规定的义务或者放弃本规则赋予的权利的任何特别协议,经实际承运人书面明确同意的,对实际承运人发生效力;实际承运人是否同意,不影响此项特别协议对承运人的效力。从该条规定含义以及司法实践来看,《国内水路货运运输规则》关于承运人权利、义务的规定,是法定的最基本的权利、义务,承运人不得随意放弃自己的义务、增加自己的权利。相反,如果承运人自愿增加其义务,放弃《水规》所赋予的权利则是允许的。因此,双方在合同中约定"由于船长和船员在驾驶操作船舶方面的疏忽和过失行为而造成船货损坏或灭失应由船货双方各自承担自己的损失部分"的约定违反了《中华人民共和国合同法》和《国内水路货运运输规则》的相关规定,因此,不发生法律效力。涉案运输系以拖航方式完成的沿海运输,拖航方式决定了对于安全航行有着特殊的要求,这在适拖证书上已经明确记载,即"拖轮应在接收到当地区域48小时内良好天气且蒲氏风力不会超过六级的天气预报时,可于白天自航程中的任何港口出发,如果蒲氏风力超过6级,拖航船舶应当寻求避风。拖航期间,拖轮船长应始终注意拖航航线及被拖船的状态。拖航船长应根据海洋的季节特征、气象预警和海洋的状态,履行相关程序,采取适当的航海技术,并根据情况调整速度和航道"。被告抗辩称,本次运输系近海运输,而气象预报的海域范围较广,且天气预报主观性强、准确率低,船长判断天气应当根据本轮观测到的实时气象数据结合可以收集到的岸台气象预报判断,本轮观测到的气象数据最准确可靠,盲目相信气象预报不利于船舶的航行安全,航海实践中都按照天气预报则无法实际航行。上海海事法院认为,虽然被告的意见本身具有一定合理性,船长作为船上的最高指挥官有权力决定是否开航,但本案中被告并未提供证据证明船长决定开航当时的实测数据和作出开航决定的风力依据,被告称船长是收到当地气象台关于午后风力减弱的预报后决定开船的,但没有提供该气象预报的资料,航海日志上也无相应记载。即使确实收到过该气象预报知道午后风力减弱,也不符合适拖证书要求的48小时天气良好的开航条件。适拖证书的要求已经十分明确,事实是船长并没有在收到蒲氏风力大于6级的气象预报时,作出继续避风的决定。船长忽视气象预报,在明知气象条件可能不符合航行的情况下,缺乏对风险的预见和评估,轻率决定开航导致途中遭遇超过安全航行限制的风力,是造成本案货损的直接原因。根据拖轮船长提供的"中国沿海24、48小时气象预报"可以看出,驳船在2009年11月14日所要经过的海域风力在蒲氏6—7级、阵风达8级。在如此天气状况下,驳船是不适合进行拖带的。根据适拖证书要求:当风力大于6级时,必须寻找避风锚地或港口进行避风;而且,在整个航行过程中,拖轮船长必须应用良好的船艺、气象警

报、海况等,以保护驳船的安全。显然,货物落海与拖轮船长未按照适拖证书要求履行保证船舶适航及管理货物等义务有着直接关联,因此,承运人对此负有相应的赔偿责任。至于华大公估将事故原因认定为海上暴风及暴风带来的大浪,主要是针对另案保险纠纷,按照蒲氏风力等级表,暴风是指11级风,在海上航行中7—8级风是很常见的,也达不到暴风的等级。

被告还提出原告的绑扎存在问题,但未提供证据证明。起运前,船级社已经对包括绑扎在内的情况进行检查,签发适拖证书,这是证明绑扎符合拖航要求的初步证据,承运人认为有问题应提出异议,并委托有资质的机构对绑扎进行检测。在事故发生后,被告作为承运人如认为绑扎是造成货损的原因,也可委托检测,但被告仍未要求对绑扎问题进行联合检验或自行委托检验。故而,被告该项抗辩不能成立。被告作为承运人在其负责运输期间发生货物损坏,而其又无法证明依法可以免责,况且其行为违反了适航义务和管货义务,因此,应承担相应的赔偿责任。涉案货物损坏的原因,系船长在收到天气预报不适于拖航运输的情况下,违反海上拖航指南和适拖证书的要求,擅自开航,致途中遇到超过拖航安全航行限制的6级以上风力,船舶摇晃,驳船上笨重、长大货物坠海所致。

(二)承运人应承担赔偿责任的范围及金额

上海海事法院认为,《中华人民共和国合同法》第312条规定,货物的毁损、灭失的赔偿额,当事人有约定的,按照其约定;没有约定或者约定不明确,依照本法第61条的规定仍不能确定的,按照交付或者应当交付时货物到达地的市场价格计算。法律、行政法规对赔偿额的计算方法和赔偿限额另有规定的,依照其规定。鉴于涉案运输合同对货物赔偿额未作约定,也无法按照《中华人民共和国合同法》第61条规定予以确定。因此,应按应当交付时货物到达地的市场价格计算。涉案货物买卖合同约定,每台门机价格为750万元,系到目的港CIF现场整机交钥匙价格,包括门机设计、制造、运输、安装、调试,也包括运费、保险费。由于货物系部分损失,应按照每台门机的价格与损坏比例来确定货物损失的赔偿额。原告起诉按照公估报告的货物重置建造费用加重置后发生的运费、保险费来计算货物损失,对此被告抗辩设计费、安装调试费不会重复发生,原告在案件审理中最终又确认按照买卖合同价格来确定货物损失,应以其最后确认为准,即不按照重置成本计算。合同中约定每台门机总价为750万元,而其中主机为680万元、运杂费20万元、安装调试费20万元、浮吊费30万元。合同以及作为合同附件的技术规格书、投标书均未明确列明设计费,但根据合同约定,该费用应当在货物运输前实际发生,应当属于货物损失。被告虽提出设计费占合同总价的30%,但其依据是按照合同的支付条件和付款进度,显然依据不足。原告表示合同中关于设计费的表述是按照招标方的要求,而涉案货物系标准产品,使用图纸也是武汉理工大学研究所在涉案合同之前(2007年3月)的设计图纸,并提供了相关证据。上海海事法院认为,相比之下,原告的陈述更为合理。本案中由于被告未能举证证明设计费的具体金额,因此,关于主机价中应扣除设计费的主张不予采纳。关于安装调试费,投标书载明为每台20万元。上海海事法院认为，按照投标书中门机制造周期图和技术规格书中安装调试时间来看，安装和调试均分两部分，在工厂内完成全部总装6台门机耗时30天，而在用户现场起驳、整体二大件合拢6台耗时4天；而调试工厂内完成全部调试、试车，6台耗时30天，而在现场二大件合拢后复核6天耗时2天。因此，按此比例，有90.91%的安装调试工作量在货物装船运输前完成。上海海事法院认为，实际发生的安装调试费为18.18万元。关于浮吊费，根据投标书和技术规格书，在工厂内安装时需使用500吨浮吊将转台以上部分吊装在门架上、在装船运输时用500吨浮吊将门机拆分成二大件吊装入合适的平板海驳、在用户现场安装时用500吨浮吊将转台下部分吊装入轨道，可见3个工序中会使用500吨浮吊，而每台浮吊费为30万元，可推定在货物实际出运至发生事故时前2个工序的浮吊费已实际发生，故损失的每台门机应包含20万元的浮吊费。关于运杂费，原告自认有3台门机计60万的运费未支付给被告，所以在涉案的合同价格中应不计算该笔运费，运费未发生损失。至于吊钩和抓斗，在合同报价中没有出现，原告主动将其扣除并无不妥。而且从报价组成来看，吊钩和抓斗只能属于主机680万元的范畴。至于抓斗和吊钩价格，原告提供了外购抓斗的发票显示110 000元，吊钩总成本30 894.22元，被告虽有异议但未提供反驳证据证明价格不合理。因此，上海海事法院确认上述价格为抓斗和吊钩的实际价格。作为合同附件二的技术规格书表明，供货范围还包括备品和配件等，所列的全部费用包含在投标总报价中，根据附表E折算成每台备品和配件价值为50 383.33元。综上，装上船的每台主机价值（扣除2个抓斗、1个吊钩总成、备品和配件再加上在工厂的安装调试费、浮吊费）应为688.052245万元。关于上下车比例，原告坚持以重置货物上下车比例计算，上海海事法院认为，由于原告重置价格发票中有270余万元的发票日期在货物重新制造并发运之后，且原告不再坚持以重置价格来主张货损金额，被告对于原告提出的上下车比例为7.2∶2.8提出异议，因此，原告所提比例上海海事法院不予采纳。现被告认可上下车比例为6∶4，上海海事法院可予确认。按此比例，在涉案运输中损坏的上车价值为412.831347万元，下车为275.220898万元，4个上车1个下车的价值为19 265 462.86元，还有1个抓斗全损110 000元，1个电缆绕卷修复36 459.88元，共计19 411 922.74元（注：还有1个抓斗部分损坏，但原告调查报告和诉请中均未涉及，不作处理）。

《中华人民共和国合同法》第119条规定，当事人一方违约后，对方应当采取适当措施防止损失的扩大；没有采取适当措施致使损失扩大的，不得就扩大的损失要求赔偿。当事人因防止损失扩大而支出的合理费用，由违约方承担。原告主张的75万元中的第一笔25万元，系为了扫测、探摸坠海受损货物实际情况发生的扫测、探摸费用，也是按照国家海事部门的强制性要求而发生的，属于因防止损失扩大而支出的合理费用，应由被告承运人承担违反运输合同义务而造成的该项费用。原告主张的42 000元捆扎、扶正、加固费用，亦属于因防止损失扩大而支出的合理费用，也应由违约方承担。至于原告主张的19 108.80元所谓事故船查勘及加固指导发生的差旅费，经查系多次往返上海与福建平潭地区的机票、高速收费、油费、住宿费等费用，原告认为属于施救费,缺乏法律依据。原告主张的 50 万元的切割探摸费用,原告的检验师在调查报告中写明不属于打捞施救费用,而是为了切割障碍物的费用,现要求承运人承担缺乏法律依据。公估检验费 25 200 元,是为了确定保险事故而支出的保险公估费用,向承运人主张缺乏法律依据,在公估检验费之外另支付公估检验的差旅费 5 329 元,并进而向承运人主张该费用损失更缺乏法律依据。对于该等损失主张,上海海事法院均不予支持。虽然,运输合同第 7 条约定"原告承担货物的延误、损坏、灭失、清除打捞、污染水域等一切的风险的赔偿",但这条适用的前提是,被告在履行了适航和管货义务的情况下,因舱面重大件货物固有风险引起的货物的上述风险的赔偿,本案不适用该条约定。

(三) 被告能否享受海事赔偿责任限制

上海海事法院认为,虽在运输过程中,由于船长冒险开航造成船舶不适航,船载货物受损,承运人对此不能免责,但并无证据证明涉案货物损失是由于承运人的故意或者明知可能造成损失而轻率的作为或者不作为造成的。本案所涉的"海港37"及"海港特5001"属海商法规定的船舶,被告系上述船舶的登记船东,根据《中华人民共和国海商法》第 204 条规定,被告依法可以享受海事赔偿责任限制。货物损坏以及重新捆扎、扶正、加固费,属于《中华人民共和国海商法》第 207 条规定的限制性债权,责任人可以享受责任限制。而原告主张的扫测、探摸费等,属于沉物清除打捞费用,责任人对此费用依法不能享受责任限制。涉案货物运输属沿海货物运输,应根据交通部制定的《关于不满 300 总吨船舶及沿海运输、沿海作业船舶海事赔偿限额的规定》计算海事赔偿限额。本案是以拖带运输为方式的沿海运输,特点是拖轮加驳船,两船是一个整体,缺少任何一个都不能构成有效的运输。因此,海事赔偿责任限制应当将两轮加起来一起计算更为合理,因此,海事赔偿限额应为[167 000 + (361 + 3 203 - 500) × 167] × 50% = 339 344 特别提款权。根据《中华人民共和国海商法》第 277 条,本法所称计算单位,是指国际货币基金组织规定的特别提款权;其人民币数额为法院判决之日、仲裁机构裁决之日或者当事人协议之日,按照国家外汇主管机关规定的国际货币基金组织的特别提款权对人民币的换算办法计算得出的人民币数额。因此,按法院判决之日即 2012 年 2 月 8 日国际货币基金组织公布的 1 特别提款权兑 9.80296 人民币计算,折人民币 3 326 575.66 元。此外,原告主张利息损失可予支持,唯主张以贷款利率计算因未提供充足证据,不予支持,应以中国人民银行同期活期存款利率计算相应利息损失为妥。原告主张从 2009 年 12 月 14 日起算利息,但并无证据证明原告在 2009 年 12 月 14 日向被告提出赔偿请求,因此,利息损失应从起诉之日起计算。

(四) 被告主张原告未按照运输合同约定安排被告作为共同被保险人,是否影响被告的责任承担

上海海事法院认为,合同仅约定原告应安排被告作为共同被保险人,但未约定未安排有何合同责任。而且,即使安排了是否能成功,还要取决于保险人的意见。假设承运人成为了保险合同的被保险人,按照本案的责任认定,被保险人对保险事故发生存在过错的话,保险人是可以拒赔的,因此,也不存在影响被告权利保护的问题。

综上，被告作为承运人在运输过程中造成货物损失，且不能证明其对此可以免责，因此，应承担原告由此遭受的相应损失，但被告作为涉案船舶的船东依法可享受海事赔偿责任限制。依照《中华人民共和国合同法》第 107、119、311、312 条，《中华人民共和国海商法》第 204、207 条第（一）项、第 208、210 条第 2 款、第 277 条，《中华人民共和国民事诉讼法》第 64 条第 1 款之规定，判决如下：

（1）被告上海港复兴船务公司应于本判决生效之日起 10 日内向原告上海信达机械有限公司赔偿货物损失人民币 3 326 575.66 元及相应利息损失（自 2010 年 12 月 20 日起按照中国人民银行同期活期存款利率计算至本判决生效之日止）；

（2）被告上海港复兴船务公司应于本判决生效之日起 10 日内向原告上海信达机械有限公司赔偿施救费、打捞费损失计人民币 250 000 元及相应利息损失（自 2010 年 12 月 20 日起按照中国人民银行同期活期存款利率计算至本判决生效之日止）。

（3）对原告上海港复兴船务公司的其他诉讼请求不予支持。

54 上诉人惠州鸿裕贸易有限公司与被上诉人长荣海运股份有限公司海上货物运输合同纠纷案

案例来源：上海市高级人民法院（2011）沪高民四（海）终字第 112 号
主题词：无单放货　外国法院　司法行为

> **裁判要旨**
>
> **No. HY-1.1-104**　对于外国法院的司法行为引起的无单放货或者不能交付货物的损失，承运人对此没有过错的，不予负责。
>
> **No. HY-1.1-105**　在国外法院出示函件解除对货物扣押之前，承运人无法控制货物，承运人理当可以免除货物交付的责任。

一、基本案情

上诉人（原审原告）：惠州鸿裕贸易有限公司（以下简称鸿裕公司）

被上诉人（原审被告）：长荣海运股份有限公司（以下简称长荣公司）

一审法院查明[①]：鸿裕公司为履行外贸合同，通过上海永泽国际货物运输代理有限公司（以下简称永泽公司）委托长荣公司出运一批摩托车配件。2010 年 3 月 29 日，上海航华国际船舶代理有限公司签发了编号为 EGLV142051807981 的提单，承运涉案货物。提单记载：抬头人为长荣公司，托运人为鸿裕公司，收货人和通知方为 UNISON INTERNATIONALS.A（以下简称 UNISON 公司），起运港为中国上海，目的港巴拿马科隆集装箱码头（COLONCON TAINER TERMINAL），船名航次为 EVERRESULT0425-084E，

---

① （2010）沪海法商初字第 1174 号

货物品名为摩托车备件，共 1 215 箱，装载在编号为 GATU8783405 的集装箱内，交接方式为整箱交接（FCL-FCL），海运费预付。涉案货物报关单显示货物总价为 80 387.93 美元，贸易方式为 FOB。4 月 22 日，货物运至目的港并开始卸货。4 月 23 日，永泽公司向长荣物流（上海）有限公司支付了海运费 3 700 美元。

5 月 3 日，案外人 PEIXIANLIANG 在科隆司法巡回区第一民事巡回法院（First Civil Circuit Court of the Judicial Circuit of Colon，以下简称科隆法院）对 UNISON 公司提起诉讼，请求科隆法院扣押涉案货物。科隆法院于 5 月 4 日作出第 461 号决定批准扣押申请，并于 5 月 5 日作出第 469 号命令裁定扣押涉案货物。该裁定书记载为"准许扣押 GATU8783405 号集装箱内被告的 1 215 箱商业货物"。5 月 6 日，科隆法院出具第 458 号公函通知长荣公司涉案货物已经被裁定扣押，并告知长荣公司法院已经委派了 EVERARDONUNEZ 先生为货物保管人，并要求长荣公司配合保管人的相关工作。当日，科隆法院执行官前往科隆集装箱码头检查、清点涉案货物，并将货物交给保管人。其后，由于 PEIXIANLIANG 和 UNISON 公司达成和解，科隆法院于 5 月 14 日作出第 492 号命令裁定撤销对涉案货物的扣押。10 月 1 日，科隆法院出具公函通知包括长荣公司在内的相关方涉案货物的扣押已经解除。

一审法院另查明，2010 年 5 月 7 日，涉案集装箱空箱返回长荣公司处。6 月 1 日，鸿裕公司委托上海汇坤律师事务所出具律师函，要求长荣公司说明涉案货物的下落。

二、一审裁判

一审法院认为，本案系海上货物运输合同纠纷。长荣公司住所地在台湾地区，货物目的港在境外，本案具有涉外因素。根据法律规定，合同当事人经协商一致可以选择解决合同纠纷的准据法，鸿裕公司和长荣公司在庭审中均表示适用中国法律，因此一审法院确定以中国法律作为审理本案纠纷的准据法。

一审法院认为，鸿裕公司系提单记载的托运人，长荣公司系提单抬头人，双方之间的海上货物运输合同成立。

关于长荣公司是否应当承担无单放货赔偿责任的问题。现有事实表明，涉案货物运抵目的港后，科隆法院将该货物作为 UNISON 公司财产裁定予以扣押，并于 2010 年 5 月 6 日交由科隆法院委派的保管人。次日，装载涉案货物的集装箱空箱返还长荣公司处。10 月 1 日，科隆法院通知长荣公司涉案货物已解除扣押。一审法院认为，涉案货物系被科隆法院认定为 UNISON 公司的财产裁定予以扣押，箱货已经分离后，长荣公司已经不能按照提单约定进行整箱交付，涉案货物已经实际脱离了长荣公司的掌控。直到 10 月 1 日，长荣公司才知道涉案货物被解除扣押。可见长荣公司未凭正本提单放货非因其自身过错引起，而是因科隆法院司法行为的介入导致涉案货物脱离长荣公司控制，根据《中华人民共和国海商法》关于承运人可因司法扣押免除责任的规定，长荣公司不应承担未凭正本提单放货的赔偿责任。

关于鸿裕公司的损失范围。一审法院认为，在无相反证据的情况下，报关单记载的货物金额可以作为货物价值的认定依据,一审法院据此确认涉案货物的 FOB 价格为 80 387.93 美元。根据《中华人民共和国海商法》第 55 条的规定,货物的实际价值还包括货物的运费和保险费。鸿裕公司已经提供证据证明其为出运涉案货物支付了海运费 3 700 美元。该费用属于涉案货物的实际价值,系鸿裕公司的损失范围。由于鸿裕公司未能提交相关的发票和付款凭证用以证明涉案运输发生运杂费的具体金额,仅凭永泽公司的书面证明不足以证明鸿裕公司该项损失实际发生及损失的具体数额,故一审法院对该项损失不予支持。综上,一审法院认为,长荣公司作为承运人未收回正本提单的放货行为系司法行为介入所导致,故长荣公司无须对鸿裕公司承担赔偿责任。遂判决:对鸿裕公司的诉讼请求不予支持。

三、上诉与答辩

鸿裕公司上诉请求撤销原审判决,改判支持其原审的诉讼请求,主要理由为:① 原审法院事实认定不清致判定错误。本案系司法行为解除后的责任认定问题,而原审却错误地理解为司法行为的责任认定。长荣公司在明知涉案货物已经解除司法扣押,司法行为已经结束的前提下,不闻不问,没有履行管货义务,放纵货物灭失。② 原审法院适用法律错误。鉴于前述原审对本案事实的认定错误,故错误地适用了《中华人民共和国海商法》关于承运人可因司法扣押免除责任的规定。鸿裕公司认为,科隆法院司法扣押行为解除后,长荣公司仍然应当按照双方之间海上货物运输合同的约定,向鸿裕公司履行货物交付义务,否则应承担赔偿责任。

长荣公司辩称:① 涉案货物是以 UNISON 公司的名义被科隆法院司法扣押的,故当司法扣押解除后,UNISON 公司是有权从法院委托的监管人处提货的。② 涉案货物是 2010 年 5 月 14 日解除扣押的,但长荣公司直至同年 10 月 1 日才获得解除扣押的通知。从涉案货物被司法扣押后,货物就处于科隆法院的控制下,长荣公司无权对货物再进行控制。因此涉案货物的灭失不是承运人或其代理人造成的,长荣公司应当免责。综上,原审事实认定清楚,适用法律正确,请求驳回上诉,维持原判。

四、二审裁判

二审法院经审理查明,基于现有的证据,一审法院查明的事实属实。

二审法院认为,本案系海上货物运输合同纠纷,双方的争议焦点是:涉案货物在司法扣押行为解除后,长荣公司是否应当承担无单放货的赔偿责任问题。

依据现有的事实表明,涉案货物运抵目的港后,科隆法院于 2010 年 5 月 4 日裁定将涉案货物扣押,并交法院委派的保管人保管。直至同年 10 月 1 日,科隆法院才书面通知长荣公司涉案货物已于 2010 年 5 月 4 日解除扣押。二审法院认为,涉案货物在被科隆法院裁定予以扣押并交由保管人监管后,涉案货物已经实际脱离了长荣公司的掌控。而科隆法院直至 10 月 1 日,才出具公函告知长荣公司涉案货物解除扣押的情况。而货物早在 5 月 17 日即被科隆法院委派的保管人径行放货给了案外人。由此可见,涉案货物被无单放货,并非由于长荣公司存在过错,而是科隆法院司法行为的介入所造成的。据此,二审法院认为,一审法院根据海商法关于承运人可因司法扣押免除责任,判定长荣公司无需承担无单放货的赔偿责任,具有事实和法律依据,二审法院予以支持。

综上,鸿裕公司的上诉请求缺乏相应的事实和法律依据,二审法院不予支持。原判认定事实清楚、适用法律正确,二审法院予以维持。依据《中华人民共和国民事诉讼法》第153条第1款第(一)项、第158条之规定,判决如下:

驳回上诉,维持原判。

55 原告中国·山东隆盛进出口有限公司与被告马耳他·天鹅海事有限责任公司、毛里求斯·T&O海运有限责任公司、希腊·海联海事有限责任公司、希腊·比埃雷夫斯海联海运有限责任公司海上货物运输合同货损索赔纠纷案

案例来源:武汉海事法院(2006)武海法商字第390号

主题词:船长船员　驾驶船舶过失　赔偿责任

> **裁判要旨**
>
> **No. HY-1.1-106** 承运人的船长在国际航线航行途中自信其航行经验,过于靠近岸边行驶,造成船舶与不明暗礁触碰并搁浅,属于驾驶船舶过失。承运人依法免除因为船员驾驶船舶而导致的货物损坏的赔偿责任。

一、基本案情

原告:中国·山东隆盛进出口有限公司(以下简称隆盛公司)

被告:马耳他·天鹅海事有限责任公司(SWAN MARINE CO. LIMITED,MALTA,以下简称天鹅公司)

被告:毛里求斯·T&O海运有限责任公司(T&O SHIPPING LIMITED,以下简称海运公司)

被告:希腊·海联海事有限责任公司(SEALINK MARINE INC.,以下简称海联海事公司)

被告:希腊·比埃雷夫斯海联海运有限责任公司(SEA LINK SHIPPING OF PIRAEUS,GREECE,以下简称海联海运公司)

原告隆盛公司诉称:原告自非洲进口的一批木材装载于"凯普洛塞"轮上,从加蓬·金蒂尔港运至中国·张家港。2005年5月22日,被告海运公司作为被告天鹅公司的代理人,向原告签发了OK200号清洁已装船正本提单。2005年5月28日,被告海运公司作为被告天鹅公司的代理人,向原告签发了OK220、OK221号清洁已装船正本提单。"凯普洛塞"轮在航行途中因机械故障而沉没,致使原告所有的木材全损。原告认

为,根据《中华人民共和国海商法》的规定,承运人负有使船舶适航和妥善运输、保管、照料、交付货物的义务,但被告天鹅公司、海运公司、海联海事公司、海联海运公司作为承运人违反了这一义务,应当对原告的货损承担连带赔偿责任。故请求判令被告天鹅公司、海运公司、海联海事公司、海联海运公司连带赔偿原告货物损失 561 302 美元(折合人民币 4 641 967.54 元,汇率按照 1 美元兑 8.27 元人民币计算,如无特别说明,以下均按照此汇率进行折算)及利息(以同期商业银行贷款利率计算,从 2005 年 6 月 8 日起算至判决生效之日止),并承担本案的全部诉讼费用。

被告天鹅公司辩称:① 本案应当适用《海牙规则》,被告天鹅公司根据《海牙规则》第 4 条的规定可以免责;② 被告天鹅公司所有的"凯普洛塞"轮在开航前和开航当时处于适航状态,其理由如下:第一,涉案事故发生前,"凯普洛塞"轮持有全套有效船舶证书,并已妥善配备船员,证明该轮在事故前处于适航状态;第二,检验人出具的检验报告也证明"凯普洛塞"轮在事故前处于适航状态;③ 涉案货损原因系航海过失,根据《海牙规则》的规定,被告天鹅公司可以免责,其理由如下:第一,事故检验报告证明涉案事故的原因为航海过失;第二,南非法院认可的,由被告天鹅公司、保险人以及部分货主签署的和解协议承认涉案事故是由被告天鹅公司可以免责的原因导致的;第三,原告缺乏证据证明货损原因是船舶机械故障;④ 涉案提单项下货物是甲板货,根据提单约定,被告天鹅公司对该货物的损失不承担赔偿责任;⑤ 涉案事故发生后,被告天鹅公司已尽妥善管理义务,一部分货物已经获救,另一部分货物的最终损失是恶劣天气造成的。综上,被告天鹅公司所有的"凯普洛塞"轮在开航前和开航当时处于适航状态,货损原因是航海过失,且事故发生后,被告天鹅公司对原告所有的木材已尽妥善管理义务。故此,请求法院驳回原告对被告天鹅公司的诉讼请求。

被告海运公司和被告海联海事公司均辩称其不是本案的适格被告,不应承担赔偿责任,故此,请求法院驳回原告对被告海运公司和被告海联海事公司的诉讼请求。

被告海联海运公司在法定答辩期内未提出答辩。

二、法院查明事实

武汉海事法院经审理查明:

2005 年 2 月 15 日,原告与丹豪公司签订编号为 05/010/DW/SDLS 的买卖合同,合同约定:原告从丹豪公司处购买直径 60 厘米以上、长度 5.5 米以上的新伐奥古曼原木 3 000 立方米,卖方可选择数量有 10% 的增减,单价为 264.45 美元/立方米 CNF 中国·扬州港/张家港,总价为 793 350 美元,装运期为 2005 年 3 月,装货港为加蓬主要港口,卸货港为中国·扬州港/张家港,支付方式为见票后 180 天内支付的远期不可撤销信用证,通知行为富通银行香港分行(FORTIS BANK, HONGKONG BRANCH),卖方应当提交的文件包括:商业发票复印件 3 份、全套 3/3 提单、木材清单复印件 2 份、原产地证明复印件 1 份、植物检疫证明复印件 1 份。附加指示为:甲板货可接受,租约、第三方提单和文件可接受,数量和金额 10% 的增减可接受,买方负责购买保险,允许部分装运,应在装船日后的 65 天内并在信用证有效期内交付单据,应提供受益人在装船日后的 25 个工作日内向申请人传真的发货通知复印件,并显示合同号、信用证号、货名、数量、发票价值和船名,除原产地证明、植物检疫证明和木材清单外的所有文件必须使用英文。原产地为加蓬。本合同受香港法律管辖。

2005 年 4 月 10 日,丹豪公司与被告海运公司签订租船成交备忘录,该备忘录载明:货物为西非原木,载运船舶为"凯普洛塞"轮,数量为 12 000 立方米,允许数量有 10% 的增减,装卸期间为 2005 年 5 月 15 日到 2005 年 5 月 25 日,装货港为加蓬一安全港口的一安全泊位,卸货港为中国·张家港的一安全港口的一安全泊位,价格为 63 美元/立方米或者 108 美元/立方米,丹豪公司须在装船完毕后的 15 个银行工作日内支付全部运费,无论货物或船只遗失与否均不予退还或者折扣。同时,被告海运公司在装货港向托运人签发"运费预付"提单。

2005 年 5 月 20 日,原告与丹豪公司签订编号为 05/027C/DW/SDLS 的买卖合同,合同约定:原告从丹豪公司处购买直径 60 厘米以上、长度 5.5 米以上的新伐奥古曼原木 1000 立方米,卖方可选择数量上有 10% 的增减,单价为 235 美元/立方米 CNF 中国·扬州/张家港,总价为 235 000 美元。装运期为 2005 年 5 月,装货港为加蓬主要港口,卸货港为中国·张家港/扬州,支付方式为 180 天远期不可撤销跟单信用证,通知行为富通银行香港支行(FORTIS BANK, HONGKONG BRANCH),卖方应当提交的文件为商业发票复印件 3 份、全套 3/3 提单、木材清单复印件 2 份、原产地证明复印件 1 份、植物检疫证明复印件 1 份。附加指示为甲板货可接受,租约、第三方提单和文件可接受,数量和金额允许有 10% 的增减,原告负责购买保险,允许分批装运,应当在装船日后的 65 天内并在信用证有效期内交付单据,应当提供受益人在装船日后 12 个工作日内向申请人传真的发货通知复印件,并显示合同号、信用证号、货名、数量、发票价值和船名,除原产地证明、植物检疫证明和木材清单外的所有文件均需使用英文。原产地为加蓬。本合同受香港法律管辖。

2005 年 5 月 22 日,被告海运公司代为签发了 OK200 号清洁已装船正本提单,该份提单载明:托运人为丹豪公司,收货人凭指示,通知人为原告,载运船舶为"凯普洛塞"轮,货物为奥古曼原木,数量为 87 根、351.902 吨、575.002 立方米,其中有 1 根原木为甲板货,由托运人自负风险,承运人对其灭失或损坏不负赔偿责任。装货港为加蓬·金蒂尔港,卸货港为中国·张家港,清洁已装船,运费预付。

2005 年 5 月 28 日,被告海运公司代为签发了 OK220 和 OK221 号清洁已装船正本提单两套。该两套提单均记载:托运人为丹豪公司、收货人凭指示,通知人为原告,载运船舶为"凯普洛塞"轮,货物为奥古曼原木,装货港为加蓬·金蒂尔港,卸货港为中国·张家港,清洁已装船,运费预付。OK220 号提单还记载数量为 160 根、464.6 吨、759.1 立方米,均为甲板货,由托运人自负风险,承运人对其灭失或损坏不负赔偿责任。OK221 号提单还记载数量为 108 根、416.7 吨、680.9 立方米。原告共计有 355 根、2 015.002 立方米原木装载于被告天鹅公司所属"凯普洛塞"轮上,161 根原木为甲板货,其余 194 根原木装载于货舱内。

2005 年 5 月 28 日 06:00 时,"凯普洛塞"轮在加蓬·金蒂尔港装货完毕,12:30 时,"凯普洛塞"轮前往南非·德班港加油。"凯普洛塞"轮在加蓬·金蒂尔港的离港吃水是船艏 9.67 米,船尾 9.96 米。2005 年 6 月 5 日 18:00 时,"凯普洛塞"轮绕过好望角,与开普角(CAPE POINT)成正横方向。随后,为了最大限度利用与在 200 米深等高线附近的厄加勒斯海流流向相反的北偏东方向流动的近岸逆流,"凯普洛塞"轮沿着变化的近海航道航行。"凯普洛塞"轮在近海航道航行时所使用的导航图为 BA4153、BA4155、BA4156 和 BA3769。"凯普洛塞"轮二副在上述海图上画出的航路图建议该轮距离南非海岸 18—20 海里航行。但"凯普洛塞"轮船长认为二副设计的航路图将导致到南非·德班港的航程延长,因此,船长命令沿着更靠近海岸的可变航线航行,使该轮保持在 50 和 100 米等深线内。"凯普洛塞"轮以 12 节的平均速度使用自动舵沿岸航行,并使用 GPS 和雷达在海图上确定船舶位置,经过沿岸各点时的离岸距离为 5 到 1.5 海里。2005 年 6 月 7 日,三副作为"凯普洛塞"轮驾驶台值班驾驶员,负责 08:00—12:00 时的值班工作,三副从大副处接班后,保持航向设置 55 度,离岸距离为 4.5 海里。三副每隔 20 分钟就利用 GPS 定位一次,并用雷达监测船舶和海岸的距离。08:10 时,船长来到驾驶台,告知三副"凯普洛塞"轮离岸太远。08:41 时,船长将航向变为 45 度。09:41 时,船长将航向变为 70 度。10:00 时,"凯普洛塞"轮在南非·汉堡村附近的东伦敦西南 32 英里处,与不明暗礁相撞并搁浅。

同日,被告天鹅公司与 TASVLIRIS 公司签订 LOF2000 格式救助合同,对"凯普洛塞"轮及其所载木材进行救助。同时约定,在该 LOF2000 合同签订后,被告天鹅公司需立即告知"凯普洛塞"轮的其他财产所有人,如果 TASVLIRIS 公司的救助成功,上述财产所有人应当尽快提交救助担保。该 LOF2000 格式合同还约定船东互保协会特别补偿条款以及劳氏标准救助仲裁条款和劳氏程序规则并入本合同。合同签订后,TASVLIRIS 公司调动"尼柯雷·持克"拖轮、直升机和一个救助分队对"凯普洛塞"轮进行救助。法国·AXA 保险公司为救助服务提供了所需担保。由于 TASVLIRIS 公司对"凯普洛塞"轮的救助未能成功,故被告天鹅公司于 2005 年 6 月终止了该份合同。AXA 保险公司根据船东互保协会特别补偿条款的规定,代表被告天鹅公司向 TASVLIRIS 公司支付了 340 万美元,并支付了 SCR 费用 69 764.04 美元。

2005 年 6 月 8 日,丹豪公司出具编号为 DW/027C/05、DW/010B/05、DW/010B2/05 的商业发票称:买方为原告,货物为奥古曼原木,质量为新伐,规格为直径 60 厘米以上、长度为 5.5 米以上,原产地为加蓬,载运船舶为"凯普洛塞"轮,装货港为加蓬·金蒂尔港,卸货港为中国·张家港。编号为 DW/027C/05 的商业发票还记载单价为 235 美元/立方米 CFR 中国·张家港,数量为 160 根,759.1 立方米,总价为 178 388.5 美元。编号为 DW/010B/05 的商业发票还记载单价为 264.45 美元/立方米 CFR 中国·张家港,数量为 87 根,575.002 立方米,总价为 152 059.28 美元。编号为 DW/010B2/05 的商业发票还记载单价为 264.45 美元/立方米 CFR 中国·张家港,数量为 108 根,680.9

立方米,总价为 180064.01 美元。

2005 年 7 月 1 日,被告天鹅公司与 TASVLIRIS 公司签订 WRECKSTAGE99 格式合同,对"凯普洛塞"轮及其所载货物进行救助。合同签订后,TASVLIRIS 公司将装载于"凯普洛塞"轮甲板上的 1578 根木材成功救下,运到岸上集结区,并通过陆路运往东伦敦,储存在一个安全的保税堆场等待处理。为此,AXA 保险公司代表被告天鹅公司和货物所有人向 TASVLIRIS 公司支付救助费 2 585 350 美元,原木处理费、陆路运输到东伦敦的费用、在东伦敦港口的保税转接区卸载和堆垛木材的费用以及被成功打捞上岸的原木的仓储费共计 584 729.34 美元。在利用直升机救助"凯普洛塞"轮上的甲板货的后期,由于天气恶劣,"凯普洛塞"轮的状况持续恶化,以致不可能打捞该轮并拖到东伦敦,因此,根据 WRECKSTAGE99 格式合同的规定,被告天鹅公司与 TASVLIRIS 公司终止了该合同。

2005 年 7 月 31 日,被告天鹅公司与 SVITZER 公司签订 WRECKHIRE99 格式合同,合同约定:被告天鹅公司委托 SVITZER 公司对装载于"凯普洛塞"轮货舱内的木材进行救助;付款及租金:① 超过 55 个工作日,85% 的 WIJSMULLER SALVAGE 单位价格;② 超过 65 个工作日,80% 的 WIJSMULLER SALVAGE 单位价格;③ 超过 75 个工作日,75% 的 WIJSMULLER SALVAGE 单位价格;工作日起算:从小驳船达到作业地点开始起算;租用的船艇以及其他支出(如但不限于差旅费、登船以及离船费用、日常消费支出)将按照其实际费用加 7.5% 的利息进行计算,船艇和设备的每工作日租金按照 WIJSMULLER SALVAGE 自己设备租金的 90% 计算,人员每日收费费率按照 WIJSMULLER SALVAGE 自己人员收费费率的 90% 进行计算,船舶、设备以及人员每日待命时间收费标准按照 WIJSMULLER SALVAGE 自己人员收费标准的 65% 计算,租金需要在救助作业开始时间或者驳船已经准备好搬移货物作业的 14 天前支付,并继续到完成遣散作业;被告天鹅公司必须在收到详细写明人员、设备以及船艇使用收费的发票后的 5 个银行工作日内付款,利息为 1%;手续费为 7.5%。合同签订后,SVITZER 公司调动拖轮、救助设备、直升机、驳船、救援潜水员和人员对装载于"凯普洛塞"轮货舱内的木材进行救助,成功救助了 708 根原木并运至东伦敦。此后,由于一系列风暴导致"凯普洛塞"轮开始断裂,在第一次风暴事故中,"凯普洛塞"轮 1、2 号货舱的甲板和船壳板断裂,致使 465 根原木被冲到海岸,后被 SVITZER 公司捞起运往汉堡,并经陆路转运至东伦敦外的保税转运堆存地点。2005 年 9 月 19 日和 20 日左右,"凯普洛塞"轮的后半部彻底断开,货舱内的木材再次流入大海,其中,693 根原木漂到岸上被 SVITZER 公司捞起运往东伦敦。另外,从东伦敦港外的海里又捞起 26 根原木,拖回该港。2005 年 11 月 3 日,被告天鹅公司终止了 WRECKHIRE99 合同。AXA 保险公司代表被告天鹅公司和货物所有人向 SVITZER 公司支付救助费 6 117 708 美元、人员遣返费 255 000 美元以及将打捞起来的原木 1894 根运输到东伦敦和/或港外堆存地点的各项费用 168 307 美元。

2005 年 11 月 24 日,被告天鹅公司和 AXA 保险公司向南非高等法院东伦敦巡回法院提起对物诉讼,要求南非法院扣押被打捞上岸的 3 472 根原木,以收回其支付的 13 430 858 美元。南非法院准许了被告天鹅公司和 AXA 保险公司的诉讼请求,并于 2005 年 11 月 23 日发出传票,对存放在 STAPELBERG 农场的约 3 200 根原木进行了司法扣押。2006 年 1 月 19 日,南非法院裁定对打捞上岸的 3472 根原木进行司法拍卖。海事船舶经纪咨询有限公司(以下简称海事咨询公司)接受南非法院的委托,通过招标和拍卖方式出售打捞上岸的原木,获得拍卖款 180 万美元。2006 年 3 月 30 日,南非法院裁定对 180 万美元拍卖款进行分配,支付给海事咨询公司佣金和费用 59 776.9 美元,支付 AXA 保险公司的律师 Shepstone & Wylie 的律师费 4 万美元。2006 年 12 月 15 日,在南非高等法院东伦敦巡回法院的主持下,被告天鹅公司与装载于"凯普洛塞"轮上的木材除原告、上海上实国际贸易(集团)有限公司和温州木材集团公司以外的其他货主达成和解协议,被告天鹅公司补偿除原告、上海上实国际贸易(集团)有限公司和温州木材集团公司以外的其他货主货物损失 85 万美元,除原告、上海上实国际贸易(集团)有限公司和山东隆盛进出口有限公司以外的其他货主则确认被告天鹅公司对因"凯普洛塞"轮搁浅而造成的货物损失免责。

同时查明,被告天鹅公司系"凯普洛塞"轮的船舶所有人,被告海运公司系涉案提单签发人,被告海联海事公司系"凯普洛塞"轮的船舶管理人。被告海联海运公司系"凯普洛塞"轮的船舶经营人。

三、法院裁判

武汉海事法院认为,本案系海上货物运输合同货损索赔纠纷。原告主张本案纠纷适用《中华人民共和国海商法》,被告天鹅公司、被告海运公司和被告海联海事公司主张本案纠纷适用《1924 年统一提单某些法律规定的国际公约》(International Convention for the Unification of Certain Rules of Law Relating to Bill of Lading)。因原告所有原木中的 161 根装载于"凯普洛塞"轮甲板上,而《1924 年统一提单某些法律规定的国际公约》第 1 条 C 项规定:"货物包括各种货物、制品、商品和各类任何物件,但活动物和在运输合同中载明装于甲板上且已照装的货物除外",甲板货不在《1924 年统一提单某些法律规定的国际公约》的适用范围内,故原告因其所有的装载于"凯普洛塞"轮甲板上的 161 根原木灭失而与被告天鹅公司之间的海上货物运输合同纠纷不适用《1924 年统一提单某些法律规定的国际公约》。根据《中华人民共和国海商法》第 269 条之规定,合同当事人没有选择的,适用与合同有最密切联系国家的法律。涉案提单载明的运输目的港为中国·张家港,中国与本案提单有最密切联系,故《中华人民共和国海商法》应为解决原告因装载于"凯普洛塞"轮甲板上的 161 根原木灭失而与被告天鹅公司之间的海上货物运输合同纠纷的准据法。

原告所有的 194 根原木装载于"凯普洛塞"轮货舱内,属于《1924 年统一提单某些法律规定的国际公约》所称的货物,且涉案提单背面条款约定适用《1924 年统一提单某些法律规定的国际公约》,故原告因其所有的装载于"凯普洛塞"轮货舱内的 194 根原木灭失而与被告天鹅公司之间的海上货物运输合同纠纷应当适用《1924年统一提单某些法律规定的国际公约》。

《中华人民共和国海商法》第71条规定："提单,是指用以证明海上货物运输合同和货物已经由承运人接收或者装船,以及承运人保证据以交付货物的单证。提单中载明的向记名人交付货物或者按照指示人的指示交付货物,或者向提单持有人交付货物的条款,构成承运人据以交付货物的保证。"第78条第1款规定："承运人同收货人、提单持有人之间的权利、义务关系,依据提单的规定确定。"本案中,原告系OK200、OK220、OK221号清洁已装船指示正本提单的持有人,被告天鹅公司是"凯普洛塞"轮的船舶所有人和承运人,因此,原告与被告天鹅公司的海上货物运输合同关系成立并有效。原告有权要求被告天鹅公司向其交付OK200、OK220、OK221号提单项下的货物。

《中华人民共和国海商法》第47条规定："承运人在船舶开航前和开航当时,应当谨慎处理,使船舶处于适航状态,妥善配备船员、装备船舶和配备供应品,并使货舱、冷藏舱、冷气和其他载货处所适于并能安全收受、载运和保管货物。"本案中,被告天鹅公司、被告海运公司和被告海联海事公司已经举证证明"凯普洛塞"轮在开航前和开航当时拥有全套有效船舶证书,并已妥善配备船员,因此,"凯普洛塞"轮在开航前和开航当时处于适航状态。

《中华人民共和国海商法》第51条第1款规定,在责任期间内,承运人因其或者其代理人、受雇人驾驶船舶的过失造成货物损坏或者灭失的,可以免责。"凯普洛塞"轮船长在航行途中过于自信其航行经验,在未通过定位仪确定船舶的离岸距离,也未打开水深测量仪测量水深的情况下,过于靠近岸边行驶,造成"凯普洛塞"轮搁浅,属驾驶船舶过失。

被告天鹅公司为避免原告损失的扩大,在"凯普洛塞"轮搁浅的当日,即对"凯普洛塞"轮和船载货物实施救助,并最终成功将3472根原木救助上岸。因此,被告天鹅公司作为承运人在"凯普洛塞"轮搁浅后,已经尽到了妥善管理和减少损失的义务。

综上,虽然被告天鹅公司所属"凯普洛塞"轮在运输过程中因驾驶船舶过失造成原告货物损失,但该过失属《中华人民共和国海商法》第51条第1款规定的免责事项。因此,被告天鹅公司作为承运人对原告的货损不应承担赔偿责任。

原告主张被告天鹅公司所有的"凯普洛塞"轮在开航前和开航当时不适航,其所有的355根原木因被告天鹅公司所有的"凯普洛塞"轮发生机械故障而全损,无证据证明,武汉海事法院不予支持。原告主张被告海运公司、被告海联海事公司和被告海联海运公司应当承担连带赔偿责任,于法无据,武汉海事法院不予支持。根据《1924年统一提单某些法律规定的国际公约》第4条第2款(A)项、《中华人民共和国海商法》第51条第1款和《中华人民共和国民事诉讼法》第128条、第130条之规定,判决如下:

驳回原告中国·山东隆盛进出口有限公司要求被告马耳他·天鹅海事有限责任公司、被告毛里求斯·T&O海运有限责任公司、被告希腊·海联海事有限责任公司和被告希腊·比埃雷夫斯海联海运有限责任公司连带赔偿其货物损失4 641 967.54元及利息的诉讼请求。

56 原告宁波顶佳进出口有限公司与被告地中海航运公司海上货物运输合同纠纷案

案例来源：宁波海事法院(2005)甬海法商初字第271号
主题词：集装箱运输　超期使用费　航运惯例

裁判要旨

No. HY-1.1-107　基于集装箱货物运输方式的特点，提单明确记载由托运人装箱、装载和铅封，而承运人未被允许打开铅封去核对集装箱内货物数量、质量、状况和内容物等，只要集装箱的铅封未被破坏、改变，即使集装箱中实无货物，也不能认为由承运人造成，因此，集装箱内有无货物及货物的品质系货物买卖合同下的争议，买卖双方应该按照货物买卖合同处理。

No. HY-1.1-108　虽收货人未和承运人专门订立用箱书面协议，作为海上货物运输合同的一部分，收货人超期使用集装箱构成违约的，应支付超期使用费，收货人支付超期使用集装箱费用，也符合航运实践和航运惯例。

一、基本案情

原告(反诉被告)：宁波顶佳进出口有限公司

被告(反诉原告)：地中海航运公司(Mediterranean Shipping Company S. A., Geneva)

原告宁波顶佳进出口有限公司诉称：2004年9月25日被告签发了号码为MSCU-FA216941的海运提单，由MSC LINZIE轮将收货人为原告、标的物为铜废碎料、重量为68 000公斤(包括包装物)、货值108 240美元的3个20英尺集装箱由比利时安特卫普运至中国宁波。同年10月25日货物到港后，原告持提单提取货物，但经北仑出入境检验检疫局及北仑海关查验，该3个集装箱内只有包装铁桶而无铜废碎料，导致原告提货不着。特诉请判令被告交付MSCUFA216941提单项下3个集装箱铜废碎料共计68 000公斤，若无法交付，则赔偿货价108 240美元。

被告地中海航运公司辩称：①涉案3个集装箱从未装载原告诉称的货物铜废碎料，原告及英国的卖方O. M. G公司都是知晓的；②3个集装箱中的2个集装箱铅封号与提单一致，由于货物是整箱交接，作为承运人的被告根本无法核对货物情况，根据提单记载的不知条款和我国海商法的规定，在铅封号一致的情况下，被告不需要对集装箱内任何货物不符承担责任。另一集装箱铅封号与提单记载不符，属于提单记载错误，因为该集装箱从南非德班港到本案的装货港安特卫普再到目的港中国宁波，铅封号始终未发生变化，在此情况下，被告也无需对其中货物不符承担责任；③假如被告需要承担责任，也享有单位责任限制，即每个集装箱666.67特别提款权。

被告地中海航运公司反诉称：涉案3个集装箱于2004年10月25日卸至目的港中国宁波，原告于同年10月27日凭正本提单提取了货物，但未能及时将集装箱返还被告，其间被告向原告书面通知了集装箱超期使用费率，并多次向原告提出支付集装箱超期使用费的请求。涉案 3 个集装箱直至 2006 年 6 月才归还给被告。故诉请判令原告支付集装箱超期使用费 35 100 美元。

原告宁波顶佳进出口有限公司辩称：① 原告没有提货，也没有提取集装箱，本案集装箱是被海关所扣押，滞留费与原告无关；② 即使原告超期使用集装箱，提单也并未记载和约定免费使用期是多少、多少时间后是超期；③ 如果集装箱存在超期使用，原告与被告也未约定超期使用费是多少，如果是违约，应根据违约规定来计算损失，对于实际损失，希望被告进行举证。

二、法院查明事实

对事实的争议，宁波海事法院分析认定如下：

（一）关于 3 个集装箱中无货是否被告所造成

对此，原告认为其凭提单向被告提取的集装箱中没有提单载明的货物，被告应承担赔偿责任，并以 CCIC 西班牙商检分支机构出具的商检证书、O.M.G 公司出具的无木质包装证明及装箱单、MSCUFA216941 号提单中关于货物的记载，证明集装箱中应有的货物。而被告则认为集装箱中无货是因为托运人未装货。CCIC 西班牙商检分支机构出具商检证书时，并未对涉案货物作实际检验，装箱单是由卖方向原告出具的，提单上明确记载了涉案货物由托运人装箱、计数并上铅封，被告无法对货物情况进行确认、核实，故在铅封号一致的情况下，被告无需承担责任；另一集装箱铅封号与提单记载不符，属于提单记载错误，因该箱铅封号也没有发生变化，故被告也不承担责任。被告提交了律师宣誓书、O.M.G 公司的弃货通知、电子邮件、涉案货物的托单、设备交接清单、MSUD3719004 号提单、费用清单、MSC 发票、托运人 O.M.G 公司与原告之间的电子邮件、涉案货物卖方/托运人 O.M.G 公司与 CCIC 之间就检验事宜的文件往来，包括检验申请、更改通知、发票等证据，用来说明证据的来源，证明提单托运人 O.M.G 公司未将货物实际装入集装箱且原告知晓该情况；因未装货，托运人曾向被告发出弃货通知；CCIC 未实际检验，完全根据 O.M.G 公司的要求出具检验证书；MSCU2747120 号集装箱的铅封 36154 自德班到安特卫普到装船运往宁波，一直未发生变动；以及相关单位、相关人员的关系等。对此，原告质证认为，O.M.G 公司的弃货通知即使是真实的，也没有反映出货物没有装箱，只是提到"只能放弃货物"；电子邮件看不出 3 个集装箱在出发前就是空的，并且发电子邮件的人的身份也无法确认，原告与被告之间的关系基于提单，被告不能以可以抗辩托运人的权利来对抗原告，如果确实是托运人未装货，被告应该向托运人去主张；设备交接清单并不能证明集装箱的封号没有改变，即便是记载错误，被告也应承担责任；MSUD3719004 号提单与本案没有任何关联，不能证明本案货物是从德班到安特卫普；托运人 O.M.G 公司与原告之间的电子邮件，并不能证明原告自始至终都知道箱内是没有货的；涉案货物卖方/托运人 O.M.G 公司与 CCIC 之间就检验事宜的文件往来，与原告提交的 CCIC 商检证书没有关联，这完全可能是另外一票货物的检验；托单、费用清单及 MSC 发票与本案也没有关联性，货物是谁托运，谁是货运代理人,与原、被告无关。对律师宣誓书,原告未表示异议。

宁波海事法院经审理认为,原告进口的货物采用的是集装箱运输方式,其持有的 MSCUFA216941 号提单明确记载由托运人装箱、装载和铅封,承运人未被允许打开铅封,也未核对货物的数量、质量、状况、内容、唛头和数目,该等信息依据托运人宣称。据此,只要集装箱的铅封未被破坏、改变,箱中无货就不能认为是承运人所造成。被告在提单上作这种批注,符合《中华人民共和国海商法》第 75 条关于承运人或者代其签发提单的人,没有适当的方法核对提单记载的,可以在提单上批注,说明无法核对的规定。在这种情况下,CCIC 西班牙商检分支机构出具的商检证书、O.M.G 公司出具的无木质包装证明及装箱单等发货人提供的单证,以及 MSCUFA216941 号提单中关于货物的记载,显然没有货物已经实际装箱的证明力。

根据上述理由,对 MSCUFA216941 号提单项下的 CRXU2161173、ICSU4521294 号集装箱,因提箱时铅封号与提单记载相符,故箱中无货不能认为是承运人所造成的。

对于 MSCUFA216941 号提单项下 3 个集装箱中仅有包装空桶而无铜废碎料的原因,被告所提供的证据链虽不十分严密,但能与出入境检验证书及海关进境货物查验记录单的记载相互印证,足以认定系托运人未装货物所致,故宁波海事法院对被告所提供的上述证据均予认定。

对 MSCUFA216941 号提单项下的 MSCU2747120 号集装箱,尽管提箱时铅封号与提单记载不符,但涉案货物分 3 个集装箱装运,集装箱内包装铁桶数量与提单记载一致,原告没有证据证明 MSCU2747120 号集装箱不是 MSCUFA216941 号提单项下 3 个集装箱中的其中一个,而被告已证明箱中无货乃是托运人未装货所致。故综合上述证据,宁波海事法院认定 MSCU2747120 号集装箱铅封号与提单记载不符,系被告错误记载所造成。

(二)关于集装箱内货物的价值及赔偿责任限制

对于 MSCUFA216941 号提单项下货物的价值,原告提供的 O.M.G 公司确认件、发票及付汇情况表能够相互印证,被告也没有提出实质性的异议,宁波海事法院据此认定铜废碎料每公吨 1650 美元,3 个集装箱货物合计 65.6 公吨,价值共计 108 240 美元,平均每个集装箱内应装有铜废碎料 21.867 公吨,计 36 080 美元。

对于被告所主张的每个集装箱 666.67 计算单位的赔偿限额,根据《中华人民共和国海商法》第 56 条第 2 款关于"货物用集装箱、货盘或者类似装运器具集装的,提单中载明装在此类装运器具中的货物件数或者其他货运单位数,视为前款所指的货物件数或者其他货运单位数;未载明的,每一装运器具视为一件或者一个单位"的规定,因 MSCUFA216941 号提单已明确载明每个箱内装有 66 桶或 67 桶铜废碎料,因此,每个集装箱货物的件数应为 66 件或 67 件,毛重均为 22 667 公斤,按每件 666.67 计算单位或每公斤 2 个计算单位计算,每个集装箱内货物的价值均没超过责任限额。

(三) 关于原告是否提取了 3 个涉案集装箱、该 3 个集装箱是否被海关扣押及提单中是否记载和约定了集装箱的滞箱费

因原告整箱提货后,未能及时将集装箱返还被告,直至 2006 年 6 月才归还,因此,被告反诉要求原告承担集装箱的超期使用费。原告则以其未提取集装箱及其货物,本案集装箱系海关所扣押,提单中并未记载和约定多少时间后是超期等为由提出抗辩。

对于原告是否提取了 3 个集装箱的问题,原告尽管在起诉时就已宣称持 MSCU-FA216941 号提单提取了货物,但在反诉抗辩时,却又辩称既没有提取货物,也没有提取集装箱。由于涉案货物是整箱交接,对此,宁波海事法院要求双方当事人出具正本提单用来证明原告是否已经提取了提单项下的集装箱。原告不能出具 MSCUFA216941 号全套正本提单。被告当庭提交了一份其收回的 MSCUFA216941 号正本提单,提单背面盖有原告的印章及中国宁波外轮代理有限公司"货已提讫"的印章。对该证据,原告没有异议,宁波海事法院予以认定,并据此认定原告已经提取了 MSCUFA216941 号提单项下的 3 个集装箱。

对于涉案 3 个集装箱是否被海关扣押的问题,北仑海关进境货物查验记录单的记载是"移送布控部门"而非扣押。按照海关的操作规程,涉案的 3 个集装箱移送布控部门后,收货人有如下三个处理办法处理包装铁桶、归还集装箱:一是据实申报包装铁桶进口;二是退运;三是声明弃货。现原告不能证明没有归还涉案的 3 个集装箱系海关方面的原因所致,故宁波海事法院认定原告在提取集装箱发现其中无其进口的货物并被海关移送布控部门后,完全可以妥善处理包装铁桶并归还集装箱。

对于提单中是否有集装箱滞期费的记载和约定问题,MSCUFA216941 号提单正面明确记载,自集装箱交付起,承运人将给予 3 天的使用期,包括从码头提取当天,及根据载明的目的港的价目表所允许的免费使用期,根据当地代理通知,自船上卸下之日起算;集装箱、拖车和其他设备的滞期费将在此后计算。提单的背面条款第 30 条也有相似的设备滞期费规定。该记载和约定符合《中华人民共和国海上国际集装箱运输管理规定》第 19 条第 2 款关于"收货人超过规定期限不提货或者不按期限归还集装箱的,应当按照有关规定或者合同约定支付货物、集装箱堆存费及支付集装箱超期使用费"的规定。

(四) 关于集装箱超期使用费的计算

原告认为,集装箱的超期使用如果是违约,应根据违约规定来计算,对于实际损失,希望被告进行举证。被告则称其已向原告发过滞箱通知并告知滞箱费的计算标准,也向原告邮寄过滞箱费账单,同时提交了滞箱通知、滞箱费账单和挂号函件收据作为证据。原告不承认收到过滞箱通知、滞箱费账单。因被告提供的滞箱通知、滞箱费账单和挂号函件收据不能证明原告收到过,故宁波海事法院不予认定。但宁波海事法院认为,原告据以提货的提单已载明集装箱滞期费的计算原则,各目的港滞箱费价目表,被告已在网上公布,该做法符合集装箱运输的行业惯例,也切合承运人无法与收货人协商订立集装箱超期使用费协议的实际。被告提供了网上查询说明和查询结果,并

当庭予以查询演示,故对该查询说明和查询结果,宁波海事法院予以认定。该价目表中虽有"自 2005 年 4 月 1 日起生效"的记载,但鉴于被告于 2004 年 9 月 25 日签发的 MSCUFA216941 号提单中已有"根据载明的目的港的价目表所允许的免费使用期,根据当地代理通知,自从船上卸下之日起算。集装箱、拖车和其他设备的滞期费将在此后计算"的明确记载,原告不仅推托提单中的明确记载,而且否认收到被告按常规操作邮寄的滞箱通知和滞箱费账单,同时,原告也没有证据证明被告 2005 年 4 月 1 日以前的滞箱费收费不是这个标准,故宁波海事法院确认宁波进口 20 英尺集装箱免费期 10 天,第 11—30 天的滞箱费每天 8 美元,此后每天 20 美元。

对于滞箱费的起算时间,被告主张从 2004 年 10 月 26 日开始计算,该时间迟于"从船上卸下之日起算"的记载,故宁波海事法院予以支持。

对于滞箱费的止算时间,被告提供了北仑海关的提货通知书及本公司的货物追踪信息,用于证明涉案集装箱中的包装空桶被北仑海关作滞港超期货物移库统一堆放以便估价拍卖,被告收回集装箱的时间是 2006 年 6 月 23 日。原告质证认为,北仑海关的提货通知书是海关在处理移送布控部门的货物,与原告无关;货物追踪信息是被告自己电脑制作的,没有证明效力。宁波海事法院经审理认为,因为被告是从北仑海关直接收回涉案的 3 个集装箱,而其又是通过电脑来管理集装箱的,故该两个证据在被告何时收回集装箱上具有一定的证明力。现原告没有证据证明被告不是这个时间收回涉案的 3 个集装箱,故宁波海事法院对这两个证据予以认定,并据此认定原告于 2006 年 6 月 23 日收回集装箱。

从 2004 年 10 月 26 日到 2006 年 6 月 23 日,扣除 10 天免费期,原告共滞箱 595 天,3 个集装箱共产生滞箱费 34 980 美元。

综上证据及其分析,宁波海事法院认定事实如下:

原告从比利时进口的价值 108 240 美元的 65 600 公斤铜废碎料由被告所属的"MSC LINZIE"轮承运,装载在 3 个 20 英尺集装箱内,被告为此签发了 MSCUFA216941 号提单,并在承运人代理人签注栏明确记载"由托运人装箱、装载和铅封,承运人未被允许打开铅封,也未核对货物的数量、质量、状况、内容、唛头和数目,该等信息依据托运人宣称"。该提单正面还载明自集装箱交付起,承运人将给予 3 天的使用期,包括从码头提取当天,及根据载明的目的港的价目表所允许的免费使用期,根据当地代理通知,自船上卸下之日起算。集装箱、拖车和其他设备的滞期费将在此后计算。该提单签发时,被告将其中 MSCU2747120 号集装箱的铅封号 36154 误写为 490202。原告通过付款赎单,取得了包括提单在内的全套进口单证。该票货物运抵宁波后,于 2004 年 10 月 25 日卸货,原告于同年 10 月 27 日提取了 3 个集装箱,发现 3 个箱中仅有 200 只包装铁桶而无铜废碎料,同时发现 MSCU2747120 号集装箱的铅封号与提单记载不符。该 3 个集装箱被海关移送布控部门后,原告不积极处理其中的包装铁桶,致使集装箱被长期占用,直至 2006 年 6 月 23 日 200 只包装铁桶被北仑海关作滞港超期货物准备拍卖处理后,被告才从北仑海关收回了 3 个集装箱。根据被告在网上公布的宁波港滞箱费标准,扣除 10 天免费使用期,3 个集装箱共产生滞箱费 34 980 美元。

三、法院裁判

双方当事人一致确认按中国法来处理本案纠纷。

宁波海事法院认为,被告承运原告进口的 65 600 公斤铜废碎料,已向原告交付 MSCUFA216941 号提单项下货物的 3 个集装箱。对 CRXU2161173、ICSU4521294 号集装箱,因提箱时铅封号与提单记载相符,且提单中明确记载由托运人装箱、装载和铅封,承运人未被允许打开铅封,也未核对货物的数量、质量、状况、内容、唛头和数目,故被告可以在批注的项目和范围内对箱中无货免除赔偿责任。对 MSCU2747120 号集装箱,因铅封号与提单记载不符系错误记载所致,箱中无货乃托运人未装货物所造成,且该集装箱系 MSCUFA216941 号提单项下的其中一个箱子,同样受"由托运人装箱、装载和铅封,承运人未被允许打开铅封,也未核对货物的数量、质量、状况、内容、唛头和数目"记载的约束,故被告对箱中无货也不承担任何责任。原告要求被告赔偿该 3 个集装箱内货物损失,理由不足,不予支持。

原告进口的货物采用集装箱运输方式,而收货人提货后应及时归还集装箱,逾期归还应支付相应费用属于基本道理和基本常识,况且原告据以提货的提单中对集装箱的归还及滞期费的计算都有明确的记载和说明。尽管原告在提取集装箱后发现箱中无货并被海关移送布控部门,但仍应按海关规定的操作程序处理包装铁桶,及时归还集装箱,同时追究相关责任人的责任。原告怠于处理包装铁桶,致使集装箱逾期归还,应当承担超期使用费。被告反诉诉请有理,予以支持。原告关于滞箱费与其无关,原、被告未约定超期使用费的抗辩观点,既不符客观事实,也不符集装箱运输的行业惯例和实际情况,不予采纳。

综上,根据《中华人民共和国海商法》第 55 条、56 条、75 条,《中华人民共和国海上国际集装箱运输管理规定》第 19 条第 2 款,《中华人民共和国民事诉讼法》第 237 条之规定,判决如下:

(1)驳回原告(反诉被告)宁波顶佳进出口有限公司的诉讼请求;

(2)原告(反诉被告)宁波顶佳进出口有限公司支付被告(反诉原告)地中海航运公司 3 个集装箱的超期使用费 34 980 美元,该款于本判决生效后 10 日内付清。

57 原告巴润摩托车有限公司与被告长荣海运股份有限公司海上货物运输合同纠纷案

案例来源:宁波海事法院(2006)甬海法商初字第 240 号

主题词:放货行为　无单放货　违约赔偿责任

裁判要旨

No. HY-1.1-109　基于目的港法律和海关监管而导致无单放货的,承运人没有过错,已事实上和法律上不能履行交货责任的,承运人不承担无单放货的违约赔偿责任。

一、基本案情

原告：巴润摩托车有限公司（Baron Motorcycles Inc.）

被告：长荣海运股份有限公司［Evergreen Marine Corp.（TAIWAN）Ltd.，以下简称长荣公司］

原告巴润公司起诉称：2005 年 8 月，案外人 Freedomotor Company Ltd 委托案外人台湾鸿新运通股份有限公司（以下简称鸿新公司）将 249 辆摩托车从中国宁波运至美国 San Juan，后鸿新公司将货物交被告长荣公司实际负责出运。2005 年 8 月 17 日，宁波船务代理有限公司签发了以被告长荣公司为承运人的提单，提单编号为 EISU143598541861，托运人 Freedomotor Company Ltd，收货人 AJ Trading Corp，集装箱编号为 EISU160036、EMCU1066503、FSCU4235189、TGHU4700170、UESU4106318；涉案货物到目的港后，因 AJ Trading Corp 拒付货款，Freedomotor Company Ltd 始终未将正本提单交 AJ Trading Corp，后 Freedomotor Company Ltd 将货物以 246 886 美元价格转卖原告。2006 年 6 月 28 日，Freedomotor Company Ltd 通过鸿新公司要求被告将提单收货人改为原告，并将货物电放给原告，2006 年 7 月 10 日，被告接受改单，并签发了以原告为收货人的电放提单。另货物滞留目的港期间，被告向原告收取了 30 600 美元的滞箱滞港费。为此，原告诉请法院判令：① 被告向原告交付编号为 EISU143598541861 提单项下货物，并赔偿滞箱滞港费 79 200 美元（按每只集装箱 60 美元/天，自 2006 年 7 月 10 日起算至 2007 年 3 月 31 日，美元兑换人民币汇率按 1∶7.95 折算，以下美元兑换人民币汇率皆同），如不能交付，被告应赔偿该提单项下全部货款损失计 246 886 美元；② 被告赔偿原告货物市场损失 74 064.5 美元。

被告长荣公司答辩称：① 原告未取得目的港海关有关货物放行的许可，所以被告受当地法律所限不能向原告交付货物；② 涉案摩托车经美国海关与边境保护局检验后被没收，所以就货物的事实状态而言，被告也无法向原告交付货物。综上，请求法院驳回原告的诉请。

二、法院查明事实

宁波海事法院认定下列事实：

2005 年 8 月，Freedomotor Company Ltd 委托鸿新公司将 249 辆摩托车从中国宁波运至美国 San Juan，鸿新公司签发了编号为 CTIBSESAN050162TW 的提单，托运人为 Freedomotor Company Ltd，收货人为 AJ Trading Corp，集装箱编号为 EISU160036、EMCU1066503、FSCU4235189、TGHU4700170、UESU4106318。后鸿新公司将货物交被告长荣公司实际负责出运，2005 年 8 月 17 日，宁波船务代理有限公司签发了以被告长荣公司为承运人的提单，提单编号为 EISU143598541861，托运人、收货人、集装箱编号同上。涉案货物到目的港后，Freedomotor Company Ltd 未将正本提单交 AJ Trading Corp，后 Freedomotor Company Ltd 将货物以 246886 美元价格转卖原告。2006 年 6 月 28 日，

Freedomotor Company Ltd 通过鸿新公司要求被告长荣公司将提单收货人改为原告,并将货物电放给原告。2006 年 7 月 10 日,被告接受改单,并签发了以原告为收货人的电放提单。后被告未向原告交付货物,原告遂诉至宁波海事法院。

三、法院裁判

宁波海事法院认为:本案系涉外、涉台海上货物运输合同纠纷,原告在审理中主张适用中国法律,被告对其在目的港的交付行为,要求适用目的港法律。宁波海事法院认为,被告援引目的港法律是为证明受当地法律规定所限不能交付的事实,故对目的港有关放货的法律规定,可作为证据使用,被告负有相应的举证义务。原、被告未主张曾对法律适用作出过约定,本案货物从宁波出运,按最密切联系原则,适用中国法律审理。

经庭审调查,双方对被告长荣公司系 EISU143598541861 提单承运人、原告巴润公司系改单后的收货人、提单记载放货方式为电放的事实确认一致。根据双方当事人的诉辩意见,宁波海事法院对本案的争议焦点归纳并评析如下:

(一)关于货物状况的问题

原告认为货物已经放给原收货人 AJ Trading Corp,并提供电子邮件、集装箱流转记录佐证;被告认为货物因违反环境保护规定,被美国海关与边境保护局没收,长荣公司未放货给 AJ Trading Corp。宁波海事法院经审理认为,原告提供的电子邮件不能证明被告已经放货给原收货人 AJ Trading Corp;被告提供了经公证的美国海关与边境保护局的没收财产监管收据和证明,故宁波海事法院对货物于 2006 年 9 月 8 日起被美国海关与边境保护局监管没收的事实予以认定。原告直至 2008 年 6 月才提供集装箱流转记录证明集装箱 EISU1600036、FSCU4235189、TGHU4700170、UESU4106318 已拆箱,另集装箱 EMCU1066503 状态不明。此时,货物被海关监管没收,集装箱拆箱不足以证明长荣公司放货行为。至于货物被海关监管之后如何处理,原、被告均未进一步举证说明。关于货物因何原因被海关没收,法律意见书称美国海关与边境保护局的地区港口主管告知"货物依据《美国法典》第 19 卷第 1595(a)(c)节的规定,因为违反《美国法典》第 42 卷第 7522 节和《联邦法规》第 40 卷第 86.407—78 部分关于禁止没有取得环境保护署签发的《符合证书》和永久带有环境保护署排放标志的摩托车被进口到美国的规定而被扣押和没收",对此,原告无反证反驳,宁波海事法院对法律意见书陈述的这一节事实予以认定。

(二)关于目的港法律规定的问题

原告认为,原告系提单收货人,被告理应向原告交付提单项下货物,如不能交付,应赔偿相应损失;被告认为,货物已被海关没收,就事实状态已无法交付,且目的港法律禁止向未经许可的任何人交付货物,并提供法律意见书证明目的港法律规定。宁波海事法院经审理认为,法律意见书所给意见,建立在被告给定事实的基础上。给定事实包括,2005 年 10 月 11 日,波多黎各自由财政邦在 AJ Trading Corp 支付了适当的货物税后为货物签发放行书;2006 年 7 月 7 日,AJ Trading Corp 向美国海关与边境保护局就货物进行简易报关;2006 年 7 月 11 日,在向美国海关与边境保护局提供担保后,AJ Trading Corp 取得了有条件的放行书;2006 年 7 月 12 日,美国海关与边境保护局要求 PR 进口和装卸公司将货物转到另一仓库以待检验;2006 年 9 月 8 日,美国海关与边境保护局通知货物已被没收。上述事实除 2006 年 7 月 12 日美国海关与边境保护局要求 PR 进口和装卸公司将货物转到另一仓库以待检验无证据外,均有相应附件证据印证。法律意见书据此认为,AJ Trading Corp 是原提单收货人并就货物进行了"简易报关",在 AJ Trading Corp 未将"放行书"转让原告之前,被告不能将货物交给原告,否则被告会因此遭受制裁。原告主张目的港法律规定仅仅属于海关监管事项,与承运人无关,承运人应向原告交付货物,至于原告能否将货物在海关监管状态下提取,则不在承运人运输义务之内。宁波海事法院经审理认为,原告无相反证据反驳法律意见书的观点,故对法律意见书所述长荣公司因受目的港法律规定所限不能向原告交付货物的法律意见,予以采信。长荣公司虽于 2006 年 7 月 11 日接受改单,但 AJ Trading Corp 报关事宜,并非长荣公司所能掌控,承运人改单之后无法履行交货义务并无过错。

综上,被告长荣公司虽更改提单收货人为原告巴润摩托车有限公司,但就货物的事实状态和目的港法律规定所限,均不能向原告交付货物,对此,被告长荣公司无过错。依照《中华人民共和国民事诉讼法》第 64 条第 1 款、第 235 条,《中华人民共和国海商法》第 41 条、第 42 条、第 46 条第 1 款、第 51 条第 1 款第(五)项、第 269 条的规定,判决如下:

驳回原告巴润摩托车有限公司的诉讼请求。

58 原告米百利公司、中国大地财产保险股份有限公司宁波分公司与被告上海海至天国际货物运输代理有限公司海上货物运输合同纠纷案
案例来源:上海海事法院(2009)沪海法商初字第 383 号
主题词:责任期间　免责事由　灭损责任

> **裁判要旨**
>
> **No. HY-1.1-110**　集装箱货物交接方式约定为场到门(CY–DOOR),承运人的责任期间包括从装货港堆场接收货物时起,至目的地交付货物时止的整个期间。货物在卸货地后运往目的地期间被盗,发生在承运人的责任期间,承运人应当对货物灭失或损坏负责。
>
> **No. HY-1.1-111**　盗窃不属于承运人可以免责的事由,即使承运人在提单中注明盗窃可免责的条款,因其违反《中华人民共和国海商法》第四章的规定,也应当认定无效。

一、基本案情

原告：米百利公司（MIBELY, S. A. DEC. V.）

原告：中国大地财产保险股份有限公司宁波分公司（以下简称大地保险公司）

被告：上海海至天国际货物运输代理有限公司

两原告诉称：2007 年 12 月 2 日，米百利公司向韩国供货商 P&T CORPORATION（以下简称 P&T 公司）购买了 87 907.02 美元的纺织品。2008 年 1 月 13 日，P&T 公司的供货商绍兴县法兰德纺织品有限公司（以下简称法兰德公司）委托被告将涉案货物从中国上海运往墨西哥。被告签发了编号为 BOSH08010075 的提单承运涉案货物。米百利公司已经向 P&T 公司支付了相应的货款，并获得了涉案提单，但其多次向被告要求提货，都提货不着。米百利公司向涉案货物的保险人大地保险公司申请保险理赔。大地保险公司于 2009 年 11 月中旬向米百利公司支付了保险赔款人民币 495 750.38 元，并取得相应的代位求偿权。米百利公司请求被告赔偿剩余货款损失人民币 119 598.76 元及利息（按中国人民银行企业同期贷款利率自 2009 年 11 月 19 日计算至判决生效之日止），并赔偿货款人民币 615 349.14 元的利息（按中国人民银行企业同期贷款利率自 2008 年 3 月 1 日计算至 2009 年 11 月 18 日止）。大地保险公司请求判令被告赔偿货物损失人民币 495 750.38 元及利息（按中国人民银行企业同期贷款利率自 2009 年 11 月 19 日计算至判决生效之日止），并由被告承担诉讼费用。

被告辩称：米百利公司的主体资格不适格，其没有损失也没有保险利益；大地保险公司对法兰德公司的赔付系自愿赔付，其并未因此获得保险代位求偿权；根据提单正面条款，对墨西哥陆路运输过程中发生的货物被盗，被告可以免责；两原告的起诉超过诉讼时效；米百利公司主张人民币损失没有依据。

二、法院查明事实

上海海事法院经审理查明确认事实如下：

2007 年 11 月 2 日，P&T 公司与法兰德公司签订销售合同，购买涉案货物。法兰德公司出具的发票显示，涉案货物分别为：① 规格为 MI-71108A 的涤粘弹力针织染色布 40 122.10 米，单价为 1.42 美元/米；② 规格为 MI-71108B 的涤粘弹力针织染色布 24 357.20 米，单价为 1.27 美元/米；货物总价为 87 907.02 美元。合同显示上述第 1 项货物的单价为 1.221 美元/米，第②项货物的单价为 1.076 美元/米。同日，P&T 公司与米百利公司签订销售合同并出具发票，将涉案货物转卖给米百利公司。其中，上述第（1）项货物的单价为 1.30 美元/米；上述第②项货物的单价为 1.20 美元/米，长度为 24 375.20 米，其余信息与法兰德公司提供的发票一致。P&T 公司出具的发票显示货物总价为 81 408.97 美元，其中包括货物的 FOB 价 74 679.11 美元，运费 6160 美元和保险费 569.86 美元。报关单显示第①项货物的长度为 40 089.10 米、第②项货物的长度为 24 357.20 米，单价与法兰德公司的售价一致，货物总价为 87 860.16 美元。

2008年1月17日,大地保险公司签发保险单,承保涉案货物,被保险人为法兰德公司。1月18日,被告签发编号为BOSH08010075的提单承运涉案货物。提单显示抬头人为被告,托运人为法兰德公司,收货人凭米百利公司指示,装货港中国上海,卸货港为经曼萨尼约至墨西哥城(MEXICO CITY VIA MANZANILLO),货物为涤粘弹力针织染色布,规格分别为MI-71108A、MI-71108B,货物数量为833卷,装载在1个40英尺标准箱内,集装箱编号为ITAU4170380,货物交接方式为堆场至门(CY-DOOR)。提单正面注明:"在提单条款下,承运人对于墨西哥内陆运输过程中,因发生盗窃而引起的灭失或损坏不负任何赔偿责任。"2月18日,货物在从曼萨尼约运往墨西哥城的陆路运输过程中被盗。

2008年2月23日,法兰德公司要求被告提供相关材料以便其进行保险索赔。3月13日,米百利公司致函赫伯罗特墨西哥股份有限公司通告涉案货物失窃事宜。经米百利公司确认,其曾指示大地保险公司将保险赔款支付给法兰德公司。11月18日,大地保险公司向法兰德公司支付了保险赔款人民币495 750.38元。

另查明,P&T公司通过信用证方式向法兰德公司支付了货款87 907.02美元。米百利公司的进口许可证显示,米百利公司已经于2008年2月14日支付了涉案货款81 408.97美元。米百利公司于2009年2月18日通过其委托代理人赵爱丽律师向上海海事法院邮寄了起诉材料。米百利公司在案件审理中确认大地保险公司对被告的赔偿款具有优先受偿权,在满足大地保险公司诉请主张的情况下,被告就剩余部分的货款损失向米百利公司进行赔偿。中国人民银行公布的2009年2月18日美元与人民币的汇率中间价是1:6.8363。

三、法院裁判

上海海事法院经查明对本案原、被告的争议焦点分析如下:

(一)关于诉讼时效

被告认为,2008年2月23日,法兰德公司向被告主张赔偿,说明当时米百利公司已经知道涉案货物被盗,因此时效从该日开始起算。米百利公司虽然在时效期间内递交了诉状,但该诉状上签字的赵爱丽律师在起诉当时并没有获得米百利公司的授权,该起诉无效。米百利公司实际起诉的时间晚于2009年2月23日,其起诉超过了诉讼时效。上海海事法院认为,米百利公司于2009年2月18日通过其委托代理人赵爱丽律师向上海海事法院邮寄了起诉材料。起诉状上有米百利公司法定代表人的签名,且米百利公司在案件审理过程中递交了对赵爱丽律师的授权委托书及公证认证材料,对米百利公司的起诉行为应予认可。根据《中华人民共和国海商法》的规定,就海上货物运输向承运人要求赔偿的请求权,时效期间为1年,自承运人交付或者应当交付货物之日起计算。涉案提单显示货物交接方式为堆场至门,涉案事故发生在2008年2月18日,当时货物正在陆路运输过程中,尚未交付。因此,诉讼时效应当从2008年2月18日之后开始起算。现米百利公司于2009年2月18日向上海海事法院递交起诉材料,并未超过法定的 1 年诉讼时效期间,上海海事法院对被告有关诉讼时效的抗辩不予采纳。

(二)关于米百利公司的法律地位及其诉权

两原告认为,米百利公司系收货人,有权要求被告承担货物灭失的赔偿责任。被告认为,法兰德公司与 P&T 公司之间的贸易合同约定了 CIF 条款,因此当货物越过船舷时,货物风险转移给 P&T 公司,米百利公司无权起诉。上海海事法院认为,涉案提单显示收货人凭米百利公司指示,而两原告提供的 2 份贸易合同也显示涉案货物最终的买家为米百利公司,故米百利公司在涉案运输合同中是收货人。同时,米百利公司已经提供证据证明其向 P&T 公司支付了货款,P&T 公司也通过信用证方式向法兰德公司支付了货款,米百利公司合法持有涉案提单。因货物灭失造成米百利公司无法提取涉案货物,产生货款损失,米百利公司有权就货款损失向承运人提起诉讼。

(三)关于大地保险公司是否已合法取得保险代位求偿的权利

大地保险公司认为,其已经按照保险合同将保险赔款支付给了收货人,根据法律规定其已合法取得代位求偿权。被告认为,米百利公司对涉案货物不具有保险利益,大地保险公司理赔错误,并未取得相应的保险代位求偿权。上海海事法院认为,我国法律规定,保险标的发生保险责任范围内的损失是由第三人造成的,被保险人向第三人要求赔偿的权利,自保险人支付赔偿之日起,相应转移给保险人。在本案中,米百利公司系涉案货物的收货人,其为提单的合法持有人,保险合同的相关权利、义务随提单转让给米百利公司。大地保险公司根据米百利公司的指示向法兰德公司支付了保险赔款人民币 495 750.38 元,故大地保险公司在实际赔付范围内依法取得代位求偿权。

(四)关于被告的责任认定(即被告能否享受免责)

两原告认为,货物在运输途中被盗,这并非不可抗力,而提单上注明的免责条款是事故发生后补加的,两原告对此并不认可,且米百利公司在提单上盖章系其进行保险理赔时根据大地保险公司的要求而加盖的,被告不能因此享受免责。被告认为,被告与法兰德公司对提单正面的免责条款是协商一致的,且米百利公司在提单正面盖章,说明其也认可了该条款,被告对于陆路运输中因盗窃引起的货物灭失可以免责。上海海事法院认为,被告系涉案提单的抬头人及签发人,其为涉案货物运输的承运人。涉案货物交接方式为堆场至门(CY-DOOR),被告作为承运人的责任期间应从装货港堆场接收货物时起至目的地交付货物时止,货物处于承运人掌管之下的全部期间。现有事实表明,涉案货物在陆路运往目的地墨西哥城的途中被盗,此时货物仍处在承运人的掌控期间,被告作为承运人应当对涉案货物的灭失承担赔偿责任。虽然涉案提单正面注明了免责条款,但被告并未提供证据证明该条款系其与托运人法兰德公司或收货人米百利公司协商一致的结果,根据《中华人民共和国海商法》的规定,提单中的条款,若违反《中华人民共和国海商法》第四章规定的,无效。根据《中华人民共和国海商法》的相关规定,盗窃并不属于承运人可以享受免责的情况。因此,涉案提单正面注明的免责条款属于无效条款,对被告主张享受免责的抗辩不予支持。

（五）关于两原告的损失认定

两原告主张根据法兰德公司发票所载明的总价 87 907.02 美元计算涉案货物灭失的损失。被告认为，两原告提供的贸易合同、发票、报关单上的货物价值和数量不能相互对应，无法据此确认涉案货物的实际价值。上海海事法院认为，两原告提供了米百利公司与 P&T 公司的贸易合同和发票，显示涉案货物的总价为 81 408.97 美元。两原告提供的进口许可证也显示米百利公司支付了上述金额的货款。因此，米百利公司实际支付的货款比报关单、法兰德公司发票所显示的金额低。两原告主张的货物灭失的赔偿额应当按照货物的实际价值，即米百利公司实际支付的货款金额进行计算，故涉案货物灭失的损失金额为 81 408.97 美元。

关于汇率。上海海事法院认为，被告应当承担的损失赔偿额应以起诉之日，即 2009 年 2 月 18 日中国人民银行公布的美元与人民币汇率中间价 1∶6.8363 进行计算，共计人民币 556 536.14 元。大地保险公司向米百利公司支付了货款损失人民币 495 750.38 元，并取得了代位求偿权，米百利公司亦确认大地保险公司对被告的赔偿款具有优先受偿权，故该部分损失应当由被告承担。剩余部分的货款损失为人民币 60 785.76 元，被告应当向米百利公司进行赔偿。

关于利息。两原告主张的利息损失系因被告迟延赔付产生的孳息损失，应予支持。两原告请求按照银行贷款利率计算利息，但未能提供证据证明其向银行进行贷款，故利息损失应当按照中国人民银行人民币同期企业存款利率计算。由于在诉讼过程中，米百利公司获得了部分保险赔偿，故米百利公司的利息应分两部分计算：① 全部货款损失人民币 556 536.14 元的利息损失，自起诉之日 2009 年 2 月 18 日计算至大地保险公司支付赔款之日 2009 年 11 月 18 日止；② 剩余部分损失人民币 60 785.76 元的利息损失，自 2009 年 11 月 19 日计算至判决生效之日止。大地保险公司主张的利息损失，以保险赔款人民币 495 750.38 元为基数，自 2009 年 11 月 19 日计算至判决生效之日止。

综上，依照《中华人民共和国海商法》第 44 条、第 46 条、第 55 条第 1、2 款、第 229 条、第 252 条、第 257 条第 1 款、第 269 条，《中华人民共和国民事诉讼法》第 64 条第 1 款的规定判决如下：

（1）被告上海海至天国际货物运输代理有限公司应于本判决生效之日起 10 日内向原告中国大地财产保险股份有限公司宁波分公司赔偿损失人民币 495 750.38 元及其利息损失（按照中国人民银行人民币同期企业存款利率自 2009 年 11 月 19 日计算至判决生效之日止）；

（2）被告上海海至天国际货物运输代理有限公司应于本判决生效之日起 10 日内向原告米百利公司（MIBELY, S. A. DEC. V.）赔偿损失人民币 60 785.76 元及其利息损失（按照中国人民银行人民币同期企业存款利率自 2009 年 11 月 19 日计算至判决生效之日止）；

（3）被告上海海至天国际货物运输代理有限公司应于本判决生效之日起 10 日内

向原告米百利公司(MIBELY,S. A. DEC. V.)赔偿人民币 556 536.14 元的利息损失(按照中国人民银行人民币同期企业存款利率自 2009 年 2 月 18 日计算至 2009 年 11 月 18 日止);

(4) 对原告米百利公司(MIBELY,S. A. DEC. V.)、原告中国大地财产保险股份有限公司宁波分公司的其他诉讼请求不予支持。

1.1.4 承运人的举证责任

59 上诉人赫伯罗特货柜航运有限公司与被上诉人安徽安粮国际发展有限公司海上货物运输合同纠纷上诉案
案例来源:天津市高级人民法院(2010)津高民四终字第 30 号
主题词:责任期间 监管职责 举证责任

裁判要旨

No. HY 1.1-112 对干集装箱货物,在承运人掌管期间集装箱被开箱并更换铅封号而承运人又不能说明正当理由的,属于管理货物不当。

No. HY-1.1-113 承运人主张货物的自然特性或固有属性来免除对货物损坏或灭失的赔偿责任,应当承担举证责任,还应当证明其履行了管理货物的责任。

一、基本案情

上诉人(原审被告):赫伯罗特货柜航运有限公司(Hapag-Lloyd Aktiengesellschaft,以下简称赫伯罗特货柜公司)

被上诉人(原审原告):安徽安粮国际发展有限公司(以下简称安粮公司)

原审被告:赫伯罗特船务(中国)有限公司

原审被告:赫伯罗特船务(中国)有限公司天津分公司(以下简称赫伯罗特船务天津分公司)

天津海事法院原审查明:安粮公司向波兰买家出口 36 吨葵花籽仁,出口货值为 39 780 美元。经天津市出入境检验检疫局检验,涉案货物质量合格。2007 年 12 月 8 日,赫伯罗特船务天津分公司向安粮公司签发了以赫伯罗特货柜公司为承运人的全套正本海运提单。涉案货物为纸袋包装,载入箱号为 CAXU2438453 和 CPSU1071871,两个集装箱由赫伯罗特货柜公司承运自天津港出运。2008 年 1 月 18 日,涉案货物抵达目的港波兰格但斯克港后,收货人一直没有到银行付款赎取正本提单。2008 年 3 月 18 日,安粮公司向赫伯罗特船务天津分公司提出了退运申请,涉案集装箱仍由赫伯罗特货柜公司承运,分别于 2008 年 5 月 30 日和 5 月 31 日抵达天津新港,安粮公司支付了退运相关费用 13 788.18 美元。安粮公司提货时发现,两个集装箱的铅封号均已改变(改变后的铅封号为 PLOMBA001864、PLOMBA001880)。安粮公司为办理退运报关、报检等手续,支付相关费用38 090.98元人民币。经检验,涉案货物严重变质,安粮公司按天津出入境检验检疫局销毁通知销毁。

原审法院另查明,涉案货物包装袋标明生产日期为2007年10月,货物保质期为1年。赫伯罗特船务天津分公司系赫伯罗特船务中国公司设立的分公司。

二、一审裁判

原审法院认为,本案为海上货物运输合同纠纷。安粮公司为托运人,赫伯罗特货柜公司为承运人,赫伯罗特船务中国公司为赫伯罗特货柜公司的代理人,赫伯罗特船务天津分公司为赫伯罗特船务中国公司设立的分公司。涉案货物由赫伯罗特货柜公司运至波兰,又由赫伯罗特货柜公司回运至天津港,全程处于赫伯罗特货柜公司掌管控制之下。虽现有证据不能证明货损发生的时间,但根据《中华人民共和国海商法》第46条的规定,承运人应举证证明具有《中华人民共和国海商法》第51条规定的免责情形,才能免除货损赔偿责任。赫伯罗特货柜公司、赫伯罗特船务中国公司、赫伯罗特船务天津分公司以货物自身品质、包装不当以及不适合集装箱运输为由,主张免除责任,但未对其主张提供证据,且涉案货物在回运后未过保质期,货物包装及集装箱运输方式符合货运实践,其抗辩主张不能成立。同时,原审法院认为,赫伯罗特货柜公司掌管货物期间,对集装箱被开箱并更换铅封号不能说明正当理由,应属管货不当。由于赫伯罗特货柜公司不能证明其对安粮公司请求的货损具有免责理由,且存在管货不当的违约行为,安粮公司关于39 780美元货损赔偿请求能够成立,应予支持。货损利息按贷款利率计算没有法律根据,应依中国人民银行同期存款利率计算,起算日为货物最后到港日即2008年5月31日。涉案货物回运系由货物买受人未提货造成,因此产生的费用应依外贸合同的约定解决,赫伯罗特货柜公司、赫伯罗特船务中国公司、赫伯罗特船务天津分公司关于退运相关费用与其无关的主张能够成立,安粮公司关于退运费用的请求不予支持。赫伯罗特船务中国公司为赫伯罗特货柜公司的代理人,赫伯罗特船务天津分公司为赫伯罗特船务中国公司设立的分公司。安粮公司关于赫伯罗特船务天津公司、赫伯罗特船务中国公司与赫伯罗特货柜公司承担共同赔偿责任的请求不予支持。综上,判决:赫伯罗特货柜公司赔偿安粮公司货物损失39 780美元。

三、上诉与答辩

赫伯罗特货柜公司不服原审判决,提起上诉称:① 原审法院未能查明案件事实,其认定的事实与本案实际情况不符。就涉案集装箱铅封变更,赫伯罗特货柜公司已经从提单通知方处获得了目的港海关签署的检查记录,证实铅封号变更是由于目的港海关开箱查验涉案货物所致。由于本案收货人并没有付款提货,因此没有证据证明提单通知方是收货人,原审法院认定提单通知方与本案有利害关系进而否认从提单通知方处获得的海关检查记录,与事实不符。涉案集装箱铅封变更系目的港海关开箱查验所致,其并无管货过失。② 原审法院适用法律错误。涉案货物为去壳后的葵花籽仁,且未经烘炒,本身即含有6.1%的水分,并含有丰富的植物油成分,这种自然属性极易导致货物发霉变质。根据《中华人民共和国海商法》第51条第1款的规定,赫伯罗特货柜公司作为承运人不负赔偿责任。另一方面,涉案货物自2007年12月8日从天津新港发运,并于2008年1月18日至2008年4月下旬存放在目的港堆场,其后又经海运于2008年5月22日、29日运回天津,其间经历了近6个月的海运及港口堆存。在长期的海运途中以及在港口堆场堆存过程中,涉案货物势必沾染大量的水汽,造成涉案货物的含水量增加,并进而发生霉变。而这完全是由于收货人未提取货物,安粮公司也未在目的港找到新的买家造成的,与赫伯罗特货柜公司无关。请求撤销原审法院判决,改判驳回安粮公司的全部诉讼请求,判令安粮公司承担一、二审诉讼费用。

安粮公司辩称,涉案货物到达目的港后,收货人没有付款赎单,货物一直没有交付收货人。安粮公司的两个集装箱在目的港被拆箱,赫伯罗特货柜公司在责任期间没有尽到合理的管货义务,该违约行为导致集装箱内的货物全损,应承担赔偿责任。赫伯罗特船务中国公司、赫伯罗特船务天津分公司均认可原审法院判决其在本案不承担责任,并认可赫伯罗特货柜公司提出的上诉主张。

四、二审裁判

在本案审理期间,赫伯罗特货柜公司向法院提交了一份其委托上海科技咨询服务中心制作的从天津到格但斯克集装箱运输葵花籽霉损原因技术分析报告(以下简称技术分析报告)作为新证据,同时申请该技术分析报告课题组成员雷海作为专家证人出庭作证,意图证明涉案货物造成霉损是货物自身属性原因所致,其作为承运人不应承担责任。天津市高级人民法院对赫伯罗特货柜公司的申请予以准许。雷海出庭接受了各方当事人的质询。

原审法院认定事实属实,天津市高级人民法院予以确认。天津市高级人民法院认为,本案为国际海上货物运输合同纠纷。各方当事人未协议选择本案适用的法律,而原审被告赫伯罗特船务天津分公司住所地为中华人民共和国天津市,根据《中华人民共和国民事诉讼法》第22条第3款"同一诉讼的几个被告住所地、经常居住地在两个以上人民法院辖区的,各该人民法院都有管辖权"的规定,原审法院对本案具有管辖权,本案应适用中华人民共和国法律作为准据法。各方当事人对适用中华人民共和国内地法律审理本案均不持异议,故本案适用中华人民共和国内地法律作为准据法。

关于赫伯罗特货柜公司主张的本案事实不清即涉案集装箱铅封号变化原因问题,赫伯罗特货柜公司认可涉案集装箱在目的港被打开,但原因是目的港海关履行职务的行为造成。赫伯罗特货柜公司虽提出上述主张,但两审期间均未提交充分证据对此事实予以证实。天津市高级人民法院认为,在涉案货物由赫伯罗特货柜公司承运期间,集装箱铅封号实际发生了变化,但原因不能确定。根据《中华人民共和国海商法》第46条第1款"承运人对集装箱装运的货物的责任期间,是指从装货港接收货物时起至卸货港交付货物时止,货物处于承运人掌管之下的全部期间。承运人对非集装箱装运的货物的责任期间,是指从货物装上船时起至卸下船时止,货物处于承运人掌管之下的全部期间。在承运人的责任期间,货物发生灭失或者损坏,除本节另有规定外,承运人应当负赔偿责任"和第四十八条"承运人应当妥善地、谨慎地装载、搬移、积载、运输、保管、照料和卸载所运货物"规定的内容,赫伯罗特货柜公司作为涉案货物实际承运人,应严格履行其对货物的运输、保管责任。在涉案货物在目的港未被收货人提货、又不能提交充分证据证明目的港海关开箱验货的情况下,涉案集装箱铅封被更换,意即箱体无合法、合理依据被打开的事实,应由赫伯罗特货柜公司承担相应的责任。

关于赫伯罗特货柜公司主张原审判决适用法律有误的问题,根据赫伯罗特货柜公司在本案审理期间提交的技术分析报告及该报告的课题组成员雷海出庭所做的证词,可以认定在一定温度、湿度条件下,根据涉案货物的自身属性可能造成霉损的后果,但其上述主张的前提是赫伯罗特货柜公司作为实际承运人尽到了其应有的装运、积载、保管、交货等义务和责任。而依前所述,涉案货物从天津新港出运至退运回天津新港期间,一直在赫伯罗特货柜公司控制之下,其作为承运人却不能对涉案集装箱铅封前后的变化充分说明,意即集装箱被打开后所处的环境及被采取的措施亦不为他人所知悉。在赫伯罗特货柜公司未依约严格履行好管货义务的情况下,其提交的技术分析报告及证人证词均缺乏事实依据,天津市高级人民法院不予支持。根据《中华人民共和国民法通则》第63条第2款"代理人在代理权限内,以被代理人的名义实施民事法律行为。被代理人对代理人的代理行为,承担民事责任"的规定,赫伯罗特船务中国公司作为赫伯罗特货柜公司的代理人及赫伯罗特船务天津分公司作为赫伯罗特船务中国公司设立的分公司,不应对赫伯罗特货柜公司造成的损失承担责任。

综上,判决如下:驳回上诉,维持原判。

60 原告韩国泛洋船务公司与被告海晏国际船务有限公司海上货物运输合同纠纷案
案例来源:广州海事法院(2011)广海法初字第212号
主题词:全程运输 区段运输 追偿

裁判要旨

No. HY-1.1-114 一方在区段运输期间以托运人身份向另一方订舱,另一方予以接受,并签发提单,两者之间成立海上货物运输合同法律关系;该一方是区段运输的托运人,另一方是区段运输的承运人。

No. HY-1.1-115 作为全程运输的承运人,在赔付货物损失后,有权作为区段运输的托运人,依据该区段的运输合同向区段运输承运人追偿。

一、基本案情

原告:韩国泛洋船务公司(STX Pan Ocean Co.,Ltd.)

被告:海晏国际船务有限公司

原告韩国泛洋船务公司诉称:2008年9月,原告接受委托并签发全程提单,将两集装箱(集装箱号为TGHU0170236和TGHU0874493)的铜箔从韩国经香港运往虎门太平港。原告委托被告从事香港到虎门太平港的区段运输。货物到太平港后,卸载于虎门宏业货柜码头的堆场内。在随后的检验中,发现货物水湿受损。货方的保险人美国家庭保险公司(American Home Assurance Company)就上述货损在韩国法院向原告提起诉讼。2010年10月,在韩国首尔高等法院的调解下,原告赔偿货方45 000 000韩元,折合40 000美元。该调解令于2010年10月27日生效。此外,原告为处理上述案件,在韩国发生诉讼费用43 850.05美元。两项合计83 850.05美元。请求判令被告赔偿原告损失83 850.05美元及其利息(从2010年10月27日起计算,按照中国人民银行同期流动资金贷款利率计算);被告承担本案诉讼费以及原告为本案支出的所有费用。在诉讼中,原告明确原告为本案支出的所有费用包括律师费、公证、认证费。

被告海晏国际船务有限公司辩称:① 原告与被告之间没有合同关系,被告是受泛洋船务(香港)有限公司的委托,泛洋船务(香港)有限公司从未向被告表明原告与泛洋船务(香港)有限公司的关系。② 被告作为合同承运人,在掌管货物期间没有过错;涉案货物被回运韩国处理,原告未能证明货物在被回运过程中有无损失。③ 台风"黑格比"造成涉案货物的损失,被告没有责任。④ 被告对原告要求赔偿的损失不予确认。原告未能证明损失是否已经实际产生,且该费用是必要、合理、不可避免的。请求驳回原告的诉讼请求。

二、法院查明事实

广州海事法院经审理查明并确认如下法律事实:

2008年9月,乙进铜箔有限公司(IL JIN Copper Foil Co. Ltd.,以下简称乙进公司)与国际伙伴有限公司签订货物买卖合同,CIF中国太平,138卷、重量45 336公斤、金额489 628.8美元的铜箔。9月4日,乙进公司向美国家庭保险公司投保了该出口货物的海上货物运输险。

乙进公司委托世邦公司将货物从韩国光阳运至中国太平。世邦公司于9月8日签发了3份提单,提单记载托运人为乙进公司,收货人凭东莞联茂电子科技有限公司的指示,通知人为国际伙伴有限公司。

世邦公司委托给原告运输。原告于9月7日签发了提单,记载的托运人是世邦公司代表乙进公司,收货人和通知人为Poseidon国际有限公司,运输船舶为"美人鱼"(Ocean Mermaid)轮,起运港为韩国光阳,卸货港为中国太平。

被告接受了将涉案货物从香港运至东莞太平的区段运输,并为此签发了区段运输的提单,记载的开航日期为9月15日,船名和航次为"博石航"238v0815,托运人为泛洋船务(香港)有限公司,收货人为根据原告签发提单持有人的指示,通知人为东莞联茂电子科技有限公司。被告又将该区段运输委托给文安公司,文安公司也签发了相应的提单。

涉案货物于 9 月 18 日被运抵中国太平港并卸至宏业公司码头。9 月 24 日,受台风"黑格比"强降雨、涨潮等天气的影响,涉案的编号为 TGHUO874493 的集装箱内装 46 卷铜箔和编号为 TGHUO170236 的集装箱内装 47 卷铜箔发生货损。

被告提交的中国气象局发布的台风"黑格比"网页和国家海洋局南海预报中心出具的台风"黑格比"期间潮汐情况资料表明,中央气象台于 20 日发布信息,台风"黑格比"于 9 月 19 日在菲律宾以东洋面上生成,于 9 月 24 日在广东电白登陆,国家海洋局南海预报中心于 9 月 23 日 08 时发布了风暴潮的橙色预警,14 时发布了红色预警。宏业公司码头致船公司的公开信称,9 月 24 日凌晨受风暴潮影响,致使水浸和货物损失,该码头在 23 日早时接到台风预警后,采取了防御措施,于 24 日凌晨发现涨潮并有可能会水淹码头后采取了应变措施,尽最大努力施救,然而潮汐发生突然,不可避免造成货物损失。

9 月 28、29 日,涉案货物交付给东莞联茂电子科技有限公司。

9 月 27、28 日,受美国家庭保险公司的委托,上海谛诚保险公估有限公司到太平港和东莞联茂电子科技有限公司的仓库对涉案货物进行了检验,并出具了检验报告。该报告称,在太平港的露天货场,发现 3 个集装箱等待检查。打开集装箱门检查内容物发现:1 个集装箱完好;箱号为 TGHUO170236 的集装箱箱底受潮,内部底层 10 卷内盖受潮,37 卷表面状况良好;箱号为 TGHUO874493 的集装箱箱底受潮,内部底层 9 卷内盖受潮,37 卷表面状况良好。由于设备有限,无法现场解开包装箱以检查内容物。在收货人仓库拆箱检查发现,箱号为 TGHUO170236 的集装箱 1 个卷中的外部包装破裂,内容物外表状况良好,10 卷外表不同程度受潮,内容物有一些氧化斑,剩余 36 卷外表状况良好;箱号为 TGHUO874493 的集装箱,9 卷外部包装不同程度受损,其中的 5 卷表面多处氧化,4 卷的表面有一些氧化斑,其余 37 卷表面状况良好。完成检查后,检验人与东莞联茂电子科技有限公司商讨如何处理,东莞联茂电子科技有限公司拒绝接收箱号为 TGHUO170236、TGHUO874493 的集装箱的 93 卷货物,要求退回韩国由托运人处理。检验人称将进一步跟进该事项。检验人没有在该报告上签名,报告没有加盖公章,也没有附上检验人和上海谛诚保险公估有限公司的资质。原告称该报告应为初步报告。被告在诉讼中也称持有该报告,但没有向法院提交。

11 月 6 日,收货人拒收的 93 卷货物被返运给韩国托运人乙进公司。

11 月 10 日,受美国家庭保险公司的委托,新韩火灾海上损害查定株式会社到乙进公司的仓库对涉案受损货物进行了检验并出具了两份检验报告。两报告称,对所有的内容物进行了肉眼检查,并在乙进公司的仓库,与托运人代表一道进行了加热测试检验,发现所有的内容物的表面都有不同程度的氧化,通过硝酸银滴定测试,结果显示阴性,这证明货物的损坏不是与盐水/海水接触所致,货物的损坏是箱门中渗入的淡水接触所致,或因为存放于中国太平港露天集装箱堆场期间的台风所致水浸造成。乙进公司认为受损货物因为氧化致使其用于制造汽车等的质量得不到保证,失去了作为产品的价值,应视为全损。检验人认为这种认定是公平合理的,根据乙进公司与国际伙伴有限公司签订货物买卖合同的发票价格计算集装箱号为 TGHUO170236 的 47 卷铜箔的损失金额为 163 933.20 美元,通过招标方式出卖 47 卷的残余价值为 61 911 110 韩元;集装箱号为 TGHUO874493 的 46 卷的损失金额为 163 080 美元,46 卷铜箔的残余价值为 61 588 890 韩元。美国家庭保险公司向乙进公司支付了保险金 471 010 192 韩元。

2009 年 6 月 3 日,美国家庭保险公司在韩国首尔中央地方法院就海上货物运输合同提起了代位求偿之诉,起诉了世邦公司,请求世邦公司向美国家庭保险公司支付货损 120 819 384 韩元及其利息。原告作为第三人参加了该诉讼。12 月 10 日,韩国首尔中央地方法院对前述事实予以确认,判定世邦公司作为承运人应向美国家庭保险公司赔偿 93 卷铜箔的损失,但世邦公司享有责任限制,故应赔偿 114 664 613 韩元及其利息。世邦公司和原告向韩国首尔高等法院提起上诉。韩国首尔高等法院于 2010 年 10 月 5 日出具了调解裁定书,命令世邦公司应在 11 月 19 日前向美国家庭保险公司支付 15 000 000 韩元,原告作为该案的第三人支付 45 000 000 韩元,免除了原告的其他责任,本命令出具后在两周内各方面没有提出异议,调解裁定生效。

2009 年 8 月 7 日,原告通知被告称,其已经收到就涉案货物世邦公司 120 819 384 韩元索赔,因货物在被告监管期间受损,被告应对该损失及引发的费用和损失承担责任,如果被告确认该损失,原告将直接与韩国的索赔方解决索赔事宜;请于 2009 年 8 月 14 日前就上述要求向原告进行书面确认,并向原告出具 1 份索赔金额 150% 的担保。该通知附上了韩国首尔中央地方法院损失通知书等文件。9 月 15 日,泛洋船务(香港)有限公司向原告发出邮件称,经电话交谈和邮件提醒,被告须于 9 月 15 日下午 15 点之前就泛洋船务(香港)有限公司发出的索赔通知作出回应,否则,将通过诉讼解决索赔,届时被告将承担大量的法律费用,并称不理解被告对如此重要和紧急的索赔置之不理的行为。被告对该邮件回复称,为保护诉讼时效,对原告提出的延长时效 6 个月无异议。

2010 年 9 月 14 日,泛洋船务(香港)有限公司向原告发出邮件称,其在一收到索赔材料后即向被告提供了相关复印材料。该邮件告知了其参与韩国诉讼的情况,并称在韩国法院二审中,货损索赔已经全部和最终通过 65 000 000 韩元解决,原告要支付 45 000 000 韩元,二审法官出具了调解裁定,被告随邮件发送该调解令复印件及其英文翻译件,该调解令在法院命令下达后两周之内任何一方未提出异议后生效。请被告在 2010 年 12 月 3 日前向原告的银行账户支付赔偿 45 000 000 韩元和诉讼费用(系通过最佳途径处理相关问题和法庭进行辩护而引发的费用)51 686.05 美元。否则,原告将采取法律手段,因此产生的相关费用向被告索赔。之后,被告要求原告提供调解裁定的中英文译本和履行情况。原告将调解裁定和支付 45 000 000 韩元的付款凭证发给向泛洋船务(香港)有限公司,要求其转发给被告,并要求在进入法律程序前达成协议,避免额外的时间和费用。

原告提交的银行付讫凭证记载,2010 年 12 月 14 日,原告按照调解裁定向美国家庭保险公司的代理人支付了 45 000 000 韩元。被告对此不予认可，但无相反证据，对该事实应予确认。

2009 年 12 月和 2010 年 3 月，夏礼文律师行向原告出具账单，就涉诉货物损坏的索赔要求原告支付包括通信费、咨询费等律师费用 5 095 美元，北英保赔协会于 2010 年 2 月 9 日向夏礼文律师行支付了 5 105 美元，于 4 月 27 日支付了 3 738 美元。Suh&Co 律师行于 2010 年 2 月 10 日和 11 月 18 日，向原告及北英保赔协会出具账单要求支付专业服务费等费用 38 755.05 美元，北英保赔协会于 2010 年 5 月 6 日、2011 年 4 月 11 日支付该费用。原告在庭审中称，在韩国诉讼并不是必须请律师。

原告提交的韩国公证、认证费单据表明，原告为本案诉讼支付了证据的公证费 225 000 韩元、认证费 726 000 韩元；在韩国支付翻译费 500 000 韩元、交通费 4800 韩元；向广州敬海海商咨询服务有限公司支付翻译费人民币 12 580 元。

另查，泛洋船务（香港）有限公司是在香港特别行政区成立的公司。2006 年 10 月 15 日，原告与泛洋船务（香港）有限公司签订代理协议，原告指定泛洋船务（香港）有限公司作为其在香港、广东地区集装箱班轮运输服务的总代理，按照原告的要求办理订舱等事宜。

原告与被告在庭审中一致选择中华人民共和国内地法律处理本案争议。

三、法院裁判

原告接受世邦公司的委托全程运输涉案货物，将其中香港至东莞太平的区段通过其代理人泛洋船务（香港）有限公司委托给被告运输，原告作为全程承运人在赔付了货损后，向作为区段承运人的被告索赔，故本案为海上货物运输追偿诉讼。因原告是韩国公司，且涉案运输从韩国启出、中转香港，具有涉外、涉港因素，所以本案是一起涉外、涉港海上货物运输合同纠纷。《中华人民共和国民事诉讼法》第 28 条规定："因铁路、公路、水上、航空运输和联合运输合同纠纷提起的诉讼，由运输始发地、目的地或者被告住所地人民法院管辖。"涉案运输的目的地广东东莞太平港在广州海事法院的辖区，广州海事法院对本案具有管辖权。双方当事人在庭审中选择适用中华人民共和国内地法律处理本案争议，依照最高人民法院《关于审理涉外民事或商事合同纠纷案件法律适用若干问题的规定》第四条"当事人在一审法庭辩论终结前通过协商一致，选择或者变更选择合同争议应适用的法律的，人民法院应予准许"的规定，本案适用中华人民共和国法律处理实体争议。

原告举证证明了泛洋船务（香港）有限公司在原告的授权范围内作为托运人代理原告向被告订舱，被告接受订舱，签发了提单，依照《中华人民共和国民法通则》第 63 条第 2 款的规定，泛洋船务（香港）有限公司订舱行为的后果应由被代理人原告承担。故原告与被告成立海上货物运输合同，驳回被告关于其与原告之间不存在运输合同的抗辩。原告与被告关于涉案香港至东莞太平的区段运输的合同不存在《中华人民共和国合同法》第 52 条规定的无效情形，合法有效。原告是区段运输的托运人，被告是承运人,原告与被告均应依约享有权利,承担义务。

《中华人民共和国海商法》第 46 条第 1 款规定:"承运人对集装箱装运的货物的责任期间,是指从装货港接收货物时起至卸货港交付货物时止,货物处于承运人掌管之下的全部期间……"涉案事实表明,在被告将货物运抵目的港交付货物之前、存放于东莞太平港露天集装箱堆场期间,因台风所致水浸造成货物受损。货物保险人委托上海谛诚保险公估有限公司勘查了损失后,在收货人的仓库检验了货损情况,出具了初步的报告。因收货人拒收货物,货物被运回韩国。保险人在韩国又委托了新韩火灾海上损害查定株式会社检验并出具报告,该报告与上海谛诚保险公估有限公司在货物损失的认定上是一致的,且损失原因上认定"通过硝酸银滴定测试,结果显示阴性,这证明货物的损坏不是与盐水/海水接触所致,货物的损坏是箱门中渗入的淡水接触所致,或因为存放于中国太平港露天集装箱堆场期间的台风所致水浸造成"。韩国的一审法院判决认定了货损原因是存放在中国太平港露天集装箱堆场期间的台风所致水浸造成,并要求原告作出赔付。被告并无证据证明涉案受损货物在返运过程中扩大损失或其他原因造成损失。因此,应认定原告赔付的涉案货物的货损发生在被告掌管货物的责任期间。

《中华人民共和国海商法》第 54 条规定:"货物的灭失、损坏或者迟延交付是由于承运人或者承运人的受雇人、代理人的不能免除赔偿责任的原因和其他原因共同造成的,承运人仅在其不能免除赔偿责任的范围内负赔偿责任;但是,承运人对其他原因造成的灭失、损坏或者迟延交付应当负举证责任。"被告应对其运输掌管期间货物的损失负赔偿责任。《中华人民共和国合同法》第 117 条第 2 款规定:"本法所称不可抗力是指不能预见、不能避免并不能克服的客观情况。"被告提交的证据表明,台风"黑格比"的形成和登陆均有预报,气象部门还就风暴潮发出了红色预警,因此,本案造成货损的风暴潮并非不能预见,而是可以预见的。本案并无证据显示作为掌管涉案货物的被告,对此引起足够重视,并采取足够的措施予以防范和应对,而作为受被告委托履行保管义务的宏业公司在风暴潮来临的当天才采取应对措施,显然也不够重视,措施也不够及时,故被告对损失结果的发生,并非不能避免并不能克服的,而是由于疏忽大意或轻信能够避免所致。被告称因台风造成损失,其对损失不承担责任的抗辩,应予驳回。原告作为全程运输的承运人在赔付了涉案运输的货损损失后,有权作为区段运输的托运人,依据区段运输合同向被告主张索赔。原告诉请的货损额 45 000 000 韩元是其在韩国调解裁定项下支付的,少于新韩火灾海上损害查定株式会社检验报告所称的损失,被告应予以赔付。原告请求将该 45 000 000 韩元折算成美元支付,没有合同和法律依据,不予支持。原告请求货损额 45 000 000 韩元的利息,应予以支持,利息按照 45 000 000 韩元以 2010 年 12 月 15 日(原告支付该款项的次日)中国外汇交易中心授权公布的人民币汇率中间价折算成人民币后的中国人民银行同期贷款利率计算。至于原告诉请的在韩国诉讼发生的律师费,原告提交的证据表明该费用是北英保赔协会支付的,且并非在韩国诉讼必须支出的费用,不予支持。最高人民法院《关于民事诉讼证据的若干规定》第 11 条规定："当事人向人民法院提供的证据系在中华人民共和国领域外形成的，该证据应当经所在国公证机关予以证明，并经中华人民共和国驻该国使领馆予以认证，或者履行中华人民共和国与该所在国订立的有关条约中规定的证明手续。"而且，原告在向广州海事法院起诉前函告被告要求被告赔付损失，否则因诉讼产生的大量费用由被告承担，但是被告对此并未积极处理，导致本案诉讼并产生了必要的公证费用。因此，原告在本案中支付的公证费 225 000 韩元、认证费 726 000 韩元，属于被告违约造成原告的损失，依照《中华人民共和国合同法》第 107 条的规定，应由被告偿付。原告诉请本案诉讼产生的律师费，因没有证据支持，且律师费不是本案诉讼必须发生的费用，不予支持。原告在明确诉讼请求时没有包括翻译费、交通费等，因此，虽然原告在第 3 次开庭时提交了相关证据，但这些费用超出了原告诉讼请求的范围，不予审理。

综上，依照《中华人民共和国海商法》第 46 条、第 54 条和《中华人民共和国合同法》第 107 条的规定，判决如下：

（1）被告海晏国际船务有限公司向原告韩国泛洋船务公司（STX Pan Ocean Co., Ltd.）偿付货损损失 45 000 000 韩元及其利息（以 2010 年 12 月 15 日中国外汇交易中心授权公布的人民币汇率中间价折算成人民币后的中国人民银行同期贷款利率计算）；

（2）被告海晏国际船务有限公司向原告韩国泛洋船务公司（STX Pan Ocean Co., Ltd.）偿付公证费 225 000 韩元、认证费 726 000 韩元；

（3）驳回原告韩国泛洋船务公司（STX Pan Ocean Co., Ltd.）的其他诉讼请求。

1.1.5　承运人的责任期间

61 原告陕西省机械设备进出口公司与被告绿洲（天津）国际贸易有限公司、东阳仓库株式会社海上货物运输合同纠纷案

案例来源：天津海事法院（1999）津海法商初字第 760 号

主题词：对集装箱货物的掌管　举证责任

> **裁判要旨**
>
> **No. HY-1.1-116**　承运人对集装箱装运的货物的掌管不仅包括其船长和船员对货物的掌管，也包括通过其雇佣或委托的装卸公司、仓库或码头管理人、其代理人等对货物的掌管。
>
> **No. HY-1.1-117**　质量不符货物被退运后，托运人主张承运人责任期间因为发生开箱导致货物更换而要求承运人承担赔偿责任的，应首先证明原货物品质良好。

一、基本案情

原告：陕西省机械设备进出口公司

被告:绿洲(天津)国际贸易有限公司(以下简称绿洲公司)

被告:东阳仓库株式会社(TOYO WAREHOUSE CO. LTD.,以下简称东阳仓库)

原告诉称:原告自天津新港托运 6×20 集装箱金属硅至韩国釜山港,被告作为承运人签发清洁提单。同年,因韩国开证行拒付货款,退回全部单据。此后,原告通知被告将上述货物集装箱运回天津。6 月份,经开箱目测发现集装箱号、部分货物外包装已被更换,并经天津和陕西商检局检验出 50 吨货物已成灰渣,其品质不具有使用价值,给原告造成损失。该批集装箱运输从被告在装货港接收时起,到在釜山港卸货交付收货人止,始终处于被告的责任期间。由于被告失于职守,造成原告货物、运杂费用损失,请求法院判令被告赔偿原告货物及运杂费等损失 538 315 元及利息 28 896.75 元,共计 567 211.74 元。

被告绿洲公司辩称:绿洲公司只是东阳仓库在中国的揽货和签发提单的代理。在本案中,绿洲公司作为代理人在装货港如实签发提单,无任何过错。在卸货港釜山的相关事宜由合同承运人和实际承运人具体操作,绿洲公司既未参与,也不知情。绿洲公司作为代理人,不承担任何责任。提单记载的集装箱运输方式均为 CY-CY,这意味着由托运人自己在装运港装箱,承运人在卸货港交付整箱。在此种运输方式下,托运人是没有理由主张集装箱内的货物在运输途中被更换的。更何况在此案中,根据提单记载,货物的外包装上没有任何标志加以注明,托运人所称到港经目测发现货物外包装被更换是违反基本常识的。根据贸易合同和原告与买方韩国非铁贸易股份公司(以下简称韩国非铁)之间的函电,买方韩国非铁拒收货物的原因是原告提供的货物与合同约定的品质不符。而原告却隐瞒实情,并起诉承运人偷换货物以转嫁其贸易损失,这种做法是法律不允许的。

被告东阳仓库辩称:东阳仓库与绿洲公司未签署任何法律文件。东阳仓库未授权绿洲公司签发提单。东阳仓库不是承运人或契约承运人。东阳仓库与原告无法律关系。货物由天津新港到韩国釜山进入韩国海关监管的货主保税仓库,入库集装箱及铅封完好。根据韩国海关法,韩国海关与税务部门都可以开箱查验货物,货主也有权利向海关申请开箱检验。经由韩国政府认可的大韩检定股份公司检验,证明货物品质不合格。韩国的检验报告等证据证明货物到达韩国和回运时始终是原告出运的货物,东阳仓库没有更换货物的行为。原告的证据无法证明其在装箱前的货物是完好的。本案实为一起买卖合同纠纷,而非运输合同纠纷,东阳仓库不存在民事过错,不应负民事责任。

二、法院查明事实

天津海事法院查明:1999 年 1 月 12 日,原告与韩国非铁订立了一份出口 120 吨(±5%)金属硅买卖合同,装货港为天津新港,卸货港为韩国釜山。合同签订后,原告依约从河北省涞源县亚圣工业硅厂购买了合同中约定规格、尺寸的金属硅,单价每吨 7 350 元,然后装入 115 个吨袋,并由中国贸促会陕西分会出具原产地证明,山西进出口商品检验局出具了品质检验证书,证明货物符合合同约定。之后,原告将115个吨袋的金属硅经陆路运抵天津新港,由中国外运天津储运货柜分公司装入6个集装箱,并由天津外轮理货公司进行理货后加了铅封。

原告将上述6个集装箱交于被告绿洲公司,并于1999年1月26日由被告绿洲公司以东阳仓库代理人身份签发了抬头为东阳仓库的KYCR006号清洁提单,并交给原告。提单载明托运人为原告,收货人为凭国家农业合作联合银行指示,起运港天津新港,目的港韩国釜山,承运船舶为"胜利星V904E",货物为115袋(毛重115 345 kg)金属硅共6个20吨集装箱,并注明集装箱号和铅封号,集装箱交接方式为CY-CY,运费到付。货物如期出运。

承运人将6个集装箱的货物于1999年1月28日运抵目的港韩国釜山,放入新韩商运仓库。该仓库为保税库,且该批货物的买方韩国非铁与该仓库签有进出口货物保管合同。1999年2月1日,由大韩海运装卸公司代表李金浩和新韩商运仓库代表特派官吏蒋拥准共同签署的入库确认书证明:入库的6个集装箱及铅封号正常,与提单记载一致。在新韩商运仓库对上述6个集装箱进行了开箱,清点了箱内货物的数量为115袋115 345 kg(与提单记载一致,证明入库的就是原告交运的货物)。该入库确认书无货物包装不良、品质不好等其他记载事项。6个集装箱被开箱时,开箱人未申请商检。被告东阳仓库未能提供证据证明是应收货人要求,还是应保税仓库监管部门决定打开的集装箱。但被告东阳仓库提供了在该6个集装箱被开箱第9天即1999年2月9日,买方韩国非铁致原告的信函。该信函中称:"货物质量极为低劣,如果同意可以鉴定。"1999年2月10日,韩国非铁再次致信原告,仍称货物质量低劣,实为产业废弃物,并要求退货。

1999年3月22日,买方韩国非铁委托大韩检定股份公司对存放在新韩商运仓库露天堆场的货物检验后出具了BC-CI-9903043号检验报告书。该报告书称"在进口者在场的情况下每种货物各查点一袋,发现其中混杂着不必要的矿物而且违反了合同的尺寸要求,检查结论为与合同要求之规格明显相差悬殊,违背了最初目的",并以此认为"该不良品系因出口者疏忽而引起的"。

其后,原告复信韩国非铁,同意退货,并愿意承担退货费用。之后,原告与被告东阳仓库的代理绿洲公司多次协商,在原告同意向被告支付相关运杂费(20 654.80美元,折合170 815元人民币)后,双方就回运事宜达成协议。回运的货物装入6个新的集装箱并加上新的铅封号,于1999年5月11日从新韩商运仓库运出。5月17日运抵天津新港。回程运输过程中,两被告未签发新的提单。该货物始终处于被告东阳仓库的控制之下,最终通过电放将6个回运集装箱交于原告。回运的6个集装箱运抵天津新港后,原告申请了商检。检验结果证明,回运过程中的铅封、加封及拆封,和重新加封、再开封,整个过程具有连续性,可以证明1999年7月1—3日所检验的货物即为从韩国新韩商运仓库回运的货物。另查明,1998年9月1日,绿洲公司与东阳仓库上海代表处订有代理协议,东阳仓库授权绿洲公司作为其在天津新港的签单代理人。

三、法院裁判

天津海事法院认为,《中华人民共和国海商法》规定承运人对集装箱装运的货物的掌管不仅包括其船长和船员对货物的掌管,也包括通过其雇佣或委托的装卸公司、仓库或码头管理人、其代理人等对货物的掌管。通过以上对比分析原、被告所提供的证据,法院认为,双方的证据都不足以证明箱内货物的品质。而且,原、被告都没有足够的证据和理由能够否定对方的证据。根据我国现有民事诉讼法律规定的精神,在案件事实无法查清的情况下,只能综合全案并依据举证责任分担判定责任。综合本案全部案情,法院认为,双方诉争货物的集装箱的确是在被告东阳仓库责任期间内被开箱,但原告主张系开箱后导致货物被更换,原告应首先证明6个集装箱内的货物品质是完好的,只有在此前提下才能认定在被告责任期间内造成换货。然而,由于原告未能提供6个集装箱内货物品质良好的充分证据,故不能证明在被告东阳仓库责任期间实施了换货行为。因此,原告应承担举证不能的法律后果。综上,天津海事法院判决驳回原告诉讼请求。

62 原告森特利·比赫尔·沙达瓦茨克宁公司与被告广州远洋运输公司海上货物运输合同货损纠纷案

案例来源:广州海事法院(2000)广海法事字第117号
主题词:非集装箱货物的责任期间　代位求偿　时效起算

> **裁判要旨**
>
> **No. HY-1.1-118**　承运人对非集装箱货物的责任期间为从货物装上船时起到卸下船时止,货物处于承运人掌管之下的全部期间。在承运人的责任期间,货物发生灭失或者损坏,除承运人有免责的情况外,承运人应当负赔偿责任。
>
> **No. HY-1.1-119**　保险标的发生保险责任范围内的损失是由第三人造成的,被保险人向第三人要求赔偿的权利,自保险人支付赔偿之日起,相应转移给保险人,保险人在保险赔偿范围内可以代位行使被保险人对第三人请求赔偿的权利。保险人对海运承运人行使代位求偿权的时效,适用被保险人与承运人之间海上货物运输损害赔偿请求权的时效,从承运人交付或者应当交付货物之日起算。

一、基本案情

原告:森特利·比赫尔·沙达瓦茨克宁公司(Centraal Beheer Schadeverzekering N. V., Netherlands,以下简称森特利公司)

被告:广州远洋运输公司

原告森特利公司诉称:被告承运原告承保的可可豆从印度尼西亚运至美国费城,

并相应签发了 UPPH2 号-UPPH13 号清洁提单。然而被告未能在目的港按照提单记载的重量向收货人交付货物,货物发生部分灭失或损坏。原告向货主赔付 21 878.41 美元后,相应取得代位求偿权。被告应对原告的上述损失承担全部责任。请求法院判令被告赔偿原告损失 21 878.41 美元和该款自货损之日至起诉之日的利息计 1 650 美元,并承担本案的诉讼费。

被告广州远洋运输公司辩称:① 本案货物交付发生在 1999 年 10 月 13 日至 16 日期间,原告于 2000 年 10 月 18 日提起诉讼,其起诉已超过诉讼时效,其诉讼请求依法不受法律保护。② 根据卸货港的理货报告及通用检验公司(GENERAL SURVEYING COMPANY,INC.)的检验报告,本案中"福远山"轮已将同提单数量一致的货物全部卸下,本案中根本不存在短货的情况,原告的索赔没有任何事实依据。③ 原告未提供支付保险赔偿的凭据,不能证明其已取得代位求偿权。综上所述,被告无须承担任何责任,请求法院驳回原告的诉讼请求。

二、法院查明事实

广州海事法院认定以下事实:对于原告提供的《海上货物运输保险单》《权益转让书》、UPPH2 号-UPPH13 号共 12 套提单、伊威格国际海事公司出具的《卸货检验报告》《伊威格国际海事公司声明》、迪本德堡公司出具的《初步卸货报告》、收货人康蒂纳夫公司致赫什·巧克力北美公司要求检验货物的函、麦克尔·罗杰斯的《非宣誓声明》、康蒂纳夫新加坡私人有限公司签发的 065/CNTF/SUL/99 号发票的真实性,被告没有异议。对于被告提供的其代理 T·帕克公司致其电了邮件、"福远山"轮航海日记、T·帕克公司记载的"福远山"轮装卸时间事实记录、UPPH2 至 UPPH 13 号提单背面条款、收货人代理马基公司致被告代理 T·帕克公司的索赔函、通用检验公司出具的检验报告、马基公司出具的重量证书的真实性,原告没有异议。对于上述原、被告对其真实性均没有异议的证据,予以确认。

关于原、被告争议的证据材料,认定如下:

原告提供亚本·阿姆罗洛银行出具的《银行付款凭证》记载亚本·阿姆罗洛银行于 2001 年 7 月 21 日向康蒂纳夫公司支付 21 878.41 美元,目的是偿付赔偿金。被告认为原告提交的凭证复印件上的时间是 2000 年 4 月 9 日,而原件注明的时间是 2000 年 4 月 10 日,是不一致的,对该凭证不应采信。合议庭认为,原告提供了凭证的原件,另外,收货人康蒂纳夫公司向原告出具《权益转让书》,证明原告已经按照保险合同向其支付了 21 878.41 美元的赔偿金,与该付款凭证的内容能够互相印证。因此,法院对该付款凭证原件予以确认。

根据以上认定的证据,法院确认以下事实:

1999 年 9 月 6 日,被告所属"福远山"轮承运原告承保的本案所涉的 UPPH2 号-UPPH13 号提单项下的 48 000 袋苏拉威西岛可可豆,从印度尼西亚巴东港驶往美国费城。"福远山"轮船长签发了 UPPH2 号-UPPH13 号清洁提单,提单载明:托运人 JL. IR.

SUTAMI KM 8 TOLL No.33-37,承运人广州远洋运输公司,通知方康蒂纳夫公司,装货港印度尼西亚巴东港,卸货港费城84号码头,货物的标记为CAU063/99。每份提单记载的货物数量均为4 000袋。

10月13日,原告为上述货物出具了A11537号保险单,被保险人为康蒂纳夫公司或其指定人,开航时间1999年9月6日左右,航次从印度尼西亚到美国费城,险别为按照协会货物条款(A)投保一切险,保险价值为3 013 706美元。

10月11至12日被告的代理T·帕克公司收到本案所涉UPPH2号-UPPH13号全套正本提单。

"福远山"轮抵达费城84号码头后,上述货物自10月13日上午开始由迪本德堡公司卸载,卸货费用由被告支付。10月16日17:30时卸货完毕。

10月15日,收货人康蒂纳夫公司的代理马基公司致函被告代理T·帕克公司,称:"我们提及我们下述提单项下的48 000袋由"福远山"轮于1999年10月13日运至费城84号码头的可可豆的运输,提单号:CCGJUPPH-02至CCGJUPPH-13号。现通知你们,我们正式地向你们就上述货物的灭失和/或损坏提出索赔,一旦确定损失情况,详细的索赔将会提交。"

10月20日收货人康纳夫公司给赫什·巧克力北美公司发出要求检验货物的函,样本订单NR.V11601-K,要求其从"福远山"轮运抵由迪本德堡公司仓储的3 680袋KCAT东南亚标记可可豆中抽取样本,并尽快告知检验结果。

2000年7月21日亚本·阿姆罗洛银行根据原告的指示,向康蒂纳夫公司支付21 878.41美元损害赔偿金。康蒂纳夫公司给原告签发了L71623号《权益转让书》,载明:船舶"福远山"轮,从印度尼西亚巴东港到美国费城,抵达时间1999年10月13日,保险金额3 013 700美元,保险单编号A11537,日期2000年10月13日。《权益转让书》记载:"鉴于贵方已向我司支付下述货物损失,我司宣布向贵方转让我司因上述货物损失合法享有的所有权利和救济,我司保证向贵方提供所有与此有关的文件和往来信件,并向贵方提供贵方合理需要的协助,但贵方需要补偿我司因此而产生的所有费用。货物标志和数量UPPH02号至13号提单;48 000袋可可豆。损失金额:21 878.41美元。"

对于原、被告争议的事实,法院认定如下:

关于货物短卸和损坏问题,原告提供了伊威格国际海事公司2000年4月29日出具的"福远山"轮的《卸货检验报告》(PHT02459号)、迪本德堡公司1999年10月19日出具的"福远山"轮《初步卸货报告》、迪本德堡公司雇员麦克尔·罗杰斯2001年3月26日出具的《非宣誓声明》以证明本案所涉货物的损失为短卸320袋、229袋破损(3 279磅)。伊威格国际海事公司《卸货检验报告》载明:UPPH02-UPPH13号提单下共有229袋破裂/修补(产生),3 279磅(1.487公吨)撒落/地脚料,320袋短卸(大约20公吨)。迪本德堡公司出具的《初步卸货报告》记载:关于"福远山"轮,卸货码头:84号码头,日期:1999年10月13日—10月16日,提单号:UPPH02- UPPH13,状况良好/货堆 47 680 袋,舱单数量 48 000 袋,短卸 320 袋。麦克尔·罗杰斯的《非宣誓声明》第 5 点称:"正如迪本德堡日期为 1999 年 10 月 19 日的'初步卸货报告'中认定,该轮未向康蒂纳夫公司交付 320 袋可可豆。"另外,原告认为,被告提供的马基公司的重量证书是马基公司在"福远山"轮卸载过程中对唛头为 063/99 的涉案货物进行的理货记录。重量证书记载货物在船边已经出现 320 袋短卸和 229 袋破损。被告提供的"福远山"轮的"装卸时间事实记录"记载:卸货数量取决于迪本德堡公司和通用检验公司的最终计数。被告认为,伊威格国际海事公司《卸货检验报告》从未提及他们对货物数量进行检验,相反,该报告的许多内容证明该公司对货物数量没有进行检验,如该报告中文件第 6 页写明"货物短卸是迪本德堡在卸完货时报告给我们的",第 7 页写明"如果短货之事被得到充分证明",该报告根本不能作为确定货物是否短卸的依据。迪本德堡公司出具的《初步卸货报告》没有任何关于检验或点数的时间、地点和方法的说明,且是在卸货结束后 3 天才出具,不能证明船舶的卸货数量。根据麦克尔·罗杰斯的《非宣誓声明》第 10 点和第 11 点,迪本德堡公司的点数是在仓库之中进行,其结果不能作为索赔的依据。被告提供了通用检验公司 2000 年 3 月 1 日出具的检验报告,该报告记载检验在船边进行,1 舱装载计划总数 12 350 袋,点数结果 12 350 袋,无溢短卸;2 舱双层甲板装载计划总数 19 250 袋,点数结果 19 281 袋,溢卸 31 袋;2 舱低层舱装载计划总数 24 250 袋,点数结果 24 284 袋,溢卸 34 袋;3 舱双层甲板装载计划总数 19 175 袋,点数结果 19 175 袋,无溢短卸;3 舱低层舱装载计划总数 25 000 袋,点数结果 25 009 袋,溢卸 9 袋;4 舱双层甲板装载计划总数 19 900 袋,点数结果 19 900 袋,无溢短卸;4 舱低层舱装载计划总数 24 395 袋,点数结果 24 395 袋,无溢短卸。全部卸货数量 144 394 袋,积载图数量 144 320 袋,溢载 74 袋。

马基公司在 1999 年 10 月 13 日至 10 月 16 日出具了 12 份重量证书,均载明根据收货人康蒂纳夫公司指示,在费城 84 号码头迪本德堡公司进行测重。各证书的记载分别是:10 月 13 日,序号 V10437-O,UPPH-02 号提单,破损 12 袋;序号 V11601-A,UPPH-03 号提单,破损 19 袋;10 月 13—14 日,序号 V11601-B,UPPH-04 号提单,破损 16 袋;10 月 14 日,序号 V11601-C,UPPH-05 号提单,破损 21 袋;10 月 14—15 日,序号 V11601-D,UPPH-06 号提单,破损 14 袋;序号 V11601-E,UPPH-07 号提单,破损 23 袋;10 月 15 日,序号 V11601-F,UPPH-08 号提单,破损 15 袋;序号 V11601-G,UPPH-09 号提单,破损 18 袋;序号 V11601-H,UPPH-10 号提单,破损 28 袋;10 月 15—16 日,序号 V11601-I,UPPH-11 号提单,破损 20 袋;序号 V11601-J,UPPH-12 号提单,破损 25 袋;10 月 16 日,序号 V11601-K,UPPH-13 号提单,破损 18 袋,标注:320 袋短卸。法院认为,被告提供的"福远山"轮的"装卸时间事实记录"载明卸货数量取决于迪本德堡公司和通用检验公司的最终计数。马基公司出具的重量证书是在各提单项下货物卸船当天作出,且与伊威格国际海事公司《卸货检验报告》、迪本德堡公司《初步卸货报告》一样都是针对本案所涉提单项下货物的检验,都证明货物发生了损失,能够互相印证。而被告提供的通用检验公司的检验报告是对整船货物的检验而非针对本案提单所涉货物,整船货物没有短卸不等于某宗货物没有短卸。在原、被告均没有举证证明对方提供的有关货物计数结果的不真实且二者计数结果存在不一致的情况下，原告选择以迪本德堡公司的检验报告作为确定货物损失情况的依据，应予支持。被告关于原告提供的检验报告没有对货物进行点数或检验，也没有关于检验的时间、地点、方法的说明，因而不可信的主张不能成立。综上，本案所涉的运输过程中发生的货物损失认定为短卸320袋、229袋破损（3 279磅）。

三、法院裁判

广州海事法院认为，本案是一宗海上货物运输合同货损纠纷案件。在审理过程中，原、被告均主张适用中华人民共和国法律处理本案争议，根据《中华人民共和国民法通则》第145条第1款的规定，本案应适用中华人民共和国法律。

被告将本案所涉货物运抵目的地并签发了提单，是本案所涉货物的承运人，其责任期间为从货物装上船时起到卸下船时止，货物处于承运人掌管之下的全部期间。根据《中华人民共和国海商法》第46条第1款的规定，在承运人的责任期间，货物发生灭失或者损坏，除该法第四章第二节另有规定外，承运人应当负赔偿责任。被告承运的货物在其责任期间发生了320袋短卸和229袋破损，而被告无法举证证明存在《中华人民共和国海商法》规定的承运人免责的情况，因此，被告应对其责任期间产生的320袋货物短卸和229袋货物破损所致损失承担赔偿责任。

根据《中华人民共和国海商法》第252条第1款和《中华人民共和国海事诉讼特别程序法》第93条的规定，保险标的发生保险责任范围内的损失是由第三人造成的，被保险人向第三人要求赔偿的权利，自保险人支付赔偿之日起，相应转移给保险人，保险人在保险赔偿范围内可以代位行使被保险人对第三人请求赔偿的权利。原告是本案所涉货物的保险人，在发生货损后，依照保险合同向被保险人康蒂纳夫公司支付了保险赔偿金，并取得被保险人签署的《权益转让书》，原告依法取得代位求偿权向被告提起索赔。被告关于原告没有取得代位求偿权的主张理由不充分，不予支持。

关于本案所涉货物的交付时间问题。收货人康蒂纳夫公司于1999年10月11至12日间将全套货物正本提单交给了被告在目的港的代理。这应视为收货人向承运人提示已做好了随时收货的准备。本案所涉货物于10月13日开始由迪本德堡公司卸船，10月16日卸船完毕。在卸货期间，收货人康蒂纳夫公司委托马基公司对每天卸下的有关提单项下的货物测重并出具重量证书。马基公司作为收货人康蒂纳夫公司的代理于10月15日致函被告代理T·帕克公司，表示将对货物损失进行索赔，可以认定这是在收到有关的货物并知悉相关的损失情况后发出的。综上，应认定收货人委托马基公司收货并对货物进行测重，货物卸下船交付给马基公司后即完成了交付。货物交付是在10月13日至10月16日期间持续进行的，到10月16日货物全部交付完毕。虽然货物卸船是被告委托迪本德堡公司进行并支付卸船费用，但原告无法举证证明是被告委托迪本德堡公司保管和仓储本案所涉货物。原告关于迪本德堡公司作为被告代理人掌管货物直至1999年10月20日才向康蒂纳夫公司出具初步卸货报告,表明货物10月19日仍处于承运人掌管之下的主张不能成立。根据《中华人民共和国海商法》第257条第1款的规定,就海上货物运输向承运人要求赔偿的请求权时效期间为1年,自承运人交付或者应当交付货物之日起计算。因此,本案的诉讼时效应从1999年10月16日货物交付完毕之日起算。时效的起算应根据法律的规定,法律并无规定交付当日是星期六或星期天的,起算日应该顺延。原告关于即使是1999年10月16日交付货物,但由于10月16日是星期六,10月17日是星期天,本案时效的起算日也应在10月18日后的主张没有法律依据,不予支持。原告于2000年10月18日向法院提起诉讼,在货物交付之日至原告起诉期间,没有出现时效中止或中断的事由。原告起诉已经超过1年的诉讼时效,丧失了胜诉权。对于原告的诉讼请求,依法不予保护。

综上,依照《中华人民共和国海商法》第257条第1款的规定,判决如下:
驳回原告森特利公司的诉讼请求。
本案受理费961美元,由原告森特利公司负担。

63 **上诉人美凯航运有限公司与被上诉人上海鑫冶铜业有限公司、株式会社商船三井、联合海运公司以及原审被告上海振华国际船务代理有限公司海上货物运输合同纠纷案**
案例来源:上海市高级人民法院(2012)沪高民四(海)终字第153号
主题词:集装箱货物运输 举证责任 货物重量 承运人责任限额

> **裁判要旨**
>
> **No. HY-1.1-120** 就集装箱货物运输而言,保证货物在交付时完整、完好是承运人基本的管理货物的责任。承运人主张集装箱铅封受损而货物并未受损,应当承担相应的举证责任。
>
> **No. HY-1.1-121** 承运人主张依据集装箱内货物的重量作为计算基础,其重量数字和报关单、装箱单可以互相印证,因此,可以以货物重量计算承运人责任限额。

一、基本案情

上诉人(原审被告):美凯航运有限公司 [Emkay Lines(Pvt) Ltd.,以下简称美凯航运]
被上诉人(原审原告):上海鑫冶铜业有限公司(以下简称鑫冶铜业)
被上诉人(原审被告):联合海运公司(SEA CONSORTIUM PTE LTD.,以下简称联合海运)
被上诉人(原审被告):株式会社商船三井(MITSUI O. S. K. LINES, LTD.,以下简称商船三井)
原审被告:上海振华国际船务代理有限公司(以下简称振华船务)

上海海事法院认定①：2011 年 7 月 31 日，鑫冶铜业与案外人 MIJ INTERNATIONAL L. L. C.（以下简称 MIJ 公司）签订国际贸易合同，约定从阿联酋吉拜阿里进口一批再熔铜锭至中国上海。上述货物被装载于箱号分别为 CLHU2375918、FSCU3417996、FSCU3808007、MLCU2215573 的 4 个集装箱内。2011 年 9 月 14 日，美凯航运签发编号为 SWT/EML/BAB/SHA/0814 的全套正本提单，该提单载明：托运人为 MIJ 公司，收货人与通知人为鑫冶铜业，承运人为美凯航运，货运代理为美凯航运在上海港的代理振华船务，承运船舶及航次为 YM WEST 37E，装货港为阿联酋吉拜阿里港，卸货港为中国上海港。后涉案货物在马来西亚巴生港进行转运。美凯航运在马来西亚的代理 BEN LINE 公司就涉案货物向联合海运订舱，联合海运签发了编号为 SEAPKG1100048 的二程提单，该提单载明：托运人为 BEN LINE 公司，收货人与通知方为振华船务，承运人为联合海运，承运船舶及航次为 MOL WIND 031E，装货港为马来西亚巴生港，卸货港为中国上海港。二程运输承运船舶"MOL WIND"轮的登记所有人为 EINUNDZWANZIGSTE KG NRS，船舶管理人为 KARL SCHLUTER GMBH & CO KG。

涉案货物于 2011 年 10 月 11 日运抵上海港后，鑫冶铜业于 10 月 14 日至堆场提货时发现尾号 8007 的集装箱箱封被破坏，上海浦东国际集装箱码头有限公司（以下简称浦东码头公司）在集装箱设备交接单备注栏上加注"封号和单子不和"。涉案货物于同日运抵鑫冶铜业仓库后进行拆箱理货，上海外轮理货有限公司出具的理货单载明尾号 8007 的集装箱已被掏空，箱内货物不知去向。

根据商业发票记载，重量分别为 22 090 公斤和 19 990 公斤的两个集装箱中装载的货物单价为 8.50 美元/公斤，其余两个总重量为 41 124 公斤的集装箱内装载的货物单价为 9.10 美元/公斤；同时积载的四个集装箱重量为：尾号 5573 的集装箱重 22 090 公斤，尾号 7996 的集装箱重 19 990 公斤，尾号 5918 的集装箱重 19 994 公斤，尾号 8007 的集装箱重 21 130 公斤。两相对照可以看出，单价为 8.50 美元/公斤的货物被装载于尾号 7996 的集装箱与尾号 5573 的集装箱中，而单价为 9.10 美元/公斤的货物被装载于尾号 5918 的集装箱与尾号 8007 的集装箱中。故涉案 4 个集装箱货物的总价为 731 908.40 美元，鑫冶铜业主张灭失的、装载于尾号 8007 的集装箱内的货物价值为 192 283 美元（9.10 美元/公斤 × 21 130 公斤）。

二、一审裁判

上海海事法院认为，本案系海上货物运输合同纠纷。美凯航运、商船三井、联合海运均系在境外注册的企业法人，涉案货物运输的起运港及转运港亦位于境外，本案具有涉外因素。根据法律规定，合同当事人经协商一致可以选择解决涉外合同纠纷的准据法，庭审中各方当事人均表示适用中国法律处理本案纠纷，上海海事法院确定以中国法律作为处理本案纠纷的准据法。

---

① （2011）沪海法商初字第 1226 号

(一) 关于当事人之间的法律关系应如何认定及货损责任应由谁承担问题

提单是海上货物运输合同的证明，美凯航运签发了从装运港阿联酋吉拜阿里港至卸货港中国上海港的全程提单，提单载明鑫冶铜业系收货人，美凯航运系承运人，该份提单至原审开庭之日仍为鑫冶铜业所持有，故鑫冶铜业和美凯航运之间的提单法律关系成立，鑫冶铜业为提单收货人和提单合法持有人，美凯航运为承运人。该份提单载明的承运人责任期间为装货港堆场至卸货港堆场，即从货物进入阿联酋吉拜阿里港堆场时开始，到货物被提取离开中国上海港堆场时结束。在此期间发生的货物损坏或灭失，应由美凯航运承担损失赔偿责任，除非其证明存在免责事由。装载涉案货物的尾号8007的集装箱在装货港装上船舶时系满载集装箱，而在目的港被提离堆场前被发现集装箱箱封遭受破坏，并于同日在鑫冶铜业仓库经拆箱理货发现箱内货物全部被掏空灭失，故上海海事法院认为，鑫冶铜业已初步举证证明涉案货损发生在美凯航运的责任期间内，美凯航运作为全程运输承运人应对此承担损失赔偿责任。

美凯航运在原审庭审中抗辩认为，虽然尾号8007的集装箱在被提离堆场前已发现箱封遭受破坏，但针对该集装箱的拆箱理货系在鑫冶铜业仓库进行，故货物灭失可能发生在从堆场到仓库的运输途中。上海海事法院认为，对于集装箱货物运输而言，保证集装箱在交付时完整、完好系承运人的基本管货义务之一，也系承运人完好交付货物的初步证明。而本案中，尾号8007的集装箱在交付时箱封已遭破坏。在此情形下，作为全程运输承运人的美凯航运如欲行使上述抗辩，即货物交付时虽箱封已遭破坏，但箱内货物仍系完好，则应承担相应的举证责任。在美凯航运未提供相关证据的情况下，上海海事法院对其抗辩不予采信。

联合海运虽接受美凯航运订舱，签发了从巴生港到上海港的二程提单，但鑫冶铜业未举证证明货物灭失发生在联合海运的责任期间内；商船三井提供了有效证据证明其并非二程运输船舶"MOL WIND"轮的实际所有人，鑫冶铜业亦未提供证据证明商船三井对涉案船舶或运输具有掌控权，或对涉案货物灭失的发生具有过错，上海海事法院对鑫冶铜业要求联合海运和商船三井承担连带责任的主张不予支持。

振华船务提交了船舶代理协议证明其系美凯航运在上海港的船舶代理，美凯航运对此亦予以确认，故振华船务并非涉案运输的承运人或实际承运人，上海海事法院对鑫冶铜业关于振华船务应承担连带责任的主张亦不予支持。

(二) 关于承运人是否可以及如何享受单位赔偿责任限制问题

美凯航运系涉案运输的全程海承运人，涉案货物灭失发生在美凯航运责任期间内，鑫冶铜业未举证证明货物灭失系因美凯航运故意或者明知可能造成损失而轻率地作为或者不作为造成，美凯航运有权依据《中华人民共和国海商法》第56条的规定主张单位赔偿责任限制。美凯航运主张用以计算单位赔偿责任限制的重量基数为21 130千克，该数字可与报关单及装箱单记载的重量相印证，上海海事法院对此予以确认，美凯航运的责任限额应为2 计算单位/公斤 × 21 130 公斤 = 42 260 计算单位。上述所称计算单位系指国际货币基金组织规定的特别提款权，按照2012年8月15日国际货币

集装箱货物运输·举证责任·货物重量·承运人责任限额

基金组织公布的特别提款权对人民币的比率 1∶9.5569 计算,涉案灭失货物的赔偿限额为人民币 404 297.19 元。对于鑫冶铜业主张的超过上述赔偿限额部分的损失赔偿请求,上海海事法院不予支持。鑫冶铜业请求的利息损失系因美凯航运迟延赔付产生的孳息损失,可予支持。鑫冶铜业主张按贷款利率自 2011 年 10 月 14 日起算利息,但未提交自该日起算利息的合理依据,亦未提交其所主张的按贷款利率计算利息损失的相关依据,故上海海事法院酌定按中国人民银行同期人民币活期存款利率支持鑫冶铜业的利息损失主张,自起诉之日 2011 年 11 月 3 日起计算至判决生效之日止。

三、上诉与答辩

美凯航运上诉认为:原审判决认定事实有误,对责任比例分配问题的认定有误。① 鑫冶铜业提交的证明发生货损的设备交接单、理货报告等材料,不具合法性和证明力,原审法院不应据此认定在美凯航运的责任期间内发生了鑫冶铜业主张的货损。② 联合海运系涉案货物的二程运输的承运人,美凯航运在二审中提交的新证据可以证明,涉案货物即使发生货损,也是发生在联合海运的责任期间内,应由联合海运单独对货损承担赔偿责任,或者由联合海运及其他相关责任方对货损承担连带赔偿责任。据此,请求二审法院撤销原审判决,改判驳回鑫冶铜业的全部诉讼请求,或者改判联合海运或其他相关责任方对本案货损承担单独或者连带赔偿责任。

鑫冶铜业答辩认为:原审判决关于涉案货损发生在美凯航运责任期间的认定正确。① 鑫冶铜业在原审中提交的集装箱设备交接单、理货报告等证据均合法有效,原审法院予以采纳并无不当,美凯航运对这些证据的质疑缺乏依据。② 美凯航运在二审中提交的材料也无法证明尾号 8007 的集装箱在交付时箱封完好且箱内货物满载的情况。对美凯航运关于涉案二程运输的承运人也应承担连带责任的上诉理由,鑫冶铜业表示认同。据此请求二审法院维持原审判决中关于美凯航运应当向鑫冶铜业承担责任的部分。

联合海运答辩认为:原审判决关于联合海运无需承担责任的认定正确。联合海运仅为二程海上运输的契约承运人,不负责在上海目的港向收货人交付货物,且目前也没有证据证明在联合海运的责任期间内发生了涉案货损,请求二审法院维持原审判决中关于联合海运无需承担责任的部分。

商船三井答辩认为:原审判决关于商船三井并非二程运输船舶"MOL WIND"轮的实际所有人或者经营管理人的认定是正确的,请求二审法院维持原审判决中关于商船三井无需承担责任的部分。

振华船务陈述认为:原审判决关于振华船务仅系美凯航运在目的港的船舶代理的认定正确,请求二审法院维持原审判决中关于振华船务无需承担责任的部分。

四、二审裁判

上海市高级人民法院经审理查明,原审判决认定的事实清楚,应予确认。

美凯航运签发了从装运港阿联酋吉拜阿里港至卸货港中国上海港的全程提单,系涉案运输的全程承运人,鑫冶铜业系全程提单的收货人和合法持有人。美凯航运负有妥善保管货物以及向收货人鑫冶铜业完好交付货物的义务。在美凯航运不能证明尾号8007的集装箱在提离集装箱堆场时箱封虽被破坏、箱内货物却仍完好的情况下,上海海事法院关于该集装箱内货物系在全程承运人美凯航运的责任期间内发生灭失的认定正确。在美凯航运不能证明存在免责事由的前提下,其应就未能履行妥善保管货物以及向收货人完好交付货物的义务,向提单收货人鑫冶铜业承担相应赔偿责任。

美凯航运主张,即使尾号8007的集装箱内货物确系在运输过程中灭失,也应当由二程运输的承运人联合海运单独承担责任或者由联合海运及其他相关责任方承担连带责任。上海市高级人民法院认为,现有证据尚不足以证明涉案集装箱内货物系在二程运输的承运人联合海运的责任期间内发生灭失,美凯航运关于应由联合海运单独承担责任或者由联合海运及其他相关责任方承担连带责任的上诉主张,缺乏事实和法律依据,上海市高级人民法院不予采纳。

综上所述,涉案尾号8007的集装箱内货物在全程承运人美凯航运的责任期间内灭失,美凯航运应向收货人鑫冶铜业承担赔偿责任,但美凯航运有权享受《中华人民共和国海商法》第56条规定的单位赔偿责任限制。美凯航运的上诉理由不能成立,上海市高级人民法院对其上诉请求不予支持。原审判决认定事实清楚,判决结果正确。依照《中华人民共和国民事诉讼法》第170条第1款第(一)项、第175条之规定,判决如下:

驳回上诉,维持原判。

64 原告中国中盛粮油工业(镇江)有限公司与被告新加坡马杜拉船务私人有限公司、新加坡光荣船务管理私人有限公司海上货物运输合同纠纷案
案例来源:武汉海事法院(2005)武海法商字第202号
主题词:CFR　风险转移　货物混装

> **裁判要旨**
>
> **No. HY-1.1-122**　按照油船货物的交接方式,承运人责任期间始于岸罐管道接口到船上管道连接口,终止于船上的卸货管道到岸上接货管道的连接口。由于岸罐超过了船舷,岸罐的数据不足以证明货物短少发生于承运人责任期间。
>
> **No. HY-1.1-123**　检验机构作出的重量检验证书载明的重量数据系在岸罐测量作出,若岸罐内货物已经超出了船舷,不能证明货物短少系在承运人责任期间,超出了承运人责任期间造成的货物损失或短少,承运人不承担赔偿责任。
>
> **No. HY-1.1-124**　若提单记载,货物是和其他货物一起没有分票地全部装载于船舶同一货舱,并约定船东对货物混装后果及交付时的分票均不负责时,承运人按照提单持有人要求将货物卸至指定岸罐时只需对货物总量负责。

一、基本案情

原告:中国中盛粮油工业(镇江)有限公司(以下简称中盛镇江公司)
被告:新加坡马杜拉船务私人有限公司(以下简称马杜拉公司)
被告:新加坡光荣船务管理私人有限公司(以下简称光荣公司)

原告中盛镇江公司诉称:被告所属"伊博娜"(EBURNA)轮载有中盛镇江公司散装棕榈油(RBD PALM OLEIN)自马来西亚港口运至目的港中国镇江港,货物总计3 066.734公吨,被告为此于2004年4月6日签发清洁提单5套。货物运抵目的港后经商检检验短少24.983公吨,损失金额为14 012.47美元。根据我国相关法律,被告对货物损失负有不可推卸的赔偿责任,请求法院判令两被告赔偿原告中盛镇江公司损失14 012.47美元及利息,并承担本案的全部诉讼费用。

被告马杜拉公司辩称:根据提单正面条款,涉案5票货物是和其他货物没有分票的全部装载于船舱,中盛镇江公司所称的短少只是部分货物,未证明整票货物出现短少。依据提单约定,船舶或船东仅负有按照相应比例交货的义务,不承担混合和分票所产生的责任。同时依据马杜拉公司的受委托人人连三联鉴定服务有限公司在船舶卸载前所作的检验报告,未发生短少。即使中益镇江公司能够证明货物发生了短卸,按照大宗散货运输的国际惯例,应扣除0.5%的合理误差。中盛镇江公司主张的货物的短少是商检从岸罐检验得出,已超出承运人责任期间,据此请求驳回中盛镇江公司的诉讼请求。

被告光荣公司辩称:根据提单条款的约定,提单所证明的海上货物运输合同是存在于托运人、收货人和/或货物所有人与载运上述货物的船舶所有人和光船租船人之间。马杜拉公司是涉案船舶的所有人,光荣公司是船舶的管理人,因此光荣公司不是运输合同主体,不应当成为本案的被告,请求法院驳回原告中盛镇江公司对光荣公司的起诉。

二、法院查明事实

武汉海事法院查明如下案件事实:

(1) 2004年2月17日,原告中盛镇江公司与中盛粮油工业(香港)有限公司签订了一份棕榈油买卖合同,约定中盛镇江公司向中盛粮油工业(香港)有限公司购买散装棕榈油,数量为3 065公吨,可增减5%,卸货港为中国镇江港,价格为CNF中国镇江每公吨560.88美元,装运期为2004年4月30日或之前,付款方式为见单即付,重量/质量以装运港为准等。2004年4月7日,中盛粮油工业(香港)有限公司开具了商业发票,载明3 066.734公吨棕榈油的总价款为14 012.47美元。

(2) 2004年4月6日、7日,马杜拉公司所有的"伊博娜"(EBURNA)轮在马来西亚帕士古当港和KUANTAN港装运了中盛镇江公司向中盛粮油工业(香港)有限公司购买的散装棕榈油,总重量为3 066.734公吨,并分为5票货物签发了5套正本提单。提单均记载托运人为 MEWAHOLED INDUSTRIES SDN BHD,收货人为凭指示,通知方为中盛镇江公司,目的港为中国镇江港。其中,编号为 PG/ZHNJG-01、PG/ZHNJG-02 和 PG/ZHNJG-05 的3票货物正本提单分别载明:货物 650.091 公吨、114.642 公吨和 502.142 公吨是作为整批 6 000.248 公吨货物的一部分没有分票的装上船舶的 2P、2S、4C、6P、6S 舱,整批货物共签发了6套提单,提单所证明的海上货物运输合同是存在于托运人、收货人和/或货物所有人与载运上述货物的船舶所有人和光船租船人之间;编号为 KTN/ZH-02、KTN/ZH-03 的两票货物正本提单分别载明:货物 300 公吨和 1 499.859 公吨是作为整批 1 999.859 公吨货物的一部分没有分票的装上船舶的 4P 和 4S 舱,整批货物共签发了3套提单。5套提单正面条款均记载:如果只签发一套提单,该船除对应该负责任外的一切责任均不负责;该船只保证在目的港交付实际装上船的那一部分货物,这部分货物是提单上载明的全部数量的一部分;本船及本船舶对该混装后果及交付时的分票均不负责。

（3）"伊博娜"（EBURNA）轮将上述货物运抵中国镇江港后,镇江出入境检验检疫局于 2004 年 4 月 17 日对该轮所运的货物重量进行了检验,出具了重量检验证书。该证书载明:上述船舱内液体货物在鉴定人监视下卸入收货人岸罐,卸毕后查验上述各舱均属卸净。根据收货人岸罐内液体的深度和温度,依据计量表,并按抽取代表性样品测试其密度,作必要的校正,经计算卸载货物重量为 3 041.751 公吨,确定短少 24.983 公吨。

三、法院裁判

在本案诉讼过程中,原告中盛镇江公司与被告马杜拉公司、光荣公司均选择适用中华人民共和国法律解决本案纠纷。

本案原、被告双方主要有如下争议焦点:（1）光荣公司是否为本案的适格被告;（2）承运人对涉案提单项下货物短少是否应承担赔偿责任。

第一个焦点,中盛镇江公司认为,被告光荣公司作为涉案船舶"伊博娜"（EBURNA）轮的船舶管理人,应当是本案的适格被告。

光荣公司认为,根据提单条款的约定,承运人应为船舶所有人或光船租船人,光荣公司只是船舶的管理人,不应当成为本案被告。

法院认为,中盛镇江公司将光荣公司列为本案的第二被告,但未提供证据证明其与光荣公司之间存在海上货物运输合同法律关系,依据编号为 PG/ZHNJG-01、PG/ZH-NJG-02 和 PG/ZHNJG-05 的三票货物正本提单约定,承运人应为船舶所有人或光船租船人,光荣公司是"伊博娜"（EBURNA）轮的管理人,不构成货物承运人。虽然编号为 KTN/ZH-02、KTN/ZH-03 的两票货物正本提单未作上述约定,但要求船舶管理人承担货物短少责任也无法律依据。

第二个焦点,中盛镇江公司认为,尽管承运人的责任期间是"舷到舷",货物越过船舷,承运人的责任期间终止,但由于不可能对刚卸离船舷的液体货物进行计量和验重,出入境检验检疫局在岸罐及时进行检重是可以如实反映货物刚卸离船数量的,重量检验证书具有法律证据效力。

马杜拉公司认为,根据举证要求,中盛镇江公司应就货物的短少发生在承运人责任期间进行举证。按照油船货物交接方式,承运人的责任期间起始于装货港岸罐管道到船上管道连接口,终止于船上的卸货管道和岸上接货管道的连接口。由于岸罐已经超过了船舷,岸罐数据不足以证明货物的短少是发生在承运人的责任期间,承运人不应承担赔偿责任。

法院认为,原告中盛镇江公司主张货物短少是依据镇江出入境检验检疫局作出的重量检验证书,该证书载明的重量数据系在岸罐测量作出,因岸罐内货物已经超出了船舷,不能证明短少24.983公吨系在承运人责任期间内发生。

综上,武汉海事法院认为,本案是一宗涉外海上货物运输合同纠纷。因原被告均选择适用中华人民共和国法律解决本案纠纷,符合《中华人民共和国海商法》第269条的规定,本案应适用中华人民共和国法律解决。

根据《中华人民共和国海商法》第78条第1款的规定:"承运人同收货人、提单持有人之间的权利、义务关系依据提单的规定确定。"本案所涉5票货物的提单均为指示提单,中盛镇江公司作为提单项下货物的买方,通过合法途径取得提单,是提单的合法持有人。依据提单约定,中盛镇江公司与承运该批货物的"伊博娜"(EBURNA)轮船舶所有人马杜拉公司构成海上货物运输合同关系。

根据提单记载,涉案货物均是和其他货物一起没有分票的全部装载于船舶同一些货舱,由于提单约定船东对货物混装后果及交付时的分票均不负责,因此承运人按照提单持有人要求将货物卸至指定岸罐时只需对货物总量负责。中盛镇江公司诉称的短少只是多票货物中的一票,在不能证明货物总量短少情况下,主张一票货物短少要求赔偿不符合提单约定,也违反公平原则。同时本案原、被告未就承运人的责任期间达成任何的协议,被告马杜拉公司运输责任期间应依照《中华人民共和国海商法》第46条确定,即自装货港船舶输油管线与岸罐输油管线连接的法兰盘末端时起至卸货港船舶输油管线与岸罐输油管线连接的法兰盘末端时止。中盛镇江公司证明货物短少的依据是镇江出入境检验检疫局在货物卸到岸罐后检验作出的重量检验证书,因岸罐内货物已经超出了船舷,不能证明涉案提单项下货物短少系在马杜拉公司运输责任期间内发生。据此,中盛镇江公司要求马杜拉公司赔偿货物短少损失的请求,武汉海事法院不予保护。

光荣公司为涉案"伊博娜"(EBURNA)轮的管理人,依约不构成海上货物运输合同主体,不是本案适格被告,要求其承担货物短少责任也无法律依据,因此中盛镇江公司对光荣公司的诉讼请求,武汉海事法院不予支持。

依照《中华人民共和国海商法》第46条、第78条第1款、第269条,以及《中华人民共和国民事诉讼法》第64条第1款的规定,判决如下:

(1)驳回原告中盛粮油工业(镇江)有限公司对被告马杜拉船务私人有限公司的诉讼请求;

(2)驳回原告中盛粮油工业(镇江)有限公司对被告光荣船务管理私人有限公司的诉讼请求。

1.2 托运人

1.2.1 托运人的识别

⑥⑧ 上诉人铁行渣华有限公司、铁行渣华(中国)船务有限公司与被上诉人阿迪兰股份有限公司海上货物运输纠纷案

案例来源:山东省高级人民法院(2001)鲁经终字第39号
主题词:托运人　提单持有人　提单退还行为

> **裁判要旨**
>
> **No. HY-1.2-1**　托运人不仅包括提单载明的托运人,也包括向承运人订舱出运货物并支付运费,即与承运人建立海上货物运输合同的相对人。
>
> **No. HY-1.2-2**　空白背书提单经过一次背书后,任何人只要合法获得该提单,均是合法的提单持有人,均有权凭该提单提取货物。
>
> **No. HY-1.2-3**　贸易合同的买方在无法及时收货的情况下,将提单退还卖方的行为,并不违反我国法律规定,不能据此认为买方将提单退还给卖方无效。卖方作为合法的空白背书提单持有人,其所持有的提单项下货物在运输过程中遭受损失,有权向承运人主张权利,故承运人应当负赔偿责任。

一、基本案情

上诉人(原审被告):铁行渣华有限公司(P&O NEDLLOYD B. V.,以下简称渣华公司)

上诉人(原审被告):铁行渣华(中国)船务有限公司

被上诉人(原审原告):阿迪兰股份有限公司(ADILAN S. A.)(以下简称阿迪兰公司)

经审理查明:1998年6月10日,阿迪兰公司与中国纺织物资总公司(以下简称中纺公司)分别签订了98RIK 007UY号和98RIK-008UY号两份订购合同。其中98RIK-007UY号订购合同约定:货物名称为杂交原毛(GREASY MESTIZA WOOL,原毛是羊毛商品中的一种),细度为27—29微米,长度为65—69 HM,数量为净毛重(CLEAN SCOURED WEIGHT)19 000公斤(允许+/-15%),单价为每公斤净毛2.65美元,根据IWTO的标准为16%的回潮率,CNF中国烟台。98RIK-008UY号订购合同约定:货物名称为原毛(GREASY WOOL),细度为30—32微米,数量为净毛重50 000公斤(允许+/-15%),单价为每公斤净毛3美元,根据IWTO的标准为16%的回潮率,CNF中国烟台。该两份订购合同还均约定:货物产地为南美,装船期限为1998年5月到6月,到货口岸为中国烟台,包装按出口包装标准压缩、打包(集装箱装运)。另外,两份合同的附注均载"根据卖方提供的'PICTOR CHALLENGER'轮0006B航次的航线,本合同项下的货物在抵达烟台前经过的两个港口是新加坡和釜山,卖方负责在最多60天内将上述货物运至釜山,在釜山的转运期不得超过10天"。

之后,阿迪兰公司将其从阿根廷FOWLER S、A.(以下简称FOWLER公司)处购买的原毛按合同标准用聚乙烯袋高压打成180包,分装入3个四十英尺集装箱后,FOWLER公司在阿根廷布宜诺斯艾利斯港将货物装上渣华公司的"PICTOR CHALLENGER"轮,渣华公司在蒙得维的亚的代理AGENCIA MARITIMA DODERO S. A.代为签发了BUEFR241号提单,并代向阿迪兰公司收取了运费3 450美元。该份提单记载:托运人为FOWLER公司,收货人一栏为凭指示,卸货港为YANTAI(CHINA)(中国烟台),货物为3个四十英尺集装箱南美原毛,标志分别为FL 3M 27MC、FL18 29/31MC、FL l7 29/31MC,集装箱号分别为 NDLU 400240-7、POCU l17981-8、TRIU 537178-0。该提单经FOWLER公司空白背书后由阿迪兰公司持有,然后交给中纺公司。

上述货物在装上船之前,羊毛检测机构ETILab Wool laboratory(该机构系阿根廷一家独立的羊毛实验室,是国际羊毛检测组织成员)对其进行了检测并分别出具了3份检验证书以及1份质量检验证书,3份检验证书分别载明:标志为FL3M 27MC的原毛毛重22 048公斤,净重21 868公斤,草什平均含量1.11%,平均细度27.5微米,净毛率为61.71%;标志为FLl8 29/31MC的原毛毛重25 180公斤,净重25 000公斤,草什平均含量1.03%,平均细度29.8微米,净毛率59.55%;标志为FLl7 29/3lMC的原毛毛重25 180公斤,净重25 000公斤,草什平均含量1.26%,平均细度29.8微米,净毛率57.97%。质量检验证书载明:该批原毛毛重72 408公斤,净重71 868公斤,草什平均含量1.13%,纤维平均细度29.1微米,纤维强力系数最小15克,最大45克,平均系数为24.5克,通过对原毛湿度的检验表明,该商品完全正常,符合原毛的质量标准,没有任何变脆、发霉的现象。

BUEFR241号提单项下的货物原定在新加坡中转后运到中国烟台。由于渣华公司在中转港新加坡的职员错把"YANTAI"写成"YANTIAN",该批货物被"P&O NEDLLOYD TOKYO"轮EN29航次于1998年7月20日错运至中国盐田港(地处中国深圳市),并于7月21日卸下。

渣华公司深圳办事处于1998年9月3日将货物错运情况通知了阿迪兰公司在中国的代理——华宏公司。渣华公司向深圳大鹏海关申请转运,因羊毛系进口许可证管理商品,大鹏海关要求查看该批货物的合法进口证明,然后决定是否批准转运。渣华公司通知阿迪兰公司提供有关该批货物的合法进口证明。中纺公司因货物迟迟未到目的港,已于1998年8月25日与阿迪兰公司协商解除了98RIK-007UY号和98RIK-008UY号两份合同(阿迪兰公司同意赔偿中纺公司停产损失及因紧急购买原料所付出的高额差价。提单交回阿迪兰公司,因此,阿迪兰公司一时无法向渣华公司提供进口许可证。后阿迪兰公司借用了他人进口许可证,该批货物于9月底被大鹏海关同意转运。10月11日,该批货物由"紫玉兰"轮544航次运至烟台。

1998年11月23日,就已经到达烟台港的原毛,阿迪兰公司又与中纺公司签订了两份新的订购合同:98RIK-007UYB号和98RIK-008UYA号。货物单价变更为:98RIK-007UYB号合同为每公斤净毛1美元;98RIK-008UYA号合同为每公斤净毛1.23美元。12月23日、24日,受中纺公司委托,烟台港和国际物流冷藏有限公司从烟台港先后提取了本案所涉的3个四十英尺集装箱的货物,拆箱后即经由铁路运往北京南口火车站。1999年1月4日,该批货物到达北京南口火车站。北京拓扑毛纺有限公司受中纺公司委托,将货物运至该厂室内仓库。该批货物从烟台港拆箱,到运至北京拓扑毛纺有限公司仓库,经由烟台港和国际物流冷藏有限公司、北京铁路分局南口站及北京拓扑毛纺有限公司几方证明,包装良好,无破损,未受雨淋,仓库亦通风良好。1月20日,北京进出口商品检验局在北京拓扑毛纺有限公司仓库进行了扦样,并对分选出的水残毛进行了过磅称重,出具了检验报告单及检验通知单。检验结果是:98RIK-007UYB号合同项下原毛净重22 407公斤,发票净毛率55.65%,验收净毛率59.22%,净毛重13 269公斤,草什含量2.5%,平均细度26.8微米,平均毛丛长75.1毫米,品位中集中刺草毛占2.7%、弱节毛占3.6%,其他各类疵点毛占10.1%。98RIK-008UYA号合同项下原毛净重49 183公斤,发票净毛率55.65%,验收净毛率60.04%,净毛重29 529公斤,草什含量1.9%,平均细度29.7微米,平均毛丛长89.8毫米,品位中集中刺草毛占2.2%、弱节毛占2.3%,其他各类疵点毛占6.43%。两合同项下原毛均受水损,经长时间闷沤,强力下降,已不能正常使用,98RIK-007UYB号和98RIK-008UYA号合同项下原毛强力系数分别变为7.7克和8.1克(正常羊毛的强力系数应至少为23.1克),并分别有17.54%(3 836公斤)和17.8%(8 900公斤)的原毛霉变,无法使用。

1999年1月15日,中纺公司与阿迪兰公司又对98RIK-007UYB号和98RIK-008UYA号两份订购合同达成补充协议,双方约定:(1)根据商检最终结果,霉烂毛由阿迪兰公司自负,中纺公司不予付款;(2)剩余部分由于羊毛强力下降变糟,已基本无可纺性,用户需求很少,价格极低,中纺公司本着友好协助阿迪兰公司减少损失的原则,可以帮助阿迪兰公司销售。但中纺公司不承担在销售中由于销售价格可能低于原合同价(合同号:98RIK-007UYB、98RIK-008UYA)而产生的损失,最后中纺公司与阿迪兰公司订的价格与中纺公司销售给用户的价格一致。因为销售价格是人民币,而且包括关税及增值税,所以中纺公司将扣除关税及增值税后,按汇率1:8.3付给阿迪兰公司,但中纺公司付给阿迪兰公司的最低价格不得低于每公斤0.4美元;(3)付款条件与中纺公司和客户的销售合同的付款条件相同;(4)关于该批羊毛的火车运费、分选费、打包费、短途运费、商检费及港口费用均由阿迪兰公司承担。

1999年1月18日,中纺公司(供方)与北京市科特实业发展公司(需方)签定了一份工矿产品订货合同(编号为:99XSHT001),该合同约定:用于低档粗纺产品的原毛,质量以需方看大货为准,霉烂部分(以北京商检局检验结果为准)由供方承担,以大货样为准每公斤(原毛)5.2元人民币,提货后10个月付款,供方同意分选费、重新打包费、商检费由其承担。3月23日,北京市科特实业发展公司收到从中纺公司运来的原毛59 132公斤。

又查明,1999年1月,受阿迪兰公司委托,北京四达毛纺织品进出口公司就本案所涉原毛曾分别向北京秋子商贸有限责任公司、北京华宏海内科贸中心、北京拓扑毛纺有限公司、北京市科特实业发展公司询价,上述几公司对其的回复均认为该批原毛已无可纺性,只能做废料或压粘,北京秋子商贸有限责任公司不愿购买,北京华宏海内科贸中心愿出价每吨900—1 200元,北京拓扑毛纺有限公司认为价格大约在每吨3 000元人民币,北京市科特实业发展公司表示愿意购买,但价格取决于面谈。

再查明,货主为该批羊毛报关时,使用的发票是按98RIK-008UYA号合同的单价,55.65%的净毛率,但烟台海关按自核价格(约每公斤净毛2.3美元)向其收取了关税7 629.42元人民币,并代征增值税100 174.23元人民币;该批原毛从运至烟台港,到卖给北京市科特实业发展公司,还发生了以下费用:海关滞报金6 324元人民币、各种港口费用计7 480.30元人民币、铁路运输费15 200元人民币、公路运输费10 800元人民币、商检费1 060元人民币、分选费143 736元人民币、打包费43 120.80元人民币。分选费、打包费的发票均表明是北京市科特实业发展公司于1999年4月2日付的,其他费用的发票表明付款人为中纺公司。

1998年12月14日,香港上海汇丰银行有限公司上海分行就BUEFR241号提单项下的3个四十英尺集装箱货物损害赔偿一事代表铁行渣华(中国)船务有限公司(以下简称渣华船务公司)向阿迪兰公司提供了最高限额为35万美元的担保。有效期从1998年12月14日至1999年12月13日。之后,该担保又续延了1年的有效期。

深圳市气象服务有限公司出具的材料证明:深圳市1998年7月下旬平均气温30.7摄氏度,平均相对湿度74%;8月上旬平均气温30.3摄氏度,平均相对湿度74%;8月中旬平均气温29.7摄氏度,平均相对湿度76%;8月下旬平均气温29摄氏度,平均相对湿度81%;9月上旬平均气温27.7摄氏度,平均相对湿度84%;9月中旬平均气温28.3摄氏度,平均相对湿度74%;9月下旬平均气温28摄氏度,平均相对湿度66%。

另外,阿迪兰公司称,为本案诉讼向其委托代理人支付了律师代理费50 000元人民币,但其未提供有关的证据。

从现有证据来看,渣华公司1998年9月21日向深圳大鹏海关的发函中称发货人已经提出正式索赔,这是关于阿迪兰公司提出索赔的时间的最早记录。

上述事实,有以下证据为证,青岛海事法院予以认定。

(1) 98RIK-007UY号和98RIK-008UY号订购合同、取消合同协议、98RIK-007UYB号和98RIK-008UYA号订购合同及补充协议说明阿迪兰公司与羊毛买家之间的合同关系;

(2) UEFR241号提单、AGENCIA MARITIMA DODERO S. A.代收运费的发票、FOWLER S. A.的证明说明阿迪兰公司与渣华公司之间的合同关系;

(3) 关于ETILAB WOOL LABORATORY的介绍及作出的检验证书、北京进出口商

品检验局作出的商检通知单、报告单说明货物出口及进口商检的情况;

(4) 当事人双方的往来函件、传真及青岛海事法院从大鹏海关调取的渣华公司的有关函件以及提货单、交货记录、报关单说明承运人渣华公司将货物错运至盐田,后又运到烟台以及收货人报关、提货的情况;

(5) 烟台港和国际物流冷藏有限公司等几方面出具的证明说明了货物从提货到商检这段时间的有关情况;

(6) 中纺公司与北京市科特实业发展公司的合同以及北京市科特实业发展公司的收货证明说明了货物的最后销售情况;

(7) 北京华宏海内科贸中心等单位对北京四达毛纺织品进出口公司的传真回复说明了该批原毛受损后的询价情况;

(8) 海关关税、代征增值税专用缴款书、滞报金收据、商检费收据、铁路公路运输发票、港杂费发票、分选费、打包费发票分别证明有关税费问题;

(9) 香港上海汇丰银行有限公司上海分行出具的担保函说明渣华船务公司为渣华公司提供担保的情况;

(10) 深圳市气象服务有限公司出具的有关气象资料说明盐田港1998年7月21日至1998年9月底的有关气候情况。

二、一审裁判

青岛海事法院认为,本案系一起(涉外)海上货物运输合同纠纷,虽然该海上货物运输合同在外国订立,渣华公司在运输过程中签发的提单的背面条款规定有关该提单产生的纠纷适用英国法律,但该海上货物运输合同的目的地在中国,被告之一铁行渣华(中国)船务有限公司为中国企业法人,阿迪兰公司亦并非依据渣华公司签发的提单向青岛海事法院提起诉讼,阿迪兰公司、渣华公司双方在法院审理本案过程中均以中国法律为依据提出自己的主张,所以该海上货物运输合同纠纷适用与其有最密切联系的中国法律,根据《中华人民共和国海商法》的有关规定。阿迪兰公司向渣华公司订舱出运货物,并支付运费;渣华公司将阿迪兰公司的货物从阿根廷运到中国,并向其收取运费,所以渣华公司是承运人,阿迪兰公司是与其订立海上货物运输合同的托运人,双方已构成海上货物运输合同关系,FOWLER公司不过是海上货物运输合同履行过程中向承运人交货的人而已。因该海上货物运输合同履行过程中发生纠纷,阿迪兰公司依据该海上货物运输合同起诉,其是本案适格的当事人。

在该海上货物运输合同履行过程中,原定货物在新加坡中转后运往目的港烟台,但由于渣华公司的过失,将货物中转后运到了盐田,渣华公司的这一行为已构成错运目的港,其应承担违约责任;虽然渣华公司发现错运后,几经周折,又将货物运往了目的港,但其仍应当对因错运直接造成的损失承担责任。阿迪兰公司认为承运人的这种行为构成不合理绕航的主张是不正确的,因为法律意义上的不合理绕航必须是承运人的故意行为,而本案中承运人错运系因为其疏忽所至。

阿迪兰公司向法院提供了出口商检及进口商检的两份报告以证明承运人的错运行为造成货损,从证据看,该出口及进口商检报告是真实的,并无证据表明是阿迪兰公司为诉讼而伪造的;但由于本案所涉货物于1998年6月10日装上承运人的船舶,1998年11月24日被收货人提取,又被收货人运到北京,于1999年1月20日进行了商检,所以以下问题便成为双方当事人争议的主要之处:第一,进口商检的货物是否就是承运人运输的货物?第二,该批货物不在卸货口岸烟台,而到北京进行商检是否合理?第三,由于该批货物经过长时间的运输及存放,如果发生货损,是否应由承运人承担全部责任?

关于第一个问题,该批货物(原毛)在运输前经外国专业羊毛检测机构检验,原毛完全正常,符合质量标准,并无变脆发霉;但其由承运人从阿根廷运到中国烟台后,货主提货后自行从烟台运到北京,经北京进出口商品检验局检验确认,该批原毛已受水损及长时间闷沤,强力下降,不能正常使用,且有大量已发生霉变,无法使用。渣华公司认为进口检验的货物要么并非本案所涉货物,要么即存在质量问题。渣华公司的该主张并不成立;首先,有证据证明承运人运输的原毛从提货到商检,虽然经手几方,但经商检的原毛与承运人运输的原毛确系同一商品,并无变换;其次,由于原毛的检测手段只能是抽检,所以出口与进口关于羊毛细度的检验结果不可能完全一致,再说同一种类羊毛细度越小相反质量越好,所以该批羊毛经进口检验表明比出口检验的要细,并不能说明两次检验的不是同一批羊毛,也不能说明该批羊毛未达到贸易合同的要求;再次,因为原毛本系羊毛的最初级产品,未洗,带有各种油污,所以进口商检关于羊毛品位一项的检测结果,是正常原毛所本身具有的,并不能说明该批货物存在严重质量问题;最后,被告对其该主张并未提供充分证据。所以其该主张不过是无据的猜测而已。

关于第二个问题,本案所涉该批原毛未在卸货口岸烟台,而是到货主所在地北京进行进口商检,这是由原毛这种进口商品的特殊性决定的:一是原毛进口集装箱运输需经高压打包,当卸货口岸不是收货人所在地时,如在卸货口岸拆包检验,将极其不便于以后的运输;二是该批原毛经国家动植物检疫局审批需带原包装运抵北京定点厂进行检疫;三是该批原毛已向卸货口岸所在地的商检机构办理了登记,该商检机构亦同意其到北京进行商检。所以,该批原毛到北京进行商检是合理的,并不违反有关规定,阿迪兰公司提供的北京进出口商品检验局的检验结果应该作为本案的定案根据。

关于第三个问题,虽然进口商检报告未明确指明受损是何原因造成的,但考虑到羊毛的有关吸湿特性及原毛(未洗毛)中存在着大量微生物。该批原毛发生损坏是从其被错运至盐田港后开始的,因为该批原毛装载在集装箱中在盐田港露天停放了约80天,而这段期间,也正是当地湿度较大、温度较高的季节,这样的气候条件正适合原毛从空气中大量吸收水分,并促进其中的微生物繁殖以致开始损害羊毛。由此开始的损害一直到最终的损害结果,应由承运人渣华公司承担全部责任,理由如下:

承运人将货物错运目的港,且长时间未将此告知阿迪兰公司,以致阿迪兰公司与买家不得不解除贸易合同,又导致阿迪兰公司在得知错运后却无法及时向海关提供羊毛进口许可证。所以从货物错运至盐田(1998年7月21日)到最后运抵烟台(10月11日),这段期间完全应由承运人负责,由于该批原毛经长时间运输、存放,业内人员凭常识也能推测该批原毛可能已发生损坏,另外购买这批羊毛还需要有进口许可证,所以,阿迪兰公司在原贸易合同解除后无法尽快找到新的买主,因此,从货物运抵烟台到阿迪兰公司终又与中纺公司就该批原毛达成新的贸易合同(11月23日)这段期间亦应由承运人负责;11月24日中纺公司即向烟台海关申请报关,直至12月23日才获准提货,无证据表明这期间货主有拖延的情形,所以这段合理的必经期间,承运人仍应负责;前已述,货物运到北京进行商检是合理的,加上有证据表明该批货物从提货、铁路运输、公路运输到挑出残损毛以及商检,这期间未有明显延滞,货物包装未变,未受雨淋,因此该批原毛最后出现这样的损坏结果,承运人渣华公司应当对此承担全部责任。当然该批羊毛发生损坏与原毛这种商品本身的特性有关,但如果该批原毛不被错运,不被停放过长时间(其中有很长时间是在高温高湿的气候条件下),则其经过正常的运输,在合约要求标准方式包装下,不会发生损坏,所以原毛受损与承运人的错运行为有法律上的因果关系,而与原毛固有性质无因果关系。

根据《中华人民共和国海商法》第55条的规定,承运人渣华公司应按照货物受损前后实际价值的差额赔偿阿迪兰公司的货物损失。该批原毛受损前的实际价值,按1998年6月10日阿迪兰公司与中纺公司的羊毛贸易合同,及阿迪兰公司自报的55.65%的羊毛净毛率计算,为115 724.3美元。由于运输过程中货物受损,部分羊毛为全损。其余的也不得不降价销售,按阿迪兰公司与中纺公司1999年1月15日的协议,以及1999年1月18日中纺公司与北京市科特实业发展公司的买卖合同,受损羊毛共卖得人民币307 486.4元。因为该批原毛受损比较严重,已使其基本成为废毛或只能做压粘用,通过在卖给北京市科特实业发展公司之前的询价,山东省高级人民法院认为该批原毛最后以每公斤5.2元人民币卖出是合理的,该卖得款项可以作为货物受损后实际价值的依据,所以该批货物受损前后实际价值的差额为650 699.23元人民币。阿迪兰公司请求按人民币计算其损失,经查,2000年8月18日国家外汇管理局公布的美元兑换人民币的中间价为100美元兑换827.99元人民币,则货物受损前的实际价值为958 185.63元人民币。对此,承运人——渣华公司应负赔偿责任并承担阿迪兰公司的利息损失(从1998年9月21日起算)。

由于羊毛受损,需要分选出霉烂不能使用的部分,并重新打包才能出售,因此产生的分选费143 736元人民币、打包费43 120.80元人民币亦是由于承运人错运行为造成的损失,虽然关于分选费、打包费的发票表明付款人为北京市科特实业发展公司,但通过阿迪兰公司与中纺公司1999年1月15日的协议,以及1999年1月18日中纺公司与北京市科特实业发展公司的买卖合同,该损失已由阿迪兰公司承担,所以根据《中华人民共和国民法通则》的有关规定,渣华公司应向阿迪兰公司赔偿该分选费、打包费及其利息(从1999年4月3日起算)。

阿迪兰公司请求赔偿律师费的主张合理,参照我国《律师业务收费管理办法及收费标准》及《中华人民共和国民法通则》的有关规定,渣华公司应赔偿阿迪兰公司30 000元人民币的律师费。

至于阿迪兰公司的其他诉讼请求,不能支持。首先,因为羊毛系法定检验的进口商品,所以不论是否有货损发生,商检都要进行,商检费都要支出;其次,因为该批羊毛产生的关税、增值税、港口费用、铁路运输费、公路运输费均与承运人的错运行为无因果关系,虽然阿迪兰公司与货物买主约定这些费用最后均由其承担,但这是其与买主之间的法律关系,承运人没有义务承担这些费用;再次,海关滞报金虽然与承运人的错运行为有关,但其由中纺公司支出,并未由阿迪兰公司承担,所以阿迪兰公司无权请求该滞报金;最后,关于工厂停工损失,一来阿迪兰公司未提供证据,二来作为海上货物运输合同的承运人无法预见阿迪兰公司会发生这种损失,所以承运人不必赔偿该损失。

渣华船务公司在纠纷处理过程中,就阿迪兰公司索赔事宜通过银行为渣华公司向阿迪兰公司提供了有期限的担保,所以被告渣华船务公司在其出具的担保有效期内,与渣华公司连带承担对阿迪兰公司的赔偿责任。

依照《中华人民共和国海商法》第269、55条,《中华人民共和国民法通则》第111条的规定,判决:

(1)铁行渣华有限公司(P&O Nedlloyd B. V.)于本判决生效之日起15日内向阿迪兰股份有限公司(ADILAN S. A.)赔偿以下损失:货物损失650 699.23元人民币及其从1998年9月21日起到本判决确定付款之日按中国人民银行同期贷款利率计算的利息;分选费、打包费损失共计186 856.80元人民币及其从1999年4月3日起到本判决确定付款之日按中国人民银行同期贷款利率计算的利息;律师费用30 000元人民币。

(2)铁行渣华(中国)船务有限公司在其提供的担保有效期内同铁行渣华有限公司(P&O Nedlloyd B. V.)对阿迪兰股份有限公司(ADILAN S. A.)的上述损失承担连带赔偿责任。

(3)驳回阿迪兰股份有限公司(ADILAN S. A.)的其他诉讼请求。本案案件受理费20 384元人民币,由渣华公司、渣华船务公司连带负担9 886元人民币,阿迪兰公司负担10 498元人民币。

三、上诉与答辩

渣华公司不服原审判决,上诉称:① 阿迪兰公司不是运输合同中的托运人。作为运输合同证明的本案所涉提单明确载明托运人为FOWLER公司,签发地是布宜诺斯艾利斯。原审判决认定阿迪兰公司从FOWLER公司处购买原毛、提单签发地为蒙得维的亚以及阿迪兰公司已支付运费和何时由中纺公司将提单交回阿迪兰公司等缺乏证据,本案提单背面仅有FOWLER公司的背书,托运人应是FOWLER公司,阿迪兰公司不是托运人,应驳回其起诉或驳回其诉讼请求。② 阿迪兰公司与中纺公司签订的98RIK-

007UY 和 98RIK-008UY 订购合同系阿迪兰公司为打官司而编造的。③ 海上货物运输中发生的损害,有权向承运人提出索赔的人应是收货人,而不是托运人。中纺公司是收货人,其要将合同的权利和义务转让给阿迪兰公司,事先应取得承运人的同意,否则,其转让对承运人无约束力。④ 本案中货物错运延长了运输时间,但时间延长并不是货物损坏的唯一、必然的原因。货物损害的直接原因是原毛的自然特性和固有缺陷,依据《中华人民共和国海商法》的有关规定,因货物自然特性和固有缺陷造成的货物损坏,承运人不承担责任。况且,因收货人迟延提交海关需要的进口许可证而使原毛不能及时退出深圳及迟延进行商检并处理货物,也是原毛损坏的因素之一。⑤ 收货人在收取原毛后未在合理的期限内向我方提出索赔通知。⑥ 阿迪兰公司提交的汽车和火车运输经办人书写的证明不符合法律要求,向我方索赔没有法律依据。⑦ 原审判决我方承担对方的律师费证据不足。请求二审法院撤销原判,驳回阿迪兰公司的起诉或诉讼请求。

渣华船务公司不服原审判决,上诉称:我方是承运人渣华公司在中国的代理人,阿迪兰公司应起诉合同载明的承运人,起诉我方明显不当。另外,在诉讼前,阿迪兰公司向我方索要银行担保,为避免损失扩大,我方向其提供了银行担保,但该担保的出具者是银行,青岛海事法院却将我方说成担保人,并判决承担连带责任,这是错误的,请求二审法院撤销原判,驳回阿迪兰公司的起诉或驳回其诉讼请求。

被上诉人阿迪兰公司答辩称:① 阿迪兰公司是本案货物的托运人,我方向渣华公司发出定舱指示,列明对提单内容的要求,并支付了海运费,提单上将 FOWLER 公司列为托运人,也是应我公司的要求作出的,不影响阿迪兰公司作为定舱托运人的地位。② 阿迪兰公司在货物被错运后成为收货人,本案提单属于空白背书提单,该提单经背书后可连续转让,即提单持有人就是收货人。本案中,货物出运后,FOWLER 公司将提单交给阿迪兰公司,阿迪兰公司将提单交给中纺公司。后因货物不能及时到港,中纺公司与阿迪兰公司解除了合同,并把提单退给阿迪兰公司。此后阿迪兰公司一直持有该提单,直到后来为办理提货手续,再次将提单交给中纺公司。渣华公司错运货物后,是阿迪兰公司持正本提单前往深圳与海关进行协调,并以提单持有人的身份与渣华公司进行交涉。阿迪兰公司将已发生货损的货物再转卖给中纺公司,是作为提单持有人处理残损货物的行为,因此,阿迪兰公司并不因此而丧失向承运人索赔的权利。③ 渣华公司的错运行为是本案货物发生货损的根本原因,错运发生后,渣华公司未能及时纠正,导致货物在盐田港滞留达 70 余天,时值深圳最湿、最热的月份,因高温、曝晒,导致了货损发生。货物在北京进行检验,完全符合法律规定。④ 上诉人的过失严重,且不属于法律规定的承运人可以免责的过失,请求二审法院维持原审判决。

四、二审裁判

山东省高级人民法院认为:本案系因承运人错运到货目的港造成货损从而引起索赔的海上货物运输合同纠纷。渣华公司签发的提单背面条款虽然规定有关该提单产生的纠纷适用英国法律,但该海上货物运输合同的目的地在中国,上诉人之一渣华船务公司系中国企业法人,阿迪兰公司、渣华公司在诉讼过程中均以中国法律为依据主张自己的权利,所以青岛海事法院认定本案适用与当事人有最密切联系的中国法律是正确的。本案双方当事人争执的主要问题有:阿迪兰公司是不是本案运输合同的托运人;阿迪兰公司与FOWLER公司是否存在买卖合同关系;阿迪兰公司是否是合法的提单持有人并是否有权向承运人主张货损赔偿;货物损坏的原因及阿迪兰公司是否将货物损坏情况及时通知了渣华公司;渣华船务公司是否应与渣华公司连带承担对阿迪兰公司的赔偿责任。

关于阿迪兰公司是不是本案运输合同的托运人及其与FOWLER公司的关系问题。本案提单上记载的托运人是FOWLER公司,收货人为凭指示。该提单经FOWLER公司空白背书后由阿迪兰公司持有。FOWLER公司、阿迪兰公司都认可双方存在原毛买卖的合同关系。从阿迪兰公司与中纺公司所签定购原毛合同也可看出,阿迪兰公司是中纺公司的供货方,而不是FOWLER公司。运费是由阿迪兰公司直接付给承运人的,FOWLER公司并未支付运费。实际上提单托运人一栏,是承运人应阿迪兰公司同意而填为FOWLER公司的。FOWLER公司2000年6月15日给阿迪兰公司的函证明,其已将本案所涉原毛以FOB价格卖给了阿迪兰公司,并证明本案所涉原毛的订舱事宜,均由阿迪兰公司安排,FOWLER公司并未参加。根据《中华人民共和国海商法》的有关规定,托运人不仅仅是提单上记名的一种,本案被上诉人阿迪兰公司向渣华公司订舱出运货物,并支付了运费,渣华公司将阿迪兰公司的货物从阿根廷运到中国,并向其收取运费,双方已构成海上货物运输合同关系,阿迪兰公司应是该海上货物运输合同的托运人,其向承运人渣华公司提起诉讼并无不当。渣华公司否定阿迪兰公司与FOWLER公司存有买卖原毛的合同关系与事实不符,山东省高级人民法院不予支持。

关于阿迪兰公司是否是合法的提单持有人并是否有权向承运人主张货损赔偿。阿迪兰公司作为空白背书提单的持有人,将提单交给了贸易合同的需方中纺公司。中纺公司持有提单后,因为迟迟收不到提单项下的货物(原因系渣华公司错运到货目的港),在与阿迪兰公司解除贸易合同后,又将提单退还阿迪兰公司。根据提单的性质,空白背书提单经过一次背书后,任何人只要合法获得该提单,均是合法的提单持有人,均有权凭该提单提取货物。中纺公司在无法及时收货的情况下,将提单退还阿迪兰公司的行为,并不违反我国法律规定,即便根据背书提单的性质,中纺公司拟将提单退给阿迪兰公司之前,也没有义务将此退单情况通知承运人。渣华公司认为中纺公司将提单退给阿迪兰公司是无效的主张,缺乏法律依据。阿迪兰公司是合法的提单持有人,其所持有的提单项下货物在运输过程中遭受损失,有权向承运人主张权利。

关于货物损坏的原因及阿迪兰公司是否将货物损坏情况及时通知了渣华公司。渣华公司认为原毛发生损坏的主要原因是其本身的自然缺陷所致,而不是主要因为错运到货地点延长运输时间所致。加之货物错运后,阿迪兰公司未能及时提交海关需要的进口许可证等,又延误了退运,因此,应免除赔偿责任。客观讲,羊毛本身确有吸湿的特性,在一定的时间内可能会发生轻微的变化。但本案中的羊毛在到达目的地后,经商检部门确定,部分羊毛为全损,其余的羊毛也变质严重。根据查明的事实,由于承运人渣华公司将货物错运至盐田港,致使该批羊毛装载在集装箱中在盐田港露天停放了约80天。当地气象部门证实,这段时间正是当地湿度较大、温度较高的季节,这样的气候条件正适合原毛从空气中大量吸收水分,并导致其中的微生物繁殖并进而损害原毛。渣华公司将货物错运目的港,且长时间未告知阿迪兰公司,以至于其与买家不得不解除贸易合同,这又导致阿迪兰公司在得知错运后却无法及时向海关提供羊毛进口许可证。所以从货物错运至盐田到最后运抵烟台期间,完全应由渣华公司负责。该批货物发生变质,也主要是在此期间发生的。渣华公司应当对货损承担全部赔偿责任。1999年3月,当国家商检部门对该批原毛检验后,确认了货物损失情况。1999年4月20日,阿迪兰公司将商检结果告知了渣华公司,并于1999年6月为索赔事宜诉至青岛海事法院。

关于渣华船务公司是否应与渣华公司连带承担对阿迪兰公司的赔偿责任。根据渣华船务公司申请,香港上海汇丰银行有限公司上海分行,就BUEFR241号提单项下的3个40英尺集装箱货物损害赔偿一事代表渣华船务公司向阿迪兰公司提供了最高限额为35万美元的担保,该担保意见表示明确,渣华船务公司在其出具的担保有效期内,应该与渣华公司连带承担对阿迪兰公司的赔偿责任。渣华船务公司抗辩不应为本案当事人的理由不充分,山东省高级人民法院不予采纳。

关于渣华公司提出的"98KIK-008UY和98RIK-007UY"订购合同系阿迪兰公司编造和汽车、火车运输的经办人所出证明与事实不符等主张,因缺乏证据支持,山东省高级人民法院不予认定。关于阿迪兰公司为本案诉讼所应支付律师费问题,青岛海事法院根据我国《律师业务收费管理办法及收费标准》及《中华人民共和国民法通则》的有关规定,认定渣华公司应向阿迪兰公司赔偿3万元人民币的律师费是合理的,山东省高级人民法院亦予以支持。

综上,渣华公司在履行运输合同中,因自身过失,将阿迪兰公司的货物错运目的港,导致被运货物严重受损,对此渣华公司应负全部赔偿责任。渣华公司主张货物损坏主要原因系本身的自然属性所致,其不应承担赔偿责任等缺乏法律依据,其上诉理由不能成立。渣华船务公司就阿迪兰公司索赔事宜通过银行为渣华公司向阿迪兰公司提供了有期限的担保,所以渣华船务公司应与渣华公司连带承担对阿迪兰公司的赔偿责任。青岛海事法院判决认定事实清楚,适用法律正确,依法应予维持。依照《中华人民共和国民事诉讼法》第153条第1款第(一)项之规定,判决如下:

驳回上诉,维持原判。

二审案件受理费人民币20 384元,由铁行渣华有限公司和铁行渣华(中国)船务有限公司共同负担。

本判决为终审判决。

66 原告北京富洋行贸易有限公司与被告海贸国际运输有限公司海上货物运输合同纠纷案

案例来源：厦门海事法院(2003)厦海法商初字第014号

主题词：委托他人为本人　委托他人以本人名义　发货人　CNF价格

> **裁判要旨**
>
> **No. HY-1.2-4**　"委托他人为本人"，指受委托的人以自己的名义与承运人签订海上货物运输合同，与"委托他人以本人名义"不同。虽然海上货物运输合同是以外贸公司的名义和承运人签订，但由于外贸公司是受发货人的委托而签约，因此发货人具有托运人的身份。
>
> **No. HY-1.2-5**　作为海上货物运输合同纠纷，应当优先适用《中华人民共和国海商法》。《中华人民共和国海商法》第55条已经明确，承运人对货物灭失的赔偿额，按货物的实际价值计算。发货人诉请的其应得利润损失和赔偿国内货物供应方的违约损失及利息，法院不予支持。
>
> **No. HY-1.2-6**　货物出口的报关、拖车、柜检费用、检验检疫费、检验检疫代办费、制单费，作为出口成本，其价值已包含在CNF价中，发货人在CNF价外另行提出请求属于重复计算，不能予以支持。

一、基本案情

原告：北京富洋行贸易有限公司

被告：海贸国际运输有限公司

原告北京富洋行贸易有限公司诉被告海贸国际运输有限公司海上货物运输合同纠纷一案，原告诉称：2002年6月原告通过其外贸代理福州市对外贸易公司（以下简称福州外贸）委托被告承运一批冻煮毛豆自福州至美国洛杉矶，全程冷藏柜海运，托运时并向被告明确集装箱运输要求载运温度应设定为-18℃。被告收受了货物并签发了清洁提单，提单记载托运人为福州外贸。但冷冻集装箱在厦门港中转时被断电，导致货损，货物最终退运回福州。经出入境检验检疫认定：货物品质不符合出口要求，不适宜人类食用。由于该批货物出口属于一个批量贸易合同项下的一笔交易，上述事故导致美国买方变更了合同，减少了15个集装箱的出口，造成原告不仅丧失了应得利润，同时因对国内的货物供应方违约，又造成了支付给对方330 000元（人民币，下同）违约金的损失。故原告提起诉讼，请求法院判令被告赔偿其货物损失21 924美元、检验费799元、其他出口费用1 630元及自2002年7月4日起按银行同期逾期贷款利率计算至实际赔付之日止的利息；支付国内货物供应方的违约损失330 000元及自2002年7月28日起按银行同期逾期贷款利率计算至该款实际支付之日止的利息；应得利润损失 228 155.4 元;并要求被告承担本案诉讼费用。

被告辩称:本案原、被告之间不存在任何合同关系,根据《中华人民共和国海商法》(在本案中作为特别法应优先于《中华人民共和国合同法》而适用)关于托运人的定义,托运人是与承运人签订海上货物运输合同的人,具体到本案中为福州外贸而非原告,原告不是适格的诉讼主体。另退一步而言,即使《中华人民共和国合同法》可以适用,该法第 403 条虽然对委托合同委托人的介入权规定允许委托人可行使受托人对第三人的权利,但同时规定"第三人与受托人订立合同时如果知道该委托人就不会订立合同的除外",本案即属于这一例外情形,被告事先并不知道原告与福州外贸的关系,如果知道就不会订立合同。故原告也不能依此提起诉讼,请求法院驳回其起诉。

二、法院查明事实

厦门海事法院经审理查明并确认如下法律事实:

原告与福州外贸于 2001 年 8 月 1 日签订委托代理出口协议一份,约定福州外贸代理原告出口冷冻水产品及蔬菜食品等货物。根据协议,2002 年 6 月,福州外贸将一批冻煮毛豆装箱委托被告负责自福州运至美国洛杉矶。货物在装集装箱前经福建出入境检验检疫局检验合格。2002 年 7 月 4 日,被告向福州外贸签发了清洁已装船提单,提单记载:托运人福州外贸,收货人凭指示,起运港福州,卸货港洛杉矶。货物唛头、包装品名分别为"PACIFIC JAPAN",1 个 40 英尺冷冻高边集装箱,温度设定 – 18 ℃,据称装有 2 030 箱冷冻水煮毛豆,托运人装箱、计数和铅封,装船日期 2002 年 7 月 4 日。货物由"闽台 7 号"(MIN TAI NO.7)轮先运至厦门港中转,7 月 7 日上二程船运输。但由于集装箱在厦门港码头堆场时操作失误未插电,箱内温度发生变化,温度记录表盘显示自 7 月 5 日上午后箱内温度从正常温度开始不断升高,一度达到约 – 4 ℃,至约 7 月 9 日才恢复正常。由于发现上述事故,为避免发生进一步的损失,根据原告方的要求,货物未运抵目的港,中途退运回福州。经福建出入境检验检疫局检验,货物"1. 风味:异常,失去毛豆原有的气味和滋味;2. 外观:色泽偏黄,豆荚不新鲜,表面胶水呈白色斑点;3. 冻结状况:发现产品二次冻结,豆荚结霜,干缩现象"。福建出入境检验检疫局评定:货物品质不符合出口要求,不适宜人类食用。另上述货物的价值,根据原告的商业发票记载,为 CNF 洛杉矶 21 924 美元。货物出口发生的报关、拖车、柜检费用合计 1 630 元,检验检疫费及检验检疫代办费、制单费合计 799 元。此外,由于货物中途退运,正本提单未发生转让。

本批货物的出口属于原告与美国蓝海企业股份有限公司(OCEAN BLUE PRODUCTS INC.(以下简称蓝海公司),2002 年 4 月 28 日签订的 PTC02001OBP-Soybean 号贸易合同项下的一笔交易。根据该合同,原告自 2002 年 6 月到 2002 年 12 月间分批向被告出口 38 个 40 英尺集装箱的冷冻毛豆,其中盐水毛豆 15 个集装箱,水煮毛豆 23 个集装箱。水煮毛豆货物质量、规格相同,但有"Kobe"和"PACIFIC JAPAN"两种品牌,"Kobe"牌价格为 CNF 洛杉矶 0.54 美元/磅,"PACIFIC JAPAN"牌价格为 CNF 洛杉矶 0.54

委托他人为本人・委托他人以本人名义・发货人・CNF 价格

美元/磅、CNF纽约0.565美元/磅,付款方式电汇(T/T)。

本案事故发生后,2002年7月12日,蓝海公司致函原告称,由于货物不能交付,其客户已向其他供应商联系进货,未与其签约,故前述贸易合同无法继续执行,要求予以变更。双方遂于2002年7月13日签订了新的PTC02001OBP-Soybean/1号合同。与原合同相比,新合同其他条款未变,但减少了目的港为洛杉矶的7个和纽约的8个集装箱的"PACIFIC JAPAN"牌水煮毛豆的出口。原告以合同项下正常出口的7个集装箱的水煮毛豆(1个目的港纽约,6个目的港洛杉矶,均为2030箱/集装箱)的出口金额加上出口退税额扣减支付国内供货厂家的金额及各项出口费用、代理费,得出每个集装箱出口的平均利润为15 210.36元,以15个集装箱计算,利润损失为228155.4元。

原告出口的冷冻毛豆系向国内厂家直接购买,供方为福建省福州外贸食品冷冻厂冻菜部承包人林雉,双方订有购销协议。由于上述外贸合同出口订单的减少,原告相应减少了同等数量的订货,双方也重新订立了购销协议。同时对因此给供方造成的损失,双方于2002年7月28日签订协议书,约定由原告一次性赔付林雉330 000元以了结纠纷。该款于2002年8月8日从福州外贸银行账户中付出,但福州外贸已与原告结算完毕。

另关于本案纠纷的法律适用,原被告双方一致同意以中国法为准据法。

三、法院裁判

青岛海事法院认为:本案属于涉外海上货物运输合同货物损害赔偿纠纷,依照《中华人民共和国海商法》第269条的规定,合同当事人可以选择合同适用的法律,鉴于本案原被告双方均同意适用中国法解决纠纷,故应以中国法作为本案的准据法。

关于原告的诉讼主体地位,根据《中华人民共和国海商法》第42条第(三)项的规定,托运人包括与承运人订立海上货物运输合同的人和将货物交给与海上货物运输合同有关的承运人的人,其中订立运输合同又可以分为本人或者委托他人以本人名义或者委托他人为本人与承运人签约三种情形。所谓"委托他人为本人",指受委托的人以自己的名义和承运人签订海上货物运输合同,与"委托他人以本人名义不同"。因此,在本案中,虽然海上货物运输合同是以福州外贸的名义和被告签订,但由于福州外贸是受原告的委托而签约,故原告具有托运人的身份。根据《中华人民共和国合同法》第403条第1款的规定,在货物发生损坏中途退运,提单未发生转让的情况下,原告有权行使合同权利向被告提出索赔。被告辩称如果事先知道福州外贸是受原告委托就不会订立运输合同,但未提出有说服力的理由和证据,且本案海运显属班轮运输,通常对托运方的身份不作限制,故其以此主张原告不享有委托合同的介入权的抗辩不能成立。

本案货物发生损坏,相当于灭失,被告作为承运人存在过错,应赔偿由此对原告造成的损失。根据《中华人民共和国海商法》第55条的规定,赔偿额按货物的实际价值即以货物装船时的价值加保险费加运费计算。原告以CNF价提出请求,符合以上规定,被告应赔偿该项损失及自 2002 年 7 月 5 日起按中国银行同期一年期美元流动资金贷款利率计算的利息。货物出口的报关、拖车、柜检费用 1 630 元和检验检疫费、检验检疫代办费、制单费 799 元,作为出口成本,其价值已包含在 CNF 价中,原告在 CNF 价外另行提出请求属于重复计算,不能予以支持。另原告主张依照《中华人民共和国合同法》和《中华人民共和国民法通则》的规定,被告还应对其应得利润损失和赔偿国内货物供应方的违约损失及利息承担赔偿责任。但本案作为海上货物运输合同纠纷,应当优先适用《中华人民共和国海商法》。该法前述第 55 条已经明确,承运人对货物灭失的赔偿额,按货物的实际价值计算。所谓货物灭失的赔偿额,是指承运人对货物灭失造成的损失(包括货物物质上的毁坏和其他因此而产生的损失)的赔偿额。据此,因货物灭失发生的损害,承运人的赔偿额亦即赔偿范围以货物的实际价值为限,对除此之外的损失,承运人不负担赔偿责任。作为立法上的特殊规定,该条规定的目的在于考虑到海上运输的风险较大,对承运人的责任进行限制,有利于加强对海上运输业的保护。根据特别法优于普通法的原则,在存在该条特殊规定的情况下,《中华人民共和国合同法》和《中华人民共和国民法通则》中有关一般违约损害赔偿责任的规定不发生适用,故原告上述利润损失和违约损失及利息的请求没有法律依据,应予驳回。

依照《中华人民共和国合同法》第 403 条第 1 款、《中华人民共和国海商法》第 42 条第(三)项、第 55、269 条的规定,判决如下:

(1)被告海贸国际运输有限公司应在本判决生效之日起 10 日内赔偿原告北京富洋行贸易有限公司 21 924 美元及该款自 2002 年 7 月 5 日起至实际支付之日止按中国银行同期一年期美元流动资金贷款利率计算的利息;

(2)驳回原告北京富洋行贸易有限公司的其他诉讼请求。

57 原告普宁市××织造有限公司与被告深圳市××物流有限公司、中××集装箱运输有限公司海上货物运输合同纠纷案

案例来源:广州海事法院(2010)广海法初字第号 395 号
主题词:托运人 提单法律关系 赔偿请求权

> **裁判要旨**
>
> **No. HY-1.2-7** 当事人提交的买卖合同、装箱单、发票、托运单、出口货物报关单以及代理其订舱证明等,均可以证实其为实际交付货物运输的发货人,属于委托他人为本人将货物交给海上货物运输合同承运人的人,应当认定为托运人。
>
> **No. HY-1.2-8** 承运人同收货人、提单持有人之间的权利、义务关系,依据提单的规定确定。提单转让给收货人后,托运人不再享有提单项下的权利,其对提单项下货物提出赔偿请求,原则上不应支持,除非托运人按照买卖合同约定实际承担了货损风险或责任。

一、基本案情

原告:普宁市××织造有限公司(以下简称普宁××公司)
被告:深圳市××物流有限公司(以下简称××公司)
被告:中××集装箱运输有限公司(以下简称中××公司)

原告普宁××公司诉称:2009年7月,普宁××公司通过浙江美联国际货运代理有限公司(以下简称浙江美联公司)代理托运一批服装从普宁××公司的工厂至德国汉堡,被告××公司负责普宁××公司的工厂至盐田港的陆路运输,被告中××公司负责盐田港至汉堡港的海上运输。2009年7月20日,××公司安排车牌号为粤B90179的拖车从普宁××公司的工厂收取292箱服装,次日在盐田港交给中××公司。8月13日,上述货物经海运到达目的港,发现缺少132箱服装,价值人民币263 648元。由于无法确定货物丢失的区段,普宁××公司分别向××公司和中××公司发出索赔函,要求赔偿货物损失,但××公司和中××公司至今未予赔付。请求法院判令被告××公司和被告中××公司连带赔偿原告普宁××公司货物损失人民币263 648元及其从起诉的2010年6月17日起至付清之日止按中国人民银行同期贷款利率计算的利息,并承担本案的诉讼费。

被告××公司辩称:① 本案立案的案由并非海上货物运输合同纠纷,应为多式联运合同纠纷。② 原告主体不适格。涉案货物贸易方式为FOB,货物在装船时越过船舷,风险即从货物卖方转移至买方,因此,即使货物出现灭失或短少,主张权利的主体应是买方,而不是作为卖方的普宁××公司。浙江美联公司是本案货物运输的多式联运经营人,依法应对全程运输承担责任,因此,本案应由浙江美联公司对货主承担责任后,再由浙江美联公司向相关区段的责任人主张权利。③ 在装载本案货物的集装箱的封条完好无损、货物重量不变的情况下,货物被送到目的地码头并装船,已合理地排除在陆路运输过程中导致货物减少的可能,普宁××公司的主张没有事实和法律依据。请求法院驳回原告普宁××公司的诉讼请求。

被告中××公司辩称:① 普宁××公司不是中××公司签发的提单的托运人,也未持有中××公司签发的提单,不是本案适格的原告。② 普宁××公司将涉案货物分别委托陆路承运人和海运承运人进行运输,货物灭失或短少发生在哪个运输区段的证明责任在普宁××公司,普宁××公司主张陆路承运人和海运承运人承担连带赔偿责任没有法律依据,普宁××公司提交的证据未指明货物失窃发生的运输区段,没有完成举证义务,应承担败诉的后果。③ 涉案货物交付时,集装箱铅封完好,即意味集装箱内货物的数量和规格与中集公司接收货物时一致。中××公司已经履行了向提单持有人交付铅封完好货物的义务,货物未在中××公司承运的海运区段失窃,失窃应发生在陆路运输区段,普宁××公司应向陆运区段承运人主张货物短少赔偿。④ 本案货物采用的交易方式为FOB,货物在装港越过船舷后风险即应转移给买方,原告并非本案货物的买方或提单持有人,无权对本案货物提出任何索赔,且原告亦没有举证证明

托运人·提单法律关系·赔偿请求权

货物发生短少和短少货物的价值,应依法驳回原告的诉讼请求。

二、法院查明事实

广州海事法院经审理查明并确认如下法律事实:

2009年5月30日,原告普宁××公司与罗马宝龙达公司签订1份买卖合同,约定罗马宝龙达公司委托普宁××公司生产休闲家居服共计24 660打,罗马宝龙达公司预付15%的定金,收到货物后结清全部余款,交货方式为工厂交货。

2009年7月20日,普宁××公司向深圳大鹏海关申报出口该批服装。出口报关单记载:经营单位和发货单位普宁××公司,出口货物为化纤针织胸衣、女式内衣、女式连身衣等共292箱,总价为663 052.80港元,毛重13 429公斤,净重12 829公斤,成交方式为FOB,出口日期为2009年7月25日,目的港德国汉堡,集装箱号为TCNU9745237。

浙江美联公司委托被告××公司负责上述货物从普宁××公司的工厂到盐田港的运输。浙江美联公司与××公司曾于2009年3月10日签订的运输协议载明:浙江美联公司委托××公司安排拖车运输,集装箱封箱工作由工厂员工完成,不能由××公司代劳,××公司需做好配合指导工作,为保证货物安全,封箱后司机再用502胶水灌浇封条;货物装完后,交由××公司完成还箱事宜,集装箱还箱时务必保证集装箱的安全及封子完好,若造成封子破损等情况,包括货物在运输途中被偷被盗,责任由××公司承担;为保证集装箱的安全及数量的准确性,工厂清点最外层货物的箱数,××公司的司机配合完成最外层数量的清点工作,并签字做凭。据普宁××公司提交的抬头为××公司的托运单记载,从普宁××公司到盐田港的陆路运输的拖车车牌为粤B90179,司机签名为黄海琴,本案货物的集装箱号为TCNU9745237,封条号为Z69837,于2009年7月20日上午09:00时进厂装货,下午15:50时离厂。普宁××公司提交的装箱回执单载明集装箱最外层箱数是17箱,司机确认已核实装满货物。装箱回执单的司机签字栏中有司机黄海琴的签名。

浙江美联公司委托创誉深圳分公司向被告中××公司订舱,中××公司提供的集装箱设备交接单记载货物陆运拖车号为粤B90179,货物重12.80吨,铅封号Z69837,关封U96731。创誉深圳分公司出具证明称:2009年7月,创誉深圳分公司受浙江美联公司委托,代为订舱托运一批货物从盐田到汉堡,创誉深圳分公司向中××公司订舱运输了上述货物;因贸易关系原因,创誉深圳分公司要求船公司在船东提单上列INSMART INTERNATIONAL LIMITED 为托运人,提单号为COSU6027622152,集装箱号为TCNU9745237,该票货物实际发货人是普宁××公司。

2009年7月23日,华南中远国际货运有限公司作为被告中××公司的代理签发了第COSU6027622152号提单,该提单记载的托运人为INSMART INTERNATIONAL LIMITED,收货人凭指示,通知方为恒盛公司,装货港为盐田港,卸货港和交货地为汉堡,运输方式是堆场到堆场,船舶航次为HAN JIN ALEXANDRIA 0002W,装货集装箱号为TCNU9745237,铅封号为Z69837,由托运人装箱、计数和封箱,货物件数为292箱,毛重10 600公斤,海运费预付,装船日期为2009年7月23日。该提单由INSMART INTERNATIONAL LIMITED 背书转让给恒盛公司。

上述货物于2009年8月13日被运输至汉堡港,并由恒盛公司凭据COSU6027622152号提单提取。恒盛公司于2009年9月4日出具证明称:本案TCNU9745237号集装箱货物在码头提出的时间是2009年8月13日下午15:18时,到仓库时间是15:46时,仓库离码头的距离大约5公里,在提单号码和箱封号码一致的情况下打开箱门,发现所装货物短少,只剩半个集装箱的货物,从时间上讲肯定不可能有作案的可能,有全程录像和照片为证,全程录像记录从剪封志到卸柜清仓的整个过程,证明该集装箱打开柜门后实际清点为160箱。

原告普宁××公司于2009年9月4日分别向被告××公司、中××公司发出索赔函称:编号为TCNU9745237的集装箱货物总箱数292箱,清点后实际为160箱,缺失132箱,要求予以赔偿。根据普宁××公司提供的货物装箱单和商业发票记载,292箱服装毛重13 429公斤,净重12 829公斤,价值663 052.80港元。原告普宁××公司表示由于难以统计每箱货物的具体品种,以每箱货物的平均价值2 270.70港元计算,132箱货物价值为299 736港元,折合人民币263 648元。

据查,××公司曾以浙江美联公司拖欠其运费为由起诉浙江美联公司,深圳市盐田区人民法院于2010年5月19日作出(2009)深盐法民二初字第385号民事判决,认定××公司与浙江美联公司之间依法成立陆路运输合同关系,浙江美联公司拖欠2009年6月至8月的陆路运输费用,判决解除××公司与浙江美联公司于2008年3月10日签订的运输协议,浙江美联公司向××公司支付拖欠的运输费用人民币183 370元及利息。

另经被告中××公司申请,本院向深圳市公安局盐田分局调取本案货物涉嫌被盗的相关材料。深圳市公安局盐田分局没有向本院提供相关材料。

庭审中,原告普宁××公司和被告××公司、中××公司均选择适用中国法律处理本案纠纷。

三、法院裁判

广州海事法院认为,本案原告分别以××公司为本案货物的陆路运输承运人,中××公司为海上运输承运人提起诉讼,并非以两被告为多式联运经营人提起诉讼,故本案是一宗海上货物运输合同纠纷,被告××公司主张本案属多式联运合同纠纷缺乏依据。依据最高人民法院《关于海事法院受理案件范围的若干规定》第11条的规定,本案属于海事法院专门管辖案件的范围。本案货物运输始发地、被告××公司住所地在深圳,属于本院管辖地域范围,根据《中华人民共和国民事诉讼法》第28条的规定,本院对本案具有管辖权。由于各方当事人在庭审中均选择适用中华人民共和国法律解决本案纠纷,根据《中华人民共和国海商法》第269条的规定,本案争议适用中华人民共和国法律处理。

本案证据表明被告××公司与浙江美联公司订立运输协议,本案货物由浙江美联公司委托被告××公司从事从工厂到盐田港的陆路运输,深圳市盐田区人民法院(2009)深盐法民二初字第385号民事判决亦确认浙江美联公司依据该运输协议与××公司成立陆路运输合同关系。原告普宁××公司提出其是通过浙江美联公司委托××公司从事本案货物从工厂到盐田港的陆路运输,其与××公司存在本案货物陆路运输合同关系的主张,但没有提供足够的证据证明。根据《中华人民共和国民事诉讼法》第64条第1款和最高人民法院《关于民事诉讼证据的若干规定》第2条的规定,当事人对自己提出的主张,有责任提供证据,没有证据或证据不足以证明当事人的事实主张的,由负有举证责任的当事人承担不利后果。普宁××公司提出的其与××公司之间存在本案货物陆路运输合同关系,并请求××公司对其承担陆路运输承运人责任的主张,缺乏事实依据,不予支持。

《中华人民共和国海商法》第42条第(三)项规定:"'托运人'是指:1.本人或者委托他人以本人名义或者委托他人为本人与承运人订立海上货物运输合同的人;2.本人或者委托他人以本人名义或者委托他人为本人将货物交给与海上货物运输合同有关的承运人的人。"本案中,原告普宁××公司提交的买卖合同、装箱单、发票、托运单、出口货物报关单以及代理其订舱的创誉深圳分公司出具的证明等,均可以证实普宁××公司为实际交付货物运输的发货人,属于委托他人为本人将货物交给海上货物运输合同承运人的人,因此,原告普宁××公司是本案货物的托运人。被告中××公司承运本案货物并签发了提单,是本案货物的承运人。《中华人民共和国海商法》第71条规定,提单是指用以证明海上货物运输合同和货物已经由承运人接收或者装船,以及承运人保证据以交付货物的单证。虽然本案货物是由浙江美联公司通过创誉深圳分公司委托中××公司运输,不是由原告普宁××公司直接委托运输,但普宁××公司作为本案货物的交货托运人,不影响其依据法律和本案提单与中××公司成立本案海上货物运输合同关系。本案中,提单已经转让给收货人,收货人也依据该提单提取了货物,根据《中华人民共和国海商法》第78条关于"承运人同收货人、提单持有人之间的权利、义务关系,依据提单的规定确定"的规定,持有提单的收货人依据本案提单取得提单项下本案货物的权利,与承运人中××公司成立本案货物运输合同关系。如中××公司交付的货物与提单的记载不符,发生短少,收货人有权依据本案提单向中××公司提出赔偿请求。提单转让给收货人后,托运人已丧失提单项下货物的权利,无权对提单项下货物提出赔偿请求。因此,原告在本案提单已转移给收货人,且收货人已凭提单提取本案货物的情况下,仍请求承运人中××公司赔偿本案货物短少损失,缺乏法律依据。

根据《中华人民共和国海商法》第46条的规定,承运人对集装箱装运的货物的责任期间,是指从装货港接收货物时起至卸货港交付货物时止,货物处于承运人掌管之下的全部期间。本案为集装箱整箱货物运输,运输方式为堆场到堆场,被告中××公司作为本案的承运人,在提单正面批注托运人装箱、计数和封箱,铅封号为Z69837,表明中××公司收到外表状况没有异常、铅封完好的本案货物集装箱,而对箱内货物的实际情况并不了解,无法核对。本案事实表明,中××公司已将本案货物运至目的港,并按照提单把装运本案货物的铅封完好的集装箱交付给收货人。虽然本案收货人表示其提取集装箱后拆开集装箱时发现货物短少,但鉴于在承运人运输货物的责任期间,装运货物的集装箱铅封完好,没有证据证明集装箱外表状况异常,无法认定原告普宁××公司主张的货物短少发生在承运人责任期间。因此,原告普宁××公司提出的被告中××公司赔偿短少货物损失及利息的诉讼请求,缺乏事实和法律依据,不予支持。

综上,依照《中华人民共和国民事诉讼法》第64条第1款的规定,判决如下:

驳回原告普宁市××织造有限公司对被告深圳市××物流有限公司、被告中××集装箱运输有限公司的诉讼请求。

本案受理费人民币5 295元,由原告普宁市××织造有限公司负担。

1.2.2 托运人的权利和义务

68 原告爱克森公司与被告中远集装箱运输有限公司、海陆联合服务公司、水手公司、中国远洋运输(集团)总公司海上货物运输合同货损赔偿纠纷案

案例来源:广州海事法院(1997)广海法商字第53号

主题词:危险品货物运输 托运人义务 危险品包装和标识

裁判要旨

No. HY-1.2-9 托运人托运危险货物,应当依照有关海上危险货物运输的规定,妥善包装,作出危险品标志和标签,并将其正式名称和性质以及应当采取的预防危害措施书面通知承运人。托运人没有在托运单上如实向承运人申报托运的货物属于危险品,且未按要求进行包装和标识,从而导致货物遭受损害的,托运人对承运人因运输此类货物所受到的损害,应当负赔偿责任,承运人则不负责任。

一、基本案情

原告:爱克森公司(AXON SP. Z. O.0.)

被告:中远集装箱运输有限公司(以下简称中集公司)

被告:海陆联合服务公司(Sea-Land Service, Inc.,以下简称海陆公司)

被告:水手公司(Mariner Corporation)

被告:中国远洋运输(集团)总公司(以下简称中远集团)

原告爱克森公司诉称:被告中集公司承运了63个集装箱的可发性阻燃级聚苯乙烯(Expandable Polystyrene Self Extinguishable,简称EPS)货物,起运港为中国汕头,目的港为波兰格丁尼亚。其授权代理人于1998年3月签发了编号分别为COSU480810102、

COSU480810109、COSU480810115 的提单。货物运至香港后,转由海陆公司所属的"Sealand Mariner"(以下简称"海陆水手"轮)实际承运,继续驶往波兰目的港。4月21日,货方收到中集公司的通函,称"海陆水手"轮于4月18日在希腊外海发生爆炸,船上货物受到不同程度的损害。随后,爱克森公司委托发货人中土畜裘皮革皮进出口公司(以下简称中土畜公司)向中集公司了解货损情况,中集公司答复:出事船舶所运载的爱克森公司所有的 EPS 货物中共有 19 箱 304 吨发生全损。上述事件的发生,导致爱克森公司所进口的大批 EPS 被延迟运抵目的地,给爱克森公司造成巨大的损失。爱克森公司被迫投入大量的人力、物力,方使正常的进口运输得以延续。为处理本次事故,爱克森公司支付了律师费和检验费。到爱克森公司起诉时,尚未收到承运人和实际承运人对本次事故免责的任何证据材料。中集公司是本次海上货物运输的承运人,中远集团、海陆公司、水手公司均为实际承运人,上述四被告应对货物损失承担赔偿责任。爱克森公司请求法院判令四被告对其在承运期间给爱克森公司造成的 304 吨 EPS 货物损失 261 440 美元承担连带赔偿责任;判令四被告支付爱克森公司共同海损分摊费、救助分摊费、检验费、律师费、利润损失等以及其他全部间接损失。

被告中集公司辩称:① 1997 年底,中集公司登记注册为中远集团的全资子公司,其前身为中远集团下设的中集总部,负责管理有关集装箱运输事务。1998 年 7 月 1 日中集公司正式签发自身的新提单前,由中远集团授权签发并管理中远集装箱联运提单。本案中,汕头外代代理中集团签发中远集装箱联运提单,是本次运输的承运人,中集公司只是经中远集团授权负责集装箱运输的经营人和管理人。因此,中集公司对本案货损不承担任何责任。② 爱克森公司索赔的 19 箱 EPS 货物装载于第 7 舱,该货物损失是因爆炸产生的火灾被烧毁。根据《中华人民共和国海商法》第 51 条第 1 款第(二)项的规定,中集公司作为经营人,对由于火灾造成的货物灭失不负赔偿责任。如果爱克森公司认为爆炸事故是由于中集公司的过失造成的,爱克森公司应承担举证责任。③ 爱克森公司索赔共同海损分摊费、救助分摊费、检验费、律师费、利润损失等以及其他全部间接损失,没有相应的证据予以支持,应予驳回。综上所述,中集公司请求法院驳回爱克森公司对中集公司的诉讼请求。

被告海陆公司辩称:爱克森公司在起诉状中称,本案所涉货物运至香港后,转由海陆公司所属的"海陆水手"轮实际承载,继续驶往波兰的目的港。但事实情况并非如此。"海陆水手"轮根本不是海陆公司所属的船舶,海陆公司也从未参与过本案所涉货物的运输。海陆公司从未与爱克森公司签订任何运输合同。根据《中华人民共和国海商法》第 42 条的规定,海陆公司既不是本案货物的承运人,也不是实际承运人。海陆公司请求法院驳回爱克森公司对海陆公司的诉讼请求。

被告水手公司辩称:关于货损的索赔请求是向货物的承运人和实际承运人提起的,水手公司不是"海陆水手"轮的船舶所有人,水手公司也从未参与过本案所涉货物的运输。水手公司从未与爱克森公司签订任何运输合同。根据《中华人民共和国海商法》第 42 条的规定,海陆公司既不是本案货物的承运人,也不是实际承运人。在本案货损事故发生的当时,"海陆水手"轮被光租给 SIBL 公司。根据《中华人民共和国海商法》第 42 条的规定,SIBL 公司应是本案所涉货物的实际承运人。因此,即使"海陆水手"轮属水手公司所有,水手公司也不是本案货物的实际承运人。综上所述,水手公司请求法院驳回爱克森公司对水手公司的诉讼请求。

被告中远集团辩称:1998 年 3 月,中土畜公司向中远集团订舱,托运 63 箱 EPS,发货人自行装箱,整箱交接。随后,托运人在汕头将其自行装箱的 63 箱 EPS 交给中远集团运输。因爱克森公司未申报该货物为危险货物以及对运输的要求,63 个集装箱上也没有危险标志和标签,中远集团按普通货物接收、运输,并签发了全程联运提单,提单编号为 COSU480810102、COSU480810109、COSU480810115。该提单记载:托运人为中土畜公司,装货港为汕头港,经香港转运,卸货港为波兰格丁尼港,货物为集装箱整箱货,托运人装箱、计数、封箱,货物名称为 EPS,货物交付为场到场交接。1998 年 3 月 31 日,中远集团在香港将 63 箱 EPS 按普通货物装上其租用的"海陆水手"轮第 7 舱。4 月 18 日,当该轮航至北纬 35°14′,东经 21°13′,在距离希腊克里特岛(CRETE)以西 100 海里处,第 7 舱所载上述货物爆炸起火,船舶和船上所载的货物严重受损。在宣布共同海损后,"海陆水手"轮被救助至希腊比雷埃夫斯港进行修理。为减少损失,中远集团安排其他船舶将"海陆水手"轮所载货物运至目的港。中远集团认为:① 上述货物的损失是由于爆炸产生的火灾造成的,根据《中华人民共和国海商法》第 51 条第 1 款第(二)项的规定,中远集团作为承运人,不应承担赔偿责任。爱克森公司索赔共同海损分摊费、救助分摊费、检验费、律师费、利润损失等以及其他全部间接损失,没有相应的证据予以支持,应予驳回。② 爱克森公司作为收货人,索赔 304 吨 EPS 的损失,除提交了提单复印件和发票证明货物价值外,始终没有提供货物买卖合同和银行付款凭证,以证明其损失确实存在。根据托运人就本案货物提起的另一诉讼案件中陈述,爱克森公司与托运人之间实际上是建立在合作协议基础上的一种合作关系。应认为,爱克森公司始终未提交有关证据的原因是这些单证根本不存在。换而言之,爱克森公司尚未支付货款,因而根本未遭受任何损失。既然爱克森公司并非遭受损失的当事人,就无权提出货损索赔。③ 经查,本次事故系因装载在第 7 舱内的 EPS 在航行途中释放出可燃性气体在舱内与空气混合,聚集成爆炸性气体而发生火灾。而 EPS 在《国际海运危险品规则》中被列为第九类危险品。《中华人民共和国海商法》第 68 条规定,托运人负有申报危险货物、对危险货物进行妥善包装的义务。而本航次的托运人未按照《国际海运危险品规则》的要求对货物进行妥善包装并作出危险标志和标签,也未向承运人申报该货物为危险货物,从而导致本次爆炸、火灾事故的发生。根据《中华人民共和国海商法》第 51 条第 1 款第(八)项和第(十)项的规定,中远集团作为承运人,不应承担赔偿责任。综上所述,中远集团请求法院驳回爱克森公司对中远集团的诉讼请求。

二、法院查明事实

广州海事法院认定以下事实:对爱克森公司提供的编号为 COSU480810102、CO-

SU480810115 的提单副本复印件、中土畜公司 1998 年 3 月 12 日开具的编号为 IVD02-98/0001/01、IVD02-98/0001/03 的发票、中土畜公司 1998 年 3 月 10 日出具的装箱单 2 份、海洋公司出具的质量证书、中集公司 1998 年 4 月 21 日给"海陆水手"轮所载货物所有人的通告、中集公司 1998 年 6 月 30 日给中土畜公司的传真、联协公司 1998 年 3 月 13 日给中土畜公司的传真、联协公司 1998 年 4 月 13 日给中土畜公司开具的运费和保险费发票、编号为 COSU480810109 的正本提单复印件、1998 年 3 月 13 日中集公司与 SLIBL 公司签订的定期租船合同复印件,四被告没有异议,法院予以确认。对爱克森公司提供的海洋公司职员张玉坤和装货指挥李金明出具的情况说明和周容明 1999 年 5 月 7 日出具的情况说明,中集公司、中远集团提出异议,认为内容不真实。由于爱克森公司提出了上述证据的原件,法院对上述证据的客观性予以确认,至于其内容是否与本案有关联性,法院将结合中集公司、中远集团提供的汕头外代周容明 1999 年 5 月 15 日出具的对其 1999 年 5 月 7 日作出的情况说明的说明、汕头外代 1999 年 5 月 18 日出具的说明、中土畜公司职员关克宇 1999 年 5 月 10 日给周容明的函等证据综合认定。对爱克森公司提供的劳合社关于"海陆水手"轮的登记资料复印件,海陆公司、水手公司提出异议。由于该证据是复印件也没有载明该证据的出处,也无其他证据予以印证,故对该证据,法院不予确认。

对中集公司、中远集团提供的事故当日航海日志复印件、事故照片 6 张、受损集装箱积载位置图、"海陆水手"轮第 5—7 舱所载集装箱明细表、对应编号为 COSU480810109、COSU480810115 提单的托运单复印件 2 份、Seaspan 公司于 1998 年 4 月 18 日给中集公司的传真、海陆公司 1998 年 4 月 18 日给 Seaspan 公司的传真、海陆公司 1998 年 4 月 20 日给中集公司的传真、海外公司 1998 年 9 月 1 日出具的检验报告,爱克森公司、海陆公司和水手公司没有异议,法院予以确认。对中集公司、中远集团提供的劳氏日报关于事故的报道复印件,法院无法确认其真实性,不予确认。

对海陆公司提供的经公证、认证的"海陆水手"轮船舱登记证书、"海陆水手"轮船东证词、"海陆水手"轮明火作业许可证、关于明火作业的专家报告,中集公司、中远集团、水手公司没有异议,爱克森公司提出异议,但没有提供相反证据予以反驳。法院认为海陆公司提供的经公证、认证的证据在没有相反证据予以推翻的情况下,应予确认。

1998 年 3 月,中土畜公司通过联协公司向汕头外代订舱,托运 63 个装有海洋公司生产的 EPS 的集装箱。据托运单记载:托运人为中土畜公司,装货港为汕头港,卸货港为波兰格丁尼亚港,货物为袋装 EPS,申报货物种类为普通货物,可以转船,货物交接方式为场到场。3 月 19 日,汕头外代作为承运人的代理人签发了 3 套编号分别为 COSU480810102、COSU480810115 和 COSU480810109 的联运提单,提单抬头注明的承运人为中远集团。上述提单记载:托运人为中土畜公司,承运人中远集团,收货人凭托运人指示,通知方为爱克森公司,装货港为汕头港,卸货港为波兰格丁尼亚港(经香港转船),承运船为"兴隆"轮,货物为集装箱整箱货,内装 EPS,每个集装箱内 EPS 的重量为 16 吨,托运人装箱、计数、封箱,场到场交接。上述 3 套提单记载的集装箱数量为:编号为 COSU480810102 的提单 20 英尺 12 个，编号为 COSU480810115 的提单 20 英尺 32 个，编号为 COSU480810109 的提单 20 英尺 19 个，上述共计 63 个 20 英尺集装箱。根据中土畜公司开具给爱克森公司的发票记载：每吨 EPS 价格为 860 美元（CIF，格丁尼亚）。

1998 年 3 月 31 日，上述 63 箱 EPS 在香港转船，装上中集公司租用的"海陆水手"轮的第 3、4、5、7 舱内。其中，第 3 舱装 28 个箱，第 4 舱装 10 个箱，第 5 舱装 6 个箱，第 7 舱装 19 个箱。4 月 18 日，当该轮航行至北纬 35°14′，东经 21°13′，距希腊克里特岛（CRETE）西南 130 海里处，该轮第 7 舱区域发生爆炸和火灾。本次事故造成第 7 舱装载的 19 个装有 EPS 的集装箱全损，其中，编号为 COSU480810102 提单项下的 2 个，编号为 COSU480810115 提单项下的 17 个。根据海陆公司提供的由"海陆水手"轮船长、大副于 4 月 17 日签发的明火作业许可证记载：作业许可时间为 08:00 时至 18:00 时，作业内容为安装、更换。海陆公司提供的专家意见认为：4 月 17 日签发的明火作业许可证已经包括了在第 7 舱的框架作业，4 月 18 日早晨爆炸时工人进行的工作是这些工作的延续。因为整晚环境并没有变化，所以不需要申请新的许可。

1998 年 4 月 18 日，中集公司委托位于希腊的海外公司对事故的性质、原因及对于船舶和货物的损坏程度进行检验。海外公司安排检验师分别在希腊的比雷埃夫斯港和克罗地亚的里耶卡登上"海陆水手"轮进行检验。9 月 1 日，海外公司出具了检验报告。上述报告记载：事故发生前，两名甲板装配工正在第 7 舱后部靠前的位置往上面的集装箱框架上安装护栏柱，同时烧焊；本案货物 EPS 用棕色纸袋包装，包装袋里面是一个用长约 22 厘米、宽 5 厘米的橡皮带封口的聚酯袋；橡皮带很容易脱落，没有气体密封；袋子里面的气体经测试是爆炸性气体。上述报告认为事故的原因是：由于航程中的舱内聚集的可燃性气体被点燃而导致的。报告认为，在集装箱架上的动火作业很可能是"海陆水手"轮爆炸及大火的火源。该报告最后作出的结论是：第 7 舱内的可燃性气体是从 EPS 货物中释放出来的。托运人及生产商都知道该货物的危险特性，并且货物的包装袋上表明具有爆炸的危险。但是，EPS 货物的托运人并没有申报该货物是《国际海运危险品规则》中的货物。货物用聚酯袋及纸袋包装根本不符合《国际海运危险品规则》的要求，并且集装箱上也没有用标签标明里面的货物属于第 9 类危险品。EPS 货物被装载在甲板下面的货舱内没有进行通风。如果申报该货物属于《国际危规》的货物，也就不会这样装载了。在航程中该货物释放出可燃性戊烷，同时，因集装箱的通风，可燃性气体从集装箱内释放到货舱中并不断聚集，最后形成可燃性空气。第 7 舱上面的安装作业点燃了可燃性气体，从而发生了爆炸。

经查，EPS 属于《国际海运危险品规则》所列的第九类危险品，编号为 2211。《国际海运危险品规则》记载的该危险品特性是：珠状或粒状的制模材料，主要由聚苯乙烯构成，并含有 5%~8% 的挥发性的、主要成分是戊烷的烃类；在储存期间，少量的戊烷会释放至空气中，温度升高释放量会增加。《国际海运危险品规则》要求该货物的包装为：玻璃瓶装、金属罐装、木箱装、木琵琶桶装、纤维桶装或胶合板桶、钢桶。

根据海洋公司出具的《质量证书》记载:1998年3月23日装运的EPS,戊烷含量为4%~7%,外观为白色小颗粒。中土畜公司出具的装箱单记载:EPS用纸袋包装,每袋25公斤。

另查明,1998年3月13日,中集公司与SLIBL公司签订了一份定期租船合同,出租人为SLIBL公司,承租人为中集公司,租用船舶为"海陆水手"轮。被告海陆公司提供的经公证认证的船舶登记证书记载:"海陆水手"轮船舶所有人为国家海军银行(FLEET NATIONAL BANK),登记日期为1995年3月10日,所有权证书生效日期为1996年7月23日。

又查明,汕头外代职员周容明于1999年5月7日出具了一份情况说明,上面记载:本案货物由联协公司委托汕头外代承运并由汕头外代报关及由海关查验放行;货物为EPS;海关开箱验放时,有汕头外代人员在场;上述货物装箱时,汕头外代派人点数监装。上述情况说明上记载的提单号为COSU480810109、COSU480810118、COSU480810119。爱克森公司提供的海洋公司职员张玉坤和装货指挥李金明出具的情况说明记载:3月17日,首批空箱进入海洋公司厂内库区,并由工人(非海洋公司人员)开始装箱,汕头外代货运部经理周容明监装。周容明还进入堆有袋装货物的库房进行了查看。集装箱装完毕后,柜门均由货车司机关闭,所有货柜在离场时均为加封,在以后的历次交货中,周容明以及汕头外代货运一部副经理陈永新曾多次到场监装。5月10日,中土畜公司职员关克宇在给周容明的一封函中称:周容明出具的说明中漏写了第三票货,提单号为COSU480810115。关克宇要求在其传真给周容明的提单传真件上注明该票货物汕头外代也曾派人到现场监装,海关开箱验放时汕头外代也派人到现场监卸。关克宇在信中提出,上述证据十分关键,请周容明签字后马上传回中土畜公司。5月15日,周容明又出具了一份说明,称:本案货物的出口手续是由汕头外代职员陈永新经手办理的,对该批货物的托运细节不十分清楚;周容明5月7日出具的情况说明是在关克宇的一再要求之下,违心地作了与事实不符的说明,并已要求关克宇交回该说明的原件。5月18日,汕头外代出具了一份说明称,关于该公司周容明于1999年5月7日向中土畜公司关克宇出具的EPS货物的出运情况说明,汕头外代要求澄清事实如下:① 中土畜公司于1998年3月,经联协公司介绍,向汕头外代订舱托运EPS货物由汕头经香港中转运往波兰。订舱时,中土畜公司和厂家均未向汕头外代申报该货物为危险品。② 该批货物为场到场交接的运输,由发货人负责装箱、计数。汕头外代从未接受过任何人委托,对货物的装箱进行点数监装。③ 汕头外代货运一部接受了中土畜公司的报关委托后,按照程序,将报关工作转交汕头外代报关行办理。汕头外代报关行的职责是代理客户办理海关的报关手续。④ 据向周容明了解,其向中土畜公司关克宇出具的说明,是在关克宇等人诱骗下作出的,该说明不代表汕头外代的意见。汕头外代办理该批EPS货物出运的主要经办人是陈永新,周容明对该货物出运的具体情况并不清楚。

庭审中,双方当事人确认原告爱克森公司作为收货人在目的港向中远集团出示本案的 3 份正本提单，提取了本案其他完好的货物，中远集团已收回上述正本提单各 1 份，提单背面均有中土畜公司的空白背书。双方当事人在庭审中一致选择适用中华人民共和国法律作为处理本案实体争议的法律。

原告爱克森公司没有提供有关其支付共同海损分摊费、救助分摊费、检验费、律师费、利润损失的证据。

中集公司、中远集团在提交答辩状期间对管辖权提出异议，本院于 1999 年 6 月 8 日作出裁定：驳回中集公司、中远集团对本案管辖权提出的异议。双方当事人均未上诉。

三、法院裁判

广州海事法院认为：本案是一宗涉外海上货物运输合同货损赔偿纠纷。由于原、被告双方一致选择适用中华人民共和国法律作为处理本案实体争议的法律，根据《中华人民共和国海商法》第 269 条关于合同当事人可以选择合同适用法律的规定，本案可以适用中华人民共和国法律。

爱克森公司持有托运人中土畜公司空白背书的正本提单，向承运人提取了货物，是本案海上货物运输的收货人。中远集团对爱克森公司持有提单的合法性提出质疑，但是其并没有提供相反的证据予以反驳，对中远集团的主张，合议庭不予支持。爱克森公司作为收货人，在货物发生损失时，有权向承运人提出赔偿请求。本案提单是由汕头外代代表承运人签发的，而提单抬头注明的承运人为中远集团，因此，本案海上货物运输承运人是中远集团。爱克森公司提出中集公司是承运人的主张，没有事实依据，不予支持。由于"海陆水手"轮是中集公司租用的船舶，中集公司实际从事了香港至波兰格丁尼亚区段的运输，是实际承运人。海陆公司提供的证据证明，"海陆水手"轮的船舶所有人是国家海军银行，而不是水手公司或海陆公司，爱克森公司提出水手公司、海陆公司是本案实际承运人的主张，没有事实和法律依据，不予支持。

根据本案托运单和提单记载，本案集装箱货物的交接方式为场到场交接。《中华人民共和国海上国际集装箱运输管理规定实施细则》第 59 条第 2 款第（五）项规定，场到场交接，由托运人负责装箱并运至装货港集装箱堆场整箱交货；海上承运人在装货港集装箱堆场整箱接货，负责运抵卸货港集装箱堆场交货；收货人负责在卸货港集装箱堆场整箱提货并拆箱，拆箱后应将空箱于规定期限内交至海上承运人指定的堆场。本案中，中土畜公司作为托运人有义务将货物装箱并把集装箱运至堆场，而中远集团并无此义务。即使汕头外代派人到海洋公司厂房监装货物，也不能免除托运人的此项义务。根据我国加入的《国际海运危险品规则》的规定，本案 EPS 货物属于第九类危险品。《中华人民共和国海商法》第 68 条第 1 款规定，托运人托运危险货物，应当依照有关海上危险货物运输的规定，妥善包装，作出危险品标志和标签，并将其正式名称和性质以及应当采取的预防危害措施书面通知承运人。本案托运人中土畜公司并没有在托运单上如实向承运人申报，而是作为普通货物托运；而且货物的包装也不符合《国际海运危险品规则》的要求。托运人中土畜公司对承运人因运输此类货物所受到的损害,应当负赔偿责任。

"海陆水手"轮甲板装配工在对第 7 舱 EPS 货物特性不知情的情况下,经船长、大副同意对船舶进行正常的维修作业并无不当。导致本次事故的直接原因是第 7 舱装载有危险货物 EPS,托运人又不如实申报,装载货物的集装箱没有按照《国际海运危险品规则》总论第 12.4.2 小节的规定,对装运危险货物的集装箱进行标记和标牌,使承运船船员思想毫无准备;且托运的货物包装也不符合要求,导致在航程中可燃性气体戊烷从集装箱内释放到舱内聚集引起爆炸。托运人中土畜公司没有履行法律规定的义务。根据《中华人民共和国海商法》第 51 条第 1 款第(八)项的规定,由于托运人的行为造成货物的灭失或者损坏,承运人不负责任。因此,对本次船舶爆炸事故,承运人中远集团可以免责。根据《中华人民共和国海商法》第 61 条的规定,对承运人责任的规定适用于实际承运人。中集公司作为实际承运人也可以免责。

综上,爱克森公司请求中集公司、海陆公司、水手公司和中远集团赔偿货物损失,没有事实和法律依据,应予驳回。

依照《中华人民共和国海商法》第 51 条第 1 款第(八)项、第 61 条的规定,判决如下:

驳回原告爱克森公司对被告中集公司、海陆公司、水手公司和中远集团的诉讼请求。

本案受理费 6 430 美元,由原告爱克森公司负担。

原告鹭丰船务有限公司与被告揭东县东源装饰材料有限公司海上货物运输合同纠纷案

案例来源:广州海事法院(2000)广海法汕字第 39 号
主题词:货物重量　集装箱最大载重　托运人赔偿责任

> **裁判要旨**
>
> **No. HY-1.2-10** 托运人应当向承运人提供正确的货物重量,因托运人托运的货物超过集装箱的最大载荷,却未向承运人提供准确的货物重量,导致集装箱无法承受货物超重而破损,并在转运港被卸下换箱转运,托运人应当负赔偿责任,赔偿承运人为修复破损集装箱及另行换转集装箱产生的修理费、起吊费、转堆费损失以及为索赔支出的公证费用。

一、基本案情

原告:鹭丰船务有限公司
被告:揭东县东源装饰材料有限公司

原告诉称:1999 年 10 月 15 日,原告承运被告出口货物矽酸钙板。原告安排由"建江 V.9973"轮运输,配载 4 个集装箱,其中 TEXU4531961 号集装箱在香港转运时发生破损。被告托运时申报该集装箱所载货物毛重为 26 420 公斤,但经香港 ITS(Intertek Testing Services)检验,该集装箱的货物重量为 31 920 公斤,远远超过该集装箱最大的 26 740 公斤的可载重量,集装箱破损是因货物超重造成。原、被告双方已成立海上货物运输合同法律关系,被告在托运货物时错误申报货物重量造成原告的损失,应当负赔偿责任。请求判令被告赔偿原告的集装箱损失及集装箱拆转费用 68 402 港元、公证费用 4 440 港元并承担本案诉讼费。

被告辩称:被告是与中国汕头外轮代理公司(以下简称汕头外代)签订运输合同,与原告没有直接关系,原告不应起诉被告。被告申报的重量已经海关、联检部门查验核实。香港 ITS 的检验报告是原告单方提供的,被告对该检验不知情也不认可。原告在货物装船后未在提单上对货物重量进行批注,根据《中华人民共和国海商法》第 76 条的规定,应视为货物的表面状况良好。故被告不应承担责任。

二、法院查明事实

广州海事法院认定以下事实:1999 年 10 月 13 日,被告将其出口货物矽酸钙板装入原告提供的 4 个集装箱,箱号分别为 TEXU4531961、CNCU4505873、UXXU4213527 和 TPHU4816153。汕头海关出具的 4 个集装箱的装箱单和出口货物报关单记载,被告是该批货物的托运人,负责货物装卸、计数及铅封(shipper's load & count & seal),其向海关申报的 4 个集装箱货物总重量为 116 345 公斤,其中 TEXU4531961 号集装箱装载货物重量为 29 380 公斤。10 月 15 日,原告通过代理人汕头外代安排由"建江 V.9973"轮承运该批货物至香港中转,原告作为承运人向被告签发了 XH-CNC9910080 号提单。该提单记载,托运人为被告,4 个集装箱装载的矽酸钙板总重量为 105 170 公斤,但未载明每个集装箱装载的货物重量。10 月 16 日,原告在香港转运时发现 TEXU4531961 号集装箱破损。10 月 21 日,原告将集装箱破损情况通知被告。10 月 23 日,被告先后致函汕头外代和原告,确认其配载托运的 4 个集装箱的货物装上"建江 V.9973"轮,要求将破损的 TEXU4531961 号集装箱中的货物卸下两托盘,其余货物另换集装箱后连同其他 3 个集装箱的货物继续运往目的港。原告委托香港 ITS 对破损的 TEXU4531961 号集装箱进行检验,经公用地磅过磅测量,结论为 TEXU4531961 号集装箱装载的货物重量为 31 920 公斤,超过了该集装箱最大的 26 740 公斤的可载重量,超重 5 170 公斤,并认为破损是由于该集装箱无法承受货物超重所致。随后,原告按照被告的指示将破损的集装箱中的货物卸下 3 托盘,并将其余货物另换集装箱连同其他 3 个集装箱的货物运抵目的港。

因 TEXU4531961 号集装箱破损造成的损失,原告列出了费用清单,列举其为修复该集装箱及另行换转集装箱产生的修理费等损失以及另 3 个集装箱产生的起吊费、转堆费损失共计 68 402 港元,并为索赔支出的公证费用 4 440 港元。本案中,原被告的争议点在于：

（一）关于提单记载的托运人名称

原告提供的 XH-CNC9910080 号提单表明，被告是该批货物的托运人。被告提出异议，认为该提单没有原件核对，托运人名称又有修改过的痕迹，不足以认定被告即是该提单记载的托运人。经查，XH-CNC9910080 号提单记载的托运人，即被告英文名称为"JIE DONG YANG DECORATIVE MATERLAIS CO. LTD"，打印时缺漏了"DONG"，后经手写补上。法院认为：被告向海关提供的出口货物报关单证显示，以及向原告出具的确认其配载托运的 4 个集装箱的函件表明，被告即是本案货物的托运人。对此，被告没有异议，应予认定。被告以原告提供的提单为复印件，以及提单记载被告的英文名称有"修改"过的痕迹为由，否认其是提单所证明的托运人缺乏事实依据。

（二）关于被告向原告申报的 TEXU4531961 号集装箱装载的货物重量

被告向原告出具的列有货物清单、集装箱号及提单号的提单资料记载，被告向原告申报的 4 个集装箱装载的货物总重量为 105 170 公斤。原告认为，其依据被告出具的提单资料签发 XH-CNC9910080 号提单，4 个集装箱平均装载货物重约 26 000 公斤，未超过每个集装箱的最大载重量 26 740 公斤，因而接受了被告的托运请求。被告提出异议，认为 TEXU4531961 号集装箱的装箱单是原告制作的，装箱单记载货物重量 29 380 公斤即是被告向原告申报的货物重量，已超过集装箱最大的 26 740 公斤的可载重量；被告依据装箱单记载的货物重量向海关申报，并经海关查验核实，应予认可。原告反驳认为，原告不是货运代理人，装箱单非由原告制作，也未经原告盖章确认。法院认为：被告向原告出具的提单资料表明，被告向原告申报的 4 个集装箱装载的货物总重量为 105 170 公斤。被告获悉 TEXU4531961 号集装箱破损后，要求原告卸货及修改提单向原告出具的货物装载资料记载，箱号为 CNCU4505873、UXXU4213527 和 TPHU4816153 的 3 个集装箱的货物重量为 78 750 公斤。因此，被告向原告申报的 TEXU4531961 号集装箱装载的货物重量为 26 420 公斤。被告提出装箱单是由原告制作的，其向原告申报的 TEXU4531961 号集装箱装载的货物重量为 29 380 公斤的主张，缺乏事实依据。

（三）关于 TEXU4531961 号集装箱装载的货物实际重量

香港 ITS 的检验报告记载，装载于 TEXU4531961 号集装箱中的货物实际重量为 31 920 公斤，超重 5 170 公斤。被告提出异议，认为检验报告是原告单方申请检验提供的，且其结论与从海关调查取得的装箱单及报关单资料相矛盾，不能作为证据。法院认为：从海关调查取得的装箱单及报关单记载，货物由托运人装卸、计数及铅封，应认定装箱单及报关单上记载的货物重量是被告向海关申报的。被告向海关申报的货物重量与向原告申报的货物重量不一致，两者均不能正确反映货物的实际重量。香港 ITS 的检验报告反映了 TEXU4531961 号集装箱装载的货物实际重量，被告没有相反的证据予以反驳，应予确认。

(四) 关于原告的损失

原告出具其于 10 月 27 日就 TEXU4531961 号集装箱破损及另 3 个集装箱的转堆、起吊产生的费用通过传真向被告列出的费用清单,该清单载明破损的集装箱产生的修理费、码头费、堆存费、起吊费等费用计 44 942.16 港元,并说明另 3 个集装箱产生的堆存费、起吊费尚未计入(后经核算为 31 776 港元)。被告于 10 月 28 日向原告出具的保函记载:"兹有我公司出口的柜号 TEXU4531961 在香港装卸过程中出现破损,我公司同意以不高于贵公司 1999 年 10 月 27 日的传真报价支付,请速将货物尽早安排出运,以免耽误。"被告提出异议,认为该保函中没有载明具体的支付金额,被告对原告的传真报价不予确认。法院认为:原告向被告传真的费用清单及被告出具的保函清楚表明,被告承诺向原告支付 TEXU4531961 号集装箱因破损产生的费用及另 3 个集装箱的起吊费、堆存费,该费用以不超过原告于 10 月 27 日的传真报价为限。被告对原告列举的费用清单未提出证据予以反驳,同时原告主张的损失共计 68 402 港元亦未超出传真报价的费用范围,应予认定。原告主张支出了公证费用 4 440 港元的损失,被告没有异议,亦应予认定。

三、法院裁判

广州海事法院认为:被告将货物交由原告承运,原告接受被告的托运并向被告签发了提单,双方因此成立了海上货物运输合同关系。被告作为托运人,应当向原告提供正确的货物重量。香港 ITS 对破损的 TEXU4531961 号集装箱进行检验得出的结论表明,TEXU4531961 号集装箱破损是由于货物超重该集装箱无法承受所致。但被告向原告申报的货物重量并未超过该集装箱最大的可载重量,因此,可以认定被告向原告提供的货物重量不正确。由于被告提供的货物重量不正确造成原告损失的,被告应当负赔偿责任。原告提出的损失请求合理,应予支持。

据上,依照《中华人民共和国海商法》第 66 条第 1 款的规定,判决如下:

被告揭东县东源装饰材料有限公司赔偿原告鹭丰船务有限公司经济损失 68 402.16 港元、公证费用 4 440 港元。

本案诉讼费 2 767 元由被告负担。

70 原告深圳市胜杰投资发展有限公司与被告马士基物流香港有限公司、马士基(中国)航运有限公司深圳分公司无正本提单放货纠纷案

案例来源:广州海事法院(2000)广海法深字第 47 号
主题词:部分交付　错误交付　提取货物

裁判要旨

No. HY-1.2-11　提单是承运人保证据以交付货物的单证,在托运人仍持有承运人签发的提单的情况下,承运人在目的港交付部分货物缺乏合法的依据,应当对

该错误交付部分的货物损失承担赔偿责任。

No. HY-1.2-12 托运人应当对货物不能被合法提取而在目的港长期存放的状况采取积极的措施,在托运人或其他权利人对货物处理保持沉默的情况下,承运人将货物运回起运港没有过错。货物被部分运回起运港后,托运人收到承运人通知后应当采取必要措施向海关办理货物的退运手续,以尽早提取货物,减少损失。

一、基本案情

原告:深圳市胜杰投资发展有限公司

被告:马士基物流香港有限公司(Maersk Logistic Hong Kong Ltd.,以下简称物流公司)

被告:马士基(中国)航运有限公司深圳分公司(以下简称马士基深圳公司)

原告诉称:1999年5月18日或19日,原告将出口的化纤混纺女装长袖毛衫装入TRIU9485693、MAEU8046915号集装箱,并交被告物流公司由深圳盐田港运往德国汉堡。该批货物分别为37 512件/1 240个包装箱、36 799件/1 219个包装箱,其中37 512件/1 240个包装箱的货物价值为港币1 640 625元。5月24日,有利集运(香港)有限公司(现名为物流公司)签发了YAT0051341-(3)号提单一式三份,并将提单交给原告。提单载明:承运船舶为SL MERCURY船,航次034W,装货港盐田港,卸货港不来梅港,交货地汉堡,货物数量1 240件。其后,原告在向银行议付时,因单证的原因被拒付,全套正本提单又退给原告。正当原告设法处理此事时,接到被告马士基深圳公司的通知,有批货物将于9月17日从德国运抵深圳盐田港,货物数量为1 066箱,收货人为胜杰公司。10月12日,香港中间商永大时装洋行有限公司(VARIETA FASHION LTD.)传真告知原告,原告99-H-014号发票项下的货物被退回。至此,原告才确知YAT0051341-(3)号提单项下的货物全部被他人提走,其中1 066件被退回盐田港。现此货物已被盐田海关扣留。原告是YAT0051341-(3)号提单项下货物的托运人,马士基深圳公司是实际承运人,物流公司是无船承运人,两被告违反了凭正本提单放货的国际航运惯例,损害了原告的合法权益,应承担赔偿责任。请求判令两被告向原告赔偿货物损失港币1 640 625元及利息损失。

被告物流公司辩称:首先,原告依据提单对物流公司提起侵权之诉,必须证明其对提单项下的货物拥有权利。原告出示的提单表面显示,原告只是提单的托运人,并且已将提单背书转让,原告并不拥有提单项下权利。其次,原告以侵权提起本案诉讼,还必须证明物流公司对其实施过侵权行为。物流公司并未实施原告诉称的无单放货行为。货物抵达卸港德国汉堡港前,被告已根据提单记载通知通知方也是货物最终买家H&M公司货物抵港情况,要求H&M公司办理提货手续。但是,H&M公司称,由于发货人未能提供出口许可证,该货物无法向欧盟申报进口。鉴此,未获进口许可的货物被从汉堡退运至盐田港。由此可见,本案并不存在无单放货的情形。再者,涉案货物在目的港并没有灭失,因该货物在相关国家的进口不符合当地法律的规定而不被接受从而导致退运。1999年7月17日,退运货物运抵盐田港。在此之前,货物回运的承运船舶代理马士基深圳办事处向原告发出到货通知,要求其办理提货手续,原告对此不予理会。经多次催促原告提取货物未果,最后,盐田海关以没有收货人为由扣留了货物。涉案货物曾有机会重新置于原告的控制之下,但是,正是因为原告的不作为导致了货物被海关扣留。原告未能占有涉案货物的真正原因并非是所诉称的物流公司的侵权行为,而是原告自身的不作为。在未获得出口配额的前提下就将货物出口至欧洲,其非法行为使得提单项下货物的权利产生瑕疵,从而使得原告成为非善意提单持有人,依法不能依据提单对物流公司提起诉讼。即使原告在汉堡交货的过程中有不妥的做法,但是,该做法并没有导致货物的灭失或损坏。相反,货物回运至盐田后,原告对其声称拥有的货物不闻不问,原告的不作为是其未能占有货物的直接原因,其依法应对自身的行为承担责任。或者说,如果原告在货物回运至盐田后及时提取货物,涉案提单项下的货物也就不存在全部灭失的可能。因此说,原告并未尽其减少损失的义务。对于诉称损失的计算,目前原告提交的唯一文件是所谓的发票。但是,发票的内容与涉案提单记载不同。并且,从发票上记载的规格来看,与涉案货物的规格一模一样,而采取的价格条款也是FOB盐田,但货物的单价却不一致。因此,原告诉称损失的计算没有依据。

被告马士基深圳公司辩称:原告以马士基深圳公司作为实际承运人,对其提出损害赔偿请求。依照《中华人民共和国海商法》第42条的规定,实际承运人是指接受承运人委托,从事货物运输或者部分运输的人,包括接受转委托从事此项运输的其他人。对于"实际承运人"的识别一般以存在委托关系和实际运送为标志。马士基深圳公司的营业范围显示,其为外商独资企业的分支机构,只能代表丹麦马士基有限公司从事业务活动,不具有独立民事主体资格,不承担民事责任。涉案提单的承运人是物流公司,作为代理人,马士基深圳公司与原告之间没有海上货物运输合同关系,不承担运输合同中承运人的义务和责任,因此不得对其以承运人的身份提起诉讼。载货船舶的所有人为AP MOLLER,悬挂MARSHAL ISLANDS旗,非为马士基深圳公司所拥有或管理或经营,无从建立实际运送关系,从而承担实际承运人的权利和义务。因此,不得对其以实际承运人的身份提起诉讼。其他的答辩意见与物流公司的相同。

二、法院查明事实

广州海事法院认定以下事实:1999年3月15日,香港大新银行(Dah Sing Bank Ltd.)根据香港永大时装有限公司的申请,通过中国建设银行深圳市分行向原告开出了以原告为受益人的LC30034698号不可撤销跟单信用证。信用证金额为1 656 335.4港元,货物为38 062件化纤混纺女装长袖毛衫(材料成分为粘胶72%、尼龙15%、拉架10%)(以下简称女装毛衫),价格条件FOB盐田,单价分别为每件28.5港元及46.2港元。5月19日,深圳大鹏海关接受原告的出口报关,出具了16 408 517号出口货物报关单。报关单记载,结汇方式信用证,运抵国瑞士,成交方式FOB,货物单价每件2.42美元。

5月24日,物流公司签发YAT0051341-(3)号提单一式三份,记载,"SL. 水星"轮(M. V. SL Mercury)在深圳盐田港装载1 240箱女装毛衫,托运人为原告,卸货港德国不来梅港,交货地汉堡。在提单附件中记载,货物将以不同数量最终分运至挪威奥斯陆、瑞典、丹麦高尔斯塔普(Golstup)、荷兰莱登、英国伦敦、瑞士、奥地利维也纳,通知人是H&M Hennes & Mauritz公司。提单记载的货物与其他货物一同装入TRIU9485693号集装箱。

9月13日,马士基深圳公司向原告发出到货通知,称"贵司进口货物将于9月17日抵盐田港,请核对货物重量及件数,并传真回复货物中文名称"。该通知记载的通知方和收货人均为原告,托运人H&M Hennes & Mauritz,收货地汉堡,装货港不来梅港,卸货地及交货地均为盐田港,1 066箱服装装于MAEU1074345号集装箱内。10月12日,永大时装有限公司向原告发出传真,称有关退货一事(发票号99-H-014,合同号99-H-068,信用证号LC30034698),相信原告已收到船公司的到货通知及正本提单,货物已于9月17日抵达盐田港,要求原告尽快提货。在本案审理过程中,物流公司确认在无正本提单的情况下,在德国汉堡对外交付了174箱货物。

2000年2月28日,大鹏海关作出0088099号海关扣留凭单。该凭单记载,扣留针织毛衫31 980件,柜号MAEU1074345,当事人姓名马士基(中国)航运有限公司盐田分公司,扣留原因逾期未申报,扣留地点保税区。另有批注:"无法找到收货人。"

为了证明货物价值,原告提交了其于1999年5月24日向永大时装有限公司开具的99-H-014号发票。发票记载,37 512件女装毛衫,单价分为每件28.5港元及46.2港元,价格条件均为FOB盐田,货价总额为1 640 625港元,货物的标记与编号参见YAT0051341-(3)号提单。

原告提交的马士基盐田办事处出具的提箱单记载了拖车公司名称、汽车牌号、船名、卸货港、集装箱号及有关拖车服务的记录与评价。

根据深圳市工商物价信息中心提供的资料,马士基深圳公司为外商独资企业马士基(中国)航运有限公司的分支机构,经营范围是为丹麦马士基有限公司拥有或经营的船舶揽货、订舱、签发提单、结算运费和签订有关业务合同。

根据香港公司注册处签发的公司更名资料,物流公司原名为有利集运(香港)有限公司,2000年3月10日改为现名。

针对原告提出的证据,物流公司认为,原告提交的发票记载的货物数量是服装的件数,而提单记载的是箱数,原告不能据此发票证明发票所记载的货物就是提单所记载的货物。货物报关单记载的目的地是瑞士,与提单记载的卸货地和交货地均不同,该报关单也不能作为本案证据使用。物流公司及马士基深圳公司对原告提交的其他证据没有异议。

三、法院裁判

广州海事法院认为，发票及货物报关单上均记载了装载货物的集装箱号，该集装箱号与有利集运公司签发的提单上记载的集装箱号相同。应当认定，该两份证据与本案争议货物有关。被告未对原告提交的信用证提出异议，应予认定。原告与物流公司提交的其他证据均相同，应予认定。

法院认为：本案是物流公司在汉堡无正本提单交付了部分货物，将剩余货物运回起运港，原告认为遭受了货物全部损失而引起的纠纷。本案争议货物的起运港和回运的目的港均为盐田，依据《中华人民共和国海商法》第269条规定的最密切联系原则，本案纠纷应依据中华人民共和国法律解决。

原告提交的马士基盐田办事处的提箱单记录的是拖车拖运集装箱的相关资料，并无有关海上货物运输的内容。该提箱单不能证明马士基深圳公司是本案所涉货物运输的实际承运人。原告未能提交证明马士基深圳公司接受过承运人的委托，实际承运本案争议货物的有效证据，因此，不能认定马士基深圳公司是本案争议货物的实际承运人。原告对马士基深圳公司提出的诉讼请求，缺乏事实根据，不予支持。

根据《中华人民共和国海商法》第71条的规定，提单是承运人保证据以交付货物的单证。在原告仍持有物流公司签发的提单的情况下，物流公司在汉堡交付部分货物缺乏合法的依据，物流公司应对该错误交付部分的货物损失承担赔偿责任。但是，货物在5月24日已经装船，9月17日运回盐田港，货物在汉堡的时间应不少于两个月。原告作为托运人应对货物不能被合法提取、而货物在目的港长期存放的状况采取积极的措施，在托运人或其他权利人对货物处理保持沉默的情况下，物流公司将货物运回盐田港并不违反法律规定，是没有过错的。

经双方确认的证据表明，原告所托运的1240箱货物中的1066箱被运回盐田港，原告主张YAT0051341-(3)号提单项下的货物全部被他人提走，并非事实。当上述提单项下的货物被部分运回盐田港，原告收到马士基深圳公司的通知，特别是收到永大时装有限公司的传真的情况下，应明知马士基深圳公司通知的货物与YAT0051341-(3)号提单有关，原告应采取必要措施向海关办理货物的退运手续，以尽早提取货物，减少损失。货物被海关扣留的原因是逾期未报关，而货物是在1999年9月17日运抵盐田港的，海关采取措施是在2000年2月28日，相距有5个多月的时间，原告有足够的时间办理相关手续。而且，海关在当时只是采取扣留措施，并未罚没，如果原告采取适当措施提取货物，仍能减少部分损失。事实上，原告未提交曾向海关办理手续的任何证据，无证据证明其因"无法提取货物"而遭受损失，原告更没有证明物流公司在汉堡交付部分货物是原告无法在盐田港提取货物的直接原因。因此，物流公司对因退运1066箱货物而造成的损失并无过错。原告对该部分的货物损失提出的索赔，不予支持。

关于物流公司错误交付造成的货物损失，虽然原告提交了发票和信用证，但这些文件记载的货物价值与原告向海关正式申报的货物价值不同。出口货物报关单作为出口企业向政府主管机关申明出口货物价值的正式文件,比其他的商业文件更具有证明力。所以,本案争议的货物价值应以报关单的记载为准。根据货物报关单与海关扣留凭单记载的货物数量,货物在物流公司掌管期间减少了5 532件,按每件2.42美元计算,物流公司应赔偿13 387.44美元。在货物装船后,原告未曾向物流公司主张提货,故货损利息应从原告向本院提起诉讼之日,即2000年5月18日起计算利息。

依照《中华人民共和国海商法》第71条、《中华人民共和国民法通则》第111条的规定,判决如下:

(1)被告马士基物流香港有限公司赔偿原告深圳市胜杰投资发展有限公司货物损失13 387.44美元及其利息(利息自2000年5月18日起至本判决书确定支付之日止按中国人民银行同期流动资金贷款利率计算);

(2)驳回原告对被告马士基物流香港有限公司的其他诉讼请求;

(3)驳回原告对被告马士基(中国)航运有限公司深圳分公司的诉讼请求。

本案受理费21 730港元,由原告负担20 420港元,被告马士基物流香港有限公司负担1 310港元。

71 原告李兆权与被告中嘉运输包装服务(国际)有限公司海上货物运输合同货物交付纠纷案

案例来源:广州海事法院(2001)广海法事字第37号
主题词:提货通知　提货义务　诉讼时效中断

裁判要旨

No. HY-1.2-13　托运人将货物交给承运人运输,承运人接收了货物,并以其名义向托运人收取运费,虽没有签订书面合同,但双方成立了货物运输合同关系。

No. HY-1.2-14　承运人应按照合同约定在货物运抵目的地后及时交付货物,其知道收货人而没有履行及时通知收货人提货的义务,已经构成违约,应当承担因此而造成的收货人或提单持有人的仓储费损失。托运人在收到承运人的提货通知后,应当及时提货,以减少损失,因其没有及时提货而扩大的仓储费损失,由托运人承担。

No. HY-1.2-15　根据《中华人民共和国海商法》第267条的规定,海上货物运输合同的诉讼时效因请求人提起诉讼、提交仲裁或者被请求人同意履行义务而中断。当事人仅向对方提出请求,但未进行诉讼、仲裁,并不构成时效中断。

一、基本案情

原告:李兆权

被告:中嘉运输包装服务(国际)有限公司

原告李兆权诉称:1999年10月,原告委托被告将其衣物等行李物品一箱运至美国芝加哥,被告又委托其他公司负责转运,途中将收货人的姓名、地址和电话号码写错,致使原告的行李到达芝加哥后,承运人在芝加哥的代理按照错误的地址、电话号码发出提取行李通知,原告及其家人一直无法领取行李。原告多次联系被告,被告没有给予答复,原告通过自己的努力才取回行李,并为此支付仓储费1 069美元。该损失是由于被告过错造成的。原告事后一直与被告有书信及电话联系,被告在2000年6月还寄信给原告。按照《中华人民共和国民法通则》的规定,诉讼时效中断,应从2000年6月重新计算时效。另外,原告刚移民美国,通过国内的亲人准备诉讼解决纠纷,资料、证据要通过书信传递,还要办理提单等英文单证的翻译及授权委托书的公证手续,以致原告不能尽快在国内立案起诉,符合时效中止的法定事由。请求法院判令被告赔偿仓储费1 069美元。

被告中嘉运输包装服务(国际)有限公司辩称:原告委托被告托运行李,双方是委托代理关系。被告向本案承运人中国外运广东公司提供的原告姓名、地址和电话号码并无错误,出现错误的是在承运人代理玫瑰货柜公司给原告所发的提取行李通知中,这是承运人及其代理人的过错造成的。同时,虽然提货通知书上出现错误,但玫瑰货柜公司仍将提货通知书送到原告手中,但原告家里唯一懂英语的人却出差在外,收到通知后不去取行李,应由其负责所遭受的损失。被告在代理过程中并无失职和过错,不应承担责任。

二、法院查明事实

广州海事法院认定以下事实:对原告提供的海上货物运输保险单、物品清单、海运提单、货物抵达通知、运费收据、仓储费单、货物提取签收单及其联系玫瑰货柜公司职员的两份函件等证据,被告没有异议,法院予以确认。对被告提供的海运提单、提货通知书,与原告提交的提单和货物抵达通知书一致,法院予以确认。原告提交的于2000年1月17日、6月30日给被告的信函,由于没有在法院规定的举证期限内提交,被告称没有收到原告的该两封信函,在没有其他证据情况下,法院不予采纳。

综合上述确认的证据,法院认定事实如下:

1999年10月8日,原告将其个人物品一箱交与被告,委托被告运至美国芝加哥。10月28日,被告向原告收取行李包装运输费5 865元,并交给原告由中国外运广东公司签发的GDEB99101号海运提单,提单注明将托运人记载为"MR. LI ZHAOQUAN C/O COSA-CROWN WORLDWIDE LTD.",收货人及其地址、电话号码记载为"MR. SUIWING LEUNG 743 NORTH ST LAKE GENEVA WISC 53147 USA, TEL:001-414-2481178",在货物状况栏上重复印上收货人及其地址和电话,提单还记载承运人的代理人是玫瑰货柜公司,同时附上该代理人的地址和联系电话。

11月16日,原告托运的货物抵达芝加哥。玫瑰货柜公司制作提货通知书,通知书将托运人记载为"MR. LI ZHAUGUAN C/O COSA-CROWN WORLDWIDE LTD."，记载收货人根据 GDEB99101 号正本提单持有人指定，在货物状况栏中将收货人及其地址、电话记载为"MR. SUINING LEUNG 745 NORTHWEST LAKE GENEVA, WISC 53147 CHICAGO USA 414-246-1178"。提货通知书对原告姓名和收货人姓名、地址及联系电话的记载均与上述提单不同。

12月5日，原告发函告知玫瑰货柜公司在其行李运抵美国后通知原告。2000年1月4日，原告向玫瑰货柜公司查询其行李包裹，玫瑰货柜公司要求原告传真其行李的海运提单。

1月17日，原告通过传真收到玫瑰货柜公司的提货通知。1月31日，原告缴付了仓储费后，提取了其托运的行李。该行李仓储费在1999年11月23日前免于收取，从1999年11月23日起算至2000年1月31日止，共1 069美元。

三、法院裁判

广州海事法院认为：本案是一宗海上货物运输合同货物交付纠纷。原、被告没有约定处理合同争议所适用的法律，由于合同的成立地和履行地均在中国，根据《中华人民共和国海商法》第269条规定的最密切联系原则，本案应适用中华人民共和国法律。

虽然原、被告没有签订书面合同，但是原告将其个人物品作为货物交给被告托运，被告接收了货物，并以其名义向原告收取运费，双方成立了货物运输合同关系。原告是货物的托运人和正本提单持有人，被告是承运人。被告提出其与原告之间是委托代理关系的主张，但没有提供证明其委托代理关系的证据，该主张不符合事实，不予支持。

被告作为承运人应按照合同约定在货物运抵目的地后及时交付货物，其没有履行及时通知收货人提货的义务，已经构成违约，应承担因此而造成的收货人或提单持有人的仓储费损失。在被告通知提货之前产生的货物仓储费损失，由被告承担。原告在收到被告的提货通知后，应及时提货，以减少损失，因其没有及时提货而扩大的仓储费损失，由原告承担。

原告的提货之日2000年1月31日应视为被告交付货物之日。从被告交付货物之日起至原告起诉之日2001年2月14日止，超过了1年。根据《中华人民共和国海商法》第257条第1款的规定，本案诉讼时效为1年，原告的起诉超过了诉讼时效。原告主张被告在2000年6月寄信给原告，按照《中华人民共和国民法通则》的规定，诉讼时效中断。由于本案是一宗海上货物运输合同纠纷，时效的中止、中断应适用《中华人民共和国海商法》。根据《中华人民共和国海商法》第267条的规定，时效因请求人提起诉讼、提交仲裁或者被请求人同意履行义务而中断。本案原告没有提供被告于2000年6月寄给其的信，不能仅仅以被告寄信给原告，认定被告同意履行义务而导致时效中断。另外，原告提出其于2000年1月17日和6月30日寄信要求被告赔偿损失，主张时效中断，法院对原告提交的该两封信不予采纳，且原告向被告提出索赔，不构成时效中断的事由,故对原告关于时效中断的主张不予支持。原告提出其在国外,要委托他人提起诉讼,办理证据的翻译和授权委托的公证手续而不能尽快起诉,构成时效中止的主张,不符合法律规定,不予支持。综上,原告的诉讼请求因超过1年诉讼时效,不予保护。依照《中华人民共和国海商法》第257条第1款的规定,判决如下:

驳回原告李兆权的诉讼请求。

本案受理费382元,由原告负担。

72 上诉人亚连株式会社与被上诉人山东省寿光市供销社集团总公司国际货物运输合同纠纷案

案例来源:山东省高级人民法院(2004)鲁民四终字第27号
主题词:国际货运代理　支付运费　托运人控制权　托运人处分权

裁判要旨

No. HY-1.2-16 当事人签发了以自己为承运人的提单,其和托运人形成了以提单为证明的海上货物运输合同法律关系。

No. HY-1.2-17 提单载明运费预付,但承运人将货物装船并签发提单的行为表明承运人仍有义务履行运输合同。托运人不支付运费的,承运人可以在目的港合理限度内留置货物,但表明运费预付的提单已转让给善意第三人除外;承运人以托运人未付运费为由而不向托运人交付正本提单的主张,不符合法律规定。

No. HY-1.2-18 承运人在托运人交付了货物并且货物已装船的情况下不交付正本提单,使得托运人丧失了对货物的控制权和处分权;货物到达目的港后,承运人未得到托运人的书面许可私自放货,对于托运人而言,该货物已经实际灭失,承运人应当承担赔偿责任。

一、基本案情

上诉人(原审被告):亚连株式会社[ASIALNK (KOREA) CO., LTD]

被上诉人(原审原告):山东省寿光市供销社集团总公司(以下简称寿光供销社)

原审中,寿光供销社诉称:2001年8月,寿光供销社与韩国洁利亚贸易株式会社(JAREA TRADING CO.,LTD,以下简称洁利亚)签订销售合同,约定寿光供销社向洁利亚销售绒布上衣。合同签订后,其中14 127件货物,洁利亚在信用证中指定由亚连株式会社代为运输。寿光供销社根据亚连株式会社2001年9月12日和9月13日的货物预配通知单,于2001年9月13日和9月14日将货物送至青岛港北港场站。寿光供销社将货物交付亚连株式会社后,即要求亚连株式会社出具海运提单,但亚连株式会社至今未给寿光供销社出具正本提单,事后得知亚连株式会社将一部分货物由海运改为空运径直发给了洁利亚,另一部分货物经海运在洁利亚未付款赎单的情况下放货。

亚连株式会社不给寿光供销社出具提单并擅自放货,其行为直接导致寿光供销社货款两空。经双方多次交涉未果,请求判令亚连株式会社赔偿寿光供销社货款损失 34 939.9 美元及利息。

亚连株式会社答辩称:① 亚连株式会社并不知道寿光供销社是否收到货款。因寿光供销社生产延误,装运港交货时已经过了信用证的交货期,即使寿光供销社得到提单也无法到银行议付;② 本案运输协议的托运人是寿光供销社,价格为 C&F 名古屋而非 FOB 青岛,运费应是寿光供销社预付。因寿光供销社没有支付运费,根据海运惯例,亚连株式会社有权留置提单;③ 200123 发票项下的货物是寿光供销社要求由海运改空运的,因亚连株式会社没有空运权,因此亚连株式会社作为货运代理人联系青岛鑫华国际空运有限公司(以下简称鑫华空运)为寿光供销社承运货物。综上,请求依法驳回寿光供销社的诉讼请求。

青岛海事法院查明:2001 年 8 月 16 日,寿光供销社作为卖方,洁利亚作为买方签订了贸易合同,约定:洁利亚购买寿光供销社"52173"系列绒布上衣 51 945 件,总货值为 130 236.50 美元,运输方式为海运且可以分批装运,信用证结算。

当日,寿光供销社即收到由中国银行潍坊分行寿光市支行(以下简称寿光中行)转来的洁利亚于 2001 年 8 月 14 日以寿光供销社为受益人、服装总件数为 38 940 件、总金额为 85 376.00 美元、编号为 M07U7108XS000744 的可分批执行的不可撤销即期信用证。该信用证规定有效期为 2001 年 9 月 30 日、装运期为 2001 年 9 月 15 日,同时列明了所购买服装的型号、件数、单价和总价款及结汇所需的单证和文件,价格条款为 C&F,指定承运人为华山船务航空货运有限公司(HWASAN SHIPPING & AIR CARGO CO.,LTD.)。

8 月 21 日、31 日、9 月 7 日,洁利亚先后三次修改了信用证。开证行韩国国民银行发出的《出口信用证修改通知书》表明,信用证的相关内容变更为:服装总件数为 34 100 件;货物总价款为 85 205.00 美元;可以接受的运输条款为海运或空运;自 8 月 21 日起指定承运人变更为韩国物流株式会社(KOREA LOGISTICS CO.,LTD)。寿光供销社通过寿光中行接受了上述信用证修改。

按照合同及信用证的要求,9 月 6 日至 8 日,寿光供销社通过韩国物流株式会社出运了 32 618 件,货值 81 361.60 美元的服装,货物均交付洁利亚。寿光供销社在收到上述货物的提、运单后,寿光供销社通过寿光中行共计结汇 81 361.60 美元。

9 月 11 日、12 日,洁利亚第四次、第五次修改了信用证。开证行韩国国民银行发出的《出口信用证修改通知书》表明,信用证的部分内容进行了相应的变更,变更情况如下:服装总件数增加了 12 645 件;金额相应增加了 30 991.50 美元;总金额增加为 116 196.50 美元;指定承运人自 9 月 1 日起变更为亚连株式会社。对上述信用证修改,寿光供销社通过寿光中行予以确认。

寿光供销社按照改证通知书的要求,组织了相应的货物,并与亚连株式会社联系,分两次委托亚连株式会社办理相关的国际货物运输代理事宜。

第一票即 SM200123 号发票项下货物的出运情况如下：9 月 12 日，亚连株式会社向寿光供销社传真货物预配通知单，该通知单记载：已配 UTOPIA3（理想之国 3），V0184 航次；提单号为 QS0184101，预计离港时间为 9 月 14 日，预计抵港时间为 9 月 16 日；送货时间为 9 月 13 日下午 2：00 前；送货场地为北港场站；联系人为董鹏。

9 月 13 日，寿光供销社按货物预配通知单的要求，由"鲁 G53336"货车将货物送至北港场站；货物在北港场站装入 RLCU1012706 号集装箱，加施 336836 号关封后，待运；寿光供销社将缮制的 200123 号的装箱单、发票以及相应的报关委托及报关单交于亚连株式会社。

亚连株式会社办了报关手续，但该货未按约装配于 9 月 14 日离港的"理想之国 3"，滞留于青岛港至 9 月 17 日。

2001 年 9 月 17 日，亚连株式会社以寿光供销社提交的报关委托书、装箱单和发票，委托鑫华空运代为办理报送、订舱等相关货物的空运事宜；并凭青岛海关大港查验处下达的"2001 青关查监移字第 0009492 号"海关监管货物移动通知单，将该货物移至青岛流亭机场。该货配载于当日飞往日本名古屋的 NH8516 航班。当日，航空公司向鑫华空运签发了 205-33938296 号主空运单。同日，鑫华空运根据亚连株式会社的指示，按照信用证要求的内容，为亚连株式会社签发了 HAWB O.000106 号分空运单。该分空运单记载：鑫华空运为亚连株式会社的代理人，亚连株式会社为承运人，寿光供销社为托运人，收货人为凭托运人指示，运费支付人洁利亚，运费预付，签发日期为 2001 年 9 月 15 日。

该分空运单交亚连株式会社持有，亚连株式会社仅将该分空运单传真寿光供销社，但一直未将该分空运单交给寿光供销社。

亚连株式会社向鑫华空运支付了空运费等相关费用人民币 74 268.00 元。

货物抵达名古屋后，亚连株式会社在未收到寿光供销社指示的情况下，将该货放给洁利亚指定的收货人。

第二票即 SM200124 号发票项下货物的出运情况如下：9 月 13 日，亚连株式会社向寿光供销社传真货物预配通知单，该通知单记载：已配 STTC QINGDAO（海丰青岛），V0177 航次；提单号为 SITSQ177A9028；预计离港时间为 9 月 15 日，预计抵港时间为 9 月 18 日；送货时间为 9 月 14 日下午 2：00 前；送货场地为北港场站；联系人为董鹏。

9 月 14 日，寿光供销社按货物预配通知单的要求，将货物送至北港场站；货物在北港场站装箱、施封、待运；寿光供销社将缮制的 SM200124 号的装箱单、发票以及相应的报关委托及出口外汇核销单等交与亚连株式会社。

亚连株式会社代办了报关手续，但该货未按约装配于 15 日离港的"海丰青岛"177 航次，而是被配载于 16 日离港的"津达（JIN DA）"125 航次出运。

该货装船后，亚连株式会社向寿光供销社传真了亚连株式会社签发的货运代理提单供寿光供销社确认，该提单记载：托运人为寿光供销社，收货人为凭托运人指示，目的港为名古屋，运费预付，装船日和签单日为 2001 年 9 月 15 日。

国际货运代理・支付运费・托运人控制权・托运人处分权

亚连株式会社以托运人未支付海运费为由拒绝向寿光供销社交付正本提单,并在货物到达目的港(2001 年 9 月 18 日)后,在洁利亚无权提取该货物的情况下,将该票货物交付给洁利亚指定的收货人。

另查明,寿光供销社于 9 月 26 日向亚连株式会社拍发电报,要求亚连株式会社在 9 月 28 日前将提单交付寿光供销社,以实现寿光供销社的结汇利益。但亚连株式会社没有在寿光供销社要求的时间内向寿光供销社签发提单和空运单。

9 月 25 日,洁利亚在实际收到上述两票货物后,第六次修改信用证。开证行韩国国民银行发出的《出口信用证修改通知书》载明:减少信用证额度 34 180.20 美元,总金额降至 82 016.30 美元。9 月 27 日,寿光中行向寿光供销社转发了该《出口信用证修改通知书》,但寿光供销社未予接受该《出口信用证修改通知书》。9 月 30 日,因信用证到期,寿光供销社委托亚连株式会社出运的上述两票货物结汇不能。

还查明,上述两票货物的装箱单、发票、报关单、核销单均记载:第一票货物为男装 7 805 件,货值为 18 453.50 美元;第二票货物为男装 6 322 件,货值为 16 381.40 美元。前述该两票货物共计 14 127 件男装,总价值为 34 834.90 美元。

二、一审裁判

青岛海事法院认为:

(1) 按照收货人的指示,寿光供销社委托亚连株式会社办理 SM200123 和 SM200124 号发票项下的出口货物的运输事宜,则寿光供销社和亚连株式会社之间建立了国际货物运输的代理关系。

(2) 作为为委托人办理国际货物运输及相关业务并收取服务报酬的国际货物运输代理人,就其办理业务的过程,可分为以委托人的名义或以自己的名义从事业务的两类。但无论是何种国际货运代理人,在委托人要求签发提、运单的情况下,都负有向委托人交付提、运单的义务。涉案的两票货物的证据显示,本案亚连株式会社显然属于以自己名义办理出口国际货物运输的代理人。亚连株式会社在完成承运货物的义务的同时,负有向寿光供销社交付提、运单的义务。

(3) 本案证据显示,亚连株式会社作为国际货运代理人在接受寿光供销社的委托后,向寿光供销社发出了货物预配通知单,寿光供销社按约将货物如期交付至指定的场站,完成了其交付货物的义务,虽因实际承运人等的原因,上述两票货物均未能如期装运至货运代理人预定的承运船舶,但亚连株式会社作为货运代理人完成了及时另换他船运输以及更换运输方式运输货物的义务。当然,此种变更完成的前提是能够直接或间接满足委托方履行贸易合同的要求。至此,作为国际货运代理人的亚连株式会社完成了其代办出运货物的义务。而涉案货物的信用证贸易的结算方式以及寿光供销社索要提、运单据的函件均表明,寿光供销社应当而且已经向亚连株式会社索要相关运输单证。且在实际操作过程中,亚连株式会社均已向寿光供销社传真确认了符合信用证要求的提、运单。亚连株式会社在收到且交付实际承运人运输货物之后,应当按照承运的实际情况或双方约定的事由,向寿光供销社签发并交付提、运单,履行其国际货运代理人的交单义务。交单义务还是签单义务。

(4) 本案贸易合同的价格条款为 FOB,而信用证及报关单的价格条款均为 C&F,但该价格条款如何认定,只是解决应是由寿光供销社还是由收货人向亚连株式会社支付运费的问题。即使涉案货物为 C&F 的贸易条款,支付运费的义务人为寿光供销社,亚连株式会社作为寿光供销社的国际货运代理人也无权扣留相关运输单证,特别是具有时间限制和权益性质的结汇单证。亚连株式会社以寿光供销社未支付运费为由扣留相关结汇单证的行为,显然构成了违约和违法,并直接导致了寿光供销社结汇不能的后果,应承担相应的民事责任。

(5) 本案中,亚连株式会社在接受寿光供销社的委托后,利用其以自己名义与实际承运人订立运输合同的地位和条件,超越代理权限在目的港将货物交付给无权提取货物的人,已实际造成委托方(即寿光供销社)的财产损失,应承担其超越代理权的损失赔偿责任。

(6) 无论涉案货物的价格条款如何认定,均不影响由信用证及报关单共同印证的涉案货物的总价值。且亚连株式会社未在本案中向寿光供销社提出支付运费的反诉请求,法院对运费的支付问题不予审理。

依据《中华人民共和国合同法》第 107 条、第 404 条、第 406 条第 2 款,《中华人民共和国海商法》第 55 条、第 71 条、第 72 条第 1 款,《中华人民共和国民用航空法》第 114 条第 2 款、第 118 条第 1 款以及有关法律的规定,判决:

亚连株式会社于本判决生效后 10 日内向寿光供销社偿付货款 34 834.9 美元及利息(自 2001 年 10 月 1 日至应付款之日止,按中国人民银行规定的美元贷款利率计算),逾期加倍支付迟延履行期间的债务利息。案件受理费 7 430 元,财产保全费 5 000 元,由亚连株式会社负担。

三、上诉与答辩

上诉人亚连株式会社不服上述判决,上诉称:① 亚连株式会社与寿光供销社不存在货运代理关系,而是国际货物运输合同关系。本案涉及的提单和空运单的托运人是寿光供销社,承运人是亚连株式会社,双方没有关于国际货运代理的约定。② 发票号为 SM200123 项下的货物是寿光供销社要求将海运改为空运的,不是青岛海事法院认定的亚连株式会社作为货运代理人为了完成运输事宜而自行变更的。③ 本案贸易合同的价格条款是 C&F,没有证据证明是 FOB,寿光供销社是运费的支付人,但寿光供销社未履行支付运费的合同义务。据此,亚连株式会社依法未将正本提单交付给寿光供销社。④ 寿光供销社没有证据证明其遭受了损失,即自己未得到货款,或收货人拒付货款,即使遭受了损失,也无证据证明损失和亚连株式会社的行为之间具有因果关系。⑤ 本案已超过诉讼时效。2002 年 11 月 8 日一审第二次开庭时,寿光供销社变更诉讼理由为国际海上货物运输下的侵犯物权纠纷。根据《中华人民共和国海商法》的规定,海上货物运输合同纠纷的诉讼时效是1年,寿光供销社提出变更时,已超过诉讼时效。⑥ 程序上,空运合同纠纷,应由普通法院行使管辖权,不应由海事法院行使管辖权。⑦ 本案是国际货物运输合同纠纷,青岛海事法院适用《中华人民共和国合同法》关于代理的规定认定责任不当。综上,请求依法撤销一审判决,驳回寿光供销社的诉讼请求,一、二审案件受理费及律师费由寿光供销社承担。

寿光供销社答辩称:① 寿光供销社和亚连株式会社之间没有书面的货运代理合同,但不能否认事实存在的已经履行的国际货运代理关系。② 关于发票号200123项下的货物海运改空运,寿光供销社并不知情。③ 本案中没有任何证据表明寿光供销社指定了海运货或空运货的收货人。④ 无论贸易合同的价格条款是FOB还是C&F,与亚连株式会社作为货运代理人不交付其持有的提单以及越权指示交付货物没有关系。⑤ 寿光供销社未取得结汇单证,失去了对货物的控制权,并且,亚连株式会社没有证据证明寿光供销社已收到货款,因此,实际损失是真实存在的。⑥ 关于诉讼时效的问题,国际货运代理合同的诉讼时效是两年,国际货物运输的诉讼时效为1年,寿光供销社均在诉讼时效期间内提起的诉讼。⑦ 关于程序上的问题,因本案系与海运有关的国际货运代理合同纠纷,根据最高人民法院规定的海事法院受案范围,海事法院对本案两单货物均具有管辖权。二审庭审时,寿光供销社陈述,要求亚连株式会社承担违约责任,包括国际货运代理合同和国际货物运输合同中的违约责任。综上,请求二审法院驳回亚连株式会社上诉,维持原判。

四、二审裁判

经审理查明:亚连株式会社对青岛海事法院认定的其与寿光供销社之间存在货运代理合同法律关系存在异议外,对青岛海事法院审理查明的其他事实没有异议,山东省高级人民法院对当事人没有异议的事实,予以确认。

另查明,2001年9月15日,亚连株式会社签发了自己为承运人的提单;2001年9月15日,鑫华空运作为亚连株式会社的代理人签发了空运单,上述单证并未表述为货运代理提单和分空运单。

又查明,亚连株式会社在目的港交付货物及空运货到达目的地的时间均为2001年9月,2002年4月18日寿光供销社向青岛海事法院提起货物损害赔偿诉讼。

山东省高级人民法院认为:亚连株式会社系韩国法人,根据最高人民法院《关于贯彻执行〈中华人民共和国民法通则〉若干问题的意见(试行)》第178条的规定,本案是涉外案件。二审审理期间,寿光供销社和亚连株式会社选择中华人民共和国法律作为处理本案争议所适用的法律,根据《中华人民共和国民法通则》第145条第1款的规定,法院应适用中华人民共和国法律审理本案。

(一) 关于本案法律关系的认定问题

山东省高级人民法院认为,法律关系应由法院根据寿光供销社的诉讼请求和事实理由及本案证据所证明的案件事实来确定。涉案下列证据相互印证足以证明寿光供销社和亚连株式会社之间形成的是国际货物运输合同法律关系。

（1）2001年9月，洁利亚修改后的信用证约定，指定承运人自2001年9月1日起变更为亚连株式会社，寿光供销社对上述信用证的修改予以确认，故寿光供销社为实现结汇利益，必须取得亚连株式会社作为承运人的运输单证。

（2）2001年9月15日，亚连株式会社签发了自己为承运人的提单，提单载明：托运人为寿光供销社，收货人为凭托运人指示。2001年9月15日，鑫华空运作为亚连株式会社的代理人签发了空运单，空运单载明：托运人为寿光供销社，收货人为凭托运人指示；提单和空运单的签发，均能直接证明双方建立了国际货物运输合同法律关系。亚连株式会社签发运输单证后，未将运输单证正本交付寿光供销社，仅将提单和空运单传真至寿光供销社，寿光供销社收到提单和空运单传真件后，并未提出异议，说明寿光供销社认可与亚连株式会社已形成的运输关系；

（3）寿光供销社一审时诉称，寿光供销社将货物交付亚连株式会社后，即要求亚连株式会社出具海运提单。根据法律规定，出具海运提单是承运人的法定义务，而非货运代理人的义务，据此可以判定寿光供销社起诉时是将亚连株式会社作为承运人看待的。并且一、二审庭审时，寿光供销社亦承认与亚连株式会社之间存在国际货物运输合同法律关系。因此，山东省高级人民法院认定双方已形成国际货物运输合同法律关系，青岛海事法院确定本案为国际货物运输代理合同纠纷不当，应予纠正。关于管辖权问题，因亚连株式会社在法定的答辩期间内未提出管辖权异议，故青岛海事法院对本案货物运输合同纠纷依法取得了管辖权。

（二）关于亚连株式会社是否应承担民事赔偿责任的问题

寿光供销社按照亚连株式会社货物预配单的要求，分别于2001年9月13日和14日将货物送至北港场站，亚连株式会社将发票SM200123项下货物配载于"津达"轮出运后，签发了运费预付提单，但以寿光供销社未支付运费为由，没有将正本提单交付给寿光供销社。本案中，虽然提单记载运费预付，但寿光供销社并未在货物装船前支付。在寿光供销社未预付运费的情况下，亚连株式会社将货物装上船，并签发提单的行为表明，即使寿光供销社未预付运费，亚连株式会社作为承运人仍同意履行运输义务。根据《中华人民共和国海商法》第69条和第87条的规定，托运人寿光供销社负有向亚连株式会社支付运费的义务，货物到达目的港后，在寿光供销社未仍支付运费的情况下，亚连株式会社可依法在合理的限度内留置货物，以便实现其运费权益。故亚连株式会社关于寿光供销社未支付运费，从而不向寿光供销社交付正本提单的主张，没有法律依据，山东省高级人民法院不予支持。寿光供销社向承运人亚连株式会社交付了出运货物而未取得正本提单，使寿光供销社失去了对出运货物的控制权和处分权；货物到达目的港后，亚连株式会社未得到寿光供销社指示而私自放货，对于托运人寿光供销社而言，该票货物已实际灭失。发票M200123号项下货物改为航空运输，亚连株式会社收到寿光供销社交付的货物而签发了空运单，该空运单的收货人为凭托运人寿光供销社指示。货物抵达目的地名古屋后，亚连株式会社未凭寿光供销社的指示，将

国际货运代理·支付运费·托运人控制权·托运人处分权

货物放给洁利亚指定的收货人。对于寿光供销社而言,该票货物同样已实际灭失。根据《中华人民共和国合同法》第311条的规定,亚连株式会社应向寿光供销社承担货物灭失的损害赔偿责任,货物损失以两票货物的总价值计算为34 834.90美元。

(三) 关于本案是否超过诉讼时效的问题

亚连株式会社在目的港交付货物及空运货物到达目的地的时间均为2001年9月,2002年4月18日寿光供销社向青岛海事法院提起本案诉讼,并未超过法律规定的诉讼时效期间。亚连株式会社关于本案已超过诉讼时效期间的主张,没有法律依据,山东省高级人民法院不予支持。

综上,青岛海事法院认定事实部分不清,适用法律部分不当,但判决结果正确,应予维持。上诉人亚连株式会社的上诉理由不成立,山东省高级人民法院不予支持。根据《中华人民共和国民事诉讼法》第153条第1款第(一)项的规定,判决如下:

驳回上诉,维持原判。

上诉费7 430元,由上诉人亚连株式会社负担。

本判决为终审判决。

73 原告山东省海丰船务有限公司与被告厦门豪门食品有限公司海上货物运输合同纠纷案

案例来源:厦门海事法院(2004)厦海法商初字第20号

主题词:目的港无人提货　损失扩大　货物拍卖

> **裁判要旨**
>
> **No. HY-1.2-19**　由于目的港无人提取货物,承运人处理货物而必须支付的费用,应当由托运人赔偿。

一、基本案情

原告:山东省海丰船务有限公司

被告:厦门豪门食品有限公司

原告山东省海丰船务有限公司诉称:2002年12月和2003年1月,被告作为托运人委托原告运输两票共3个冻柜的冬鲜笋自厦门至韩国釜山,货抵目的港后,原告按被告指示通知收货人提货,但收货人不来提货。原告遂联系被告要求其对货物进行处理,被告承诺收货人会尽快提货,但始终无人前来。考虑到三个冻柜在韩国已产生较大的码头费、滞箱费等费用,继续等待将使上述费用增大,使载运货物变质,并有可能因无人提货而被韩国海关没收处理。故原告于2003年5月24日将货运返厦门,并通知被告,但被告拒绝提货。2003年9月,货物被厦门海关没收并作为垃圾处理。原告在韩国发生集装箱超期使用费23 340美元、码头费用6 478美元、退运海关费用718美元、码头操作费（THC）444 美元。原告将货物回运厦门的海运费 3 300 美元。此外,原告在厦门港产生的费用有集装箱超期使用费 44 400 美元、码头操作费（THC）费 444 美元、码头堆存费、移动费、充电费、验关拆箱费、港务费、港口建设费共人民币 43 477.8 元、特殊委托理货费人民币 480 元、短途运输费人民币 1 800 元、货物检验费人民币 1 660 元、掩埋费人民币 9 000 元、卫生处理费人民币 600 元。上述损失共人民币 711 373.28 元。因被告拒付,故原告提起诉讼,请求法院判令被告赔偿原告上述部分损失人民币 543 492.28 元。

被告厦门豪门食品有限公司辩称:2002 年 12 月初,韩国 KU KWANG 贸易公司向其订购冻鲜笋 68 400 公斤,并当即付清货款。2002 年 12 月 29 日和 2003 年 1 月 11 日,上述货物分两票共 3 个货柜向海关申报出口,并于 2002 年 12 月 29 日和 2003 年 1 月 14 日分别委托原告出运韩国釜山港,同时被告还对所托运货物向承运人出具了电放保函。2003 年 4 月 28 日,在原告所称的第一票货和第二票货到达目的港的第 91 天和第 105 天,原告才通知被告收货人不提货。5 月 28 日,被告又接到厦门联合国际船舶代理有限公司的通知,告知上述货物原告已运回厦门。为此,被告于 6 月 2 日回函原告,声明因该货物所有权已转移,要求原告自行处置。2003 年 7 月 16 日,原告再次发函给被告要求赔偿相关损失,被告于 7 月 21 日复函认为责任不在被告,拒绝原告的索赔。

被告认为:① 原告没有证据证明其在目的港联系、催告收货人提货,致使货物无人提取。② 原告在货抵目的港 3 个多月后才将收货人拒收情况通知被告,此时货物已经变质且无可挽回。③ 原告知道货物的品名及性质,知道在 FOB、CFR 贸易条件下货物的所有权已经转移到收货人,并且明知被告作为托运人已通过电放表示放弃控制提单的权利,在收货人拒收货物情况下,没有及时采取法律允许和提单约定的措施处置货物,导致损失扩大。④ 原告在缺乏被告指示的情况下,擅自将货物回运厦门,并且在被告明确告知对货物不享有权利的情况下,放任货物在码头滞留 3 个月,进一步扩大了损失。⑤ 按照《中华人民共和国海商法》,托运人对承运人承担赔偿责任仅限于损失是托运人的过失造成的,而托运人在本次运输中没有过失,因此也不必承担责任。特别在货物所有权已转移的情况下,托运人更是无权处分已交运的货物。因此,请求法院判决驳回原告的诉讼请求。

二、法院查明事实

经审理查明,原告作为承运人于 2002 年 12 月 29 日签发了编号为 NO. TG226NMB135R 的原告公司班轮提单,提单载明托运人为厦门豪门食品有限公司,收货人为韩国釜山的 KU KWANG 贸易公司,起运港为厦门,目的港为釜山,承运船为"TOKYO GLORY U. 226N",装运一个 40 英尺柜的新鲜冬笋,集装箱号为 TRIU8802730/029938/40"RH",装运 1 700 小箱货。2003 年 1 月 14 日原告又签发了编号为 NO. HN30INMB671R 的原告公司班轮提单,提单载明托运人为被告,收货人为韩国釜山的 KU KWANG 贸易公司,起运港厦门,目的港釜山,承运船"HEWG-A NAGOYA U. 301N",装运两个 40 英尺柜

3800 箱的新鲜冬笋,设定温度为 1 摄氏度。以上货物装船后,被告向原告出具了电放保函。该批货物分别于 2003 年的 1 月 3 日和 1 月 17 日运抵釜山港。

原告诉称货卸釜山后,其即与收货人联系,但收货人拒不提货。为此,便将情况通报被告,并于 2003 年 3 月 21 日、3 月 24 日向被告发出传真,要求被告作出指示。但在被告否认其接到过上述电话和传真的情况下,原告不能举证证明事实如其所诉。2003 年 4 月 28 日,原告致函被告称,两票货物无人通关提货,造成原告集装箱长期积压,要求被告 10 天内提出书面处理意见,否则原告将自行处理,由此产生的费用、风险由被告负担。根据被告的答辩,被告承认收到了原告的此份函件,但并未及时复函。2004 年 5 月 24 日原告签发了两份提单,将案涉的 3 个货柜货装上"玛丽亚"轮(MARIA)于 2003 年 5 月 31 日运回厦门。6 月 2 日被告致原告两份声明称,上述货物原告自行运回厦门,因物权已转移,被告无权处置。有关该货物的一切费用和风险均由原告承担,并称被告 6 月 2 日为之提供的该货物的原始出口报关单及应原告公司要求所作的弃货声明仅仅是为尽快减少原告损失,不代表被告对货物的处理等作出任何指示或承诺。2003 年 7 月 16 日原告致函被告,要求被告尽快支付相关费用并处理返运的货物,函中详细列出了在韩国发生的费用总计 30 980 美元、返运厦门及此后发生的费用 17 484 美元。被告则于 2003 年 7 月 21 日回函,称所涉海运纠纷的损失与其无任何关系,且原告所列损失数额均是其单方面计算的结果。2003 年 9 月 1 日,原告致函厦门海关,说明由于收货人拒绝提货,5 月 31 日货抵厦门至今已过了 3 个月,申请海关依法处理上述货物,以便原告及时提回被占用的集装箱。9 月 22 日,厦门海关东渡办事处制发了两张厦门海关处理货物提货单,对案涉货物提取处理,该提货单上注明货物处理方式为销毁。

诉讼中,原告提交了经韩国外交通商部盖章及该部部长助理签字且经过韩一法律事务所公证的单据及票据共 16 张,我国驻韩国领事馆对此已予认证。这些单据、票据显示案涉货柜在釜山码头产生监管费 7 786 500 韩元(监管费按天计,其中一柜是 2003 年 1 月 3 日至 5 月 24 日,另两柜是 2003 年 1 月 17 日至 5 月 24 日);因退运产生的韩国海关费用 863 380 韩元。原告同时提交了当时韩元与美元的汇率表,证明费用发生时韩元与美元的汇率为 1 200∶1。另查明,货物在厦门港共存放 129 天。关于所生费用,原告提交了 1 200 元人民币的短途运输费票据、43 477.8 元人民币的港口使费发票(其中注明:港务费为 480 元人民币,港口建设费为 360 元人民币,检关装拆箱费为 40.5 元人民币,验关移动费 742.5 元人民币,堆存费 7 729.8 元人民币,移动费 495 元人民币,充电费 33 600 元人民币,验施封费 30 元人民币)、11 860 元人民币的检验费、掩埋费、短途运费、卫生处理费等费用票据、480 元人民币的特殊委托理货费票据。以上费用中,与时间有关的是堆存费、充电费。按 129 天计,堆存费每天为人民币 55.9 元,充电费每天为人民币 260.46 元。

原告对其主张的釜山港、厦门港两港的码头操作费各 444 美元及釜山至厦门的返运费未提交证据材料。对此,原告解释为该码头操作费为亚洲地区各航运公司按有关行业协议以同一标准向货主收取的固定费用,业内周知,不需证明;至于3 300美元的返程运费,原告认为这一标准低于出口时的运费,对此被告不应持有异议。

经法庭调查,被告出口3个货柜时,原告共收取运费3 450美元,确高于返程运费。还查明,国内目前没有关于集装箱超期使用的统一计费标准,原告主张的集装箱超期使用费的计费标准是原告公司自己制订的,但该标准在原告的公司网站上可以查询。按照其标准计算,在釜山港发生的集装箱超期使用费为23 340美元,平均每箱每天为60美元。在厦门港发生的该项费用为44 400美元,分段计算。其中,2003年6月1日至4日免费;6月5日至6月10日每箱每天40美元;6月11日至6月20日每箱每天70美元;6月21日至9月28日每箱每天140美元。以上各项费用折合人民币为711 373.28元。原告要求被告赔偿其中的543 492.28元。

庭审中,双方当事人都认可受涉案提单背面条款的约束。但被告认为提单条款中有些超出了海商法的规定,加重了托运人的负担,应认定为无效条款。但其未明确哪些条款属于这种情况。原告起诉后,向厦门海事法院提出了财产保全的申请,厦门海事法院以(2004)厦海法商初字第20号裁定书裁定冻结了被告银行存款人民币600 000元。

三、法院裁判

厦门海事法院认为,本案是国际海上货物运输合同纠纷。因双方当事人均为我国的企业法人,涉案货物的起运地、回运地亦在我国厦门,且当事人双方均根据我国的法律阐释自己的主张和理由,故厦门海事法院对案件有权受辖且处理本案纠纷应适用我国的法律。本案中,当事人主要在以下三个方面发生争议:一是原告在卸货港有无通知收货人的义务;二是被告是否应当就收货人不提货所造成的后果对原告承担违约责任;三是原告对该批货物的存放和回运等处置措施是否符合法律的规定或合同的约定。

(一)关于原告是否应当通知收货人的问题

原告认为,在提单运输中,收货人由托运人指定,而承运人对其情况并不了解。基于这种状况,我国海商法就没有规定承运人须承担通知收货人提货的义务。也正是从现实情况出发,所以原告在其提单背面条款中作出了"提单所提及的货物到达的被通知人仅供承运人参考,即使没有通知,承运人也不负任何责任"等规定。因此原告没有通知收货人提货的义务。被告认为,在提单和其出具的电放保函中,其已将收货人明确告知原告,原告未持异议,则表明其对通知收货人作出了承诺。原告不能证明其履行了通知义务,故应对卸货港无人提货的后果承担责任。

厦门海事法院认为,在国际海上货物运输关系中,我国海商法虽未明确规定承运人应当在卸货港通知收货人提货,但在提单等运输单证的相关栏目中注明"被通知人"的,以适当的方式向其发出到货通知便应当成为承运人的运输附随义务。本案中,原告在第一次开庭审理中曾诉称其在货抵釜山港后已向收货人发出了通知。因不能就此举证,故在第二次开庭审理中又提出了承运人无通知义务的观点。其实,在班轮运输的情况下,该批货物在釜山港存放了 4 个月之久,显然,这一状况的发生不可能是因为原告未发提货通知造成的,而是根本就无人前来提货。因此,在这一基本事实面前,原、被告就承运人是否负有通知收货人的义务以及原告有无履行该义务进行争辩对本案的处理已没有意义。

(二) 关于被告是否应当就收货人不提货所造成的后果对原告承担违约责任问题

原告认为,在海上货物运输关系中,收货人由托运人指定,因此,该收货人客观存在且前来提货应当构成托运人对承运人的一项默示保证。正因为被告违反了此项保证义务,才导致原告交货不成并造成损失,故被告应当就此向原告承担违约赔偿责任。被告认为,其与本案的收货人是买卖关系,被告在托运前即收到全部货款,为此才出具了电放保函。因所有权已经转移,所以该批货物自交付运输之日起与被告再无关系。此外,我国海商法将过失作为托运人的归责原则。本案中,被告履行了支付运费以及通知电放等义务,在合同的签订和履行上均无过错,因此不应对该批货物无人提取承担责任。

厦门海事法院认为,国际海上货物运输合同为涉他合同,虽然在提单等运输单证中会涉及收货人等,但合同的当事人却是托运人和承运人。在某一具体的合同关系中,特别是集装箱运输,除非托运人同时也是收货人,否则托运人就应当对其所指定的收货人的真实存在和在卸货港提取货物向承运人承担默示担保义务。《中华人民共和国海商法》第 88 条第 2 款关于承运人在卸货港无人提取货物时可以申请法院拍卖所留置的货物用于清偿其债权,金额不足时则有权向托运人追偿的规定表明,我国法律认为托运人应当对收货人不收货而给承运人造成的损失承担赔偿责任。至于托运人的过错归责问题,因我国海商法对此采用的是过错推定原则,故原告作为承运人不须举证证明托运人对收货人不收货存在过错。此外,本案为海上货物运输合同纠纷,与货物所有权的转移与否无关。因此,被告的此项抗辩不能成立。而原告关于被告应当对卸货港无人提货承担违约责任的主张则不仅符合法理,而且有法律上的依据,故应予支持。

(三) 关于原告的处置措施是合法或合约问题

本案的重点和难点问题是,原告作为承运人,在卸货港无人提货的情况下,对所运货物采取的较长时间的存放和回运等措施是否合法、合理。原告诉称,其在将货物卸在釜山港之后不几天,便与被告就提货问题进行交涉,同时对货物妥善保管。但由于收货人始终不来提货,而且被告又不提出解决方案,为减少损失并保全货物,原告才不得不将货物回运厦门交被告处理。原告认为,作为承运人其不可能对所运货物的储藏和保质期有专业性的了解,因此,在未得到被告的明确答复之前,其对货物进行充电保管是履行承运人的义务。而货物最终被海关处理,也是被告拒不接收的结果,由此而给原告造成的损失,应由被告赔偿。被告认为,该批货物于 2003 年 1 月托运出国,直至 4 月底其才收到原告关于无人收货的通知,而此时货物早已变质,失去商业和保管价值,原告作为专业承运人,置所运货物的状况于不顾,在超期存放后又运回厦门,致使相关费用进一步增加，因此，原告所称的各项损失均是其未尽承运人的法定和约定义务造成的，与被告无关。

厦门海事法院认为，国际海上货物运输合同与其他民商事合同一样，在一方违约而发生损失时，另一方负有采取措施以防止损失扩大的义务。本案中，货物在釜山港卸货后因无人提货不仅持续性地发生相关费用，且货物的价值也随时间的推移而不断贬损。在此情况下，原告可以根据《中华人民共和国海商法》第87、88条的规定，对货物行使留置权并申请法院拍卖。但原告未行使海商法赋予的该项权利，而是决定用其提单背面条款约定的方式处理货物。承运人作为民事主体，放弃和处分权利本无不可，但应以不违反诚信原则和不损害他人利益为限，也不能与承担上述减损义务相冲突。具体到本案而言，原告在卸货釜山港之后需要等待收货人提货并与被告交涉，但在超过了一定时间，即在理应确信收货人不可能再来提货且作为专职承运人理应对货物作出不宜长期存放的判断后，便应当适时采取合理的减损措施，而不能消极地等候被告的指示而任由相关费用与日俱增。根据《中华人民共和国海商法》第86条关于在卸货港无人提货时，船长可以将货物卸在适当场所的规定以及上述的提单条款，原告可以将货物运回厦门，但其回运的时间明显延误，特别是在厦门港不能被动地等待，以使货物在超过进口申报期之后由海关处理。因此，原告诉称的费用中，有相当一部分属于因其对于被告的违约事实处置不当所引起，故不能向被告索赔。此外，被告对原告诉称的回程运费和集装箱超期使用费的费率等也有异议，认为原告没有提供其计费的依据。厦门海事法院认为，原告是我国注册航运企业，厦门至釜山航线则系班轮运输，故其船期、运费、集装箱使用费等价目公开，可以查询。因此，对原告主张的该几项费用的计价标准应予认可。

本批货物分别于2003年1月3日和1月17日到达釜山港，至2003年5月24日返运厦门，在釜山港共存放141天和127天。根据以上的责任分析，参照《中华人民共和国海商法》第88条关于货卸60日无人提取的，承运人可以申请法院拍卖的规定，并考虑办理货物回运手续尚需时日等情况，故应当认定该批货物在釜山港的合理存放期为65天，即原告的回运时间不能迟于2003年3月22日。据此，原告因该批货物而在釜山港垫付的全部海关费用863 380韩元以及按此标准计算得出的部分监管费1 304 439.3韩元和部分集装箱超期使用费11 700美元、回程运费3 300美元等可视为其因保管货物应当支付的合理费用和被告因违约给其造成的损失。对此，被告应予赔偿。除此之外，货物在釜山港发生的其他费用，则应由原告自行承担。同理，货物运回厦门后，原告即使采取适当措施妥善处理也需要一定的时间，而该时间则应认定为20天为宜。据此，货物在厦门港发生的与时间有关的堆存费中的1 118元、充电费中的5 209.2元、相应的集装箱超期使用费2 820美元以及在港口所必须发生的短途运输费人民币1 200元、货物检验费人民币1 660元、掩埋费人民币9 000元、卫生处理费人民币600元、特殊理货费人民币480元和港口建设费人民币360元、港务费人民币480元等，也应当认定是原告因处理货物而必须支付的费用，故应予支持。而其他费用，则均为原告未尽减损义务所致,亦应由其自行承担。码头操作费简称 THC,该项费用在当前的海运实践中虽确已发生,但在班轮运输的条件下,承运人在运费之外再加收此项费用依据不足,故对其合法性不宜认定。

综上所述,本案是国际海上货物运输合同纠纷,原、被告是合同的双方当事人。被告作为托运人,应当对其指定的收货人不提货而给原告造成的损失承担违约责任。但在被告违约的事实发生后,原告作为承运人,未能采取适当的处置措施防止损失扩大,故不得就扩大的损失要求被告赔偿。案件审理中,原、被告双方提出的诉辩观点均有合理之处,对此,厦门海事法院已经给予了充分注意并加以采纳。对于双方未获支持的意见,亦作了分析和说明。据此,根据本案的实际情况,依照《中华人民共和国海商法》第41、86条和《中华人民共和国合同法》第107、119条的规定,判决如下:

(1)被告厦门豪门食品有限公司应在本判决生效之日起10日内一次性赔偿原告山东海丰船务有限公司人民币202 377.49元。

(2)驳回原告山东海丰船务有限公司的其他诉讼请求。

74 上诉人新兴铸管股份有限公司与被上诉人中国环洋国际运输有限公司海上货物运输合同纠纷案

案例来源:天津市高级人民法院(2010)津高民四终字第0028号
主题词:提单与运输合同的关系　无船承运业务经营资格　期租承租人

裁判要旨

No. HY-1.2-20 提单仅仅是运输合同的证明,不是运输合同本身,在承运人和托运人之间应以其他书面合同和提单来确定权利义务关系。托运人要求承运人在签发提单时将贸易环节的当事人直接记载为托运人合理、合法。

No. HY-1.2-21 根据最高人民法院《关于未取得无船承运业务经营资格的经营者与托运人订立的海上货物运输合同或签发的提单是否有效的请示的复函》,合同一方虽未取得无船承运业务经营资格,但其运输合同并不违反合同法规定的违反法律、法规强制性规定的情形,合同应认定有效。

No. HY-1.2-22 托运人有权解除合同而不解除合同,视为同意整个货物运输合同的继续履行,其无权事后主张免除其应当支付运费的义务。

No. HY-1.2-23 电子邮件的打印件,如未能提供原件或原件线索,且没有其他材料可以印证,而相对方又不予承认的,该证据不能单独作为认定案件事实的根据。

一、基本案情

上诉人(原审被告):新兴铸管股份有限公司(以下简称新兴铸管公司)

被上诉人（原审原告）：中国环洋国际运输有限公司（以下简称环洋运输公司）

天津海事法院原审查明：2007年1月17日，新兴铸管公司、环洋运输公司签订了编号为GOSC070102XC的海上货物运输合同，约定由环洋运输公司为新兴铸管公司承运总体积约为8 200立方米的球墨铸铁管、管件和配件，承运船舶为"MV ENFORCER"，装货港为中国青岛，目的港为西班牙的萨贡托，承运船舶在装货完毕后45天内到达卸港，开船后3天内环洋运输公司向新兴铸管公司提供清洁提单、相关文件及海运费发票，运费单价为每立方米60美元，按货物实际数量计算，新兴铸管公司在收到正本提单后5个工作日内给付环洋运输公司海运费的90%，剩余10%的海运费在货抵目的港、安全卸货后立即支付。合同签订后，青岛新泰国际船舶代理有限公司（以下简称青岛新泰公司）作为环洋运输公司在大陆的业务代理人代环洋运输公司向EASTERN BRIDGE M.C.（以下简称东桥公司）订舱，东桥公司接受订舱后于2007年2月1日将8 535立方米货物装船，并于同日签发了以新兴铸管公司为托运人的编号为02、03的两份提单。青岛新泰公司代环洋运输公司向新兴铸管公司开具了海运费发票，新兴铸管公司向环洋运输公司支付了90%的海运费460 890美元。上述货物已抵达目的港。

2007年2月15日，新兴铸管公司、环洋运输公司签订了编号为XDIP-THY-0301A的海上货物运输合同，约定由环洋运输公司为新兴铸管公司承运总体积约为7 250立方米的球墨铸铁管、管件和配件，承运船舶为"MV MAKRA"，装货港为中国青岛，目的港为阿尔及利亚的阿尔及尔，承运船舶在装货完毕后40天内到达卸港，运费单价为每立方米63美元，按货物实际数量计算。其他条款与GOSC070102XC号合同相同。合同签订后，青岛新泰公司代环洋运输公司向东桥公司订舱，东桥公司于2007年3月11日将7 244立方米货物装船，并于同日签发了以新兴铸管公司为托运人的ACR01号提单。青岛新泰公司代环洋运输公司向新兴铸管公司开具了海运费发票，新兴铸管公司向环洋运输公司支付了90%的海运费410 734.8美元。上述货物已抵达目的港。

2007年2月15日，新兴铸管公司、环洋运输公司签订了编号为XDIP-THY-0301B的海上货物运输合同，约定由环洋运输公司为新兴铸管公司承运总体积约为3 400立方米的球墨铸铁管、管件和配件，承运船舶为"MV MAKRA"，装货港为中国青岛，目的港为阿尔及利亚的斯基克达，承运船舶在装货完毕后40天内到达卸港，运费单价为每立方米74美元，按货物实际数量计算。其他条款与GOSC070102XC号合同相同。合同签订后，青岛新泰公司代环洋运输公司向东桥公司订舱，东桥公司于2007年3月11日将3 586立方米货物装船，并于同日签发了以新兴铸管公司为托运人的SKD01号和以案外人BEIJING METALS CO., LTD.为托运人的SKD02号两份提单。青岛新泰公司代环洋运输公司向新兴铸管公司开具了海运费发票，新兴铸管公司向环洋运输公司支付了90%的海运费238 827.6美元。上述货物已抵达目的港。

2007年2月28日，新兴铸管公司、环洋运输公司签订了编号为GOSC070202XC的海上货物运输合同，约定由环洋运输公司为新兴铸管公司承运总体积约为11 300立方米的球墨铸铁管、管件和配件，承运船舶为"MV MAKRA"，装货港为中国青岛，目的港为西班牙的萨贡托，承运船舶在装货完毕后 60 天内到达卸港，运费单价为每立方米 55 美元，按货物实际数量计算。其他条款与 GOSC070102XC 号合同相同。合同签订后，青岛新泰公司代环洋运输公司向东桥公司订舱，东桥公司于 2007 年 3 月 5 日将 11 297 立方米货物装船，并于同日签发了以新兴铸管公司为托运人的 SGT01 号和 SGT02 号两份提单。青岛新泰公司代环洋运输公司向新兴铸管公司开具了海运费发票，新兴铸管公司向环洋运输公司支付了 90% 的海运费 559 201.5 美元。上述货物已抵达目的港。

上述 4 份合同项下的货物运抵目的港，并安全卸货后，新兴铸管公司一直未向环洋运输公司支付 4 份合同约定的剩余 10% 的海运费，遂成讼。另查明，环洋运输公司原名称为新泰船务有限公司，于 2007 年 7 月 13 日变更为现名称。该公司在香港登记注册，目前尚未取得在我国大陆境内经营无船承运业务的资格。

二、一审裁判

天津海事法院一审认为，本案系海上货物运输合同纠纷，从涉案合同的内容上看，4 份合同的抬头均明确记载新兴铸管公司为托运人，环洋运输公司为承运人，而落款处又都有环洋运输公司、新兴铸管公司的印章；从合同的履行过程看，虽然安排订舱、开具发票、接收海运费等行为都是由青岛新泰公司具体实施，但青岛新泰公司是环洋运输公司在大陆的业务代理人，上述合同义务均为其代环洋运输公司履行，后果应归于环洋运输公司。因此，在涉案海上货物运输合同关系中，新兴铸管公司是托运人，环洋运输公司是承运人。虽然环洋运输公司未取得在我国大陆境内经营无船承运业务的资格，但涉案合同已经履行，应认定为有效。

在涉案海上货物运输合同中，环洋运输公司作为承运人，履行了运输义务，涉案货物均已运抵目的港并交付收货人，新兴铸管公司对此也并不否认，故新兴铸管公司应依约将 4 份合同项下剩余的 10% 海运费给付环洋运输公司，新兴铸管公司拒不支付海运费的行为构成违约，应承担相应的责任。

虽然新兴铸管公司主张环洋运输公司交付货物存在迟延，且未能完成将 GOSC070102XC 号合同项下货物运抵目的港的义务，但新兴铸管公司没有提供充足的证据予以证明。首先，新兴铸管公司未提供 XDIP THY-0301A 和 XDIP-THY-0301B 号合同项下的到港卸货通知，而 GOSC070102XC 号和 GOSC070202XC 号合同项下的到港卸货通知未经过公证认证，不符合证据的法定要求，不能证明上述合同项下货物运抵目的港的具体时间。其次，新兴铸管公司主张因"MV ENFORCER"轮的期租人东桥公司不付租金使 Hawknet Limited. 中途撤船，导致 GOSC070102XC 号合同项下货物一度被滞留在意大利，经过新兴铸管公司与 Hawknet Limited. 重新达成协议并支付运费，才使上述货物运抵目的港。上述事实新兴铸管公司也未能提供足够的证据予以证明。最后，即使存在迟延交货，Hawknet Limited. 中途撤船，新兴铸管公司与其重订协议等事实，亦不能免除新兴铸管公司向环洋运输公司支付海运费的义务。因为按照涉案合同约定，剩余 10% 的海运费唯一的支付条件为"货抵目的港、安全卸货"，而涉案货物均已运抵目的港,并已安全卸货交付收货人,环洋运输公司的此项合同义务已经履行完毕(GOSC070102XC 号合同项下货物在同一艘船舶,同一航次的运输下,被运抵目的港,该合同也应视为履行完毕),新兴铸管公司对此事实亦予以认可,则无论是否迟延交付,新兴铸管公司均应向环洋运输公司支付运费。

一审法院还认为,对于因环洋运输公司在履行合同过程中不可免责的事由给新兴铸管公司造成的损失(包括运费),新兴铸管公司可以向环洋运输公司提出索赔,新兴铸管公司提交的证据证明其已在青岛海事法院就损失提起了诉讼,故就新兴铸管公司损失问题应另案解决,本案不再涉及,亦不构成本案中止审理的法定理由。因此,该院对新兴铸管公司的上述主张不予支持。XDIP-THY-0301B 号合同项下的 SKD02 号提单的托运人确实为 BEIJING METALS CO.,LTD.,并非新兴铸管公司。但是提单仅是海上货物运输合同的证明,不是合同本身,特别是在托运人和承运人之间,应以书面合同而不是提单来确定权利义务关系,况且出于商业需要,新兴铸管公司要求环洋运输公司及其代理人签发提单时将其贸易环节的当事方直接记载为托运人也是完全可能且合理的。所以新兴铸管公司应按照该合同项下实际运输货物的总量支付运费,该院对新兴铸管公司要求扣除 SKD02 号提单项下海运费的主张不予支持。关于利息问题,涉案合同均约定,剩余 10% 的海运费在货抵目的港、安全卸货后立即支付,但双方当事人都未能证明各合同项下货物的具体到港及卸货时间。根据约定,涉案货物最迟应于 2007 年 5 月 5 日前全部运抵目的港,至货物完全卸下还应经过一段合理的时间,考虑到港口可能的延误,原审法院推定该段合理时间为 30 日,则最迟至 2007 年 6 月 5 日涉案货物应全部卸下,故新兴铸管公司欠款的利息应自 2007 年 6 月 5 日起算。

综上所述,一审法院判决:

(1)新兴铸管公司给付环洋运输公司海运费 185 517.1 美元;

(2)新兴铸管公司给付环洋运输公司上述款项自 2007 年 6 月 5 日起至判决确定的给付期限内实际支付之日止按中国人民银行同期存款利率计算的利息,上述款项应于判决生效之日起 10 日内给付。

三、上诉与答辩

新兴铸管公司不服原审判决,向天津市高级人民法院提出上诉,请求撤销原审判决,依法发回重审或改判驳回环洋运输公司的全部诉讼请求,并由环洋运输公司承担一、二审诉讼费用。事实与理由:

(1)涉案四票货物中有一票货物由"MV ENFORCER"轮承运,货物装船出运后,该轮的期租方东桥公司停止向英国船东 Hawknet Limited. 支付期租租金,导致 Hawknet Limited. 撤回了该轮。新兴铸管公司不得不与 Hawknet Limited. 协商并向 Hawknet Limited. 支付了海运费,由其继续将货物运抵目的港。新兴铸管公司在已经按照与环洋运输公司的合同约定支付了海运费的情况下,就同一批货物支付了两次海运费,遭受了巨大损失。

(2) 新兴铸管公司提交了二次安排"MV ENFORCER"轮上的货物运输等均在中国境内形成的证据,足以证明环洋运输公司违约、新兴铸管公司二次安排运输的事实,而原审判决仅以案外人 Hawknet Limited. 未出庭为由否定了其效力。新兴铸管公司提交的英国船东 Hawknet Limited. 的公函,环洋运输公司质证认可了其真实性,但原审判决记载为环洋运输公司对该证据有异议,与庭审笔录不符。

(3) 原审判决认定环洋运输公司与青岛新泰公司存在代理关系是错误的。环洋运输公司未取得在中国大陆境内经营无船承运业务的资格。原审判决认定其非法经营行为合法有效是没有依据的。

(4) 原审判决分配的举证责任不公平,将"MV ENFORCER"轮上的货物运抵目的港的是该轮船东 Hawknet Limited. ,并非环洋运输公司,原审判决仅以"货物已运抵目的港"为由认定环洋运输公司完全履行了合同义务,没有事实依据。

(5) 对于"MV MAKRA"轮承运的目的港为阿尔及利亚的斯基克达的一票货物,其中案外人 BEIJING METALS CO. ,LTD. 为托运人的 SKD02 号提单发运的 1347 方货物的海运费错开在给新兴铸管公司的海运费发票里,环洋运输公司向新兴铸管公司多收取运费 89 710.2 美元,构成不当得利,应予返还。

(6) 原审判决对证据的认定有误,存在前后矛盾的问题。环洋运输公司庭审中答辩称,环洋运输公司虽然没有无船承运人的资格,但不影响涉案运输合同的效力;新兴铸管公司的证据不能证明环洋运输公司违约,并且新兴铸管公司承认货物已经运抵目的港,并安全卸货;新兴铸管公司关于二次安排运输的问题,环洋运输公司不清楚。因此,请求驳回上诉,维持原判。

四、二审裁判

二审期间,新兴铸管公司补充提交了如下证据:① Hawknet Limited. 的注册信息,意图证明 Hawknet Limited. 是"MV ENFORCER"轮的船东。② 新兴铸管公司与青岛新泰公司的往来邮件,意图证明因"MV ENFORCER"轮的期租人东桥公司不付租金使 Hawknet Limited. 中途撤船,经过新兴铸管公司与 Hawknet Limited. 重新达成协议并支付运费,才使上述货物运抵目的港。③ Hawknet Limited. 在意大利热那亚法院起诉船上货物相关方的诉状,意图证明环洋运输公司违约。环洋运输公司对上述证据的真实性有异议,同时认为证据①没有经过公证认证,且与本案无关;证据②内容不能证明环洋运输公司存在违约;证据③作为在域外形成的证据,没有经过公证认证。环洋运输公司未补充提交证据。

天津市高级人民法院综合当事人一、二审举证、质证情况,认证意见如下:新兴铸管公司一审提交的证据 8 Hawknet Limited. 律师发出的公函(该公司证据编号为 13-4、13-5、13-6),环洋运输公司对该证据的真实性没有异议,天津市高级人民法院确认该证据的真实性,该证据能够证明 Hawknet Limited. 作为"MV ENFORCER"轮的船东,因东桥公司未支付期租租金而撤回"MV ENFORCER"轮,并扣押该轮上的货物。新兴铸管公司二审补充提交的证据①、③均属于域外形成的证据，其未按照法律规定办理公证认证，天津市高级人民法院对该两份证据的证明效力不予确认。证据②为电子邮件的打印件，因新兴铸管公司未能提供原件或原件线索，且没有其他材料可以印证，环洋运输公司又不予承认，根据最高人民法院《关于适用〈中华人民共和国民事诉讼法〉若干问题的意见》第78条规定，该证据不能作为认定本案事实的根据。

天津市高级人民法院经审理查明，涉案编号为GOSC070102XC的海上货物运输合同项下的货物装载于"MV ENFORCER"轮，因作为期租人的东桥公司未支付期租租金，Hawknet Limited.作为该轮船东遂委托律师于2007年3月13日发出公函，宣布终止与东桥公司的租船合同，撤回"MV ENFORCER"轮并扣押该轮上的货物。至2007年4月6日，青岛新泰公司仍与船东进行协商。又查明，新兴铸管公司要求环洋运输公司、东桥公司及青岛新泰公司赔偿违反涉案海上运输合同项下的义务给其造成的损失，在青岛海事法院提起诉讼。2008年7月16日，青岛海事法院受理了新兴铸管公司诉环洋运输公司、东桥公司及青岛新泰公司海上货物运输合同纠纷以及新兴铸管公司诉环洋运输公司、东桥公司及青岛新泰公司迟延交付纠纷两案。原审法院查明的其他事实属实，天津市高级人民法院予以确认。

天津市高级人民法院认为，本案为海上货物运输合同纠纷。环洋运输公司为在中华人民共和国香港特区注册的法人，本案应比照涉外案件进行审理。根据《中华人民共和国民法通则》第145条第1款的规定，涉外合同的当事人可以选择处理合同争议所适用的法律，法律另有规定的除外。由于双方当事人在涉案海上运输合同中已经约定适用《中华人民共和国海商法》及其相关法规解决争议，故天津市高级人民法院确认当事人选择适用中华人民共和国大陆地区的相关法律作为解决本案争议的准据法。环洋运输公司与新兴铸管公司签订的涉案编号分别为GOSC070102XC、XDIP-THY-0301A、XDIP-THY-0301B、GOSC070202XC的四份海上运输合同，内容真实、合法、有效，能够证明双方之间存在海上货物运输合同关系。环洋运输公司是承运人，新兴铸管公司是托运人。在该海上货物运输合同的履行中，东桥公司从事实际运输，青岛新泰公司代其签发了提单。东桥公司是实际承运人，青岛新泰公司是其代理人。对于新兴铸管公司提出的环洋运输公司不具备无船承运资格，双方签订的海上运输合同无效的主张，天津市高级人民法院认为，根据最高人民法院《关于未取得无船承运业务经营资格的经营者与托运人订立的海上货物运输合同或签发的提单是否有效的请示的复函》（〔2007〕民四他字第19号）的精神，环洋运输公司虽未取得无船承运业务经营资格，但其与新兴铸管公司所签订的海上运输合同不属于《中华人民共和国合同法》第52条第（五）项规定的违反法律、行政法规的强制性规定的情形，该合同应认定为有效。

本案中，环洋运输公司向新兴铸管公司主张4份海上运输合同项下剩余10%的运费。根据上述合同的约定，新兴铸管公司支付该剩余运费的条件就是货物运抵目的港，并且安全卸货。新兴铸管公司在原审已经确认涉案4份合同项下的货物运抵目的港并安全卸货的事实，从而其向环洋运输公司支付余款的条件已经成立。对于新兴铸管公司提出的 GOSC070102XC 号合同项下的货物因船东撤回船舶,而由新兴铸管公司另行支付运费运抵目的港的主张,新兴铸管公司提交的青岛新泰公司的电子邮件能够证明在该合同项下的货物运输中确实存在因船舶期租人未付租金造成船东撤回船舶并将船上货物扣压的情况,但该电子邮件也反映了青岛新泰公司对该事件正在处理中而尚未有最终处理结果,因此仅以上述电子邮件的内容无法推定实际承运人不能继续履行合同。同时,天津市高级人民法院认为,新兴铸管公司如果认为环洋运输公司存在《中华人民共和国合同法》第 94 条规定的情形,可以主张解除合同,并且通知环洋运输公司,而新兴铸管公司并未向环洋运输公司提出解除合同,双方的运输合同应当继续履行。原审法院基于新兴铸管公司与环洋运输公司的运输合同中的约定,在该合同项下货物已经运抵目的港安全卸货的情况下,判令新兴铸管公司向环洋运输公司支付剩余 10% 运费,并无不当。

新兴铸管公司提出因环洋运输公司违约造成其另行委托船东 Hawknet Limited. 运输该合同项下货物,并二次支付运费的主张,鉴于新兴铸管公司已就该项主张在青岛海事法院对环洋运输公司、东桥公司及青岛新泰公司提出索赔之诉,故新兴铸管公司的该项主张应当在青岛海事法院的诉讼中解决。对于新兴铸管公司提出的 XDIP-THY-0301B 号海上运输合同项下 SKD02 号提单的托运人为 BEIJING METALS CO., LTD,环洋运输公司向新兴铸管公司多收取了该提单的运费 89 710.2 美元的主张,天津市高级人民法院认为,提单是海上货物运输合同的证明,而并非海上货物运输合同本身,上述海上运输合同已经明确了承、托双方的权利义务。新兴铸管公司作为该海上货物运输合同所记载的托运人,对该合同项下的两份提单均负有向承运人支付运费的义务。因此,新兴铸管公司的该项上诉主张不能成立,天津市高级人民法院不予支持。

综上,判决如下:

驳回上诉,维持原判。

75 原告阳光对外贸易发展有限公司与被告中国外运广州公司海上货物运输合同货损纠纷案

案例来源:广州海事法院(2001)广海法初字第 190 号
主题词:提单与运输合同的关系　提单转让　托运人权益

裁判要旨

No. HY-1.2-24　提单是海上货物运输合同的证明,而不是运输合同本身,托运人转让提单时,转让的只是提单记载的部分运输合同,不会导致原运输合同已经产生债权、债务的消灭。托运人仍应当依运输合同的约定,向承运人支付运费。

No. HY-1.2-25　托运人已将其提单转让于第三人后,托运人对提单项下货物的权益原则上不再具有实体上的请求权,无权就提单项下货物的灭失或损害向承运人请求赔偿,但托运人按照买卖合同的约定实际承担了货损风险或责任的除外。

一、基本案情

原告:阳光对外贸易发展有限公司

被告:中国外运广州公司

原告阳光对外贸易发展有限公司诉称:2001年4月17日,原告与三菱公司签订了购销120吨金属硅的合同。5月14日,原告委托被告从广州承运该批金属硅到日本横滨港。被告接受原告的托运后,派车到中国交通物资华南公司储运分公司(以下简称华南储运公司)将货物运抵黄埔港码头,然后装船将货物运送至日本横滨港。5月30日,收货人三菱公司告知原告,小粒度金属硅短少2袋(每袋1吨,每吨价值965美元);大块金属硅短少6袋(每袋1吨,每吨价值790美元);水浸货物损失360美元。三菱公司已向原告提出索赔。请求判令被告赔偿原告货物短少损失6670美元、货物水湿损失360美元、检验费659美元、运输费用184美元和人民币180元。

被告中国外运广州公司辩称:① 原告已将提单转让给三菱公司,不是提单GMZ20105063、GMZ20105064项下货物的所有权人,也没有拿出任何证据表明自己享有此项权利及由此衍生的其他权利。因此,原告不具有诉讼主体资格。② 按照国际海上运输惯例,具有法律效力的索赔文件应当是各国商检机构出具的检验报告。在本案中,能够证明货损货差的合法文件应当是当地国商检部门出具检验报告,并且这些检验报告应经过我国驻当地国大使馆的认证。在未履行合法程序的情况下,原告提出的索赔文件是无效的。③ 被告已完全履行了运输合同义务,不应当承担本案的赔偿责任。在本案中,该批货物是原告自己负责装箱、监装点数并施铅封。按照国际集装箱运输管理的有关规定,由托运人负责装箱的货物,从装箱托运后至交付收货人之前的期间内,若铅封完好,货物损失或短缺的责任由托运人承担。本案货物的铅封从原告装箱托运到目的港交付集装箱时,一直是完好的。因此,被告无须承担本案的赔偿责任。

被告中国外运广州公司反诉称:被告承运原告的上述货物,约定运费为2 790美元、拖车和码头费用人民币4 500元。提单明确规定运费预付。原告一直以货物损失为由拖欠运费。请求法院判令原告支付货物运费2 790美元和拖车、码头费用人民币4 500元及上述费用产生的利息。

原告阳光对外贸易发展有限公司对被告的反诉辩称:货物出运后,原告已经及时把运费2 790美元以现金形式支付给了被告,被告同时把运费发票交给了原告。对被告提出的拖车及码头费用,双方没有约定,被告要求原告承担没有依据。

二、法院查明事实

广州海事法院经审理查明并确认如下法律事实:

2001年5月14日,原告委托被告从广州承运该批金属硅到日本横滨港,并由被告代理办理报关手续。5月15日,被告委托广州市黄浦区文冲沙围十社仓库派拖车到华南储运公司仓库装运原告的货物。华南储运公司出具的《货物出库记录》《出库单》和《放行条》记载,共装金属硅120件,重量为120吨(其中小粒度的60件,60吨)。分别装载于6个20英尺的货柜,每个货柜装20吨。装货后由货车司机关闭货柜门并加铅封。广州市黄浦区文冲沙围十社仓库出具的证明记载,在装货过程中由原告的业务员监装。5月19日,被告为承运上述货物签发了编号分别为GZM20105063、GZM20105064的两套提单。两套提单记载:托运人是原告;收货人由托运人指示;装货港为中国广州,目的港为日本横滨港;货物为60袋金属硅,总重60 180公斤;运费预付;交接方式为堆场到堆场(CY/CY);托运人装箱并计数。其中GZM20105063号提单项下的货柜号码为:CNCU2866964、CNCU2558107、CNCU2551210。GZM20105064号提单项下的货柜号码为CNCU2534620、TRLU2084040、CNCU2533578。广州港黄埔港务公司集装箱部检查桥收箱单记载,CNCU2551210、CNCU2533578两个货柜的货物重量均为18.95吨,CNCU2866964、CNCU2558107两个货柜的货物重量均为18.84吨。原告确认,上述两份提单已经转让给三菱公司。

对原、被告双方有争议的证据材料和事实,认定如下:

为了证明货物的价值,原告提供了01DF-E009、01DF-E007号合同和01DFI-009-2、01DFI-007号发票。两份合同是英文本的复印件,原告没有提供中文译本。被告认为,该两份合同没有原件核对,不能确认。法院认为,该两份合同是复印件,其真实性无法确认,且原告没有提供中文译本,不予采信。两份发票是原告自己打印的。被告认为,该发票不能证明货物的价值。法院认为,该两张发票不是国家机关定制的税务发票,仅仅是原告自己制作的文件,又没有其他的证据可以印证,故不能作为认定货物价值的证据。

为证明货物发生短少和湿损,原告提供了NKKK检验公司于6月15日出具的检验报告。该报告记载:6月1日收货人卸CNCU2551210号货柜的货物时,仓管员发现少了两包,但封号完好无缺,考虑到其他两个货柜的货物可能短缺,故要求该公司做调查。调查的结果显示,柜号为CNCU2866964、CNCU2558107两个货柜封号与提单上的封号一致,明显没有被打开过的痕迹;在打开该两个货柜时,发现每个货柜中少两包;此外,CNCU2866964号货柜中,有4包潮湿,经对湿货进行化学测试,没有盐水成分;一包货物可能在运载前已湿,另外三包可能是被从顶板破缝漏进来的水所湿。在庭审质证中,被告对检验报告的英文原件没有异议,但认为原告提供的中文译本没有经过公证,没有证据效力。法院认为,我国民事诉讼法规定,提交外文书证必须附有中文译本,但没有规定中文译本需要经过公证。被告以检验报告的中文译本没有经过公证,否认其证据效力,理由不成立。对该检验报告应予采信。

三菱公司2001年6月25日出具的索赔函称,合同01DF-E017及01DF-E009发生了严重短缺,产生了7 895美元的索赔。作为解决方法,其将从合同01DF-E017及合同01DF-E009第二、第三船的货款余额中扣除。被告对该函没有异议,可予确认。

三菱公司7月6日又出具了一份索赔函,对其6月25日出具的索赔函进行说明。

该函称，01DF-E017 号合同项下 60 吨金属硅短少 6 吨，损失 4 740 美元，水湿 4 袋，损失 360 美元；01DF-E009 号合同项下 60 吨化学级金属硅，短少 2 吨，损失 1 930 美元；检验费 659 美元；实际损失 7 689 美元。短货的 4 个货柜的铅封均完好无损，故问题均发生在封柜之前。因此向原告索赔。该函是复印件。被告认为该索赔函没有原件核对，对其真实性提出异议。法院认为，虽然该索赔函是复印件，但该函只是对 6 月 25 日的索赔函进行说明，二者可以互相印证，故可予采信。

以上证据可以证明，货物运到目的港后，经 NKKK 检验公司检验，发现柜号为 CNCU2866964、CNCU2558107 的两个货柜共短少 4 包；CNCU2866964 号货柜中，有 4 包潮湿；货柜封号与提单上的封号一致，没有被打开过的痕迹。收货人三菱公司声称货物短少 8 包。三菱公司认为，货物发生了严重的短缺和水湿，短货的 4 个货柜的铅封均完好无损，故问题均发生在封柜之前。因此向原告索赔，扣减了原告的货款 7 895 美元。

被告出具的 0770754 号、0770755 号运输发票、运费账单记载，上述货物的运费共为 2 790 美元。原告声称，其已将 2 790 美元以现金方式支付给被告。但因经办人已离开公司，无法核实取证。被告否认收到该批运费，并主张其不可能违反外汇管理制度收取外币现金，被告之所以向原告出具发票只是为了方便原告向外汇管理局申领外汇。法院认为，根据我国外汇管理的有关规定，境内机构的经常项目外汇收入，应当按照国务院关于结汇、售汇及付汇管理的规定卖给外汇指定银行，或者经批准在外汇指定银行开立外汇账户。境内企业之间用现金的方式支付外汇，是违法行为。国家外汇管理局《关于国际海运业外汇收支管理有关问题的通知》规定，货主向境内的货代公司、船代公司、船运公司和外商独资船务公司支付国际贸易项下的国际海运费及相关费用时，应当持进口合同或出口合同、国际运输业专用发票方可办理购付汇手续。因此，被告关于其之所以向原告出具发票只是为了方便原告向外汇管理局申领外汇的抗辩，可予采信。被告给原告出具的发票不能作为原告已支付运费的充分证据。

为了证明原告拖欠拖车及码头费用人民币 4 500 元，被告提供了 1176967 号运输发票。该发票是由被告出具的，被告述称，该费用是由拖车车队和码头收取的。原告认为，仅凭该发票不能证明实际发生了该批费用，要求被告补充证据。但被告未能补充证据。

三、法院裁判

广州海事法院认为，本案是涉外海上货物运输合同纠纷，双方没有约定解决纠纷应适用的法律，因双方当事人的住所地、合同履行地均在我国，依照《中华人民共和国民法通则》第 145 条的规定，本案应适用中华人民共和国法律。

提单是证明海上货物运输合同和货物已经由承运人接受或者装船，以及承运人保证据以交付货物的单证。在提单签发之前，托运人和承运人之间的运输合同已经成立。提单是海上货物运输合同的证明,而不是运输合同本身,托运人转让提单时,转让的只是提单记载的部分运输合同,不会导致原运输合同已经产生债权、债务的消灭。因此本案所涉提单虽经转让给三菱公司,但并不影响原告根据运输合同提起违约之诉。被告关于提单已经转让给了三菱公司,原告不具有本案的诉讼主体资格的主张,不予采纳。但提单转让三菱公司后,提单记载的运输合同的权利义务,包括提单项下货物所有权益,已经转让给三菱公司。因此,作为运输合同托运人的原告对提单项下货物的权益已不再具有实体上的请求权,无权就提单项下货物的灭失或损害向承运人请求赔偿。原告的诉讼请求应予驳回。

另一方面,货物在装箱时,虽然是由拖车司机关门并加铅封,但装箱过程有原告的业务员监装,应认为货物是由托运人装箱并计数,提单上也有相同的记载。货物在目的港交付给收货人三菱公司时,货柜的铅封完好无损,应推定货物短少是发生在装运前或者交付后,与承运人无关,承运人不承担货物短少的责任。4 件货物湿损发生在开箱之前,提单没有记载,应认为是发生在被告的责任期间。因此,货物湿损责任应由承运人承担。但原告没能提供证据证明货物的价值,以及货物的受损程度,货物湿损损失的价值无法确认。原告的诉讼请求也应予驳回。

提单载明运费预付,虽然该提单已经转让,托运人仍应依照约定支付运费。原告抗辩称其已将运费 2 790 美元以现金形式支付给被告,但又称因经办人已离开公司,无法核实取证。对原告的该项抗辩,不予采信。原告拖欠运费是违约行为,其拖欠的运费应当清偿,并应支付相应的利息。

原、被告双方对拖车费和码头费的数额及应由谁承担没有约定。而提单载明的货物交付方式为堆场到堆场,因此货物从托运人仓库到装船港集装箱堆场的拖车费应由原告承担,货物运抵堆场后产生的码头费应由被告承担。但被告没有提供证据证明实际产生的拖车费、码头费的数额。因此要求原告支付拖车费、码头费人民币 4 500 元的诉讼请求,不予支持。

综上,依照《中华人民共和国合同法》第 79 条,《中华人民共和国海商法》第 69 条第 1 款、第 79 条的规定,判决如下:

(1) 驳回原告的诉讼请求。

(2) 原告支付被告运费 2 790 美元及其利息(利息从 2001 年 5 月 19 日起至付清之日止,按中国人民银行同期同币种流动资金贷款利率计算)。

(3) 驳回被告要求原告支付拖车、码头费用人民币 4 500 元及其利息的诉讼请求。

本诉受理费 2 798 元,由原告负担。反诉受理费 1 216 元,由原告负担 973 元,被告负担 243 元。原告应将其应负担的反诉受理费 973 元径行支付给被告。原、被告各自预交的受理费本院不另清退。

以上给付金钱的义务,应在本判决书发生法律效力之日起 15 日内履行完毕。

76 原告地中海×××公司与被告妙卡×××公司、嘉宏×××公司深圳分公司海上货物运输合同纠纷案

案例来源:广州海事法院(2011)广海法初字第 260 号
主题词:委托运输　必备手续　集装箱超期

> **裁判要旨**
>
> **No. HY-1.2-26** 当事人庭审时辩称其仅为受托人的身份处理货物运输的受托事务,但不能证明另一方接受其委托时知道该委托关系的,另一方有权依据合同的相对性要求其作为合同相对方承担海上货物运输合同当事人的义务。
>
> **No. HY-1.2-27** 因托运人未及时办理港口、海关、检验、检疫等货物运输必备手续引起相关单证送交不及时、不完备或不正确并导致承运人利益受损害的,托运人应当承担赔偿责任。
>
> **No. HY-1.2-28** 在海上货物运输中,托运人要求承运人提供集装箱装运货物,双方约定的集装箱超期使用在费性质上一般属于违约金,如果该违约金过分高于实际损失的,当事人请求人民法院予以适当减少的,人民法院可以酌情予以减少。

一、基本案情

　　原告:地中海×××公司(以下简称地中海公司)
　　被告:妙卡×××公司(以下简称妙卡公司)
　　被告:嘉宏×××公司深圳分公司(以下简称嘉宏深圳公司)

　　原告地中海×××公司诉称:被告妙卡公司于 2010 年 3 月 12 日向地中海公司订舱,要求将一个 40 英尺集装箱装货物从深圳盐田运至德国汉堡,订舱单号为 LY010A6207006,集装箱号为 GLDU0871435。地中海公司于 3 月 14 日将集装箱交给妙卡公司,妙卡公司于 3 月 15 日安排装货并将集装箱返还至盐田码头。此后,妙卡公司一直未安排报关手续,导致货物无法装船出运。虽经地中海公司多次催促,货物一直滞留在盐田港码头,至今已产生了大量码头堆存费、集装箱超期使用费等费用,给地中海公司造成了重大经济损失。嘉宏深圳公司是妙卡公司在深圳设立的分支机构,在从事业务过程中与妙卡公司财产混同、人员混同和业务混同,已形成公司之间的人格混同,嘉宏深圳公司应对妙卡公司的债务承担连带责任。请求法院判令:① 妙卡公司支付地中海公司取消船运费 132 美元、改船费人民币 350 元、码头堆存费 10 687.2 美元(从 2010 年 3 月 15 日计至 2011 年 3 月 15 日)、集装箱超期使用费人民币 84 980 元(从 2010 年 3 月 15 日计至 2011 年 3 月 15 日),合计人民币 156 422 元(以美元对人民币 1 比 6.5687 计)及其从 2010 年 3 月 15 日起至实际清偿之日止,按中国人民银行同期贷款利率计算的利息,妙卡公司立即办理有关集装箱的腾空和返还手续;② 嘉宏深圳公司对

妙卡公司上述债务承担连带责任;③ 妙卡公司与嘉宏公司连带负担本案诉讼费用。

被告妙卡公司未提供书面答辩状,在庭审时口头答辩称:① 地中海公司不具有索赔的主体资格,本案证据显示交易发生在地中海×××(香港)有限公司(以下简称地中海香港公司)或地中海香港公司深圳代表处与其他相关方之间,与地中海公司无关。② 妙卡公司只是订舱代理人,系受深圳市锦乐×××公司(以下简称锦乐公司)的委托进行订舱,不是托运人。③ 妙卡公司已于2010年8月通知地中海公司尽快处理货物,但地中海公司至今未对货物采取措施进行处理,而导致损失不断扩大,且地中海公司请求的滞箱费过高,已超出集装箱的价值。请求法院驳回地中海公司的全部诉讼请求。

被告嘉宏深圳公司未提供书面答辩状,在庭审时口头答辩称:其赞同妙卡公司的全部答辩意见,并认为在整个交易过程中,嘉宏深圳公司都没有涉及,与本案无任何关联。请求法院驳回地中海公司的全部诉讼请求。

二、法院查明事实

广州海事法院经审理查明并确认如下法律事实:

2010年3月,妙卡公司向地中海公司预订一个40英尺集装箱装载货物从深圳盐田到德国汉堡的舱位。地中海公司接受订舱后制作了订舱单,该订舱单记载订舱号为LS010A6207006,订舱人、托运人和合同持有人均为妙卡公司,船名航次为"MSC Lisbon"轮L1011R航次,装货港盐田,卸货港汉堡,货物为一个40英尺集装箱(高柜,High Cube)内装玻璃玩具,运费于深圳预付。该订舱单同时记载,集装箱由承运人或其代理人提供,如集装箱不能按期返还,托运人须按承运人的费率支付集装箱超期使用费。3月12日,妙卡公司向地中海公司发出一份电子邮件,通知将订舱号改为LY010A6207006,并确认预订一个40英尺集装箱(高柜)从盐田至汉堡的"MSC Lisbon"轮L1011R航次的舱位。

地中海公司遂向妙卡公司提供了GLDU0871435号集装箱以装运本案货物。妙卡公司将本案货物装在该集装箱后,于2010年3月15日将该集装箱装货物运至盐田港。但本案货物一直未能报关,并滞留于盐田港。

2010年8月13日,妙卡公司向地中海公司发去一份电子邮件,称就订舱号LY010A6207006项下的装在GLDU0871435号集装箱内的货物一事,其一直联系不上托运人,并询问如何处理。

2010年8月26日,地中海香港公司以地中海公司代理人的身份通过其深圳代表处向妙卡公司发去一份通知和一份催款单。该通知称,装在GLDU0871435号集装箱内的货物,因妙卡公司的原因滞留于盐田国际集装箱码头,尽管地中海公司多次要求,但妙卡公司未采取任何行动,已产生换船费人民币350元、码头堆存费人民币72 000元(第1天到第5天每个集装箱每天人民币300元,之后每个集装箱每天人民币450元,共164天)、集装箱超期使用费人民币38 685元(第1天到第5天每个集装箱每天人民币170元,之后每个集装箱每天人民币235元,共164天),且码头堆存费和集装箱超期使用费每天都在增加,妙卡公司有责任向承运方赔偿上述损失,要求妙卡公司在14日内支付上述费用及最终所有费用。催款单记载GLDU0871435号集装箱自2010年3月15日至8月26日产生换船费人民币350元、码头堆存费人民币72 000元、集装箱超期使用费人民币38 685元,合计人民币111 035元。妙卡公司于8月27日收到上述通知和催款单,但没有支付相关费用。

2010年8月30日,妙卡公司向地中海公司发去一封电子邮件,声称由于其已联系不上真正的托运人,请地中海公司协助查询GLDU0871435号集装箱及箱内货物要以何种方式处理。9月2日,妙卡公司再次向地中海公司发去一封电子邮件,要求地中海公司指示其如何解决GLDU0871435号集装箱的问题,并称附有一份报告,但报告的内容不详。

2011年1月13日,地中海公司向妙卡公司发去一封电子邮件,称由于妙卡公司未就GLDU0871435号集装箱给予地中海公司任何回馈,该货柜至今仍未办理海关清关手续,要求妙卡公司在1月19日前提出解决方案,否则地中海公司将提起诉讼。

GLDU0871435号集装箱滞留于盐田港期间,盐田×××码头有限公司曾3次向地中海香港公司出具码头堆存费发票。第一份发票出具日期为2010年6月18日,记载GLDU0871435号集装箱自2010年3月15日至4月30日产生堆存费1 372.40美元(每个集装箱每天29.20美元,共47天)。第二份发票出具日期为2010年7月16日,记载GLDU0871435号集装箱自2010年5月1日至5月31日产生堆存费905.20美元(每个集装箱每天29.20美元,共31天)。第三份发票出具日期为2011年4月21日,记载GLDU0871435号集装箱自2010年6月1日至2011年3月15日产生堆存费8 409.60美元(每个集装箱每天29.20美元,共288天)。以上三份发票总金额为10 687.20美元。2011年5月11日,地中海香港公司以支票形式向盐田×××码头有限公司支付了10 687.20美元。5月12日,盐田×××码头有限公司出具一份收据,记载收到地中海香港公司交来的GLDU0871435号集装箱自2010年3月15日至2011年3月15日的码头堆存费10 687.20美元。

地中海公司在其网站上公布的盐田港出口的40英尺集装箱的超期使用费收费标准为自提取空集装箱之日起第1天至第3天免费、第4天至第8天每箱每天人民币170元、之后每箱每天人民币235元。

另查明,妙卡公司系在中华人民共和国交通部登记的无船承运业务经营者。

地中海公司主张嘉宏深圳公司是妙卡公司在深圳设立的分支机构,嘉宏深圳公司的职工张冬艳亦为妙卡公司的职工,在从事本案货物运输业务过程中嘉宏深圳公司与妙卡公司已形成公司之间的人格混同,在本案中的电子邮件往来中即可体现。地中海公司提供未装船报告与张某名片复印件作为证据。妙卡公司和嘉宏深圳公司对上述证据材料的真实性均提出异议,认为地中海公司提供的报告内容与妙卡公司发给地中海公司的报告不符,同时张某系妙卡公司职工,并非该名片复印件所记载的嘉宏深圳公司职工。该未装船报告抬头和落款均为嘉宏深圳公司，但无任何签章，据地中海公司称系妙卡公司于 2010 年 9 月 2 日以电子邮件附件形式发给地中海公司，妙卡公司承认曾于该日以电子邮件形式向地中海公司发送过一份报告，但否认地中海公司所提供的报告内容。该名片复印件记载张某为嘉宏深圳公司职工。合议庭认为，地中海公司提供的未装船报告无原件以供核对，报告上没有嘉宏深圳公司的签章，也没有其他事实和证据能够与之相互印证，地中海公司也未能提供证据证明该报告即为妙卡公司于 2010 年 9 月 2 日以电子邮件形式向地中海公司发送的报告，故其真实性无法确认，不能作为认定本案事实的依据，不予采信。张某名片复印件没有原件以供核对，且不能与本案其他事实和证据相互印证，不足以证明地中海公司所主张的张某同时为妙卡公司和嘉宏深圳公司职工的事实。本案中，在妙卡公司与地中海公司的电子邮件往来交流中，妙卡公司均表明了自己的名称和身份，并不存在与嘉宏深圳公司相混淆的情况。同时，地中海公司也未能提供其他证据证明嘉宏深圳公司是妙卡公司在深圳设立的分支机构。综上，地中海公司主张的事实缺乏证据证明，不予确认。

妙卡公司主张其为锦乐公司的代理人，且地中海公司知道妙卡公司的代理人身份，并提供订舱单复印件和 2010 年 8 月 13 日、8 月 30 日发给地中海公司的两份电子邮件作为证据。地中海公司对订舱单复印件的真实性提出异议。该订舱单复印件抬头为锦乐公司名称并盖有锦乐公司业务专用章，记载发货人为锦乐公司，收货人为凭指示，装货港为盐田，卸货港和目的地均为汉堡，预配船只为"MSC"，结关时间为 2010 年 3 月 17 日，货物为 1 个 40 英尺集装箱装的玻璃，运价为 3 900 美元 + O + D，运费预付。法院认为，该订舱单复印件未能与原件核对，无法核实其真实性，且从该证据材料的内容上看，没有任何关于锦乐公司委托妙卡公司为本案货物运输代理的记载，本案中也没有充分证据能够与之相互印证，其不足以证明妙卡公司与锦乐公司之间存在本案货物运输代理关系。故妙卡公司主张的事实缺乏证据证明，不予确认。

三、法院裁判

广州海事法院认为，本案是一宗海上货物运输合同纠纷。根据最高人民法院《关于海事法院受理案件范围的若干规定》第 11 条关于海上、通海水域货物运输合同纠纷案件由海事法院受理的规定，本案应由海事法院专门管辖。本案货物运输的始发地和被告嘉宏深圳公司住所地为中国深圳，依照《中华人民共和国民事诉讼法》第 28 条关于"因铁路、公路、水上、航空运输和联合运输合同纠纷提起的诉讼，由运输始发地、目的地或者被告住所地人民法院管辖"的规定，广州海事法院对本案具有管辖权。

原告地中海公司和被告妙卡公司系设立于中华人民共和国境外的企业法人，具有涉外因素。当事各方均选择适用中华人民共和国法律解决本案实体争议，依照《中华人民共和国海商法》第 269 条的规定，本案实体争议适用中华人民共和国法律处理。

妙卡公司向地中海公司订舱，委托地中海公司将一个 40 英尺集装箱装载货物从深圳盐田经海路运输至德国汉堡，地中海公司接受了妙卡公司的委托安排了运输，并向妙卡公司提供了 GLDU0871435 号集装箱用于装载本案货物，地中海公司与妙卡公司之间成立海上货物运输合同关系，妙卡公司为托运人，地中海公司为承运人。该合同是双方真实的意思表示，且不违反我国法律、行政法规的强制性规定，合法有效。双方均应按照合同约定和相关法律规定行使权利和履行义务。

妙卡公司主张本案货物运输是由地中海香港公司安排，与地中海公司无关，故地中海公司不具有请求本案所诉费用的主体资格。本案中，妙卡公司系向地中海公司发出订舱申请，相关运输是由地中海公司安排，载货集装箱是由地中海公司提供。同时，地中海香港公司在与妙卡公司联系时，也已明确表明了其作为地中海公司代理人的身份。上述事实足以证明，本案海上货物运输合同的当事方是妙卡公司和地中海公司，且妙卡公司对其与地中海公司之间的运输合同关系，以及地中海香港公司作为地中海公司代理人身份也是了解的。故妙卡公司的主张缺乏事实依据，不予支持。

妙卡公司主张其受锦乐公司的委托进行订舱，只是货运代理人，并非托运人，不应承担赔偿责任。但妙卡公司无法提供充分证据证明其为锦乐公司的货运代理人，其主张缺乏事实依据，不予支持。且即使妙卡公司确系受锦乐公司委托向地中海公司办理本案货物运输事宜，在妙卡公司不能证明地中海公司接受其委托时已经知道该代理关系的情况下，地中海公司仍有权根据《中华人民共和国合同法》第 403 条第 2 款的规定要求妙卡公司承担托运人义务。

GLDU0871435 号集装箱是地中海公司提供给妙卡公司用于装运本案货物的运输工具，由于妙卡公司所托运货物未能报关而导致货物和装运货物的该集装箱滞留于深圳盐田港，致使原告遭受损失。根据《中华人民共和国海商法》第 67 条关于"托运人应当及时向港口、海关、检疫、检验和其他主管机关办理货物运输所需要的各项手续，并将已办理各项手续的单证送交承运人；因办理各项手续的有关单证送交不及时、不完备或者不正确，使承运人的利益受到损害的，托运人应当负赔偿责任"的规定，妙卡公司应对托运货物给地中海公司造成的损失承担赔偿责任。

地中海公司主张嘉宏深圳公司系妙卡公司的分支机构，两者在本案货物运输中形成人格混同，嘉宏深圳公司应对妙卡公司的债务承担连带责任。本案已查明，嘉宏深圳公司并非妙卡公司的分支机构，也不存在所谓人格混同的情况。地中海公司也未能提供其他证据证明嘉宏深圳公司参与了本案货物运输，嘉宏深圳公司不应对地中海公司的损失承担赔偿责任。地中海公司的主张缺乏事实和法律依据，故不予支持。

地中海公司请求 GLDU0871435 号集装箱自 2010 年 3 月 15 日至 2011 年 3 月 15 日的集装箱超期使用费人民币 84 980 元。本案中，地中海公司将 GLDU0871435 号集装箱交付妙卡公司用以装载货物，妙卡公司用其装载本案货物后，将其于 2010 年 3 月 15 日运至盐田港，此后因未能办理报关手续而致使装载有本案货物的 GLDU0871435 号集装箱于盐田港滞留至今。地中海公司与妙卡公司已在订立合同时约定按承运人的费率支付集装箱超期使用费。因此，地中海公司有权要求妙卡公司赔偿 GLDU0871435 号集装箱自 2010 年 3 月 15 日至 2011 年 3 月 15 日的集装箱超期使用费损失。关于集装箱超期使用费的计算标准，集装箱超期使用费在性质上属于违约金。按地中海公司所公布的集装箱超期使用费率计算，装运本案货物的 GLDU0871435 号集装箱的集装箱超期使用费从 2010 年 3 月 15 日至 2011 年 3 月 15 日即为人民币 84980 元，已明显超出因集装箱滞留而给地中海公司造成的损失。根据《中华人民共和国合同法》第 114 条第 2 款关于"约定的违约金过分高于造成的损失的，当事人可以请求人民法院或者仲裁机构予以适当减少"的规定，妙卡公司关于集装箱超期使用费过高的抗辩理由成立，应予支持。故酌情认定妙卡公司应向地中海公司支付的集装箱超期使用费为人民币 30 000 元。

地中海公司请求妙卡公司归还 GLDU0871435 号集装箱。因妙卡公司未就其向地中海公司托运的货物及时报关，导致地中海公司无法使用 GLDU0871435 号集装箱，地中海公司除要求妙卡公司支付集装箱超期使用费外，还有权要求妙卡公司向其归还 GLDU0871435 号集装箱，地中海公司的请求合理，予以支持。由于装在 GLDU0871435 号集装箱内的货物尚未被海关解除监管，妙卡公司处理本案货物需要一定时间，可酌情限定妙卡公司在判决生效后 30 日内将 GLDU0871435 号集装箱归还给地中海公司。

地中海公司请求 GLDU0871435 号集装箱在盐田港的堆存费，暂计至 2011 年 3 月 15 日为 10 687.20 美元。本案已查明，GLDU0871435 号集装箱自 2010 年 3 月 15 日运抵盐田港后，因妙卡公司未对箱内货物报关，该集装箱一直滞留于盐田港未能出运。至 2011 年 3 月 15 日，共产生堆存费 10 687.2 美元。对上述费用，盐田×××码头有限公司曾多次向地中海公司催讨，地中海公司也曾要求妙卡公司支付堆存费，但妙卡公司一直未予支付。现地中海公司已通过其代理人地中海香港公司于 2011 年 5 月 12 日支付了 10 687.20 美元，其要求妙卡公司负担 GLDU0871435 号集装箱滞留于盐田港所支出的上述费用合理，予以支持。至于 2011 年 3 月 15 日之后 GLDU0871435 号集装箱在盐田港的堆存费，地中海公司未提交证据证明其已垫付而产生损失，其提出由妙卡公司予以偿还的诉讼请求缺乏事实依据，不予支持。据上，妙卡公司应赔偿地中海公司堆存费 10 687.20 美元。至于地中海公司请求将上述美元款项折为人民币，由于 GLDU0871435 号集装箱在盐田港的堆存费是以美元结算，地中海公司所支付的亦为美元，地中海公司未能提供证据证明其损失需以人民币结算的合理性，其请求缺乏事实和法律依据，故不予支持。

地中海公司请求取消船运费 132 美元和改船费人民币 350 元。由于地中海公司未能提供相应的证据证明上述费用实际发生并经双方约定由妙卡公司负担，其请求缺乏事实依据，不予支持。

地中海公司请求赔偿款项自 2010 年 3 月 15 日起至实际清偿之日止,按中国人民银行同期贷款利率计算的利息。根据《中华人民共和国合同法》第 107 条关于当事人一方不履行合同义务或者履行合同义务不符合约定的,应当承担继续履行、采取补救措施或者赔偿损失等违约责任的规定,妙卡公司除应向地中海公司赔偿因妙卡公司托运的货物所造成的地中海公司的损失之外,还应支付相应的利息损失,但利息应自损失实际发生之日起算。2010 年 3 月 15 日起有关集装箱超期使用费和堆存费尚未核算,地中海公司主张有关费用均自该日起计算利息,缺乏事实依据,不予支持。本案中,各项损失发生的时间并不相同。其中有关集装箱超期使用费的利息损失,地中海公司曾于 2010 年 8 月 26 日向妙卡公司主张集装箱超期使用费,且此后地中海公司再未向妙卡公司提出主张,应将地中海公司向广州海事法院起诉的时间 2011 年 3 月 14 日视为其最后向妙卡公司主张集装箱超期使用费的时间,故应以该日期次日作为利息的起算日期,相关利息损失自 2011 年 3 月 15 日起按中国人民银行同期人民币流动资金贷款利率计算至本判决确定的支付之日止。有关堆存费的利息损失,则应以地中海公司向盐田×××码头有限公司实际支付堆存费 10 687.20 美元的次日,即 2011 年 5 月 13 日为利息起算时间,以该日中国人民银行公布的美元对人民币汇率中间价 1 比 6.5017 将 10 687.20 美元折算为人民币后,按中国人民银行同期人民币流动资金贷款利率计算至本判决确定的支付之日止。

综上,依照《中华人民共和国海商法》第 67 条,《中华人民共和国合同法》第 107 条和第 114 条第 2 款的规定,判决如下:

(1) 被告妙卡公司赔偿原告地中海公司集装箱超期使用费人民币 30 000 元及其从 2011 年 3 月 15 日起至本判决确定的支付之日止按中国人民银行同期人民币流动资金贷款利率计算的利息;

(2) 被告妙卡公司赔偿原告地中海公司堆存费 10 687.20 美元及其从 2011 年 5 月 13 日起至本判决确定的支付之日止按中国人民银行同期人民币流动资金贷款利率计算的利息(以 2011 年 5 月 13 日中国人民银行公布的美元对人民币汇率中间价 1 比 6.5017 折算为人民币后计息);

(3) 被告妙卡公司在本判决生效之日起 30 日内向原告地中海公司归还 GLDU0871435 号集装箱;

(4) 驳回原告地中海公司的其他诉讼请求。

本案受理费人民币 3 428 元,由原告地中海公司负担 1 248 元,被告妙卡公司负担 2 180 元。

以上给付金钱义务,应于本判决生效之日起 10 日内履行完毕。如果未按本判决指定的期间履行给付金钱义务,应当依照《中华人民共和国民事诉讼法》第 229 条之规定,加倍支付迟延履行期间的债务利息。

77 原告耀丰船务有限公司诉被告深圳红枫叶国际物流有限公司、深圳长帆国际货运代理有限公司海上货物运输合同纠纷案

案例来源:广州海事法院(2005)广海法初字第464号

主题词:托运人　如实申报义务　货物合法性

> **裁判要旨**
>
> **No. HY-1.2-29**　海上货物运输合同的托运人,负有保证申报货物与实际装载货物相一致的法定义务。作为托运人负有如实申报并保证托运货物的合法性的法定义务,托运人若违反了上述义务,应当对承运人的损失承担相应的赔偿责任。

一、基本案情

原告:耀丰船务有限公司(BRIGHT FORTUNE SHIPPING LIMITED)

被告:深圳红枫叶国际物流有限公司(以下简称红枫叶公司)

被告:深圳长帆国际货运代理有限公司(以下简称长帆公司)

原告诉称:2005年3月14日,两被告分别向原告的代理深圳均辉华惠国际货运有限公司(以下简称深圳均辉公司)各订一个由深圳蛇口至美国洛杉矶的40英尺集装箱舱位,货物为机器设备,后改为玻璃切割机,由被告自行办理内陆短途运输、提柜和报关。原告接受委托后,向铁行渣华(中国)船务有限公司深圳分公司(以下简称深圳铁行渣华公司)订舱,被告红枫叶公司和被告长帆公司分别托运的PONU1613717、INBU4816049集装箱装上NYK ARTEMIS,深圳铁行渣华公司向原告签发了提单样本。两被告向深圳均辉公司支付了相关费用。货物到达美国后,因箱内藏匿有非法偷渡人员,美国海关以原告作为无船承运人,报关与实际装载货物不符为由,处罚原告5 000美元。原告委托目港代理美国均辉公司支付了该罚款。原告认为,两被告作为托运人,没有如实申报货物,导致原告遭受处罚,应对原告的损失承担连带赔偿责任。请求法院判令两被告连带赔偿原告5 000美元及本案的诉讼费用。

被告红枫叶公司辩称:①其是向深圳均辉公司订舱,原告称深圳均辉公司是其代理,但没有提供双方存在代理关系的协议等证据,原告不是本案适格的诉讼主体。②深圳市公安局已基于同一事实,以涉嫌组织他人偷越国境罪立案侦查,根据最高人民法院、最高人民检察院和公安部的相关规定,本案应适用"先刑后民"的原则,裁定驳回原告的起诉。③即使原告有权提起民事诉讼,被告也不应承担赔偿责任。本案货物由货主自行装箱、安排内陆短途运输和报关,被告作为代理人,只是代货主订舱,对集装箱内所装货物不负有实质性审查和保证的义务,箱内藏匿非法偷渡人员,与被告无关,被告不存在任何过错。④两被告之间无任何事实上的联系和行政上的隶属关系,原告诉请两被告承担连带责任,缺乏事实和法律依据。综上,原告的诉讼请求缺乏事实和法律依据,请求法院予以驳回。

被告长帆公司辩称：① 本案是一起有组织有预谋的非法偷渡案，涉嫌组织偷渡的人员已被深圳市公安局逮捕，有关偷渡的事实在深圳市公安局的询问笔录中得到证实，本案不属于经济合同纠纷的范畴。② 本案货物由货主自行装箱、安排内陆短途运输和报关，被告作为代理人，只是代货主订舱，对涉案的偷渡事件既不知情，也未参与，不应承担任何责任。④ 两被告之间不存在任何性质的法律关系，既不存在共同侵权，也不存在承运人和实际承运人的关系，原告诉请两被告承担连带责任，缺乏事实和法律依据。综上，原告的诉讼请求缺乏事实和法律依据，请求法院予以驳回。

二、法院查明事实

对有争议的事实和证据，经当事人举证和质证，法院认定如下：

（一）关于原告与两被告的法律关系

原告主张，深圳均辉公司是原告的代理，接受了两被告的订舱，安排了货物运输，原告是无船承运人，两被告是托运人，原告与两被告之间成立海上货物运输合同关系。原告为此提供了两被告向深圳均辉公司发出的订舱单、提单补料（或 AMS 补料）、深圳均辉公司向两被告收取运费的发票，深圳均辉公司向法院出具的证明，深圳铁行渣华公司向原告出具的提单样本，以及美国海关向原告发出的处罚通知书等证据予以证明。

编号为 POCLSZP30813160 的提单样本记载：原告为托运人，收货人和通知人均为 HECNY TRANSPORTION（USA）INC-LAX（美国均辉公司），集装箱编号为 PONU1613717，其他关于承运船舶、装运港、目的港和装载货物与被告红枫叶公司向深圳均辉公司提供的提单补料记载的内容相互一致。编号为 POCLSZP30813178 的提单样本记载：原告为托运人，收货人和通知人均为 HECNY TRANSPORTION（USA）INC-LAX（美国均辉公司），集装箱编号为 INBU4816049，其他关于承运船舶、装运港、目的港和装载货物与被告长帆公司向深圳均辉公司提供的提单补料（或 AMS 补料）记载的内容相互一致。美国海关于 2005 年 4 月 11 日出具的处罚通知书记载：美国海关以原告作为无船承运人，因其承运的集装箱（集装箱编号为 PONU1613717、INBU4816049 藏匿偷渡人员，违反了美国关于货品描述不准确的 24 小时申报规定，对其处罚 5000 美元，要求原告在 60 日内向美国海关缴纳该罚款或者提出复议申请。在该处罚通知书中同时记载了美国海关的通讯地址、联系人等内容。

2005 年 12 月 1 日，深圳均辉公司出具证明，称其是原告的代理，接受了两被告的订舱，将被告红枫叶公司托运的集装箱 PONU1613717、被告长帆公司托运的集装箱 INBU4816049 交由铁行渣华的船舶承运，并代原告向两被告收取了运费。涉案货物被美国海关查扣并处罚后，深圳均辉公司代原告向两被告发出律师函，要求两被告作出解释并予以赔偿。

两被告除了对深圳铁行渣华公司向原告出具的提单样本不予确认外，对原告提供的上述其他证据的真实性没有异议，但对原告以上述证据证明原告与两被告之间存在海上货物运输合同关系不予确认。两被告进一步认为，虽然被告以自己的名义向深圳均辉公司订舱,但在两被告随后提供的提单补料或 AMS 补料中,已在托运人一栏向深圳均辉公司披露了真正的货主,他们才是货物的托运人,两被告是货主的代理,只负责代订舱并代收代付运费,与原告不存在海上货物运输合同关系。被告红枫叶公司对原告关于深圳均辉公司是其代理的主张不予认可,被告长帆公司对此没有异议。

三、法院裁判

原告以两被告作为托运人,违反海上货物运输合同规定,造成其损失而提起的诉讼,本案属于民事纠纷案件。因涉嫌组织他人非法偷渡的犯罪嫌疑人,已被我国检察机关提起公诉,依法追究犯罪嫌疑人的刑事责任。两案的处理结果互不影响,故两被告关于原告提起本案诉讼违背"先刑后民"原则,应驳回原告起诉的请求,依法不能成立。两被告作为海上货物运输合同的托运人,根据《中华人民共和国海商法》第 66 条第 1 款的规定,负有保证申报货物与实际装载货物相一致的法定义务。本案事实表明,因两被告托运的集装箱藏匿非法偷渡人员,与申报货物不符,导致原告作为无船承运人,被美国海关处罚,原告的该项损失与两被告没有如实申报货物有直接的因果关系。虽然两被告没有参与货物的装箱、内陆运输和报关等事宜,但根据运输合同的相对性,作为托运人的两被告仍负有如实申报并保证托运货物的合法性的法定义务,两被告违反了上述义务,应对此造成原告的损失承担相应的赔偿责任。两被告属于不同的法人,以自己的名义托运货物,没有实施共同的故意行为,原告要求两被告承担违约责任,连带赔偿原告 5 000 美元罚款的主张,缺乏法律依据,不予支持。美国海关基于涉案两被告各自托运的一个集装箱藏匿非法偷渡人员而对原告进行处罚,故由两被告各自向原告承担 50% 的赔偿责任,各赔偿原告 2 500 美元。两被告向原告作出赔偿后,有权向委托其办理货物运输的当事人提出追偿。两被告关于原告的损失应由其委托人承担,与两被告无关的抗辩,依法不能成立。

综上,依照《中华人民共和国海商法》第 66 条第 1 款、《中华人民共和国民法通则》第 111 条的规定,判决如下:

被告深圳红枫叶国际物流有限公司、被告深圳长帆国际货运代理有限公司各自赔偿原告耀丰船务有限公司 2 500 美元,原告的其他诉讼请求不予支持。

78 原告上海易程集装罐运输服务有限公司与被告连云港市康信进出口有限公司海上货物运输合同纠纷案

案例来源:上海海事法院(2009)沪海法商初字第 589 号
主题词:危险品运输　如实申报义务　集装箱损失索赔

> **裁判要旨**
>
> **No. HY-1.2-30** 托运人履行了如实申报并提供危险品品名、标志和危险品等级信息等如实告知义务,承运人作为专业运输服务商和运输专用罐的提供商,接受

货物承运后应当知晓采取哪些具体预防措施。

No. HY-1.2-31　承运人索赔集装箱损失,应当举证证明集装箱损坏是由于托运货物不合格、装罐不妥当或者其他行为所导致。承运人不能证明清洗集装箱的确切日期,也没有其与收货人联合检验的材料,不排除集装箱损坏是因卸罐后未清洗所导致。在托运人举证证明货物质量及装罐操作符合相关标准和制度的情况下,承运人未能提供证据推翻的,应当该承担举证不力的后果。

一、基本案情

原告:上海易程集装罐运输服务有限公司

被告:连云港市康信进出口有限公司

原告诉称:2008 年 11 月,原、被告通过电子邮件的方式达成门至场货物运输合同,原告提供了编号为 SIPU0821020 和 SIPU0821014 两个适货的新罐式集装箱装运被告的硝基三氟甲苯,货物的装罐由被告负责。原告在货物运抵目的地后将罐式集装箱送去清洗,发现罐内部已严重腐蚀受损,虽经与被告及时沟通,但协商未果。请求判令:① 赔偿罐式集装箱损失 49 970 欧元(折合人民币 350 000 元);② 支付逾期返还罐式集装箱的滞箱费 3 290 美元(折合人民币 22 000 元);③ 支付律师费人民币 20 000 元;④ 支付调查取证费人民币 100 元;⑤ 支付差旅费、翻译费人民币 2 000 元;⑥ 承担本案的诉讼费用。

被告辩称:① 被告完全履行了托运人的义务,无任何违约行为,亦无过错。② 原告无法证明罐式集装箱损坏的事实,损坏发生的原因及其他事实。③ 作为装运工具的罐式集装箱应当由原告负责,罐的损坏只能证明该罐的不合格与不适货;况且,运输同批硝基三氟甲苯货物的前 4 个罐式集装箱并未发生问题,而本案涉案的 2 个罐式集装箱系由另一厂家生产的新罐。④ 原告未能提供罐在交货后及时清洗的证据,不能排除因清洗延误而致损的可能。⑤ 涉案罐式集装箱应由原告投保第三者责任险和损坏险,如罐确已损坏,则保险人势必因作出赔付而取得代位求偿权,原告因此丧失诉权;即使原告仍起诉,则应向法院提交其提供给保险人的事故报告等材料,以查明损坏发生的真实原因。故请求驳回原告的诉讼请求。

二、法院查明事实

上海海事法院经审理查明确认事实如下:

2008 年 9 月 30 日,被告委托原告出运 50 000 千克液态硝基三氟甲苯,自中国上海至匈牙利布达佩斯,提单载明的运输区间为门至场。被告在与原告就订立海上货物运输合同的电子邮件往来中,将货物品名、货物是危险品的事实及危险品等级等信息清楚地告知了原告。在电子邮件往来的结尾部分,原告向被告提供了拟订立合同的条款,其中确认了货物名为"Nitrobenzoltrifluorides"(硝基三氟甲苯),危险等级为6.1,联合国编号为2306,上述信息还被包含在了提单、装箱单等单证中。电子邮件同时还显示,卸货后被告须在目的地布达佩斯还箱。涉案货物由淮安永创化学有限公司(以下简称永创公司)生产,并于2008年11月7日由生产商按照相关安全管理制度装入2只由原告提供的由顺安达公司生产的新罐式集装箱,箱号为SIPU0821014、SIPU0821020,并充入标准容量/规格的瓶装氮气。原告向被告收取了包干运费,并于2008年11月12日代理Logix公司签发了清洁提单。货物运抵目的地布达佩斯卸箱后,空箱于2009年2月8日到达荷兰鹿特丹AspenalB. V.的堆场。2天后,荷兰一家名为International Container Survey Buro B. V.的检验机构对上述2只罐式集装箱进行了检验,并出具报告认为罐式集装箱因内壁水线以上部分出现凹陷和坑洞而推定全损,这些凹陷和坑洞是因箱内液体蒸气与箱内壁反应所致。

另查明,涉案的罐式集装箱系由原告向Logix公司租赁使用,而后者则向Flax公司租赁。原告与Logix公司,Flax公司与Logix公司之间均订立了集装箱租赁还箱协议,约定的条款完全相同。其中还箱地点为AspenalBV Moezelweg 179, Europoort RT, The Netherlands,免滞期费使用期间为自中国顺德工厂提箱之日起60日(提箱由Logix公司完成,提箱日为2008年10月21日),检验人为Aspenal BV,保险条款约定为由承租人投保第三方责任险和损害赔偿险。

又查明,包括涉案货物在内,被告于同时期共委托原告出运3票由永创公司同期生产的硝基三氟甲苯,装6只罐式集装箱,自中国上海至匈牙利布达佩斯。前2票共4只罐式集装箱在完成运输并还箱后并未发生任何问题,唯独涉案的2只罐式集装箱发生了损坏。该2只罐式集装箱此前从未被使用过;而案外4只罐式集装箱在运输被告货物前已被使用过,且非由顺安达公司生产,也非由Flax/Logix公司出租给原告使用,实际承运人亦非本案的实际承运人Logix公司。庭审中,原告对此节事实无异议。

三、法院裁判

（一）被告是否实施了违反海上货物运输合同义务的行为的认定

根据我国法律的规定,托运人负有妥善包装货物,并向承运人保证货物装船时所提供的货物的品名、标志、包数或者件数、重量或者体积的正确性的义务。尤其是在托运危险货物时,托运人应当依照有关海上危险货物运输的规定,妥善包装,作出危险品标志和标签,并将其正式名称和性质以及应当采取的预防危害措施书面通知承运人。

作为承运人的原告系专业从事货物运输的揽货、订舱、转运及载货工具租赁等业务的综合性运输服务企业,其公司名称更显示出其在使用罐式集装箱作为载货工具的运输业务方面的专业性。因此,在被告将拟托运货物的品名、状态、危险货物联合国编号和等级等信息告知原告时,原告即应当知晓运输该货物所需要采取的预防措施及需要使用的合适装运工具。从原告提供了其认为合格、适货的罐式集装箱的事实来看,原告对涉案货物的危险品性质及所需采取的预防措施是清楚的,且据此提供了其认为合格、适货的载货工具。可见,作为托运人的被告完全履行了托运人托运危险品的如实告知义务。

另外,被告提供的证据可以证明货物的生产商按照相关安全生产制度将检验合格的待运货物装罐,而原告并未举证证明相反的事实,即货物质量或者装罐过程不符合相关标准或规范,应当承担不利的举证后果。

从原、被告订立合同的电子邮件内容看,原告明确了罐式集装箱只需由被告在目的地布达佩斯交还即视为还箱。从本案事实看,2只罐式集装箱在货物运抵目的地后,于2009年2月8日方才送抵荷兰鹿特丹的堆场接受检验。原告没有提供任何证据证明此种情况是由于被告的原因造成的,因此,被告应当视为已经按时、无滞期地还箱。

综上,被告完全履行了其与原告之间的海上货物运输合同项下的义务,无任何违法违约行为,也无任何过失。

(二) 罐式集装箱的损坏是否由于被告原因所造成的认定

本案运输区间为门至场,因此在生产商将货物装罐后,货物及罐式集装箱即完全处于作为承运人的原告的掌管之下。经过陆路、海路再到陆路的运输,其间自然环境、天气状况及其他情况十分多变,但不为托运人所知。原告始终拟证明罐式集装箱质量合格且适货,然而,即使原告完成了该项证明,也不能当然得出罐式集装箱的损坏一定是由被告造成的结论。原告更没有举出任何直接证据足以证明罐式集装箱内壁损坏是由于被告货物不合格、装罐不妥善或者其他行为所导致。因此,法院无法作出罐式集装箱的损坏是由被告所造成的推论。

原告提交的检验报告对罐式集装箱的损坏情况及损坏原因的检验结论为:"罐内所装货物可与有机或无机化合物发生激烈反应……货物蒸气严重损坏了罐内壁……为进一步检查罐内壁,我们建议提取一块内壁材料,然后做一下冶金学检测。"法院认为,即使罐内货物造成内壁损坏也并不等同于托运人即被告造成内壁损坏。这是因为原告对货物的性质是明知的,并在此情况下承运货物。货物作为一种危险化学品与其他物质发生反应属于正常现象,并不能当然证明被告提供的货物不合格。相反,在长途运输过程中,货物可能因为原告对罐内温度、湿度等环境因素的不当控制,罐内壁材料的不耐受性,或者其他无法为托运人所知的因素而与罐内壁材料发生反应。对此,检验报告并未作出明确的结论,原告也未能提供其他证据予以证明。况且,既然原告始终主张涉案罐式集装箱的材质和生产流程符合相关制造标准和国际安全集装箱公约等规范,且系适合装运本案腐蚀性危险货物的 T11 型集装箱,则其必然具备一定的耐腐蚀能力,这包括耐液体腐蚀和耐气体腐蚀。

原告作为承运人,始终未能提供证据证明涉案货物及罐式集装箱到达目的地的确切日期。原告虽然向被告主张集装箱滞期费,却未能举证说明被告何时将集装箱交还至目的地布达佩斯的堆场,也未能说明卸箱后对集装箱进行及时清洗的确切日期。根据原、被告的海上货物运输合同,集装箱在卸货后的清洗并非被告的义务,而清洗是否及时是查明本案罐式集装箱损坏原因的关键。然而包括原告提交的检验报告在内的全部证据材料均未提到清洗集装箱的确切日期,也没有关于收货人与原告对涉案集装箱卸货后的状况进行联合检验的相关材料。因此,不能排除涉案的罐式集装箱因卸货后没有及时清洗而发生损坏的可能。

另外,本案涉案货物与案外 2 票货物系同一厂商同期生产的相同品种,案外货物被装载于其他生产商生产的旧箱内进行运输,没有发生任何问题,而本案装载货物的新箱却发生了损坏。因而可以认为,涉案 2 只罐式集装箱的损坏非由货物原因造成。

本案事实清楚地说明了使涉案罐式集装箱发生损坏的多种可能的原因,且这些原因并不能被原告的举证所推翻或排除。而在被告举证证明货物质量及装罐操作符合相关标准和制度的情况下,原告并未提出任何相反的证据予以推翻。据此,可以认为本案罐式集装箱的损坏并非被告所造成。

(三) 原告是否享有向被告提出索赔的权利认定

被告在庭审答辩中称,因原告与 Logix 公司之间的租箱协议包含保险条款,故原告必然因受到保险赔偿而丧失诉权。法院认为,原告与 Logix 公司之间关于由原告投保的约定并不能在原告与被告的法律关系中产生法律效力。即原告在其与被告的海上货物运输合同关系中并无为罐式集装箱投保的义务。即使原告已实际投保,且已取得了保险人的赔偿,保险人因此取得代位求偿权,被告也应当举证证明其主张的这一事实;另外,被保险人在多大范围内丧失索赔的权利还要视保险人作出的实际赔偿而定。被告对原告因获得保险赔偿而完全丧失索赔权利的主张无任何证据支撑,故法院对被告的这一答辩意见不予采纳。

(四) 被告是否应对罐式集装箱的损坏承担赔偿责任的认定

根据上述(一)、(二),被告已经完全履行了包括如实告知义务在内的托运人的义务,按照相关安全操作规程将合格的货物装入了原告提供的罐式集装箱,且无任何直接或间接证据证明集装箱的损坏是由被告造成的。因此,被告对罐式集装箱内壁的损坏不承担赔偿责任。

原告为履行本案海上货物运输合同而使用的 2 只罐式集装箱系向 Logix 公司租赁,原告作为专业运输服务企业在面对 Logix 公司索赔时应当进行过认真细致的审查乃至抗辩。虽然原告向 Logix 公司做出了全额赔偿,但是原告并不因此而取得向被告追偿的权利。

综上,依照《中华人民共和国海商法》第 66 条第 1 款、第 68 条第 1 款、第 70 条第 1 款,《中华人民共和国民事诉讼法》第 64 条第 1 款的规定判决如下:

对原告上海易程集装罐运输服务有限公司的诉讼请求不予支持。

79 上诉人法国达飞轮船股份有限公司、上诉人上海龙飞国际物流有限公司与被上诉人上海华安国际集装箱储运有限公司、被上诉人上海憬景集装箱运输有限公司、永富国际货物运输代理有限公司以及上海亿通国际股份有限公司海上货物运输合同纠纷案

案例来源:上海市高级人民法院(2011)沪高民四(海)终字第 149 号

主题词:信息申报　托运人赔偿责任　货物重量

> **裁判要旨**
>
> **No. HY-1.2-32** 托运人应该如实申报并保证货物品名、重量、包装等信息的准确性,由于上述资料不正确导致承运人损失的,应当承担赔偿责任;由于托运人过失造成承运人损失或船舶损坏的,托运人应当承担赔偿责任。
>
> **No. HY-1.2-33** 虽然初始提交的货物重量信息错误,但托运人或其代理在合理时间内更改提交错误的货物重量数据,并更改成功的,托运人即履行了正确申报或告知货物重量等资料的义务。

一、基本案情

上诉人(原审原告):法国达飞轮船股份有限公司(CMA CGM S. A.,以下简称法国达飞公司)

上诉人(原审被告):上海龙飞国际物流有限公司(以下简称龙飞公司)

被上诉人(原审被告):上海华安国际集装箱储运有限公司(以下简称华安公司)

被上诉人(原审被告):上海懂景集装箱运输有限公司(以下简称懂景公司)

原审被告:永富国际货物运输代理有限公司(以下简称永富公司)

原审被告:上海亿通国际股份有限公司(以下简称亿通公司)

一审法院认定,2007年12月,案外人红星国际贸易有限公司(以下简称红星公司)向国外 UNIFORJA 公司销售一批无缝钢管,红星公司委托案外人上海盛世物流有限公司(以下简称盛世公司)办理货物出运事宜。盛世公司接受委托后向华安公司订舱,华安公司于2008年1月15日签发了抬头为永富公司的编号为 HUAAN20080115 的无船承运人提单,提单记载托运人红星公司,收货人凭指示,通知方 UNIFORJA 公司,起运港中国上海,目的港巴西桑托斯,承运的无缝钢管分装在12个40英尺的集装箱内,其中4个集装箱的箱号为 UESU4304123、CMAU8049763、ECMU4327004、TULU6535584,12个集装箱内的货物总重322 888公斤,共450件。

2008年1月,华安公司委托案外人汇利达国际货运代理(广州)有限公司上海分公司(以下简称汇利达公司)向法国达飞公司订舱。汇利达公司向法国达飞公司出具了编号为 CNCL648788-CNCL648792 的货物托运单,托运单记载的托运人为华安公司,收货人和通知方均为 UNIVERSAL LOGISTICS SERVICES LTDA,预定航次为 CMA CGM BRASILIA AA275W。5张托运单记载的货物总重量约为298 146公斤。1月15日,华安公司及汇利达公司向法国达飞公司出具了保函和并单保函,要求将提单号合并为 CNCL648788,并承诺集装箱内货物积载符合运输要求。并单保函记载的信息显示,待运货物为12个40英尺集装箱,其中4个集装箱的箱号为 UESU4304123、CMAU8049763、ECMU4327004、TULU6535584,在箱号旁,用手写方式注明上述4个集装箱的货物重量分别为24 891公斤、24 645公斤、24 996公斤、24 906公斤,货物总重 298 146公斤,共

420件,发货人一栏记载为华安公司代表永富公司,收货人和通知人UNILOG-UNIVERSAL LOGISTICS SERVICES LTDA,其他信息与货物托运单一致。同日,汇利达公司向法国达飞公司出具更改提单保函和提单信息确认函,记载内容与并单保函的内容一致。同日,案外人达飞轮船(中国)有限公司作为法国达飞公司的代理签发了编号为CNCL648788的提单,承运船舶为"CMA CGM BRASILIA"轮,提单上记载的涉案4个集装箱的箱号、重量等信息均与提单更改保函内容一致。

2008年1月18日,"CMA CGM BRASILIA"轮挂靠深圳赤湾港,因配载需要,对包括涉案集装箱在内的集装箱进行了重新积载。1月27日,"CMA CGM BRASILIA"轮AA275W航次从马来西亚克兰港驶往巴西港口时,航行至南纬17.41度、东经61.24度,遭遇6级东南风。1月28日1时48分,22只载放于左舷第44贝位(bay)的40英尺集装箱倒塌落海,其中包括涉案箱号为 UESU4304123、CMAU8049763、ECMU4327004、TULU6535584 的4个集装箱。同日,船长发布了海事声明称,遇到了恶劣天气。2009年2月11日,经涉案船舶的保赔协会(汽船保赔协会)委托,PICOLO E ASSOCAIDOS LTDA.(以下简称PICOLO公司)与合伙人公司在目的港对事故原因进行了检验,检验报告记载,涉案船舶第44贝位部分位置的集装箱重量超过了船舶系固手册规定的安全重量,其中44.06上七层(个)集装箱总重104吨(安全负荷为90吨),该位置最顶层箱号为UESU4304123的集装箱实际货重为24.891吨,而积载时申报货重为24.891公斤;44.08上七层(个)集装箱总重100.2吨(安全负荷为90吨),该位置最顶层箱号为ECMU4327004的集装箱实际货重为24.996吨,而积载时申报货重为24.996公斤;44.10上七层(个)集装箱总重118.16吨(安全负荷为90吨),该位置最顶层箱号为CMAU8049763的集装箱实际货重为24.645吨,而积载时申报货重为24.645公斤;44.12上七层(个)集装箱总重85.79吨(安全负荷为77.5吨),该位置最顶层箱号为TULU6535584的集装箱实际货重为24.906吨,而积载时申报货重为24.906公斤。检验报告认为,44贝位的集装箱均按照系固手册的要求进行绑扎,但12、10、08、06列的集装箱内货物重量超过安全负荷。

2008年10月9日,UNIFORJA公司、UNILOG-UNIVERSAL LOGISTICS SERVICES LTDA向巴西圣保罗州桑托斯市民事法庭提起诉讼,要求法国达飞公司及达飞海运(巴西)有限公司赔偿涉案落海的4个集装箱货物损失160939.85雷亚尔、运费损失16444雷亚尔、利润损失(相当于货物损失)、律师费用等。起诉后,原告将诉请增加为706174.36雷亚尔,并申请扣押了法国达飞公司所属的"CMA CGM LILAC"轮。2009年8月20日,达飞海运(巴西)有限公司与UNIFORJA公司、UNILOG-UNIVERSAL LOGISTICS SERVICES LTDA签订司法和解书,约定"达飞海运(巴西)有限公司同意向UNIFORJA公司支付240 000雷亚尔、向UNILOG-UNIVERSAL LOGISTICS SERVICES LTDA支付35 000雷亚尔、向鲁伊·德·梅洛·米勒律师事务所支付105 000雷亚尔,以解决争议;UNIFORJA公司、UNILOG-UNIVERSAL LOGISTICS SERVICES LTDA申请解除对'CMA CGM LILAC'轮的扣押"。同年8月24日,达飞海运(巴西)有限公司按和解书的约定支付了上述费用。

一审法院又查明，中华人民共和国交通部发布的《海上国际集装箱运输电子数据交换管理办法》（交水发〔1997〕233号）中规定：海上国际集装箱运输电子数据交换（简称EDI）是指从事海上国际集装箱运输的有关当事人按照协议或规定，对具有一定结构特征的标准信息，经数据通信网络，在各自的电子计算机系统之间进行交换和处理。EDI中心的基本职责是负责将用户发送的电子报文传输至接受方等。用户应当确保进入EDI网络系统的电子数据报文的及时、准确和完整。亿通公司系经中华人民共和国交通部认可并指定管理上海港EDI数据平台的经营维护者，其与龙飞公司、懂景公司分别签订的电子数据交换协议中约定"甲方（即用户）必须保证电子报文传递的正确、可靠、及时、安全、保密……从甲方专用账户发送的电子报文均视为已经甲方确认授权发送"。亿通公司与龙飞公司、懂景公司签订电子数据交换协议后，依约提供登陆EDI数据平台的用户名和密码，未经亿通公司授权，其他单位和个人无法向EDI数据平台输入和发送集装箱信息。

一审法院另查明，龙飞公司曾于2008年3月7日向上海市公安局浦东分局顾路派出所报案称，其登陆EDI数据平台的用户名和密码于2008年1月被他人盗用，2008年1月该公司的EDI数据平台信息传输费大幅超出其正常业务范围。经上海市公安局浦东分局刑侦支队侦查，发现2008年1月利用龙飞公司用户名和密码登录EDI数据平台的IP地址系流动摊点临时租用他人网线使用的IP地址，该案未能侦破。

根据EDI数据平台查询的数据，龙飞公司的登录用户名对涉案编号为UESU4304123的集装箱申报重量为24.891，编号为CMAU8049763的集装箱申报重量为24.645，编号为TRLU6535584的集装箱申报重量为24.906；懂景公司的登录用户名对涉案编号为ECMU4327004的集装箱申报重量为24.996。EDI数据平台中未标识重量单位，但默认单位为公斤。该数据信息均系发送至上海冠东国际集装箱码头有限公司（以下简称冠东码头），该公司负责接收涉案4个集装箱并根据EDI数据信息为涉案船舶进行初步积载。

一审法院还查明，EDI数据平台系上海港集装箱进出口岸数据交换的指定平台，经EDI数据平台交换的数据信息种类较多，按接收方和发送方的种类划分，包括货主向船公司订舱时的货物信息、货主向码头发送的集装箱进港信息、船公司向码头发送的船舶信息、进出口海关申报信息，等等。冠东码头在接收涉案4个集装箱入港后，进行了预配载，并经船东代表（船长或大副）认可后，按配载图为涉案船舶积载和初步绑扎。

法国达飞公司就涉案货损曾于2009年2月16日向一审法院提起诉讼〔案号为（2009）沪海法商初字第323号〕，因当时其与UNIFORJA公司等之间的诉讼尚在进行中，损失未最终确定，被一审法院以"原告的损失是否存在及损失的金额处于不确定状态，原告提起的诉讼不符合法律规定的起诉条件"为由，裁定驳回起诉。达飞海运（巴西）有限公司于2009年8月24日按照和解书的约定向UNIFORJA公司等实际支付了前述案件的和解款项后，法国达飞公司于同年11月23日再次向一审法院提起诉讼，要求华安公司、永富公司、龙飞公司、懂景公司和亿通公司连带赔偿货物损失 380 000 雷亚尔及利息损失。

二、一审裁判

一审法院认为,本案系海上货物运输合同纠纷。因法国达飞公司系在中国境外注册的企业,本案具有涉外因素。法国达飞公司、华安公司、龙飞公司及亿通公司均主张适用中国法律。根据中国法律规定,涉外合同纠纷的当事人可以合意选择审理纠纷的准据法,无法达成合意的适用与纠纷具有最密切联系的国家的法律。本案中,参加诉讼的当事人均选择适用中国法律,未到庭参加诉讼的当事人视为其放弃法律选择的权利。因涉案运输的起运港在中国上海,各方当事人争议的 EDI 数据平台信息输入正确与否等事实也均发生在中国上海,故中国是与本案纠纷具有最密切联系的国家,审理本案纠纷的准据法为中国法律。

一审法院认为,本案争议焦点可归纳为:① 法国达飞公司的起诉是否超过诉讼时效;② 涉案运输合同的托运人及其他各方当事人的法律地位如何认定;③ 涉案集装箱落海的原因;④ 涉案集装箱是否存在申报错误及各方当事人对事故发生是否存在过错;⑤ 法国达飞公司的损失如何认定,各方当事人的赔偿责任如何认定。

(一) 关于法国达飞公司的起诉是否超过诉讼时效

《中华人民共和国海商法》规定在时效期间内或者时效期间届满后,被认定负有责任的人向第三人提起追偿请求的,时效期间为 90 日,自追偿请求人解决原赔偿请求之日起或者收到受理对其本人提起诉讼的法院的起诉状副本之日起计算。虽然涉案货物于 2008 年 2 月 10 日运抵目的港,但法国达飞公司与收货人 UNIFORJA 公司等有关纠纷至 2009 年 8 月 20 日方得以解决,直至该日,法国达飞公司对收货人的赔偿责任及损失才确定。达飞海运(巴西)有限公司于 2009 年 8 月 24 日支付赔偿款后,有关纠纷才处理完毕,故法国达飞公司于 2009 年 11 月 23 日提起本案诉讼,并未超过法定 90 日的追偿时效。

(二) 关于涉案运输合同的托运人及其他各方当事人的法律地位如何认定

《中华人民共和国海商法》规定,托运人是指本人或者委托他人以本人名义或者委托他人为本人与承运人订立海上货物运输合同的人。华安公司及永富公司均将其名称记载在涉案编号 CNCL648788 的提单托运人一栏内,可以初步证明华安公司、永富公司的托运人身份。华安公司虽辩称其仅负责涉案货物的订舱,但其自认借用永富公司的抬头签发了编号为 HUAAN20080115 的无船承运人提单,该行为符合海上货物运输中无船承运人的行为要件,其身份相对于红星公司而言系承运人,相对于法国达飞公司而言系托运人。

永富公司的名称虽然出现在法国达飞公司签发的提单托运人一栏,但根据现有证据表明,该记载系根据华安公司的要求添加,而以永富公司为抬头的提单亦非永富公司出具,因此,并无证据证明永富公司参与了涉案货物的运输或托运,永富公司不是涉案海上运输合同的当事人，一审法院对法国达飞公司要求认定永富公司系托运人的主张不予支持。

亿通公司虽然参与了涉案 EDI 集装箱信息的传输，但系根据授权负责管理 EDI 数据中心和传输用户发送的电子报文，其既非托运人的受雇人和代理人，也无证据证明亿通公司参与了集装箱信息的输入或修改。作为 EDI 数据平台的经营维护方，其无义务审核数据的准确性，对涉案 EDI 集装箱数据的输入错误亦无过错，故一审法院对法国达飞公司要求认定亿通公司系托运人的受雇人或代理人的主张不予支持。

龙飞公司、懂景公司均系涉案 EDI 集装箱信息的输入方，而根据上海港集装箱进出港的操作惯例，向码头传输 EDI 集装箱信息系涉案集装箱得以装船和出口的必要条件，在无相反证据佐证的情况下，向码头传输 EDI 集装箱信息应认定是托运人、托运人的代理人或受雇人的行为，或为托运人的利益而实施的行为。虽然，在案证据无法直接证明龙飞公司、懂景公司与华安公司存在代理或受雇关系，但显然龙飞公司、懂景公司以其授权账户向码头传输 EDI 集装箱信息系为使涉案集装箱得以装船和出口，其行为的受益者是托运人华安公司，据此可以认定龙飞公司、懂景公司系华安公司的代理人或受雇人。

（三）关于涉案集装箱落海的原因

PICOLO 公司出具的检验报告等证据表明，"CMA CGM BRASILIA"轮于 2008 年 1 月 27 日航行至南纬 17.41 度、东经 61.24 度，遭遇 6 级东南风，发生了载放于左舷第 44 贝位 06、08、10、12 列的 22 只 40 英尺集装箱倒塌落海事故。从当时的天气条件看，6 级风属于海上运输中正常的天气状况，而箱号为 UESU4304123、CMAU8049763、ECMU4327004、TULU6535584 的 4 个集装箱恰好分别位于倒塌的 4 列集装箱的最顶层，其他贝位和 44 贝位其他列的集装箱均未出现倒塌事故，据此可以推定承运人对各集装箱贝位上的系固是基本安全的，至少不会单纯由于系固的原因在 6 级风的影响下发生倒塌事故。同时，涉案 4 个集装箱分别在 44.06.94、44.10.94、44.08.94、44.12.94 位置上，从积载图看，4 个集装箱内货物重量分别为 24.891 公斤、24.645 公斤、24.996 公斤、24.906 公斤，其下层装载的集装箱箱货总重基本在 6~10 吨之间，如果该积载图显示的重量均正确，涉案集装箱的积载并无错误。但上述 4 个集装箱内货物重量实际应为 24.891 吨、24.645 吨、24.996 吨、24.906 吨，故积载图显示的积载方法不仅造成了每列集装箱总重量大幅超过安全负荷，也必然导致重压轻现象的出现。据此，在可以推定承运人对各集装箱贝位上的系固基本安全的情况下，第 44 贝位 06、08、10、12 列上集装箱的倒塌事故最大可能是由于涉案 4 个集装箱积载在最顶层造成重压轻和每列集装箱总重超过安全负荷引起，法国达飞公司在一审中提供的各种证据使这种可能达到了高度盖然性的标准。因此，一审法院对法国达飞公司关于涉案 4 个集装箱积载错误引起涉案事故的诉讼主张予以支持。

（四）关于涉案集装箱是否存在申报错误及各方当事人对事故发生是否存在过错

涉案船舶第 44 贝位 06、08、10、12 列上集装箱的倒塌事故最大可能是由于涉案 4

个集装箱积载在最顶层造成重压轻和每列集装箱总重超过安全负荷引起,而该种积载方式系由于涉案 4 个集装箱在积载图上显示的货物重量与实际重量不一致。一审中的证据显示,导致该种现象产生的原因存在多个方面。首先,以龙飞公司、懂景公司名义传输的涉案 4 个集装箱货重数据错误,使 EDI 数据平台识别的货物重量仅为 24.891公斤、24.645 公斤、24.996 公斤、24.906 公斤。其次,作为负责接收涉案集装箱并初步积载的冠东码头依据该错误数据进行积载后,在签发的提单上记载的货物重量均正确的情况下,作为承运人的法国达飞公司未核实积载图显示的货物重量。最后,涉案集装箱在深圳赤湾港因配载需要,对包括涉案集装箱在内的集装箱进行了重新积载,法国达飞公司仍然使用了上海港 EDI 数据平台中接收的错误数据进行了错误积载,并将涉案 4 个集装箱积载到第 44 贝位 6、8、10、12 列的最顶层。综上,以龙飞公司、懂景公司名义输入的集装箱内货物重量信息错误及法国达飞公司未核实货物重量并在重新积载时使用错误数据均系涉案事故发生的重要原因。其中,法国达飞公司作为承运人未尽到妥善、谨慎地装载、积载、保管所运货物的义务,存在一定过错。龙飞公司、懂景公司未准确输入涉案集装箱内货物重量,亦存在一定过错。

虽然龙飞公司提供的证据可以初步证明涉案集装箱信息并非由其常用的 IP 地址输入,但无论是否存在他人盗用账号的情况,龙飞公司均应对其未能妥善保管 EDI 账号信息负责,他人盗用龙飞公司账号不构成龙飞公司免责的条件。

(五)关于法国达飞公司的损失如何认定,各方当事人的赔偿责任如何认定

涉案提单记载的通知方 UNIFORJA 公司及其 UNILOG-UNIVERSAL LOGISTICS SERVICES LTDA 以收货人的身份向巴西圣保罗州桑托斯市民事法庭提起诉讼,要求法国达飞公司及达飞海运(巴西)有限公司赔偿因涉案 4 个集装箱落海导致的货物损失等。为解决纠纷并使被扣押船舶获释,达飞海运(巴西)有限公司按和解书的约定向 UNIFORJA 公司等支付了 380 000 雷亚尔的赔偿款。该笔赔偿款虽然由达飞海运(巴西)有限公司实际支付,但鉴于法国达飞公司与达飞海运(巴西)有限公司之间的关联关系,及达飞海运(巴西)有限公司系作为涉案运输中法国达飞公司的目的港代理身份,可以认定该笔费用最终由法国达飞公司负担,可据此认定法国达飞公司的损失。

同时,如前所述,法国达飞公司、懂景公司、龙飞公司均对涉案事故的发生存在过错。虽然三者的过错均系涉案事故发生的主要原因,但懂景公司、龙飞公司错误输入集装箱货物重量并非必然导致事故发生的原因,而法国达飞公司未核实信息也未尽到妥善积载的义务,使本可以避免的事故发生才是根本原因,故法国达飞公司的过错程度较大,应自行负担 60% 的损失。法国达飞公司剩余的 40% 损失即 152 000 雷亚尔,应由懂景公司和龙飞公司负担。其中懂景公司错误输入编号为 ECMU4327004 的集装箱货物重量,应当承担 25% 的责任,即赔偿 38 000 雷亚尔。龙飞公司错误输入编号为 UESU4304123、CMAU8049763、TRLU6535584 的集装箱货物重量,应当承担 75% 的责任即赔偿 114 000 雷亚尔。

一审法院还认为,《中华人民共和国海商法》规定,托运人对承运人、实际承运人所

遭受的损失或者船舶所遭受的损坏,不负赔偿责任;但是此种损失或者损坏是由于托运人或者托运人的受雇人、代理人的过失造成的除外。因此,华安公司作为涉案运输的托运人应当对龙飞公司、懂景公司的上述赔偿责任承担连带责任。

亿通公司、永富公司并非涉案海上货物运输合同的当事人,对于涉案事故的发生并无过错,无需承担赔偿责任。法国达飞公司请求按起诉之日汇率1雷亚尔:0.5843美元折合其损失,因法国达飞公司系境外注册的企业,该请求可予支持。据此,懂景公司的赔偿金额折合22 203.40美元,龙飞公司的赔偿金额折合66 610.20美元。法国达飞公司主张的利息损失系因责任人迟延履行债务引起的孳息损失,可予支持。法国达飞公司主张按中国人民银行同期贷款利率自2009年8月24日起算,其并未提供贷款依据及于2009年8月24日前向责任人主张赔偿的证据,故该主张未获支持。

一审法院遂依据《中华人民共和国海商法》第42条第2款第(三)项、第48、70、71、257、269条,《中华人民共和国民事诉讼法》第64条第1款、第130条,最高人民法院《关于民事诉讼证据的若干规定》第2条、第73条第1款之规定,判决:

(1)龙飞公司应在判决生效之日起10日内向法国达飞公司赔偿66 610.20美元及利息损失(按中国人民银行同期同币种活期存款利率自2009年11月23日计算至判决生效之日止);

(2)懂景公司应在判决生效之日起10日内向法国达飞公司赔偿22 203.40美元及利息损失(按中国人民银行同期同币种活期存款利率自2009年11月23日计算至判决生效之日止);

(3)华安公司对上述第一、二项龙飞公司、懂景公司的赔偿义务承担连带赔偿责任;

(4)对法国达飞公司的其他诉讼请求不予支持。

三、上诉与答辩

法国达飞公司上诉认为:原审认定事实不清,判决结果有误。① 托运人未准确申报货物重量,才是导致集装箱错误积载并引起落海事故的直接近因(根本原因)。② 原审判决关于法国达飞公司未尽核实和妥善积载义务,应对货物损失承担60%责任的认定,缺乏事实和法律依据。法国达飞公司不负核实托运人申报资料的义务,且已经尽到了合理积载的义务,对集装箱落海事故不应承担责任。据此,请求二审法院撤销原审判决第一、二、四项,依法改判由华安公司、龙飞公司及懂景公司赔偿法国达飞公司的全部损失。

龙飞公司答辩认为:不同意法国达飞公司的上诉理由和上诉请求。涉案4个集装箱货物重量数据最先被录入错误与集装箱落海事故无因果关系,这些数据在船舶起航前已经得到更正。法国达飞公司有核对申报数据的义务,其接收了正确数据仍用错误数据进行积载,应对集装箱落海事故承担全部责任。

华安公司答辩认为:不同意法国达飞公司的上诉理由和上诉请求,龙飞公司和懂景公司不应承担货损赔偿责任,华安公司也不应承担连带责任。① 法国达飞公司对涉案集装箱货重数据没有尽审核义务,在接收了正确的数据后,仍用旧的错误数据对集装箱进行重新积载,导致货损发生。② 法国达飞公司在驾驶涉案船舶时缺乏良好的船艺,是造成涉案集装箱落海事故的原因之一。③ PICOLO 公司等检验机构要求法国达飞公司提供该船的系固手册等材料,但法国达飞公司没有提供,故不能证明法国达飞公司对落海集装箱的系固是合理的,PICOLO 公司出具的检验报告中关于法国达飞公司对涉案落海集装箱履行了合理系固义务的结论缺乏依据。④ 法国达飞公司主张的货损金额不合理。⑤ 华安公司与法国达飞公司没有法律关系,没有侵犯其权利,并非事故责任主体。

亿通公司认为,原审判决亿通公司不承担责任是正确的,其他意见与一审中的答辩意见相同。

懂景公司未提交答辩意见,永富公司亦未提交意见。

龙飞公司上诉认为:原审判决认定事实不清,适用法律有误,判决结果不公。① 涉案 4 个集装箱货重数据最先被录入错误与集装箱落海事故无因果关系。虽然 4 个集装箱进港前录入的货重数据有误,但上海外轮理货公司(以下简称外理公司)于 2008 年 1 月 15 日通过 EDI 中心向法国达飞公司及其代理传递的理货报告、法国达飞公司通过 EDI 中心向海关等传递的清洁舱单以及法国达飞公司签发的提单上记载的这 4 个集装箱的货重数据均是正确的这些事实可以证明,前述错误数据在船舶从上海洋山港起航前就已被更正。法国达飞公司在接收了正确的集装箱货重数据后,在深圳赤湾港对集装箱进行重新积载时仍沿用错误的数据,故涉案货损事故与 4 个集装箱货重数据最先被录入错误已经没有关系。② 原审对涉案集装箱落海的原因认定缺乏依据。原审判决认定涉案集装箱落海原因的唯一证据,系由涉案船舶保赔协会委托的 PICOLO 公司等在目的港对事故原因进行检验后出具的检验报告,该检验报告的结论缺乏依据,具有不确定性,也没有明确集装箱落海事故是由涉案 4 个集装箱超重引发。③ 原审法院适用《中华人民共和国海商法》第 70 条认定龙飞公司和懂景公司是华安公司的代理人或受雇人,属于适用法律错误。④ 法国达飞公司系通过庭外和解的方式向案外人进行赔偿,其赔偿时没有依据相关法律主张承运人的赔偿责任限额,人为扩大损失的部分应由其自行承担。据此,请求二审法院撤销原审判决第一、二项,依法改判对法国达飞公司的诉讼请求不予支持。

法国达飞公司答辩认为,不同意龙飞公司的上诉理由和上诉请求。龙飞公司录入涉案集装箱货重数据错误是导致集装箱落海事故的直接近因和根本原因,承运人对集装箱落海事故不应承担责任。

华安公司答辩认为,同意龙飞公司的上诉理由,支持龙飞公司的上诉请求。

亿通公司认为,原审判决亿通公司不承担责任是正确的,其他意见与一审中的答辩意见相同。

懂景公司和永富公司均未提交意见。

四、二审裁判

二审法院认为,本案系涉外海上货物运输合同纠纷。涉案海上货物运输合同的当事人未就处理本案纠纷所适用的法律达成一致意见,一审法院根据最密切联系原则适用中国法律审理本案,于法有据。

法国达飞公司主张系涉案 4 个集装箱的货重数据被申报错误,船方因此错误积载,导致 4 个集装箱所在列的集装箱堆堆重超重,引发了涉案集装箱落海事故。但直至本案二审,法国达飞公司尚未提交有效证据证明其自身已经尽了妥善的管货和管船义务,涉案集装箱落海事故系与涉案 4 个集装箱的货重数据申报有关。据此,龙飞公司关于一审法院对涉案集装箱落海原因的认定有误的上诉理由可以成立。

法国达飞公司主张在涉案 4 个集装箱的货重数据被申报错误的问题上,集装箱的托运人及其代理人、受雇人均有过错,华安公司、永富公司、龙飞公司、懂景公司和亿通公司分别作为托运人或者托运人的代理人、受雇人,应承担相应责任(其在二审中不再要求永富公司和亿通公司承担责任)。根据二审查明的事实,涉案 4 个集装箱的货重数据在 2008 年 1 月 12 日首次录入时确实被录入错误,但根据《上海市海上国际集装箱电子装箱单运作规则(试行)》第 13 条的规定,允许集装箱托运人以规定的方式申请更改错误录入的相关数据。本案中,4 个集装箱货重数据错误录入的情况被发现后,4 个集装箱的托运人(或其代理人、受雇人)在允许的合理时间内向相关部门申请更改货重数据,并更改成功,即履行了更正义务。外理公司于 1 月 13 日从 EDI 平台获取的进港装箱单报文中涉案 4 个集装箱货重数据已是更改后的正确数据、法国达飞公司依照 4 个集装箱的正确货重数据于 1 月 15 日签发了涉案提单、法国达飞公司的上海代理华港船代按规定于 1 月 17 日通过 EDI 平台发送给海关等部门的出口清洁舱单上记载的 4 个集装箱的货重数据均是正确的等事实可以证明,最终被有效采纳的涉案 4 个集装箱的货重数据是申报正确的。据此,一审法院关于涉案 4 个集装箱的货重数据被申报错误、集装箱的托运人及代理人、受雇人应承担责任的认定有误,龙飞公司的此节上诉理由可以成立。

综上所述,本案系海上货物运输合同纠纷,承运人法国达飞公司没有证据证明涉案集装箱落海事故原因与涉案 4 个集装箱的货重数据申报有关,同时,二审中的新证据也表明,涉案 4 个集装箱的托运人(或其代理人、受雇人)有效申报的各项货重数据是正确的,故法国达飞公司要求华安公司、龙飞公司和懂景公司作为 4 个集装箱的托运人或者托运人的代理人、受雇人,对法国达飞公司因集装箱落海事故遭受的损失承担赔偿责任的主张,缺乏事实和法律依据。法国达飞公司的上诉理由缺乏事实依据,二审法院对其上诉请求不予支持。龙飞公司的上诉理由有事实依据,二审法院对其上诉请求予以支持。一审法院认定事实部分有误,适用法律部分错误,根据二审中的新证据及查明的事实,本案判决结果应予纠正。依照《中华人民共和国民事诉讼法》第 64 条第 1 款、第 130 条、第 153 条第 1 款第(三)项、第 158 条,《中华人民共和国海商法》第

48条、第70条、第269条,最高人民法院《关于民事诉讼证据的若干规定》第2条之规定,判决如下:

(1) 撤销中华人民共和国上海海事法院(2010)沪海法商初字第11号民事判决;

(2) 对法国达飞轮船股份有限公司的诉讼请求不予支持。

80 上诉人上海江汉国际贸易有限公司与被上诉人上海京龙国际物流有限公司海上货物运输合同纠纷案

案例来源:上海市高级人民法院(2013)沪高民四(海)终字第48号

主题词:FOB 运输合同当事人 第三人履行债务 无人提货

裁判要旨

No. HY-1.2-34 实践中存在FOB多种变形,不排除卖方为了自身利益而代替买方进行订舱,控制运输。卖方是否作为运输合同的当事人,不能简单地以买卖双方的贸易合同术语来确定,应从具体订舱、履行过程与运输合同权利与义务对等来综合考量。

No. HY-1.2-35 承托双方约定运费由目的港收货人向承运人支付,属于当事人约定由第三人向债权人履行债务的情形。货物到港后无人提货可认定为第三人不履行债务,托运人应当向承运人承担违约责任。

一、基本案情

上诉人(原审被告):上海江汉国际贸易有限公司(以下简称江汉公司)

被上诉人(原审原告):上海京龙国际物流有限公司(以下简称京龙公司)

一审法院经审理查明①:江汉公司与国外买方订立销售玻璃制品的国际贸易合同,采用FOB贸易术语。2012年2月22日、23日,买方的货运代理人TARGET INTERNATIONAL FORWARDERS LTD(以下简称T公司)的联系人NICK与江汉公司联系出运事宜,在NICK推荐京龙公司作为承运人后,江汉公司确定由京龙公司出运涉案货物,并从NICK处得到京龙公司信息。2012年3月6日,江汉公司以电子邮件形式向京龙公司发出订舱单,写明江汉公司需出运9个40英尺集装箱HONEYALL玻璃器具,托运人为HONEY MANUFACTURING (GROUP) CO., LTD(江汉公司的英文名称),收货人GAIMPORTCO ANTONIA GAVALA,通知人T公司,从南京港运至比雷埃夫斯港,并要求京龙公司安排最近船期,海运费到付,提单签发3正3副。京龙公司于3月7日通过电子邮件向其长期合作的目的港货运代理人T公司的联系人NICK(与买方的货运代理人为同一人)告知江汉公司向京龙公司订舱、京龙公司委托的实际承运人和涉案货物

---

① (2012)沪海法商初字第1637号

的海运费价格等。NICK 回复京龙公司称收货人接受了海运费价格。江汉公司在工厂将涉案货物封箱后运至南京港交给京龙公司。京龙公司向江汉公司签发并交付的抬头为 ROYALINLOGISTICSCO,. LTD（京龙公司的英文名称），编号为 RSS1203121 的 3 份正本提单载明，托运人江汉公司，收货人 G. A. GAVALA ANTONIA，通知人 T 公司，航次 HUAIANYONGXINGV.1212，交接方式 CY-CY，运费到付，签发日期为 2012 年 3 月 27 日。9 个集装箱号分别是 DFSU6568856、CCLU6830732、CCLU7193109、CCLU7319774、CCLU6501640、CCLU6101535、GESU5623857、CCLU7378951、CCLU7512401。江汉公司于 4 月 5 日向京龙公司支付了涉案货物在装货港的包干费用。涉案货物由江汉公司自行报关。京龙公司委托中海集装箱运输（香港）有限公司实际承运，实际承运人于 2012 年 3 月 27 日向京龙公司签发了编号为 NKGPIR000135 的 1 份电放提单载明，托运人京龙公司，收货人 T 公司，CY-FO，运费预付。

涉案货物于 2012 年 5 月 2 日到港后，京龙公司所签发提单的通知人（中海集运提单的收货人）向实际承运人换取提货单，货物堆存于目的港码头。江汉公司于 5 月 25 日通过电子邮件通知京龙公司，涉案提单项下的货物必须得到江汉公司书面确认后才能放货。5 月 31 日，江汉公司又发函告知京龙公司涉案提单遗失，并在 6 月 2 日《新闻晚报》上刊登公告声明编号为 RSS1203121 的提单作废。京龙公司与 NICK 电子邮件确认是否放货，NICK 回复京龙公司称未放货。上述提单作废后，京龙公司未向江汉公司重新签发提单，江汉公司也未要求京龙公司重新签发提单。6 月 20 日、7 月 12 日、8 月 17 日，京龙公司 3 次以书面形式向江汉公司发函催促江汉公司尽快解决涉案货物，江汉公司均已收到，并对 7 月 12 日的函回复京龙公司"我司确认以上内容"，对京龙公司所称"关于贵司上海江汉国际贸易有限公司委托我司上海京龙国际物流有限公司承运……目前该批货物无人提货，滞留在希腊码头，尚未支付的费用为：海运费USD32 000。目的港用箱超期费、滞箱费及罚金预计 EUR9 000（目的港费用最终以实际结算为准）"的事实和费用已阅读并确认。

江汉公司于 9 月 13 日致函京龙公司为涉案货物寻找到新买方，该函写明："（新买方）通知我方其将在目的港付清有关目的港的相关费用包括滞期费、海运费等……希望贵司能够及时与贵司希腊方面的相关代理、买主等积极协商配合，灵活地做好后续工作，以期问题得到尽早解决。"京龙公司确认收到该函。江汉公司将涉案货物的相关材料寄送给上述新买方以办理提货和清关手续。京龙公司与 NICK 联系，告知其与新买方联系及协助沟通目的港费用。NICK 回复京龙公司称，该新买方没有接受涉案货物，货物仍滞留在目的港。

涉案 9 个集装箱货物因无人认领被希腊海关以 592/2012 号公告拍卖。9 个集装箱货物拍得金额分别是：DFSU6568856 为 5 250 欧元、CCLU6830732 为 5 250 欧元、CCLU7193109 为 5 023 欧元、CCLU7319774 为 5 150 欧元、CCLU6501640 为 4 910 欧元、CCLU6101535 为 5 250 欧元、GESU5623857 为 5 551 欧元、CCLU7378951 为 5 551 欧元、CCLU7512401 为 5 110 欧元，总计 47 045 欧元。拍卖款项不足以清偿目的港的关税、堆

存费等费用。

二、一审裁判

一审法院认为,江汉公司作为 FOB 贸易合同的卖家需出运货物,以自己的名义向京龙公司发出订舱单,列明货物信息、运输的主要事项和提单签发、运费到付等要求,并实际向京龙公司交付涉案货物,支付了起运港的相关货运代理费用。京龙公司依该订舱单签发的无船承运人提单载明:"托运人江汉公司,运费到付。"京龙公司将该全套正本提单交付给江汉公司,该提单是运输合同的证明,也是京龙公司接收涉案货物并保证据以交付货物的单证。京龙公司委托实际承运人将涉案货物运至目的港。双方之间就涉案货物运输成立海上货物运输合同关系,京龙公司已履行了相应的无船承运人义务。

一审法院又认为,FOB 术语下传统的运输合同是由买方租船订舱,卖方将货物运至船上,买方取得提单。实践中也存在 FOB 多种变形,不排除卖方为了自身利益而代替买方进行订舱,控制运输。卖方是否作为运输合同的当事人,不能简单地以买卖双方的贸易合同术语来确定,应从具体订舱、履行过程与运输合同权利与义务对等来综合考量。本案中,贸易合同中买方的代理人向江汉公司推荐京龙公司承运,最终是由江汉公司确认涉案货物通过京龙公司出运。江汉公司发给京龙公司的订舱单除写明了涉案货物信息外,还列明运输所需事项,提单签发所需信息,以及对涉案货物出运时间、运费支付、转船分期、提单正本份数等订舱的具体要求。因此,江汉公司对自己发出的订舱单是托运订舱的意思表示明确,而非其所称的交货通知。江汉公司对涉案运输合同存在费用对价知晓。在涉案货物无人提货滞港后,京龙公司三次发函至江汉公司催促解决涉案货物问题,江汉公司确认收到上述函,江汉公司在对京龙公司书面告知书阅读后回复"我司确认以上内容",可以认为江汉公司对双方之间委托承运关系和海运费 32 000 美元予以确认。在原买方未向江汉公司支付涉案货款后,江汉公司联系京龙公司将涉案货物回运事宜,确认涉案货物已产生的费用,又发函指示京龙公司与新买方联系提货。江汉公司作为提单中的托运人在享有托运人的权利后,也应当承担相应的义务。

一审法院还认为,涉案运输合同约定和提单载明的运费支付方式为"运费到付",意味着承托双方作出了涉案货物运费由收货人支付运费的约定。而承运人和托运人约定的由收货人支付运费,属于当事人约定由第三人向债权人履行债务的情形。只有在收货人接受载有"运费到付"提单并凭此提单向承运人提货时,才是收货人认可承担支付运费义务。当目的港无人提货时,应当视为第三人不履行债务,托运人仍应履行支付运费的义务。本案由于江汉公司与买方贸易合同失败导致货物滞港,最终无人提货的结果,京龙公司无法收取涉案运费。涉案货物被目的港海关拍卖以清偿海关等费用,江汉公司作为涉案海上货物运输合同的托运人,应向承运人支付运费。

一审法院再认为,涉案运费是基于双方之间的海上货物运输合同产生,京龙公司并非是垫付实际承运人运费后的追索,而是其自身作为涉案运输合同的承运人向托运人收取运费权利的直接主张。该笔运费金额根据买卖合同贸易术语虽与案外人确定,但江汉公司未提出该约定金额不合理,对金额予以认可,江汉公司负有支付义务。京龙公司主张涉案运费利息的诉讼请求,按中国人民银行同期美元活期存款利率,自起诉之日至判决生效之日计算,并无不当,予以认可。遂判决:江汉公司应于判决生效之日起10日内向京龙公司支付运费32 000美元及利息(按中国人民银行同期美元活期存款利率,自2012年11月21日起至判决生效之日止)。

三、上诉与答辩

江汉公司上诉提出:(1)其是涉案货物托运人的代理人,原判认定江汉公司为托运人有误。(2)京龙公司在没有交付货物的前提下要求江汉公司支付海运费错误,原判予以认定有误。(3)涉案货物是否被拍卖尚未查明。(4)承运人京龙公司未尽减损义务。原判认定事实不清,适用法律不当。请求二审法院撤销原判,重新处理。

京龙公司答辩认为:(1)江汉公司是托运人,双方存在海上货物运输合同关系。(2)目的港无人提货导致无人支付运费,江汉公司负有支付运费的义务。(3)涉案货物在希腊已经被拍卖,江汉公司在一审庭审中已经予以认可。原判认定事实清楚,适用法律正确。请求二审法院驳回上诉,维持原判。

四、二审法院意见

二审法院经审理查明,原判认定事实清楚,应予确认。

二审法院认为,本案是海上货物运输合同纠纷,双方当事人争议焦点主要是江汉公司是否为涉案运输合同的托运人、江汉公司对涉案海运费是否具有支付义务。

《中华人民共和国海商法》规定,托运人是指本人或者委托他人以本人名义或者委托他人为本人与承运人订立海上货物运输合同的人。本案中,江汉公司以自己的名义向承运人京龙公司订舱出运货物,并要求将自己列为涉案记名提单的托运人,且又以自己的名义向京龙公司交付涉案货物和控制货物的放行,完全符合法律规定的海上货物运输合同项下托运人的特征。江汉公司现否认其为托运人,未提供任何证据予以证明,应该承担举证不能的法律后果。原判对此节认定正确。江汉公司关于其系托运人代理人的上诉理由不能成立。二审法院不予支持。

《中华人民共和国合同法》第65条规定,当事人约定由第三人向债权人履行债务,第三人不履行债务或者履行债务不符合约定,债务人应当向债权人承担违约责任。本案中,江汉公司和京龙公司约定海运费到付,即承托双方约定海运费由目的港收货人向承运人支付,属于当事人约定由第三人向债权人履行债务的情形。涉案货物到港后无人提货,江汉公司要求京龙公司必须凭其书面确认才能放货,京龙公司履行了承运人的义务,但江汉公司始终没有向京龙公司发出明确的交货指令而导致货物滞港被海关拍卖,且江汉公司对货物被目的港海关拍卖的事实是认可的。现有证据证明,江汉公司对目的港无人提货和涉案海运费及其相关金额是明知和确认的。在目的港最终无人提货、无人支付涉案海运费和货物被拍卖清偿海关等费用的情况下,托运人江汉公司有义务向承运人京龙公司支付涉案海运费。原判对此节认定并无不当。江汉公司关于原审未查明货物拍卖事实、京龙公司要求其支付海运费有误等上诉理由不能成立。二审法院不予支持。

综上,江汉公司的上诉请求缺乏事实和法律依据,二审法院不予支持。原判认定事实清楚,适用法律正确,应予维持。据此,依照《中华人民共和国民事诉讼法》170条第1款第(一)项、第175条之规定,判决如下:

驳回上诉,维持原判。

81 上诉人湖北爱立德贸易有限公司与被上诉人A.P.穆勒-马士基有限公司海上货物运输合同欠款纠纷案

案例来源:浙江省高级人民法院(2010)浙海终字第71号

主题词:留置　拍卖　无人提货

> **裁判要旨**
>
> **No. HY-1.2-36**　托运人应当向承运人支付的运费及承运人为货物垫付的必要费用没有付清的,承运人可以合理留置货物,货物无人提取的,可以申请法院裁定拍卖,拍卖所得价款用于清偿应当向承运人支付的有关费用,金额不足的,承运人有权向托运人追偿。
>
> **No. HY-1.2-37**　对于无人提取的货物,法律并未规定必须采取拍卖的方式处理。承运人在目的港对无人提取的货物经展示、招标,并出售给最高报价者,虽其未采取公开拍卖的处理方式,但处理并无明显过错,不承担货物减值的损失。

一、基本案情

上诉人(原审被告、反诉原告):湖北爱立德贸易有限公司

被上诉人(原审原告、反诉被告):A.P.穆勒-马士基有限公司(A.P. Moller-Maersk A/S)

宁波海事法院审理查明:2008年3月,马士基公司接受爱立德公司委托,将提单编号为856066866、856160797、856215763的货物由宁波运至德国,并约定运费到付。涉案货物到目的港后,因无人提取而在目的港存放。爱立德公司于2008年7月23日出具委托函,委托马士基公司对在目的港货物进行拍卖处理,拍卖所得费用用以偿还目的港所有的海运费、滞箱费以及堆存费等。此后,马士基公司将涉案货物进行公开展示和招标,2008年7月31日以35 030欧元的最高报价售与他人,扣除1 000欧元的费用,剩余34 030欧元。涉案货物共产生海运费、堆存费和超期箱使费92 942.87欧元,

两项冲抵，爱立德公司还应支付马士基公司58 912.87欧元（按照2008年7月31日的中国人民银行欧元兑人民币汇率中间价1∶10.6531计人民币627 604.70元）。另查明，涉案货物出口报关价格为164 259美元。

2009年4月3日，马士基公司向宁波海事法院提起诉讼，请求判令爱立德公司承担海运费、堆存费等627 769.65元人民币。2009年6月12日，爱立德公司以马士基公司违反委托函的指示，以展览招标的方式处理涉案货物，损害爱立德公司的利益为由，向宁波海事法院提出反诉，请求判令马士基公司赔偿其经济损失760 809.45元人民币。

二、一审裁判

宁波海事法院审理认为，本案系涉外海上货物运输合同纠纷，货物出运港为宁波港，该院有权管辖。双方当事人在诉讼中，均援引中国法进行诉辩，本案适用中国法进行审理。根据我国海商法的规定，爱立德公司作为托运人，其对无人提取的货物产生的海运费、滞箱费、堆存费等应向承运人负责。爱立德公司委托马士基公司在目的港对涉案货物进行拍卖处理，以清偿拖欠的费用，不足的金额，马士基公司有权向爱立德公司追偿。马士基公司本诉有理，应予支持。马士基公司对在目的港无人提取的货物通过展示和招标方式，以最高报价出售涉案货物，为爱立德公司减少损失，符合委托函的约定，也不违反相关法律规定，其行为不存在过错。爱立德公司以马士基公司没有按委托函要求通过拍卖方式处理货物，向马士基公司主张货物差价损失的反诉请求，证据和理由均不充分，不予支持。综上，马士基公司本诉请求成立，但欧元换算人民币的时间应以货物出售之日的汇率来计算。爱立德公司反诉请求不能成立。依照《中华人民共和国海商法》第87条、第88条，《中华人民共和国合同法》第396条，《中华人民共和国民事诉讼法》第64条第1款、第235条的规定，该院于2009年12月21日判决：

（1）爱立德公司于判决生效之日起15日内向马士基公司支付海运费、堆存费、超期箱使用费58 912.87欧元（计627 604.70元人民币）；

（2）驳回爱立德公司的反诉请求。如果未按判决指定的期限履行给付金钱义务，应当依照《中华人民共和国民事诉讼法》第229条之规定，加倍支付迟延履行期间的债务利息。本案本诉案件受理费10 080元人民币，反诉案件受理费5 705元人民币，均由爱立德公司负担。

三、上诉与答辩

上诉人爱立德公司不服上述民事判决，向浙江省高级人民法院提出上诉称：① 原判认定马士基公司处理涉案货物的方式符合委托函的约定有悖事实。爱立德公司向马士基公司出具的委托函内容为："……现我司正式委托马士基船公司在目的港进行拍卖处理，……并请出具一份正式的拍卖文件给我公司……"但马士基公司收到上述委托函后，不但未向爱立德公司出具任何正式拍卖文件，更违背拍卖的意思将货物低价变卖,甚至直到起诉时才将上述处理方式和结果通过提交证据的方式告知爱立德公司,其行为显然违背委托函之约定。② 马士基公司存在重大过错,依法应承担相应的损失赔偿责任。马士基公司未按委托函之约定向爱立德公司出具正式的拍卖文件,在未告知爱立德公司的情况下将货物私下委托给第三人,并以非拍卖的方式处理,给爱立德公司造成严重的损失。请求撤销原判,改判马士基公司向爱立德公司赔偿经济损失人民币 760 809.45 元。

被上诉人马士基公司答辩称:① 货物在目的港无人提货时,承运人无须得到托运人的授权,即有权采取适当的方式处理货物。爱立德公司的委托函仅是其单方对责任和费用的确认,马士基公司并无义务按照爱立德公司的指示处理。马士基公司对涉案货物在目的港的处理符合法律规定和行业惯例,没有任何过错。② 爱立德公司已经将全套正本提单交还马士基公司,且申明弃货,爱立德公司对本案并无诉权。请求驳回上诉,维持原判。

四、二审裁判

经审理,浙江省高级人民法院对原判查明的事实予以确认。

浙江省高级人民法院认为,《中华人民共和国海商法》第 87、88 条规定,应当向承运人支付的运费及承运人为货物垫付的必要费用没有付清的,承运人可以合理留置货物,货物无人提取的,可以申请法院裁定拍卖,拍卖所得价款用于清偿应当向承运人支付的有关费用,不足金额,承运人有权向托运人追偿。本案中,马士基公司接受爱立德公司委托,承运货物至目的港,因货物无人提取而产生的运费及其他必要费用,马士基公司依法可向承运人追偿。虽然爱立德公司向马士基公司出具了委托函,但马士基公司作为承运人在运费及其他必要费用没有得到受偿时,对其承运的货物依法享有留置权。《中华人民共和国海商法》规定承运人留置的货物经 60 日无人提取的,承运人可以申请法院裁定拍卖,故对此类货物的处理,法律并未规定必须采取拍卖的方式处理。马士基公司在目的港对无人提取的货物经展示、招标,并出售给最高报价者,其处理方式并无明显过错。爱立德公司提出马士基公司未委托有资质的拍卖机构并经拍卖程序处理货物,损害其合法利益的上诉理由不能成立,其要求马士基公司承担货物差价损失的诉讼请求,无相应法律依据,不予支持。综上,原判认定事实清楚,实体处理得当。依照《中华人民共和国民事诉讼法》第 153 条第 1 款第(一)项之规定,判决如下:

驳回上诉,维持原判。